OEUVRES

DE

P. CORNEILLE

NOUVELLE ÉDITION

REVUE SUR LES PLUS ANCIENNES IMPRESSIONS
ET LES AUTOGRAPHES

ET AUGMENTÉE

de morceaux inédits, des variantes, de notices, de notes, d'un lexique des mots
et locutions remarquables, d'un portrait, d'un fac-simile, etc.

PAR M. CH. MARTY-LAVEAUX

TOME PREMIER

PARIS
LIBRAIRIE DE L. HACHETTE ET Cⁱᵉ
BOULEVARD SAINT-GERMAIN

1862

LES

GRANDS ÉCRIVAINS

DE LA FRANCE

NOUVELLES ÉDITIONS

PUBLIÉES SOUS LA DIRECTION

DE M. AD. REGNIER

Membre de l'Institut

OEUVRES

DE

P. CORNEILLE

TOME I

PARIS. — IMPRIMERIE DE CH. LAHURE ET Cie
Rue de Fleurus, 9

AVERTISSEMENT.

Notre premier soin a été de constituer le texte de cette édition avec exactitude et sincérité. Si ce devoir eût été généralement mieux rempli par nos devanciers, nous n'aurions sur ce point aucune observation à faire ; mais comme en nous rapprochant de Corneille nous nous éloignons souvent de ceux qui ont publié ses œuvres, sans pouvoir en avertir en chaque circonstance, nous prions tout d'abord le lecteur qui voudrait s'assurer par lui-même de l'exactitude de notre travail, de remonter aux éditions données par notre poëte, et de ne considérer comme fautifs que les passages qui ne se trouveraient pas conformes à ces impressions anciennes, les seules qui fassent autorité : nous avons cherché à les suivre fidèlement, et si, par hasard, nous nous en écartions en quelque endroit, ce qui, nous l'espérons, n'arrivera que bien rarement, ce serait du moins contre notre volonté et par suite d'une erreur toute matérielle. Au contraire, la plupart de ceux qui nous ont précédé, alarmés des moindres singularités grammaticales, des hardiesses de style les plus légitimes, se sont hâtés de corriger, avec une sollicitude qu'ils croyaient respectueuse, les passages qui offusquaient leur goût.

Ce n'est pas seulement, comme on pourrait le croire, dans le courant du dix-huitième siècle qu'il en a été ainsi. La dernière édition des œuvres de Corneille, publiée par M. Lefèvre et recherchée à bon droit comme la plus complète, ne se distingue guère à cet égard des précédentes.

On lit dans un *Sonnet à M. de Campion sur ses hommes illustres* :

> J'ai quelque art d'arracher les grands noms du tombeau,
> De leur rendre un destin plus durable et plus beau,
> De faire qu'après moi l'avenir s'en souvienne :
> Le mien semble avoir droit à l'immortalité.

Cette tournure excellente a choqué les éditeurs, et, où il y avait *le mien*, ils ont mis *mon nom*, détruisant ainsi, afin de faire disparaître une incorrection imaginaire, toute la vivacité de ce passage.

Les altérations de ce genre ne tombent pas seulement sur les ouvrages de second ordre : elles défigurent parfois de très-beaux morceaux des chefs-d'œuvre de Corneille.

> A qui venge son père, il n'est rien d'impossible,

dit Rodrigue au Comte[1]. C'est ainsi que ce vers est imprimé dans toutes les éditions courantes, ainsi qu'il est dit au théâtre, ainsi qu'il est récité dans nos colléges ; seulement, par un scrupule d'exactitude, M. Lefèvre fait remarquer que de 1637 à 1648 on lit :

> A qui venge son père, il n'est rien impossible,

sans le mot *de*. Qui s'aviserait de soupçonner après cela

---

1. *Le Cid*, acte II, scène II.

que cette dernière leçon (*il n'est rien impossible*) est la seule exacte, la seule qui se trouve dans toutes les impressions surveillées par Corneille, et encore dans celle de 1692, dont son frère a pris soin?

Ce n'est pas là un fait unique, isolé. On a souvent admis de la sorte, comme par pitié, en variante, la leçon authentique émanée de Corneille, tandis qu'on insérait dans le texte une correction inutile ou un rajeunissement maladroit. Une seule pièce nous fournira trois nouveaux exemples de ce singulier genre d'inexactitude.

Corneille a dit dans *Cinna* :

> De quelques légions qu'Auguste soit gardé,
> Quelque soin qu'il se donne et quelque ordre qu'il tienne,
> Qui méprise sa vie est maître de la sienne[1].

Et plus loin :

> Le ravage des champs, le pillage des villes,
> Et les proscriptions, et les guerres civiles
> Sont les degrés sanglants dont Auguste a fait choix
> Pour monter dans le trône et nous donner des lois[2].

Enfin :

> On a fait contre vous dix entreprises vaines ;
> Peut-être que l'onzième est prête d'éclater,
> Et que ce mouvement qui vous vient agiter
> N'est qu'un avis secret que le ciel vous envoie[3].

« Qui méprise *sa* vie est maître de la sienne » a paru amphibologique aux éditeurs ; ils ont mis : « Qui méprise *la* vie. »

---

1. Acte I, scène II. — 2. Acte I, scène III. — 3. Acte II, scène I.

« Monter *dans* le trône » les choquait ; ils y ont substitué la phrase aujourd'hui consacrée : « monter *sur* le trône. »

Ils ont pensé que l'agitation d'Auguste ne devait pas durer plus longtemps que le morceau dans lequel il l'exprime, et, par suite de ce raisonnement : « Qui vous vient agiter » est devenu « qui vous vient *d*'agiter. »

M. Lefèvre a reproduit ce texte sans paraître soupçonner qu'il eût subi la moindre altération. Toutefois, pour chacun de ces vers, il a admis comme variante la rédaction de Corneille, qui ne figurait à aucun titre dans les impressions postérieures à 1692. C'est toujours un progrès[1].

1. Voici, comme complément de ces remarques, un relevé des altérations de texte et des omissions que nous offre une autre pièce prise au hasard, le *Pompée* de l'édition de M. Lefèvre :

ACTE I.
SCÈNE I.

Et je crains d'être injuste *et* d'être malheureux.

Ce vers est donné comme une variante de 1644-48. C'est cependant la vraie et la seule leçon des éditions de Corneille ; « *ou* d'être malheureux » qu'on y a substitué dans le texte ne se trouve nulle part.

SCÈNE III.

Il fut jusque *dans* Rome implorer le sénat.

Ce vers, donné comme variante, n'existe pas dans les éditions citées. Toutes celles qui diffèrent du texte de 1682 portent : « Il fut jusques *à* Rome. »

ACTE III.
SCÈNE II.

Et *plus j'ai fait* pour vous, plus l'action est noire.

Toutes les éditions données par Corneille portent : « Et *j'ai plus fait pour vous.* »

SCÈNE III.

Vous qui *la pouvez* mettre au faîte des grandeurs !

C'est la leçon des premières éditions ; mais en 1682 Corneille y a

AVERTISSEMENT.

En général, nous avons suivi, pour chaque ouvrage, la dernière édition donnée par l'auteur ; mais on verra par

substitué : « vous qui *pouvez la* mettre, » qu'il aurait fallu faire passer dans le texte.

ACTE IV.
SCÈNE I.

Il est mort ; et mourant, Sire, il *doit vous* apprendre,

dans le premier passage cité comme variante. C'est « *il vous doit apprendre* » qu'il faut lire.

Que je n'en puis choisir de plus *digne* que toi ;

il y a *dignes*, au pluriel, dans toutes les éditions publiées du vivant de Corneille.

Lorsqu'avec tant de *fast* il a vu ses faisceaux.

Cette forme curieuse du mot *faste*, qui se trouve dans toutes les éditions, n'est ni conservée dans le texte, ni même indiquée en note.

SCÈNE IV.

Et me laisse encor voir qu'il y va de ma gloire
De punir son audace *autant que* sa victoire,

Au lieu de *autant que*, il faut lire *avant que* dans ce passage donné en variante.

ACTE V.
SCÈNE I.

Et n'y voyant qu'un tronc dont la tête est coupée,
A cette triste marque il reconnoît Pompée.

On donne comme variante du premier de ces vers pour les éditions de 1644-48 :

Et n'y voyant qu'un tronc dont la tête coupée,

qui n'a point de sens dans ce passage et ne se trouve d'ailleurs dans aucune des éditions citées.

Ces restes d'un héros par le feu consumé.

Les premières éditions portent : *consommé*, qui aurait dû être recueilli comme variante.

Ajoutons que dans tout le théâtre les variantes, pourtant si curieuses, des jeux de scène, ont été recueillies avec la plus grande négligence, et que les *Discours*, avis *Au lecteur*, *Examens* n'ont pas même été collationnés.

les notes que nous l'avons toujours soumise à un contrôle sévère, à une attentive révision.

Le *Théâtre de P. Corneille*, de 1682, si important pour l'ensemble du texte, fourmille de fautes typographiques, contre lesquelles il faut se tenir continuellement en garde. Souvent un vers entier s'y trouve passé; parfois un mot y est estropié; plus fréquemment encore il est remplacé par un autre qui semble avoir un sens, et c'est certes là le cas le plus difficile et le plus délicat.

Dans cette édition de 1682, Médée, pour ne citer qu'un exemple, parle ainsi dans la IV° scène du Ier acte :

> Filles de l'Achéron, pestes, larves, furies,
> Fières sœurs, si jamais notre commerce étroit
> Sur vous et vos *serments* me donna quelque droit
> Sortez de vos cachots avec les mêmes flammes,
> Et les mêmes tourments dont vous gênez les âmes.

Le sens n'a en lui-même rien d'absolument invraisemblable, et, si l'on n'avait que ce texte, il ne viendrait peut-être pas à l'esprit d'y introduire une correction; mais, quand on s'est convaincu que toutes les éditions antérieures portent *serpents* au lieu de *serments*, il est difficile de voir dans ce dernier mot autre chose qu'une faute d'impression; aussi n'hésitons-nous pas à le rejeter, en le mentionnant toutefois en note, afin que le lecteur soit toujours complétement renseigné sur la constitution du texte.

Les variantes n'ont pas été de notre part l'objet d'une moindre attention; nous n'avons pas cru qu'il nous fût permis de rien exclure, de rien sacrifier. Nous nous sommes appliqué à faciliter l'étude des éditions données par Corneille, et à fournir les moyens de suivre sans fatigue la pensée du poëte dans ses progrès et parfois dans ses défaillances, à travers toutes les rédactions successives qu'il a tour à tour adoptées.

Elles sont fort nombreuses : il y a pour les œuvres de la première moitié de sa carrière dramatique, trois états principaux et un grand nombre de retouches intermédiaires, que nous ne rappelons ici que fort sommairement, mais dont on se rendra compte d'une manière plus complète, en parcourant les variantes et la notice bibliographique. On trouve d'abord l'édition en pièce séparée, à laquelle les recueils publiés de 1644 à 1657 changent peu de chose, bien qu'il y ait déjà çà et là un certain nombre de vers à recueillir. En 1660, l'économie du recueil est entièrement modifiée : les dédicaces, avis au lecteur, arguments des premières impressions et les fragments d'historiens et de poëtes placés en tête de certaines tragédies, soit lors de leur publication, soit en 1644, disparaissent, et font place à d'autres préliminaires. L'édition est divisée en trois tomes ; en tête de chacun se trouve, pour la première fois, un des *Discours* sur le théâtre et la série consécutive de tous les examens des pièces contenues dans le volume. Ces examens forment ainsi comme des chapitres d'un même ouvrage ; et, en les séparant, les éditeurs les ont altérés en plus d'un endroit[1]. Les impressions de 1663 et de 1664 ne contiennent encore que des variantes de détail ; puis on arrive enfin à celles de 1668 et de 1682, qui diffèrent fort peu l'une de

---

1. Voyez tome I, p. 13, note 1, et p. 137, note 1.

AVERTISSEMENT.

l'autre. La seconde, dont nous avons déjà parlé, est la dernière que l'auteur ait revue, et doit être incontestablement la base même du texte de Corneille[1].

Malgré les objections spécieuses de quelques bons esprits et l'exemple du plus consciencieux éditeur de Corneille, M. Taschereau, qui a cru devoir publier seulement les variantes d'un grand intérêt historique ou littéraire, nous avons entrepris de reproduire dans tous leurs détails jusqu'aux moindres de ces changements[2].

---

1. Voici une liste complète des impressions auxquelles nous renvoyons pour les variantes dans les deux premiers volumes de cette édition :

Édition originale de chaque pièce à part, présentant parfois deux états différents, comme par exemple pour *Mélite* (voyez tome I, p. 183, note 2, et p. 217, note 3).

1644. *Œuvres.... Paris, Antoine de Sommaville, et Augustin Courbé,* in-12.
1648. *Œuvres.... Rouen et Paris, Toussaint Quinet,* in-12.
1652. *Œuvres.... Rouen et Paris, Antoine de Sommaville,* in-12.
1654. *Œuvres.... Rouen et Paris, Augustin Courbé,* in-12.
1657. *Œuvres.... Paris, Augustin Courbé,* in-12.
1660. *Le Théâtre.... Rouen et Paris, Augustin Courbé, et Guillaume de Luyne,* in-8°.
1663. *Le Théâtre.... Rouen et Paris, Thomas Jolly,* in-fol.
1664. *Le Théâtre.... Rouen et Paris, Guillaume de Luyne,* in-8°.
1668. *Le Théâtre.... Rouen et Paris, Louis Billaine,* in-12.
1682. *Le Théâtre.... Paris, Guillaume de Luyne,* in-12.

C'est dans la première partie de ces recueils (celui de 1644 n'en a qu'une) que sont contenues les pièces de nos deux premiers volumes.

A partir du tome III, qui commencera par *le Cid*, nous indiquerons à la fin des diverses notices les éditions collationnées pour chaque pièce.

2. Pour mener à bien ce difficile travail des variantes, nous avons eu grand besoin de communications et de secours, qui du reste ne nous ont jamais fait défaut. Les bibliothèques publiques et les bi-

AVERTISSEMENT.

Corneille commence à écrire à une époque où la plus grande licence règne dans la comédie. Plus modeste, plus retenu que ses contemporains, il cède encore parfois à son insu à la contagion de l'exemple; mais à mesure que le théâtre, grâce à son influence, s'épure davantage, il s'applique à faire disparaître quelques scènes un peu libres, quelques expressions hasardées. Une édition où les divers textes de ses premières pièces sont tous réunis, permet donc d'apprécier d'un coup d'œil le progrès qui s'est accompli à cet égard en peu d'années.

Pour l'histoire de la langue, les variantes sont plus utiles encore. Elles nous font connaître l'instant précis de la disparition des termes surannés, des constructions tombées en désuétude, et nous montrent, contre toute attente, le grand Corneille, superstitieux observateur des règles de Vaugelas, s'appliquant sans cesse à modifier dans ses œuvres ce qui n'est pas conforme aux lois nouvelles introduites dans le langage.

Enfin, on comprend de reste, sans que nous insistions, combien ces études sont indispensables aux personnes qui veulent aborder sérieusement la critique et l'histoire de notre littérature; pour les avoir négligées, l'auteur d'un article d'ailleurs fort estimable, intitulé *les Contemporains de Corneille*[1], est tombé dans une bien étrange

---

bliothèques privées nous ont prodigué leurs trésors avec une égale libéralité, et nous ne savons réellement qu'admirer le plus, des richesses bibliographiques de M. Cousin, de M. le comte de Lignerolles, de M. le comte de Lurde, de MM. Potier, Rochebilière et Salacroux, ou du noble usage qu'ils en font.

1. *Revue contemporaine*, année 1854, p. 161 et 359.

erreur : il compare à des fragments de diverses pièces jouées vers 1630, le commencement de *Mélite*, non tel qu'il a été écrit d'abord, mais tel qu'il a été refait en 1660, et il s'écrie avec étonnement : « Voilà les premiers vers de Corneille; à l'exception d'un mot, il n'y a rien qui ait vieilli. »

Il ne suffisait pas d'avoir la volonté bien arrêtée de recueillir toutes les variantes, ni même de parvenir à se procurer les éditions où elles se trouvent, il fallait encore trouver la manière la plus expéditive et la plus sûre d'exécuter le travail. M. Ad. Regnier, qui dirige la collection des *Grands écrivains de la France*, avec une vigilance infatigable et une sûreté de goût des plus rares, a eu l'excellente idée de convoquer pour cette collation autant de lecteurs que nous avions de textes différents. Ce mode de révision, qui sera employé pour tous les auteurs auxquels il pourra utilement s'appliquer, nous paraît être le moyen le plus sûr d'arriver à une exactitude presque absolue[1].

Après avoir dit jusqu'où nous avons poussé le scrupule à l'égard des variantes, il est presque inutile d'ajouter que nous avons fait tous nos efforts pour réunir et publier jusqu'aux plus minces productions sorties de la plume de Corneille. Cette tâche, aujourd'hui pénible, l'eût été beaucoup moins au siècle dernier, mais alors les

---

1. Je suis heureux de remercier ici mes collaborateurs dans ce pénible travail. Je dois citer d'abord M. Adolphe Regnier fils, dont l'heureuse mémoire m'a suggéré plus d'un utile rapprochement; ensuite MM. Schmit et Alphonse Pauly, mes collègues de la Bibliothèque impériale; enfin plusieurs employés fort méritants de la librairie de M. Hachette et de l'imprimerie de M. Labure.

éditeurs se regardaient comme des juges, chargés de procéder à un choix des plus sévères, et ils omettaient de propos délibéré ce qui ne leur semblait pas excellent. L'abbé Granet en convient avec une grande naïveté dans la Préface des *OEuvres diverses*[1], et les efforts successifs de plusieurs générations d'éditeurs n'ont sans doute pas encore suffi à retrouver tous les opuscules qu'il avait alors sous la main et qu'il a négligés volontairement.

Des publications récentes fort curieuses, quelques recherches personnelles, d'obligeantes communications et surtout des hasards heureux nous ont permis d'augmenter cette édition de bon nombre de lettres et de pièces de vers de Corneille, et de quelques morceaux importants à la composition desquels il a pris une part difficile à déterminer, mais qui paraît incontestable.

Nous sommes parvenu à retrouver l'épitaphe latine du P. Goulu, que M. Taschereau a signalée le premier comme étant de Corneille, mais qui avait échappé à ses recherches.

Nous ajouterons aux poésies diverses un assez grand nombre de pièces :

Un quatrain qui figure, en 1631, en tête du *Ligdamon et Lidias* de Scudéry, et que M. Triçotel a recueilli, en 1859, dans le *Bulletin du bouquiniste;*

Une épigramme publiée en 1632 dans les *Mélanges poétiques*, à la suite de *Clitandre*, et que personne cependant ne semble avoir connue ;

---

1. 4ᵉ feuillet recto et 7ᵉ feuillet verso.

Une pièce en l'honneur de la Vierge, composée en 1633 pour le Palinod de Rouen, et recueillie tout récemment par M. Édouard Fournier dans ses *Notes sur la vie de Corneille*, qui précèdent sa charmante comédie de *Corneille à la butte Saint-Roch;*

Un compliment adressé la même année (1633) à Mareschal sur sa tragi-comédie de *la Sœur valeureuse*, publié par lui en tête de sa pièce;

Un hommage poétique du même genre publié en 1635 par de la Pinelière, en tête de son *Hippolyte*, tous deux recueillis également par M. Édouard Fournier;

Un remercîment aux juges du Palinod, improvisé en 1640 par Corneille, au nom de Jacqueline Pascal, signalé en 1842 par M. Sainte-Beuve dans son *Histoire de Port-Royal*, et publié plus tard par M. Cousin, mais qui ne se trouve pas dans l'édition de M. Lefèvre;

Un sonnet qui a paru, en 1650, en tête de l'*Ovide en belle humeur* de d'Assoucy;

Un autre compliment du même genre, mais qui s'applique à un ouvrage bien différent, au *Traité de la théologie des saints* du P. Delidel, publié en 1668. C'est encore M. Édouard Fournier qui a renouvelé le souvenir effacé de ces deux dernières petites pièces.

Nous ajouterons quatre belles lettres à celles qu'on connaît. La première traite d'affaires; elle a été signalée par M. Taschereau qui en a publié un curieux fragment; les trois autres, toutes littéraires, adressées à M. de Zuylichem, secrétaire des commandements du prince d'Orange, et à l'abbé de Pure, sont entièrement inédites.

Dans l'édition de M. Lefèvre, les lettres sont, pour la plupart, rapprochées des ouvrages auxquels elles ont rapport; nous avons préféré les classer tout simplement d'après leurs dates. Nous y avons joint celles qui ont été adressées à Corneille par Balzac et Saint-Évremont, et de la sorte s'est trouvée constituée pour la première fois une véritable correspondance de Corneille, composée de plus de vingt lettres ou fragments de lettres.

« Nous regrettons beaucoup, disait M. Lefèvre, en 1854, de ne pouvoir augmenter notre édition de la traduction en vers que Corneille a faite des deux premiers livres de la *Thébaïde* de Stace, mais les recherches de M. Floquet, de l'Académie de Rouen, de M. Aimé Martin, etc., etc., ainsi que les nôtres, n'ont eu aucun résultat. » Nous avons ajouté sans plus de succès nos investigations à celles de nos prédécesseurs. Nous avons pu seulement déterminer avec un peu plus d'exactitude la date de l'impression qui doit être fixée aux premiers mois de 1672, et nous avons soigneusement recueilli les trois vers conservés par Ménage. Reproduits par M. Taschereau dans son *Histoire de la vie de Corneille*, connus de M. Lefèvre, qui en parle sans les citer, ils ne figurent néanmoins jusqu'ici dans aucune édition des *OEuvres* de notre poëte. Ce n'est pas toutefois, on le comprend, pour annoncer une addition de ce genre que nous parlons ici de ce poëme; mais il nous paraît utile d'attirer une fois de plus l'attention des bibliophiles et des amis de Corneille sur un fait si singulier. Il semble impossible en effet que cet ouvrage ait disparu pour toujours, et qu'à moins de deux cents ans de distance, et malgré les bienfaits de l'imprimerie, il en soit pour nous du père de notre théâtre comme de ces écrivains de l'antiquité dont certains livres ne nous sont connus que grâce aux fragments conservés par les grammairiens.

Le théâtre, comme on doit le penser, ne s'est guère accru; nous reproduirons cependant deux publications, peu importantes en elles-mêmes, mais fort intéressantes pour l'histoire de la représentation des pièces de Corneille[1] : le *Dessein d'Andromède* et le *Dessein de la Toison d'or*. Ces desseins sont de véritables livrets très-semblables à ceux qui se vendent encore aujourd'hui dans les théâtres d'opéra. Nous sommes contraint d'ajouter qu'ils ne sont pas rédigés d'une manière beaucoup plus attachante. Notre poëte en est cependant bien l'auteur, car il dit en tête du *Dessein d'Andromède* : « J'ai dressé ce discours seulement en attendant l'impression de la pièce. »

Nous avons cru pouvoir extraire de *la Comédie des Tuileries*, pour le faire figurer dans notre édition, un acte, le troisième, dont la rédaction paraît très-vraisemblablement avoir été confiée à notre poëte; néanmoins nous l'avons fait imprimer en petits caractères, afin que le lecteur pût toujours distinguer à première vue ce qui est incontestablement de Corneille de ce qui peut seulement lui être attribué.

Cette précaution était encore plus nécessaire à l'égard des pamphlets publiés en sa faveur dans la querelle du

---

1. Ces deux publications ont été signalées par nous pour la première fois, en 1861 : *de la Langue de Corneille*, p. 46.

AVERTISSEMENT.

Cid, et réunis par nous à la suite de la *Notice* relative à cet ouvrage. En effet, bien que Niceron les regarde comme de Corneille, et que Barbier lui en attribue au moins un, nous n'hésitons pas à déclarer qu'il n'en est point l'auteur ; mais écrits par ses amis, et très-probablement sous son inspiration, ils renferment sur sa personne des particularités intéressantes ; ils sont d'ailleurs peu nombreux, assez courts, fort rares : c'était plus qu'il n'en fallait pour nous décider à les publier.

L'histoire des ouvrages de Corneille sera exposée dans des *Notices* historiques, littéraires et bibliographiques placées en tête de chacun d'eux, conformément au plan général adopté pour toute la collection des *Grands écrivains*.

Ces notices, dont nous aurons soin d'exclure les théories et les appréciations littéraires, afin de réserver plus de place aux faits certains et aux pièces originales, seront complétées et reliées entre elles par une *Vie de Corneille*, où il sera plus question de lui que de ses ouvrages, et dans laquelle l'homme passera avant le poëte.

Un portrait de Corneille avec les armes de sa famille, un fac-simile de son écriture, la vue de la maison où il est né, la reproduction de quelques anciennes gravures propres à faire mieux comprendre certaines particularités contenues dans ses œuvres, en seront un complément agréable et presque nécessaire, bien que tout nouveau.

Les éclaircissements généraux donnés dans les notices nous permettront de ne pas multiplier les notes et surtout de les rédiger avec une grande brièveté. La table de tous les noms de personnes et de lieux, et des principales matières contenues dans les œuvres de Corneille, dans les notices et dans les notes, facilitera d'ailleurs singulièrement les rapprochements et les recherches, et le *Lexique* qui terminera l'ouvrage contiendra la solution d'un grand nombre de problèmes relatifs à l'histoire du langage au dix-septième siècle. En accordant à ce dernier travail le prix du concours ouvert en 1858, l'Académie française m'a imposé le devoir de le rendre aussi digne qu'il serait en moi de cette honorable distinction. Une étude plus sérieuse et plus approfondie du texte de Corneille vient de m'en fournir les moyens; puissé-je en avoir profité autant que je l'ai dû et voulu faire!

Ch. Marty-Laveaux.

NOTICE BIOGRAPHIQUE

SUR

PIERRE CORNEILLE[1].

Corneille est issu d'une famille de robe dans laquelle le prénom de Pierre était réservé aux fils aînés bien avant qu'il l'eût porté.

Pierre Corneille, arrière-grand-père du poëte, ne remplissait sans doute point de fonctions publiques, car son nom n'est suivi d'aucune qualité dans les actes où il se lit. Son fils, Pierre Corneille, épousa en 1570 Barbe Houel, qui appartenait à une famille noble, et fut dotée par son oncle, Pierre Houel, sieur de Vandelot, vieux garçon, greffier criminel du Parlement et notaire secrétaire de la maison et couronne de

---

1. En racontant la vie de Corneille, nous ne nous arrêterons pas à l'histoire de ses ouvrages, des succès qu'ils ont obtenus, des querelles littéraires qu'ils ont excitées. Cette histoire se trouve dans les notices que nous avons placées en tête de chacun d'eux; nous nous contentons de les mentionner ici rapidement à leur date, en prenant soin toutefois de signaler et de corriger les erreurs qui nous sont échappées (voyez aussi à ce sujet les *Additions et Corrections*, tome XII, p. 567-570). Divers détails qui eussent été de trop dans la *Notice biographique* auront leur place dans les annexes que nous donnons à la suite, à savoir dans les *Pièces justificatives*, et dans le *Tableau généalogique*. Nous avons aussi rédigé une *Table chronologique*, où l'on pourra suivre année par année le développement et le déclin du génie de Corneille.

France. Pierre Houel fit admettre son neveu au greffe en qualité de commis; bientôt après, celui-ci traita d'une petite charge de conseiller référendaire à la chancellerie et se fit recevoir avocat. Ce Pierre Corneille eut pour fils, en 1572, Pierre Corneille, père du poëte, puis Antoine et François Corneille, ses deux oncles. Le 5 mai 1599, le père de Corneille obtint du Roi des provisions de maître particulier des eaux et forêts en la vicomté de Rouen, et fut reçu en cette qualité le 31 juillet de la même année. Il épousa, le 9 juin 1602, Marthe Lepesant, fille de François Lepesant[1]. Le 29 septembre 1602, un acte régulier de partage mit les jeunes époux en possession d'une maison située à Rouen, rue de la Pie, qui venait du père du marié, décédé en 1588, et dont la succession était demeurée depuis lors indivise.

Ce fut dans cette maison que naquit, le 6 juin 1606, l'enfant qui devait être le grand Corneille[2]. Trois jours plus tard, le 9, il était présenté au baptême dans la paroisse Saint-Sauveur par Pierre Lepesant, secrétaire du Roi, son oncle maternel, et Barbe Houel, son aïeule paternelle, et il recevait sur les fonts

1. Jusqu'ici les biographes ont généralement ajouté au nom de Lepesant celui de Boisguilbert; mais il résulte d'une découverte récente de M. Gosselin que le titre de Boisguilbert n'appartenait pas à Marthe, mère de Corneille, mais seulement au frère de celle-ci, et qu'il fut acquis par lui longtemps après la naissance du poëte.

2. Voyez un dessin de cette maison dans l'*Album* qui accompagne notre édition de Corneille. En 1821, M. de Jouy l'a visitée et l'a décrite dans son *Hermite en province* (tome XIII des *Œuvres*, p. 155 et suivantes). A cette époque elle était recouverte d'un crépi qui en avait changé l'aspect; on y avait placé un buste de Corneille et une inscription où la date de sa naissance avait été confondue avec celle de son baptême, et qui plus tard fut ainsi rectifiée :

Ici
EST NÉ, LE 6 JUIN 1606,
PIERRE CORNEILLE.

Cette maison ayant été démolie, ainsi que l'habitation contiguë où était né Thomas Corneille, elles furent remplacées par des magasins; il ne reste plus, pour rappeler le souvenir de l'une et de l'autre, que la porte d'entrée de la première, transportée au musée d'archéologie

le prénom de Pierre, que portaient son père et son parrain[1].
Nous ne savons rien de particulier sur son enfance. M. Gosselin, dans un excellent travail, auquel nous avons emprunté la plupart des faits qui précèdent[2], a conjecturé, non sans vraisemblance, qu'elle s'écoula en partie dans une maison de campagne des plus riantes que Pierre Corneille, le père, acheta le 7 juin 1608 à Petit-Couronne, lorsque son enfant venait d'atteindre la fin de sa seconde année[3].

Corneille fit ses études avec succès au collége des Jésuites de Rouen. En 1620, il reçut en prix un exemplaire de l'ouvrage de Panciroli intitulé : *Notitia utraque dignitatum, cum Orientis, tum Occidentis, ultra Arcadii Honoriique tempora* (*Lugduni*, 1608) : c'est un volume in-folio, relié en veau brun, doré sur tranche, et portant sur les plats les armes d'Alphonse Ornano, alors lieutenant général au gouvernement de Normandie, et qui, en cette qualité, avait fait les frais des prix distribués au collége. Ce livre appartenait à la bibliothèque de M. Villenave[4], et M. Floquet, qui l'y a vu, fait remarquer

de Rouen, et la nouvelle inscription que voici, qui fut rédigée en 1857 par l'Académie de Rouen :

Ici
ÉTAIENT LES MAISONS
OÙ SONT NÉS LES DEUX CORNEILLE :
PIERRE, LE 6 JUIN 1606;
THOMAS, LE 24 AOÛT 1625.

Cette inscription n'est point placée, par suite du refus du propriétaire, sur la maison où elle aurait dû être; elle se trouve à une certaine distance des deux endroits, très-voisins l'un de l'autre, où sont nés les frères Corneille. (Voyez le *Bulletin des travaux de la Société libre d'émulation, du commerce et de l'industrie de la Seine-Inférieure*, 1857-58, p. 140, et le *Précis analytique des travaux de l'Académie de Rouen*, 1857-58, p. 204.)

1. Voyez ci-après, *Pièces justificatives*, n° I.
2. *Pierre Corneille (le père)*, par E. Gosselin, Rouen, 1864, in-8°.
3. Voyez, dans notre *Album*, le dessin de la propriété de Petit-Couronne.
4. *Catalogue des principaux livres de la bibliothèque de feu M. Vil-*

que, suivant l'usage, « une notice détaillée et signée du principal indique dans quelle classe et à quel titre cette récompense avait été décernée au jeune Corneille[1]. » Par malheur nous ignorons ce qu'est devenu ce volume et nous n'avons pu voir nous-même ni reproduire le curieux renseignement qu'il renferme.

Suivant une tradition dont l'origine est demeurée inconnue, Corneille a remporté un prix de rhétorique pour une traduction en vers français d'un morceau de *la Pharsale*[2]. Mais nous ne croyons pas que ce prix soit le volume que nous venons de décrire : il est, non pas impossible, mais peu probable, que notre poëte, né en 1606, ait fait sa rhétorique en 1620.

Le temps n'a pas fait disparaître entièrement les témoignages de la gratitude de Corneille envers ses maîtres. La bibliothèque de la Sorbonne possède un exemplaire de l'édition de 1664 de son *Théâtre*, sur le titre duquel il a inscrit cet envoi :

Patribus Societatis Jesu
Colendissimis præceptoribus suis
Grati animi pignus
D. D. Petrus Corneille.

Dii, majorum umbris tenuem et sine pondere terram,
Qui præceptorem sancti voluere parentis
Esse loco[3].

Un monument plus durable et plus touchant des sentiments de respect dont il demeura toujours animé à l'égard de ceux

---

lenave.... dont la vente aura lieu.... le lundi 15 février 1848.... Paris, Chinot, in-8°, n° 969.

1. Voyez *Pierre Corneille et son temps*.... par M. Guizot, Paris, 1858, in-12, p. 143, note 2.
2. Voyez notre tome IV, p. 3.
3. Ce passage latin est emprunté à la VIIe *satire* de Juvénal, vers 207, 209 et 210. — Le volume de la bibliothèque de la Sorbonne a déjà été décrit dans un article de l'*Athenæum français* du 22 décembre 1855 (p. 1114), signé A. DE BOUGY, et dans l'édition de la traduction de *l'Imitation* par Corneille, publiée en 1857 par M. Alexandre de Saint-Albin, chez l'éditeur Lecoffre.

qui avaient formé sa jeunesse, est la pièce de vers qu'il adressa, à l'âge de soixante-deux ans, au P. Delidel, et qu'il signa affectueusement : « Son très-obligé disciple[1]. »

Ce furent peut-être ces reconnaissants souvenirs qui déterminèrent Corneille à mettre en vers français certains poëmes latins du P. de la Rue. Du reste il fit le même honneur à Santeul. Cela irritait fort Huet, qui s'écrie avec humeur dans ses *Mémoires* : « Il avait acquis une réputation considérable et méritée, et il régnait au théâtre, lorsque, oublieux de sa dignité, il s'abaissa à de petites compositions fort peu dignes de l'excellence de son génie. S'il paraissait quelque poëme ayant du succès dans les écoles, il se faisait l'interprète de ceux qu'il eût à peine dû accepter pour interprètes de ses ouvrages[2]. »

Au sortir du collége, Corneille étudia le droit, et, le 18 juin 1624, il fut reçu avocat et prêta serment en cette qualité au parlement de Rouen[3]. « Mais, dit un de ses contemporains, comme il avoit trop d'élévation d'esprit pour ce métier-là, et un génie trop différent de celui des affaires, il n'eut pas plus tôt plaidé une fois, qu'il y renonça. Il ne laissa pas de prendre la charge d'avocat général à la table de marbre du Palais, qui ne l'engageoit qu'à fort peu de chose[4]. » M. Gosselin a pris soin de nous faire connaître cette juridiction et le lieu où elle s'exerçait : « La table de marbre du Palais, à Rouen, créée par Louis XII en 1508, connaissait des eaux et forêts en appel, mais jugeait en première instance tout ce qui concernait la navigation.... Le lieu des séances n'était par lui-même guère capable d'imposer le moindre respect aux justiciables ; il était situé dans la grande salle des procureurs, au bout,

---

1. Tome X, p. 220-222.
2. Voici le texte latin : *Magnam ille sibi meritis suis quæsiverat nominis claritatem, planeque regnabat in theatris, quum decoris sui oblitus demittere cœpit animum ad levissimas scriptiones, ingenii sui præstantia minime dignas. Si quod enim felicibus auspiciis exierat carmen ex scholasticorum exhedris, his se dabat interpretem quos vix operum suorum interpretes ferre debuisset.* (P. D. HUETII *Commentarius de rebus ad eum pertinentibus*, liber V, p. 313. Amstelodami, 1718.)
3. Voyez *Pièces justificatives*, n° II.
4. *Nouvelles de la république des lettres*, janvier 1685, 2ᵉ édition, p. 89. — Voyez ci-après, *Pièces justificatives*, n° III.

vers la rue Saint-Lô, et le bureau de justice n'était autre qu'une grande table en marbre, derrière laquelle les juges étaient assis, ayant à leurs côtés et un peu au-dessus de leurs têtes, dans des niches existant encore aujourd'hui, au milieu la sainte Vierge, d'un côté Geffroy Hébert, évêque de Coutances, et de l'autre côté Antoine Boyer, abbé de Saint-Ouen[1]. » A sa charge d'avocat général à la table de marbre Corneille joignit, ainsi que son prédécesseur, celle d'avocat du Roi aux siéges généraux de l'Amirauté. M. Gosselin a prouvé récemment, dans une intéressante étude, que, malgré l'assertion, souvent reproduite, contenue dans l'article des *Nouvelles de la république des lettres*, ces charges n'étaient point, comme on l'a prétendu, de pures sinécures[2].

Pendant que Corneille étudiait au collége des Jésuites, il avait pris en amitié une petite fille, Marie Courant, dont il devint fort épris plus tard, et dont le bon goût, les sages conseils eurent, si nous en croyons notre poëte[3], une grande influence sur son talent. Si, ce que nous ignorons, il aspira à sa main, sa prétention fut vaine : Marie Courant fit un beau mariage; au lieu de prendre le nom, bien modeste encore, de Corneille, elle épousa M. Thomas du Pont, correcteur en la chambre des comptes de Normandie[4].

C'est encore M. Gosselin qui nous a fait connaître le nom de famille de Mme du Pont[5]. Tant qu'on l'a ignoré, on était très-porté à la confondre avec Mlle Milet, dont Corneille fut amoureux plus tard, et en l'honneur de qui il composa un sonnet, dont il fut si content, qu'à en croire son frère, il fit sa comédie de *Melite* (1629) tout exprès pour l'employer[6]. Je penchais fort, je l'avoue, vers cette opinion ; mais elle ne peut plus se soutenir aujourd'hui, et il faut admettre, ce qui du reste n'a rien d'invraisemblable, que l'ancienne passion, la sérieuse amitié de Corneille pour Marie Courant, a été tra-

1. *Pierre Corneille (le père)*, p. 4.
2. *Particularités de la vie judiciaire de Pierre Corneille*, par E. Gosselin, Rouen, 1865, p. 6.
3. Tome X, p. 77.
4. Voyez tome I, p. 127 et 128.
5. *Particularités de la vie judiciaire de P. Corneille*, p. 15.
6. Voyez tome I, p. 126.

versée par une passagère amourette : tout se trouve ainsi concilié. M. Taschereau invoque, il est vrai, le propre témoignage de Corneille, qui dit dans l'*Excuse à Ariste*[1] :

> .... Nul objet vainqueur
> N'a possédé depuis ma veine ni mon cœur.

Mais si Corneille, qui écrivait ceci en 1637, se plaisait alors à oublier les galanteries et les caprices de sa vie de jeune homme, dans les *Mélanges poétiques*, publiés cinq ans auparavant, en 1632, il tenait un tout autre langage :

> J'ai fait autrefois de la bête;
> J'avois des Philis à la tête[2];

et ailleurs :

> Plus inconstant que la lune,
> Je ne veux jamais d'arrêt[3].

Ce sont là, dira-t-on, des exagérations de poëte ; cela est possible ; mais il peut bien y avoir aussi dans l'*Excuse à Ariste* exagération de constance et de fidélité.

Quelle qu'ait été du reste l'occasion qui a donné naissance à *Mélite*, cette comédie eut un très-grand succès, malgré les critiques assez vives que lui attirèrent la simplicité du plan et le naturel du style. « Ceux du métier la blâmoient de peu d'effets[4], » ainsi que nous l'apprend l'auteur lui-même. Bientôt après, il composa dans un système très-différent, qui fut en ce temps un essai très-sérieux, la tragi-comédie de *Clitandre* (1632), qu'il aimait à présenter plus tard comme une espèce de bravade[5]. La preuve de l'importance qu'il y attacha est dans l'empressement qu'il mit à la publier avant *Mélite*. *Clitandre* est suivi de *Mélanges poétiques*, contenant des pièces galantes, des vers de ballet, et quelques traductions des épigrammes d'Owen[6]. Avant cette époque, Corneille n'avait encore eu d'imprimé qu'un quatrain en l'honneur de Scudéry[7], avec qui il

---

1. Voyez tome X, p. 77. — 2. Tome X, p. 26.
3. Tome X, p. 55. — 4. Tome I, p. 270.
5. *Ibidem*. — 6. Tome X, p. 24 et suivantes.
7. Tome X, p. 57.

s'était lié dès qu'il avait travaillé pour le théâtre, et dont, en retour, le nom figure le premier dans une série d'une vingtaine d'hommages poétiques placés en tête de *la Veuve* (1633), dus pour la plupart à des rimeurs aujourd'hui complétement inconnus, mais dont le patronage parut alors à Corneille utile et honorable.

La Veuve fut suivie de *la Galerie du Palais* (1633), de *la Suivante* (1634) et de *la Place Royale* (1634). Cette dernière comédie, que nous avons donnée comme ayant été jouée en 1635, suivant en cela l'opinion générale, est un peu plus ancienne, comme le prouve un opuscule de notre poëte, qui est d'une assez grande importance pour la chronologie de ses premières pièces.

Lorsque Louis XIII, la Reine et le Cardinal séjournèrent en 1633 aux eaux de Forges, les hauts dignitaires des environs s'empressèrent d'aller leur rendre hommage. Corneille fut invité par François de Harlay de Champvallon, archevêque de Rouen, à composer des vers en leur honneur. Il s'en excusa dans une pièce latine, où il se tire fort agréablement de ces éloges qu'il a l'air de n'oser aborder. Malgré sa feinte modestie, il n'hésite pas à énumérer en tête de son poëme ses succès de théâtre, et à déclarer que là il règne presque sans rival :

Me pauci hic fecere parem, nullusque secundum[1].

Ces vers latins furent peut-être l'occasion qui le mit directement en rapport avec le Cardinal, auquel devaient du reste le recommander puissamment ses premiers essais dramatiques. Bientôt il fut placé par lui au nombre des poëtes chargés de composer des pièces de théâtre sous sa direction. Nous avons indiqué la part qu'il prit, comme un des « cinq auteurs, » à *la Comedie des Tuileries* (1635), et nous avons raconté comment le défaut d'*esprit de suite*, ou plutôt de docilité, dont l'accusait Richelieu, le porta à renoncer à cette tâche de collaborateur et à quitter Paris en prétextant quelques affaires de famille qui l'appelaient à Rouen.

Lorsqu'il se remit au travail pour son propre compte, il aborda sérieusement le genre tragique dans *Medée* (1635);

1. Voyez tome X, p. 71.

mais quoique ce fût là à beaucoup d'égards une tentative heureuse, elle ne satisfit entièrement ni son auteur ni le public, et le génie inquiet et infatigable de Corneille se remit en quête de sa voie, certain déjà de la trouver. L'Espagne l'attira, soit qu'il eût de lui-même donné cette direction à ses études, soit, comme on l'a prétendu, qu'il eût suivi en cela les conseils de M. de Châlon, ancien secrétaire des commandements de la Reine mère, retiré à Rouen. Ce qu'on n'a pas assez remarqué, c'est qu'il préluda au *Cid* par *l'Illusion comique* (1636). Les exagérations du capitan ne manquent sous sa plume ni de noblesse ni de dignité : il le fait en plus d'une circonstance plus réellement majestueux qu'il n'aurait fallu. Sa grande âme tournait malgré lui au sublime ; elle y était entraînée invinciblement, et Matamore parle déjà parfois le langage de Rodrigue. Ce fut dans les derniers jours de 1636 que parut ce merveilleux *Cid*, sur lequel nous nous étendrons d'autant moins ici, que nous en avons plus longuement exposé l'histoire dans notre édition. Le savant M. Viguier, dont les amis des lettres déplorent la perte récente, en a indiqué, dans un mémoire spécial, les origines espagnoles[1]. Quant à nous, nous avons raconté, dans la longue notice consacrée à cet ouvrage[2], tout ce que nous avons pu recueillir de relatif à ses premières représentations, à l'affluence qui s'y porta, au jeu des comédiens qui remplirent les principaux rôles ; nous avons dit la colère des confrères de Corneille et en particulier de Scudéry, la complicité de Richelieu, dont cette pièce excitait la jalousie de poëte et les légitimes susceptibilités de ministre ; nous avons exposé, dans tous ses détails, le long procès porté à cette occasion devant la juridiction littéraire de l'Académie française ; nous avons reproduit les principales pièces de ce procès, et enfin le jugement lui-même. On peut parcourir successivement l'*Excuse à Ariste* et le *Rondeau* de Corneille[3], qui ont servi de point de départ et de prétexte à toute la querelle ; les vers placés dans la dédicace de *la Suivante*[4] et dont on n'avait pas bien apprécié la portée, faute de remarquer qu'ils n'avaient été publiés qu'après *le Cid*; les *Observations* de Scu-

---

1. Tome III, p. 207 et suivantes. — 2. Tome III, p. 3 et suivantes. 3. Tome X, p. 74 et 79. — 4. Tome II, p. 118.

déry[1], les titres et l'analyse des pamphlets publiés contre Corneille[2]; le texte complet de tous ceux auxquels on a prétendu qu'il avait eu, au moins indirectement, quelque part[3]; enfin *les Sentiments de l'Académie*[4].

Au mois de janvier 1637, Pierre Corneille père reçut des lettres de noblesse[5], qu'il avait méritées, mais que, sans l'éclat jeté sur son nom par son fils, il n'eût peut-être jamais obtenues, disions-nous dans notre notice sur *le Cid*[6]. Les découvertes intéressantes faites par M. Gosselin, depuis le moment où nous nous exprimions de la sorte, ont établi que nous avions raison plus encore que nous ne pouvions le supposer. Investi en 1599, comme nous l'avons dit, de sa charge de maître des eaux et forêts, Pierre Corneille père y avait trouvé maintes occasions de déployer sa fermeté et son courage. Plus d'une fois il avait eu à réprimer, les armes à la main, les vols de bois qui se commettaient dans les forêts, et les registres du Parlement attestent avec quels soins vigilants il s'appliquait à réprimer tout désordre et à maintenir ses agents dans le devoir. Par malheur, si Pierre Corneille, le père, était énergique et intègre, il avait un caractère âpre et absolu, qui lui attira beaucoup d'ennemis. Des difficultés qu'il eut avec Amfrye, son verdier[7], amenèrent, à l'occasion d'un mur indûment élevé sur la limite de la propriété de Petit-Couronne, un très-long procès, que Pierre Corneille perdit le 1er juin 1618. En 1620, sans attendre que son fils fût en âge de lui succéder, il donna sa démission. Il avait donc quitté ses fonctions depuis dix-sept ans, lorsque, au mois de janvier 1637, on lui accorda des lettres de noblesse pour le récompenser de la manière dont il s'en était acquitté. N'est-il pas évident par là que ses bons services étaient fort oubliés, et que les exploits de Rodrigue vinrent grandement en aide à la

---

1. Tome XII, p. 441-461. — 2. Tome XII, p. 502-515.
3. Tome III, p. 53-76. — 4. Tome XII, p. 463-501.
5. Voyez *Pièces justificatives*, n° IV, et, dans l'*Album*, les armoiries de la famille Corneille.
6. Tome III, p. 16.
7. On appelait ainsi, dit l'Académie, un officier établi pour commander aux gardes d'une forêt éloignée des maîtrises.

courageuse conduite du maître des eaux et forêts? Le père de Corneille ne jouit pas longtemps de la distinction qu'il venait d'obtenir : il mourut le 12 février 1639, à l'âge de soixante-sept ans.

Les années qui suivirent le succès du *Cid* furent bien tristement remplies pour Corneille par les persécutions des jaloux et des envieux, les chagrins de famille, les règlements de successions[1], les tracas d'affaires. Un sieur François Hays avait obtenu des provisions de second avocat du Roi au siége général des eaux et forêts, à la table de marbre du Palais, à Rouen[2], qui venaient réduire de moitié les profits de la charge acquise par Corneille dix ans auparavant. Nous ignorons quelle fut l'issue de l'affaire; mais elle demeura longtemps pendante et nécessita de nombreuses démarches. On voit que les motifs qui retardèrent jusqu'au commencement de l'année 1640 la représentation d'*Horace* furent de plus d'un genre et que le découragement de Corneille ne tenait pas à des causes purement littéraires. Fort maltraité par les poëtes et les critiques du temps, lors de la nouveauté du *Cid*, Corneille espéra se ménager la bienveillance de certains d'entre eux en leur lisant *Horace* avant la représentation. Ce fut chez Boisrobert que la lecture eut lieu, probablement afin de bien disposer le cardinal de Richelieu. Les assistants, dont on ne nous a nommé peut-être que les principaux, étaient Chapelain, Barreau, Charpi, Faret, l'Estoile et d'Aubignac[3]. Ce dernier fut d'avis de changer le dénoûment; l'Estoile appuya d'Aubignac; Chapelain proposa aussi un cinquième acte de sa façon. Mais si, en certaines circonstances, Corneille était un bourgeois assez humble, il garda toujours comme poëte une fière indépendance : il goûta peu toutes ces observations. Nous ne savons pas ce qu'il y répondit dans cette assemblée; mais nous connaissons les sentiments dont il était animé, par le « mauvais compliment » qu'il fit plus tard à Chapelain, à qui il dit, d'un ton à ce qu'il paraît assez bourru, « qu'en matière d'avis il craignait toujours qu'on ne les lui donnât par envie et pour détruire ce qu'il avait bien fait. »

---

1. Voyez *Pièces justificatives*, n° V. — 2. Voyez *ibidem*, n° VI.
3. Voyez au tome III, p. 254-257, ce que nous avons dit de cette lecture, dont les biographes de Corneille n'avaient pas parlé jusqu'ici.

La manière dont Corneille accueillit les critiques qu'on lui adressa détruisit tout le bon effet qu'il eût pu se promettre de la déférence témoignée aux hommes de lettres, plus ou moins en crédit, à qui il avait lu *Horace*. On comprend que toute la coterie hostile à l'auteur du *Cid* se soit émue et qu'il ait été un instant question d'observations et de jugement sur la nouvelle pièce[1]. Heureusement la position que Corneille avait déjà conquise et la fermeté de son attitude calmèrent cette effervescence ; et, à partir de ce moment, il n'eut plus à redouter d'autre juge que le public.

A *Horace* succéda *Cinna*. Ce fut après ce nouveau triomphe qu'eut lieu le mariage de Corneille. A en croire son neveu Fontenelle, il ne fallut rien moins qu'une intervention toute-puissante et fort inattendue pour que le poëte pût épouser Marie de Lamperière, fille de Mathieu de Lamperière, lieutenant général aux Andelys.

« M. Corneille, encore fort jeune, dit-il, se présenta un jour plus triste et plus rêveur qu'à l'ordinaire devant le cardinal de Richelieu, qui lui demanda s'il travailloit : il répondit qu'il étoit bien éloigné de la tranquillité nécessaire pour la composition, et qu'il avoit la tête renversée par l'amour. Il en fallut venir à un plus grand éclaircissement, et il dit au Cardinal qu'il aimoit passionnément une fille du lieutenant général d'Andely, en Normandie, et qu'il ne pouvoit l'obtenir de son père. Le Cardinal voulut que ce père si difficile vînt à Paris ; il y arriva tout tremblant d'un ordre si imprévu, et s'en retourna bien content d'en être quitte pour avoir donné sa fille à un homme qui avoit tant de crédit[2]. »

La première nuit de ses noces, Corneille fut tellement malade que le bruit courut à Paris qu'il était mort d'une pneumonie. Ménage fit, sans perdre de temps, une pièce de vers latins en l'honneur du prétendu défunt[3].

Ce morceau est important pour la biographie de Corneille ;

---

1. Voyez tome III, p. 254.
2. *Œuvres de Fontenelle, Vie de Corneille,* tome III, p. 122 et 123 (édition de 1742).
3.   Petri Cornelii Epicedium.

Hos versus scripsi quum falso nobis nuntiatum fuisset Cornelium, quo die

car, à défaut d'acte authentique, il nous fait approximativement connaître l'époque à laquelle il prit femme. Dans ses vers, Ménage parle d'*Horace*, de *Cinna*, ce qui prouve que le nouveau marié n'était pas fort jeune, comme le dit Fontenelle, mais déjà d'un âge mûr. *Cinna* est de 1640; Corneille, né en 1606, se maria donc à trente-quatre ou trente-cinq ans, et ne tarda guère à devenir père; car dans une lettre du 1er juillet 1641[1], il annonce à un ami la grossesse de sa femme; et le 10 janvier 1642, elle accoucha d'une fille, qui fut appelée Marie.

C'est sans doute vers le temps de son mariage que Corneille entra en relation avec l'hôtel de Rambouillet. C'était là un puissant secours contre la jalousie de ses ennemis littéraires, mais non le moyen de nourrir et développer cette admirable simplicité qui, dans les moments de haute et grande inspiration, distinguait son génie[2]. Dans cette *Guirlande* poétique que Montausier offrit à Julie d'Angennes trois ou

---

uxorem duxerat, diem suum ex peripneumonia obiisse : nam vivit Cornelius, et precor vivat.

. . . .
Vita fugit, sed fama manet tua, maxime vatum,
 Sæcla feres Clarii munere longa Dei.
Donec Apollineo gaudebit scena cothurno,
 Ignes dicentur, pulchra Chimena, tui;
Quos male qui carpsit, dicam, dolor omnia promit,
 Carminis Iliaci nobile carpat opus.
Itale, testis eris; testis qui flumina potas
 Flava Tagi; nec tu, docte Batave, neges :
Omnibus in terris per quos audita Chimena;
 Jamque ignes vario personat ore suos.
Nec tu, crudelis Medea, taceberis unquam,
 Non Graia inferior, non minor Ausonia.
Vos quoque tergemini, mavortia pectora, fratres,
 Et te, Cinna ferox, fama loquetur anus.
Quid referam soccos, quos tempora nulla silebunt,
 Totque, Elegeia, tuos, totque, Epigramma, sales?
. . . .

(*Miscellanea*, 1652, in-4°, p. 17-20.)

1. Tome X, p. 437.
2. Corneille fut de son temps un poëte fort à la mode, et fort admiré des précieuses. On pourrait l'établir par de très-nombreux témoignages. On lit dans le *Dictionnaire des précieuses* de Somaize (édition de M. Livet, tome I, p. 290) : « Noziane (*la comtesse de*

quatre ans avant de l'épouser, il y a trois fleurs au moins, six peut-être, à qui Corneille a dicté leurs hommages[1]. Ce fut dans la chambre bleue de l'hôtel qu'il lut *Polyeucte* à de belles dames, un peu offusquées de l'austérité de l'ouvrage, et à un évêque, fort blessé des excès de zèle de l'ardent néophyte[2]. Corneille, à qui l'habitude de communiquer ses pièces, avant la représentation, à un auditoire choisi ne profitait décidément pas, et qui cependant ne la perdit point, ne fut, dit-on, consolé de sa déconvenue que par les conseils d'un acteur fort médiocre, qui ranima son courage et le décida à laisser sa pièce aux comédiens. On a même prétendu[3] que ceux-ci ayant d'abord refusé de jouer cette tragédie, Corneille donna son manuscrit à l'un d'eux, qui le jeta sur un ciel de lit, où il demeura oublié plus de dix-huit mois ; mais M. Taschereau a fait justice de cette fable invraisemblable.

Il faut dire à la décharge des auditeurs de Corneille que son extérieur n'avait rien d'aimable, son débit rien de séduisant. Nous avons déjà fait remarquer ailleurs[4] que Boisrobert lui reprochait de barbouiller ses vers ; les divers portraits que ses contemporains ont faits de lui prouvent que ce reproche n'avait rien d'exagéré.

« .... Simple, timide, d'une ennuyeuse conversation, dit la Bruyère[5] ; il prend un mot pour un autre, et il ne juge de la

---

Noailles) est une précieuse aussi spirituelle qu'elle a l'humeur douce. Elle aime le jeu ; les vers lui plaisent extraordinairement, mais elle ne les sauroit souffrir s'ils ne sont tout à fait beaux, et c'est par cette raison qu'elle protége les deux Cléocrites (*Pierre et Thomas Corneille*), qui ne font rien que d'achevé, et qui, dans la composition des jeux du cirque, surpassent tous les auteurs qui ont jamais écrit. » — Dans un opuscule intitulé *la belle de Ludre*, Nancy, 1861, on trouve le passage suivant, tiré d'une oraison funèbre inédite : « Les Benserade, les Racine, les Corneille rendront témoignage que personne ne savoit mieux estimer les choses louables, ni mieux louer ce qu'elle estimoit. »

1. Tome X, p. 10 et 11.
2. Voyez tome III, p. 466.
3. *Anecdotes dramatiques*, tome II, p. 84.
4. Tome III, p. 254 et 255.
5. *Des Jugements*, n° 56, tome II, p. 101 de l'édition de M. Servois.

bonté de sa pièce que par l'argent qui lui en revient[1]; il ne sait pas la réciter, ni lire son écriture. »

Vigneul Marville parle à peu près de même[2] : « A voir M. de Corneille, on ne l'auroit pas pris pour un homme qui faisoit si bien parler les Grecs et les Romains et qui donnoit un si grand relief aux sentiments et aux pensées des héros. La première fois que je le vis, je le pris pour un marchand de Rouen. Son extérieur n'avoit rien qui parlât pour son esprit ; et sa conversation étoit si pesante qu'elle devenoit à charge dès qu'elle duroit un peu. Une grande princesse, qui avoit desiré de le voir et de l'entretenir, disoit fort bien qu'il ne falloit point l'écouter ailleurs qu'à l'Hôtel de Bourgogne. Certainement M. de Corneille se négligeoit trop, ou pour mieux dire, la nature, qui lui avoit été si libérale en des choses extraordinaires, l'avoit comme oublié dans les plus communes. Quand ses familiers amis, qui auroient souhaité de le voir parfait en tout, lui faisoient remarquer ces légers défauts, il souriot et disoit : « Je n'en suis pas moins pour cela Pierre de Cor-« neille. » Il n'a jamais parlé bien correctement la langue françoise ; peut-être ne se mettoit-il pas en peine de cette exactitude, mais peut-être aussi n'avoit-il pas assez de force pour s'y soumettre. »

Fontenelle, à la fin du portrait, fort intéressant pour nous et fidèle sans aucun doute, qu'il nous a laissé de son oncle, ne rend pas un témoignage beaucoup plus favorable de son talent de lecteur : « M. Corneille, dit-il, étoit assez grand et assez plein, l'air fort simple et fort commun, toujours négligé, et peu curieux de son extérieur. Il avoit le visage assez agréable, un grand nez, la bouche belle, les yeux pleins de feu, la physio-

1. « Corneille ne sentoit pas la beauté de ses vers, » a dit Segrais (*Mémoires anecdotes*, tome II des *Œuvres*, 1755, p. 51). Charpentier, plus rigoureux, accusant, comme d'autres l'ont fait, Corneille d'avidité et d'avarice, s'exprime ainsi : « Corneille..., avec son patois normand, vous dit franchement qu'il ne se soucie point des applaudissements qu'il obtient ordinairement sur le théâtre, s'ils ne sont suivis de quelque chose de plus solide. » (*Carpenteriana*, Paris, 1724, p. 110.)

2. *Mélanges d'histoire et de littérature*, recueillis par Vigneul Marville (Bonaventure d'Argonne), 1701, tome I, p. 167 et 168.

nomie vive, des traits fort marqués et propres à être transmis à la postérité dans une médaille ou dans un buste. Sa prononciation n'étoit pas tout à fait nette ; il lisoit ses vers avec force, mais sans grâce[1]. »

Enfin Corneille, confirmant par avance ces divers témoignages, a dit de lui-même :

.... L'on peut rarement m'écouter sans ennui,
Que quand je me produis par la bouche d'autrui[2].

Heureusement le jeu des acteurs mit en relief les beautés de l'admirable tragédie dont le débit de l'auteur et les préjugés de ses auditeurs avaient un instant compromis le succès, et *Polyeucte* parcourut une longue et fructueuse carrière[3]. Les contemporains de Corneille nous l'ont appris, sans nous fournir toutefois les éléments d'une relation quelque peu suivie de la première représentation de ce chef-d'œuvre, dont la date même est douteuse. On l'a généralement placée à l'année 1640, mais un passage de la lettre latine du 12 décembre 1642, dans laquelle Sarrau engage Corneille à écrire un éloge funèbre de Richelieu, semble devoir la reporter à l'année 1643[4].

Pompée et *le Menteur*, ces deux pièces si différentes, sont, comme nous l'apprend Corneille[5], « parties toutes deux de la même main, dans le même hiver. » Mais quel est cet hiver? Celui de 1641-1642, dit-on généralement ; ce serait plutôt

---

1. *Œuvres* de Fontenelle, tome III, p. 124 et 125.
2. Tome X, p. 477.
3. Voyez tome III, p. 466-468.
4. Voyez tome X, p. 424. — Si cette date était adoptée, ce serait à la lecture de *Polyeucte* dont nous venons de parler que se rapporterait en partie le passage suivant de la *Bibliothèque de Goujet*, que nous avons cité au tome IV (p. 277*), dans la *Notice de la Suite du Menteur*. « Ces lettres (*de Chapelain*).... montrent aussi que Corneille fréquentoit souvent M. le chancelier Seguier et l'hôtel de Rambouillet, et qu'il lisoit ses pièces dramatiques avant de les livrer au théâtre. » (*Lettres du 16 août 1643 et du 8 novembre 1652.*)
5. Tome IV, p. 130.

* Où il faut, dans la note 2, remplacer *tome XVII* par *tome XVIII*.

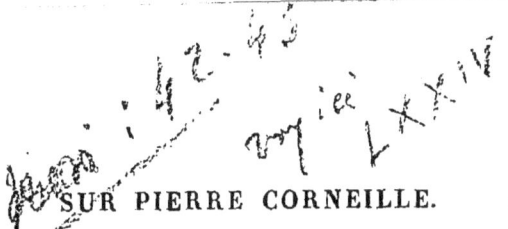

SUR PIERRE CORNEILLE.

celui de 1643-1644, si la date que nous venons de proposer pour *Polyeucte* paraissait devoir être adoptée.

En 1643, Corneille sollicita vainement le droit de faire jouer par qui bon lui semblerait *Cinna*, *Polyeucte* et *la Mort de Pompée*, qu'il avait fait représenter d'abord par les comédiens du Marais, et que d'autres comédiens, le frustrant « de son labeur » (ce sont ses termes), avaient entrepris de représenter; mais ce « privilége, » qui ne nous semble aujourd'hui que la simple garantie de la propriété de son travail, ne lui fut pas accordé[1].

La Suite du Menteur paraît devoir être placée à l'année 1644. C'est aussi en 1644 ou 1645 que vient la première représentation de *Rodogune*, qui obtint un éclatant succès, fort propre à dédommager le poëte des ennuis qu'avait dû lui causer le plagiat, d'ailleurs très-maladroit, de Gilbert, que nous avons raconté tout au long dans notre *Notice* sur *Rodogune*[2].

En 1644, Antoine Corneille, frère de Pierre, et religieux au Mont-aux-Malades, fut nommé curé de Fréville. A cette occasion, il reçut de sa mère, à titre de prêt, quelques objets mobiliers et la casaque de drap noir de son père, et donna du tout un reçu qui prouve quelle était encore la simplicité de vie de cette famille à l'époque même où l'illustre poëte avait déjà écrit ses chefs-d'œuvre[3].

La chute de *Théodore*, qui suivit de fort près l'heureux succès de *Rodogune*, dut surprendre d'autant plus Corneille qu'il considérait les choses de trop haut pour être sensible à ce que le sujet de sa pièce présentait de choquant, et qu'il s'étonnait de la meilleure foi du monde de la prévention et de l'aveuglement du public.

Vers cette époque, Louis XIV enfant lui adressa une lettre officielle afin de le prier de composer des vers pour un grand ouvrage à figures que préparait Valdor, *les Triomphes de Louis le Juste*[4]. Cet honneur fut bientôt suivi d'un témoignage d'admiration et d'amitié venu de moins haut, mais qui proba-

---

1. Voyez *Pièces justificatives*, n° VII.
2. Tome IV, p. 399.
3. Voyez *Pièces justificatives*, n° VIII.
4. Voyez notre tome X, p. 104 et suivantes.

blement toucha encore plus Corneille : d'un éloge des plus enthousiastes parti de la plume de son cher Rotrou[1]. La manière inattendue dont ces louanges sont amenées, dans une tragédie romaine, au moyen d'un étrange anachronisme, montre combien ce sincère ami avait recherché l'occasion d'exprimer ses sentiments d'admiration. Dans le *Véritable Saint-Genest* (acte I, scène v), le principal personnage est, comme l'on sait, un comédien qui devient chrétien et martyr. L'empereur Dioclétien, après lui avoir prodigué des éloges mérités, l'interroge ainsi :

> Mais passons aux auteurs, et dis-nous quel ouvrage
> Aujourd'hui dans la scène a le plus haut suffrage,
> Quelle plume est en règne, et quel fameux esprit
> S'est acquis dans le cirque un plus juste crédit.

A quoi Saint-Genest finit par répondre en faisant allusion à *Cinna* et à *Pompée* :

> Nos plus nouveaux sujets, les plus dignes de Rome,
> Et les plus grands efforts des veilles d'un grand homme,
> A qui les rares fruits que la muse produit
> Ont acquis dans la scène un légitime bruit,
> Et de qui certes l'art comme l'estime est juste,
> Portent les noms fameux de Pompée et d'Auguste.
> Ces poëmes sans prix où son illustre main
> D'un pinceau sans pareil a peint l'esprit romain,
> Rendront de leurs beautés votre oreille idolâtre,
> Et sont aujourd'hui l'âme et l'amour du théâtre.

Nous mentionnerons ici à sa date une lettre du 18 mai 1646, où Corneille remercie Voyer d'Argenson d'un poëme sacré qu'il vient de recevoir de lui en présent, et nous fait connaître son opinion sur les écrits de ce genre. Je « m'étois persuadé, dit-il dans un passage fort altéré par les premiers éditeurs, que d'autant plus que les passions pour Dieu sont plus élevées et plus justes que celles qu'on prend pour les créatures, d'autant plus un esprit qui en seroit bien touché pourroit faire des

---

[1]. Corneille disait un jour avec orgueil que « lui et Rotrou feroient subsister des saltimbanques. » (*Menagiana*, Paris, 1715, tome III, p. 306.)

poussées plus hardies et plus enflammées en ce genre d'écrire¹. »

Voilà qui fait pressentir le futur traducteur de *l'Imitation de Jésus-Christ*. Jusqu'à ce moment toutefois Corneille était exclusivement occupé du théâtre, et vers la fin de cette année 1646, ou dès les premiers jours de la suivante², il fit représenter *Héraclius*, que Boileau appelait une espèce de logogriphe³, mais dont, malgré la complication volontaire de l'intrigue, le succès ne fut pas un instant compromis.

C'est le 22 janvier 1647, plus de dix ans après *le Cid*, que Corneille fut élu membre de l'Académie française, qui avait si vivement critiqué son premier chef-d'œuvre. Il s'était vu préférer successivement M. de Salomon, M. du Ryer, et il aurait peut-être encore échoué devant M. Ballesdens si celui-ci n'avait eu le bon goût de se retirer devant lui, et si d'autre part, pour lever un dernier obstacle, l'illustre candidat n'avait pris soin de faire dire à la Compagnie : « qu'il avoit disposé ses affaires de telle sorte qu'il pourroit passer une partie de l'année à Paris⁴. »

Charles le Brun reproduisit les traits du nouvel académicien dans une excellente peinture, qui est devenue le portrait communément adopté où tous le reconnaissent⁵. Ce fut, suivant

1. Tome X, p. 445. — 2. Tome V, p. 115 et 116.
3. *Bolæana*, Amsterdam, 1742, p. 112. — 4. Tome V, p. 141.
5. Il faut consulter sur les portraits de Corneille l'excellente notice de M. Hellis intitulée : *Découverte du portrait de Corneille peint par Ch: Lebrun*, Rouen, le Brument, 1848, in-8°. L'auteur signale particulièrement : le portrait gravé, in-4°, de Michel Lasne, qui porte la date de 1643, et qui a été reproduit plusieurs fois en tête des œuvres du poëte, notamment dans l'édition in-12 de 1644; le portrait fait par le Brun en 1647, gravé en 1766 par Ficquet, et dont on peut voir la reproduction dans l'*Album* qui accompagne notre édition; le portrait gravé par Vallet, d'après le dessin de Paillet, pour l'édition in-folio, de 1663, du *Théâtre de Corneille;* enfin le portrait maladroitement flatté et fort peu ressemblant exécuté par Sicre, gravé par Cossin en 1683, et par Lubin pour les *Hommes illustres* de Perrault, publiés de 1696 à 1701. On voit au musée de Rouen, sous le n° 477, un « Portrait de Pierre Corneille par Philippe de Champaigne, acquis en 1860; » mais cette attribution à Philippe de Champaigne ne paraît pas mériter beaucoup de confiance.

toute apparence, pour l'en remercier que Corneille écrivit, au sujet de la fondation de l'Académie de peinture, la pièce de vers intitulée : *la Poésie à la Peinture, en faveur de l'Académie des peintres illustres*[1]. Il y célèbre le retour de « cette belle inconnue, la Libéralité, » qui, vainement appelée par les poètes, semble consentir à reparaître aux yeux des peintres.

Nous arrivons au temps de la Fronde, si désastreux pour l'État, si funeste pour les arts et les lettres, particulièrement pour les auteurs dramatiques et les comédiens, et durant lequel, suivant l'expression de Corneille, les désordres de la France ont resserré dans son cabinet ce qu'il se préparait à lui donner[2]. Ces troubles n'empêchèrent point toutefois la publication du magnifique ouvrage de Valdor, auquel avait travaillé notre poète : *les Triomphes de Louis le Juste*. Il parut le 22 mai 1649. On devait tenir naturellement, dans des circonstances si graves, à ne rien négliger de ce qui pouvait rendre à la royauté un peu de prestige et d'éclat.

Il est assez difficile de suivre pendant cette époque le détail de la vie de Corneille. Il faut se contenter d'indiquer quelques faits, qui ont pour nous leur intérêt, mais qu'aucun lien commun ne rattache les uns aux autres. Le *Sonnet au R. P. dom Gabriel* à l'occasion de sa traduction des *Épîtres de saint Bernard*[3] nous montre une fois de plus que notre poète avait dès lors avec divers religieux d'excellentes relations, qui durent contribuer pour une certaine part au changement de direction que subit par la suite son talent.

Un billet du 25 août 1649[4] nous apprend, par le lieu d'où il est daté, que Corneille avait alors momentanément quitté Rouen, et qu'il était à Nemours, très-probablement chez le médecin Dubé, son parent et allié, comme il l'appelle, dont il adresse à un de ses amis un ouvrage tout récemment publié.

Vers les derniers jours de 1649, les troubles politiques, un instant apaisés, laissèrent quelque place aux questions litté-

1. Tome X, p. 116.
2. Tome X, p. 449. — Voyez aussi la *Notice d'Andromède*, tome V, p. 248-251.
3. Tome X, p. 122. — 4. Tome X, p. 452 et 453.

raires. Une discussion des plus frivoles, mais qui néanmoins
conservait, ainsi que l'a remarqué notre poëte, quelque chose
de l'ardeur des passions du moment, occupa vivement les esprits. Il s'agissait de se déterminer entre le sonnet d'Uranie,
par Voiture, et celui de Job, par Benserade. Corneille, prié
de se prononcer à ce sujet, écrivit tour à tour trois petites
pièces, bien marquées au coin de cette réserve propre, dit-
on, aux caractères normands et dans lesquelles il est impossible de deviner auquel des deux poëtes il donne vraiment
la préférence[1]. Peut-être, au fond du cœur, avait-il pour
ces deux productions, alors si goûtées, une indifférence égale,
que nous serions, pour notre compte, très-disposé à lui pardonner.

Enfin le calme devint assez grand pour permettre de représenter *Andromède* et *Don Sanche*, qui se suivirent de fort
près dans un ordre assez difficile à déterminer[2].

Au moment où Corneille venait de faire représenter *Andromède*, il se trouva investi pour un temps de fonctions publiques, qu'il ne regretta pas plus, sans doute, lorsqu'il les
quitta, qu'il ne les avait souhaitées quand on l'en revêtit.
Le 1er février 1650, le Roi et la Reine mère quittèrent Paris
pour Rouen, où Mazarin vint les rejoindre le 3 du même
mois[3]. Plusieurs des créatures du duc de Longueville, gouverneur de Normandie, alors prisonnier à Vincennes, furent
destituées pendant ce voyage royal, et la *Gazette* et divers
actes découverts par M. Floquet au greffe de Rouen, et qu'on
trouvera à la suite de cette notice[4], établissent que le 15 février le sieur Bauldry, procureur des états de Normandie,
fut remplacé dans ses fonctions par Pierre Corneille, ce qui
lui valut, dans l'*Apologie particulière pour M. le duc de
Longueville*, une attaque d'ailleurs fort adoucie par l'estime
dont jouissait le poëte. Après un éloge très-complaisamment
développé du sieur Bauldry, l'auteur anonyme parle en ces
termes de celui par qui on l'a remplacé : « On lui a donné
un successeur qui sait fort bien faire des vers pour le théâtre,

1. Tome X, p. 125-128. — 2. Voyez tome V, p. 399 et 400.
3. *Gazette* de 1650, p. 184, et p. 307 et 308.
4. Voyez *Pièces justificatives*, n° IX.

mais qu'on dit être assez mal habile pour manier de grandes affaires. Bref, il faut qu'il soit ennemi du peuple, puisqu'il est pensionnaire de M. de Mazarin. » Du reste, on ne sait rien de la façon dont Corneille remplit cette charge, qui, l'année suivante, le 15 mars, fut rendue à Bauldry, lorsque le duc de Longueville eut fait sa paix avec la cour. Le 18 mars 1650, Corneille avait vendu et résigné, moyennant six mille livres tournois, ses offices de conseiller et avocat du Roi à la table de marbre[1]; il se trouva donc, à partir de ce moment, dépourvu de toutes fonctions officielles.

Nicomède fut représenté au commencement de 1651. Le ton de ce drame, élégant mélange de tragique et de familier, procède directement, ce semble, de l'époque de la Fronde, où, dans les affaires publiques, la tragédie tournait à l'ironie, et où les plus tristes désastres, les plus affreuses misères engendrées par les luttes des grands étaient masqués à leurs yeux par des mots spirituels et d'agréables reparties.

Après cette pièce, Corneille aborde un genre d'écrits tout différent. Longtemps, malgré ses sentiments chrétiens, son talent avait eu, dans la plupart de ses œuvres, un caractère tout profane. Dans *Polyeucte*, il avait réussi à réunir les plus intéressantes conceptions dramatiques à l'expression la plus élevée de la foi et de la ferveur. Dans *Théodore*, il avait espéré de remporter de nouveau un triomphe si difficile; mais la nature du sujet avait été un obstacle insurmontable, même pour un poëte de génie. Il ne voulait cependant pas renoncer à revêtir des ornements de la poésie les pensées religieuses qui se présentaient souvent à son esprit et dans lesquelles ses anciens et vénérés maîtres ne cessaient de l'entretenir. Ce fut sans grand'peine assurément qu'il se laissa persuader par des Pères jésuites de ses amis d'entreprendre la traduction en vers de *l'Imitation de Jésus-Christ;* et le 15 novembre 1651 il en faisait paraître les vingt premiers chapitres. Pendant qu'ils étaient accueillis avec faveur et même avec enthousiasme par tous ceux qui se réjouissaient de cet éclatant témoignage de la profonde piété du grand poëte, on fit à *Pertharite* (1652) la plus « mauvaise réception[2]. » Les cir-

---

1. Voyez *Pièces justificatives*, n° X. — 2. Tome VI, p. 5.

constances politiques et la misère générale n'étaient alors guère favorables au théâtre, et Scarron ne faisait que se rendre l'écho de l'opinion publique en disant dans son *Épître chagrine* :

> Rien n'est plus pauvre que la scène
> Qu'on vit opulente autrefois,
> Quoique le plaisir de nos rois.
> Il n'est saltimbanque en la place
> Qui mieux ses affaires ne fasse
> Que le meilleur comédien,
> Soit françois, soit italien.
> De Corneille les comédies,
> Si magnifiques, si hardies,
> De jour en jour baissent de prix.
> (*Les Œuvres de M. Scarron*, 1668, tome I, p. 16.)

Corneille lui-même s'exprime ainsi dans l'avis *Au lecteur* de *Pertharite*[1] : « Il est temps.... que des préceptes de mon Horace je ne songe plus à pratiquer que celui-ci :

*Solve senescentem mature sanus equum, ne
Peccet ad extremum ridendus et ilia ducat*[2]. »

Bien des années plus tard, lorsqu'après un long éloignement Corneille était revenu au théâtre, un écrivain sans mérite, qui a été du moins pour lui un sincère ami, et à qui cette amitié a fait écrire par hasard quelques pages naturelles et convaincues, l'abbé de Pure, faisait ainsi l'éloge de cette résolution :

« Puisque le plaisir est l'objet naturel et primitif des spectacles, sitôt qu'on s'aperçoit que l'on ne plaît plus, il faut que le poëte fasse judicieusement sa retraite, qu'il se résolve de bonne foi à quitter une place qu'il ne peut tenir, et qu'à l'exemple d'un ancien, il cesse par raison, sans attendre de s'y voir forcé par sa foiblesse. Nous avons vu de nos jours une pareille résolution qui a passé pour exemplaire, et dont le souvenir a plu même après la dédite et la contravention ; mais c'est toujours beaucoup d'avoir pu la former, et la vanité qui

1. Tome VI, p. 5.
2. Livre I, *épître* 1, vers 8 et 9.

ne nous quitte point ne nous laisse pas souvent cette liberté de reconnoître et encore moins d'avouer nos défauts[1]. »

Il n'est pas étonnant qu'après le succès si divers de ses deux derniers ouvrages, *Pertharite* et le commencement de *l'Imitation*, Corneille ait longtemps cessé de travailler pour le théâtre, et se soit attaché avec ardeur à continuer sa pieuse traduction, dont il avait publié les premiers chapitres sans trop savoir s'il poursuivrait sa tâche, et seulement, nous dit-il, « pour coup d'essai, et pour arrhes du reste[2]. »

Les recherches dont la vie et les œuvres de Corneille ont été l'objet dans ces derniers temps ont en partie comblé le vide que ses biographes du dix-huitième siècle avaient laissé dans l'histoire des années où il demeura éloigné du théâtre. En 1840, M. Deville a communiqué à l'Académie de Rouen la description d'un registre de la paroisse Saint-Sauveur de Rouen, qui contient les comptes dressés par Pierre Corneille en sa qualité de marguillier et de trésorier en charge de ladite paroisse, pour l'année écoulée de Pâques 1651 à Pâques 1652[3]. M. Célestin Port publia en 1852 quatre lettres inédites, adressées par Pierre Corneille au R. P. Boulard, abbé coadjuteur de Sainte-Geneviève, au sujet de la traduction de *l'Imitation*. La première est de la veille de Pâques 1652, et il y est question de ces comptes de la paroisse Saint-Sauveur dont nous venons de parler; la dernière est du 10 juin 1656[4]. Enfin, en 1867, une intéressante communication de M. Gosselin à M. Taschereau nous montre Corneille faisant en 1652 quelques acquisitions dans une vente de livres à Rouen[5].

Si l'on joint aux lettres publiées par M. Port l'ensemble des préfaces des diverses éditions de *l'Imitation*, que nous avons pour la première fois rassemblées d'une manière complète, si l'on prend la peine de lire en note au commencement de chacun des chapitres la description des divers sujets des gravures que

1. *Idée des spectacles anciens et nouveaux*, par M. M. D. P. (Michel de Pure). A Paris, chez Michel Brunet, 1668, p. 168.
2. Tome VIII, p. 17.
3. Voyez *Pièces justificatives*, n° XI.
4. Voyez tome X, p. 458-473.
5. La bibliothèque mise en vente, par suite de saisie, était celle

le traducteur y avait jointes dans plusieurs éditions, et si l'on considère le soin qu'il avait pris de les accompagner de de-

d'un commis au greffe du parlement de Normandie. On lit dans le procès-verbal de la première vacation :

Corneille. Neuf livres in-octavo couverts de parchemin, tous diffé-
10. rents, contre les jésuites, adjugés à M. Corneille, demeurant rue de la Pie, à 6 livres.

Dans celui d'une vacation suivante :

Corneille. Un BLONDI *de Roma triumphante,* in-folio couvert en
227. bois, adjugé audit sieur Corneille, à 8 livres.

Et enfin dans la sixième et dernière :

Corneille. Un DANTE italien, in-folio, adjugé audit sieur Corneille,
244. 12 livres.

Rien jusque-là ne prouve qu'il soit ici question de Pierre plutôt que de Thomas. M. Gosselin, prévoyant l'objection, la réfute ainsi : « A cela je n'ai qu'une réponse à faire : c'est que l'année dernière, ayant trouvé à la foire de Saint-Romain un mauvais exemplaire de *de Roma triumphante,* j'y ai vu, à ne m'y pas tromper, cinq à six mots de la main de Pierre Corneille. J'ai voulu l'acheter, mais il était trop tard ; une personne, que je n'ai pu connaître, l'avait, avant moi, payé et fait mettre en réserve. » (*Œuvres complètes de P. Corneille,* édition de M. J. Taschereau, 1857, tome I, p. XXIV et XXV.)

Il serait fort intéressant de reconstituer la bibliothèque de Corneille. Par malheur, je n'ai à mentionner, outre le volume qui lui fut donné en prix (voyez ci-dessus, p. XIX), et ceux qui précèdent, que deux autres ouvrages. Encore le second donne-t-il lieu à un doute très-fondé (voyez ci-après). Ce sont : 1° *les Tableaux des deux Philostrate,* volume in-folio, qui porte au commencement la signature de Pierre Corneille et à la fin celle de Thomas Corneille, et était conservé par un M. de Boisguilbert près de Louviers ; le sujet de *Rodogune* fait partie de ces tableaux ; c'est peut-être la vue de la gravure qui a donné au poëte l'idée de le traiter. 2° *Aresta amorum, Parisiis, apud J. Ruellium.* Sur le titre est écrit : *Par Martial d'Auvergne, procureur au parlement de Paris. Corneille aî....* La fin du mot est dans la marge et ne se lit pas bien. L'orthographe *aîné,* avec un accent circonflexe, n'était pas inconnue du temps de Corneille ; mais nous avons toute raison de croire que ce n'était pas la sienne (voyez tome XI, p. XC).

Le premier de ces renseignements nous a été fourni par un carton de *Notes et documents manuscrits relatifs à P. Corneille,* venant de M. Houel et de quelques autres personnes, et faisant partie de la bibliothèque de M. le baron Taylor, qui a bien voulu nous les communiquer ; le second est dû à l'obligeance de M. Julien Travers.

vises choisies avec une ingénieuse recherche, soit par lui soit par ses amis, on n'aura pas de peine à croire que Corneille, qui avait toujours été (*Polyeucte* ne permet guère d'en douter) un chrétien sincère, ait, en s'éloignant du théâtre, embrassé avec ferveur les pratiques de la dévotion.

Les documents que nous venons de mentionner ne devaient pas être ignorés au moment de la mort de Corneille. Si l'on ne s'occupa pas alors de les réunir, c'est qu'à cette époque on ne s'intéressait qu'aux œuvres d'un poëte, non à sa personne, et encore, parmi ses œuvres, aux plus brillantes et aux plus célèbres. Quant aux commentateurs et aux biographes du dix-huitième siècle, Voltaire et Fontenelle, ils n'auraient eu garde d'insister sur ces détails, même s'ils les eussent connus. Ces vérités auraient été de celles que ce dernier eût gardées dans sa main, car d'ordinaire les critiques de ce temps ne poussaient pas la sincérité jusqu'à rapporter, en historiens fidèles, même les faits contraires à leurs convictions.

Pendant cette période de la vie de Corneille, éclairée dans ces dernières années, comme nous venons de le voir, d'un jour nouveau, on fit courir encore le bruit de sa mort, qui fut démenti en ces termes par Loret, dans *la Muse historique* du 2 janvier 1655 :

> Par je ne sais quels colporteurs
> Un de nos plus fameux auteurs
> Fut occis dès l'autre semaine,
> C'est-à-dire, ils prirent la peine
> De crier partout son trépas,
> Quoique défunt il ne fût pas.
> Cet auteur est Monsieur Corneille,
> Qui du Parnasse est la merveille,
> Dans la France fort estimé,
> Et surtout beaucoup renommé
> Pour ses beaux poëmes comiques,
> Mais encor plus pour les tragiques,
> Par lesquels il a mérité
> D'ennoblir sa postérité,
> Dès le temps de ce prince auguste
> Que l'on nommoit Louis le Juste.
> Divin génie! esprit charmant!
> Rare honneur du pays normand!

Mon illustre compatriote,
Dont l'âme est à présent dévote,
Détruisant cette folle erreur,
Qui me mettoit presque en fureur,
Mon âme est aujourd'hui ravie
De te restituer la vie.

Les rares petites pièces de vers échappées à Corneille vers ce temps-là se distinguent presque toutes par leur caractère sérieux. Nous citerons l'épitaphe d'Élisabeth Ranquet, morte au mois d'avril 1654, à Briquebec, en odeur de sainteté[1]; un sonnet d'un tour très-ferme, pour obtenir la confirmation des lettres de noblesse de 1637, mises en question par la déclaration du 30 décembre 1656[2]; un autre, plein de fierté, placé en 1657 par Campion en tête de ses *Hommes illustres*[3]. Ce n'était plus d'ailleurs qu'avec peine que Corneille se décidait à écrire de ces petites poésies. Gilles Boileau, qui lui avait demandé des vers sur la mort du président Pomponne de Bellièvre, et auquel il répondit, à ce qu'il paraît, qu'il n'avait ni le talent de louer, ni celui de blâmer, fait vivement ressortir le contraste que forme un refus ainsi motivé avec la conduite qu'il avait tenue précédemment. En exhalant sa mauvaise humeur à cette occasion, il énumère une série d'opuscules, dont quelques-uns n'ont pas encore été retrouvés[4].

Corneille étant parvenu à la cinquantaine tout occupé de graves pensées, de pieuses résolutions, semblait s'être pour jamais éloigné du théâtre, lorsqu'un incident assez simple vint changer ses nouvelles habitudes, modifia ses dispositions, et lui fit reprendre ses anciens travaux. En 1658, la troupe de Molière s'établit à Rouen vers Pâques, et y resta jusqu'au mois d'octobre. Un auteur dramatique, même devenu marguillier, a bien du mal à ne point fréquenter le théâtre, surtout lorsqu'on y joue ses pièces, et il lui est difficile de rester indifférent à la vue des belles et aimables personnes qui y remplissent avec éclat les principaux rôles. On remarquait principalement dans cette troupe la du Parc, assez habituellement appelée « la Marquise. » Corneille, charmé, se mit bientôt à la

1. Tome X, p. 133. — 2. Tome X, p. 135.
3. Tome X, p. 137. — 4. Tome X, p. 473-476.

célébrer, tant sous cette dénomination que sous celle d'*Iris*. Comment ce chrétien austère, déjà sur le penchant de l'âge, parvient-il à parler de sa passion poétique à la jeune et jolie comédienne, sans scandaliser et sans faire sourire? comment sait-il prendre un ton presque badin, sans rien perdre de sa dignité? c'est ce qu'il est plus facile de sentir que d'expliquer, et nous ne saurions mieux faire que de renvoyer le lecteur aux poésies mêmes : « Iris, dit le poëte,

> Iris, que pourriez-vous faire
> D'un galant de cinquante ans[1]? »

Cependant, si déraisonnable que lui paraisse cet amour, il s'y laisse entraîner, et l'on sent que sous la frivolité apparente du langage se cache un sentiment profond, qui nous paraît s'être prolongé plus encore qu'on ne l'a cru. Est-il bien hardi de supposer que c'est ce sentiment qui a inspiré à Corneille, dans les pièces postérieures à ce temps, ses types de vieillards amoureux, très-neufs dans la tragédie, et d'une vérité fort originale[2]? L'élégie *Sur le départ d'Iris* se termine de façon à faire croire que cet hommage fut le terme de ce commerce de galanterie[3]; mais les vers amoureux continuèrent : il suffit pour le voir de feuilleter les œuvres de Corneille. Cette disposition d'esprit aidant, il fit bon accueil aux présents et aux propositions encourageantes de Foucquet, qui l'engageait à travailler de nouveau pour le théâtre. Voici en quels termes il lui répond :

> Je sens le même feu, je sens la même audace
> Qui fit plaindre le Cid, qui fit combattre Horace;
> Et je me trouve encor la main qui crayonna
> L'âme du grand Pompée et l'esprit de Cinna.
> Choisis-moi seulement quelque nom dans l'histoire
> Pour qui tu veuilles place au temple de la Gloire[4].

Entre plusieurs sujets que le Surintendant lui proposa, Corneille s'arrêta à celui d'*OEdipe*[5]. La pièce réussit parfaitement,

---

1. Tome X, p. 168. — 2. Voyez tome X, p. 146, note 2.
3. Tome X, p. 148 et 149. — 4. Tome VI, p. 122.
5. Tome VI, p. 124.

et valut au poëte, de la part du Roi, des libéralités, qu'il considéra comme « des ordres tacites, mais pressants, de consacrer aux divertissements de Sa Majesté ce que l'âge et les vieux travaux » lui avaient laissé d'esprit et de vigueur[1]. Il agit en conséquence. Après avoir écrit pour Marie-Thérèse d'Autriche un sixain destiné à être mis en musique par Lambert[2], il célébra le mariage de cette princesse avec le roi de France dans le *Prologue* de *la Toison d'or*, pièce représentée avec grande pompe à Neubourg, aux frais de M. de Sourdeac, et plus tard à Paris, avec un succès et un éclat dont nous avons rapporté tout au long les abondants témoignages[3].

Le 31 octobre 1660 est la date de l'*Achevé d'imprimer* d'une édition importante des œuvres de Corneille, revue par lui avec le soin le plus consciencieux. Une de ses lettres nous le montre occupé de cette révision. Dès le 9 juillet 1658, il écrit à l'abbé de Pure qu'il compte avoir terminé dans deux mois la correction de ses ouvrages, si quelque nouveau dessein ne vient l'interrompre[4]. Depuis plusieurs années Corneille s'apercevait avec douleur que les immenses progrès qu'il avait plus que personne introduits dans la langue et dans l'art dramatique faisaient plus vivement ressortir la faiblesse relative de ses premiers ouvrages[5]. Comme il arrive toujours à la suite d'un grand mouvement littéraire, les grammairiens et les critiques étaient venus en foule. En 1647, Vaugelas avait écrit ses judicieuses *Remarques*, et Corneille en tint compte, dans sa révision, avec une déférence dont on n'avait pas été suffisamment frappé, mais que nous avons signalée à l'attention du lecteur dans la préface de notre *Lexique*, et dont l'examen des variantes fournira des preuves nombreuses. Il était loin, on le conçoit, d'ac-

---

1. Tome VI, p. 126. — 2. Tome X, p. 153.
3. Tome VI, p. 223-227. — 4. Tome X, p. 482.
5. Santeul, dans un passage curieux, qu'on a négligé de recueillir, nous montre notre poëte préoccupé de l'avenir, et prévoyant que sa diction paraîtra un jour surannée : « La langue françoise est une grande reine qui change de siècle en siècle d'équipage et de couleurs, parce que l'usage est un tyran qui la gouverne sans raison. Le grand Corneille me dit très-souvent (lui dont le théâtre est si bien paré) qu'il sera un jour habillé à la vieille mode. » (*Réponse de Santeul à la critique des inscriptions faites pour l'arsenal de Brest.*)

cepter aussi volontiers les décisions de l'abbé d'Aubignac, qui, dix ans après Vaugelas, en 1657, avait écrit sur *la Pratique du théâtre* un livre où, se proclamant de sa propre autorité le législateur de la scène, il exagérait fort les rigueurs d'Aristote et d'Horace, abusait étrangement des aveux pleins de noblesse et de sincérité que notre poëte avait eu l'imprudence de faire devant lui, et s'attribuait le mérite des progrès accomplis de son temps.

« M'étant avancé, dit-il, dans la connoissance des savants de notre siècle, j'en rencontrai quelques-uns assez intelligents au théâtre, principalement dans la théorie et dans les maximes d'Aristote, et d'autres qui s'appliquoient même à la considération de la pratique, et tous ensemble approuvèrent les sentiments que j'avois de l'aveuglement volontaire de notre siècle, et m'aidèrent beaucoup à confondre l'opiniâtreté de ceux qui refusoient de céder à la raison : si bien que peu à peu le théâtre a changé de face, et s'est perfectionné jusqu'à ce point que l'un de nos auteurs les plus célèbres (*en marge :* Monsieur de Corneille) a confessé plusieurs fois, et tout haut, qu'en repassant sur des poëmes qu'il avoit donnés au public avec grande approbation, il y a dix ou douze ans, il avoit honte de lui-même, et pitié de ses approbateurs[1]. »

Parfois d'Aubignac donne à Corneille de grands éloges, mais presque toujours avec l'intention bien marquée de limiter son génie et de restreindre l'admiration qu'il excite. Ainsi, défendant les longues délibérations qui se trouvent dans certaines tragédies : « J'exhorte, dit-il, autant que je le puis, tous les poëtes d'en introduire sur leur théâtre tant que le sujet en pourra fournir, et d'examiner soigneusement avec combien d'adresse et de variété elles se trouvent ornées chez les anciens, et, j'ajoute, dans les œuvres de M. Corneille ; car si on y prend bien garde, on trouvera que c'est en cela principalement que consiste ce qu'on appelle en lui *des merveilles*, et ce qui l'a rendu si célèbre[2]. »

Après avoir lu le passage qui précède, on comprend que notre poëte écrive à l'abbé de Pure avec sa fierté naïve : « Je

---

1. *Pratique du théâtre*, p. 26 et 27.
2. *Ibidem*, p. 403.

ne suis pas d'accord avec M. d'Aubignac de tout le bien même qu'il a dit de moi[1]. »

Il eut l'ambition fort légitime de prendre à son tour la parole sur des questions qu'il avait si bien étudiées et qui lui importaient si fort, et joignit à son édition de 1660 trois *Discours* sur le théâtre, et des *Examens* de chacune de ses pièces représentées jusqu'à cette époque.

Corneille prend au début de ce travail un ton modéré et modeste, qu'on peut regarder comme une adroite critique de celui de d'Aubignac : « Je hasarderai quelque chose, dit-il, sur cinquante ans de travail pour la scène, et en dirai mes pensées tout simplement, sans esprit de contestation qui m'engage à les soutenir, et sans prétendre que personne renonce en ma faveur à celles qu'il en aura conçues[2]. » Ces paroles adressées au public se trouvent commentées par les explications que Corneille donne à l'abbé de Pure, dans la lettre que nous avons déjà citée[3] : « Bien que je contredise quelquefois M. d'Aubignac et Messieurs de l'Académie, je ne les nomme jamais, et ne parle non plus d'eux que s'ils n'avoient point parlé de moi. »

On ne saurait trop apprécier chez l'impétueux auteur de l'*Excuse à Ariste* et de la *Lettre apologétique* les modifications que l'âge et l'expérience avaient apportées à son tempérament littéraire. Il a su si heureusement, et avec une si habile modération, faire dominer dans son nouveau travail la forme du précepte et de la fine observation, que les lecteurs qui négligent de lire la lettre à l'abbé de Pure avant d'aborder les *Discours* sur le théâtre et les *Examens*, peuvent prendre cette défense, adroite et souvent solide, pour un simple traité théorique.

Au commencement de l'année 1661, nous trouvons Corneille fort occupé des démarches à faire pour placer son second fils comme page chez la duchesse de Nemours[4], démarches couronnées, du reste, d'un prompt succès. Vers la fin de la même année, une curieuse lettre à l'abbé de Pure[5], jusqu'ici

---

1. Tome X, p. 486. — 2. Tome I, p. 16.
3. Tome X, p. 487. — 4. Voyez tome X, p. 488 et 489.
5. Voyez tome X, p. 489-492.

fort mal publiée¹, nous apprend qu'il a déjà presque achevé les trois premiers actes de *Sertorius*; nous le voyons persuadé qu'il n'a « rien écrit de mieux, » et le public contemporain semble avoir partagé cette opinion².

Au mois d'avril 1662, il écrit au même abbé de Pure : « Le déménagement que je prépare pour me transporter à Paris me donne tant d'affaires que je ne sais si j'aurai assez de liberté d'esprit pour mettre quelque chose cette année sur le théâtre³. » Il ne fit, en effet, rien représenter en 1662 ; et au commencement d'octobre il n'avait pas encore quitté Rouen⁴. Non-seulement aucun ouvrage dramatique, mais nulle pièce de vers ne vient se placer dans cette année, qu'un déménagement de poëte semble, on a peine à le croire, avoir occupée ou du moins troublée tout entière. C'est, il est vrai, à cette époque que se rattache la *Plainte de la France à Rome*, écrite à l'occasion de l'insulte faite au duc de Créquy, ambassadeur de France, par les Corses de la garde du Pape ; mais nous avons prouvé que cette pièce de vers, attribuée sans hésitation à Corneille par la plupart de ses éditeurs et de ses biographes, n'est point de lui, mais de Fléchier⁵.

Où Corneille vint-il habiter à Paris en quittant Rouen ? Ce fut, selon M. Édouard Fournier, à l'hôtel de Guise, rue du Chaume, où est aujourd'hui le palais des Archives. Il est vrai qu'en 1663 d'Aubignac nous apprend que notre auteur y avait « le couvert et la table, » et Tallemant des Réaux raconte qu'il avait « trouvé moyen » d'y « avoir une chambre⁶ ; » mais cela ne s'applique-t-il pas aux séjours passagers que le poëte venait faire seul à Paris, dans le temps où il habitait encore Rouen, plutôt qu'à une installation permanente et complète avec femme et enfants ?

On peut être encore plus tenté de le croire si l'on remarque que le 7 septembre 1655, Tristan l'Hermite mourut à l'hôtel

---

1. Voyez tome X, p. 490, notes 1, 4 et 5, et p. 491, note 4.
2. Voyez tome VI, p. 353 et 354.
3. Voyez tome X, p. 494.
4. Tome X, p. 496.
5. Voyez tome X, p. 367 et 368.
6. Voyez tome X, p. 183 de notre édition.

de Guise, comme nous l'apprend Loret par les vers suivants de sa *Muse historique* :

> Mardi, cet auteur de mérite,
> Que l'on nommoit Tristan l'Hermite,
> . . . .
> Décéda d'un mal de poulmon
> Dans le très-noble hôtel de Guise,
> Où ce prince, qu'un chacun prise,
> Par ses admirables bontés,
> Ses soins et générosités,
> Dès longtemps s'étoit fait paraître
> Son bienfaiteur, Mécène, et maître.

N'est-il pas probable que Corneille eut dès 1655 la survivance de ce logis, dès longtemps consacré à un poëte dramatique, et auquel sa supériorité sur tous ses rivaux lui donnait une sorte de droit?

En tout cas, il est certain qu'il n'alla pas s'établir en 1662 rue d'Argenteuil, et qu'il y vint beaucoup plus tard qu'on ne l'a cru; il n'y était pas encore fixé en 1676, car, ainsi que l'a remarqué M. Taschereau[1], une procuration du 23 août 1675, relative à la tutelle des enfants d'un cousin de Corneille, avec qui il paraissait fort lié, et qu'il avait chargé depuis son départ de Rouen d'y surveiller ses intérêts[2], prouve qu'à cette époque Pierre Corneille demeurait rue de Cléry, paroisse Saint-Eustache[3]. Il y habitait encore au commencement de l'année suivante, comme le montre une *Liste (avec les adresses) de Messieurs de l'Académie françoise en Ianuier* 1676, la seule de ce genre que nous connaissions pour tout le dix-septième siècle[4].

1. *Œuvres complètes de P. Corneille*, 1857, tome I, p. XXVI.
2. Voyez *Pièces justificatives*, n° XII.
3. Voyez *Pièces justificatives*, n° XIII.
4. Cette liste, de format in-4°, a été publiée chez Pierre le Petit, imprimeur ordinaire du Roi et de l'Académie. L'exemplaire que nous en avons vu appartient à la Bibliothèque impériale, où il porte le n° Z $\frac{2284}{776}$. L'article consacré à Corneille y est ainsi conçu :

> 1647. Pierre Corneille, cy-deuant Aduocat General à la Table de marbre de Normandie, ruë de Clery.

En 1662, Colbert fit dresser par Costar et Chapelain une double liste des savants et des écrivains qui paraissaient mériter des pensions du Roi. Corneille est naturellement sur l'une et sur l'autre. Les jugements qui se rapportent à lui et que nous reproduisons ailleurs[1] lui sont très-favorables. Par malheur, on se montra beaucoup moins prodigue envers lui d'argent que d'éloges ; et tandis que le 1er janvier 1663 la pension de Mézerai était fixée à quatre mille livres et celle de Chapelain et de plusieurs autres à trois, notre poëte n'en obtint que deux mille, dont il parut, du reste, fort satisfait, car il exprima son contentement avec beaucoup d'effusion dans un *Remercîment* en vers, où il rappelle les louanges qu'il a adressées au Roi dans ses ouvrages. Moins empressé, il est vrai, à l'égard de Colbert, il laissa passer plus d'un an avant de lui témoigner sa reconnaissance[2].

A la fin de janvier 1663, peu de temps après avoir reçu sa pension, Corneille fit représenter *Sophonisbe*, qui eut une vogue assez grande, mais de peu de durée, et qui donna lieu à divers écrits de Donneau de Visé et de d'Aubignac, dont on trouvera l'analyse dans la *Notice* consacrée à cet ouvrage[3]. Nous y avons réuni plusieurs témoignages qui semblent établir d'une manière certaine que cette pièce a été, ainsi que beaucoup d'autres tragédies de Corneille, retouchée avant l'impression. Un passage de d'Aubignac, qui nous avait échappé, semble encore confirmer ce fait : « Toutes les choses qu'il a pu réformer dans sa *Sophonisbe* ont été rajustées, mais assez mal, comme on l'a remarqué à la nouvelle couleur qu'il a depuis peu donnée au mauvais mariage de cette reine, fait un peu trop à la hâte, l'ayant prétexté de quelques vieilles lois des Africains ; et maintenant il dit que je me suis trompé dans mes observations. Cela vraiment est bien fin, de corriger ses fautes et soutenir hardiment que l'on n'en a point fait, et d'avancer que je dormois ou que je rêvois ailleurs durant la représentation ; ses amis, qui lors étoient auprès de moi, savent bien que j'étois assez attentif, et que je me plaignois souvent de leur in-

1. Voyez tome X, p. 175.
2. Voyez *ibidem*, p. 176.
3. Tome VI, p. 449 et suivantes

terruption, quand ils exigeoient de moi des louanges que ma conscience ne pouvoit donner[1]. »

Au mois d'août 1664, *Othon* eut à son tour un remarquable succès. Puis un an se passe sans que Corneille fasse rien paraître de nouveau. Le 19 juillet 1665, il obtient un privilége pour une traduction des *Louanges de la sainte Vierge* attribuées à saint Bonaventure, et la publie à ses frais le 22 août, chez Gabriel Quinet. « Si ce coup d'essai ne déplaît pas, dit le poëte dans l'avis *Au lecteur*, il m'enhardira à donner de temps en temps au public des ouvrages de cette nature ; » et il ajoute, avec un regret sincère, il faut le croire, mais que peut-être on aura quelque peine à regarder comme très-profond : « Ce n'est pas sans beaucoup de confusion que je me sens un esprit si fécond pour les choses du monde, et si stérile pour celles de Dieu[2]. »

Jusqu'alors Corneille, quoique sans cesse exposé aux traits de l'envie et engagé parfois dans les luttes littéraires les plus animées, avait été un poëte heureux : de prompts succès avaient balancé ses chutes, et il avait été l'objet des hommages les plus flatteurs. « Tout Paris, dit Perrault dans ses *Hommes illustres*, a vu un cabinet de pierres de rapport fait à Florence, et dont on avoit fait présent au cardinal Mazarin, où entre les divers ornements dont il est enrichi, on avoit mis aux quatre coins les médailles ou portraits des quatre plus grands poëtes qui aient jamais paru dans le monde : savoir Homère, Virgile, le Tasse et Corneille. On ne peut pas croire qu'il entrât de la flatterie dans ce choix, et qu'il n'ait été fait par la voix publique, non-seulement de la France, mais de l'Italie même, assez avare de pareils éloges. Cette espèce d'honneur n'est pas ordinaire, et peu de gens en ont joui, comme M. Corneille, pendant leur vie.... Il seroit malaisé d'exprimer les applaudissements que ses ouvrages reçurent. La moitié du temps qu'on donnoit aux spectacles s'employoit en des exclamations qui se faisoient de temps en temps aux plus beaux endroits, et lorsque par hasard il paroissoit lui-même sur le théâtre, la

---

1. *Seconde Dissertation.... sur.... Sertorius. Recueil de Granet* tome I, p. 285.
2. Tome IX, p. 6.

pièce étant finie, les exclamations redoubloient et ne finissoient point qu'il ne se fût retiré, ne pouvant plus soutenir le poids de tant de gloire[1]. »

Nous arrivons maintenant à l'époque douloureuse de la vie de Corneille. A la fin de 1665, nous le voyons signalant dans un sixain spirituel et mordant les retards apportés au payement de sa pension[2]. Un peu plus tard, il laisse paraître dans un remercîment adressé à Saint-Évremont, qui avait défendu sa *Sophonisbe*, les appréhensions que lui avait causées le succès de l'*Alexandre* de Racine[3], appréhensions que l'accueil fait cinq mois après à l'*Agésilas* ne fut point de nature à calmer. *Attila*, un peu plus heureux devant le public, eut toutefois encore à essuyer de mordantes critiques. Mais les difficultés de la vie, les contrariétés d'amour-propre ne sont rien auprès des chagrins dont Corneille se vit frappé. Il avait quatre fils : deux au service, où ils faisaient vaillamment leur devoir, et deux autres, beaucoup plus jeunes, qui étaient confiés (cela est certain pour l'un et probable pour l'autre) aux soins des Pères jésuites, comme Corneille l'avait été lui-même.

Le 6 juillet 1667, le second, que nous avons vu page de la duchesse de Nemours, blessé au pied au siége de Douai, est ramené à Paris, et on le rapporte sur un brancard dans la maison de son père[4]. Peu de temps après, dans la même année, le troisième fils du poëte, Charles Corneille, filleul du P. de la Rue, qui a déploré son trépas dans une touchante élégie latine[5], mourait à quatorze ans, au moment où sa précoce intelligence faisait concevoir à son père les plus légitimes espérances.

Sept ans plus tard, en 1672, nous trouvons un témoignage de l'amitié de Corneille pour le P. de la Rue, dans le soin qu'il prit de traduire son poème latin *Sur les Victoires du Roi*,

1. *Hommes illustres*, Paris, 1677 et 1678, p. 96.
2. Tome X, p. 185. — 3. Voyez tome X, p. 498.
4. Voyez tome X, p. 189, note 2. — Rappelons à ce propos que Corneille n'habitait pas alors rue d'Argenteuil, puisque, comme nous l'avons vu, il logeait encore en 1676 rue de Cléry.
5. Tome X, p. 383. — La devise placée en tête de cette élégie est reproduite dans la *Philosophie des images* du P. Menestrier, 1682, p. 314.

et surtout de dire à Louis XIV, en lui présentant sa traduction, « qu'elle n'égaloit point l'original du jeune jésuite, qu'il lui nomma[1]. » Avant et après cette traduction, Corneille composa encore d'autres vers sur les campagnes du Roi et des imitations de pièces latines de Santeul. En 1670, il publia son *Office de la sainte Vierge*, dédié à la Reine, et accompagné d'une *Approbation* datée d'octobre 1669.

Nous avons eu occasion d'indiquer tout à l'heure combien la renommée naissante de Racine portait ombrage à Corneille, et déjà nous avions dit ailleurs quelle impatience lui causaient les plus innocentes malices de son jeune rival[2]. Soumettre deux poëtes si différents d'âge, de talent, de caractère, à un véritable concours semblait impossible. Henriette d'Angleterre y parvint pourtant, et Corneille, qui avait imprudemment accepté un sujet auquel ses qualités ne convenaient point, donna

1. Voyez tome X, p. 193.
2. Voyez ci-dessus, p. LII, et tome III, p. 107, note 2. — La plupart des témoignages contemporains établissent que Corneille était exempt de toute envie, mais que, de fort bonne foi, il n'appréciait pas à sa valeur le talent de Racine. Valincourt dit, en parlant de ce poëte, dans une lettre adressée à l'abbé d'Olivet : « qu'étant allé lire au grand Corneille la seconde de ses tragédies, qui est *Alexandre*, Corneille lui donna beaucoup de louanges, mais en même temps lui conseilla de s'appliquer à tout autre genre de poésie qu'au dramatique, l'assurant qu'il n'y étoit pas propre. Corneille étoit incapable d'une basse jalousie : s'il parloit ainsi à Racine, c'est qu'il pensoit ainsi; mais vous savez qu'il préféroit Lucain à Virgile. » (*Histoire de l'Académie françoise*, édition de M. Livet, tome II, p. 336.) Il était particulièrement blessé du défaut d'exactitude historique qu'il remarquait dans certains ouvrages de Racine : « Étant une fois près de Corneille sur le théâtre, à une représentation du *Bajazet*, il me dit : « Je me garderois bien de le dire à d'autre que vous, parce « qu'on diroit que j'en parlerois par jalousie; mais prenez-y garde, « il n'y a pas un seul personnage dans le *Bajazet* qui ait les senti- « ments qu'il doit avoir, et que l'on a à Constantinople : ils ont tous, « sous un habit turc, le sentiment qu'on a au milieu de la France. » Il avoit raison, et l'on ne voit pas cela dans Corneille : le Romain y parle comme un Romain, le Grec comme un Grec, l'Indien comme un Indien, et l'Espagnol comme un Espagnol. » (*Mémoires anecdotés* de Segrais, tome II des *Œuvres*, 1755, p. 43.)

dans *Tite et Bérénice* (1670) une triste preuve de l'affaiblissement de son génie[1].

Le privilége de cette tragédie fait mention d'une traduction en vers de *la Thébaïde* de Stace, dont un livre tout au moins, le second, paraît avoir été imprimé, mais probablement comme essai et à très-petit nombre. Corneille, découragé sans doute du peu de succès de cette tentative, n'aura pas jugé à propos d'y donner suite. On n'a pas pu retrouver un seul exemplaire de l'ouvrage[2].

Il eut une heureuse inspiration en 1671, lorsqu'il se fit le collaborateur de Molière, et consacra « une quinzaine, » nous dit-il, à écrire une grande partie de la tragédie-ballet de *Psyché*[3], et notamment cette scène si délicate et si tendre où Psyché déclare à l'Amour les sentiments qu'il lui fait éprouver.

Après avoir composé encore quelques vers en l'honneur de Louis XIV, et particulièrement *les Victoires du Roi sur les états de Hollande*, autre traduction d'un poëme du P. de la Rue[4], Corneille fit jouer, en 1672, sa *Pulchérie* par les comé-

---

1. Voyez tome VII, p. 185-196. — Nous avons reproduit à la page 193 de la *Notice* de *Tite et Bérénice* quatre vers rapportés par Subligny, dont nous ne connaissons pas l'auteur et que nous regardions comme étant probablement de celui qui les avait cités. Voici la pièce même d'où ils sont tirés ; nous en devons la communication à l'obligeance de M. Paul Lacroix :

A Monsieur de Corneille l'aîné, *sur le rôle de Tite dans sa* Bérénice.

Quand Tite dans tes vers dit qu'il se fait tant craindre,
Qu'il n'a qu'à faire un pas pour faire tout trembler,
Corneille, c'est Louis que tu nous veux dépeindre ;
Mais ton Tite à Louis ne peut bien ressembler :
Tite, par de grands mots, nous vante son mérite ;
Louis fait, sans parler, cent exploits inouïs ;
  Et ce que Tite dit de Tite,
C'est l'univers entier qui le dit de Louis.

(*Billets en vers de M. de Saint-Ussans*. Paris, Jean Guignard et Hilaire Foucault, 1688, p. 6.)

2. Voyez tome X, p. 245 et 246.

3. Voyez tome VII, p. 280 et 288. — 4. Tome X, p. 252.

diens du Marais, et se montra satisfait du demi-succès qu'elle obtint[1]. Il l'avait lue plusieurs fois avant la représentation à des auditeurs de son choix. Il s'était fait une habitude de ces lectures. Les gens de qualité tenaient à grand honneur d'être consultés par lui, et en 1661 Molière nous présente un de ses Fâcheux s'écriant :

> Je sais par quelles lois un ouvrage est parfait,
> Et Corneille me vient lire tout ce qu'il fait.
> (*Les Fâcheux*, acte I, scène 1, vers 53 et 54.)

En 1674, de nouveaux malheurs de famille vinrent assaillir le poëte : son vaillant fils, qui en 1667 était revenu blessé du siége de Douai, fut frappé mortellement au siége de Grave, à la tête de la compagnie qu'il commandait en qualité de lieutenant de cavalerie. Son pauvre père ne travailla plus guère à partir de ce nouveau deuil. Il termina sa carrière dramatique à la fin de l'année par *Suréna*[2], et n'écrivit plus que quelques petits poëmes officiels ou des supliques en vers ou en prose.

Deux de ces pièces sont surtout intéressantes.

D'abord un placet, par lequel Corneille rappelle à Louis XIV la promesse qu'il lui a faite depuis quatre ans d'un bénéfice pour Thomas Corneille, son quatrième fils, et qu'il termine si hardiment en lui disant :

> Qu'un grand roi ne promet que ce qu'il veut tenir[3].

Ce placet, qu'on était tenté de regarder comme une boutade qui, au lieu d'avoir été adressée au Roi, était demeurée renfermée dans le portefeuille du poëte, ou n'avait du moins circulé que dans un petit cercle d'amis ; ce placet, que Granet croyait publier pour la première fois d'après un manuscrit, nous l'avons trouvé, non sans étonnement, imprimé en 1677 dans le *Mercure*, un an ou deux à peine après le moment où il fut écrit. C'est là un curieux témoignage à joindre à ceux qu'une étude attentive permettrait aujourd'hui de réunir sur les libertés littéraires du siècle de Louis XIV.

Ensuite cette belle et touchante épître *Au Roi*, qui est comme

---

1. Voyez tome VII, p. 378. — 2. Tome VII, p. 455.
3. Tome X, p. 308.

le testament poétique de Corneille, et dans laquelle il recommande, avec une éloquence si simple, ce qu'il avait de plus cher au monde : ses chefs-d'œuvre, pour lesquels il craignait l'oubli ; puis ses deux derniers fils : le capitaine, pour qui il tremblait ; l'ecclésiastique, sur qui il cherche encore à attirer l'attention royale, et qui obtint enfin, le 20 avril 1680, l'abbaye d'Aiguevive en Touraine[1]. Se peut-il que cette noble supplique n'ait pas suffi pour assurer la tranquillité de sa vieillesse ? Pourquoi faut-il qu'il ait été obligé d'écrire à Colbert la lettre déchirante dans laquelle il se plaint du malheur qui l'accable « depuis quatre ans, de n'avoir plus de part aux gratifications dont Sa Majesté honore les lettres ? »

Aux motifs d'inquiétude qu'avait alors Corneille se joignait l'ennui d'un long procès intenté à sa famille par suite d'une elle de son père, et dans lequel il jugea utile d'intervenir, quoique n'ayant pas été d'abord compris dans la poursuite[2].

C'est à cette époque de la vie du poëte que se rapporte la lettre suivante, écrite, en 1679, par un Rouennais à un de ses amis, et publiée par M. Em. Gaillard, qui, par malheur, ne dit ni où est l'original de la lettre, ni quel en est l'auteur, ni à qui elle est adressée[3] :

« J'ai vu hier M. Corneille, notre parent et ami ; il se porte assez bien pour son âge. Il m'a prié de vous faire ses amitiés. Nous sommes sortis ensemble après le dîner, et en passant par la rue de la Parcheminerie, il est entré dans une boutique pour faire raccommoder sa chaussure, qui étoit décousue. Il s'est assis sur une planche, et moi auprès de lui ; et lorsque l'ouvrier eut refait, il lui a donné trois pièces qu'il avoit dans sa poche. Lorsque nous fûmes rentrés, je lui ai offert ma bourse ; mais il n'a point voulu la recevoir ni la partager. J'ai pleuré qu'un si grand génie fût réduit à cet excès de misère. »

Au commencement de 1680, « sitôt, dit le *Mercure*[4], que le mariage (*du Dauphin*) fut déclaré, » Corneille, alors âgé de près

1. Tome X, p. 313 et 314, et p. 501.
2. Voyez *Pièces justificatives*, n° XIV.
3. *Nouveaux Détails sur P. Corneille*, dans le *Précis analytique des travaux de l'Académie de Rouen*, 1834, p. 167.
4. Le *Mercure galant*, mars 1680, p. 261.

de soixante-quatorze ans, alla présenter au Roi et au jeune prince une pièce de vers sur ce sujet. Tout ce morceau est empreint de la plus vive tristesse, et du sentiment, hélas! trop sincère, qu'a le poëte de la caducité de son génie. C'est avec une réelle conviction qu'il dit au Dauphin :

> Quel supplice pour moi, que l'âge a tout usé,
> De n'avoir à t'offrir qu'un esprit épuisé[1] !

et qu'il termine par ces mots :

> De quel front oserois-je, avec mes cheveux gris,
> Ranger autour de toi les Amours et les Ris?
> Ce sont de petits dieux, enjoués, mais timides,
> Qui s'épouvanteroient dès qu'ils verroient mes rides ;
> Et ne me point mêler à leur galant aspect,
> C'est te marquer mon zèle avec plus de respect[2].

Ce sont là les derniers vers qui nous restent de lui, les derniers sans doute qu'il ait écrits. Depuis lors son unique travail fut la révision définitive de ses œuvres pour l'édition de 1682. Il ne paraît pas que cette édition ait été bien fructueuse pour lui.

Le 10 novembre 1683, il vendit sa maison de Rouen, de la rue de la Pie, moyennant quatre mille trois cents livres, sur lesquelles il ne devait lui en revenir que treize cents, les trois mille autres étant destinées à l'amortissement de la pension, jusqu'alors garantie par cette propriété, qu'il payait pour sa fille Marguerite, religieuse au couvent des dominicaines[3]. Corneille n'intervint pas personnellement dans cet acte d'amortissement ; il n'y figure que par l'entremise de le Bovier de Fontenelle, son beau-frère ; son neveu nous apprend le triste motif qui le tint éloigné : « Ses forces, dit-il, diminuèrent toujours de plus en plus, et la dernière année de sa vie son esprit se ressentit beaucoup d'avoir tant produit et si longtemps[4]. »

1. Tome X, p. 334. — 2. Tome X, p. 339.
3. *Notice sur la maison et la généalogie de Corneille,* par A. G. Ballin, Rouen, mai 1833, p. 8. — Voyez les *Pièces justificatives,* n° XV.
4. *Œuvres* de Fontenelle, tome III, p. 120.

Son dénûment ne fit que s'accroître à l'approche de ses derniers moments, et Boileau indigné alla chez le Roi pour faire rétablir la pension de Corneille, et offrit le sacrifice de la sienne. « Action très-véritable, dit Louis Racine, que m'a racontée un témoin encore vivant; on a eu tort de la révoquer en doute, puisque Boursault, qui ne devoit pas être disposé à le louer, la rapporte dans ses lettres[1]. » Le Roi envoya immédiatement deux cents louis; ce fut la Chapelle, parent de Boileau, qui fut chargé de les porter. Le P. Tournemine, qui met en doute l'exactitude de tout ce récit, convient toutefois de cette circonstance[2]. Ce secours avait été bien tardif; l'illustre poëte expira peu de jours après l'avoir reçu[3]. Il mourut dans la nuit du 30 septembre au 1er octobre 1684[4].

« Comme c'est une loi dans cette Académie (*l'Académie française*), dit Fontenelle, que le directeur fait les frais d'un service pour ceux qui meurent sous son directorat, il y eut une contestation de générosité entre M. Racine et M. l'abbé de Lavau, à qui feroit le service de M. Corneille, parce qu'il paroissoit incertain sous le directorat duquel il étoit mort. La chose ayant été remise au jugement de la Compagnie, M. l'abbé de Lavau l'emporta, et M. de Benserade dit à M. Racine : « Si « quelqu'un pouvoit prétendre à enterrer M. Corneille, c'étoit « vous : vous ne l'avez pourtant pas fait[5]. »

Ce à quoi il pouvait prétendre à plus juste titre et ce qu'il obtint, ce fut l'honneur de louer dignement son illustre rival. Lorsque, le 2 janvier 1685, Thomas Corneille, élu à l'unanimité à la place que son frère laissait vacante à l'Académie française, eut prononcé son discours de réception, ce fut Racine qui lui répondit. Il sut faire de son illustre prédécesseur un portrait

---

1. *Mémoires sur la Vie de Jean Racine,* dans les *Œuvres* de Racine publiées par M. Mesnard, tome I, p. 265. — Boursault rapporte le fait à la page 465 des *Lettres nouvelles.*

2. *Défense du grand Corneille* en tête des *Œuvres diverses* de P. Corneille (Paris, 1738, in-12), p. xxxii et xxxiii.

3. *Mercure galant*, octobre 1684, p. 179.

4. Voyez *République des lettres*, janvier 1685, p. 33; et ci-après, *Pièces justificatives*, n° XVI.

5. *Œuvres* de Fontenelle, tome III, p. 120.

à la fois brillant et familier, fort connu assurément, mais dont rien ne sauroit tenir lieu à la fin d'une étude sur Corneille, car en même temps qu'il résume le jugement des contemporains, il devance celui de la postérité avec une exactitude, une justesse que le temps nous permet aujourd'hui d'apprécier et d'admirer :

« Lorsque, dans les âges suivants, on parlera avec étonnement des victoires prodigieuses et de toutes les grandes choses qui rendront notre siècle l'admiration de tous les siècles à venir, Corneille, n'en doutons point, Corneille tiendra sa place parmi toutes ces merveilles. La France se souviendra avec plaisir que sous le règne du plus grand de ses rois a fleuri le plus grand de ses poëtes. On croira même ajouter quelque chose à la gloire de notre auguste monarque lorsqu'on dira qu'il a estimé, qu'il a honoré de ses bienfaits cet excellent génie ; que même, deux ou trois jours avant sa mort, et lorsqu'il ne lui restoit plus qu'un rayon de connoissance, il lui envoya encore des marques de sa libéralité, et qu'enfin les dernières paroles de Corneille ont été des remercîments pour Louis le Grand.

« Voilà, Monsieur, comme la postérité parlera de votre illustre frère ; voilà une partie des excellentes qualités qui l'ont fait connoître à toute l'Europe. Il en avoit d'autres, qui bien que moins éclatantes aux yeux du public, ne sont peut-être pas moins dignes de nos louanges : je veux dire homme de probité et de piété, bon père de famille, bon parent, bon ami. Vous le savez, vous qui avez toujours été uni avec lui d'une amitié qu'aucun intérêt, non pas même aucune émulation pour la gloire, n'a pu altérer. Mais ce qui nous touche de plus près, c'est qu'il étoit encore un très-bon académicien ; il aimoit, il cultivoit nos exercices[1] ; il y apportoit surtout cet

---

1. Il serait assez difficile de déterminer au juste dans quelle mesure Corneille participait aux travaux de l'Académie ; toutefois le passage suivant des *Factums* de Furetière semble indiquer qu'il n'assistait pas fort régulièrement aux séances ordinaires :

« Si en général j'ai appelé *jetonniers* ceux qui sont assidus à l'Académie pour vaquer au travail du *Dictionnaire*, je n'ai pu trouver de nom plus propre et plus significatif pour les distinguer des académiciens illustres par leur qualité et par leur mérite, dont les noms

esprit de douceur, d'égalité, de déférence même, si nécessaire pour entretenir l'union dans les compagnies. L'a-t-on jamais vu se préférer à aucun de ses confrères ? L'a-t-on jamais vu

sont dans la liste, qui n'ont aucune part à cet ouvrage et qui ne se trouvent qu'aux assemblées solennelles de réceptions ; encore n'ai-je pas la gloire de l'invention de ce titre : elle est due au grand Corneille, qui en a été le parrain, et qui donna un billet d'exclusion au sieur de la Fontaine parce qu'il le jugeoit dangereux aux jetons, sur le fondement que c'est un misérable qu'on nourrit par charité et qui en a besoin pour subsister. On ne peut pécher après l'exemple d'un si grand homme, et son autorité est de tel poids, que tous les confrères ont suivi son exemple, et se traitent les uns les autres de *jetonniers*, selon qu'ils affectent plus ou moins d'être assidus, et de se trouver avant que l'heure sonne pour participer à cette distribution. » (*Recueil des Factums* d'Antoine Furetière, édition de M. Asselineau, tome I, p. 304.)

Nous ne pouvons contrôler aujourd'hui ce que dit Furetière, et il serait imprudent de lui accorder trop de confiance. Remarquons toutefois que le peu de documents dont nous pouvons disposer nous montrent en effet Corneille assistant aux cérémonies publiques, mais ne prenant pas toujours une part bien active aux occupations de la Compagnie. Ainsi en 1672, lorsque l'Académie française se rend à Versailles pour remercier le Roi d'avoir remplacé le chancelier Seguier comme protecteur de la Compagnie, le *Mercure* du mois de mars (tome I, p. 221 et 222) signale la présence de Corneille ; au contraire, nommé membre d'une commission qui fut occupée, du 14 août au 12 octobre 1673, à réunir, pour la préparation du *Dictionnaire*, des *Observations touchant l'orthographe*, il n'a même pas mis son visa à ce travail, où ses opinions sur l'orthographe, placées dans l'*Avertissement* de son édition du *Théâtre* publiée en 1663, ont été longuement discutées et en général favorablement reçues. Voyez les *Cahiers de remarques sur l'orthographe françoise* que j'ai publiés en 1863 (p. viii, xxiii et 97.)

Ses collègues du reste n'exigeaient pas de lui une trop rigoureuse exactitude, fiers qu'ils étaient de le posséder parmi eux. « Ce n'est pas la coutume de l'Académie, dit Segrais dans ses *Mémoires*, de se lever de sa place dans les assemblées pour personne, chacun demeure comme il est ; cependant lorsque M. Corneille arrivoit après moi, j'avois pour lui tant de vénération que je lui faisois cet honneur. C'est lui qui a formé le théâtre françois. » (*Mémoires anecdotes* de Segrais, tome II des *Œuvres*, p. 158.)

vouloir tirer ici aucun avantage des applaudissements qu'il recevoit dans le public? Au contraire, après avoir paru en maître et, pour ainsi dire, régné sur la scène, il venoit, disciple docile, chercher à s'instruire dans nos assemblées ; laissoit, pour me servir de ses propres termes, laissoit ses lauriers à la porte de l'Académie[1] ; toujours prêt à soumettre son opinion à l'avis d'autrui, et de tous tant que nous sommes, le plus modeste à parler, à prononcer, je dis même sur des matières de poésie. »

1. Laisse en entrant ici tes lauriers à la porte.
(*Horace*, vers 1376, tome III, p. 342.)

PIÈCES JUSTIFICATIVES

DE LA NOTICE BIOGRAPHIQUE[1].

I. — Page xix.

Actes de baptême de Pierre Corneille.

Le neuvieme jour [de juin 1606], Pierre, fils de M. Pierre Corneille, a esté baptisé. Le parrain, M. Pierre le Pesant, secretaire du Roy, et Barbe Houel. (*Registre de la paroisse Saint-Sauveur de Rouen, déposé au greffe du tribunal de première instance de Rouen.*)

Le vendredi neuvieme, Pierre, fils de M. Pierre Corneille, a esté baptisé. Le parrain, M. Pierre le Pesant, secretaire du Roy, et damoiselle Barbe Houel. (*Registre de la paroisse Saint-Sauveur de Rouen, déposé à la mairie de Rouen.*)

II. — Page xxi.

Réception de Pierre Corneille comme avocat par la cour de Rouen.

Du mardi xviiie jour de juin 1624, Me Pierre Corneille, licencié es loix, après que par ordonnance de la Cour a esté informé

---

[1]. Ces pièces, déjà connues pour la plupart, mais seulement par extraits, ont été presque toutes copiées à Rouen sous la direction de M. Ch. de Beaurepaire, archiviste de la Seine-Inférieure. Elles sont en grande partie dues à ses recherches et à celles de MM. Floquet, Deville et Gosselin.

d'office, par les conseillers commissaires à ce députés, de sa vie, mœurs, actions, comportemens, religion catholique, apostolique et romaine; oüi sur ce le procureur general du Roi, et de son consentement, a esté receu advocat en ladite cour, et a fait et presté le serment en tel cas requis et accoustumé. (*Archives du greffe de l'ancien parlement de Rouen.*)

III. — Page xxi.

Nomination de Pierre Corneille, comme avocat du Roi en la Table de marbre.

Jay receu de Mᵉ Pierre Corneille le jeune la somme de trois cens soixante et quinze livres pour la resignation de l'office de conseiller et advocat du Roy antien à la table de marbre du Pallais à Rouen pour le siege des eaues et forestz aux gaiges et droicts y appartenant faicte à son profict par Mᵉ Pierre Desmogeretz qui a paié l'annuel duquel office ledit Corneille a esté pourveu. Faict à la Rochelle le xviiiᵉ novembre xviᶜ vingt huict. Signé Deligny, et au dos Enregistré au Contrôle général des finances par moy soubsigné commis audit contrôle. A Paris le dernier de decembre xviᶜ vingt huict. Signé Sublet.

Jay receu de Mᵉ Pierre Corneille la somme de cviii l. pour le droit de mar d'or de l'office de conseiller et advocat du Roy antien a la table de marbre du Pallais à Rouen pour le siege des eaues et forestz dont il a esté pourveu pour la resignation de Mᵉ Pierre Desmogeretz. Faict à Paris le xxxᵉ decembre 1628. Signé de la Court, et au dos Enregistré au Contrôle general des finances par moy soubsigné commis audit contrôle. A Paris le dernier de decembre 1628. Signé Sublet, et plus bas, collationné par moy conseiller secrettaire du Roy et de ses finances. Signé Couppeau.

Louis[1] par la grace de Dieu Roy de France et de Navare A tous ceux qui ces presentes verront salut sçavoir faisons que pour le bon et louable rapport qui faict nous a esté de la personne de notre cher et bien amé M⁰ Pierre Corneille et de ses sens suffisance loiauté preudhommie experience et bonne dilligence a icelluy pour ces causes et autres a ce nous mouvans. Avons donné et octroié donnons et octroions par ces presentes l'office de notre Conseiller et advocat antien à la table de marbre du Pallais à Rouen pour le siege des eaux et foretz que nagueres soulloit tenir et exercer M⁰ Pierre Desmogeretz dernier paisible possesseur dIcelluy vaccant à present par la resignation quil en a faite par sa procuration cy attachée soubz le contrescel de notre chancelerie. Pour le dit office avoir tenir et doresnavant exercer en jouir et user par le dit Corneille aux honneurs authoritez prerogatives preeminences franchises libertez gaiges, droictz de chauffages proffictz revenus et esmolumens accoustumez et y appartenans telz et semblables qu'en jouissoit le dit Desmogerets tant quil nous plaira, encore quil ne vive les quarante jours portez par noz ordonnances de la rigueur desquelles nous l'en avons rellevé et dispensé attendu le droit annuel pour ce par luy paié Sy donnons en mandement a nos amez et feaux conseillers les gens tenans notre court de parlement de Rouen. Qu'après leur estre apparu des bonne vie mœurs conversation et religion Catholique apostolicque et Romaine du dit Corneille et de luy pris et receu le serment en tel cas requis et accoustumé Ilz le mettent et instituent ou facent mettre et instituer de par nous en possession et saisine du dit office l'en faisant jouir et user aux honneurs authoritez prerogatives preeminences franchises libertez gaiges droictz de chevauchée profictz revenus et esmollumens susdit plainement paisiblement et a luy obeir et entendre de tous ceux et ainsy quil appartiendra ez choses touchant et concernant le dit office Pourveu touttesfois qu'il nayt au dit siege aucuns parens ni alliez au degré de nos ordonnances a peyne de nullité des presentes et de sa reception. Mandons en outre a noz amez et feaux conseillers les Presidens et tresoriers generaux de France à Rouen que par le receveur et paieur des gaiges des officiers du dit siege ou autres noz officiers comptables qu'il appartiendra ilz facent paier et dellivrer au dit Corneille les ditz gaiges et droictz doresnavant par chacun an aux termes et en la maniere accoustumée A commencer du jour et datte des presentes Rapportant lesquelles ou coppie dicelles deument collationnée pour une fois seulement. Avec quittance du dit Corneille sur ce suffisante. Nous voullons les ditz gaiges et droictz et que paié baillé luy aura

---

1. On lit en marge : « Ad^at du Roy en la Table de Marbre. »

esté estre passé et alloué en la despense des comptes des dits receveurs qui les auront paiez par noz amez et feaux les gens de noz comptes a Rouen ausquelz mandons ainsy le faire sans difficulté car tel est notre plaisir En tesmoing de quoy nous avons faict mettre notre scel à ces dites presentes données a Paris le dernier jour de decembre l'an de grace xvie vingt huict et de notre regne le xix^o. Et sur le reply est escript par le Roy Couppeau et scellé sur double queue du grand sceau de cire jaulne et a costé est escript Le dit Me Pierre Corneille a esté receu au dit estat et office dadvocat du Roy pour les eaues et forestz au dit siege de la table de marbre suivant ces presentes et a faict et presté le serment a ce requis et accoustumé a Rouen en parlement le seizi^e jour de febvrier xvie vingt et neuf signé Deschamps.

Les presidens et Tresoriers generaux de France en Normandie au bureau des finances en la generallité de Rouen veu par nous les lettres pattentes du Roy données à Paris le dernier jour de decembre dernier par lesquelles Sa Majesté a donné et octroié a Me Pierre Corneille loffice de son conseiller et advocat antien a la table de marbre du pallais à Rouen pour le siege des eaues et forestz que nagueres soulloit tenir et exercer Me Pierre de Mogeretz dernier paisible possesseur d'Icelluy vaccant lors par la resignation quil en a faicte Pour le dit office avoir tenir et doresnavant exercer en jouir et user par le dit Corneille aux honneurs, authoritez prerogatives preeminences franchises libertez gaiges droicts de chauffages proffictz revenus et esmollumens accoustumez et y appartenant telz semblables qu'en jouissoit le dit Desmogeretz Nous mandant Sa dite Majesté le faire paier des dits gaiges et droitz comme plus amplement les dites lettres patentes le contiennent desquelles et aprés quil nous est apparu de sa reception en la court de Parlement de Rouen le xvie jour de febvrier dernier, Consentons Entant qu'a nous est lentherinement Mandant aux receveurs du domaine en la vicomté de Vernon chacun en lannée de son exercice paier bailler et dellivrer au dit Me Pierre Corneille les gaiges de huict vingtz dix livres au dit office appartenant telz et semblables qu'en a jouy le dit Demogeretz aux termes et en la maniere acoustumée A commencer les cours d'Iceux du jour et dabte des dites lettres de provision, desquelles rapportant par celluy des dits receveurs qui en fera le premier paiement coppie et de ces presentes pour une fois seullement avec quittance sur ce suffisante Seront les ditz gaiges et droicts par nous passez et allouez en leurs estatz partout qu'il appartiendra Donné à Rouen le neuf^e jour de mars xvie vingt et neuf.

Jay Receu de Mᵉ Pierre Corneille la somme de cent huict livres pour le droit de mar dor de loffice de conseiller du Roy et son premier advocat du Roy en la marine de France au siege general de la table de marbre de notre pallais à Rouen dont il a esté pourveu par la demission de Mᵉ Pierre Desmogeretz, faict à Paris le vɪɪɪᵉ janvier 1629 Signé de la Court et au dos Enregistrée au contrôle general des finances par moy soubsigné commis au dit contrôle le dixᵃ de Janvier 1629 Signé Sublet et plus bas Collationné par moy Conseiller Secrettaire du Roy et de ses finances Signé Couppeau.

Louis par la grace de Dieu Roy de France et de Navarre A tous ceux qui ces presentes verront salut Sçavoir faisons que pour le bon rapport qui nous a esté faict de la personne de notre cher et bien amé Mᵉ Pierre Corneille et de ses sens suffisance loiauté preudhommie experience et bonne dilligence a Icelluy pour ces causes et autres A ce nous mouvans Avons a la nomination de notre tres cher cousin le sʳ Cardinal de Richelieu Grand Mᵉ chef et Sur Intendant general de la navigation et commerce de France Aiant pouvoir de ce donné et octroié donnons et octroions par ces presentes loffice de notre conseiller et premier advocat en ladmirauté de France au siege general de la table de marbre de notre pallais a Rouen que nagueress soulloit tenir et exercer Mᵉ Pierre Demogeretz dernier paisible possesseur d'Icelluy vaccant a present par la resignation quil en a faicte par sa procuration cy avec La dite nomination attachée soubz le contre scel de notre chancelerie. Pour le dit office avoir tenir et doresnavant exercer en jouir et user par le dit Corneille aux honneurs auctoritez prerogatives preeminences exemptions franchises libertez gaiges droictz fruictz proffictz revenus et esmollumens y apartenant telz et semblables quen jouissoit le dit Demogeretz Tant quil nous plaira Sy donnons en mandement a noz amez et feaux conseillers les gens tenans notre court de Parlement a Rouen qu'apres leur estre apparu des bonne vie mœurs conversation et rellegion catholique apostolique et romaine du dit Corneille et de luy prins et receu le serment en tel cas requis et accoustumé Ilz le mettent et instituent ou facent mettre et instituer de par nous en possession et saisine du dit office len faisant jouir et user aux honneurs aucthoritez prerogatives preeminences exemptions franchises libertez gaiges droicts fruicts proffict revenus et esmollumens susdits plainement et paisiblement Et a luy obeir et entendre de tous ceux et ainsy quil apartiendra ez chosss touchant et concernant le dit office, pourveu touttefois que le dit Corneille n'ayt au dit siege aucuns parens ny alliez au degré de noz ordonnances a peine de nullité des presentes et de sa reception Mandons en outre a noz amez et feaux conseillers les Presidens et tresoriers generaulx de France audict Rouen que par le Receveur et paieur des gaiges des officiers dudit siege Ilz facent paier audit Corneille les dits gaiges et droictz doresnavant par chacun an A commencer du jour et date des presentes Rapportant lesquelles ou coppie d'Icelles deuement collationnée pour une fois seullement avec quittance dudit Corneille sur ce suffisante Nous voullons les dits gaiges et droictz estre passez et allouez en la despence des comptes dudit receveur desduicts et rabattus de sa recepte par noz amez et feaux les gens de noz comptez à Rouen ausquelz mandons ainsy le faire sans difficulté Car tel est notre plaisir en tesmoing de quoy nous avons faict mettre notre scel à ces dites presentes donuées à Paris le dix^e jour de Janvier lan de grace mil six cens vingt neuf et de notre regne le dix neuf^e et sur le reply est escript par le Roy signé Couppeau et scellé sur double queue du grand sceau de cire jaulne et a costé du dit reply est escript le dit Me Pierre Corneille a esté receu au dit estat et office dadvocat du Roy en ladmirauté de France au siege de la table de marbre du pallais à Rouen suivant ces presentes et a faict et presté le serment a ce requis A Rouen en parlement le seizi^e jour de febvrier xvi^c vingt neuf signé Deschamps.

Les Presidens et tresoriers generaulx de France en Normandie au bureau des finances en la generallité de Rouen, Veu par nous les lettres pattentes du Roy donnez a Paris le dix^e jour de Janvier dernier par lesquelles Sa Majesté a la nomination de son tres cher cousin le s^r Cardinal de Richelieu grand M^{re} chef et surintendant general de la navigation et commerce de France aiant pouvoir de ce a donné et octroié A Me Pierre Corneille loffice de son conseiller et premier advocat en ladmirauté de France au siege general de la table de marbre du pallais a Rouen que nagueres soulloit tenir et exercer Me Pierre de Mogeretz dernier paisible possesseur d'Icelluy. Vaccant lors par la resignation quil en a faicte pour le dit office avoir tenir et doresnavant exercer en jouir et user par le dit Corneille aux honneurs aucthoritez prerogatives preeminences exemptions franchises libertez gaiges droictz fruicts profficts revenus et esmollumens y appartenans telz et semblables qu'en jouissoit le dit de Mogeretz. Nous mandant Sa dite Majesté le faire paier de ses gaiges et droictz comme plus amplement les dites lettres pattentes le contiennent desquelles et appres qu'il nous est apparu de sa reception en la court de Parlement de Rouen le seizi^e jour de febvrier dernier consentons en tant qu'a nous est leutherinement Mandant aux receveurs generaux des finances en la generallité de Rouen chacun en lannée de son exercice paier bailler et dellivrer au dit M° Pierre Corneille aux termes et en la maniere accoustumée les gaiges de viii^{xx} x^{ll} attribuez au dit office telz et semblables qu'en jouissoit le dit de Mogeretz, a commencer le cours d'Iceux du jour et datte des dites lettres de provision desquelles raportant par celluy des dits receveurs qui en fera le premier paiement coppie et de ces presentes pour une fois seulement avec quittance sur ce suffisante Seront les dits gaiges et droictz par nous passez et Allouez en leurs estatz par tout qui apartiendra donné a Rouen le neufe jour de mars mil vi^c vingt neuf.

(*Archives de la Seine-Inférieure.*)

IV. — Page XXVI.

Lettres de noblesse accordées, le 24 mars 1637, à Pierre Corneille, père du poëte[1].

Louis, par la grâce de Dieu, roy de France et de Navarre, à tous presens et advenir, salut.

La Noblesse, fille de la Vertu, prend sa naissance, en tous estats bien policés, des actes genereux de ceux qui tesmoignent, au peril et pertes de leurs biens et incommoditez de leurs personnes, estre utiles au service de leur prince et de la chose publicque ; ce qui a donné subject aux roys nos predecesseurs et à nous, de faire choix de ceux qui par leurs bons et louables effects ont rendu preuve entiere de leur fidelité, pour les eslever et mettre au rang des nobles, et, par ceste prerogatifve, rendre leurs vie et actions remarquables à la posterité. Ce qui doibt servir d'emulation aux autres à ceste exemple, de s'acquerir de l'honneur et reputation, et esperance de pareille rescompence.

Et d'autant que par le tesmoignage de nos plus speciaux serviteurs nous sommes deuement informé que nostre amé et feal Pierre Corneille, issu de bonne et honorable race et famille, a toujours eu

---

1. Ces lettres de noblesse furent enregistrées, le 27 mars 1637, dans la chambre des comptes de Normandie, et renouvelées par Louis XIV, en mai 1669, en faveur de Pierre et de Thomas Corneille.

en bonne et singuliere recommandation le bien de cest estat et le nostre en divers emplois qu'il a eus par nostre commandement et pour le bien de nostre service et du publicq et particulierement en l'exercice de l'office de maistre de nos eaues et forestz en la vicomté de Rouen, durant plus de vingt ans, dont il s'est acquitté avec un extreme soing et fidelité, pour la conservation de nos dictes forests, et en plusieurs autres occasions où il s'est porté avec tel zele et affection que ses services rendus et ceux que nous esperons de luy à l'advenir, nous donnent subject de recongnoistre sa vertu et merites, et les decorer de ce degré d'honneur, pour marque et memoire à sa posterité.

Sçavoir faisons que nous, pour ces causes et autres bonnes et justes considerations à ce nous mouvans, voulant le gratifier et favorablement traicter, avons le dict Corneille de nos grace specialle plaine puissance et authorité royalle, ses enfans et posterité, masles et femelles, nais et à naistre en loyal mariage, annoblys et annoblissons, et du tittre et quallité de noblesse decoré et decorons par ces presentes signées de notre main. Voulons et nous plaist qu'en tous actes et endroicts, tant en jugement que dehors, ilz soient tenus et reputtez pour nobles, et puissent porter le titre d'escuyer, jouir et uzer de tous honneurs, privilleges et exemptions, franchises, prerogatives, preeminences dont jouissent et ont accoustumé jouyr les autres nobles de nostre royaume, extraictz de noble et ancienne race, et, comme telz, ilz puissent acquerir tous fiefz, possessions nobles, de quelque nature et quallité qu'ilz soient et d'iceux, ensemble de ceux qu'ils ont acquis et leur pourroient escheoir à l'advenir, jouir et uzer tout ainsy que s'ils estoient nais et issus de noble et ancienne race, sans qu'ils soient ou puissent estre contraincts en vuider leurs mains, ayant d'habondant au dict Corneille et à sa posterité, de nostre plus ample grace, permis et octroié, permettons et octroyons qu'ils puissent doresnavant porter partout et en tous lieux que bon leur semblera, mesmes faire esleyer par toutes et chacune leurs terres et seigneuries, leurs armoiries timbreez telles que nous leur donnons et sont cy empreintes[1], tout ainsy et en la mesme forme et maniere que font et ont accoustumé faire les autres nobles de nostre dict royaume.

Sy donnons en mandement à nos amez et feaux conseillers les gens tenans nostre cour des aides à Rouen, et autres nos justiciers

---

[1] D'azur, à une face d'or, chargée de trois testes de lion de gueules, et accompagnée de trois estoiles d'argent, deux en chef et une en pointe. (*Armorial général de la France*, Ville de Paris, tome I, fol. 1066. Bibl. imp., département des manuscrits.) — Voir ces armoiries dans l'*Album* joint à notre édition.

et officiers qu'il appartiendra, chacun en droict soy, que de nos presente grace, don d'armes, et de tout le contenu ci-dessus ils facent, souffrent et laissent jouir et uzer pleinement, paisiblement et perpetuellement le dit Corneille, ses dits enfans et posterité masles et femelles, nais et à naistre en loial mariage, cessant et faisant cesser tous troubles et empeschemens au contraire. Car tel est nostre plaisir nonosbtant quelzconques edictz, ordonnance, revocquations, et reiglemens à ce contraires, ausquels et à la desrogatoire des desrogatoires y contenue, nous avons desrogé et desrogeons par ces dictes presentes. Et afin que ce soit chose ferme et stable à tousjours, nous avons faict mettre nostre seel aux dictes présentes sauf, en autres choses, nostre droict et l'autruy en toutes. Donné à Paris, au mois de janvier, l'an de grace mil six cent trente sept, et de nostre reigne le vingt-septième. Signé Louis. Et sur le reply par le Roy, De Loménie ung paraphe. Et à costé *visa*, et scellé en laas de soye rouge et verd du grand sceau de cire verde.

Et sur le dict reply est escript : Registrez es registres de la court des Aides en Normandie, suivant l'arrest d'icelle du vingt-quatrieme jour de mars mil six cent trente sept. Signé De L'estoille, ung paraphe.

V. — Page XXVII.

Aveu fait par Pierre Corneille, tant en son nom qu'au nom de Thomas, son frère, pour des fiefs provenant de la succession de son père[1].

De Nobles et Religieuses personnes Messieurs Abbé et convent de l'Abbaye et Baronnie de St. Ouen de Rouen tient et advoue tenir en leurs fiefs de l'eau de Seine au droit de l'office de Pitancier[2] dicelle M. Pierre Corneille Escuyer Conseiller du Roy et Advocat de Sa Majesté aux sieges generaux de la table de marbre du palais à

1. Cet acte, qui fait partie du fonds de Saint-Ouen de Rouen aux archives de la Seine-Inférieure, nous était inconnu. Il nous a été signalé et communiqué par notre savant confrère, M. Ch. de Beaurepaire, archiviste du département. La première partie de cet acte, jusqu'à la signature, est entièrement de l'écriture de Corneille.

2. « *Pitancier*. Officier claustral qui subsiste encore dans quelques abbayes, qui distribuoit autrefois la pitance aux moines. » (Furetière, *Dictionnaire universel*, 1690.)

Rouen fils aisne et heritier en partie de deffunt M. Pierre Corneille Escuyer Conseiller du Roy et M⁰ particulier des Eaux et forestz en la vicouté de Rouen tant pour luy que pour Thomas Corneille son frere mineur d'ans et son coheritier en la dite succession. C'est assavoir une piece de terre en isle nommée la Litte contenant cinq vergees ou environ ainsy plantée de cerisiers, pruniers, oziers, fresnes, vignes que autres plantz assise en la paroisse d'Orival pres Cleon bornée de tous boutz et costes leau de Seine a cause de quoy il doibt six sols de rente seigneuriale par [an] laquelle piece luy appartient a cause de la succession du dit deffunt sʳ son pere. Plus le dit sʳ Corneille audit nom tient et advoue tenir desdits sʳˢ Religieux, Abbé et convent de la dite Abbaye et Baronnie de St. Ouen une vergée de terre en isle en plant et labour sise en la grande isle de Cleon, paroisse dudit lieu bornée de deux costes le canal de Seine et des deux boutz Roger Daniel dont il doibt douze deniers de rente seigneurialle par chacun an, laquelle luy appartient aussi a cause de la succession du dit deffunt sʳ son pere avec reliefs treiziesme droitz et devoirs seigneuriaux quand le cas y eschet saouf a augmenter ou diminuer par le dit sʳ Corneille pour les heritages contenus au present adveu s'il vient cy apres en sa cognoissance que faire se doibve ou qu'il y eust autres heritages sujetz et contribuables ausdites rentes.

Signé : CORNEILLE.

Les pleds des Seigneuries de labbaie et baronnie de St. Ouen à Rouen tenus au manoir abbatial du dit lieu par nous Mathieu Poullain escuyer sʳ Du boscguillaume advocat en la cour Seneschal de la dite abbaie et baronnie de St. Ouen le mercredy dixhuictᵉ jour de juin xvıᶜ quarante deux est comparu Le dit sʳ Corneille lequel a baillé et presenté cest adveu icelluy juré et affirmé veritable qui a esté receu saouf le droict proprietaire de MMgʳˢ et à blasmer et sans prejudice des frais de prise de fief et reunion a laquelle fin assignation a luy faicte aux prochains pledz pour produire. Donné comme dessuz.

Signé : POULLAIN et PIGEON.

VI. — Page XXVII.

Pièces relatives à la création d'un second avocat du Roi au siége général des eaux et forêts à la Table de marbre du Palais à Rouen[1].

A Maistre Charles Ycard, advocat au privé conseil de Sa Majesté :

A la requeste de Pierre Corneille, escuyer, conseiller du Roy et advocat de Sa Majesté au siege general des eaües et forests à la table de marbre du Palais à Rouen, soit signifié en copies les exploicts d'opposition du quinziesme jour d'octobre 1638 et du troisiesme de juin 1639 à Monseigneur le Chancelier ou à[2]   garde des roolles des offices de finance, que le requerant s'oppose, comme de faict il s'oppose, à l'expedition des provisions ou lettres du pretendu office de second advocat du Roy au dit siege, cy-devant possedé par maistre Gilles Aubert, ledict office vacquant à cause de mort ; employant pour moyen en la presente opposition qu'il n'y avoit eu aulcun edict de creation dudict office, en quoy Sa Majesté....[3] y auroit esté surprise en la delivrance desdites provisions, et telles et aultres raisons qu'il entend desduire en temps et lieu. Elisant, aux fins de la presente opposition, son domicile en la maison et personne de maistre Charles Ycard advocat au privé conseil de Sa Majesté. Dont ledict Corneille a requis acte.

CORNEILLE.

Au Roy et à nos Seigneurs de son Conseil.

Sire,

Pierre Corneille, vostre conseiller et advocat à la table de marbre du Palais, remonstre qu'il y auroit instance pendante en vostre Conseil sur l'opposition qu'il a formée aux provisions de l'office de second advocat à la table de marbre du Palais, entre luy d'une part,

---

1. Ces pièces font partie des minutes du greffe du Parlement et se trouvent réunies en une liasse intitulée : *Dossier de Pierre Corneille.*
2. Demeuré en blanc dans l'original.
3. Ici deux ou trois mots effacés par l'humidité. L'ensemble de la pièce a du reste beaucoup souffert et est aujourd'hui très-peu lisible.

et Francoys Hays, prétendant obtenir, d'aultre, et la vefve de M⁰ Gilles Aubert aussy opposante, en la quelle instance, bien que ses soubstiens soient justes tant contre ledict Hays que contre la dicte vefve, et bien que ses conclusions aillent à faire declarer ledict office supprimé et exteinct, neantmoins, si le bon plaisir de Vostre Majesté est tel que lesdictes provisions ayent lieu et que ledict office revive, Il vous supplie de considerer que ledict office faict la moitié du sien qui est d'antienne creation, et à ces causes d'estre receu à l'offre du faict de rembourser ledict Hays de ce qu'il aura financé en vos coffres et que les provisions seront delivrées en blanc audict suppleant, pour par luy ledict office estre exercé conjoinctement ou separement.

Et il priera Dieu pour vostre prosperité, longue et heureuse vie.

Dans les moyens à l'appui présentés par Jacques Goujon il est dit que les fonctions de second avocat n'ont été créées que par l'abus d'un sieur Isaac Payer, *seul advocat du Roy audict siege, lequel en* 1611, *en un temps où ceux de la relligion pretendue reformée faisoient leurs efforts de s'accroistre en la magistrature, s'estant faict desinteresser par un nommé Gilles Aubert, huguenot comme luy, luy permit d'obtenir des provisions de second avocat ; qu'Aubert estant decedé dernierement, sa vefve n'a pu vendre à Francoys Hays un droit qui n'existoit pas et qui n'estoit que la suite d'un abus ; qu'enfin ledit Hays, apres avoir esté contrainct par certaines considerations de vendre sa charge de M⁰ particulier au mesme siege des eaües et forests ne desdaignant pas de s'y venir asseoir au dernier rang, monstroit par la combien peu il meritoit que le Roy prist sa demande en consideration.*

VII. — Page xxxiii.

Projet de lettres patentes concédant à P. Corneille le droit de ne laisser jouer ses pièces qu'aux troupes autorisées par lui.

Louis, etc., à nos améz feaux conseillers les m⁰ˢ des req⁰ᵗᵉˢ ord⁰ʳᵉˢ de nostre hostel, salut. Notre cher et bien amé conseiller et advocat au siege g⁰ˡ de la table de marbre du Pallais des eaues et forests de Rouen, le sieur Corneille nous a fait remonstrer qu'il a cy-devant employé beaucoup de temps à composer plusieurs pieces tragiques nommées *Cinna, Polyeucte* et *la Mort de Pompée,* lesquelles il auroit fait representer par nos comediens ord^res, representant au marais du Temple à Paris; et d'autant qu'il a appris que depuis quelque temps les aultres comediens auroient, à son grand prejudice, entreprins de representer les dictes pieces et que si Ils avoient cette liberté l'exposant seroit frustré de son labeur[1], nous suppliant sur ce luy pourvoir et luy accorder nos lettres necessaires; nous à ces causes, desirant favorablement traitter l'exp^ant, luy avons de nos grace speciale, pleine puissance et authorité royalle permis et permettons par ces presentes de f^re jouer et representer lesdictes pieces de theatre ci-dessus speciffiées, nommées *Cinna, Polyeucte, la Mort de Pompée* par troupe de nos comediens, en tels lieux et endroicts de nostre royaulme que bon luy semblera, et ce durant le temps de.... à compter du jour qu'elles auront esté representées la premiere fois, pendant lequel temps vous ferez, comme nous faisons par ces presentes, tres-expresses inhibitions et defenses à tous nos comediens representans tant en nostre dicte ville de Paris qu'autres lieux de nostre royaulme de jouer ny representer lesdictes pieces sans le vouloir et consentement dudict exposant ou de ceux qui auront droit de luy, à peine de dix mille livres d'amende et de tous despens, dommages et interests. Si vous mandons que du contenu en ces presentes.... fassiez, souffriez et laissiez jouir et.... exposant pleinement et paisiblement, et à ce.... souffrir et obeir tous ceux qu'il appartien.... Mandons au premier nostre huissier ou sergent royal sur ce requis f^re, pour l'execution des presentes, tous exploicts de justice à ce requis et necessaires sans aucune aultre plus.... que ces presentes. Car tel est nostre plaisir. Donné à.... le.... jour de.... l'an de grace 1643 et de nostre regne le premier.

Par le Roy[2].

---

1. Corneille a substitué « de son labeur » à « de ses intentions. »
2. Écrit de la main d'un clerc de Jacques Goujon et corrigé en plusieurs endroits par Corneille. — On lit au bas de ce projet, dans la marge, ces mots écrits perpendiculairement de la main de Jacques Goujon :—*Privilege Corneille refusé*, et après « Par le Roy, » ces mots : *Pour les comediens du marais pour la d. lettre*.

VIII. — Page xxxiii.

Reçu d'objets mobiliers donné le 25 juin 1644 par Antoine Corneille, frère de Pierre Corneille[1].

Je soussigné prieur curé de Freville cognois et confesse avoir reçu de Mademoiselle Corneille, ma mere, une douzeine d'assiettes et demie douzeine de platz, le tout de fin estain; plus trois douzeines de serviettes dont il en a une douzeine de doubleuvre et deux nappes de lin et un doublier. Une Casaque de drap noir qui estoit à feu mon pere, une grande table qui se tire des deux costez et deux formes, une toile de lit de ces estoffes jaulnes imprimées. Tous lesquels meubles elle m'a prestés en ma necessité, lorsque j'ay esté demeurer à Freville et luy promets les restituer ou à elle ou à mes freres, toutes fois et quantes. Faict ce samedy vingt cinquiesme jour de juin mil six cens quarante quatre.

Signé : F. Antoine Corneille, et un paraphe.

[1]. Ce reçu a été publié dans le *Précis analytique des travaux de l'Académie de Rouen;* il était inséré dans le rapport de M. Decorde, secrétaire de la classe des lettres, et se trouvait précédé de l'exposé suivant :

« Une pièce inédite, due aux recherches toujours si précieuses de M. de Beaurepaire, a achevé de mettre en lumière combien était simple et modeste l'intérieur de la maison dans laquelle s'écoula la jeunesse du grand poëte. C'est un reçu donné le 25 juin 1644, par son frère Antoine, religieux du Mont-aux-Malades, à Mme Corneille, sa mère, et contenant la nomenclature de divers objets mobiliers qu'il avait dû lui emprunter, quand il alla prendre possession de la cure de Fréville, n'ayant pas le moyen de les acheter. »

IX. — Page XXXVII.

Nomination de Corneille à la charge de procureur des états de Normandie.

Lettre de cachet adressée à l'hôtel de ville de Rouen.

Sa Majesté ayant pour des considerations importantes à son service destitué par son ordonnance de ce jourd'huy le sieur Bauldry de la charge de procureur des Estats de Normandie, et estant necessaire de la remplir de quelque personne capable, et dont la fidelité et affection sont connues, sadite Majesté a fait choix du sieur de Corneille, lequel, par l'advis de la Reyne Regente, elle a commis et commet à ladite charge, au lieu et place dudit sieur Bauldry, pour doresnavant l'exercer et en faire les fonctions jusques à la tenue des Estats prochains, et jusques à ce qu'il en soit autrement ordonné par sadicte Majesté, laquelle mande et ordonne à tous qu'il appartiendra de reconnoistre ledit sieur de Corneille en ladite qualité de procureur desdits Estats sans difficulté.

Fait à Rouen, le quinzieme jour de febvrier 1650.

Louis.

Et plus bas :

De Lomenie.

Lettre de cachet à Messieurs de la Grand'Chambre.
De par le Roy,

Nos amez et feaux ayant pour des considerations importantes à notre service destitué le sieur Bauldry de la charge de procureur des Estatz de Normandie, nous avons en mesme temps commis à icelle le sieur de Corneille pour l'exercer et en faire les fonctions jusques à ce qu'aux premiers Estatz il y soit pourveu. Sur quoy nous vous avons bien voulu faire cette lettre, de l'advis de la Reyne Regente, nostre tres-honorée dame et mere, pour vous en informer,

Et n'estant la presente pour un autre subjet, nous ne vous la ferons plus longue.

Donné à Rouen, le dix-septieme jour de febvrier 1650.

Louis.

Et plus bas :

De Lomenie.

(*Archives de l'hôtel de ville de Rouen.*)

X. — Page xxxviii.

Résignation des fonctions d'avocat du Roi en la Table de marbre.

Du vendredi après midy dix-huitieme jour de mars seize cent cinquante en l'Escriptoire.

Fut present maistre Pierre Corneille escuyer conseiller du Roi et antien advocat aux sieges generaux de l'admirauté, eaux et forests de Normandie, en la table de marbre du Palais à Rouen, y demeurant, lequel de son bon gré confessa avoir vendu et resigné par ces presentes à noble homme maistre Alexandre Leprovost sieur de la Malleterre advocat en parlement de Rouen y demeurant present ce acceptant en la presence accord et consentement de noble homme maistre Gabriel Leprovost sieur de la Bardelliere conseiller du Roi au siege general des dites eaux et forests de Normandie, son père c'est assavoir : Les dits offices de conseiller et advocat du Roy ancien es sieges generaux de l'admirauté eaux et forests de Normandie en la dite table de marbre du Palais à Rouen auxquels il a esté pourvu par lettre du Roy donnée à Paris le dernier de decembre seize cent vingt-huit et dernier janvier an suivant, par la resignation que faite en avoit été à son profit par noble homme maistre Pierre de Mogeres lors titulaire d'iceux offices, desquels le dit sieur Corneille promet obtenir les provisions à ses frais et despens savoir du dit office des dites eaux et forests dans trois mois de ce jour et de celui de l'admirauté six semaines apres le retour de la Reine Regente en la ville de Paris et en saisir le dit sieur Leprovost fils pour par le dit se faire recevoir aux dits offices à ses frais et despens comme il advisera bien estre et jouir par lui des gaiges du dit office du dit jour et à l'avenir comme des autres droits fruits profits chauffages revenus et emolumens y attribués tels et semblablement qu'en ont joui les autres titulaires des dits offices et le dit sieur Corneille qu'il sera tenu et obligé faire cesser tout trouble et opposition qui pourroient arriver à la reception du dit sieur Leprovost par le fait du dit sieur Corneille seulement auquel il promet aussi mettre es mains les dites lettres de provision sus datees et autres pieces dont il est saisi concernant les dits offices lors et au temps de la livraison de la dite provision. Cette vendue et resignation est faite moyennant la somme de six mille livres tournois laquelle ils ont convenu ensemble de la dite somme les dits sieurs Leprovost pere et fils se sont solidairement et sans division ordre de distribution ni appellation de garantie en payer au dit sieur Corneille dans le lundi de quasimodo prochain venant la somme de sept cens livres tournois pour subvenir au dit sieur Corneille à l'obtention des dites lettres de provision des dites forests plus la somme de deux mille trois cens livres tournois lorsque le dit sieur Corneille mettra en leurs mains les dites lettres de provision des dites eaux et forests et pour les trois mille livres restant pour et au lieu d'iceux les dits sieur Leprovost père et fils se sont submis et obligés par ces presentes solidairement comme dit est en faire payer au dit sieur Corneille en cette ville de Rouen à leurs despens le nombre de cent quatorze livres cinq sous huit deniers de rente par an à commencer à courir du jour que le dit sieur Corneille leur mettra es mains les dites lettres de provision de l'admirauté et continuer jusques au racquit que les dits sieurs Leprovost pere et fils chacun et l'un d'eux leurs heritiers pourroit faire toutefois et quantes qu'il leur plaira en payer au dit sieur Corneille et ses heritiers la dite somme de trois mille livres en arrerages prorata et à la seureté du paiement livraison et garantie de laquelle rente les dits sieurs Leprovost ont obligé par speciale et principale hypotheque les dits offices ci-dessus vendus gaiges et droits d'iceux outre la generale obligation de tous leurs autres biens et heritages presents et à venir sans déroger à aucunes generalités ni specialités et pour plus grande seureté de garantie de la dite rente et assurer les dits offices en la famille des dits sieurs Leprovost y se sont submis et obligés payer chacun an le droit annuel à quoi les dits offices seront taxés et en fourniront copie des dites lettres au dit sieur Corneille quinze jours apres l'ouverture du bureau qui sera establi en cette ville et faute par eux de ce faire le dit sieur Corneille demeure permis et autorisé payer le dit droit pour en être remboursé sur les dits sieurs Leprovost, le tout tant et si longtemps que la dite rente aura cours et que le dit droit aura lieu. Presents Pierre Crosnier et Nicolas Labé.

Signé : Corneille, Leprovost, Leprovost, Crosnier, Labé, Houpville et Helye.

Du vendredi apres midy dix-huitieme jour de mars, en l'escriptoire à Rouen, fut present maistre Pierre Corneille escuyer conseiller et advocat du Roy antien en la table de marbre du Palais à Rouen. pour le siege des eaux et forests demeurant au dit Rouen lequel de son bon gré a fait et constitué son procureur general et special c'est assavoir auquel le dit sieur constituant a donné pouvoir et puissance de pour lui et en son nom resigner et mettre es mains du Roy notre sire et à monseigneur le chancelier ou autres ayant pouvoir quant à ce son dit estat et office de conseiller du Roy antien en la dite salle de marbre du Palais à Rouen pour le siege des eaux et forests pour et au nom profit et faveur de maistre Alexandre Leprovost advocat en la Cour et non d'autre et de la dite resignation en requerir demander et obtenir telles lettres de don, provision et octroi que besoin sur ce est generalement promettant obliger biens et heritages. Presens Pierre Crosnier et Nicolas Labé demeurant à Rouen.

Signé : Corneille, Crosnier, Labé, Helye et Houpville.

Et du dit jour fut present Monsieur Pierre Corneille escuyer conseiller et ancien advocat du Roy au siege de l'admirauté de France en la table de marbre du Palais à Rouen lequel de son bon gré a fait et constitué son procureur general et special, c'est assavoir

auquel portant la dite presente le dit sieur constituant a donné pouvoir et puissance de pour lui et en son nom resigner et remettre es mains du Roy notre sire et de la Reine Regente sa mere jouissant de l'office de grand maistre chef surintendant general du commerce et navigation de France ou autres ayant pouvoir le dit estat et office de conseiller et advocat du Roy antien en la dite admirauté de France au dit siege de la table de marbre du Palais à Rouen en faveur toutefois de maistre Alexandre Leprovost avocat en parlement et non autre consentir toutes lettres de provision estre sur ce expediées et generalement promettant obliger tous ces biens et heritages. Presens les dessus dits.

Signé : Corneille, Crosnier, Labé, Houpville et Helye.

XI. — Page xl.

Extrait du registre des comptes de la paroisse de Saint-Sauveur de Rouen pendant les années 1622-1653.

Gestion de Pierre Corneille père. 1622-1623.

Combpte de la recepte mise et despense que moy Pierre Corneille cydevant M⁰ des eaux et forestz de la vicomté de Rouen ay eue et faicte comme tresorier de la paroisse de Saint-Sauveur du dit Rouen, des rentes et revenus appartenanz à la d. esglize, pour ung an à Pasques mil six cens vingt deux et finissant à Pasques mil six cens vingt trois pour estre procedé à l'audition et clausion d'icelluy.

.... Se charge ledit comptable de la somme de dix livres pour une année escheue au jour de Pasques mil six cens vingt trois de pareille somme de rente deue à cause d'une fondation faicte en la dicte esglize par damoiselle Barbe Houel sa mère et par luy par contrat passé devant les tabellions de Rouen le vingt^{me} febvrier mil six cens quatorze.

Fondation de Pierre Corneille père. 1624-1625.

Reçu .... du dit Pierre Corneille, la somme de soixante livres, pour deux années escheuez au dit jour de Pasques vi^c vingt cinq pour pareille somme de rente par luy constituée sur tous ses biens et heritages pour et à cause d'une fondation par luy faite en icelle esglize à condition de luy faire dire et cellebrer à perpetuité par son chapelain abbitué en la dite esglize une basse messe le vendredy de chacune semaine de l'an, à l'heure de huict heures de matin et une haulte messe de requiem le jour des Trepassés et jour precedent, qui est le jour de Toussaint, après vespre vigilles des morts de neuf seaulmes dix neuf lessons et avec sous franges ordinaires pour ce cy. . . . . lx ^{1}

Gestion de Pierre Corneille, le poëte. 1651-1652.

Compte et estat de la recepte mise et despense que Pierre Corneille Escuyer cy devant advocat de sa Majesté aux sieges generaux de la table de marbre du palais à Rouen, tresorier en charge de la paroisse de Saint Sauveur dudit Rouen a faite des rentes revenus et deniers appartenanz a la dite eglise, et ce pour l'année commençant a Pasques mil six cens cinquante et un et finissant a pareil jour mil six cens cinquante et deux par luy presenté à Messieurs les curés et tresoriers de la dite paroisse à ce que pour sa decharge il soit procedé à l'examen du dit compte et clausion d'iceluy.

PREMIEREMENT.

Se charge le dit comptable de la somme de cent quarante et neuf livres six sols neuf deniers par luy receue de Monsieur Pauiot Procureur general de sa Majesté en sa chambre des Comptes de Normandie et tresorier precedent. . . . . CXLIX ^{l} VI ^{s} IX ^{d}

Plus de la somme de trente livres receues de Jaques Basin pour le vin du bail a luy fait de trois boutiques appartenant audit tresor. . . . . XXX ^{l}

De la somme de six livres receue d'André Brissel pour le vin du bail a luy fait d'une autre boutique. . . . . VI ^{l}

De la somme de trois livres receues de Simon Gosselin pour le vin du bail a luy fait d'une autre boutique. . . . . III ^{l}

De la somme de trois livres receue de Marie Regnaut, vefve de Mahon pour le vin du bail a elle fait d'une autre boutique. . . III ^{l}

De la somme de quarante sols receus de Marguerite Lose pour le vin du bail a elle fait d'une autre boutique. . . . . XL ^{s}

De la somme de vint sols pour le vin du bail d'une autre boutique fait à Marie le Lievre. . . . . XX ^{s}

De la somme de quatre livres receue de la confrairie de Saint Joseph en la presente année. . . . . IV ^{l}

De la somme de vint livres receue des heritiers de feu Madame Fumiere pour deux annees de dix livres de rente par elle leguees par testament au tresor de la dite Eglise l'une escheue a Pasques precedent et passee en reprise au compte de M. Pauiot et l'autre escheue a Pasques de cette presente annee sauf la reprise comme audit compte. . . . . XX ^{l}

De la somme de cent sept sols donnee par Madame Godin pour l'occupation d'un banc . . . . V ^{l} VII ^{s}

Somme. . . . . II^c XXIII ^{l} XIII ^{s} IX ^{d}

DE LA NOTICE BIOGRAPHIQUE. LXXXIII

Autre chapitre des deniers receus par ledit comptable pour arrerages des rentes foncieres deues audit tresor.

PREMIEREMENT.

Se charge ledit comptable de la somme de dix sols receus de la vefve de deffunt sieur de Houppeville apoticaire representant Jean Cavé pour une année de la rente fonciere quelle doibt audit tresor a cause de sa maison située en la dite paroisse ou pendoit pour enseigne la couronne d'or. La dite rente escheue à Pasques mil six cens cinquante et un. . . . . x ˢ

De la somme de quarante sols receus de Mʳ Nalot representant Guillaume Costil fils au precedent Jean Duchemin pour une annee escheue a Pasques mil six cens cinquante et un de la rente fonciere quil doibt à cause dune maison située en la dite paroisse ou pend pour enseigne le franc Archer. . . . . XL ˢ

De la somme de quatre livres dix sols receus des heritiers de deffunt Guillaume Costil pere representant Pierre et Abraham Toustain pour une année escheue a Pasques mil six cens cinquante et un de la rente fonciere qu'ils doibvent audit tresor a cause d'une maison située en la dite paroisse proche le mouton rouge¹. . . . . IV ˡ x ˢ

De la somme de sept livres dix sols receue de Madame de Rombosc representant feu M. le President Jubert pour une année escheue a Pasques mil six cens cinquante et un de la rente fonciere qu'elle doibt audit tresor pour une maison située en la paroisse Saint Patrice. . . . . VII ˡ x ˢ

De la somme de quatre sols receue des heritiers de Philippes le Prevost et Estienne l'Allemand pour une année escheue a Pasques mil six cens cinquante et un de la rente fonciere qu'ils doibvent audit tresor a cause d'une maison située en la dite paroisse ou pend pour enseigne la Licorne. . . . . IV ˢ

De la somme de soixante sols receue d'honorable homme Claude le Forestier Espicier pour une année escheue a Pasques mil six cens cinquante et un de la rente fonciere quil doibt au dit tresor a cause d'une maison située en la paroisse de Saint Maclou. . . . . . III ˡ

De la somme de douze sols receue de Charles Moisant representant Guillaume et Louys Allain et au precedent Vautier pour une année escheue a Pasques mil six cens cinquante et un de la rente

---

1. En marge : « Nota que ladite rente n'estoit escheue qu'a la Saint-Michel 1651, et non pas a Pasques; l'erreur a commencé au compte rendu par Desalleurs en l'année mil six cens trente quatre. »

fonciere qu'ils doivent audit tresor a cause d'une maison située rue Malpalu ou pend pour enseigne l'image St. Martin. . . . . . xii s

De la somme de douze sols six deniers receue de M. Hellot Receveur de la fabrique de St. Ouen pour une année escheue a Pasques mil six cens cinquante et un de la rente fonciere deue par la dite fabrique au dit tresor a cause d'une maison située paroisse de St. Maclou ou pend pour enseigne la Chapelle. . . . . xii s vi d

De la somme de vint sols receue des peres Minimes pour une annee escheue a Pasques mil six cens cinquante et un de la rente fonciere deue audit tresor a cause d'une maison située rue du Figuier paroisse St. Nicaise. . . . . xx s

De la somme de trente sols receus des heritiers de M. de Civile Vassonville representant feu M. du Rombosc conseiller au parlement pour une annee escheue a Pasques mil six cens cinquante et un de la rente fonciere qu'il doibt audit tresor a cause d'une maison située en la paroisse St. Patrice. xxx s

De la somme de dix sols receue des heritiers de feu M. Nicolas le Prevost heritier de feu Jean Tillard pour une annee escheue a Pasques mil six cent cinquante et un de la rente fonciere qu'il doibt audit tresor située paroisse de St. Maclou. . . . . x s

De la somme de trois sols receue des heritiers de Pierre Parent pour une annee escheue a Pasques mil six cens cinquante et un de la rente fonciere quils doivent audit tresor a cause d'une maison sise rue Cauchoise ou pend pour enseigne l'Eschiquier. . . . . . . iii s

De Monsieur du Resnel tuteur des soubsaagés de feu Mr Alonse du Resnel son frere vivant R^r des tailles de l'eslection d'Arques representant la vefve de Hugues Hebert au droit d'Estienne le Febvre la somme de cinq sols pour une annee escheue a Pasques mil six cens cinquante et un de la rente fonciere que doibvent les dits soubsaagés audit tresor a cause dune maison située paroisse St. Martin sur Renelle ou pend pour enseigne l'image dudit St. Martin. . . v s

De la somme de quatre livres receue de[1]   Plait boulenger representant Guillaume Pigerre pour une année escheue a Pasques mil six cens cinquante et un de la rente fonciere deue audit tresor a cause d'une maison située rue Cauchoise ou pend l'image St. Pierre. . . . . iiii l

De la somme de quarante sols receue de la vefve Nicolas Paullé au droit de feu sieur du Parc pour une annee escheue a Pasques mil six cens cinquante et un de la rente fonciere deue audit tresor a cause d'une maison située rue Cauchoise ou pend pour enseigne le Limaçon. . . . . xl s

1. Il y a ici un blanc dans le manuscrit.

DE LA NOTICE BIOGRAPHIQUE.

De la somme de huit livres receue de ladite vefve Paulé pour une année de pareille rente escheue a Pasques mil six cens cinquante et un pour sa part d'une partie de vint livres de rente fonciere que ledit tresor a droit de prendre par indivis sur une maison située en ladite paroisse ou pend pour enseigne le grand moulin sans prejudice dudit indivis. . . . . VIII ˡ

De la somme de douze livres receue d'honorable homme Toussaint Brunel representant la vefve Lenoble pour une annee darrerages de rente fonciere escheue a Pasques mil six cens cinquante et un pour le reste de la dite partie de vint livres de rente deue par indivis audit tresor sur la dite maison du grand moulin sans prejudice pareillement dudit indivis. . . . . XII ˡ

De la somme de douze livres dix sols receue de Mʳ Nicolas Coulon representant le feu sieur de Boilevesque pour une année escheue de Pasques mil six cens cinquante et un de la rente fonciere qu'il doibt audit tresor a cause des deux maisons situées l'une en la dite paroisse l'autre en la paroisse St. Pierre l'honoré. . . . . XII ˡ X ˢ

De la somme de trente sols receue de la vefve Nicolas Bonnet pour une année escheue a Pasques mil six cens cinquante et un de la rente fonciere qu'elle doibt audit tresor a cause d'une maison sise sur l'eau de Robec ou pend pour enseigne la poesle. . . XXX ˢ

De la somme de soixante sols receue des heritiers de Philippe l'Anglois et de Nicolas le Monnier pour une année escheue a Pasques mil six cens cinquante et un de la rente fonciere qu'ils doivent audit tresor a cause d'une maison sise sur la dite paroisse ou pend pour enseigne le petit More. LX ˢ

De la somme de soixante et sept sols six deniers receue d'honneste femme Marie Bihorel a la descharge de¹   Dubreuil proprietaire d'une maison située rue Cauchoise ou pendoit pour enseigne le Cigne Royal a present l'Aigle d'or pour une année de la rente fonciere deue audit tresor a cause d'icelle maison escheue a Pasques mil six cens cinquante et un. . . . . LXVII ˢ VI ᵈ

De la somme de trente sols receue de la vefve Mathurin Bauquet au droit de Guillaume de la Mare pour une année escheue a Pasques mil six cens cinquante et un a cause d'une maison située rue Cauchoise. . . . . XXX ˢ

De la somme de vint huit livres quatre sols pour les arrerages escheus a Pasques mil six cens cinquante et un de neuf sols de rente fonciere que ledit tresor a droit de prendre sur une maison située sur ladite paroisse ou pend pour enseigne le Bras d'or dont le comptable n'a receu aucune chose non plus que les precedenz tre-

---

1. Le prénom est resté en blanc.

soriers, neanmoins se charge de la dite somme pour tenir forme de compte sauf la reprise comme au compte precedent. . . xxviii l iv s

De la somme de dix sols receue des heritiers de deffunt Nicolas Petit pour une année escheue a Pasques mil six cens cinquante et un de la rente fonciere qu'ils doivent audit tresor a cause d'une maison située paroisse de Saint Martin sur Renelle ou pend pour enseigne la Clef. . . . . x s

De la somme de trente six sols receue de M. du Saussey conseiller au Parlement pour une année escheue a Pasques mil six cens cinquante et un de la rente fonciere qu'il doibt au dit tresor a cause d'une maison sise rue de la Miette. . . . . xxxvi s

De la somme de quarante sols receue de Nicolas Mouton parcheminier demeurant a Erbane pour une année escheue a Pasques mil six cens cinquante et un de la rente fonciere qu'il doibt au dit tresor a cause d'une maison située devant Saint Maclou. . . . . xl s

De la somme de soixante et quatre livres pour les arrerages escheus a Pasques mil six cens cinquante et un de vint sols de rente fonciere deubs audit tresor par Messieurs les Eschevins de cette ville representanz Pierre Piedeleu a cause d'un jardin situé hors Cauchoise proche le Vieil palais sauf la reprise comme au compte precedent. . . . . lxiv l

De la somme de soixante sols receue des héritiers de feu M. Toulon representant le sr de Marconville pour une annee escheue a Pasques mil six cens cinquante et un de rente fonciere qu'ils doibvent audit tresor a cause d'une maison située paroisse de St. Michel. lx s

De la somme de soixante sols receue de [1] Moulin capitaine de la cinquantaine de cette ville representant Pierre du Clos pour une année escheue a Pasques mil six cens cinquante et un de pareille partie de rente fonciere deue audit tresor a cause d'une maison située en la paroisse de St. Martin sur Renelle. . . . . lx s

De la somme de dix livres deue par le present comptable comme heritier du feu Sr Corneille vivant Me des eaux et foretz de cette vicomté de Rouen pour une année eschue a Pasques mil six cens cinquante et deux de la rente qu'il doibt audit tresor a cause de la fondation faicte en la dite paroisse par damoiselle Barbe Houel, son ayeule paternelle et le dit feu sieur Corneille son pere suivant le contrat passé par devant les tabellions de Rouen en l'année mil six cens vingt et quatre le huitiesme de febvrier[2]. . . . . . . x l

De la somme de trente livres reçue de Thomas Corneille Escuyer Sr de Lisle frere dudit comptable pour une année escheue a

---

1. Prénom en blanc.

2. En marge : « Nota qu'il y a erreur aux comptes precedens pour les dabtes dudit contrat, qui est du 20 de febvrier 1614. »

Pasques mil six cens cinquante et deux de la rente fonciere par luy deue comme heritier dudit feu Sʳ Corneille a cause d'une fondation par luy faite en la ditte paroisse par contrat passé devant les tabellions de Rouen le dix septiesme d'Avril mil six cens vingt et trois. . . . . xxx ˡ

De la somme de cent livres escheue a Pasques mil six cens cinquante et deux pour une annee d'arrerages de la rente fonciere deue par M. du Saussey consʳ au parlement et par la vefve de feu M. de Boislevesque a cause de la fondation faite par le dit sʳ de Boislevesque en la dite paroisse par contrat passé devant les tabellions de Rouen le vint et quatriesme de Juin mil six cens trente six. . . . . . . c ˡ

De la somme de trente livres pour une annee escheue a Pasques mil six cent cinquante et deux de rente fonciere deue par Jacques Desmarets heritier de feu M. Robert Desmarets clerc de la dite paroisse a cause de la fondation faite par luy en la dite paroisse par contrat passé par devant les tabellions de Rouen le dixieme d'Avril mil six cens quarante et quatre. . . . . xxx ˡ

De la somme de six livres receue de Jan Bouffart pour un sixiesme de trente six livres de rente deues a la dite paroisse [en] vertu du testament de Luque de la Londe femme de Thomas Duval, la dite annee escheue a Pasques mil six cens cinquante et deux, et sans prejudice de l'indivis pour les autres trente livres. . . . . vi ˡ

De la somme de trente livres receue du sieur Minedorge grossier mercier pour le surplus de la dite partie des trente six livres escheues a Pasques mil six cens cinquante et deux sans prejudice pareillement de l'indivis. . . . . xxx ˡ

De la somme de cinquante livres receue de M. Charles Lefebvre procureur au Parlement comme ayant acquis la maison des heritiers de M. Thomas Duval pour une annee de pareille rente escheue le cinquiesme de septembre mil six cens cinquante et un. . . . . ʟ ˡ

Sommes du present chapitre. . . . . ɪɪɪɪᶜ xxviii ˡ xiv ˢ

Autre recepte a cause des rentes hypotheques deues audit tresor par l'hostel commun de la ville de Rouen.

PREMIEREMENT.

Se charge ledit comptable de la somme de soixante livres pour les arrerages de rentes que ledit tresor a a prendre par chacun an sur la recepte generalle des finances de la generalité de Rouen pour l'annee derniere escheue dont ledit comptable n'a receu aucune chose mais seulement a receu la somme de sept livres dix sols pour un demy quartier de la dite rente escheue le quinziezme de febvrier mil six cens quarante huit de quinze livres pour un quartier escheu le dernier de mars mil six cens quarante neuf sauf la reprise pour le surplus. . . . . LX l

De la somme de douze livres seize sols huit deniers pour les arrerages de rentes que ledit tresor a a prendre sur les deniers de la solde pour l'annee derniere escheue dont ledit comptable na peu recevoir que trente deux sols et un denier pour un demy quartier escheu à Pasques mil six cens cinquante et soixante et quatre sols deux deniers pour un quartier escheu a Noel de ladite année 1650 neantmoins se charge de la dite somme sauf la reprise. . . . . .
XII l XVI s VIII d

De la somme de quatre vint livres pour les arrerages de pareille rente que ledit tresor a a prendre par chacun an sur les deniers de ladite solde pour l'annee derniere escheue dont ledit comptable n'a receu que dix livres pour deux quartiers escheus a Pasques mil six cens cinquante et vint livres pour un quartier escheu a Noel de ladite annee 1650 neantmoins se charge de ladite somme pour tenir forme de compte sauf la reprise. . . . . LXXX l

De la somme de cinquante et quatre livres pour les arrerages de pareille rente que ledit tresor a a prendre par chacun an sur les deniers de ladite solde pour l'année derniere escheue dont ledit comptable n'a receu que six livres quinze sols pour demy quartier escheu a Pasques mil six cens cinquante de treize livres dix sols pour un quartier escheu a Noel en ladite annee neantmoins se charge de ladite somme pour tenir forme de compte sauf la reprise. . LIIII l

Somme. II^c VI l XVI s VIII d

Autre recepte de ce qui est deu des arrerages de la rente autrefois deue par M. Jean Gravé.

Se charge ledit comptable de la somme de quatre livres huit sols pour une annee escheue a Pasques mil six cens cinquante deux de la rente deue audit tresor par M. Louys Fargeol a cause de sa femme pour sa part de ladite rente a la faisance de laquelle il a este condamne. . . . . IIII l VIII s

De la somme de soixante et une livres douze sols quil a receue de M. Nicolas de Sahurs chirurgien pour le raquit damortissement de quatre livres huit sols de rente deue par ledit de Sahurs pour sa part et contribution de ladite rente constituee sur ledit M. Jean Gravé demeuré insolvable suivant l'acquit qu'en a baillé ledit comptable audit de Sahurs le quinziesme d'Avril mil six cens cinquante et un. .
LXI l XII s

De la somme de quatre livres huit sols pour une annee escheue a

DE LA NOTICE BIOGRAPHIQUE. LXXXIX

Pasques mil six cens cinquante et un de la rente deue audit tresor par les heritiers de Philippe le Prevost pour leur part de contribution de ladite rente. . . . . IIII^l VIII^s

Somme. . . . . LXX^l VIII^s

Autre recepte a cause des boutiques et places de derriere le chœur de l'Eglise dans la poissonnerie pour l'année escheue de Pasques mil six cens cinquante et deux.

PREMIEREMENT.

De Robert Gausseaume six livres pour une année du louage d'une petite boutique quil tient. . . . . VI^l

De Fleury le Faucheur pour une petite boutique un auvent attaché derriere le chœur et place dans la poissonnerie vint et cinq livres. . . . . XXV^l

De Messieurs les vendeurs de poisson pour une année du louage de la boutique qu'ils tiennent dix huit livres. . . . . XVIII^l

De Vincente Poignant poissonniere pour une année du louage d'un estal dans la poissonnerie huit livres. . . . . VIII^l

De la vefve du Hamel pour une année du louage de la boutique qu'elle tient six livres. VI^l

De Perrette Fiquais pour une année du louage de la boutique qu'elle tient dix huit livres. . . . . XVIII^l

De Louys le Cacheur pour pareille année de louage de la boutique qu'il tient vint livres. XX^l

De Marguerite Lose pour pareille année du louage de la boutique qu'elle tient dudit tresor vint et quatre livres. . . . . XXIIII^l

Somme. . . . . CXXV^l

Autre recepte des rentes hypotheques qui ont esté données par M. Jean Pepin vivant curé de la dite paroisse pour lesquelles il avoit fait fondation suivant le contrat fait et passé devant les tabellions de Rouen le 13 de may 1635 et du revenu des boutiques qu'il a fait bastir sur le cimetiere de la dite Eglise suivant la permission a luy donnée par M^{rs} les precedenz thresoriers aux charges du contrat cy dessus dabté.

Se charge ledit comptable de la somme de trente livres pour une année escheue a Pasques mil six cens cinquante deux de la rente deue par Pierre Estienne. . . . . XXX^l

Somme. . . . . XXX^l

Boutiques.

Fait recepte ledit comptable de la somme de trente six livres receue de Robert Gosseaume pour l'année escheue a Pasques mil six cens cinquante et deux de la boutique qu'il tient dudit tresor. xxxvi ˡ

De maistre Jacques Basire sergent pour pareille année du louage de la boutique qu'il tient la somme de vint livres. . . . . . . xx ˡ

D'honorable homme Jaques Basin la somme de six vint livres pour pareille année du louage de trois boutiques qu'il tient dudit tresor . . . . cxx ˡ

De Louys Grenguet coutre de la dite Eglise pour pareille année du louage de la boutique qu'il tient la somme de trente six livres. . . xxxvi ˡ

De Jean Alexandre la somme de trente six livres pour pareille année de louage de la boutique qu'il tient. . . . . xxxvi ˡ

D'Andre Brisset pour et au nom de la vefve Nicolas Nervet a present defunte la somme de trente trois livres pour pareille annee du louage de la boutique qu'il tient dudit tresor. . . . . xxxiii ˡ

De Susanne d'Orange vefve de Jacques de St. Loup la somme de trente trois livres pour pareille année du louage de la boutique qu'elle tient dudit tresor. . . . . xxxiii ˡ

De Simon Gosselin pour pareille année de la boutique qu'il tient dudit tresor la somme de trente trois livres. . . . . xxxiii ˡ

De François Doutey ayant espousé Geneviefve le Vacher la somme de vint quatre livres pour pareille année du louage de la boutique qu'il tient. . . . . xxiiii ˡ

De Marie le Lievre pour pareille annee du louage de la boutique qu'elle tient la somme de dix huit livres. . . . . xviii ˡ

De Marie Regnault vefve de feu Mahon la somme de vint livres pour pareille annee du louage de la boutique qu'elle tient dudit tresor. . . . . xx ˡ

Somme. . . . . iiiiᶜ ix ˡ

Autre recepte des deniers receus par ledit comptable pour les sepultures faites en ladite Eglise pendant l'année quil a esté en charge.

Pour l'ouverture de la terre de Gilles le Maistre brouetier trois livres. . . . . iii ˡ

Pour l'ouverture de la terre de Madame Glinel trois livres. . iii ˡ

Pour l'ouverture de la terre de Madame Hebert et pour avoir sonné la grosse cloche neuf livres . . . . ix ˡ

Pour la fille de M. Hebert vint sols. . . . . xx ˢ

Pour avoir sonné la grosse cloche pour la mere du nepveu à

DE LA NOTICE BIOGRAPHIQUE.   xci

Monsieur l'Asne six livres. . . . . vi ^{l}
Pour l'enfant de M. le Bon vint sols. . . . . xx ^{s}
Pour le laquais de M. Pauiot trente sols. . . . . xxx ^{s}
Pour Catherine Coudre trois livres. . . . . iii ^{l}
Pour Madame le Carpentier[1]. . . . .
De Monsieur le Curé executeur du testament de Jean Mousse Bremen pour legs quil a fait a l'Eglise la somme de trente livres. xxx ^{l}
Pour l'enfant de Robert le Roy dix sols. . . . . x ^{s}
Pour l'ouverture de la terre de la sœur de Monsieur de Houppeville trois livres. . . . . iii ^{l}
Pour l'ouverture de la terre de Madame Poulain trois livres. iii ^{l}
Pour l'enfant de Monsieur Bellien vint sols. . . . . xx ^{s}
Pour l'ouverture de la terre de Mr Coulon apporté de la paroisse de Sainte Marie quatre livres. . . . . iiii ^{l}
Pour l'ouverture de la terre de Simon Gosselin trois livres. iii ^{l}
Pour l'ouverture de la terre de Charles Delamare chargeur trois livres. . . . . iii ^{l}
Pour un enfant de M. le Sauvage sergent quinze sols. . . . xv ^{s}
Pour l'ouverture de la terre du laquais de Monsieur du Gourrel un escu. . . . . iii ^{l}
Pour l'ouverture de la terre de M. Barré calendreur trois livres. .
  iii ^{l}
Pour le son de la grosse cloche pour Monsieur du Castel espicier six livres. . . . . vi ^{l}
Plus Mre du Moustier prebstre en mourant a donné a leglise ce qui luy estoit deu par le tresor dicelle qui se montoit a vint et sept livres quatorze sols scavoir dix livres pour derniere annee de ses gages qui estoient entre les mains dudit comptable, douze livres dix sept sols qui luy ont este rendus par M. le curé pour ses distributions journalieres de la dite derniere annee de quatre livres dix sept sols qui ont esté rendus aussi audit comptable par M^{rs} les chappelains pour sa part des obitz de ladite derniere annee et sen charge en recepte ledit comptable parce quil employera en despense lesdites sommes. . . . . xxvii ^{l} xiv ^{s}
Somme. . . . . cxv ^{l} ix ^{s}

Autre recepte des deniers receus par ledit comptable pendant son année pour les cueillettes des bassins.

Pour la cueillette faite par Monsieur Brunel du bassin de l'œuvre la somme de cinquante livres quatorze sols sept deniers. . . . . .
  L ^{l} xiv ^{s} vii ^{d}

---

1. Le manuscrit n'indique pas la somme.

Pour la cueillette faite par M. le Bon pour le bassin de la Vierge la somme de quatre vint et une livres sept sols dix deniers. . . . . LXXXI ˡ VII ˢ X ᵈ

Pour la cueillette faite par Messieurs les prebstres pendant l'annee pour le bassin des trespasses non compris ce qu'avoit peu cueillir feu Mʳᵉ du Moustier au lieu de quoy il a donné a l'Eglise ce qui luy estoit deu par ledit tresor, que ledit comptable a employé cy devant en recepte au chapitre precedent la somme de onze livres seize sols six deniers. . . . . XI ˡ XVI ˢ VI ᵈ

Pour la cueillette faite pendant les festes solennelles y compris le cierge benist la somme de soixante deux livres quatre sols dix deniers. . . . . LXII ˡ IV ˢ X ᵈ

Pour la cueillette faite sur la paroisse pour le linge la sepmaine sainte, la somme de quarante deux livres quinze sols. . . XLII ˡ XV ˢ

Plus cueilly par une fille pour les trespasses pendant ladite annee la somme de vint et une livres seize sols quatre deniers. . . . . . . XXI ˡ XVI ˢ IV ᵈ

Plus on m'a envoyé pour le linge vint et quatre sols six deniers. . XXIV ˢ VI ᵈ

Somme. . . . . IIᶜ LXXI ˡ XIX ˢ VII ᵈ
Somme toute de la Recepte. . . . . XVIIIᶜ IIIIˣˣ I ˡ I ˢ

Chapitre des mises ordinaires faites par ledit comptable.

PREMIEREMENT.

A Monsieur le Curé pour la celebration de la messe du Saint Sacrement la somme de trente livres. . . . . XXX ˡ

A Messieurs les chappelains pour leur assistance a la celebration de ladite messe dix neuf livres dix huit sols. . . . . XVIIII ˡ XVIII ˢ

Audit Sʳ curé tant pour luy que pour lesditz sieurs chapelains pour les distributions journalieres de la haute messe et salut qui se dit tous les jours de la fondation de Monsieur le curé Pepin la somme de deux cens trente une livres unze sols. . . . . . . CC XXXI ˡ XI ˢ

Audit sieur curé pour une annee de ses gages vingt et sept livres. XXVII ˡ

Audit sieur pour la messe des trespasses qui se dit tous les lundis de l'annee vint livres. . . . . XX ˡ

Audit sieur pour la celebration de quatre obitz de M. de Berengeville quarante huit sols. . . . . XLVIII ˢ

Audit sieur pour quatre autres obitz de la fondation de feu M. Corneille pere dudit comptable quarante et huit sols. . . . . XLVIII ˢ

Audit sieur pour quatre autres obitz de la fondation de feu M. Robert Desmarets vivant prebstre clerc de ladite paroisse quatre livres. . . . . iv^l

Audit sieur pour treize obits de la fondation de feu Lucque de la Londe dix livres dix sols. . . . . x^l x^s

Audit sieur pour douze obitz de diverses fondations neuf livres douze sols. . . . . ix^l xii^s

Audit sieur pour dix huit obitz et trois saluts de la fondation de feu Monsieur de Boislevesque la somme de vint livres quatre sols. . xx^l iv^s

Ausditz sieurs chapelains pour leur assistance[1] ausditz dix huit obitz et trois salutz la somme de vint et trois livres seize sols. . . . . xxiii^l xvi^s

Audit sieur curé pour l'inviolata trois livres. . . . . iii^l

A Monsieur Alexandre prebstre vicaire de ladite paroisse pour une année de ses gages finissant à Pasques de la presente année vint livres. . . . . '. . . . xx^l

Audit sieur pour avoir celebré durant ladite année tous les jours la premiere messe qui se dit tous les jours de l'année a six heures du matin en hyver et a cinq heures en este, cent cinquante livres. cL^l

A Monsieur de la Motte prebstre premier chappier en la dite paroisse pour ses gages de ladite annee vint et cinq livres. . . . xxv^l

A Monsieur le Pelletier prebstre second chappier en la dite paroisse pour ses gages de ladite annee pareille somme de vint et cinq livres. . . . . xxv^l

A M. Frechon prebstre chapelain en ladite paroisse pour ses gages de ladite annee vint livres. . . . . xx^l

A Monsieur le Vasseur prebstre pour avoir celebré la messe de la fondation de feu Monsieur Pepin durant ladite année cent cinquante livres. . . . . cL^l

A feu Mre du Moustier prebstre chapelain de ladite paroisse pour ses gages de ladite annee la somme de vint livres dont ledit comptable ne luy a payé que dix livres, et s'est chargé des dix autres au chapitre de la recepte des deniers des inhumations comme données a leglise pour ledit feu Sr du Moustier et partant fait employ au present article de ladite somme de vint livres. . . . . xx^l

A Monsieur Heurtaut prebstre pour ses gages de ladite année pareille somme de vint livres. . . . . xx^l

A Monsieur le Vallois prebstre et organiste de ladite Eglise pour une annee de ses gages cinquante livres. . . . . L^s

Audit sieur pour avoir celebré tous les vendredis une messe basse de la fondation dudit feu sieur Corneille vint livres. . . . . xx^l

Audit sieur pour la celebration d'une messe toutes les semaines

---

1. Corneille a mis *assistante* par mégarde.

pour defuncte Madelaine Cavé qui se doibt celebrer aussi tous les vendredis. . . . . xx ^{l}

Audit sieur pour la celebration de deux messes la semaine durant ladite annee scavoir tous les mardy et mercredy de la fondation de feu Luque de la Londe quarante livres. . . . . xL ^{l}

A lui pour avoir joué des orgues aux trois salutz de la fondation de feu M. de Boislevesque trente sols. . . . . xxx ^{s}

A Monsieur Millet prebstre clerc de ladite paroisse pour ses gages de ladite année vint et sept livres. . . . . xxvii ^{l}

Audit sieur Millet pour ses gages anciens six livres dix sols. . . .
. . . . vi ^{l} x ^{s}

Audit sieur pour assister et sonner la premiere messe qui se dit tous les jours a six heures cinquante sols. . . . . L ^{s}

A luy pour les chantres qui chantent la passion en musique le jour du vendredy saint trois livres dix sols. . . . . iii ^{l} x ^{s}

Audit sieur pour quatre obitz de feu M. Robert Desmarets vint sols. . . . . xx ^{l}

Audit sieur pour treize obitz de Lucque de la Londe trente neuf sols. . . . . xxxix ^{s}

A sept chapelains pour quatre obitz de la fondation de feu M. de Berengeville quatre autres de la fondation de feu Monsieur Corneille et douze autres de diverses fondations quatorze livres. . . . xiv ^{l}

Auditz sept chappelains pour quatre obitz de la fondation de feu M. Robert Desmarets quatre livres quatre sols. . . . . iiii ^{l} iiii ^{s}

A six chapelains pour treize obitz de la fondation de Lucque de la Londe sept livres seize sols. . . . . vii ^{l} xvi ^{s}

Pour la celebration d'une haute messe le jour des morts et vigiles au jour de Toussaintz de la fondation dudit feu sieur Corneille trois livres. . . . . iii ^{l}

A Richard Noel sousclerc en la dite paroisse pour avoir sonné les vint obits cy-dessus vint sols. . . . . xx ^{s}

A luy pour avoir sonné la messe de la fondation de feu M. le Curé Pepin pendant la dite annee douze livres. . . . . xii ^{l}

A luy pour avoir sonné les obits de feu M. Robert Desmarets six sols. . . . . vi ^{s}

A luy pour avoir sonné les obits de feu Luque de la Londe treize sols. . . . . xiii ^{s}

A Louys Granguet père, de la dite paroisse pour ses gages de ladite année vint et quatre livres. . . . . xxiiii ^{l}

A Louys Granguet fils autre soubsclerc en la dite paroisse pour une année des gages a luy accordés l'annee derniere par Messieurs les Tresoriers suivant quil appert a la fin du precedent compte la somme de douze livres. xii ^{l}

DE LA NOTICE BIOGRAPHIQUE.

Au souffleur d'orgues pour une année de ses gages six livres. vi ˡ
Pour avoir fourny pendant ladite annee le luminaire cent quinze livres. . . . . cxv ˡ
Pour l'huile et l'encens vint et quatre livres dix sols. xxiv ˡ x ˢ
Pour la chandelle fournie a la lanterne huit livres douze sols. . . . . viii ˡ xii ˢ
Pour le pain a chanter huit livres. . . . . viii ˡ
Pour les herbes a semer le jour du Saint Sacrement vint sols. xx ˢ
Pour le buis du dimanche des rameaux trente cinq sols. . xxxv ˢ
Pour l'escurage des chandeliers de cuivre paye audit Granguet, coutre, six livres. . . . . vi ˡ
Somme . . . . xiiᶜ lviii ˡ ii ˢ

Autre chapitre des despenses extraordinaires faites par ledit comptable durant la dite année.

PREMIEREMENT.

A Pierre d'Aust masson pour avoir raccommodé les voutes et le dessus des deux sacristies, fourny la limaille, plastre et ciment la somme de cinquante livres. . . . . L ˡ
A la vefve Bense pour du plomb fourny pour raccommoder lesdites voutes, vint livres dix sols. . . . . xx ˡ x ˢ
A Pierre du Maine maistre paveur pour avoir pavé devant une boutique appartenant a l'eglise proche du Lyon d'or quarante sept sols. . . . . xlvii ˢ
A Jean Robin serrurier pour le fer qu'il a fourny a raccommoder lesdites voutes et autres ouvrages par luy faitz pour ledit tresor douze livres. . . . . xii ˡ
A Jean Bertelin vitrier pour avoir raccommodé deux paneaux de vitre derriere le chœur et en iceux refait un visage de la vierge et mis quelques pieces de peinture remis la lanterne en plomb neuf et raccommodé les vitres de la sacristie la somme de unze livres. . xi ˡ
Pour une goutiere de fer blanc seize sols. . . . . xvi ˢ
Pour avoir fait raccommoder une fenestre sur la boutique de Francois Doutey douze sols. . . . . xii ˢ
Pour avoir fait raccommoder le benistier d'argent et le baston de la croix trente sols. . . . . xxx ˢ
Pour avoir fait raccommoder le vipillon d'argent vint sols. xx ˢ
A Nicolas le Clerc plastrier pour avoir raccommodé la couverture de leglise fourny d'ardoises plastre, tuiles et ciment trente et une livres dix sols. . . . . xxxi ˡ x ˢ

Pour huit quittances de la ville payé au sieur Badran quarante sols. . . . . xl ˢ
Pour un pannier a porter le pain benist dix sols . . . . . x ˢ
Pour du papier a noter la messe et sequence de St. Sauveur quatorze sols. . . . . xiv ˢ
Pour un casset de cuir a porter la croix dorée aux processions et pour avoir fait raccommoder le pulpitre vint sols. . . . . . . xx ˢ
Pour avoir fait raccommoder l'image de la Resurrection de dessus le grand Autel et les deux tableaux de Nostre Seigneur et de la vierge quinze sols. . . . . xv ˢ
Pour deux verres a la lampe d'argent douze sols. . . . . . xii ˢ
Pour un vipillon trois sols. . . . . iii ˢ
Pour avoir fait refaire le petit chandelier dix sols . . . . . x ˢ
Pour avoir fait raccommoder les ornemens quarante cinq sols. .
xlv ˢ
Pour avoir fait raccommoder les missels et supplemens trente sols.
xxx ˢ
Pour avoir fait raccommoder un antiphonier neuf dix sols. . x ˢ
Pour avoir fait raccommoder une des branches du chandelier a trois branches qui est devant l'image de Saint Sauveur dix sept sols six deniers. . . . . xvii ˢ vi ᵈ
Somme . . . . cxlii ˡ xi ˢ vi ᵈ

Chapitre des deniers comptés et non receus.

Fait reprise ledit comptable de la somme de vint livres dont il sest trop chargé au premier chapitre de recepte ou il auroit employé vint livres pour deux annees de dix livres de rente que feu Madame Fumiere auroit donnee au tresor de ladite paroisse pendant dix ans desquels vint livres il n'auroit peu estre payé des heritiers de ladite dame que de la somme de dix livres seulement pour l'annee escheue a Pasques mil six cens cinquante et un et partant soustient a bon droit la dite reprise. . . . . xx ˡ

De la somme de vint huit livres quatre sols pour les arrerages escheus de Pasques mil six cens cinquante et un de neuf sols de rente fonciere que ledit tresor a droit de prendre et avoir sur une maison situee en ladite paroisse, ou pent pour enseigne le Bras d'or dont ledit comptable n'ayant recu aucune chose soustient a bon droit ladite reprise comme aux comptes precedens. . . . . . xxviii ˡ iv ˢ

De la somme de soixante et quatre livres dont il sest aussi chargé en recepte des rentes foncieres pour les arrerages escheus a Pasques mil six cens cinquante et un de vint sols de rente fonciere deubs audit tresor par Messieurs les Eschevins de Rouen representant Pierre

DE LA NOTICE BIOGRAPHIQUE. xcvii

Piedeleu dont il n'a receu aucune chose non plus que les precedens tresoriers. . . . . lxiv ^{l}

De la somme de trente sept livres dix sols dont ledit comptable sest trop chargé au premier article des rentes hypotheques deues audit tresor par lhostel commun de cette ville de Rouen pour une annee des arrerages de soixante livres de rente a prendre sur la recepte generalle des finances dont ledit comptable na peu recevoir que vint et deux livres dix sols pour un quartier et demi et partant soustient a bon droit ladite reprise de trente sept livres dix sols pour le surplus. . . . . xxxvii ^{l} x ^{s}

De la somme de huit livres cinq deniers dont ledit comptable sest trop chargé au second article desdites rentes deues audit tresor par lhostel commun de la ville sur les deniers de la solde pour une année darrerage de douze livres seize sols huit deniers de rente dont il n'auroit peu recevoir que quatre livres seize sols trois deniers pour un quartier et demy et partant soustient a bon droit ladite reprise de huit livres cinq deniers pour le surplus. . . . . viii ^{l} v ^{d}

De la somme de cinquante livres dont il sest aussi trop chargé au 3e article desdites rentes pour une année de quatre vint livres de rente sur la dite solde dont il n'auroit receu que trente livres pour un quartier et demy et partant soustient la dite reprise de cinquante livres a bon droit pour le surplus. . . . . l ^{l}

De la somme de trente trois livres quinze sols dont il sest pareillement trop chargé au dernier article desdites rentes pour une année de cinquante quatre livres de rente a prendre sur la dite solde dont il na peu toucher que vint livres cinq sols pour un quartier et demi, partant met en reprise lesdites trente trois livres quinze sols pour le surplus . . . . xxxiii ^{l} xv ^{s}

Somme. ii^c xxxi ^{l} ix ^{s} v ^{d}
La mise et reprise . . . . xvi^c xxxii ^{l} ii ^{s} xi ^{d}

Et[1] la Recepte monte la somme de dix huit centz quatre vingtz une livres et partant seroit deu par Monsr Corneille present comptable pour plus receu que mis la somme de deux centz quarante huict livres dix huict sols un denier laquelle il a presentement payée comptant a Monsieur Brunel tresorier entrant en charge au moyen de quoi ledit sieur Corneille demeure quicte de l'administration dudit Tresor. Et a esté donné par ledit sieur Corneille au Tresor de la dite Eglise un drap de veloux noir mortuaire pour lequel Mademoiselle sa mère a contribué de la somme de cent livres qu'elle a don-

---

1. Tout ce qui suit, à partir de ce nouveau paragraphe, n'est plus de la main de Corneille.

CORNEILLE. I.   G

née audit Tresor par ce que ledit sieur Corneille aura la faculté de sen servir pour ceulx de sa famille et domestiques[1] sans pour ce payer aucune chose la mesme faculté demeurant a Messieurs les tresoriers leurs veufves et enfantz seulement. Et ou le dit drap mortuaire seroit baillé ou presté ce qui ne se fera que du consentement de Monsieur le Curé et de M. le Tresorier en charge, il fera payer et donner audit Tresor par chaque fois soixante solz au moins et ce pour ceulx de ladite paroisse seulement a la reserve des parentz dudit sieur Corneille qui la donne et ce au troisieme degré autres que ceulx qui portent le nom. Faict et arresté à Rouen en la chambre dudit Tresor ce lundy premier jour d'avril mil six cents cinquante deux. Approuvé en glose *et domestiques*[2].

Signé : PIQUAIS, PUCHOT fils, PAUYOT, FERRON, Toussaint BRUNEL, (*un nom illisible*), CORNEILLE, DUBOYS, OSMONT, Philippe VEILLANT, BILLOUËT, DE SAHURS, Nicollas LEFEUBVRE, LEFORESTIER, REGNAULT, LE SAUVAGE et LE BON.

Le dix^e jour d'octobre mil six cents cinquante deux apres la visitation des Sts. Sacrements de Leglise de St. Sauveur faicte par nous pr^{bre} chanoine et grand archidiacre de Leglise de Roüen, vicaire general de Monseigneur Lillustrissime et Reverendissime archevesque de Roüen primat de Normandie et haült doyen de St. Meslon a Pontoise avons approuvé le compte apres qu'il nous est apparu avoir esté veu et diligamment examiné [en] presence de Monsieur le curé et plus notables marguilliers et parroissiens. Avons aussi ordonné qua ladvenir les Statuts des confrairies seront leus a tous les maistres et freres une fois l'an a ce que chacun cognoisse son obligation.

Signé : D'AQUILLENGUY.

1. Les mots *et domestiques* ont été ajoutés en interligne.
2. Voyez la note précédente.

XII. — Page XLIX.

Modèle de procuration écrit en entier de la main de Pierre Corneille[1].

Pierre Corneille Escuyer cy devant advocat du Roy a la table de marbre du Palais a Rouen et Thomas Corneille Escuyer sr de Lisle estantz depresent a Rouen, passent procuration a noble homme Pierre Corneille leur cousin demeurant à Rouen proche des feuillantz rue des bons enfantz pour poursuivre en leur absence leurs debiteurs tant pour arrerages de rente et fermages que debtes mobiles et bailler toutes quittances pour ce necessaires, eslisant leur domicile ches le dit sr Corneille leur cousin, etc.

XIII. — Page XLIX.

Extrait du dossier de la tutelle des enfants de Pierre Corneille et de Catherine de Melun, déposé aux archives du palais de justice de Rouen. Procuration à François le Bovyer.

Par devant les conseillers du Roy, notaires au Chatelet de Paris soubzsignés : fut present Pierre Corneille escuyer demeurant à Paris Rue de Clery parroisse St. Eustache, lequel a faict et constitué son procureur general et special Me François le Bovyer escuyer advocat en la cour auquel il donne pouvoir et puissance de pour luy en son nom comparoir par devant Monsieur le vicomte de Rouen ou autre juge competent qu'il appartiendra a l'assemblée qui se doit faire des parents et amis des enfants mineurs de defunctz Pierre Corneille vivant secretaire du Roy et de damoiselle Catherine de Melun jadis sa femme. Et la pour le dit sr constituant en qualité de cousin paternel qu'il est aux dits mineurs nommer et convenir de la personne de Me Adrien Hemery, Procureur au Parlement de Rouen, oncle des

---

1. Nous devons la communication de cette pièce à M. Gosselin, à qui elle appartient.

dits mineurs pour tuteur à iceulx mineurs, que le dit s^r Corneille nomme, estant d'avis qu'il soit esleu en la dicte qualité de tuteur principal à iceulx mineurs ne connoissant personnes plus capables d'exercer la dite charge que le dit s^r Hemery. Et generalement faire par le dit Procureur pour raison de ce que dessus tout ce qu'il sera necessaire. Promettant avoir le tout agreable.

Fait et passé à Paris le 23 aoust 1675 après midy. Et a signé.

CORNEILLE, TORINON et DUMONT.

XIV. — Page LVI.

Supplique de Corneille au sujet d'un procès relatif à une tutelle de son père.

Extrait d'un dossier intitulé : Dossier de Pierre Corneille [1].

A nos seigneurs de Parlement en la chambre des Enquestes.
Suplie humblement Pierre Corneille escuyer demeurant à Paris.
Disant quil y a procez pendant en la cour clos et distribué entre les mains de Monsieur de Gruchet entre les s^{rs} Daval de Beneray et les electeurs de la tutelle de dam^{elle} Francoise Lengeigneur sa femme au quel il s'agit d'une somme de deux mil sept cents livres payée au s^r de la Rosiere premier mary de la dite Lengeigneur ou quoi que ce soit a ses creanciers avec stipulation expresse de subrogation de la dite dam^{elle} Lengeigneur à lhypotheque des debtes du dit de la Rosiere laquelle somme les dits electeurs soustiennent qu'elle doit estre imputée à leur descharge sur le debet de compte rendu par le tuteur decedé insolvable et decreté et dautant que le dit suppliant est heritier du deffunt s^r Corneille son pere qui estoit l'un des electeurs de la dite tutelle, et qu'en cette qualité il a interest d'empescher quil se fasse rien par collusion entre les parties qui sont presentement en cause.

Il vous plaise nos ditz seigneurs recevoir le dit suppliant partie intervenante au dict proces pour y conserver son interest et faire deffenses aux dites parties d'appointer ni transiger si non en sa presence et vous ferez justice.

Soit monstrée à partye. Fait à Rouen le 21 avril 1678.

Signé : DOUILLARD.

---

1. Voyez ci-dessus, p. LXXIII, note 1. — On lit en marge de la *Supplique* : « Jobey p^r, Delafosse p^r, Fremons p^r. »

XV. — Page LVII.

Vente de la maison de la rue de la Pie.

Du dix novembre seize cent quatre-vingt-trois.

Fut present maistre François Lebovier escuyer sieur de Fontenelle avocat dans la cour de parlement de Rouen y demeurant rue du Cordier paroisse de Saint Godard au nom et comme procureur general special de Pierre Corneille escuyer sieur d'Amville demeurant à Paris rue d'Argenteuil paroisse de Saint Roch par procuration passée devant Laverdy et Lenormand conseillers du Roy, notaires garde notes au Chatelet de Paris le quatrieme de ce present mois special à l'effet des presentes demeurées annexées avec la presente note apres avoir esté paraphée du dit sieur de Fontenelle et du sieur acquereur ci-après nommé et de leurs requisitions par les notaires soussignés, lequel sieur de Fontenelle en usant du pouvoir contenu en la dite procuration a vendu quitte cedé et delaissé et promis garantir pour et au nom du dit sieur de Corneille au sieur Dominique Sonnes chirurgien juré à Rouen y demeurant paroisse de Saint Sauveur, present acquereur, c'est assavoir :

Une maison assise en la dite paroisse de Saint Sauveur rue de la Pie de telle continence qu'elle est et toute et autant qu'il en a esté baillé à maistre Jean Costy medecin par le dit sieur de Fontenelle au nom du dit sieur de Corneille par bail sous seing privé de trente et unieme jour d'aoust dernier et qu'en tenoit auparavant le sieur Cotelle marchand sans du tout en rien excepter ni retenir, bornée d'un costé : une grande maison appartenant au sieur de Lisle Corneille frere du dit sieur vendeur d'autre costé monsieur de Beringeville tresorier de France, d'un bout le dit sieur de Lisle et d'autre bout le pavé du Roy en la dite rue de la Pie, franche quitte et exempte de toute rente et charge quelconque pour en jouir posseder, faire et disposer par le dit sieur acquereur du jour de Saint Michel dernier passé et à l'avenir comme de chose à lui proprietairement appartenant pour lequel effet le dit sieur de Fontenelle au dit nom a subrogé le dit sieur Sonnes à tous les droits, noms, raisons et actions du dit sieur Corneille auquel la dite maison appartient de son ancien propre à la charge par le dit sieur acquereur d'entretenir le bail du dit Sieur Cotelle le temps restant de la jouissance d'icelui lequel bail le dit sieur de Fontenelle a presentement mis es mains du dit sieur acquereur cette vente ainsi faite moyennant le prix et somme de quatre mille trois cents livres que le dit sieur acquereur a presentement payé comptant au sieur de Fontenelle au dit nom en la presence des dits notaires en louis d'argent et monnoies ayant cours au prix du Roy du nombre de laquelle somme il en sera employé celle de trois mille livres pour racquitter la pension de dame Marguerite Corneille dite de la Trinité fille au dit sieur vendeur religieuse au monastere des religieuses dominiquaines au faubourg de Cauchoise. A l'entretenement et garantie duquel present contrat le dit sieur de Fontenelle en a obligé tous les biens et heritages du dit sieur de Corneille comme faire le peut en vertu de la dite procuration faite et passée à Rouen en la maison du dit sieur de Fontenelle le mercredy apres midy sixieme jour de novembre 1683 : Presents Laurent Langlois et Guillaume Blondel demeurant à Rouen, temoins.

Signé : Le Bovyer, Sonnes, Langlois, Blondel et Liot.

XVI. — Page LVIII.

Acte de décès de Pierre Corneille.

Octobre dud. jour second.

Me Pierre Corneille escuyer cydeuant auocat gnal a la table de marbre a Roüen agé denuiron soixante et dix huit ans decedé hier rue d'argenteüil en cette parroisse a este inhume en leglise[1] en presence de Mre Thomas Corneille escuyer sr de L'isle demnt rue Clos gergeau en cette parroisse et de Me Michel Bicheur prestre de cette eglise y demnt proche.

Bicheur, Corneille.

(Registre des sepultures faites en l'eglize parroissialle de St. Roch à Paris pendant l'année mil six cens quatre vingt quatre, fol. 61 r°.)

1. On avait d'abord écrit : *au cimetiere ;* ces mots ont été effacés.

LISTE DES MOTS REMARQUABLES

QUI SE TROUVENT DANS LES DOCUMENTS ÉCRITS DE LA MAIN DE PIERRE CORNEILLE ET NOTAMMENT DANS LE REGISTRE DE LA PAROISSE SAINT-SAUVEUR.

On sait combien les pièces judiciaires et les comptes d'abbayes ou de paroisses abondent en termes intéressants à recueillir pour les lexiques spéciaux. Il nous a paru curieux de réunir les mots anciens ou techniques qui, ne pouvant être considérés comme appartenant à la diction de Corneille puisqu'ils lui étaient imposés par des nécessités particulières, ne devaient pas se trouver dans le *Lexique* de ses œuvres, mais qui formeront ici un utile appendice.

ANTIPHONIER. Pour avoir fait raccommoder un antiphonier, page XCXVI.

APPERT (IL). Suivant qu'il appert, p. XCIV.

ARRÉRAGE. Douze livres seize sols huit deniers pour les arrerages de rentes, p. LXXXVIII.

ASSISTANCE. A Messieurs les Chappelains pour leur assistance à la celebration de ladite messe, p. XCII.

BASSIN. Autre recepte des deniers receus par ledit comptable pendant son année pour les cueillettes des bassins, p. XCI.

BROUETIER. Pour l'ouverture de la terre de Gilles le Maistre brouetier, trois livres, p. XC.

CALENDREUR. Pour l'ouverture de la terre de M. Barre calendreur, p. XCI.

CASSET. Pour un casset de cuir à porter la croix dorée aux processions, p. XCXVI.

CHAPPIER. A Monsieur de la Motte, prebstre premier chappier.... à Monsieur Pelletier, prebstre second chappier en la dite paroisse, p. XCIII.

CHARGEUR. Pour l'ouverture de la terre de Charles Delamare, chargeur, trois livres, p. XCI.

CONVENT. P. LXXI et *passim*.

COUTRE (*sacristain*, voyez le *Dictionnaire du patois normand*, de MM. Duméril, et le *Glossaire* de du Cange, au mot *Coulter*). De Louys Grenguet coutre de la dite Eglise, p. XC. — Audit Granguet coutre, six livres, p. XCV.

CUEILLETTE. Autre recepte des deniers receus par ledit comptable pendant son année pour les cueillettes des bassins, p. XCI.

CUEILLIR. Plus cueilly par une fille pour les trespassés pendant ladite année, p. XCII.

ESCURAGE. Pour l'escurage des chandeliers de cuivre, p. XCV.

FAISANCE. Sa part de ladite rente à la faisance de laquelle il a esté condamné, p. LXXXVIII.

GAGES. A Monsieur Alexandre prebstre vicaire de ladite paroisse pour une année de ses gages finissant à Pasques de la presente année vint livres, p. XCIII ; voyez aussi p. XCIV et *passim*.

GROSSIER. De la somme de trente livres receue du sieur Minedorge grossier mercier, p. LXXXVII.

HAUTE MESSE. Pour la célebration d'une haute messe, p. XCIV.

INDIVIS. Prendre par indivis, p. LXXXV. — Sans prejudice de l'indivis, p. LXXXVII.

LOUAGE. Une année du louage d'une petite boutique qu'il tient, p. LXXXIX.

OBIT. Audit sieur pour la celebration de quatre obitz, p. XCII.

OUVERTURE DE LA TERRE. Pour l'ouverture de la terre de Gilles le Maistre brouetier, trois livres, p. XC.

PAIN A CHANTER. P. XCV.

PITANCIER, p. LXXI (voyez la note 1).

POISSONNIERE. De Vincente Poignant poissonniere, p. LXXXIX.

SEQUENCE. Pour du papier à noter la messe et sequence de Saint-Sauveur, p. XCXVI.

SOUBSAAGÉ. De Monsieur du Resnel tuteur des soubsaagés de feu M. Alonse du Resnel, p. LXXXIV.

TRESPASSÉ. Pour le bassin des trespassés, p. XCII.

VIN DU BAIL. P. LXXXII.

VIPILLON (goupillon, voyez le *Dictionnaire du patois normand*, de MM. Duméril). Pour avoir fait raccommoder le vipillon d'argent, p. XCV. — Pour un vipillon, trois sols, p. XCVI.

GÉNÉALOGIE DE PIERRE CORNEILLE[1].

PIERRE, mentionné dans un arrêt du 16 avril 1542, sans aucune qualification.

|
PIERRE, conseiller référendaire; avocat le 28 avril 1575; commis au greffe du Parlement en 1586; mort vers 1588. Il épousa en 1570 *Barbe Houel*, fille de Jean Houel, sieur de Valleville. Ils eurent pour enfants :

1. JEANNE, baptisée le 16 septembre 1571; religieuse.

2. PIERRE, né en 1572 ou 1574, maître particulier des eaux et forêts; anobli en 1637. Il épousa, le 9 juin 1602, *Marthe le Pesant*, fille de François le Pesant, avocat, et d'Ysabeau le Cuilier. Il eut de ce mariage :

3. ANTOINE, né en 1577, curé de Sainte-Marie des Champs, près d'Yvetot.

4. BARBE, baptisée le 16 mars 1578.

5. RICHARD, baptisé le 2 février 1580.

6. GUILLAUME, baptisé le 5 mars 1581; marié avec *Magdeleine Osmont*. Il eut de ce mariage :

  NOËL, garde du corps de Sa Majesté.

  GUILLAUME, receveur du chapitre d'Évreux.

7. FRANÇOISE, baptisée le 23 juillet 1583, morte le 6 novembre 1601.

8. FRANÇOIS, baptisé le 19 janvier 1585. C'est de cette branche, fort étendue, que descendait Marie-Françoise Corneille, mariée à M. Dupuits, et dotée avec l'édition faite par Voltaire en 1764.

Enfants de Pierre (2) :

1. PIERRE CORNEILLE, né le 6 juin 1606.

2. MARIE, baptisée le 4 novembre 1609, mariée en 1634 au sieur Ballain.

3. ANTOINE, baptisé le 10 juillet 1611.

4. MAGDELAINE, baptisée le 13 janvier 1618.

5. MARTHE, baptisée le 26 août 1623, mère de Fontenelle.

6. THOMAS, baptisé le 24 août 1625.

7. MAGDELAINE, baptisée le 27 juin 1629, morte en 1635.

---

1. Nos sources pour ce tableau et le suivant sont : l'édition des *OEuvres de Corneille* publiée par Lepan en 1816; l'*Histoire de la vie et des ouvrages de P. Corneille* par M. Taschereau, et les récentes recherches dont M. Gosselin a fait paraître les résultats dans la brochure intitulée *Pierre Corneille (le père)*, Rouen, 1864, p. 39 et suivantes.

DESCENDANCE DE PIERRE CORNEILLE.

Pierre Corneille.

1. Marie, née le 10 janvier 1642, mariée en 1res noces le 13 septembre 1661 à *Félix Guenebault de Boisleconte, sieur du Buat*, mort à Candie en 1668; elle eut de ce mariage :

Benoit de Boisleconte, comte du Buat, religieux théatin.

mariée en 2es noces à *Jacques-Adrien de Farcy*, président des trésoriers de France; elle eut de ce mariage :

Françoise de Farcy, née en 1684, mariée le 22 octobre 1701 à *Adrien de Corday*. Ils eurent pour fils :

Marie de Farcy, dont la postérité s'est éteinte à la 2e génération.

Jacques-Adrien de Corday, né le 7 avril 1704, mort le 21 janvier 1795, marié le 22 août 1729 à *Renée-Adélaïde de Belleau de la Motte*, née le 27 octobre 1711, morte le 21 janvier 1800; il eut de ce mariage huit enfants :

2. Pierre[1], capitaine de cavalerie, gentilhomme ordinaire de la maison du Roi, né le 7 septembre 1643, mort le 31 janvier 1698. Marié à Marie Cochois, il eut de ce mariage :

Pierre-Alexis, né le 28 mars 1694. Marié vers 1718 à Bénigne Larmannat, il eut de ce mariage :

Marie-Anne, née vers 1719, élevée au couvent à Nevers, protégée par M. de Malesherbes.

Claude-Étienne, né le 15 avril 1728, reçu par Voltaire à Ferney le 9 mars 1763. Marié à Rose Bérenger, il eut de ce mariage :

1. **Louis-Ambroise**, né le 9 décembre 1756. Marié à Catherine-Rose Fabre, il eut de ce mariage :

2. **Jeanne-Marie**, née le 21 juillet 1765, pupille de M. de Malesherbes.

3. **....Corneille**, née le 10 novembre 1771, mariée à M. Girard. Sans postérité.

4. **Jean-Baptiste**, né le 17 janvier 1776. Marié à Marie Chazel, il eut de ce mariage :

3. Corneille, Charles, lieutenant de cavalerie, rue, né le ... tué au siège de Grave en 1674. Voy. tome X, p. 188 note 4 et p. 189 note 2.

4. Charles, né le 1653, mort en 1667. Voyez tome X, p. 383.

5. Thomas, abbé d'Aiguevive, mort en 1699. Voyez tome X, p. 134, note 4.

6. Marguerite, religieuse dominicaine, sous le nom de sœur de la Trinité.

Jacques-François de Corday d'Armans, son 3ᵉ fils, lieutenant au régiment de la Fère, né le 2 septembre 1737, mort à Barcelonne le 30 juin 1798, marié le 1ᵉʳ février 1764 à Charlotte-Jacqueline de Gaulthier, morte en 1782; il eut d'elle cinq enfants.

1	2	3	4	5	6	7	8
Louise-Madeleine, née le 19 octobre 1786.	Marie-Thérèse, née le 7 septembre 1787.	Marie-Augustine, née le 4 septembre 1790.	Pierre-Alexis, né le 24 janvier 1792, mort en 1868, député au Corps législatif, où il a été remplacé par son fils.	Catherine, née le 5 novembre 1793.	Pierre, né le septembre 1796.	Joseph-Augustin, né le 6 février 1798.	Joseph-Michel.

Marie-Anne-Charlotte de Corday, leur troisième fille, naquit aux Ligueries le 7 juillet 1768, et mourut le 17 juillet 1793.

1	2	3	4	5
Marie-Alexandrine, née le 2 messidor an VI.	Thérèse-Philippine, née le 2 pluviôse an X.	P. Xavier, né le 1ᵉʳ août 1809.	Marie-Anne, née le 17 juillet 1816.	Catherine-Julie, née le 27 juillet 1812.

1. M. Gosselin signale un fait important, que nous rapportons d'après lui sous toute réserve, et qui semblerait indiquer que, contrairement à l'opinion généralement reçue, ce fils de Corneille serait mort sans laisser d'enfant survivant, et que la descendance qu'on lui attribue appartiendrait à une autre famille Corneille. Pierre Corneille, fils aîné du poète, « soutenait à Rouen, depuis 1692, un procès; il l'avait gagné, mais l'exécution de l'arrêt avait suscité tant d'incidents qu'à sa mort tout n'était pas fini; on plaidait maintenant sur les dépens. Or, le 10 mars 1690, Thomas Corneille, abbé d'Aiguevive, vint au parlement de Rouen pour terminer l'affaire, et non-seulement il prenait le nom de sieur de Danville, que portait son frère, mais il prend la qualité d'héritier, sous bénéfice d'inventaire, de Pierre Corneille, gentilhomme ordinaire de la Chambre du Roi, sieur de Danville son frère décédé. Mais l'enfant de Pierre Corneille était donc mort? Sans cela Thomas n'eût point pris la qualité d'héritier bénéficiaire de Pierre; et si cet enfant était mort, que reste-t-il de sa descendance? Rien, ou plutôt personne. » (Pierre Corneille, le père, p. 42.)

2. Il y a 11, et non 31, dans l'acte de décès publié par M. Taschereau à la page 279 de la seconde édition de sa Vie de Corneille, mais c'est une erreur de transcription ou d'impression. La pièce originale porte 31.

3. Nous avons cru inutile d'énumérer ici toute la descendance de Marie Corneille, nous contentant d'indiquer la parenté de Charlotte Corday avec Corneille. M. Vatel, qui a relevé tous les actes de cette branche de la famille, prépare en ce moment un travail qui contiendra sur ce point les plus curieux détails.

TABLE CHRONOLOGIQUE

DES OUVRAGES ET ÉCRITS DE TOUT GENRE

DE PIERRE CORNEILE[1].

162.(?) — 1632. Pièces i-xiv des Mélanges poétiques imprimés à la suite de *Clitandre*.	X,	25-56
1629 Mélite.	I,	123
1631 A M. de Scudéry (sur son *Ligdamon et Lidias*)	X,	57
1632 Clitandre.	I,	255
— Récit pour le ballet du chateau de Bicêtre.	X,	58
— Pour Monsieur L. C. D. F., représentant un diable au même ballet. Épigramme	X,	60
— A Monseigneur le duc de Longueville (Dédicace de *Clitandre*). Préface. (L'Achevé d'imprimer est du 20 mars 1632.)	I,	259
— Au Lecteur (des *Mélanges poétiques*)	X,	24
1633 A M. de Scudéry sur son *Trompeur puni*. Madrigal. (L'Achevé d'imprimer est du 4 janvier 1633.)	X,	61
— A Monsieur de Liancour (Dédicace de *Mélite*). Au Lecteur. (L'Achevé d'imprimer est du 12 février 1633.).	I,	134
— Pour *la Sœur valeureuse* de M. Mareschal	X,	62

1. Nous n'avons pas cru devoir faire figurer dans cette table les ouvrages attribués à Corneille, mais que, pour la plupart, nous n'avons pas considérés comme étant réellement de lui. Ils ne forment du reste que trois groupes faciles à parcourir : 1° *Écrits en faveur du* Cid, tome III, p. 53-76; 2° *Poésies diverses*, Appendice, tome X, p. 344-388; 3° *Appendice des lettres*, tome X, p. 503 et 504.

TABLE CHRONOLOGIQUE, ETC.

1633 La Veuve....................	I,	371
— La Galerie du Palais¹...........	II,	1
1634 A Madame de la Maisonfort (Dédicace de *la Veuve*). Au Lecteur. (L'Achevé d'imprimer est du 13 mars 1634.).	I,	375
— La Suivante..................	II,	113
— La Place royale².............	II,	215
— P. Cornelii.... excusatio. (Achevé d'imprimer du 14 août 1634. — Il est question de *la Place royale* dans cette pièce de vers latins.)........................	X,	64
1635 Pour l'*Hippolyte* de monsieur de la Pinelière......	X,	73
— *La Comédie des Tuileries.* IIIe acte.....	II,	303
— Médée......................	II,	327
1636 L'Illusion...................	II,	421
— Le Cid	III,	1
1637 A Madame de Liancour (Dédicace de *la Galerie du Palais.* — L'Achevé d'imprimer est du 20 février 1637)..	II,	10
— A Monsieur *** (Dédicace de *la Place royale.* — L'Achevé d'imprimer est du 20 février 1637)..........	II,	219
— Excuse a Ariste.............................	X,	74
— Rondeau......................................	X,	79
— Lettre apologétique	X,	399
— A Madame de Combalet (Dédicace du *Cid*). Avertissement. (L'Achevé d'imprimer est du 24 mars 1637.)...	III,	77
— (13 juin.) Lettre à Boisrobert....................	X,	427
— A Monsieur *** (Dédicace de *la Suivante.* — L'Achevé d'imprimer est du 9 septembre 1637).............	II,	116
— (15 novembre.) Lettre à Boisrobert.................	X,	428
— (3 décembre.) Lettre à Boisrobert.................	X,	428

1. Nous avions d'abord laissé *la Galerie du Palais* à l'année 1634 et *la Place royale* à l'année 1635, où les placent les frères Parfait et tous les historiens du théâtre. On peut voir tome X, p. 7, quels sont les motifs qui nous ont fait changer d'avis.

2. Voyez la note précédente.

1637 Lettre (sans date)...............................	X,	429
— (13 décembre.) Lettre à Boisrobert.................	X,	430
1639 A Monsieur P. T. N. G. (Dédicace de *Médée*. — L'Achevé d'imprimer est du 16 mars 1639)............	II,	332
— A Mademoiselle M. F. D. R. (Dédicace de *l'Illusion*. — L'Achevé d'imprimer est du 16 mars 1639)........	II,	430
— Au Roy et à nos Seigneurs de son Conseil...........	I,	LXXIII
1640 HORACE.................................	III,	243
— CINNA..................................	III,	359
— REMERCÎMENT FAIT SUR-LE-CHAMP PAR MONSIEUR DE CORNEILLE..	X,	81
1641 A Monseigneur le cardinal duc de Richelieu (Dédicace d'*Horace*. — L'Achevé d'imprimer est du 15 janvier 1641)..	III,	258
— Lettre (sans date)...............................	X,	432
— LA TULIPE. Madrigal. Au Soleil..................	X,	82
— LA FLEUR D'ORANGE. Madrigal.....................	X,	83
— L'IMMORTELLE BLANCHE. Madrigal.................	X,	85
— (1ᵉʳ juillet.) Lettre à M. Goujon, avocat au conseil privé du Roi..	X,	433
1642 ÉPITAPHE DE DOM JEAN GOULU, général des Feuillants..	X,	396
— VERS SUR LE CARDINAL DE RICHELIEU..............	X,	86
1643 A Monsieur de Montoron (Dédicace de *Cinna*. — L'Achevé d'imprimer est du 18 janvier 1643)............	III,	369
— POLYEUCTE[1]................................	III,	463
— Projet de lettres patentes concédant à P. Corneille le droit de ne laisser jouer ses pièces qu'aux troupes autorisées par lui...............................	I,	LXXIV
— SUR LA MORT DU ROI LOUIS XIII. Sonnet............	X,	87
— A la Reine régente (Dédicace de *Polyeucte*). Abrégé du		

1. Sur les motifs qui nous ont fait placer aux dates ici marquées *Polyeucte*, *Pompée*, *le Menteur* et *la Suite du Menteur*, que nous avions laissés d'abord, d'après les frères Parfait et les biographes de Corneille, aux années 1640, 1641, 1642 et 1643, voyez tome X, p. 423-425.

martyre de saint Polyeucte. (L'Achevé d'imprimer est du 20 octobre 1643.)	III,	471
1643 POMPÉE	IV,	1
— LE MENTEUR	IV,	117
1644 LA SUITE DU MENTEUR	IV,	275
— A Monseigneur l'éminentissime cardinal Mazarin (Dédicace de *Pompée*. — L'Achevé d'imprimer est du 16 février 1644)	IV,	11
— A Monseigneur Monseigneur l'éminentissime cardinal Mazarin. Remerciment	X,	92
— Au Lecteur (de *Pompée*)	IV,	14
— A MAÎTRE ADAM, menuisier de Nevers, sur ses *Chevilles*. (L'Achevé d'imprimer est du 25 mai 1644.)	IV,	100
— RODOGUNE	IV,	397
— Épître. Au Lecteur (du *Menteur*. — L'Achevé d'imprimer est du dernier octobre 1644)	IV,	130
— Au Lecteur (des *OEuvres de Corneille*, première partie, édition de 1644)	I,	1
1645 THÉODORE	V,	1
— Épître (en tête de *la Suite du Menteur*. — L'Achevé d'imprimer est du dernier septembre 1645)	IV,	279
1646 (18 mai.) Lettre à Voyer d'Argenson	X,	444
— A Monsieur de Boisrobert, abbé de Châtillon, sur ses *Épîtres*. (L'Achevé d'imprimer est du 21 juillet.)	X,	102
— A Monsieur L.P.C.B. (Dédicace de *Théodore*. — L'Achevé d'imprimer est du 31 octobre 1646).	V,	8
1647 HÉRACLIUS	V,	113
— DISCOURS PRONONCÉ PAR MONSIEUR CORNEILLE, avocat général à la Table de marbre de Normandie, le 22 janvier 1647, lorsqu'il fut reçu (à l'Académie françoise) à la place de M. Maynard	X,	407
— A Monseigneur Monseigneur le Prince (Dédicace de *Rodogune*. — L'Achevé d'imprimer est du 31 janvier 1647).	IV,	411
— A Monseigneur Seguier, chancelier de France (Dédicace		

	d'*Héraclius*). Au Lecteur. (L'Achevé d'imprimer est du 28 juin 1647.)	V,	141
1648	Au Lecteur (des OEuvres de Corneille, seconde partie, publiée en 1648)	I,	2
1649	(6 mars.) Lettre à Monsieur de Zuylichem	X,	448
—	LES TRIOMPHES DE LOUIS LE JUSTE. (Le privilége est du 22 mai 1649.)	X,	104
—	LA POÉSIE A LA PEINTURE, en faveur de l'Académie des peintres illustres	X,	116
—	A SAINT BERNARD, sur la traduction de ses *Épîtres*, par le R. P. dom Gabriel de Sainte-Geme. Sonnet. (L'Achevé d'imprimer est du 23 août 1649.)	X,	122
—	(25 août.) Lettre à Monsieur Dubuisson	X,	452
1650	ANDROMÈDE	V,	243
—	DON SANCHE D'ARAGON	V,	397
—	A MONSIEUR D'ASSOUCY, sur son *Ovide en belle humeur*. (L'Achevé d'imprimer est du 25 février 1650.)	X,	124
—	DESSEIN DE LA TRAGÉDIE D'ANDROMÈDE. (L'Achevé d'imprimer est du 3 mars 1650.)	V,	258
—	SUR LA CONTESTATION ENTRE LE SONNET D'URANIE ET DE JOB	X,	125
—	A MADEMOISELLE DE COSNARD DE SES	X,	129
—	A Monsieur de Zuylichem (Dédicace de *Don Sanche*). Argument. (L'Achevé d'imprimer est du 14 mai 1650.)	V,	404
—	(28 mai.) Lettre à Monsieur de Zuylichem	X,	453
1651	NICOMÈDE	V,	495
—	A M. M. M. M. (Dédicace d'*Andromède*). Argument tiré du quatrième et cinquième livre des *Métamorphoses* d'Ovide. (L'Achevé d'imprimer est du 13 août 1651.).	V,	291
—	Au Lecteur (des vingt premiers chapitres de *l'Imitation*. — L'Achevé d'imprimer est du 15 novembre 1651)..	VIII,	17
—	Au Lecteur (de *Nicomède*. — L'Achevé d'imprimer est du 29 novembre 1651)	V,	501
—	Extrait du Registre des comptes de la paroisse de Saint-Sauveur de Rouen. Gestion de Pierre Corneille, le poëte (1651-1652)	I,	LXXXII

DES ÉCRITS DE PIERRE CORNEILLE.

1652	PERTHARITE	VI,	1
—	(30 mars.) Lettre au R. P. Boulart.	X,	458
—	(12 avril.) Lettre au R. P. Boulart.	X,	462
—	(23 avril.) Lettre au R. P. Boulart.	X,	466
—	Au Lecteur (des cinq derniers chapitres du livre I de *l'Imitation de Jésus-Christ*, et des six premiers du livre II. — L'Achevé d'imprimer est du 31 octobre 1652).	VIII,	19
1653	Au Lecteur (de *Pertharite*. — L'Achevé d'imprimer est du 30 avril 1653).	VI,	5
—	Au Lecteur (trois avertissements des diverses éditions des deux premiers livres de *l'Imitation de Jésus-Christ* publiées en 1653).	VIII,	21
—	A MONSIEUR DE LOY..., sur son panégyrique de Monseigneur le premier président de Bellièvre.	X,	131
—	POUR MONSIEUR D'ASSOUCY, sur ses *Airs*.	X,	132
1654	Au Lecteur (des trente premiers chapitres du livre III de *l'Imitation de Jésus-Christ*).	VIII,	27
—	ÉPITAPHE SUR LA MORT DE DAMOISELLE ÉLISABETH RANQUET.	X,	133
1656	(10 juin.) Lettre au R. P. Boulart.	X,	470
—	AU SOUVERAIN PONTIFE ALEXANDRE VII. (Dédicace de *l'Imitation de Jésus-Christ*.)	VIII,	1
1657	SONNET (Au Roi, pour obtenir la confirmation des lettres de noblesse accordées à son père).	X,	135
—	A MONSIEUR DE CAMPION, SUR SES *Hommes illustres*. SONNET. (L'Achevé d'imprimer est du 15 janvier 1657.)	X,	137
1658	Lettre à Pellisson.	X,	477
—	SONNET PERDU AU JEU.	X,	140
—	(9 juillet.) Lettre à l'abbé de Pure.	X,	478
—	SUR LE DÉPART DE MADAME LA MARQUISE DE B. A. T...	X,	141
1659	OEDIPE	VI,	101
—	(12 mars.) Lettre à l'abbé de Pure.	X,	482
—	VERS PRÉSENTÉS A MONSEIGNEUR LE PROCUREUR GÉNÉRAL		

CORNEILLE. I

	Foucquet, surintendant des finances. — Au Lecteur (d'*OEdipe*. — L'Achevé d'imprimer est du 26 mars 1659)...............................	VI,	121
1659	Madrigal..	X,	150
—	Autre sur le même sujet........................	X,	152
1660	Air de M. Lambert pour la Reine...............	X,	153
—	Pour une dame qui représentoit la Nuit en la comédie d'*Endymion*. Madrigal..................	X,	154
—	Jalousie..	X,	155
—	Bagatelle.......................................	X,	158
—	Stances...	X,	160
—	Sonnet..	X,	162
—	Sonnet..	X,	163
—	Sonnet..	X,	164
—	Stances...	X,	165
—	Sonnet..	X,	167
—	Chanson..	X,	168
—	Stances...	X,	170
—	Stances...	X,	172
—	Épigramme......................................	X,	173
—	Rondeau..	X,	174
—	(25 août.) Lettre à l'abbé de Pure..............	X,	485
—	Discours de l'utilité et des parties du Poëme dramatique. — Discours de la Tragédie.... — Discours des Trois Unités.............................	I,	13-122
—	Examen de chacune des pièces publiées jusqu'en 1660. En tête de chaque pièce.		
—	La Toison d'or...............................	VI,	221
1661	Desseins de la Toison d'or. (L'Achevé d'imprimer est du 31 janvier 1661.)........................	VI,	230
—	(3 novembre.) Lettre à l'abbé de Pure............	X,	489
1662	Sertorius.......................................	VI,	351
—	(25 avril.) Lettre à l'abbé de Pure...............	X,	493

DES ÉCRITS DE PIERRE CORNEILLE.   cxv

1662	Au Lecteur (de *Sertorius*. — L'Achevé d'imprimer est du 8 juillet 1662)....................	VI,	357
1663	REMERCIMENT PRÉSENTÉ AU ROI EN L'ANNÉE 1663.....	X,	175
—	SOPHONISBE.................	VI,	447
—	Au Lecteur (de *Sophonisbe*. — L'Achevé d'imprimer est du 10 avril 1663).......................	VI,	460
—	Au Lecteur (de l'édition du *Théâtre de Corneille* de 1663).	I,	4
1664	A MONSEIGNEUR LE DUC DE GUISE, SUR LA MORT DE MONSEIGNEUR SON ONCLE. SONNET...............	X,	182
—	(3 août.) OTHON..............	VI,	565
1665	Au Lecteur (d'*Othon*. — L'Achevé d'imprimer est du 3 février 1665).......................	VI,	571
—	AU ROI, POUR LE RETARDEMENT DU PAYEMENT DE SA PENSION................................	X,	185
—	HYMNES DE SAINTE GENEVIÈVE....................	IX,	613
—	LOUANGES DE LA SAINTE VIERGE...	IX,	1
1666	Lettre à M. de Saint-Évremond..................	X,	497
—	AGÉSILAS...................	VII,	1
—	Au Lecteur (d'*Agésilas*. — L'Achevé d'imprimer est du 3 avril)........................	VII,	5
1667	ATTILA....................	VII,	97
—	AU ROI, SUR SON RETOUR DE FLANDRE.............	X,	186
—	POËME SUR LES VICTOIRES DU ROI, traduit de latin en françois par P. Corneille.......................	X,	192
—	TRADUCTIONS ET IMITATIONS DE L'ÉPIGRAMME LATINE DE M. DE MONTMOR............................	X,	218
—	Au Lecteur (d'*Attila*. — L'Achevé d'imprimer est du 20 novembre 1667).......................	VII,	103
1668	AU R. P. DELIDEL, DE LA COMPAGNIE DE JÉSUS, SUR SON *Traité de la Théologie des saints*................	X,	220
—	AU ROI, SUR SA CONQUÊTE DE LA FRANCHE-COMTÉ....	X,	223
—	SUR LE CANAL DU LANGUEDOC, POUR LA JONCTION DES DEUX MERS. Imitation........................	X,	231
—	AIR DE M. BLONDEL...........................	X,	233
1669	DÉFENSE DES FABLES DANS LA POÉSIE. Imitation du latin..	X,	234

1670	L'Office de la sainte Vierge............	IX,	55
—	Sur la pompe du pont Notre-Dame. Traduction par Pierre Corneille...............................	X,	242
—	Pour la fontaine des Quatre-Nations, vis-à-vis le Louvre. Traduction par Pierre Corneille..........	X,	244
—	Traduction en vers françois de *la Thébaïde* de Stace.	X,	245
—	Tite et Bérénice................	VII,	183
1671	Psyché.......................	VII,	277
1672	Sur le départ du Roi........................	X,	247
—	Vers présentés au Roi à son retour de la guerre d'Hollande, le 2 août 1672........................	X,	249
—	Les victoires du Roi sur les états de Hollande, en l'année M.DC.LXXII.....	X,	252
—	Pulchérie..................	VII,	371
1673	Au Lecteur (de *Pulchérie*. — L'Achevé d'imprimer est du 20 janvier 1673)........................	VII,	376
—	Sur la prise de Mastric. Sonnet........	X,	285
1674	Au Roi, sur sa libéralité envers les marchands de la ville de Paris.................................	X,	287
—	Suréna....................................	VII,	455
1676	Au Roi, sur son départ pour l'armée en 1676.........	X,	299
—	Vers présentés au Roi, sur sa campagne de 1676....	X,	304
—	Placet au Roi..................................	X,	308
—	Au Roi, sur *Cinna, Pompée, Horace, Sertorius, OEdipe, Rodogune*, qu'il a fait représenter de suite devant lui à Versailles, en octobre 1676..................	X,	309
—	Version de l'ode a M. Pellisson.................	X,	315
1677	Sur les victoires du Roi, en l'année 1677..........	X,	322
1678	Au Roi, sur la paix de 1678......................	X,	326
—	Lettre à Colbert................................	X,	501
1679	Inscription pour l'arsenal de Brest. Traduction...	X,	331
1680	A Monseigneur, sur son mariage.................	X,	334

ŒUVRES DE P. CORNEILLE.

AVERTISSEMENTS
PLACÉS PAR CORNEILLE EN TÊTE DES DIVERS RECUEILS DE SES PIÈCES.

I
AU LECTEUR[1].

C'EST contre mon inclination que mes libraires vous font ce présent, et j'aurois été plus aise de la suppression entière de la plus grande partie de ces poëmes, que d'en voir renouveler la mémoire par ce recueil. Ce n'est pas qu'ils n'ayent tous eu des succès assez heureux pour ne me repentir point[2] de les avoir faits; mais il y a une si notable différence d'eux à ceux qui les ont suivis, que je ne puis voir cette inégalité sans quelque sorte de confusion. Et certes, j'aurois laissé périr entièrement ceux-ci, si je

---

1. Cet avis est tiré du recueil intitulé *Œuvres de Corneille*, première partie (contenant : *Mélite, Clitandre, la Veuve, la Galerie du Palais, la Suivante, la Place Royale, Médée* et *l'Illusion comique*). Rouen et Paris, 1644, petit in-12. Il a été reproduit en tête des réimpressions de la première partie, de 1648 à 1657 inclusivement.
2. VAR. (édit. de 1648-1657) : pour ne me repentir pas.

n'eusse reconnu que le bruit qu'ont fait les derniers obligeoit déjà quelques curieux à la recherche des autres, et pourroit être cause qu'un imprimeur, faisant sans mon aveu ce que je ne voulois pas consentir, ajouteroit mille fautes aux miennes. J'ai donc cru qu'il valoit mieux, et pour votre contentement et pour ma réputation, y jeter un coup d'œil, non pas pour les corriger exactement (il eût été besoin de les refaire presque entiers), mais du moins pour en ôter ce qu'il y a[1] de plus insupportable. Je vous les donne dans l'ordre que je les ai composés, et vous avouerai franchement que pour les vers, outre la foiblesse d'un homme qui commençoit à en faire, il est malaisé qu'ils ne sentent la province où je suis né. Comme Dieu m'a fait naître mauvais courtisan, j'ai trouvé dans la cour plus de louanges que de bienfaits, et plus d'estime que d'établissement. Ainsi étant demeuré provincial, ce n'est pas merveille si mon élocution en conserve quelquefois le caractère. Pour la conduite, je me dédirois de peu de chose si j'avois à les refaire. Je ne m'étendrai point à vous spécifier quelles règles j'y ai observées : ceux qui s'y connoissent s'en apercevront aisément, et de pareils discours ne font qu'importuner les savants, embarrasser les foibles, et étourdir les ignorants.

II

AU LECTEUR[2].

Voici une seconde partie de pièces de théâtre un peu plus supportables que celles de la première. Elles sont

1. Var. (édit. de 1648) : ce qu'il y avoit.
2. Ce second avis est en tête du recueil intitulé *Œuvres de Corneille*, seconde partie (contenant : *le Cid, Horace, Cinna, Polyeucte*,

toutes assez régulières, avec cette différence toutefois, que les règles sont observées avec plus de sévérité dans les unes que dans les autres; car il y en a qu'on peut élargir et resserrer, selon que les incidents du poëme le peuvent souffrir. Telle est celle de l'unité de jour, ou des vingt et quatre heures. Je crois que nous devons toujours faire notre possible en sa faveur, jusqu'à forcer un peu les événements que nous traitons, pour les y accommoder; mais si je n'en pouvois venir à bout, je la négligerois même sans scrupule, et ne voudrois pas perdre un beau sujet pour ne l'y pouvoir réduire. Telle est encore celle de l'unité du lieu, qu'on doit arrêter, s'il se peut, dans la salle d'un palais, ou dans quelque espace qui ne soit pas de beaucoup plus grand que le théâtre, mais qu'on peut étendre jusqu'à toute une ville, et se servir même, s'il en est besoin, d'un peu des environs. Je dirois la même chose de la liaison des scènes, si j'osois la nommer une règle; mais comme je n'en vois rien dans Aristote; que notre Horace n'en dit que ce petit mot : *Neu quid hiet*[1], dont la signification peut être douteuse; que les anciens ne l'ont pas toujours observée, quoiqu'il leur fût assez aisé, ne mettant qu'une scène ou deux à chaque acte; que le miracle de l'Italie, le *Pastor Fido*[2], l'a entiè-

---

Pompée, le Menteur et *la Suite du Menteur*). Rouen et Paris, 1648, petit in-12. Cette seconde partie est destinée à compléter la première partie de 1644 et la réimpression qui en a été faite en 1648. L'avis au lecteur a été reproduit dans les éditions de la seconde partie, jusqu'en 1657.

1. Ce *petit mot*, que Corneille cite de mémoire, n'est pas d'Horace. Il y a dans la XVI⁰ idylle d'Ausone, *de Viro bono*, un vers qui commence par *Ne quid hiet*, mais où il s'agit de tout autre chose que de la liaison des scènes; et dans l'*Art poétique* d'Horace (v. 194) on lit un précepte ainsi conçu : *Neu quid medios intercinat actus*, etc., précepte relatif au chant du chœur entre les actes. Corneille aurait-il confondu ces deux passages?

2. Cette tragi-comédie pastorale de Guarini, représentée pour la

rement négligée : j'aime mieux l'appeler un embellissement qu'une règle ; mais un embellissement qui fait grand effet, comme il est aisé de le remarquer par les exemples du *Cid* et de l'*Horace*. Sabine ne contribue non plus aux incidents de la tragédie dans ce dernier que l'Infante dans l'autre, étant toutes deux des personnages épisodiques qui s'émeuvent de tout ce qui arrive selon la passion qu'elles en ressentent, mais qu'on pourroit retrancher sans rien ôter de l'action principale. Néanmoins l'une a été condamnée presque de tout le monde comme inutile, et de l'autre personne n'en a murmuré, cette inégalité ne provenant que de la liaison des scènes qui attache Sabine au reste des personnages et qui n'étant pas observée dans *le Cid*, y laisse l'Infante tenir sa cour à part.

Au reste, comme les tragédies de cette seconde partie sont prises de l'histoire, j'ai cru qu'il ne seroit pas hors de propos de vous donner au devant de chacune le texte ou l'abrégé des auteurs dont je les ai tirées, afin qu'on puisse voir par là ce que j'y ai ajouté du mien et jusques où je me suis persuadé que peut aller la licence poétique en traitant des sujets véritables.

III

AU LECTEUR[1].

CES quatre Volumes contiennent trente deux Pieces

première fois à Turin en 1585, eut du vivant de son auteur quarante éditions. Il en a paru deux en 1590 : l'une à Venise, in-4°; l'autre à Ferrare, in-12. On ignore laquelle est la première.

1. Ce troisième avis, pour lequel nous avons suivi le texte de l'édition de 1682, avait paru d'abord dans celles de 1663 (in-folio), de 1664 et de 1668 (in-8°), avec quelques différences que nous indi-

de Théatre. Ils font réglez à huit chacun[1]. Vous pourrez trouver quelque chofe d'étrange aux innovations en l'orthographe que j'ay hazardées icy, et je veux bien vous en rendre raifon. L'ufage de noftre Langue eft à prefent fi épandu par toute l'Europe, principalement vers le Nord, qu'on y voit peu d'Eftats où elle ne foit connuë; c'eft ce qui m'a fait croire qu'il ne feroit pas mal à propos d'en faciliter la prononciation aux Eftrangers, qui s'y trouvent fouvent embarraffez par les divers fons qu'elle donne quelquefois aux mefmes lettres. Les Hollandois m'ont frayé le chemin, et donné ouverture à y mettre diftinction par de différents Caractéres, que juf-

querons. L'édition de 1660 n'est précédée d'aucun avertissement. Comme ce morceau est un exposé du système d'orthographe que Corneille avait adopté, nous avons tenu à en donner une sorte de fac-simile : c'était le seul moyen de faire comprendre les règles qu'établit l'auteur et les détails où il entre. Les fautes et les inconséquences que l'on remarquera çà et là, montrent combien il était fondé à dire, à la fin de cet avis, que les imprimeurs avaient eu de la peine à suivre ses instructions. Dans les éditions de 1663, 1664, 1668, ils n'avaient même pas fait la distinction, dont notre poëte parle en commençant, de l'*i* et du *j*, de l'*u* et du *v*.

1. Dans l'édition de 1663, l'avis commence ainsi :

« Ces deux Volumes contiennent autant de Pieces de Theatre que les trois que vous auez veus cy-deuant imprimez in Octavo[*]. Ils sont réglez à douze chacun, et les autres à huit. Sertorius et Sophonisbe ne s'y joindront point[**], qu'il n'y en aye assez pour faire vn troisiéme de cette Impression, ou vn quatriéme de l'autre. Cependant comme il ne peut entrer en celle-cy que deux des trois Discours qui ont seruy de Prefaces à la précédente, et que dans ces trois Discours j'ay tasché d'expliquer ma pensée touchant les plus curieuses et les plus importantes questions de l'Art Poëtique, cet Ouurage de mes reflexions demeureroit imparfait si j'en retranchois le troisiéme. Et c'est ce qui me fait vous le donner en suite du second Volume,

[*] Il s'agit ici de l'édition de 1660. Les deux premiers volumes contiennent huit pièces chacun, comme le dit Corneille, mais le troisième n'en renferme que sept : *Rodogune, Héraclius, Andromède, Don Sanche d'Arragon, Nicomède, Pertharite* et *Œdipe.*

[**] Ces deux pièces avaient été représentées en 1662 et en 1663.

qu'icy nos Imprimeurs ont employé indifféremment. Ils ont feparé les *i* et les *u* confones d'avec les *i* et les *u* voyelles, en fe fervant toufiours de l'*j* et de l'*v*, pour les premiéres, et laiffant l'*i* et l'*u* pour les autres, qui jufqu'à ces derniers temps avoient efté confondus[1]. Ainfi la

attendant qu'on le puisse reporter au deuant de celuy qui le suiura, si-tost qu'il pourra estre complet.

« Vous trouuerez quelque chose d'étrange, etc. »

Le début de l'avis de l'édition de 1664, in-8°, est beaucoup plus court :

« Ces trois volumes contiennent autant de Pieces de Theatre que les deux nouuellement imprimez in folio. Ils sont reglez à huit chacun, et les autres à douze. *Sertorius*, *Sophonisbe* et *Othon*[*] ne s'y joindront point, qu'il n'y en aye assez pour en faire vn quatriéme.

« Cependant vous pourrez trouuer quelque chose d'étrange, etc. »

Dans l'édition de 1668, l'avis commence de même que dans celle de 1664; mais les mots : « Vous pourrez trouver, etc., » viennent immédiatement après les derniers mots de la seconde phrase : « les autres à douze; » et la phrase intermédiaire est omise.

[1]. On a prétendu, mais à tort, que Ramus avait proposé le premier de distinguer dans l'impression l'*i* du *j* et l'*u* du *v*. Il faut remonter au moins jusqu'à Meigret, qui a dit en 1550 dans *le Tretté de la grammere francoeze* : « Rest'encores *j* consonante a laqell ie done double proporcion de celle qi et voyelle, e lui rens sa puissanc' en mon écritture. » (Folio 14 recto.) « Ao regard de l'*u* consonante, ell'aoroet bien bezoin d'etre diuersifiée, attendu qe qant deus *uu* s'entresuyuet aveq qelq'aotre voyelle nou' pouuons prononcer l'un pour l'aotre. » (Folio 12 verso.) On voit, du reste, que Meigret, qui pourtant ne manquait pas de hardiesse, se borne à proposer cette distinction sans la mettre lui-même en pratique.

Les imprimeurs hollandais furent les premiers à l'établir. Elle est déjà très-nettement observée dans l'*Argenis* de Barclay imprimée en 1630 par les Elzévirs; les majuscules seules font exception. Quelques imprimeurs des confins de la France ne tardèrent pas à suivre cet exemple. Les Zetzner, de Strasbourg, introduisirent l'U rond et le J consonne dans les lettres capitales. On trouve déjà ces caractères dans le volume intitulé : *Clavis artis Lullianæ.... opera et studio*

[*] Cette dernière pièce a été représentée à Fontainebleau à la fin de juillet 1664, et l'achevé d'imprimer du Ier volume de l'édition de 1664 porte la date du 15 août.

prononciation de ces deux lettres ne peut eftre douteufe, dans les impreffions où l'on garde le mefme ordre, comme en celle-cy. Leur exemple m'a enhardy à paffer plus avant. J'ay veu quatre prononciations differentes dans nos *f*, et trois dans nos *e*, et j'ay cherché les moyens d'en ofter toutes ambiguitez, ou par des caractéres differens, ou par des régles generales, avec quelques exceptions. Je ne fçay fi j'y auray reüffi, mais fi cette ébauche ne déplaift pas, elle pourra donner jour à faire un travail plus achevé fur cette matiere, et peut-eftre que ce ne fera pas rendre un petit fervice à noftre Langue et au Public.

Nous prononçons l'*f* de quatre diverfes manieres : tantoft nous l'afpirons, comme en ces mots, *pefle, chafte*; tantoft elle allonge la fyllabe, comme en ceux-cy, *pafle, tefte*; tantoft elle ne fait aucun fon, comme à *esbloüir, esbranler, il eftoit*; et tantoft elle fe prononce comme un *z*, comme à *prefider, prefumer*. Nous n'avons que deux differens caracteres, *f*, et *s*, pour ces quatre differentes prononciations; il faut donc eftablir quelques maximes générales pour faire les diftinctions entieres. Cette lettre fe rencontre au commencement des mots, ou au milieu, ou à la fin. Au commencement elle afpire toûjours : *foy, fien, fauver, fuborner;* à la fin, elle n'a presque point de fon, et ne fait qu'allonger tant foit peu la fyllabe, quand le mot qui fuit fe commence par une confone ; et quand il commence par une voyelle, elle fe détache de celuy qu'elle finit pour fe joindre avec elle, et fe prononce toûjours comme un *z*, foit qu'elle foit précedée par une confone, ou par une voyelle.

Dans le milieu du mot, elle eft, ou entre deux voyelles,

Johannis Henrici Alstedl, Argentorati, sumptibus heredum Lazari Zetzneri, 1633. Cependant il faut convenir que dans le texte courant on rencontre de temps à autre quelques infractions à la règle.

ou après une confone, ou avant une confone. Entre deux voyelles elle paffe toufiours pour *z*, et après une confone elle aspire toufiours, et cette difference fe remarque entre les verbes compofez qui viennent de la mefme racine. On prononce *prezumer*, *rezifter*, mais on ne prononce pas *conzumer*, ny *perzifter*. Ces régles n'ont aucune exception, et j'ay abandonné en ces rencontres le choix des caracteres à l'Imprimeur, pour fe fervir du grand ou du petit, felon qu'ils fe font le mieux accommodez avec les lettres qui les joignent. Mais je n'en ay pas fait de mefme, quand l'*f* eft avant une confone dans le milieu du mot, et je n'ay pû fouffrir que ces trois mots, *refte*, *tempefte*, *vous eftes*, fuffent efcrits l'un comme l'autre, ayant des prononciations fi differentes. J'ay refervé la petite *s* pour celle où la fyllabe eft afpirée, la grande pour celle où elle eft fimplement allongée, et l'ay fupprimée entierement au troifiéme mot où elle ne fait point de fon, la marquant feulement par un accent fur la lettre qui la précede. J'ay donc fait ortographer ainfi les mots fuivants et leurs femblables, *peste, funeste, chaste, refiste, espoir; tempefte, hafte, tefte; vous étes, il étoit, éblouïr, écouter, épargner, arréter*. Ce dernier verbe ne laiffe pas d'avoir quelques temps dans fa conjugaifon, où il faut luy rendre l'*f*, parce qu'elle allonge la fyllabe; comme à l'imperatif *arrefte*, qui rime bien avec *tefte*; mais à l'infinitif et en quelques autres où elle ne fait pas cet effet, il eft bon de la fupprimer et efcrire, *j'arrétois, j'ay arrété, j'arréteray, nous arrétons*, etc.[1].

---

[1]. Ce projet a failli être officiellement adopté. On trouve des renseignements à ce sujet dans les *Observations de l'Académie françoise touchant l'orthographe*, conservées au département des manuscrits de la Bibliothèque impériale, dont j'ai donné l'analyse dans *l'Ami de la religion* du 31 mai 1860.

Ces *Observations*, rédigées par Mézeray, furent soumises en 1673

AU LECTEUR. 9

Quant à l'*e*, nous en avons de trois fortes. L'*e* feminin, qui fe rencontre toufiours, ou feul, ou en diphtongue, dans toutes les derniéres fyllabes de nos mots qui ont la terminaifon féminine, et qui fait fi peu de fon, que cette fyllabe n'eft jamais contée[1] à rien à la fin de nos vers féminins, qui en ont toufiours une plus que les autres. L'*e* masculin, qui fe prononce comme dans la langue Latine, et un troifiéme *e* qui ne va jamais fans l'*s*, qui luy donne un fon eflevé qui fe prononce à bouche ouverte, en ces mots : *fucces, acces, expres*. Or comme ce feroit une grande confufion, que ces trois *e*, en ces trois mots, *afpres, verite*, et *apres*, qui ont une prononciation fi differente, euffent un caractére pareil, il eft aifé d'y remédier, par ces trois fortes d'*e* que nous donne l'Imprimerie, *e, é, è*, qu'on peut nommer l'*e* fimple, l'*e*

à l'examen de plusieurs académiciens, dont la liste se trouve en tête du volume. Corneille y figure, toutefois on ne rencontre dans ce manuscrit aucune note de lui; mais, dans son travail préparatoire, Mézeray avait rappelé en ces termes l'innovation introduite par l'illustre poëte : « Mʳ. de Corneille a proposé que pour faire connoistre quand l'S est muette dans les mots où qu'elle sifle, il seroit bon de mettre une S ronde aux endroits où elle sifle, comme à *chaste, triste, reste*, et une ſ longue aux endroits où elle est muette, soit qu'elle fasse longue la voyelle qui la précède, comme en *tempefte, fefte, tefte*, etc., soit qu'elle ne la fasse pas, comme en *efcu, efpine, defdire, efpurer*, etc. »

« L'usage en seroit bon, objecte Segrais, mais l'innovation en est dangereuse. »

« Je n'y trouve point d'inconvenient, sur tout dans l'impression, réplique Doujat, et ce n'est plus une nouveauté puisque Mʳ. de Corneille l'a pratiqué depuis plus de dix ou douze ans. »

« Où est l'inconuenient? dit Bossuet; ie le suiurois ainsi dans le dictionnaire et i'en ferois une remarque expresse où i'alleguerois l'exemple de Mʳ. Corneille. Les Hollandois ont bien introduit *u* et *v* pour *u* voyelle et *u* consone, et de mesme *i* sans queüe ou avec queüe. Personne ne s'en est formalisé; peu à peu les yeux s'y accoustument et la main les suit. »

1. *Contée*, comptée. Voyez le *Lexique*.

aigu, et l'*e* grave. Le premier fervira pour nos terminaifons feminines, le fecond pour les Latines, et le troifiéme pour les eflevées, et nous efcrirons ainfi ces trois mots et leurs pareils, *afpres, verité, après*, ce que nous eftendrons à *fuccès, excès, procès*, qu'on avoit jufqu'icy efcrits avec l'*e* aigu, comme les terminaifons Latines, quoy que le fon en foit fort différent. Il eft vray que les Imprimeurs y avoient mis quelque différence, en ce que cette terminaifon n'eftant jamais fans *f*, quand il s'en rencontroit une après un *é* Latin, ils la changeoient en *z*, et ne la faifoient précéder que par un *e* fimple. Ils impriment *veritez, Deïtez, dignitez*, et non pas *verités, Deïtés, dignités*; et j'ay confervé cette Ortographe : mais pour éviter toute forte de confufion entre le fon des mots qui ont l'*e* Latin fans *f*, comme *verité*, et ceux qui ont la prononciation élevée, comme *succès*, j'ay cru à propos de nous fervir de différents caractéres, puifque nous en avons, et donner l'*è* grave à ceux de cette derniere efpece. Nos deux articles pluriels, *les* et *des*, ont le mefme fon, quoy qu'écrits avec l'*e* fimple : il eft fi mal-aifé de les prononcer autrement, que je n'ay pas crû qu'il fuft befoin d'y rien changer. Je dy la mefme chofe de l'*e* devant deux *ll*, qui prend le fon auffi eflevé en ces mots, *belle, fidelle, rebelle*, etc., qu'en ceux-cy, *fuccès, excès*; mais comme cela arrive toûjours quand il fe rencontre avant ces deux *ll*, il fuffit d'en faire cette remarque fans changement de caractére. Le mefme arrive devant la fimple *l*, à la fin du mot, *mortel, appel, criminel*, et non pas au milieu, comme en ces mots, *celer, chanceler*, où l'*e* avant cette *l* garde le fon de l'*e* feminin.

Il eft bon auffi de remarquer qu'on ne fe fert d'ordinaire de l'*é* aigu, qu'à la fin du mot, ou quand on fupprime l'*f* qui le fuit; comme à *établir, étonner* : cependant il fe rencontre fouvent au milieu des mots avec le mefme fon, bien qu'on ne l'écrive qu'avec un *e* fimple ; comme en ce mot *feverité*, qu'il faudroit efcrire *févérité*, pour le faire prononcer exactement, et je l'ay fait obferver dans cette impreffion[1], bien que je n'aye pas gardé le mefme ordre dans celle qui s'eft faite in folio[2].

La double *ll* dont je viens de parler à l'occafion de l'*e*, a auffi deux prononciations en noftre Langue, l'une feche et fimple, qui fuit l'Ortographe, l'autre molle, qui femble y joindre une *h*. Nous n'avons point de différents caractéres à les diftinguer ; mais on en peut donner cette régle infaillible. Toutes les fois qu'il n'y a point d'*i* avant les deux *ll*, la prononciation ne prend point cette molleffe. En voicy des exemples dans les quatre autres voyelles : *baller, rebeller, coller, annuller*. Toutes les fois qu'il y a un *i* avant les deux *ll*, foit feul, foit en diphtongue, la prononciation y adjoufte une *h*. On efcrit *bailler, éveiller, briller, chatoüiller, cueillir*, et on prononce *baillher, éveillher, brillher, chatouillher, cueillhir*. Il faut excepter de cette Régle tous les mots qui viennent du Latin, et qui ont deux *ll* dans cette Langue, comme *ville, mille, tranquille, imbecille, diftille, illuftre, illegitime, illicite*, etc. Je dis qui ont deux *ll* en Latin, parce que les mots de *fille* et *famille* en viennent, et fe prononcent avec cette molleffe des autres qui ont l'*i* devant les deux *ll*, et n'en viennent pas ; mais ce qui fait cette différence, c'eft qu'ils ne tiennent pas les deux *ll* des mots Latins, *filia* et *familia*, qui n'en ont qu'une, mais purement de noftre Langue. Cette régle et cette exception font générales et affeurées. Quelques Modernes, pour ofter toute l'ambiguité de cette prononciation, ont

1. On lit ici dans l'édition de 1663 : « Et peut-estre le feray-je obseruer en la première impression qui se pourra faire de ces Recueils. »

2. Il s'agit de l'édition datée de 1663, dont nous venons de parler.

efcrit les mots qui fe prononcent fans la molleffe de l'*h*, avec une *l* fimple, en cette maniere, *tranquile*, *imbecile*, *diflile*, et cette Ortographe pourroit s'accommoder dans les trois voyelles *a, o, u*, pour efcrire fimplement *baler*, *affoler*, *annuler*, mais elle ne s'accommoderoit point du tout avec l'*e*, et on auroit de la peine à prononcer *fidelle* et *belle*, fi on efcrivoit *fidele* et *bele;* l'*i* mefme fur lequel ils ont pris ce droit, ne le pourroit pas fouffrir toufiours, et particulierement en ces mots *ville*, *mille*, dont le premier, fi on le reduifoit à une *l* fimple, fe confondroit avec *vile*, qui a une fignification toute autre.

Il y auroit encor quantité de remarques à faire fur les différentes manieres que nous avons de prononcer quelques lettres en noftre Langue : mais je n'entreprens pas de faire un Traité entier de l'Ortographe et de la prononciation, et me contente de vous avoir donné ce mot d'avis touchant ce que j'ay innové icy ; comme les Imprimeurs ont eu de la peine à s'y accouftumer, ils n'auront pas fuivy ce nouvel ordre fi ponctüellement, qu'il ne s'y foit coulé bien des fautes, vous me ferez la grace d'y fuppléer.

DISCOURS

DE L'UTILITÉ ET DES PARTIES

DU POËME DRAMATIQUE[1].

Bien que, selon Aristote, le seul but de la poésie dramatique soit de plaire aux spectateurs, et que la plupart de ces poëmes leur ayent plu, je veux bien avouer toutefois que beaucoup d'entr'eux n'ont pas atteint le but de l'art. *Il ne faut pas prétendre*, dit ce philosophe, *que ce genre de poésie nous donne toute sorte de plaisir, mais seulement celui qui lui est propre*[2] ; et pour trouver

---

1. L'édition de 1660, dans laquelle ces discours ont paru pour la première fois, est divisée en trois volumes, et en tête de chaque volume est placé l'un des discours. L'édition de 1663 forme deux tomes qui commencent par les deux premiers discours ; le troisième termine le tome II (voyez plus haut, p. 5, note 1). Enfin les trois éditions, en quatre volumes, de 1664 (in-8°), de 1668, et de 1682, contiennent un discours en tête de chacun des trois premiers volumes. La plupart des éditeurs ont séparé ces discours du *Théâtre*, pour les faire entrer dans les *Œuvres diverses*; nous avons préféré conserver le premier, suivant l'intention de Corneille, en tête du Théâtre, où les premières lignes le placent nécessairement, et nous avons cru devoir en rapprocher les deux autres, mais sans rien changer au texte, c'est-à-dire en y laissant ce qui a trait à la place que l'auteur leur avait assignée.

Si l'on veut avoir des renseignements sur le temps que ces discours ont coûté à Corneille et sur les circonstances dans lesquelles il les a composés, il faut lire sa lettre du 25 août 1660, adressée à l'abbé de Pure.

2. Οὐ γὰρ πᾶσαν δεῖ ζητεῖν ἡδονὴν ἀπὸ τραγῳδίας, ἀλλὰ τὴν οἰκείαν. (Aristote, *Poétique*, chap. xiv, 2.) — Dans la phrase suivante, Aristote exprime l'idée, par laquelle Corneille commence son discours, que le but de la poésie dramatique est de plaire.

ce plaisir qui lui est propre, et le donner aux spectateurs, il faut suivre les préceptes de l'art, et leur plaire selon ses règles. Il est constant qu'il y a des préceptes, puisqu'il y a un art; mais il n'est pas constant quels ils sont. On convient du nom sans convenir de la chose, et on s'accorde sur les paroles pour contester sur leur signification. Il faut observer l'unité d'action, de lieu, et de jour, personne n'en doute; mais ce n'est pas une petite difficulté de savoir ce que c'est que cette unité d'action, et jusques où peut s'étendre cette unité de jour et de lieu. Il faut que le poëte traite son sujet selon le vraisemblable et le nécessaire[1]; Aristote le dit, et tous ses interprètes répètent les mêmes mots, qui leur semblent si clairs[2] et si intelligibles, qu'aucun d'eux n'a daigné nous dire, non plus que lui, ce que c'est que ce vraisemblable et ce nécessaire. Beaucoup même ont si peu considéré ce dernier[3], qui accompagne toujours l'autre chez ce philosophe, hormis une seule fois, où il parle de la comédie[4], qu'on en est venu jusqu'à établir une maxime très-fausse, qu'*il faut que le sujet d'une tragédie soit vraisemblable;* appliquant ainsi[5] aux conditions du sujet la moitié de ce qu'il a dit de la manière de le traiter. Ce n'est pas qu'on ne puisse faire une tragédie d'un sujet purement vraisemblable : il en donne pour exemple *la Fleur*[6] d'Agathon,

1. Χρὴ δὲ.... ἀεὶ ζητεῖν ἢ τὸ ἀναγκαῖον, ἢ τὸ εἰκός. (Aristote, *Poétique*, chap. xv, 6.)
2. Var. (édit. de 1660) : les mêmes paroles qui leur semblent si claires.
3. Var. (édit. de 1660) : ce dernier mot.
4. Voyez la *Poétique*, chap. ix, 5.
5. Il y a *aussi*, pour *ainsi*, dans les éditions de 1682 et de 1692 : la leçon des éditions antérieures nous a paru préférable.
6. Aristote, *Poétique*, chap. ix, 7. — *La Fleur*, ἄνθος, pièce du poëte Agathon, contemporain de Sophocle et d'Eschyle, n'est connue que par ce passage d'Aristote.

où les noms et les choses étoient de pure invention, aussi bien qu'en la comédie; mais les grands sujets qui remuent fortement les passions, et en opposent l'impétuosité aux lois du devoir ou aux tendresses du sang, doivent toujours aller au delà du vraisemblable, et ne trouveroient aucune croyance parmi les auditeurs, s'ils n'étoient soutenus, ou par l'autorité de l'histoire qui persuade avec empire, ou par la préoccupation de l'opinion commune qui nous donne ces mêmes auditeurs déjà tous persuadés. Il n'est pas vraisemblable que Médée tue ses enfants, que Clytemnestre assassine son mari, qu'Oreste poignarde sa mère; mais l'histoire le dit, et la représentation de ces grands crimes ne trouve point d'incrédules. Il n'est ni vrai ni vraisemblable qu'Andromède, exposée à un monstre marin, aye été garantie de ce péril par un cavalier volant, qui avoit des ailes aux pieds; mais c'est une fiction[1] que l'antiquité a reçue; et comme elle l'a transmise jusqu'à nous, personne ne s'en offense quand on[2] la voit sur le théâtre. Il ne seroit pas permis toutefois d'inventer sur ces exemples. Ce que la vérité ou l'opinion fait accepter seroit rejeté, s'il n'avoit point d'autre fondement qu'une ressemblance à cette vérité ou à cette opinion. C'est pourquoi notre docteur dit que *les sujets viennent de la fortune*, qui fait arriver les choses, *et non de l'art*, qui les imagine[3]. Elle est maîtresse des événements, et le choix qu'elle nous donne de ceux qu'elle nous présente enveloppe une secrète défense d'entreprendre sur elle, et d'en produire sur la scène qui ne soient pas de sa façon. Aussi *les anciennes tragédies se sont arrêtées autour de peu de familles, parce qu'il étoit arrivé*

---

1. Var. (édit. de 1660) : une erreur.
2. Var. (édit. de 1660 et de 1663) : il.
3. Ζητοῦντες γὰρ οὐκ ἀπὸ τέχνης, ἀλλ' ἀπὸ τύχης εὗρον τὸ τοιοῦτον παρασκευάζειν ἐν τοῖς μύθοις. (Aristote, *Poétique*, chap. xiv, 10.)

à peu de familles des choses dignes de la tragédie[1]. Les siècles suivants nous en ont assez fourni pour franchir ces bornes, et ne marcher plus sur les pas des Grecs; mais je ne pense pas qu'ils nous ayent donné la liberté de nous écarter de leurs règles. Il faut, s'il se peut, nous accommoder avec elles, et les amener jusqu'à nous[2]. Le retranchement que nous avons fait des chœurs nous oblige à remplir nos poëmes de plus d'épisodes qu'ils ne faisoient; c'est quelque chose de plus, mais qui ne doit pas aller au delà de leurs maximes, bien qu'il aille au delà de leur pratique.

Il faut donc savoir quelles sont ces règles; mais notre malheur est qu'Aristote et Horace après lui en ont écrit assez obscurément pour avoir besoin d'interprètes, et que ceux qui leur en ont voulu servir jusques ici ne les ont souvent expliqués qu'en grammairiens ou en philosophes. Comme ils avoient plus d'étude et de spéculation que d'expérience du théâtre, leur lecture nous peut rendre plus doctes, mais non pas nous donner beaucoup de lumières fort sûres pour y réussir.

Je hasarderai quelque chose sur cinquante ans[3] de travail pour la scène, et en dirai mes pensées tout simplement, sans esprit de contestation qui m'engage à les soutenir, et sans prétendre que personne renonce en ma faveur à celles qu'il en aura conçues.

Ainsi ce que j'ai avancé dès l'entrée de ce discours, que *la poésie dramatique a pour but le seul plaisir des spectateurs*, n'est pas pour l'emporter opiniâtrément sur

---

1. Περὶ ὀλίγας οἰκίας αἱ κάλλισται τραγῳδίαι συντίθενται, οἷον περὶ Ἀλκμαίωνα καὶ Οἰδίπουν.... καὶ ὅσοις ἄλλοις συμβέβηκεν ἢ παθεῖν δεινὰ ἢ ποιῆσαι. (Aristote, *Poétique*, chap. xiii, 5.)

2. Var. (édit. de 1660-1664) : jusques à nous.

3. Var. (édit. de 1660 et de 1663) : trente ans; — (édit. de 1664) plus de trente ans; — (édit. de 1668) : quarante ans.

ceux qui pensent ennoblir l'art, en lui donnant pour objet de profiter aussi bien que de plaire. Cette dispute même seroit très-inutile, puisqu'il est impossible de plaire selon les règles, qu'il ne s'y rencontre beaucoup d'utilité. Il est vrai qu'Aristote, dans tout son *Traité de la Poétique*, n'a jamais employé ce mot une seule fois ; qu'il attribue l'origine de la poésie au plaisir que nous prenons à voir imiter les actions des hommes[1] ; qu'il préfère la partie du poëme qui regarde le sujet à celle qui regarde les mœurs, parce que cette première contient ce qui agrée le plus, comme les agnitions et les péripéties[2] ; qu'il fait entrer dans la définition de la tragédie l'agrément du discours dont elle est composée[3] ; et qu'il l'estime enfin plus que le poëme épique, en ce qu'elle a de plus[4] la décoration extérieure et la musique, qui délectent puissamment, et qu'étant plus courte et moins diffuse, le plaisir qu'on y prend est plus parfait[5] ; mais il n'est pas moins vrai qu'Horace nou apprend que nous ne saurions plaire à tout le monde, si nous n'y mêlons l'utile, et que les gens graves et sérieux, les vieillards, les amateurs de la vertu, s'y ennuieront, s'ils n'y trouvent rien à profiter :

Centuriæ seniorum agitant expertia frugis[6].

Ainsi, quoique l'utile n'y entre que sous la forme du délectable, il ne laisse pas d'y être nécessaire, et il vaut mieux examiner de quelle façon il y peut trouver sa place, que d'agiter, comme je l'ai déjà dit, une question inutile touchant l'utilité de cette sorte de poëmes. J'estime donc qu'il s'y en peut rencontrer de quatre sortes.

1. Voyez Aristote, *Poétique*, chap. IV, 1 et 2.
2. *Ibid.*, chap. VI, 13. — 3. *Ibid.*, chap. VI, 2.
4. VAR. (édit. de 1660) : de plus que lui.
5. Aristote, *Poétique*, chap. XXVI, 8 et 9.
6. Horace, *Art poétique*, v. 341.

La première consiste aux sentences et instructions morales qu'on y peut semer presque partout; mais il en faut user sobrement, les mettre rarement en discours généraux, ou ne les pousser guère loin, surtout quand on fait parler un homme passionné, ou qu'on lui fait répondre par un autre; car il ne doit avoir non plus de patience pour les entendre, que de quiétude d'esprit pour les concevoir et les dire. Dans les délibérations d'État, où un homme d'importance consulté par un roi s'explique de sens rassis, ces sortes de discours trouvent lieu de plus d'étendue; mais enfin il est toujours bon de les réduire souvent de la thèse à l'hypothèse; et j'aime mieux faire dire à un acteur, *l'amour vous donne beaucoup d'inquiétudes*, que, *l'amour donne beaucoup d'inquiétudes aux esprits qu'il possède*.

Ce n'est pas que je voulusse entièrement bannir cette dernière façon de s'énoncer sur les maximes de la morale et de la politique. Tous mes poëmes demeureroient bien estropiés, si on en retranchoit ce que j'y en ai mêlé; mais encore un coup, il ne les faut pas pousser loin sans les appliquer au particulier; autrement c'est un lieu commun, qui ne manque jamais d'ennuyer l'auditeur, parce qu'il fait languir l'action; et quelque heureusement que réussisse cet étalage de moralités, il faut toujours craindre[1] que ce ne soit un de ces ornements ambitieux qu'Horace nous ordonne de retrancher[2].

J'avouerai toutefois que les discours généraux ont souvent grâce, quand celui qui les prononce et celui qui les écoute ont tous deux l'esprit assez tranquille pour se donner raisonnablement cette patience. Dans le qua-

---

1. Var. (édit. de 1660) : Il faut prendre garde.
2. ....*Ambitiosa recidet*
   Ornamenta.
   (*Art poétique*, v. 447.)

trième acte de *Mélite*, la joie qu'elle a d'être aimée de Tircis lui fait souffrir sans chagrin la remontrance de sa nourrice, qui de son côté satisfait à cette démangeaison qu'Horace attribue aux vieilles gens, de faire des leçons aux jeunes[1]; mais si elle savoit que Tircis la crût infidèle, et qu'il en fût au désespoir, comme elle l'apprend ensuite, elle n'en souffriroit pas quatre vers. Quelquefois même ces discours sont nécessaires pour appuyer des sentiments dont le raisonnement ne se peut fonder sur aucune des actions particulières de ceux dont on parle. Rodogune, au premier acte, ne sauroit justifier la défiance qu'elle a de Cléopatre, que par le peu de sincérité qu'il y a d'ordinaire dans la réconciliation[2] des grands après une offense signalée, parce que, depuis le traité de paix, cette reine n'a rien fait qui la doive rendre suspecte de cette haine qu'elle lui conserve dans le cœur. L'assurance que prend Mélisse, au quatrième de *la Suite du Menteur*, sur les premières protestations d'amour que lui fait Dorante, qu'elle n'a vu qu'une seule fois, ne se peut autoriser que sur la facilité et la promptitude que deux amants nés l'un pour l'autre ont à donner croyance à ce qu'ils s'entre-disent; et les douze vers qui expriment cette moralité en termes généraux ont tellement plu, que beaucoup de gens d'esprit n'ont pas dédaigné d'en charger leur mémoire[3]. Vous en trouverez ici quelques autres de cette nature. La seule règle qu'on y peut établir, c'est qu'il les faut placer judicieusement, et surtout les mettre en la bouche de gens

1. Voyez la scène 1 du IV⁰ acte de *Mélite*, et l'*Art poétique* d'Horace, v. 174.
2. Var. (édit. de 1660 et de 1663) : les réconciliations.
3. Voyez, dans la scène 1 du IV⁰ acte de *la Suite du Menteur*, le couplet qui commence par ce vers :

Quand les ordres du ciel nous ont faits l'un pour l'autre, etc.

qui ayent l'esprit sans embarras, et qui ne soient point emportés par la chaleur de l'action.

La seconde utilité du poëme dramatique se rencontre en la naïve peinture des vices et des vertus, qui ne manque jamais à faire son effet, quand elle est bien achevée, et que les traits en sont si reconnoissables qu'on ne les peut confondre l'un dans l'autre, ni prendre le vice pour vertu. Celle-ci se fait alors toujours aimer, quoique malheureuse; et celui-là se fait toujours haïr, bien que triomphant. Les anciens se sont fort souvent contentés de cette peinture, sans se mettre en peine de faire récompenser les bonnes actions, et punir les mauvaises. Clytemnestre et son adultère tuent Agamemnon impunément; Médée en fait autant de ses enfants, et Atrée de ceux de son frère Thyeste, qu'il lui fait manger. Il est vrai qu'à bien considérer ces actions qu'ils choisissoient pour la catastrophe de leurs tragédies, c'étoient des criminels qu'ils faisoient punir, mais par des crimes plus grands que les leurs. Thyeste avoit abusé de la femme de son frère; mais la vengeance qu'il en prend a quelque chose de plus affreux que ce premier crime. Jason étoit un perfide d'abandonner Médée, à qui il devoit tout; mais massacrer ses enfants à ses yeux est quelque chose de plus. Clytemnestre se plaignoit des concubines qu'Agamemnon ramenoit de Troie; mais il n'avoit point attenté sur sa vie, comme elle fait sur la sienne; et ces maîtres de l'art ont trouvé le crime de son fils Oreste, qui la tue pour venger son père, encore plus grand que le sien, puisqu'ils lui ont donné des Furies vengeresses pour le tourmenter, et n'en ont point donné à sa mère, qu'ils font jouir paisiblement avec son Égisthe du royaume d'un mari qu'elle avoit assassiné.

Notre théâtre souffre difficilement de pareils sujets : le

Thyeste de Sénèque[1] n'y a pas été fort heureux; sa *Médée* y a trouvé plus de faveur; mais aussi, à le bien prendre, la perfidie de Jason et la violence du roi de Corinthe la font paroître si injustement opprimée, que l'auditeur entre aisément dans ses intérêts, et regarde sa vengeance comme une justice qu'elle se fait elle-même de ceux qui l'oppriment.

C'est cet intérêt qu'on aime à prendre pour les vertueux qui a obligé d'en venir à cette autre manière de finir le poëme dramatique par la punition des mauvaises actions et la récompense des bonnes, qui n'est pas un précepte de l'art, mais un usage que nous avons embrassé, dont chacun peut se départir à ses périls. Il étoit dès le temps d'Aristote, et peut-être qu'il ne plaisoit pas trop à ce philosophe, puisqu'il dit *qu'il n'a eu vogue que par l'imbécillité du jugement des spectateurs, et que ceux qui le pratiquent s'accommodent au goût du peuple, et écrivent selon les souhaits de leur auditoire*[2]. En effet, il est certain que nous ne saurions voir un honnête homme sur notre théâtre sans lui souhaiter de la prospérité, et nous fâcher de ses infortunes. Cela fait que quand il en demeure accablé, nous sortons avec chagrin, et remportons une espèce d'indignation contre l'auteur et les acteurs; mais quand l'événement remplit nos souhaits, et que la vertu y est couronnée, nous sortons avec pleine joie, et remportons une entière satisfaction et de l'ouvrage, et de ceux qui l'ont représenté. Le succès heureux de la vertu, en dépit des traverses et des périls, nous excite à l'em-

---

1. Il s'agit ici du *Thyeste* de Monléon, représenté, suivant les frères Parfait, en 1633. Voyez l'*Histoire du Théâtre françois*, tome V, p. 31.

2. Δοκεῖ δὲ εἶναι πρώτη διὰ τὴν τῶν θεατῶν ἀσθένειαν· ἀκολουθοῦσι γὰρ οἱ ποιηταὶ κατ' εὐχὴν ποιοῦντες τοῖς θεαταῖς. (Aristote, *Poétique*, chap. XIII, 7.)

brasser; et le succès funeste du crime ou de l'injustice est capable de nous en augmenter l'horreur naturelle, par l'appréhension d'un pareil malheur.

C'est en cela que consiste la troisième utilité du théâtre, comme la quatrième en la purgation des passions par le moyen de la pitié et de la crainte[1]. Mais comme cette utilité est particulière à la tragédie, je m'expliquerai sur cet article au second volume, où je traiterai de la tragédie en particulier[2], et passe à l'examen des parties qu'Aristote attribue au poëme dramatique. Je dis au poëme dramatique en général, bien qu'en traitant cette matière il ne parle que de la tragédie; parce que tout ce qu'il en dit convient aussi à la comédie, et que la différence de ces deux espèces de poëmes ne consiste qu'en la dignité des personnages, et des actions qu'ils imitent, et non pas en la façon de les imiter, ni aux choses qui servent à cette imitation.

Le poëme est composé de deux sortes de parties. Les unes sont appelées parties de quantité, ou d'extension; et Aristote en nomme quatre : le prologue, l'épisode, l'exode, et le chœur[3]. Les autres se peuvent nommer des parties intégrantes[4], qui se rencontrent dans chacune de ces premières pour former tout le corps avec elles. Ce philosophe y en trouve six : le sujet, les mœurs, les sentiments, la diction, la musique, et la décoration du

1. Voyez Aristote, *Poétique*, chap. vi, 2.
2. Var. (édit. de 1660) : Mais comme cette utilité est particulière à la tragédie, et que cette première partie de mes poëmes ne contient presque que des comédies où elle n'a point de place, je ne m'expliquerai sur cet article qu'au second volume, où la tragédie l'emporte, et passe, etc. — La première partie de l'édition de 1660 contient les mêmes pièces que le recueil de 1644. Voyez plus haut, p. 1, note 1.
3. Voyez Aristote, *Poétique*, chap. xii.
4. Var. (édit. de 1660-1664) : intégrales.

théâtre¹. De ces six, il n'y a que le sujet dont la bonne constitution dépende proprement de l'art poétique ; les autres ont besoin d'autres arts subsidiaires : les mœurs, de la morale ; les sentiments, de la rhétorique ; la diction, de la grammaire ; et les deux autres parties ont chacune leur art, dont il n'est pas besoin que le poëte soit instruit, parce qu'il y peut faire suppléer par d'autres que lui², ce qui fait qu'Aristote ne les traite pas. Mais comme il faut qu'il exécute lui-même ce qui concerne les quatre premières, la connoissance des arts dont elles dépendent lui est absolument nécessaire, à moins qu'il aye reçu de la nature un sens commun assez fort et assez profond pour suppléer à ce défaut³.

Les conditions du sujet sont diverses pour la tragédie et pour la comédie. Je ne toucherai à présent qu'à ce qui regarde cette dernière, qu'Aristote définit simplement *une imitation de personnes basses et fourbes*⁴. Je ne puis m'empêcher de dire que cette définition ne me satisfait point ; et puisque beaucoup de savants tiennent que son *Traité de la Poétique* n'est pas venu tout entier jusques à nous, je veux croire que dans ce que le temps nous en a dérobé il s'en rencontroit une plus achevée.

La poésie dramatique, selon lui, est une imitation des actions, et il s'arrête ici à la condition des personnes, sans dire quelles doivent être ces actions. Quoi qu'il en soit, cette définition avoit du rapport à l'usage de son temps, où l'on ne faisoit parler dans la comédie que des personnes d'une condition très-médiocre ; mais elle n'a

---

1. Voyez Aristote, *Poétique*, chap. vi, 6.
2. Var. (édit. de 1660) : Qu'il y peut faire suppléer par d'autres, ce qui fait, etc.
3. Var. (édit. de 1660) : pour réparer ce défaut.
4. Ἡ δὲ κωμῳδία ἐστὶ.... μίμησις φαυλοτέρων. (Aristote, *Poétique*, chap. v, 1.)

pas une entière justesse pour le nôtre, où les rois même y peuvent entrer, quand leurs actions ne sont point au-dessus d'elle. Lorsqu'on met sur la scène un simple intrique[1] d'amour entre des rois, et qu'ils ne courent aucun péril, ni de leur vie, ni de leur État, je ne crois pas que, bien que les personnes soient illustres, l'action le soit assez pour s'élever[2] jusqu'à[3] la tragédie. Sa dignité demande quelque grand intérêt d'État, ou quelque passion plus noble et plus mâle que l'amour, telles que sont l'ambition ou la vengeance, et veut donner à craindre des malheurs plus grands que la perte d'une maîtresse. Il est à propos d'y mêler l'amour, parce qu'il a toujours beaucoup d'agrément, et peut servir de fondement à ces intérêts, et à ces autres passions dont je parle; mais il faut qu'il se contente du second rang dans le poëme, et leur laisse le premier.

Cette maxime semblera nouvelle d'abord : elle est toutefois de la pratique des anciens, chez qui nous ne voyons aucune tragédie où il n'y aye qu'un intérêt d'amour à démêler. Au contraire, ils l'en bannissoient souvent; et ceux qui voudront considérer les miennes, reconnoîtront qu'à leur exemple je ne lui ai jamais laissé y prendre le pas devant, et que dans *le Cid* même, qui est sans contredit la pièce la plus remplie d'amour[4] que j'aye faite, le devoir de la naissance et le soin de l'honneur l'emportent sur toutes les tendresses qu'il inspire aux amants que j'y fais parler.

Je dirai plus. Bien qu'il y aye de grands intérêts d'État dans un poëme, et que le soin qu'une personne royale

1. Une simple intrigue.
2. Telle est la leçon de toutes les éditions antérieures à celle de 1682, qui donne, sans doute par erreur : « pour l'élever. »
3. Var. (édit. de 1660-1664) : jusques à.
4. Var. (édit. de 1660-1664) : la plus amoureuse.

doit avoir de sa gloire fasse taire sa passion, comme en *Don Sanche*, s'il ne s'y rencontre point de péril de vie, de pertes d'États, ou de bannissement, je ne pense pas qu'il aye droit de prendre un nom plus relevé que celui de comédie ; mais pour répondre aucunement à la dignité des personnes dont celui-là représente les actions, je me suis hasardé d'y ajouter l'épithète d'héroïque, pour le distinguer d'avec les comédies ordinaires. Cela est sans exemple parmi les anciens ; mais aussi il est sans exemple parmi eux de mettre des rois sur le théâtre sans quelqu'un de ces grands périls. Nous ne devons pas nous attacher si servilement à leur imitation, que nous n'osions essayer quelque chose de nous-mêmes, quand cela ne renverse point les règles de l'art ; ne fût-ce que pour mériter cette louange que donnoit Horace aux poëtes de son temps :

Nec minimum meruere decus, vestigia græca
Ausi deserere[1] ;

et n'avoir point de part en ce honteux éloge :

O imitatores, servum pecus[2] *!*

Ce qui nous sert maintenant d'exemple, dit Tacite, *a été autrefois sans exemple, et ce que nous faisons sans exemple en pourra servir un jour*[3].

La comédie diffère donc en cela de la tragédie, que celle-ci veut pour son sujet une action illustre, extraordinaire, sérieuse : celle-là s'arrête à une action commune et enjouée ; celle-ci demande de grands périls pour ses héros : celle-là se contente de l'inquiétude et des déplaisirs de ceux à qui elle donne le premier rang parmi ses

1. Horace, *Art poétique*, v. 286, 287.
2. Horace, *Épîtres*, liv. I, *ép.* xix, v. 19.
3. « Inveterascet hoc quoque, et quod hodie exemplis tuemur
« inter exempla erit. » (*Annales*, liv. XI, chap. xxiv.)

acteurs. Toutes les deux ont cela de commun, que cette action doit être complète et achevée ; c'est-à-dire que dans l'événement qui la termine, le spectateur doit être si bien instruit des sentiments de tous ceux qui y ont eu quelque part, qu'il sorte l'esprit en repos, et ne soit plus en doute de rien. Cinna conspire contre Auguste, sa conspiration est découverte, Auguste le fait arrêter. Si le poëme en demeuroit là, l'action ne seroit pas complète, parce que l'auditeur sortiroit dans l'incertitude de ce que cet empereur auroit ordonné de cet ingrat favori. Ptolomée craint que César, qui vient en Égypte, ne favorise sa sœur dont il est amoureux, et ne le force à lui rendre sa part du royaume, que son père lui a laissée par testament : pour attirer la faveur de son côté par un grand service, il lui immole Pompée ; ce n'est pas assez, il faut voir comment César recevra ce grand sacrifice. Il arrive, il s'en fâche, il menace Ptolomée, il le veut obliger d'immoler les conseillers de cet attentat à cet illustre mort ; ce roi, surpris de cette réception si peu attendue, se résout à prévenir César, et conspire contre lui, pour éviter par sa perte le malheur dont il se voit menacé. Ce n'est pas encore assez ; il faut savoir ce qui réussira de cette conspiration. César en a l'avis, et Ptolomée, périssant dans un combat avec ses ministres, laisse Cléopatre en paisible possession du royaume dont elle demandoit la moitié, et César hors de péril ; l'auditeur n'a plus rien à demander, et sort satisfait, parce que l'action est complète.

Je connois des gens d'esprit, et des plus savants en l'art poétique, qui m'imputent d'avoir négligé d'achever *le Cid*, et quelques autres de mes poëmes, parce que je n'y conclus pas précisément le mariage des premiers acteurs, et que je ne les envoie point marier au sortir du théâtre. A quoi il est aisé de répondre que le mariage n'est point un achèvement nécessaire pour la tragédie heureuse, ni même pour la comédie. Quant à la première, c'est le péril d'un héros qui la constitue, et lorsqu'il en est sorti, l'action est terminée. Bien qu'il aye de l'amour, il n'est point besoin qu'il parle d'épouser sa maîtresse quand la bienséance ne le permet pas; et il suffit d'en donner l'idée après en avoir levé tous les empêchements, sans lui en faire déterminer le jour. Ce seroit une chose insupportable que Chimène en convînt avec Rodrigue dès le lendemain qu'il a tué son père, et Rodrigue seroit ridicule, s'il faisoit la moindre démonstration de le desirer. Je dis la même chose d'Antiochus. Il ne pourroit dire de douceurs à Rodogune qui ne fussent de mauvaise grâce, dans l'instant que sa mère se vient d'empoisonner à leurs yeux, et meurt dans la rage de n'avoir pu les faire périr avec elle. Pour la comédie, Aristote ne lui impose point d'autre devoir pour conclusion *que de rendre amis ceux qui étoient ennemis*[1]; ce qu'il faut entendre un peu plus généralement que les termes ne semblent porter, et l'étendre à la réconciliation de toute sorte de mauvaise intelligence; comme quand un fils rentre aux bonnes grâces d'un père qu'on a vu en colère contre lui pour ses débauches, ce qui est une fin assez ordinaire aux anciennes comédies; ou que deux amants, séparés par quelque fourbe qu'on leur a faite, ou par quelque pouvoir dominant, se réunissent par l'éclaircissement de cette fourbe, ou par le consentement de ceux qui y mettoient obstacle; ce qui arrive presque toujours dans les nôtres, qui n'ont que très-rarement une autre fin que des mariages. Nous devons toutefois prendre garde que ce consentement ne vienne pas

---

1. Ἐκεῖ γὰρ ἂν οἱ ἔχθιστοι ὦσιν ἐν τῷ μύθῳ, οἷον Ὀρέστης καὶ Αἴγισθος, φίλοι γενόμενοι ἐπὶ τελευτῆς ἐξέρχονται. (Aristote, *Poétique*, chap. XIII, 8.)

par un simple changement de volonté, mais par un événement qui en fournisse l'occasion. Autrement il n'y auroit pas grand artifice au dénouement d'une pièce, si, après l'avoir soutenue durant quatre actes sur l'autorité d'un père qui n'approuve point les inclinations amoureuses de son fils ou de sa fille, il y consentoit tout d'un coup au cinquième, par cette seule raison que c'est le cinquième, et que l'auteur n'oseroit en faire six. Il faut un effet considérable qui l'y oblige, comme si l'amant de sa fille lui sauvoit la vie en quelque rencontre où il fût prêt d'être assassiné par ses ennemis, ou que par quelque accident inespéré, il fût reconnu pour être de plus grande condition, et mieux dans la fortune qu'il ne paroissoit.

Comme il est nécessaire que l'action soit complète, il faut aussi n'ajouter rien au delà, parce que quand l'effet est arrivé, l'auditeur ne souhaite plus rien et s'ennuie de tout le reste. Ainsi les sentiments de joie qu'ont deux amants qui se voient réunis après de longues traverses doivent être bien courts; et je ne sais pas quelle grâce a eue chez les Athéniens la contestation de Ménélas et de Teucer pour la sépulture d'Ajax, que Sophocle fait mourir au quatrième acte; mais je sais bien que de notre temps la dispute du même Ajax et d'Ulysse pour les armes d'Achille après sa mort, lassa fort les oreilles, bien qu'elle partît d'une bonne main[1]. Je ne puis déguiser même que j'ai peine encore à comprendre comment on a pu souffrir le cinquième de *Mélite* et de *la Veuve*. On n'y voit les premiers acteurs que réunis ensemble, et ils n'y ont plus d'intérêt qu'à savoir les auteurs de la fausseté ou de la violence qui les a séparés.

---

1. Corneille fait allusion à la tragédie de Benserade intitulée : *la Mort d'Achille et la Dispute de ses armes*, représentée en 1636 et publiée l'année suivante par Antoine de Sommaville.

Cependant ils en pouvoient être déjà instruits, si je l'eusse voulu, et semblent n'être plus sur le théâtre que pour servir de témoins au mariage de ceux du second ordre[1]; ce qui fait languir toute cette fin, où ils n'ont point de part. Je n'ose attribuer le bonheur qu'eurent ces deux comédies à l'ignorance des préceptes, qui étoit assez générale en ce temps-là, d'autant que ces mêmes préceptes, bien ou mal observés, doivent faire leur effet, bon ou mauvais, sur ceux même qui, faute de les savoir, s'abandonnent au courant des sentiments naturels; mais je ne puis que je n'avoue du moins que la vieille habitude qu'on avoit alors à ne voir rien de mieux ordonné a été cause qu'on ne s'est pas indigné contre ces défauts, et que la nouveauté d'un genre de comédie très-agréable, et qui jusque-là n'avoit point paru sur la scène, a fait qu'on a voulu trouver belles toutes les parties d'un corps qui plaisoit à la vue, bien qu'il n'eût pas toutes ses proportions dans leur justesse.

La comédie et la tragédie se ressemblent encore en ce que l'action qu'elles choisissent pour imiter *doit avoir une juste grandeur*[2], c'est-à-dire *qu'elle ne doit être, ni si petite qu'elle échappe à la vue comme un atome, ni si vaste qu'elle confonde la mémoire de l'auditeur et égare son imagination*[3]. C'est ainsi qu'Aristote explique cette condition du poëme, et ajoute que *pour être d'une juste grandeur, elle doit avoir un commencement, un milieu, et une fin*[4]. Ces termes sont si généraux, qu'ils semblent

---

1. Var. (édit. de 1660) : des acteurs du second ordre.
2. Κεῖται δ' ἡμῖν τὴν τραγῳδίαν τελείας καὶ ὅλης πράξεως εἶναι μίμησιν, ἐχούσης τι μέγεθος. (Aristote, *Poétique*, chap. VII, 2.)
3. Ὥστε δεῖ, καθάπερ ἐπὶ τῶν σωμάτων καὶ ἐπὶ τῶν ζῴων ἔχειν μὲν μέγεθος, τοῦτο δὲ εὐσύνοπτον εἶναι · οὕτω καὶ ἐπὶ τῶν μύθων ἔχειν μὲν μῆκος, τοῦτο δ' εὐμνημόνευτον εἶναι. (*Ibid.*, 5.)
4. Ὅλον δέ ἐστι τὸ ἔχον ἀρχὴν καὶ μέσον καὶ τελευτήν. (*Ibid.*, 7.)

ne signifier rien; mais à les bien entendre, ils excluent les actions momentanées qui n'ont point ces trois parties. Telle est peut-être la mort de la sœur d'Horace, qui se fait tout d'un coup sans aucune préparation dans les trois actes qui la précèdent; et je m'assure que si Cinna attendoit au cinquième à conspirer contre Auguste, et qu'il consumât les quatre autres en protestations d'amour à Émilie, ou en jalousies contre Maxime, cette conspiration surprenante feroit bien des révoltes dans les esprits, à qui ces quatre premiers auroient fait attendre toute autre chose.

Il faut donc qu'une action, pour être d'une juste grandeur, aye un commencement, un milieu et une fin. Cinna conspire contre Auguste et rend compte de sa conspiration à Émilie, voilà le commencement; Maxime en fait avertir Auguste, voilà le milieu; Auguste lui pardonne, voilà la fin. Ainsi dans les comédies de ce premier volume, j'ai presque toujours établi deux amants en bonne intelligence; je les ai brouillés ensemble par quelque fourbe, et les ai réunis par l'éclaircissement de cette même fourbe qui les séparoit.

A ce que je viens de dire de la juste grandeur de l'action j'ajoute un mot touchant celle de sa représentation, que nous bornons d'ordinaire à un peu moins de deux heures. Quelques-uns réduisent le nombre des vers qu'on y récite à quinze cents, et veulent que les pièces de théâtre ne puissent aller jusqu'à dix-huit, sans laisser un chagrin capable de faire oublier les plus belles choses. J'ai été plus heureux que leur règle ne me le permet, en ayant pour l'ordinaire donné deux mille aux comédies, et un peu plus de dix-huit cents aux tragédies, sans avoir sujet de me plaindre que mon auditoire ait[1] montré trop de chagrin pour cette longueur.

---

1. Toutes les éditions, de 1660 à 1682, donnent ici *ait* (et non *aye*).

C'est assez parlé du sujet de la comédie, et des conditions qui lui sont nécessaires. La vraisemblance en est une dont je parlerai en un autre lieu[1]; il y a de plus, que les événements en doivent toujours être heureux, ce qui n'est pas une obligation de la tragédie, où nous avons le choix de faire un changement de bonheur en malheur, ou de malheur en bonheur. Cela n'a pas besoin de commentaire; je viens à la seconde partie du poëme, qui sont les mœurs.

Aristote leur prescrit quatre conditions, *qu'elles soient bonnes, convenables, semblables, et égales*[2]. Ce sont des termes qu'il a si peu expliqués, qu'il nous laisse grand lieu de douter de ce qu'il veut dire.

Je ne puis comprendre comment on a voulu entendre par ce mot de bonnes, qu'il faut qu'elles soient vertueuses. La plupart des poëmes, tant anciens que modernes, demeureroient en un pitoyable état, si l'on en retranchoit tout ce qui s'y rencontre de personnages méchants, ou vicieux, ou tachés de quelque foiblesse qui s'accorde mal avec la vertu. Horace a pris soin de décrire en général les mœurs de chaque âge[3], et leur attribue plus de défauts que de perfections; et quand il nous prescrit de peindre Médée fière et indomptable, Ixion perfide, Achille emporté de colère, jusqu'à maintenir que les lois ne sont pas faites pour lui, et ne vouloir prendre droit que par les armes[4], il ne nous donne pas de grandes vertus à exprimer. Il faut donc trouver une bonté compatible avec ces sortes de mœurs; et s'il m'est permis de dire mes conjectures sur ce qu'Aristote nous demande par là, je crois que c'est

---

1. Voyez le *Discours de la tragédie*, p. 81 et suivantes.
2. Περὶ δὲ τὰ ἤθη τέτταρά ἐστιν ὧν δεῖ στοχάζεσθαι · ἓν μὲν καὶ πρῶτον, ὅπως χρηστὰ ᾖ.... δεύτερον δὲ τὰ ἁρμόττοντα.... τρίτον δὲ τὸ ὅμοιον.... τέταρτον δὲ τὸ ὁμαλόν. (Aristote, *Poétique*, chap. xv, 1.)
3. Voyez l'*Art poétique*, v. 158-174.
4. *Ibid.*, v. 120-124.

le caractère brillant et élevé d'une habitude vertueuse ou criminelle, selon qu'elle est propre et convenable à la personne qu'on introduit. Cléopatre, dans *Rodogune*, est très-méchante ; il n'y a point de parricide qui lui fasse horreur, pourvu qu'il la puisse conserver sur un trône qu'elle préfère à toutes choses, tant son attachement à la domination est violent ; mais tous ses crimes sont accompagnés d'une grandeur d'âme qui a quelque chose de si haut, qu'en même temps qu'on déteste ses actions, on admire la source dont elles partent. J'ose dire la même chose du *Menteur*. Il est hors de doute que c'est une habitude vicieuse que de mentir ; mais il débite ses menteries avec une telle présence d'esprit et tant de vivacité, que cette imperfection a bonne grâce en sa personne, et fait confesser aux spectateurs que le talent de mentir ainsi est un vice dont les sots ne sont point capables. Pour troisième exemple, ceux qui voudront examiner la manière dont Horace décrit la colère d'Achille ne s'éloigneront pas de ma pensée. Elle a pour fondement un passage d'Aristote, qui suit d'assez près celui que je tâche d'expliquer. *La poésie*, dit-il, *est une imitation de gens meilleurs qu'ils n'ont été, et comme les peintres font souvent des portraits flattés, qui sont plus beaux que l'original, et conservent toutefois la ressemblance, ainsi les poètes, représentant des hommes colères ou fainéants, doivent tirer une haute idée de ces qualités qu'ils leur attribuent, en sorte qu'il s'y trouve un bel exemplaire d'équité ou de dureté ; et c'est ainsi qu'Homère a fait Achille bon*[1]. Ce dernier mot est à remarquer, pour faire

---

1. Ἐπεὶ δὲ μίμησίς ἐστιν ἡ τραγῳδία βελτιόνων, ἡμᾶς δεῖ μιμεῖσθαι τοὺς ἀγαθοὺς εἰκονογράφους · καὶ γὰρ ἐκεῖνοι, ἀποδιδόντες τὴν ἰδίαν μορφήν, ὁμοίους ποιοῦντες, καλλίους γράφουσιν · οὕτω καὶ τὸν ποιητὴν μιμούμενον καὶ ὀργίλους καὶ ῥᾳθύμους καὶ τἄλλα τὰ τοιαῦτα ἔχοντας ἐπὶ τῶν ἠθῶν, ἐπιεικείας ποιεῖν παράδειγμα ἢ σκληρότητος δεῖ, οἷον τὸν Ἀχιλλέα ἀγαθὸν καὶ

voir qu'Homère a donné aux emportements de la colère d'Achille cette bonté nécessaire aux mœurs, que je fais consister en cette élévation de leur caractère, et dont Robortel[1] parle ainsi : *Unumquodque genus per se supremos quosdam habet decoris gradus, et absolutissimam recipit formam, non tamen degenerans a sua natura et effigie pristina*[2].

Ce texte d'Aristote que je viens de citer peut faire de la peine, en ce qu'il porte *que les mœurs des hommes colères ou fainéants doivent être peintes dans un tel degré d'excellence, qu'il s'y rencontre un haut exemplaire d'équité ou de dureté.* Il y a du rapport de la dureté à la colère ; et c'est ce qu'attribue Horace à celle d'Achille en ce vers :

. . . . . *Iracundus, inexorabilis, acer*[3].

Mais il n'y en a point de l'équité à la fainéantise, et je ne puis voir quelle part elle peut avoir en son caractère. C'est ce qui me fait douter si le mot grec ῥᾳθύμους a été

Ὅμηρος. (Aristote, *Poétique*, chap. xv, 8.) — La plupart des éditions, au lieu de ἀγαθὸν, donnent Ἀγαθῶν, leçon qui obligerait à modifier la traduction de la manière suivante : « C'est ainsi qu'Agathon et Homère ont représenté Achille. » La variante ἀγαθὸν est dans l'édition de Pacius (voyez ci-après, p. 34, note 1); elle y est rendue dans la version latine par *fortem*, non par *bonum*. Deux autres éditions, assez récentes encore au temps où Corneille écrivait, celle de Paccius (1597, réimprimée en 1606), et celle de G. Duval (1619, 1639, etc.), ont Ἀγαθῶν dans le texte grec, mais toutes deux *bonum* dans leur traduction latine, qui est celle d'Ant. Riccoboni.

1. Fr. Robortello, philologue italien du seizième siècle, à qui l'on doit une édition de la *Poétique* d'Aristote accompagnée de plusieurs dissertations. Florence, 1548, in-folio.

2. « Chaque genre a par lui-même certains degrés suprêmes de beauté, et est susceptible d'une forme très-parfaite, sans dégénérer pour cela de sa nature et de sa figure première. »

3. Horace, *Art poétique*, v. 121.

rendu dans le sens d'Aristote par les interprètes latins que j'ai suivis. Pacius[1] le tourne *desides;* Victorius[2], *inertes;* Heinsius[3], *segnes;* et le mot de *fainéants*, dont je me suis servi pour le mettre en notre langue, répond assez à ces trois versions; mais Castelvetro[4] le rend en la sienne par celui de *mansueti*, « débonnaires ou pleins de mansuétude; » et non-seulement ce mot a une opposition plus juste à celui de *colères*, mais aussi il s'accorderoit mieux avec cette habitude qu'Aristote appelle ἐπιείκειαν, dont il nous demande un bel exemplaire. Ces trois interprètes traduisent ce mot grec par celui d'*équité* ou de *probité*, qui répondroit mieux au *mansueti* de l'Italien[5] qu'à leurs *segnes, desides, inertes,* pourvu qu'on n'entendît par là qu'une bonté naturelle, qui ne se fâche que malaisément : mais j'aimerois mieux encore celui de *piacevolezza*[6], dont

1. Dans l'édition de Jules Pacius, l'adjectif ῥᾳθύμους est traduit par *socordes;* c'est Alexandre Paccius qui l'a rendu par *desides;* c'est donc de ce dernier que Corneille veut ici parler, bien qu'il ait écrit le nom par un seul c. Nous avons nommé ces deux philologues un peu plus haut (p. 33, fin de la note de la p. 32). Le second, Alexandre Paccius, après avoir revu le texte de la *Poétique* d'Aristote sur trois manuscrits, en avait fait une traduction latine, qu'il termina en 1527, mais à laquelle la mort l'empêcha de mettre la dernière main. Son travail fut publié par Guillaume, son fils, sous le titre suivant : ARISTOTELIS POETICA, PER ALEXANDRVM PACCIVM, PATRITIVM, FLORENTINVM IN LATINVM, CONVERSA. Aldus, M.D.XXXVI, in-8°.
2. Pierre Vettori, l'un des meilleurs critiques de son temps, né à Florence en 1499, est auteur de commentaires fort estimés sur la *Rhétorique*, la *Poétique* (1573), la *Politique* et la *Morale* d'Aristote.
3. Daniel Heinsius, philologue hollandais, publia en 1611, à Leyde, une édition de la *Poétique* d'Aristote, avec un traité *De constitutione tragica secundum Aristotelem*.
4. Louis Castelvetro, célèbre critique italien, né au commencement du seizième siècle, auteur d'une traduction et d'un commentaire de la *Poétique* d'Aristote, publiés à Vienne en 1570.
5. De Castelvetro, le seul de ces philologues qui ait traduit la *Poétique* en italien.
6. « Douceur affable. »

l'autre se sert pour l'exprimer en sa langue; et je crois que pour lui laisser sa force en la nôtre, on le pourroit tourner par celui de *condescendance,* ou *facilité équitable d'approuver, excuser, et supporter tout ce qui arrive.* Ce n'est pas que je me veuille faire juge entre de si grands hommes; mais je ne puis dissimuler que la version italienne de ce passage me semble avoir quelque chose de plus juste que ces trois latines. Dans cette diversité d'interprétations, chacun est en liberté de choisir, puisque même on a droit de les rejeter toutes, quand il s'en présente une nouvelle qui plaît davantage, et que les opinions des plus savants ne sont pas des lois pour nous.

Il me vient encore une autre conjecture, touchant ce qu'entend Aristote par cette bonté de mœurs qu'il leur impose pour première condition. C'est qu'elles doivent être vertueuses tant qu'il se peut, en sorte que nous n'exposions point de vicieux ou de criminels sur le théâtre, si le sujet que nous traitons n'en a besoin. Il donne lieu lui-même à cette pensée, lorsque voulant marquer un exemple d'une faute contre cette règle, il se sert de celui de Ménélas dans l'*Oreste* d'Euripide, dont le défaut ne consiste pas en ce qu'il est injuste, mais en ce qu'il l'est sans nécessité[1].

Je trouve dans Castelvetro une troisième explication qui pourroit ne déplaire pas, qui est que cette bonté de mœurs ne regarde que le premier personnage, qui doit toujours se faire aimer, et par conséquent être vertueux, et non pas ceux qui le persécutent, ou le font périr; mais comme c'est restreindre[2] à un seul ce qu'Aristote dit en général, j'aimerois mieux m'arrêter, pour l'intelligence

---

1. Voyez la *Poétique* d'Aristote, chap. xv, 6.
2. Corneille écrit *rétraindre,* ce qui prouve que de son temps l's ne se prononçait pas.

de cette première condition, à cette élévation ou perfection de caractère dont j'ai parlé, qui peut convenir à tous ceux qui paroissent sur la scène ; et je ne pourrois suivre cette dernière interprétation sans condamner *le Menteur*, dont l'habitude est vicieuse, bien qu'il tienne le premier rang dans la comédie qui porte ce titre.

En second lieu, les mœurs doivent être convenables. Cette condition est plus aisée à entendre que la première. Le poëte doit considérer l'âge, la dignité, la naissance, l'emploi et le pays de ceux qu'il introduit : il faut qu'il sache ce qu'on doit à sa patrie, à ses parents, à ses amis, à son roi; quel est l'office d'un magistrat, ou d'un général d'armée[1], afin qu'il puisse y conformer ceux qu'il veut faire aimer aux spectateurs, et en éloigner ceux qu'il leur veut faire haïr ; car c'est une maxime infaillible que, pour bien réussir, il faut intéresser l'auditoire pour les premiers acteurs. Il est bon de remarquer encore que ce qu'Horace dit des mœurs de chaque âge n'est pas une règle dont on ne se puisse dispenser sans scrupule. Il fait les jeunes gens prodigues et les vieillards avares : le contraire arrive tous les jours sans merveille ; mais il ne faut pas que l'un agisse à la manière de l'autre, bien qu'il aye quelquefois des habitudes et des passions qui conviendroient mieux à l'autre. C'est le propre d'un jeune homme d'être amoureux, et non pas d'un vieillard; cela n'empêche pas qu'un vieillard ne le devienne : les exemples en sont assez souvent devant nos yeux; mais il passeroit pour fou s'il vouloit faire l'amour en jeune homme, et s'il prétendoit se faire aimer par les bonnes qualités de sa personne. Il peut espérer qu'on l'écoutera, mais cette espérance doit être fondée sur son bien, ou sur sa qualité, et non pas sur ses mérites; et ses prétentions ne

---

1. Voyez Horace, *Art poétique*, v. 312 et suivants.

peuvent être raisonnables, s'il ne croit avoir affaire à une âme assez intéressée pour déférer tout à l'éclat des richesses, ou à l'ambition du rang.

La qualité de semblables, qu'Aristote demande aux mœurs, regarde particulièrement les personnes que l'histoire ou la fable nous fait connoître, et qu'il faut toujours peindre telles que nous les y trouvons. C'est ce que veut dire Horace par ce vers :

Sit Medea ferox invictaque[1]. . . .

Qui peindroit Ulysse en grand guerrier, ou Achille en grand discoureur, ou Médée en femme fort soumise, s'exposeroit à la risée publique. Ainsi ces deux qualités, dont quelques interprètes ont beaucoup de peine à trouver la différence qu'Aristote veut qui soit entre elles sans la désigner, s'accorderont aisément, pourvu qu'on les sépare, et qu'on donne celle de convenables aux personnes imaginées, qui n'ont jamais eu d'être que dans l'esprit du poëte, en réservant l'autre pour celles qui sont connues par l'histoire ou par la fable, comme je le viens de dire.

Il reste à parler de l'égalité, qui nous oblige à conserver jusqu'à la fin à nos personnages les mœurs que nous leur avons données au commencement :

Servetur ad imum
Qualis ab incepto processerit, et sibi constet[2].

L'inégalité y peut toutefois entrer sans défaut, non-seulement quand nous introduisons des personnes d'un

---

1. Horace, *Art poétique*, v. 123. — Il s'est ici glissé une singulière faute d'impression dans l'édition de 1660 :

Sit Medea ferox indomptaque. . . .

2. Horace, *Art poétique*, v. 126, 127.

esprit léger et inégal, mais encore lorsqu'en conservant l'égalité au dedans, nous donnons l'inégalité au dehors, selon l'occasion¹. Telle est celle de Chimène, du côté de l'amour; elle aime toujours fortement Rodrigue dans son cœur; mais cet amour agit autrement en la présence² du Roi, autrement en celle de l'Infante, et autrement en celle de Rodrigue; et c'est ce qu'Aristote appelle des mœurs inégalement égales³.

Il se présente une difficulté à éclaircir sur cette matière, touchant ce qu'entend Aristote lorsqu'il dit *que la tragédie se peut faire sans mœurs, et que la plupart de celles des modernes de son temps n'en ont point*⁴. Le sens de ce passage est assez malaisé à concevoir, vu que, selon lui-même, c'est par les mœurs qu'un homme est méchant ou homme de bien, spirituel ou stupide, timide ou hardi, constant ou irrésolu, bon ou mauvais politique, et qu'il est impossible qu'on en mette aucun sur le théâtre qui ne soit bon ou méchant, et qui n'aye⁵ quelqu'une de ces autres qualités. Pour accorder ces deux sentiments qui semblent opposés l'un à l'autre, j'ai remarqué que ce philosophe dit ensuite que *si un poëte a fait de belles narrations morales et des discours bien sentencieux, il n'a fait encore rien par là qui concerne la tragédie*⁶. Cela m'a fait considérer que les mœurs ne

---

1. Var. (édit. de 1660-1668) : les occasions.
2. Var. (édit. de 1660 et de 1663) : en présence.
3. Ὁμαλῶς ἀνώμαλον, dit Aristote, chap. xv, 5, ce qui littéralement signifie plutôt « également inégal; » mais au fond le sens est le même.
4. Ἄνευ μὲν πράξεως οὐκ ἂν γένοιτο τραγῳδία, ἄνευ δὲ ἠθῶν γένοιτ' ἄν. Αἱ γὰρ τῶν νέων τῶν πγείστων ἀήθεις τραγῳδίαι εἰσί. (Aristote, *Poétique*, chap. vi, 11.)
5. Tel est le texte de 1660-1668. Dans l'édition de 1682 on lit : « Qu'il n'aye, » ce qui pourrait bien être une faute d'impression.
6. Ἐάν τις ἐφεξῆς θῇ ῥήσεις ἠθικὰς καὶ λέξεις καὶ διανοίας εὖ πεποιη-

sont pas seulement le principe des actions, mais aussi du raisonnement. Un homme de bien agit et raisonne en homme de bien, un méchant agit et raisonne en méchant, et l'un et l'autre étale de diverses maximes de morale suivant cette diverse habitude. C'est donc de ces maximes, que cette habitude produit, que la tragédie peut se passer, et non pas de l'habitude même, puisqu'elle[1] est le principe des actions, et que les actions sont l'âme de la tragédie, où l'on ne doit parler qu'en agissant et pour agir. Ainsi pour expliquer ce passage d'Aristote par l'autre, nous pouvons dire que quand il parle d'une tragédie sans mœurs, il entend une tragédie où les acteurs énoncent simplement leurs sentiments, ou ne les appuient que sur des raisonnements tirés du fait, comme Cléopatre dans le second acte de *Rodogune*, et non pas sur des maximes de morale ou de politique, comme Rodogune dans son premier acte. Car, je le répète encore, faire un poëme de théâtre où aucun des acteurs ne soit bon ni méchant, prudent ni imprudent, cela est absolument impossible.

Après les mœurs viennent les sentiments, par où l'acteur fait connoître ce qu'il veut ou ne veut pas, en quoi il peut se contenter d'un simple témoignage de ce qu'il se propose de faire, sans le fortifier de raisonnements moraux, comme je le viens de dire. Cette partie a besoin de la rhétorique pour peindre les passions et les troubles de l'esprit, pour en consulter[2], délibérer, exagérer ou exténuer; mais il y a cette différence pour ce regard entre le poëte dramatique et l'orateur, que celui-ci peut étaler

---

μένας, οὐ ποιήσει ὃ ἦν τῆς τραγῳδίας ἔργον. (Aristote, *Poétique*, chap. VI, 12.)

1. Var. (édit. de 1660-1668) : puisque elle.
2. Var. (édit. de 1660-1668) : pour consulter.

son art, et le rendre remarquable avec pleine liberté, et que l'autre doit le cacher avec soin, parce que ce n'est jamais lui qui parle, et ceux qu'il fait parler ne sont pas des orateurs.

La diction dépend de la grammaire. Aristote lui attribue les figures, que nous ne laissons pas d'appeler communément figures de rhétorique. Je n'ai rien à dire là-dessus, sinon que le langage doit être net, les figures placées à propos et diversifiées, et la versification aisée et élevée au-dessus de la prose, mais non pas jusqu'à l'enflure du poëme épique, puisque ceux que le poëte fait parler ne sont pas des poëtes.

Le retranchement que nous avons fait des chœurs a retranché la musique de nos poëmes. Une chanson y a quelquefois bonne grâce, et dans les pièces de machines cet ornement est redevenu nécessaire pour remplir les oreilles de l'auditeur cependant que les[1] machines descendent.

La décoration du théâtre a besoin de trois arts pour la rendre belle, de la peinture, de l'architecture, et de la perspective. Aristote prétend que cette partie, non plus que la précédente, ne regarde pas le poëte; et comme il ne la traite point, je me dispenserai d'en dire plus qu'il ne m'en a appris.

Pour achever ce discours, je n'ai plus qu'à parler des parties de quantité, qui sont le prologue, l'épisode, l'exode et le chœur. *Le prologue est ce qui se récite avant le premier chant du chœur; l'épisode, ce qui se récite entre les chants du chœur; et l'exode, ce qui se récite après le dernier chant du chœur*[2]. Voilà tout ce que

---

1. Var. (édit. de 1660-1668) : ces.
2. Ἔστι δὲ πρόλογος μὲν μέρος ὅλον τραγῳδίας τὸ πρὸ χοροῦ παρόδου, ἐπεισόδιον δὲ μέρος ὅλον τραγῳδίας τὸ μεταξὺ ὅλων χορικῶν μελῶν, ἔξοδος

nous en dit Aristote, qui nous marque plutôt la situation de ces parties, et l'ordre qu'elles ont entre elles dans la représentation, que la part de l'action qu'elles doivent contenir. Ainsi pour les appliquer à notre usage, le prologue est notre premier acte, l'épisode fait les trois suivants, l'exode le dernier.

Je dis que le prologue est ce qui se récite devant le premier chant du chœur, bien que la version ordinaire porte, *devant la première entrée du chœur*, ce qui nous embarrasseroit fort, vu que dans beaucoup de tragédies grecques le chœur parle le premier, et ainsi elles manqueroient de cette partie, ce qu'Aristote n'eût pas manqué de remarquer. Pour m'enhardir à changer ce terme, afin de lever la difficulté, j'ai considéré qu'encore que le mot grec πάροδος, dont se sert ici ce philosophe, signifie communément l'entrée en un chemin ou place publique, qui étoit le lieu ordinaire où nos anciens faisoient parler leurs acteurs, en cet endroit toutefois il ne peut signifier que le premier chant du chœur. C'est ce qu'il m'apprend lui-même un peu après, en disant que le πάροδος du chœur est la première chose que dit tout le chœur ensemble[1]. Or quand le chœur entier disoit quelque chose, il chantoit; et quand il parloit sans chanter, il n'y avoit qu'un de ceux dont il étoit composé qui parlât au nom de tous. La raison en est que le chœur alors tenoit lieu d'acteur, et que ce qu'il disoit servoit à l'action, et devoit par conséquent être entendu; ce qui n'eût pas été possible, si tous ceux qui le composoient, et qui étoient quelquefois jusqu'au nombre de cinquante, eussent parlé ou chanté tous à la fois. Il faut donc rejeter ce premier πάροδος du

---

δὲ μέρος ὅλον τραγῳδίας μεθ' ὃ οὐκ ἔστι χοροῦ μέλος. (Aristote, *Poétique*, chap. xii, 2.)

1. Πάροδος μὲν ἡ πρώτη λέξις ὅλου χοροῦ. (*Ibid.*)

chœur, qui est la borne du prologue, à la première fois qu'il demeuroit seul sur le théâtre et chantoit : jusque-là il n'y étoit introduit que parlant avec un acteur par une seule bouche, ou s'il y demeuroit seul sans chanter, il se séparoit en deux demi-chœurs, qui ne parloient non plus chacun de leur côté que par un seul organe, afin que l'auditeur pût entendre ce qu'ils disoient, et s'instruire de ce qu'il falloit qu'il apprît pour l'intelligence de l'action.

Je réduis ce prologue à notre premier acte, suivant l'intention d'Aristote, et pour suppléer en quelque façon à ce qu'il ne nous a pas dit, ou que les années nous ont dérobé de son livre, je dirai qu'il doit contenir les semences de tout ce qui doit arriver, tant pour l'action principale que pour les épisodiques, en sorte qu'il n'entre aucun acteur dans les actes suivants qui ne soit connu par ce premier, ou du moins appelé par quelqu'un qui y aura été introduit. Cette maxime est nouvelle et assez sévère, et je ne l'ai pas toujours gardée ; mais j'estime qu'elle sert beaucoup à fonder une véritable unité d'action, par la liaison de toutes celles qui concurrent[1] dans le poëme. Les anciens s'en sont fort écartés, particulièrement dans les agnitions, pour lesquelles ils se sont presque toujours servis de gens qui survenoient par hasard au cinquième acte, et ne seroient arrivés qu'au dixième, si la pièce en eût eu dix. Tel est ce vieillard de Corinthe dans l'*OEdipe* de Sophocle et de Sénèque, où il semble tomber des nues par miracle, en un temps où les acteurs ne sauroient plus par où en prendre[2], ni quelle

---

1. Corneille emploie un peu plus loin (p. 44) l'infinitif *concurrer*, pour *concourir*.

2. Locution proverbiale. Dans le *Trésor de la langue françoise* de Nicot : « On n'en sait par où prendre » est expliqué par : *Non pes, non caput apparet* (on n'aperçoit ni pied ni tête). Nous disons encore dans un sens analogue : « On ne sait où se prendre. »

posture tenir, s'il arrivoit une heure plus tard. Je ne l'ai introduit qu'au cinquième acte non plus qu'eux ; mais j'ai préparé sa venue dès le premier, en faisant dire à Œdipe qu'il attend dans le jour la nouvelle de la mort de son père. Ainsi dans *la Veuve*, bien que Célidan ne paroisse qu'au troisième, il y est amené par Alcidon, qui est du premier. Il n'en est pas de même des Maures dans *le Cid*, pour lesquels il n'y a aucune préparation au premier acte. Le plaideur de Poitiers dans *le Menteur* avoit le même défaut ; mais j'ai trouvé le moyen d'y remédier en cette édition[1], où le dénouement se trouve préparé par Philiste, et non plus par lui.

Je voudrois donc que le premier acte contînt le fondement de toutes les actions, et fermât la porte à tout ce qu'on voudroit introduire d'ailleurs dans le reste du poëme[2]. Encore que souvent il ne donne pas toutes les lumières nécessaires pour l'entière intelligence du sujet, et que tous les acteurs n'y paroissent pas, il suffit qu'on y parle d'eux, ou que ceux qu'on y fait paroître ayent besoin de les aller chercher pour venir à bout de leurs intentions. Ce que je dis ne se doit entendre que des personnages qui agissent dans la pièce par quelque propre intérêt considérable, ou qui apportent une nouvelle importante qui produit un notable effet. Un domestique qui n'agit que par l'ordre de son maître, un confident qui reçoit le secret de son ami et le plaint dans son malheur, un père qui ne se montre que pour consentir ou contredire le mariage de ses en-

---

1. Ces mots se trouvent déjà dans l'édition de 1660, et par conséquent Corneille avait fait dès lors dans *le Menteur* le changement dont il est ici parlé.

2. VAR. (édit. de 1660) : Je voudrois donc que le premier acte contînt si bien le fondement de toutes les actions, qu'il fermât la porte à tout le reste.

fants, une femme qui console et conseille son mari : en un mot, tous ces gens sans action n'ont point besoin d'être insinués au premier acte ; et quand je n'y aurois point parlé de Livie dans *Cinna*, j'aurois pu la faire entrer au quatrième, sans pécher contre cette règle. Mais je souhaiterois qu'on l'observât inviolablement quand on fait concurrer deux actions différentes, bien qu'ensuite elles se mêlent ensemble. La conspiration de Cinna, et la consultation d'Auguste avec lui et Maxime, n'ont aucune liaison entre elles, et ne font que concurrer d'abord, bien que le résultat de l'une produise de beaux effets pour l'autre, et soit cause que Maxime en fait découvrir le secret à cet empereur. Il a été besoin d'en donner l'idée dès le premier acte, où Auguste mande Cinna et Maxime. On n'en sait pas la cause; mais enfin il les mande, et cela suffit pour faire une surprise très-agréable, de le voir délibérer s'il quittera l'empire ou non, avec deux hommes qui ont conspiré contre lui. Cette surprise auroit perdu la moitié de ses grâces s'il ne les eût point mandés dès le premier acte, ou si on n'y eût point connu Maxime pour un des chefs de ce grand dessein. Dans *Don Sanche*, le choix que la reine de Castille doit faire d'un mari, et le rappel de celle d'Aragon dans ses États, sont deux choses tout à fait différentes : aussi sont-elles proposées toutes deux au premier acte, et quand on introduit deux sortes d'amours, il ne faut jamais y manquer.

Ce premier acte s'appeloit prologue du temps d'Aristote, et communément on y faisoit l'ouverture du sujet, pour instruire le spectateur de tout ce qui s'étoit passé avant le commencement de l'action qu'on alloit représenter, et de tout ce qu'il falloit qu'il sût pour comprendre ce qu'il alloit voir. La manière de donner cette intelligence a changé suivant les temps. Euripide en a usé assez grossièrement, en introduisant, tantôt un dieu dans une machine, par qui les spectateurs recevoient cet éclaircissement, et tantôt un de ses principaux personnages qui les en instruisoit lui-même, comme dans son *Iphigénie*, et dans son *Hélène*, où ces deux héroïnes racontent d'abord toute leur histoire, et l'apprennent à l'auditeur, sans avoir aucun acteur avec elles à qui adresser leur discours.

Ce n'est pas que je veuille dire que quand un acteur parle seul, il ne puisse instruire l'auditeur de beaucoup de choses ; mais il faut que ce soit par les sentiments d'une passion qui l'agite, et non pas par une simple narration. Le monologue d'Émilie, qui ouvre le théâtre dans *Cinna*, fait assez connoître qu'Auguste a fait mourir son père, et que pour venger sa mort elle engage son amant à conspirer contre lui ; mais c'est par le trouble et la crainte que le péril où elle expose Cinna jette dans son âme, que nous en avons la connoissance. Surtout le poëte se doit souvenir que quand un acteur est seul sur le théâtre, il est présumé ne faire que s'entretenir en lui-même, et ne parle qu'afin que le spectateur sache de quoi il s'entretient, et à quoi il pense. Ainsi ce seroit une faute insupportable si un autre acteur apprenoit par là ses secrets. On excuse cela dans une passion si violente, qu'elle force d'éclater, bien qu'on n'aye personne à qui la faire entendre, et je ne le voudrois pas condamner en un autre, mais j'aurois de la peine à me le souffrir.

Plaute a cru remédier à ce désordre d'Euripide en introduisant un prologue détaché, qui se récitoit par un personnage qui n'avoit quelquefois autre nom que celui de Prologue, et n'étoit point du tout du corps de la pièce. Aussi ne parloit-il qu'aux spectateurs pour les instruire de ce qui avoit précédé, et amener le sujet jusques au premier acte où commençoit l'action.

Térence, qui est venu depuis lui, a gardé ses prologues, et en a changé la matière. Il les a employés à faire son apologie contre ses envieux, et pour ouvrir son sujet, il a introduit une nouvelle sorte de personnages, qu'on a appelés protatiques, parce qu'ils ne paroissent que dans la protase, où se doit faire la proposition et l'ouverture du sujet[1]. Ils en écoutoient l'histoire, qui leur étoit racontée par un autre acteur; et par ce récit qu'on leur en faisoit, l'auditeur demeuroit instruit de ce qu'il devoit savoir, touchant les intérêts des premiers acteurs, avant qu'ils parussent sur le théâtre[2]. Tels sont Sosie dans son *Andrienne*, et Davus dans son *Phormion*, qu'on ne revoit plus après la narration[3], et qui ne servent qu'à l'écouter. Cette méthode est fort artificieuse; mais je voudrois pour sa perfection que ces mêmes personnages servissent encore à quelque autre chose dans la pièce, et qu'ils y fussent introduits par quelque autre occasion que celle d'écouter ce récit. Pollux dans *Médée* est de cette nature. Il passe par Corinthe en allant au mariage de sa sœur, et s'étonne d'y rencontrer Jason, qu'il croyoit en Thessalie; il apprend de lui sa fortune, et son divorce avec Médée, pour épouser Créuse, qu'il aide ensuite à sauver des mains d'Égée, qui l'avoit fait enlever, et raisonne avec le Roi sur la défiance qu'il doit avoir des présents de Médée. Toutes les pièces n'ont pas besoin de ces éclaircissements, et par conséquent on se peut passer souvent de ces personnages, dont Térence ne s'est servi que ces deux fois dans les six comédies que nous avons de lui.

Notre siècle a inventé une autre espèce de prologue

---

1. Var. (édit. de 1660) : Où s'en doit faire la proposition.
2. La fin de la phrase, depuis : « touchant les intérêts, » manque dans l'édition de 1660.
3. Var. (édit. de 1660) : après la narration écoutée.

pour les pièces de machines, qui ne touche point au sujet, et n'est qu'une louange adroite du prince devant qui ces poëmes doivent être représentés. Dans l'*Andromède*, Melpomène emprunte au soleil ses rayons pour éclairer son théâtre en faveur du Roi, pour qui elle a préparé un spectacle magnifique. Le prologue de *la Toison d'or*, sur le mariage de Sa Majesté et la paix avec l'Espagne, a quelque chose encore de plus éclatant. Ces prologues doivent avoir beaucoup d'invention; et je ne pense pas qu'on y puisse raisonnablement introduire que des Dieux imaginaires de l'antiquité, qui ne laissent pas toutefois de parler des choses de notre temps, par une fiction poétique, qui fait un grand accommodement de théâtre.

L'épisode, selon Aristote, en cet endroit, sont nos trois actes du milieu; mais comme il applique ce nom ailleurs aux actions qui sont hors de la principale[1], et qui lui servent d'un ornement dont elle se pourroit passer, je dirai que bien que ces trois actes s'appellent épisode, ce n'est pas à dire qu'ils ne soient composés que d'épisodes. La consultation d'Auguste au second de *Cinna*, les remords de cet ingrat, ce qu'il en découvre à Émilie, et l'effort que fait Maxime pour persuader à cet objet de son amour caché de s'enfuir avec lui, ne sont que des épisodes; mais l'avis que fait donner Maxime par Euphorbe à l'Empereur, les irrésolutions de ce prince, et les conseils de Livie, sont de l'action principale; et dans *Héraclius*, ces trois actes ont plus d'action principale que d'épisodes. Ces épisodes sont de deux sortes, et peuvent être composés des actions particulières des principaux acteurs, dont toutefois l'action principale pourroit se passer, ou des intérêts des seconds amants qu'on introduit, et qu'on appelle communément des personnages

1. Voyez la *Poétique*, chap. IV, 15, et XVII, 6.

épisodiques. Les uns et les autres doivent avoir leur fondement dans le premier acte, et être attachés à l'action principale, c'est-à-dire y servir de quelque chose ; et particulièrement ces personnages épisodiques doivent s'embarrasser si bien avec les premiers, qu'un seul intrique brouille les uns et les autres. Aristote blâme fort les épisodes détachés, et dit *que les mauvais poëtes en font par ignorance, et les bons en faveur des comédiens pour leur donner de l'emploi*[1]. L'Infante du *Cid* est de ce nombre, et on la pourra condamner ou lui faire grâce par ce texte d'Aristote, suivant le rang qu'on voudra me donner parmi nos modernes.

Je ne dirai rien de l'exode, qui n'est autre chose que notre cinquième acte. Je pense en avoir expliqué le principal emploi, quand j'ai dit que l'action du poëme dramatique doit[2] être complète. Je n'y ajouterai que ce mot : qu'il faut, s'il se peut, lui réserver toute la catastrophe, et même la reculer vers la fin, autant qu'il est possible. Plus on la diffère, plus les esprits demeurent suspendus, et l'impatience qu'ils ont de savoir de quel côté elle tournera est cause qu'ils la reçoivent avec plus de plaisir : ce qui n'arrive pas quand elle commence avec cet acte. L'auditeur qui la sait trop tôt n'a plus de curiosité ; et son attention languit durant tout le reste, qui ne lui apprend rien de nouveau. Le contraire s'est vu dans *la Mariane*, dont la mort, bien qu'arrivée dans l'intervalle qui sépare le quatrième acte du cinquième, n'a pas empêché que les déplaisirs d'Hérode, qui occupent tout ce dernier, n'ayent plu extraordinairement ; mais je ne conseillerois à personne de s'assurer sur cet exemple. Il ne se fait pas

---

1. Τοιαῦται δὲ ποιοῦνται ὑπὸ μὲν τῶν φαύλων ποιητῶν δι' αὐτούς, ὑπὸ δὲ τῶν ἀγαθῶν διὰ τοὺς ὑποκριτάς. (Aristote, *Poétique,* chap. IX, 10.)
2. Var. (édit. de 1660 et de 1663) : devoit.

des miracles tous les jours; et quoique son auteur[1] eût bien mérité ce beau succès par le grand effort d'esprit qu'il avoit fait à peindre les désespoirs de ce monarque, peut-être que l'excellence de l'acteur qui en soutenoit le personnage, y contribuoit beaucoup[2].

Voilà ce qui m'est venu en pensée touchant le but, les utilités, et les parties du poëme dramatique. Quelques personnes de condition, qui peuvent tout sur moi, ont voulu que je donnasse mes sentiments au public sur les règles d'un art qu'il y a si longtemps que je pratique assez heureusement. Comme ce recueil est séparé en trois vo-

---

1. VAR. (édit. de 1660-1664) : Et quoique feu M. Tristan (voyez la note suivante). — Tristan était mort en 1655.

2. Cet acteur était Mondory. « Il n'étoit ni grand ni bien fait, dit Tallemant; cependant il se mettoit bien, il vouloit sortir de tout à son honneur, et pour faire voir jusqu'où alloit son art, il pria des gens de bon sens, et qui s'y connoissoient, de voir quatre fois de suite la *Mariamne*. Ils y remarquèrent toujours quelque chose de nouveau; aussi pour dire le vrai, c'étoit son chef-d'œuvre, et il étoit plus propre à faire un héros qu'un amoureux. Ce personnage d'Hérode lui coûta bon; car comme il avoit l'imagination forte, dans le moment il croyoit être quasi ce qu'il représentoit, et il lui tomba, en jouant ce rôle, une apoplexie sur la langue qui l'a empêché de jouer depuis. Le cardinal de Richelieu l'y obligea une fois, mais il ne put achever. » (*Historiettes*, tome VII, p. 174.)

Les contemporains ne tarissent pas sur le talent de Mondory dans ce rôle, ni sur l'accident qui vint le frapper au moment où il le remplissait. Le P. Rapin, après avoir parlé, dans ses *Réflexions sur la Poétique* (II⁰ partie, chap. XIX), de la singulière folie que causa aux Abdéritains une représentation de l'*Andromède* d'Euripide, ajoute : « On a vu, même dans ces derniers temps, quelque crayon grossier de ces sortes d'impressions que faisoit autrefois la tragédie. Quand Mondory jouoit la *Mariamne* de Tristan au Marais, le peuple n'en sortoit jamais que rêveur et pensif, faisant réflexion à ce qu'il venoit de voir et pénétré à même temps d'un grand plaisir. » Dans le *Parnasse réformé* de Guéret, Montfleury rencontrant Tristan l'apostrophe ainsi : « Vous voudriez, je pense, qu'on ne jouât jamais que *Mariamne* et qu'il mourût toutes les semaines un Mondory à votre service. »

lumes, j'ai séparé[1] les principales matières en trois Discours, pour leur servir de préfaces. Je parle[2] au second des conditions particulières de la tragédie, des qualités des personnes et des événements qui lui peuvent fournir de sujet, et de la manière de le traiter selon le vraisemblable ou le nécessaire. Je m'explique dans le troisième[3] sur les trois unités, d'action, de jour, et de lieu. Cette entreprise méritoit une longue et très-exacte étude de tous les poëmes qui nous restent de l'antiquité, et de tous ceux qui ont commenté les traités qu'Aristote et Horace ont faits de l'art poétique, ou qui en ont écrit en particulier; mais je n'ai pu me résoudre à en prendre le loisir; et je m'assure que beaucoup de mes lecteurs me pardonneront aisément cette paresse, et ne seront pas fâchés que je donne à des productions nouvelles le temps qu'il m'eût fallu consumer à des remarques sur celles des autres siècles. J'y fais quelques courses, et y prends des exemples quand ma mémoire m'en peut fournir. Je n'en cherche de modernes que chez moi, tant parce que je connois mieux mes ouvrages que ceux des autres, et en suis plus le maître, que parce que je ne veux pas m'exposer au péril de déplaire à ceux que je reprendrois en quelque chose, ou que je ne louerois pas assez en ce qu'ils ont fait d'excellent. J'écris sans ambition et sans esprit de contestation, je l'ai déjà dit. Je tâche de suivre toujours le sentiment d'Aristote dans les matières qu'il a traitées; et comme peut-être je l'entends à ma mode,

1. On lit dans l'édition de 1660 : « Je sépare, » pour « j'ai séparé; » dans l'édition de 1663, qui forme, comme nous l'avons dit, deux volumes in-folio : « Comme ce recueil a été séparé en trois volumes dans l'impression qui s'en est faite in-octavo, j'avois séparé.... »
2. Var. (édit. de 1660) : Je parlerai.
3. Var. (édit. de 1660) : Je réserve pour le troisième à m'expliquer.

je ne suis point jaloux qu'un autre l'entende à la sienne. Le commentaire dont je m'y sers le plus est l'expérience du théâtre et les réflexions sur ce que j'ai vu y plaire ou déplaire. J'ai pris pour m'expliquer un style simple, et me contente d'une expression nue de mes opinions, bonnes ou mauvaises, sans y rechercher aucun enrichissement d'éloquence. Il me suffit de me faire entendre ; je ne prétends pas qu'on admire ici ma façon d'écrire, et ne fais point de scrupule de m'y servir[1] souvent des mêmes termes, ne fût-ce que pour épargner le temps d'en chercher d'autres, dont peut-être la variété ne diroit pas si justement ce que je veux dire. J'ajoute à ces trois Discours généraux l'examen de chacun de mes poëmes en particulier, afin de voir en quoi ils s'écartent ou se conforment aux règles que j'établis. Je n'en dissimulerai point les défauts, et en revanche je me donnerai la liberté de remarquer ce que j'y trouverai de moins imparfait. Balzac[2] accorde ce privilége à une certaine espèce de gens, et soutient qu'ils peuvent dire d'eux-mêmes par franchise ce que d'autres diroient par vanité. Je ne sais si j'en suis ; mais je veux avoir assez bonne opinion de moi pour n'en désespérer pas.

1. Var. (édit. de 1660) : de me servir.
2. Var. (édit. de 1660-1664) : Monsieur de Balzac. — Quand les Discours parurent pour la première fois, en 1660, il n'y avait que cinq ans que Balzac était mort.

DISCOURS

DE LA TRAGÉDIE

ET DES MOYENS DE LA TRAITER

SELON LE VRAISEMBLABLE OU LE NÉCESSAIRE.

OUTRE les trois utilités du poëme dramatique dont j'ai parlé dans le discours que j'ai fait servir de préface à la première partie de ce recueil, la tragédie a celle-ci de particulière que *par la pitié et la crainte elle purge de semblables passions*[1]. Ce sont les termes dont Aristote se sert dans sa définition, et qui nous apprennent deux choses : l'une, qu'elle excite[2] la pitié et la crainte ; l'autre, que par leur moyen elle purge de semblables passions. Il explique la première assez au long, mais il ne dit pas un mot de la dernière ; et de toutes les conditions qu'il emploie en cette définition, c'est la seule qu'il n'éclaircit point. Il témoigne toutefois dans le dernier chapitre de ses *Politiques* un dessein d'en parler fort au long dans ce traité[3], et c'est ce qui fait que la plupart de ses interprètes veulent que nous ne l'ayons pas entier[4], parce que nous n'y voyons rien du tout sur cette matière. Quoi qu'il en puisse être, je crois qu'il est à propos

---

1. Δι' ἐλέου καὶ φόβου περαίνουσα τὴν τῶν τοιούτων παθημάτων κάθαρσιν. (Aristote, *Poétique*, chap. VI, 2.)
2. VAR. (édit. de 1660) : qu'elle doit exciter.
3. Τί δὲ λέγομεν τὴν κάθαρσιν, νῦν μὲν ἁπλῶς, πάλιν δ' ἐν τοῖς περὶ Ποιητικῆς ἐροῦμεν σαφέστερον. (Aristote, *Politique*, liv. VIII, chap. VII.)
4. VAR. (édit. de 1660 et de 1663) : tout entier.

de parler de ce qu'il a dit, avant que de faire effort pour deviner ce qu'il a voulu dire. Les maximes qu'il établit pour l'un pourront nous conduire à quelques conjectures pour l'autre, et sur la certitude de ce qui nous demeure nous pourrons fonder une opinion probable de ce qui n'est point venu jusqu'à[1] nous.

Nous avons pitié, dit-il, *de ceux que nous voyons souffrir un malheur qu'ils ne méritent pas, et nous craignons qu'il ne nous en arrive un pareil, quand nous le voyons souffrir à nos semblables*[2]. Ainsi la pitié embrasse l'intérêt de la personne que nous voyons souffrir, la crainte qui la suit regarde la nôtre, et ce passage seul nous donne assez d'ouverture pour trouver la manière dont se fait la purgation des passions dans la tragédie. La pitié d'un malheur où nous voyons tomber nos semblables nous porte à la crainte d'un pareil pour nous; cette crainte, au desir de l'éviter; et ce desir, à purger, modérer, rectifier, et même déraciner en nous la passion qui plonge à nos yeux dans ce malheur les personnes que nous plaignons, par cette raison commune, mais naturelle et indubitable, que pour éviter l'effet il faut retrancher la cause. Cette explication ne plaira pas à ceux qui s'attachent aux commentateurs de ce philosophe. Ils se gênent sur ce passage, et s'accordent si peu l'un avec l'autre, que Paul Beni[3] marque jusqu'à[4] douze ou quinze opinions diverses, qu'il réfute avant que de nous donner la sienne. Elle est conforme à celle-ci pour

---

1. Var. (édit. de 1663 et de 1664) : jusques à.
2. Ἔλεος μὲν περὶ τὸν ἀνάξιον, φόβος δὲ περὶ τὸν ὅμοιον. (Aristote, *Poétique*, chap. XIII, 2.)
3. Paul Beni, littérateur et critique italien, né dans l'île de Candie au milieu du seizième siècle, auteur d'un commentaire sur la *Poétique* d'Aristote, publié à Padoue en 1613, et à Venise en 1623.
4. Var. (édit. de 1660-1664) : jusques à.

le raisonnement, mais elle diffère en ce point, qu'elle n'en applique l'effet qu'aux rois et aux princes, peut-être par cette raison que la tragédie ne peut nous faire craindre que les maux que nous voyons arriver à nos semblables, et que n'en faisant arriver qu'à des rois et à des princes, cette crainte ne peut faire d'effet que sur des gens de leur condition. Mais sans doute il a entendu trop littéralement ce mot de *nos semblables*, et n'a pas assez considéré qu'il n'y avoit point de rois à Athènes, où se représentoient les poëmes dont Aristote tire ses exemples, et sur lesquels il forme ses règles. Ce philosophe n'avoit garde d'avoir cette pensée qu'il lui attribue, et n'eût pas employé dans la définition de la tragédie une chose dont l'effet pût arriver si rarement, et dont l'utilité se fût restreinte[1] à si peu de personnes. Il est vrai qu'on n'introduit d'ordinaire que des rois pour premiers acteurs dans la tragédie, et que les auditeurs n'ont point de sceptres par où leur ressembler, afin d'avoir lieu de craindre les malheurs qui leur arrivent; mais ces rois sont hommes comme les auditeurs, et tombent dans ces malheurs par l'emportement des passions dont les auditeurs sont capables. Ils prêtent même un raisonnement aisé à faire du plus grand au moindre; et le spectateur peut concevoir avec facilité que si un roi, pour trop s'abandonner à l'ambition, à l'amour, à la haine, à la vengeance, tombe dans un malheur si grand qu'il lui fait pitié, à plus forte raison lui qui n'est qu'un homme du commun doit tenir la bride à de telles passions, de peur qu'elles ne l'abîment dans un pareil malheur. Outre que ce n'est pas une nécessité de ne mettre que les infortunes des rois sur le théâtre. Celles des autres hommes y trouveroient place,

1. Voyez la note 2 de la page 35. L'édition de 1660 porte: *Restrainte*.

s'il leur en arrivoit d'assez illustres et d'assez extraordinaires pour la mériter, et que l'histoire prît assez de soin d'eux pour nous les apprendre. Scédase n'étoit qu'un paysan de Leuctres ; et je ne tiendrois pas la sienne indigne d'y paroître, si la pureté de notre scène pouvoit souffrir qu'on y parlât du violement effectif de ses deux filles, après que l'idée de la prostitution n'y a pu être soufferte dans la personne d'une sainte qui en fut garantie[1].

Pour nous faciliter les moyens de faire naître cette pitié et cette crainte où Aristote semble nous obliger, il nous aide à choisir les personnes et les événements qui peuvent exciter l'une et l'autre. Sur quoi je suppose, ce qui est très-véritable, que notre auditoire n'est composé ni de méchants, ni de saints, mais de gens d'une probité commune, et qui ne sont pas si sévèrement retranchés dans l'exacte vertu, qu'ils ne soient susceptibles des passions et capables des périls où elles engagent ceux qui leur défèrent trop. Cela supposé, examinons ceux que ce philosophe exclut de la tragédie, pour en venir avec lui à ceux dans lesquels il fait consister sa perfection.

En premier lieu, il ne veut point *qu'un homme fort vertueux y tombe de la félicité dans le malheur*, et soutient *que cela ne produit ni pitié, ni crainte, parce que c'est un événement tout à fait injuste*[2]. Quelques interprètes poussent la force de ce mot grec μιαρόν, qu'il fait servir d'épithète à cet événement, jusqu'à le rendre par

1. Corneille songe ici au peu de succès de sa tragédie de *Théodore* (1645); quant à l'autre sujet dont il parle, sujet tiré de la *Vie de Pélopidas* (chap. xxxvii-xxxix) et de la troisième des cinq *Histoires amoureuses* de Plutarque, et que notre poëte regarde avec raison comme peu convenable pour notre théâtre, Alexandre Hardy l'a traité en 1604, sous ce titre : *Scédase ou l'Hospitalité violée*.

2. Πρῶτον μὲν δῆλον ὅτι οὔτε τοὺς ἐπιεικεῖς ἄνδρας δεῖ μεταβάλλοντας φαίνεσθαι ἐξ εὐτυχίας εἰς δυστυχίαν · οὐ γὰρ φοβερὸν οὐδὲ ἐλεεινὸν τοῦτο, ἀλλὰ μιαρόν ἐστι. (Aristote, *Poétique*, chap. xiii, 2.)

celui d'*abominable*[1]; à quoi j'ajoute qu'un tel succès excite plus d'indignation et de haine contre celui qui fait souffrir, que de pitié pour celui qui souffre, et qu'ainsi ce sentiment, qui n'est pas le propre de la tragédie, à moins que d'être bien ménagé, peut étouffer celui qu'elle doit produire, et laisser l'auditeur mécontent par la colère qu'il remporte, et qui se mêle à la compassion, qui lui plairoit s'il la remportoit seule.

Il ne veut pas non plus *qu'un méchant homme passe du malheur à la félicité, parce que non-seulement il ne peut naître d'un tel succès aucune pitié, ni crainte, mais il ne peut pas même nous toucher par ce sentiment naturel de joie dont nous remplit la prospérité d'un premier acteur, à qui notre faveur s'attache*[2]. La chute d'un méchant dans le malheur a de quoi nous plaire par l'aversion que nous prenons pour lui; mais comme ce n'est qu'une juste punition, elle ne nous fait point de pitié, et ne nous imprime aucune crainte, d'autant que nous ne sommes pas si méchants que lui, pour être capables de ses crimes, et en appréhender une aussi funeste issue.

Il reste donc à trouver un milieu entre ces deux extrémités, par le choix d'un homme qui ne soit ni tout à fait bon, ni tout à fait méchant, et qui, par une faute, ou foiblesse humaine, tombe dans un malheur qu'il ne mérite pas. Aristote en donne pour exemples Œdipe et Thyeste, en quoi véritablement je ne comprends point sa pensée. Le premier me semble ne faire aucune faute, bien qu'il tue son père, parce qu'il ne le connoît pas, et qu'il ne fait que disputer le chemin en homme de cœur

---

1. La traduction de Corneille (*tout à fait injuste*) est trop faible en effet. Le vrai sens est : « chose scélérate, abominable, odieuse. »

2. Οὔτε τοὺς μοχθηροὺς ἐξ ἀτυχίας εἰς εὐτυχίαν · ἀτραγῳδότατον γὰρ τοῦτό ἐστι πάντων · οὐδὲν γὰρ ἔχει ὧν δεῖ · οὔτε γὰρ φιλάνθρωπον οὔτε ἐλεεινὸν οὔτε φοβερόν ἐστι. (Aristote, *Poétique*, chap. XIII, 2.)

contre un inconnu qui l'attaque avec avantage. Néanmoins, comme la signification du mot grec ἁμάρτημα peut s'étendre à une simple erreur de méconnoissance, telle qu'étoit la sienne, admettons-le avec ce philosophe, bien que je ne puisse voir quelle passion il nous donne à purger, ni de quoi nous pouvons nous corriger sur son exemple. Mais pour Thyeste, je n'y puis découvrir cette probité commune, ni cette faute sans crime qui le plonge dans son malheur. Si nous le regardons avant la tragédie qui porte son nom, c'est un incestueux qui abuse de la femme de son frère ; si nous le considérons dans la tragédie, c'est un homme de bonne foi qui s'assure sur la parole de son frère, avec qui il s'est réconcilié. En ce premier état il est très-criminel ; en ce dernier, très-homme de bien. Si nous attribuons son malheur à son inceste, c'est un crime dont l'auditoire n'est point capable, et la pitié qu'il prendra de lui n'ira point jusqu'à cette crainte qui purge, parce qu'il ne lui ressemble point. Si nous imputons son désastre à sa bonne foi, quelque crainte pourra suivre la pitié que nous en aurons ; mais elle ne purgera qu'une facilité de confiance sur la parole d'un ennemi réconcilié, qui est plutôt une qualité d'honnête homme qu'une vicieuse habitude ; et cette purgation ne fera que bannir la sincérité des réconciliations. J'avoue donc avec franchise que je n'entends point l'application de cet exemple.

J'avouerai plus. Si la purgation des passions se fait dans la tragédie, je tiens qu'elle se doit faire de la manière que je l'explique ; mais je doute si elle s'y fait jamais, et dans celles-là même qui ont les conditions que demande Aristote. Elles se rencontrent dans *le Cid*, et en ont causé le grand succès : Rodrigue et Chimène y ont cette probité sujette aux passions, et ces passions font leur malheur, puisqu'ils ne sont malheureux qu'au tant qu'ils sont passionnés l'un pour l'autre. Ils tombent dans l'infélicité par cette foiblesse humaine dont nous sommes capables comme eux; leur malheur fait pitié, cela est constant, et il en a coûté assez de larmes aux spectateurs pour ne le point contester. Cette pitié nous doit donner une crainte de tomber dans un pareil malheur, et purger en nous ce trop d'amour qui cause leur infortune et nous les fait plaindre; mais je ne sais si elle nous la donne, ni si elle le purge, et j'ai bien peur que le raisonnement d'Aristote sur ce point ne soit qu'une belle idée, qui n'ait jamais son effet dans la vérité. Je m'en rapporte à ceux qui en ont vu les représentations : ils peuvent en demander compte au secret de leur cœur, et repasser sur ce qui les a touchés au théâtre, pour reconnoître s'ils en sont venus par là jusqu'à cette crainte réfléchie, et si elle a rectifié en eux la passion qui a causé la disgrâce qu'ils ont plainte. Un des interprètes d'Aristote veut qu'il n'aye parlé de cette purgation des passions dans la tragédie que parce qu'il écrivoit après Platon, qui bannit les poëtes tragiques de sa république, parce qu'ils les remuent trop fortement. Comme il écrivoit pour le contredire, et montrer qu'il n'est pas à propos de les bannir des États bien policés, il a voulu trouver cette utilité dans ces agitations de l'âme, pour les rendre recommandables par la raison même sur qui l'autre se fonde pour les bannir. Le fruit qui peut naître des impressions que fait la force de l'exemple lui manquoit : la punition des méchantes actions, et la récompense des bonnes, n'étoient pas de l'usage de son siècle, comme nous les avons rendues de celui du nôtre; et n'y pouvant trouver une utilité solide, hors celle des sentences et des discours didactiques, dont la tragédie se peut passer selon son avis, il en a substitué une qui peut-être n'est qu'imaginaire. Du moins, si pour la produire il faut les conditions qu'il demande, elles se rencontrent si rarement, que Robortel ne les trouve que dans le seul *OEdipe*, et soutient que ce philosophe ne nous les prescrit pas comme si nécessaires que leur manquement rende un ouvrage défectueux, mais seulement comme des idées de la perfection des tragédies. Notre siècle les a vues dans *le Cid*, mais je ne sais s'il les a vues en beaucoup d'autres; et si nous voulons rejeter un coup d'œil sur cette règle, nous avouerons que le succès a justifié beaucoup de pièces où elle n'est pas observée.

L'exclusion des personnes tout à fait vertueuses qui tombent dans le malheur bannit les martyrs de notre théâtre. Polyeucte y a réussi contre cette maxime, et Héraclius et Nicomède y ont plu, bien qu'ils n'impriment que de la pitié, et ne nous donnent rien à craindre, ni aucune passion à purger, puisque nous les y voyons opprimés et près de[1] périr, sans aucune faute de leur part dont nous puissions nous corriger sur leur exemple.

Le malheur d'un homme fort méchant n'excite ni pitié, ni crainte, parce qu'il n'est pas digne de la première, et que les spectateurs ne sont pas méchants comme lui pour concevoir l'autre à la vue de sa punition; mais il seroit à propos de mettre quelque distinction entre les crimes. Il en est dont les honnêtes gens sont capables par une violence de passion, dont le mauvais succès peut faire effet dans l'âme de l'auditeur. Un honnête homme ne va pas voler au coin d'un bois, ni faire un assassinat de sang-froid; mais s'il est bien amoureux, il peut faire une supercherie à son rival, il peut s'emporter de colère et tuer dans un premier mouvement, et l'ambition le peut engager dans un crime ou dans

---

1. Plus haut (p. 28), toutes les éditions, de 1660 à 1682, s'accordent à donner, dans le même sens : *prêt de*.

une action blâmable. Il est peu de mères qui voulussent assassiner ou empoisonner leurs enfants de peur de leur rendre leur bien, comme Cléopatre dans *Rodogune*; mais il en est assez qui prennent goût à en jouir, et ne s'en dessaisissent qu'à regret et le plus tard qu'il leur est possible. Bien qu'elles ne soient pas capables d'une action si noire et si dénaturée que celle de cette reine de Syrie, elles ont en elles quelque teinture du principe qui l'y porta, et la vue de la juste punition qu'elle en reçoit leur peut faire craindre, non pas un pareil malheur, mais une infortune proportionnée à ce qu'elles sont capables de commettre. Il en est ainsi de quelques autres crimes qui ne sont pas de la portée de nos auditeurs. Le lecteur en pourra faire l'examen et l'application sur cet exemple.

Cependant, quelque difficulté qu'il y aye à trouver cette purgation effective et sensible des passions par le moyen de la pitié et de la crainte, il est aisé de nous accommoder avec Aristote. Nous n'avons qu'à dire que par cette façon de s'énoncer il n'a pas entendu que ces deux moyens y servissent toujours ensemble ; et qu'il suffit selon lui de l'un des deux pour faire cette purgation, avec cette différence toutefois, que la pitié n'y peut arriver sans la crainte, et que la crainte peut y parvenir sans la pitié. La mort du Comte n'en fait aucune dans *le Cid*, et peut toutefois mieux purger en nous cette sorte d'orgueil envieux de la gloire d'autrui, que toute la compassion que nous avons de Rodrigue et de Chimène ne purge les attachements de ce violent amour qui les rend à plaindre l'un et l'autre. L'auditeur peut avoir de la commisération pour Antiochus, pour Nicomède, pour Héraclius; mais s'il en demeure là, et qu'il ne puisse craindre de tomber dans un pareil malheur, il ne guérira d'aucune passion. Au contraire, il n'en a point pour

Cléopatre, ni pour Prusias, ni pour Phocas; mais la crainte d'une infortune semblable ou approchante peut purger en une mère l'opiniâtreté à ne se point dessaisir du bien de ses enfants, en un mari le trop de déférence à une seconde femme au préjudice de ceux de son premier lit, en tout le monde l'avidité d'usurper le bien ou la dignité d'autrui par la violence; et tout cela proportionnément à la condition d'un chacun et à ce qu'il est capable d'entreprendre. Les déplaisirs et les irrésolutions d'Auguste dans *Cinna* peuvent faire ce dernier effet par la pitié et la crainte jointes ensemble; mais, comme je l'ai déjà dit, il n'arrive pas toujours que ceux que nous plaignons soient malheureux par leur faute. Quand ils sont innocents, la pitié que nous en prenons ne produit aucune crainte, et si nous en concevons quelqu'une qui purge nos passions, c'est par le moyen d'une autre personne que de celle qui nous fait pitié, et nous la devons toute à la force de l'exemple.

Cette explication se trouvera autorisée par Aristote même, si nous voulons bien peser la raison qu'il rend de l'exclusion de ces événements qu'il désapprouve dans la tragédie. Il ne dit jamais : *Celui-là n'y est pas propre, parce qu'il n'excite que de la pitié*[1] *et ne fait point naître de crainte, et cet autre n'y est pas supportable, parce qu'il n'excite que de la crainte et ne fait point naître de pitié;* mais il les rebute, *parce*, dit-il, *qu'ils n'excitent ni pitié ni crainte*[2], et nous donne à connoître par là que c'est par le manque de l'une et de l'autre qu'ils ne lui plaisent pas, et que s'ils produisoient l'une des deux, il ne leur refuseroit point son suffrage.

1. Nous avons suivi le texte de 1660 et de 1663, qui nous paraît être la vraie leçon. On lit dans les éditions de 1664, 1668, 1682 : « que la pitié. »
2. Voyez p. 55 et 56.

L'exemple d'Œdipe qu'il allègue me confirme dans cette pensée. Si nous l'en croyons, il a toutes les conditions requises en la tragédie; néanmoins son malheur n'excite que de la pitié, et je ne pense pas qu'à le voir représenter, aucun de ceux qui le plaignent s'avise de craindre de tuer son père ou d'épouser sa mère. Si sa représentation nous peut imprimer quelque crainte, et que cette crainte soit capable de purger en nous quelque inclination blâmable ou vicieuse, elle y purgera la curiosité de savoir l'avenir, et nous empêchera d'avoir recours à des prédictions, qui ne servent d'ordinaire qu'à nous faire choir dans le malheur qu'on nous prédit par les soins mêmes que nous prenons de l'éviter; puisqu'il est certain qu'il n'eût jamais tué son père, ni épousé sa mère, si son père et sa mère, à qui l'oracle avoit prédit que cela arriveroit, ne l'eussent fait exposer de peur qu'il n'arrivât[1]. Ainsi non-seulement ce seront Laïus et Jocaste qui feront naître cette crainte, mais elle ne naîtra que de l'image d'une faute qu'ils ont faite quarante ans avant l'action qu'on représente, et ne s'exprimera en nous que par un autre acteur que le premier, et par une action hors de la tragédie.

Pour recueillir ce discours, avant que de passer à une autre matière, établissons pour maxime que la perfection de la tragédie consiste bien à exciter de la pitié et de la crainte par le moyen d'un premier acteur, comme peut faire Rodrigue dans *le Cid*, et Placide dans *Théodore*, mais que cela n'est pas d'une nécessité si absolue qu'on ne se puisse servir de divers personnages pour faire naître ces deux sentiments, comme dans *Rodogune*; et même ne porter l'auditeur qu'à l'un des deux, comme dans *Polyeucte*, dont la représentation n'im-

1. Var. (édit. de 1660 et de 1663) : Si son père et sa mère ne l'eussent fait exposer, de peur que cela n'arrivât.

prime que de la pitié sans aucune crainte[1]. Cela posé, trouvons quelque modération à la rigueur de ces règles du philosophe, ou du moins quelque favorable interprétation, pour n'être pas obligés de condamner beaucoup de poëmes que nous avons vu réussir[2] sur nos théâtres.

Il ne veut point qu'un homme tout à fait innocent tombe dans l'infortune, parce que, cela étant abominable, il excite plus d'indignation contre celui qui le persécute que de pitié pour son malheur; il ne veut pas non plus qu'un très-méchant y tombe, parce qu'il ne peut donner de pitié par un malheur qu'il mérite, ni en faire craindre un pareil à des spectateurs qui ne lui ressemblent pas; mais quand ces deux raisons cessent, en sorte qu'un homme de bien qui souffre excite plus de pitié pour lui que d'indignation contre celui qui le fait souffrir, ou que la punition d'un grand crime peut corriger en nous quelque imperfection qui a du rapport avec lui, j'estime qu'il ne faut point faire de difficulté d'exposer sur la scène des hommes très-vertueux ou très-méchants dans le malheur. En voici deux ou trois manières, que peut-être Aristote n'a su prévoir, parce qu'on n'en voyoit pas d'exemples sur les théâtres de son temps.

La première est, quand un homme très-vertueux est persécuté par un très-méchant, et qu'il échappe du péril où le méchant demeure enveloppé, comme dans *Rodogune* et dans *Héraclius*, qu'on n'auroit pu souffrir si Antiochus et Rodogune eussent péri dans la première, et Héraclius, Pulchérie et Martian dans l'autre, et que

---

1. On lit ici, dans les éditions de 1660 et de 1663, ce passage retranché dans l'édition de 1664 et dans les suivantes : « Je ne dis pas la même chose de la crainte sans la pitié, parce que je n'en sais point d'exemple, et n'en conçois point d'idée que je puisse croire agréable. »

2. Voyez sur l'accord des participes chez Corneille, l'introduction grammaticale placée en tête du *Lexique*.

Cléopatre et Phocas y eussent triomphé. Leur malheur y donne une pitié qui n'est point étouffée par l'aversion qu'on a pour ceux qui les tyrannisent, parce qu'on espère toujours que quelque heureuse révolution les empêchera de succomber; et bien que les crimes de Phocas et de Cléopatre soient trop grands pour faire craindre l'auditeur d'en commettre de pareils, leur funeste issue peut faire sur lui les effets dont j'ai déjà parlé. Il peut arriver d'ailleurs qu'un homme très-vertueux soit persécuté, et périsse même par les ordres d'un autre, qui ne soit pas assez méchant pour attirer trop d'indignation sur lui, et qui montre plus de foiblesse que de crime dans la persécution qu'il lui fait. Si Félix fait périr son gendre Polyeucte, ce n'est pas par cette haine enragée contre les chrétiens, qui nous le rendroit exécrable, mais seulement par une lâche timidité, qui n'ose le sauver en présence de Sévère, dont il craint la haine et la vengeance après les mépris qu'il en a faits durant son peu de fortune. On prend bien quelque aversion pour lui, on désapprouve sa manière d'agir; mais cette aversion ne l'emporte pas sur la pitié qu'on a de Polyeucte, et n'empêche pas que sa conversion miraculeuse, à la fin de la pièce, ne le réconcilie pleinement avec l'auditoire. On peut dire la même chose de Prusias dans *Nicomède*, et de Valens dans *Théodore*. L'un maltraite son fils, bien que très-vertueux, et l'autre est cause de la perte du sien, qui ne l'est pas moins; mais tous les deux n'ont que des foiblesses qui ne vont point jusques au crime, et loin d'exciter une indignation qui étouffe la pitié qu'on a pour ces fils généreux, la lâcheté de leur abaissement sous des puissances qu'ils redoutent, et qu'ils devroient braver pour bien agir, fait qu'on a quelque compassion d'eux-mêmes et de leur honteuse politique.

Pour nous faciliter les moyens d'exciter cette pitié, qui

fait de si beaux effets sur nos théâtres, Aristote nous donne[1] une lumière. *Toute action, dit-il, se passe, ou entre des amis, ou entre des ennemis, ou entre des gens indifférents l'un pour l'autre. Qu'un ennemi tue ou veuille tuer son ennemi, cela ne produit aucune commisération, sinon en tant qu'on s'émeut d'apprendre ou de voir la mort d'un homme, quel qu'il soit. Qu'un indifférent tue un indifférent, cela ne touche guère davantage, d'autant qu'il n'excite aucun combat dans l'âme de celui qui fait l'action; mais quand les choses arrivent entre des gens que la naissance ou l'affection attache aux intérêts l'un de l'autre, comme alors qu'un mari tue ou est prêt de tuer sa femme, une mère ses enfants, un frère sa sœur; c'est ce qui convient merveilleusement à la tragédie*[2]. La raison en est claire. Les oppositions des sentiments de la nature aux emportements de la passion, ou à la sévérité du devoir, forment de puissantes agitations, qui sont reçues de l'auditeur avec plaisir; et il se porte aisément à plaindre un malheureux opprimé ou poursuivi par une personne qui devroit s'intéresser à sa conservation, et qui quelquefois ne poursuit sa perte qu'avec déplaisir, ou du moins avec répugnance. Horace et Curiace ne seroient point à plaindre, s'ils n'étoient point amis et beaux-frères; ni Rodrigue, s'il étoit poursuivi par un autre que par sa maîtresse; et le malheur d'Antiochus toucheroit beaucoup moins, si un autre que sa mère lui demandoit le sang de sa maîtresse, ou qu'un autre que sa maîtresse lui

---

1. Var. (édit. de 1660) : nous donne encore.
2. Ἀνάγκη δὲ ἢ φίλων εἶναι πρὸς ἀλλήλους τὰς τοιαύτας πράξεις, ἢ ἐχθρῶν, ἢ μηδετέρων. Ἂν μὲν οὖν ἐχθρὸς ἐχθρὸν ἀποκτείνῃ, οὐδὲν ἐλεεινὸν οὔτε ποιῶν οὔτε μέλλων δείκνυσι, πλὴν κατ' αὐτὸ τὸ πάθος· οὐδ' ἂν μηδετέρως ἔχοντες. Ὅταν δ' ἐν ταῖς φιλίαις ἐγγένηται τὰ πάθη, οἷον εἰ ἀδελφὸς ἀδελφὸν, ἢ υἱὸς πατέρα, ἢ μήτηρ υἱὸν, ἢ υἱὸς μητέρα ἀποκτείνει, ἢ μέλλει, ἢ τι ἄλλο τοιοῦτον δρᾷ, ταῦτα ζητητέον. (Aristote, *Poétique*, chap. xiv, 4.)

demandât celui de sa mère; ou si, après la mort de son frère, qui lui donne sujet de craindre un pareil attentat sur sa personne, il avoit à se défier d'autres que de sa mère et de sa maîtresse.

C'est donc un grand avantage, pour exciter la commisération, que la proximité du sang et[1] les liaisons d'amour ou d'amitié entre le persécutant et le persécuté, le poursuivant et le poursuivi, celui qui fait souffrir et celui qui souffre ; mais il y a quelque apparence que cette condition n'est pas d'une nécessité plus absolue que celle dont je viens de parler, et qu'elle ne regarde que les tragédies parfaites, non plus que celle-là. Du moins les anciens ne l'ont pas toujours observée : je ne la vois point dans l'*Ajax* de Sophocle, ni dans son *Philoctète ;* et qui voudra parcourir ce qui nous reste d'Eschyle et d'Euripide y pourra rencontrer quelques exemples à joindre à ceux-ci. Quand je dis que ces deux conditions ne sont que pour les tragédies parfaites, je n'entends pas dire que celles où elles ne se rencontrent point soient imparfaites : ce seroit les rendre d'une nécessité absolue, et me contredire moi-même. Mais par ce mot de tragédies parfaites j'entends celles du genre le plus sublime et le plus touchant, en sorte que celles qui manquent de l'une de ces deux conditions, ou de toutes les deux, pourvu qu'elles soient régulières à cela près, ne laissent pas d'être parfaites en leur genre, bien qu'elles demeurent dans un rang moins élevé, et n'approchent pas de la beauté et de l'éclat des autres, si elles n'en empruntent de la pompe des vers, ou de la magnificence du spectacle, ou de quelque autre agrément qui vienne d'ailleurs que du sujet.

Dans ces actions tragiques qui se passent entre proches, il faut considérer si celui qui veut faire périr l'autre le

---

[1]. *Et* manque dans l'édition de 1663.

connoît ou ne le connoît pas[1], et s'il achève, ou n'achève pas. La diverse combination[2] de ces deux manières d'agir forme quatre sortes de tragédies, à qui notre philosophe attribue divers degrés de perfection. *On connoît celui qu'on veut perdre, et on le fait périr en effet, comme Médée tue ses enfants, Clytemnestre son mari, Oreste sa mère;* et la moindre espèce est celle-là. *On le fait périr sans le connoître, et on le reconnoît avec déplaisir après l'avoir perdu; et cela*, dit-il, *ou avant la tragédie, comme OEdipe, ou dans la tragédie, comme l'Alcméon d'Astydamas, et Télégonus dans Ulysse blessé*[3], qui sont deux pièces que le temps n'a pas laissé venir jusqu'à nous; et cette seconde espèce a quelque chose de plus élevé, selon lui, que la première. La troisième est dans le haut degré d'excellence, *quand on est prêt de faire périr un de ses proches sans le connoître, et qu'on le reconnoît assez tôt pour le sauver, comme Iphigénie reconnoît Oreste pour son frère, lorsqu'elle devoit le sacrifier à Diane, et s'enfuit avec lui*[4]. Il en cite encore deux autres exemples, de Mérope dans *Cresphonte*, et de *Hellé*, dont nous ne

1. Var. (édit. de 1663) : le connoît ou ne connoît pas.
2. *Combination*, combinaison. Voyez le *Lexique*.
3. Ἔστι μὲν γὰρ οὕτω γίνεσθαι τὴν πρᾶξιν ὥσπερ οἱ παλαιοὶ ἐποίουν, εἰδότας καὶ γινώσκοντας, καθάπερ καὶ Εὐριπίδης ἐποίησεν ἀποκτείνουσαν τοὺς παῖδας τὴν Μήδειαν. ἔστι δὲ πρᾶξαι μέν, ἀγνοοῦντας δὲ πρᾶξαι τὸ δεινόν, εἶθ᾽ ὕστερον ἀναγνωρίσαι τὴν φιλίαν, ὥσπερ ὁ Σοφοκλέους Οἰδίπους. Τοῦτο μὲν οὖν ἔξω τοῦ δράματος. Ἐν δ᾽ αὐτῇ τῇ τραγῳδίᾳ, οἷον ὁ Ἀλκμαίων ὁ Ἀστυδάμαντος, ἢ ὁ Τηλέγονος ὁ ἐν τῷ Τραυματίᾳ Ὀδυσσεῖ. (Aristote, *Poétique*, chap. xiv, 6.) — Un passage d'Athénée (liv. XIII, p. 562) nous apprend que cette tragédie d'*Ulysse blessé* est de Chérémon.
4. Ἔτι δὲ τρίτον παρὰ ταῦτα τὸν μέλλοντα ποιεῖν τι τῶν ἀνηκέστων δι᾽ ἄγνοιαν, ἀναγνωρίσαι πρὶν ποιῆσαι.... λέγω δὲ οἷον ἐν τῷ Κρεσφόντῃ ἡ Μερόπη μέλλει τὸν υἱὸν ἀποκτείνειν, ἀποκτείνει δὲ οὔ, ἀλλ᾽ ἀνεγνώρισε, καὶ ἐν τῇ Ἰφιγενείᾳ ἡ ἀδελφὴ τὸν ἀδελφόν, καὶ ἐν τῇ Ἕλλῃ ὁ υἱὸς τὴν μητέρα ἐκδιδόναι μέλλων ἀνεγνώρισε. (Aristote, *Poétique*, chap. xiv, 7.) — Il n'est pas besoin de dire qu'il s'agit ici de l'*Iphigénie en Tauride* d'Eu-

connoissons ni l'un ni l'autre. Il condamne entièrement la quatrième espèce de ceux qui connoissent, entreprennent et n'achèvent pas, qu'il dit *avoir quelque chose de méchant, et rien de tragique*[1], et en donne pour exemple Hémon qui tire l'épée contre son père dans l'*Antigone*[2], et ne s'en sert que pour se tuer lui-même. Mais si cette condamnation n'étoit modifiée, elle s'étendroit un peu loin, et envelopperoit non-seulement *le Cid*, mais *Cinna, Rodogune, Héraclius* et *Nicomède*.

Disons donc qu'elle ne doit s'entendre que de ceux qui connoissent la personne qu'ils veulent perdre, et s'en dédisent par un simple changement de volonté, sans aucun événement notable qui les y oblige, et sans aucun manque de pouvoir de leur part. J'ai déjà marqué cette sorte de dénouement pour vicieux[3]; mais quand ils y font de leur côté tout ce qu'ils peuvent, et qu'ils sont empêchés d'en venir à l'effet par quelque puissance supérieure, ou par quelque changement de fortune qui les fait périr eux-mêmes, ou les réduit sous le pouvoir de ceux qu'ils vouloient perdre, il est hors de doute que cela fait une tragédie d'un genre peut-être plus sublime que les trois qu'Aristote avoue; et que s'il n'en a point parlé, c'est qu'il n'en voyoit point d'exemples sur les théâtres de son temps, où ce n'étoit pas la mode de sauver les bons par

---

ripide; quant au *Cresphonte*, c'est sans doute la pièce du même poëte dont nous possédons encore quelques fragments (édit. F. Didot, p. 726); pour l'*Hellé* on manque tout à fait de renseignements.

1. Τό τε γὰρ μιαρὸν ἔχει, καὶ οὐ τραγικόν. (Aristote, *Poétique*, chap. XIV, 7.)

2. Peut-être Aristote veut-il parler ici de l'*Antigone* d'Euripide, qui ne nous est point parvenue, plutôt que de celle de Sophocle. Toutefois, dans cette dernière aussi, Hémon, après s'être défendu (v. 753) de faire des menaces à Créon, son père, tire l'épée contre lui, et Créon ne lui échappe que par la fuite (v. 1254).

3. Voyez plus haut, p. 28.

la perte des méchants, à moins que de les souiller eux-mêmes de quelque crime, comme Électre, qui se délivre d'oppression par la mort de sa mère, où elle encourage son frère, et lui en facilite les moyens.

L'action de Chimène n'est donc pas défectueuse pour ne perdre pas Rodrigue après l'avoir entrepris, puisqu'elle y fait son possible, et que tout ce qu'elle peut obtenir de la justice de son roi, c'est un combat où la victoire de ce déplorable amant lui impose silence. Cinna et son Émilie ne pèchent point contre la règle en ne perdant point Auguste, puisque la conspiration découverte les en met dans l'impuissance, et qu'il faudroit qu'ils n'eussent aucune teinture d'humanité, si une clémence si peu attendue ne dissipoit toute leur haine. Qu'épargne Cléopatre pour perdre Rodogune? Qu'oublie Phocas pour se défaire d'Héraclius? Et si Prusias demeuroit le maître, Nicomède n'iroit-il pas servir d'otage à Rome, ce qui lui seroit un plus rude supplice que la mort? Les deux premiers reçoivent la peine de leurs crimes, et succombent dans leurs entreprises[1] sans s'en dédire; et ce dernier est forcé de reconnoître son injustice après que le soulèvement de son peuple, et la générosité de ce fils qu'il vouloit agrandir aux dépens de son aîné, ne lui permettent plus de la faire réussir.

Ce n'est pas démentir Aristote que de l'expliquer ainsi favorablement, pour trouver dans cette quatrième manière d'agir qu'il rebute, une espèce de nouvelle tragédie plus belle que les trois qu'il recommande, et qu'il leur eût sans doute préférée, s'il l'eût connue. C'est faire honneur à notre siècle, sans rien retrancher de l'autorité de ce philosophe; mais je ne sais comment faire pour lui conserver cette autorité, et renverser l'ordre de la préférence qu'il établit entre ces trois espèces. Cependant je

1. Var. (édit. de 1660-1668) : leur entreprise.

pense être bien fondé sur l'expérience à douter si celle qu'il estime la moindre des trois n'est point la plus belle, et si celle qu'il tient la plus belle n'est point la moindre. La raison est que celle-ci ne peut exciter de pitié. Un père y veut perdre son fils sans le connoître, et ne le regarde que comme indifférent, et peut-être comme ennemi. Soit qu'il passe pour l'un ou pour l'autre, son péril n'est digne d'aucune commisération, selon Aristote même, et ne fait naître en l'auditeur qu'un certain mouvement de trépidation intérieure, qui le porte à craindre que ce fils ne périsse avant que l'erreur soit découverte, et à souhaiter qu'elle se découvre assez tôt pour l'empêcher de périr : ce qui part de l'intérêt qu'on ne manque jamais à prendre dans la fortune d'un homme assez vertueux pour se faire aimer; et quand cette reconnoissance arrive, elle ne produit qu'un sentiment de conjouissance, de voir arriver la chose comme on le souhaitoit[1].

Quand elle ne se fait qu'après la mort de l'inconnu, la compassion qu'excitent les déplaisirs de celui qui le fait périr ne peut avoir grande étendue, puisqu'elle est reculée et renfermée dans la catastrophe; mais lorsqu'on agit à visage découvert, et qu'on sait à qui on en veut, le combat des passions contre la nature, ou du devoir contre l'amour, occupe la meilleure partie du poëme; et de là naissent les grandes et fortes émotions qui renouvellent à tous moments et redoublent la commisération. Pour justifier ce raisonnement par l'expérience, nous voyons que Chimène et Antiochus en excitent beaucoup plus que ne fait Œdipe de sa personne. Je dis de sa personne, parce que le poëme entier en excite peut-être autant que *le Cid* ou que *Rodogune;* mais il en doit une partie à

---

1. Var. (édit. de 1660) : comme on le souhaite.

Dircé, et ce qu'elle en fait naître n'est qu'une pitié empruntée d'un épisode.

Je sais que l'agnition est un grand ornement dans les tragédies : Aristote le dit ; mais il est certain qu'elle a ses incommodités. Les Italiens l'affectent en la plupart de leurs poëmes, et perdent quelquefois, par l'attachement qu'ils y ont, beaucoup d'occasions de sentiments pathétiques qui auroient des beautés plus considérables. Cela se voit manifestement en *la Mort de Crispe*, faite par un de leurs plus beaux esprits, Jean-Baptiste Ghirardelli[1], et imprimée à Rome en l'année 1653. Il n'a pas manqué d'y cacher sa naissance à Constantin, et d'en faire seulement un grand capitaine, qu'il ne reconnoît pour son fils qu'après qu'il l'a fait mourir. Toute cette pièce est si pleine d'esprit et de beaux sentiments, qu'elle eut assez d'éclat pour obliger à écrire contre son auteur, et à la censurer sitôt qu'elle parut. Mais combien cette naissance cachée sans besoin, et contre la vérité d'une histoire connue, lui a-t-elle dérobé de choses plus belles que les brillants dont il a semé cet ouvrage ! Les ressentiments, le trouble, l'irrésolution et les déplaisirs de Constantin auroient été bien autres à prononcer un arrêt de mort contre son fils que contre un soldat de fortune. L'injustice de sa préoccupation auroit été bien plus sensible à Crispe de la part d'un père que de la part d'un maître ; et la qualité de fils, augmentant la grandeur du crime qu'on lui imposoit, eût en même temps augmenté la douleur d'en voir un père persuadé. Fauste même auroit eu plus de com-

1. J.-B.-Philippe Ghirardelli, né à Rome en 1623, est auteur de deux tragédies : *Ottone*, représenté au palais Panfili, en 1652, et *Il Costantino*, publié à Rome en 1653. Celle-ci est la première tragédie italienne écrite en prose ; elle fut très-vivement critiquée par Augustin Favoriti, sous le pseudonyme d'Ippolito Schiri Bandolo. Ghirardelli travailla avec tant d'ardeur à la défense de sa pièce qu'il fut saisi d'une fièvre qui l'emporta le 20 octobre 1653.

bats intérieurs pour entreprendre un inceste que pour se résoudre à un adultère; ses remords en auroient été plus animés, et ses désespoirs plus violents. L'auteur a renoncé à tous ces avantages pour avoir dédaigné de traiter ce sujet comme l'a traité de notre temps le P. Stéphonius[1], jésuite, et comme nos anciens ont traité celui d'*Hippolyte*; et pour avoir cru l'élever d'un étage plus haut selon la pensée d'Aristote, je ne sais s'il ne l'a point fait tomber au-dessous de ceux que je viens de nommer.

Il y a grande apparence que ce qu'a dit ce philosophe de ces divers degrés de perfection pour la tragédie avoit une entière justesse de son temps, et en la présence de ses compatriotes[2]; je n'en veux point douter; mais aussi je ne puis empêcher de dire que le goût de notre siècle n'est point celui du sien sur cette préférence d'une espèce à l'autre, ou du moins que ce qui plaisoit au dernier point à ses Athéniens ne plaît pas également à nos François; et je ne sais point d'autre moyen de trouver mes doutes supportables, et demeurer tout ensemble dans la vénération que nous devons à tout ce qu'il a écrit de la poétique.

Avant que de quitter cette matière, examinons son sentiment sur deux questions touchant ces sujets entre des personnes proches : l'une, si le poëte les peut inventer; l'autre, s'il ne peut rien changer en ceux[3] qu'il tire de l'histoire ou de la fable.

---

1. Bernardin Stefoni ou Stefonio, en latin Stefonius, né en 1560, dans la province de Sabine, et entré en 1580 dans la Société de Jésus, composa des tragédies que ses élèves firent représenter avec un grand succès. Son *Crispus* parut à Rome en 1601. Stefonio, chargé dans les derniers temps de sa vie de l'éducation des princes d'Este, mourut à Modène le 8 décembre 1620.

2. Var. (édit. de 1660) : devant ses compatriotes.

3. On lit ainsi dans les éditions de 1660-1668. L'édition de 1682 porte *ce*, qui ne donne pas un sens aussi naturel.

Pour la première, il est indubitable que les anciens en prenoient si peu de liberté, qu'ils arrêtoient leurs tragédies autour de peu de familles, parce que ces sortes d'actions étoient arrivées en peu de familles ; ce qui fait dire à ce philosophe que la fortune leur fournissoit des sujets, et non pas l'art. Je pense l'avoir dit en l'autre discours[1]. Il semble toutefois qu'il en accorde un plein pouvoir aux poëtes par ces paroles : *Ils doivent bien user de ce qui est reçu, ou inventer eux-mêmes*[2]. Ces termes décideroient la question, s'ils n'étoient point si généraux ; mais comme il a posé trois espèces de tragédies, selon les divers temps de connoître et les diverses façons d'agir, nous pouvons faire une revue sur toutes les trois, pour juger s'il n'est point à propos d'y faire quelque distinction qui resserre cette liberté. J'en dirai mon avis d'autant plus hardiment, qu'on ne pourra m'imputer de contredire Aristote, pourvu que je la laisse entière à quelqu'une des trois.

J'estime donc, en premier lieu, qu'en celles où l'on se propose de faire périr quelqu'un que l'on connoît, soit qu'on achève, soit qu'on soit empêché d'achever, il n'y a aucune liberté d'inventer la principale action, mais qu'elle doit être tirée de l'histoire ou de la fable. Ces entreprises contre[3] des proches ont toujours quelque chose de si criminel et de si contraire à la nature, qu'elles ne sont pas croyables, à moins que d'être appuyées sur l'une ou sur l'autre ; et jamais elles n'ont cette vraisemblance sans laquelle ce qu'on invente ne peut être de mise.

Je n'ose décider si absolument de la seconde espèce.

---

1. Voyez ci-dessus, p. 15.
2. Αὐτὸν δὲ εὑρίσκειν δεῖ, καὶ τοῖς παραδεδομένοις χρῆσθαι καλῶς. (Aristote, *Poétique*, chap. xiv, 5.)
3. Var. (édit. de 1660) : entre.

Qu'un homme prenne querelle avec un autre, et que l'ayant tué il vienne à le reconnoître pour son père ou pour son frère, et en tombe au désespoir, cela n'a rien que de vraisemblable[1], et par conséquent on le peut inventer; mais d'ailleurs cette circonstance de tuer son père ou son frère sans le connoître, est si extraordinaire et si éclatante, qu'on a quelque droit de dire que l'histoire n'ose manquer à s'en souvenir, quand elle arrive entre des personnes illustres, et de refuser toute croyance à de tels événements, quand elle ne les marque point. Le théâtre ancien ne nous en fournit aucun exemple qu'*OEdipe*; et je ne me souviens point d'en avoir vu aucun autre chez nos historiens. Je sais que cet événement sent plus la fable que l'histoire, et que par conséquent il peut avoir été inventé[2], ou en tout, ou en partie; mais la fable et l'histoire de l'antiquité sont si mêlées ensemble, que pour n'être pas en péril d'en faire un faux discernement, nous leur donnons une égale autorité sur nos théâtres. Il suffit que nous n'inventions pas ce qui de soi n'est point vraisemblable, et qu'étant inventé de longue main, il soit devenu si bien de la connoissance de l'auditeur, qu'il ne s'effarouche point à le voir sur la scène. Toute la *Métamorphose* d'Ovide est manifestement d'invention; on peut en tirer[3] des sujets de tragédie, mais non pas inventer sur ce modèle, si ce

1. Le *que* manque dans l'édition de 1663, mais c'est évidemment une faute.
2. VAR. (édit. de 1660) : « Et je ne me souviens point d'en avoir vu chez nos historiens que celui de Thésée, qui fut reconnu par son père comme il étoit prêt de l'empoisonner. Je sais que l'un et l'autre sentent plus la fable que l'histoire et que par conséquent leur aventure peut avoir été inventée. » — Dans les éditions de 1663-1682 le passage relatif à Thésée a été transporté un peu plus loin. Voyez p. 77, note 1, et p. 122, note 2.
3. VAR. (édit. de 1660 et de 1663) : on en peut tirer.

n'est des épisodes de même trempe : la raison en est
que bien que nous ne devions rien inventer que de
vraisemblable, et que ces sujets fabuleux, comme Andromède et Phaéton, ne le soient point du tout, inventer
des épisodes, ce n'est pas tant inventer qu'ajouter à ce
qui est déjà inventé ; et ces épisodes trouvent une espèce
de vraisemblance dans leur rapport avec l'action principale ; en sorte qu'on peut dire que supposé que cela se
soit pu faire, il s'est pu faire comme le poëte le décrit[1].

De tels épisodes toutefois ne seroient pas propres à
un sujet historique ou de pure invention, parce qu'ils
manqueroient de rapport avec l'action principale, et seroient moins vraisemblables qu'elle. Les apparitions de
Vénus et d'Éole ont eu bonne grâce dans *Andromède ;*
mais si j'avois fait descendre Jupiter pour réconcilier
Nicomède avec son père, ou Mercure pour révéler à Auguste la conspiration de Cinna, j'aurois fait révolter tout
mon auditoire, et cette merveille auroit détruit toute la
croyance que le reste de l'action auroit obtenue. Ces dé-
nouements par des Dieux de machine sont fort fréquents
chez les Grecs, dans des tragédies qui paroissent historiques, et qui sont vraisemblables à cela près : aussi
Aristote ne les condamne pas tout à fait, et se contente
de leur préférer ceux qui viennent du sujet. Je ne sais
ce qu'en décidoient les Athéniens, qui étoient leurs juges ;
mais les deux exemples que je viens de citer montrent
suffisamment qu'il seroit dangereux pour nous de les
imiter en cette sorte de licence. On me dira que ces apparitions n'ont garde de nous plaire, parce que nous en
savons manifestement la fausseté, et qu'elles choquent
notre religion, ce qui n'arrivoit pas chez les Grecs.
J'avoue qu'il faut s'accommoder aux mœurs de l'audi-

---

1. Var. (édit. de 1660 et de 1663) : l'a décrit.

teur et à plus forte raison à sa croyance; mais aussi doit-on m'accorder que nous avons du moins autant de foi pour l'apparition des anges et des saints que les anciens en avoient pour celle[1] de leur Apollon et de leur Mercure : cependant qu'auroit-on dit, si pour démêler Héraclius d'avec Martian, après la mort de Phocas, je me fusse servi d'un ange? Ce poëme est entre des chrétiens, et cette apparition y auroit eu autant de justesse que celle[2] des Dieux de l'antiquité dans ceux des Grecs; c'eût été néanmoins un secret infaillible de rendre celui-là ridicule, et il ne faut qu'avoir un peu de sens commun pour en demeurer d'accord. Qu'on me permette donc de dire avec Tacite : *Non omnia apud priores meliora, sed nostra quoque ætas multa laudis et artium imitanda posteris tulit*[3].

Je reviens aux tragédies de cette seconde espèce, où l'on ne connoît un père ou un fils qu'après l'avoir fait périr; et pour conclure en deux mots après cette digression, je ne condamnerai jamais personne pour en avoir inventé; mais je ne me le permettrai jamais.

Celles de la troisième espèce ne reçoivent aucune difficulté : non-seulement on les peut inventer, puisque tout y est vraisemblable et suit le train commun des affections naturelles, mais je doute même si ce ne seroit point les bannir du théâtre que d'obliger les poëtes à en prendre les sujets dans l'histoire. Nous n'en voyons point de cette nature chez les Grecs, qui n'ayent la mine d'avoir été inventés par leurs auteurs. Il se peut faire que la fable leur en aye prêté quelques-uns. Je n'ai pas les yeux assez pé-

---

1. Var. (édit. de 1663) : celles.
2. Var. (édit. de 1660-1668) : celles.
3. Nec omnia.... (*Annales*, liv. III, chapitre LV.) — « Tout ne fut pas mieux autrefois; notre siècle aussi a produit des vertus et des talents dignes d'être un jour proposés pour modèles. »

nétrants pour percer de si épaisses obscurités, et déterminer si l'*Iphigénie in Tauris* est de l'invention d'Euripide, comme son *Hélène* et son *Ion*, ou s'il l'a prise d'un autre ; mais je crois pouvoir dire qu'il est très-malaisé d'en trouver dans l'histoire, soit que tels événements[1] n'arrivent que très-rarement, soit qu'ils n'ayent pas assez d'éclat pour y mériter une place : celui de Thésée, reconnu par le roi d'Athènes, son père, sur le point qu'il l'alloit faire périr, est le seul dont il me souvienne[2]. Quoi qu'il en soit, ceux qui aiment à les mettre sur la scène peuvent les inventer sans crainte de la censure : ils pourront produire par là quelque agréable suspension dans l'esprit de l'auditeur ; mais il ne faut pas qu'ils se promettent de lui tirer beaucoup de larmes.

L'autre question, s'il est permis de changer quelque chose aux sujets qu'on emprunte de l'histoire ou de la fable, semble décidée en termes assez formels par Aristote, lorsqu'il dit *qu'il ne faut point changer les sujets reçus, et que Clytemnestre ne doit point être tuée par un autre qu'Oreste, ni Ériphyle par un autre qu'Alcméon*[3]. Cette décision peut toutefois recevoir quelque distinction et quelque tempérament. Il est constant que les circonstances, ou si vous l'aimez mieux, les moyens de parvenir à l'action, demeurent en notre pouvoir. L'histoire souvent ne les marque pas, ou en rapporte si peu, qu'il est besoin d'y suppléer pour remplir le poëme ; et même il y a quelque apparence de présumer que la

---

1. Var. (édit. de 1663) : de tels événements.
2. Dans l'édition de 1660 ce passage relatif à Thésée se trouve plus haut sous une forme un peu différente (voyez p. 74, note 2). C'est à partir de l'édition de 1663 qu'il a été transporté ici.
3. Τοὺς μὲν οὖν παρειλημμένους μύθους λύειν οὐκ ἔστι. Λέγω δὲ οἷον τὴν Κλυταιμνήστραν ἀποθανοῦσαν ὑπὸ τοῦ Ὀρέστου, καὶ τὴν Ἐριφύλην ὑπὸ τοῦ Ἀλκμαίωνος. (Aristote, *Poétique*, chap. xiv, 5.)

mémoire de l'auditeur, qui les aura lues autrefois, ne s'y sera pas si fort attachée qu'il s'aperçoive assez du changement que nous y aurons fait, pour nous accuser de mensonge ; ce qu'il ne manqueroit pas de faire s'il voyoit que nous changeassions l'action principale. Cette falsification seroit cause qu'il n'ajouteroit aucune foi à tout le reste ; comme au contraire il croit aisément tout ce reste quand il le voit servir d'acheminement à l'effet qu'il sait véritable, et dont l'histoire lui a laissé une plus forte impression. L'exemple de la mort de Clytemnestre peut servir de preuve à ce que je viens d'avancer : Sophocle et Euripide l'ont traitée tous deux, mais chacun avec un nœud et un dénouement tout à fait différents l'un de l'autre ; et c'est cette différence qui empêche que ce ne soit la même pièce, bien que ce soit le même sujet, dont ils ont conservé l'action principale. Il faut donc la conserver comme eux ; mais il faut examiner en même temps si elle n'est point si cruelle, ou si difficile à représenter, qu'elle puisse diminuer quelque chose de la croyance que l'auditeur doit à l'histoire, et qu'il veut bien donner à la fable, en se mettant en la place de ceux qui l'ont prise pour une vérité. Lorsque cet inconvénient est à craindre, il est bon de cacher l'événement à la vue, et de le faire savoir par un récit qui frappe moins que le spectacle, et nous impose plus aisément.

C'est par cette raison qu'Horace ne veut pas que Médée tue ses enfants, ni qu'Atrée fasse rôtir ceux de Thyeste[1] à la vue du peuple[2]. L'horreur de ces actions engendre une répugnance à les croire, aussi bien que la métamorphose de Progné en oiseau et de Cadmus en serpent, dont la représentation presque impossible excite

---

1. *Art poétique*, v. 185, 186.
2. Var. (édit. de 1660) : devant le peuple.

la même incrédulité quand on la hasarde aux yeux du spectateur :

Quæcumque ostendis mihi sic, incredulus odi[1].

Je passe plus outre, et pour exténuer ou retrancher cette horreur dangereuse d'une action historique, je voudrois la faire arriver sans la participation du premier acteur, pour qui nous devons toujours ménager la faveur de l'auditoire. Après que Cléopatre eut tué Séleucus, elle présenta du poison à son autre fils Antiochus, à son retour de la chasse ; et ce prince, soupçonnant ce qu'il[2] en étoit, la contraignit de le prendre, et la força à s'empoisonner. Si j'eusse fait voir cette action sans y rien changer, c'eût été punir un parricide par un autre parricide ; on eût pris aversion pour Antiochus, et il a été bien plus doux de faire qu'elle-même, voyant que sa haine et sa noire perfidie alloient être découvertes, s'empoisonne dans son désespoir, à dessein d'envelopper ces deux amants dans sa perte, en leur ôtant tout sujet de défiance. Cela fait deux effets. La punition de cette impitoyable mère laisse un plus fort exemple, puisqu'elle devient un effet de la justice du ciel, et non pas de la vengeance des hommes ; d'autre côté, Antiochus ne perd rien de la compassion et de l'amitié qu'on avoit pour lui, qui redoublent plutôt qu'elles ne diminuent ; et enfin l'action historique s'y trouve conservée malgré ce changement, puisque Cléopatre périt par le même poison qu'elle présente à Antiochus.

Phocas étoit un tyran, et sa mort n'étoit pas un crime ; cependant il a été sans doute plus à propos de la faire arriver par la main d'Exupère que par celle d'Héraclius.

---

1. Quodcumque.... (Horace, *Art poétique*, v. 188.)
2. Var. (édit. de 1660-1668) : ce qui.

C'est un soin que nous devons prendre de préserver nos héros du crime tant qu'il se peut, et les exempter même de tremper leurs mains dans le sang, si ce n'est en un juste combat. J'ai beaucoup osé dans *Nicomède* : Prusias son père l'avoit voulu faire assassiner dans son armée; sur l'avis qu'il en eut par les assassins mêmes, il entra dans son royaume, s'en empara, et réduisit ce malheureux père à se cacher dans une caverne, où il le fit assassiner lui-même[1]. Je n'ai pas poussé l'histoire jusque-là; et après l'avoir peint trop vertueux pour l'engager dans un parricide, j'ai cru que je pouvois me contenter de le rendre maître de la vie de ceux qui le persécutoient, sans le faire passer plus avant.

Je ne saurois dissimuler une délicatesse que j'ai sur la mort de Clytemnestre, qu'Aristote nous propose pour exemple des actions qui ne doivent point être changées. Je veux bien avec lui qu'elle ne meure que de la main de son fils Oreste; mais je ne puis souffrir chez Sophocle que ce fils la poignarde de dessein formé cependant qu'elle est à genoux devant lui et le conjure de lui laisser la vie[2]. Je ne puis même pardonner à Électre, qui passe pour une vertueuse opprimée dans le reste de la pièce, l'inhumanité dont elle encourage son frère à ce parricide. C'est un fils qui venge son père, mais c'est sur sa mère qu'il le venge. Séleucus et Antiochus avoient droit d'en faire autant dans *Rodogune*; mais je n'ai osé leur en donner la moindre pensée. Aussi notre maxime de faire aimer nos principaux acteurs n'étoit pas de l'usage des anciens[3]; et ces républicains avoient une si forte haine

---

1. Var. (édit. de 1660 et de 1663) : Où il lui fit trouver la mort qu'il lui destinoit.
2. Voyez la fin de l'*Électre* de Sophocle.
3. Var. (édit. de 1660 et de 1663) : de nos anciens.

des rois, qu'ils voyoient avec plaisir des crimes dans les plus innocents de leur race. Pour rectifier ce sujet à notre mode, il faudroit qu'Oreste n'eût dessein que contre Égisthe; qu'un reste de tendresse respectueuse pour sa mère lui en fît remettre la punition aux Dieux; que cette reine s'opiniâtrât à la protection de son adultère, et qu'elle se mît entre son fils et lui si malheureusement qu'elle reçût le coup que ce prince voudroit porter à cet assassin de son père. Ainsi elle mourroit de la main de son fils, comme le veut Aristote, sans que la barbarie d'Oreste nous fît horreur, comme dans Sophocle, ni que son action méritât des Furies vengeresses pour le tourmenter, puisqu'il demeureroit innocent.

Le même Aristote nous autorise à en user de cette manière, lorsqu'il nous apprend que *le poëte n'est pas obligé de traiter les choses comme elles se sont passées, mais comme elles ont pu ou dû se passer, selon le vraisemblable ou le nécessaire*[1]. Il répète souvent ces derniers mots[2], et ne les explique jamais. Je tâcherai d'y suppléer au moins mal qu'il me sera possible, et j'espère qu'on me pardonnera si je m'abuse.

Je dis donc premièrement que cette liberté qu'il nous laisse d'embellir les actions historiques par des inventions vraisemblables n'emporte aucune défense de nous écarter du vraisemblable dans le besoin. C'est un privilége qu'il nous donne, et non pas une servitude qu'il nous impose : cela est clair par ses paroles mêmes. Si nous pouvons traiter les choses selon le vraisemblable ou selon le nécessaire, nous pouvons quitter le vraisemblable pour

1. Φανερὸν δὲ ἐκ τῶν εἰρημένων καὶ ὅτι οὐ τὸ τὰ γενόμενα λέγειν, τοῦτο ποιητοῦ ἔργον ἐστὶν, ἀλλ' οἷα ἂν γένοιτο, καὶ τὰ δυνατὰ κατὰ τὸ εἰκὸς ἢ τὸ ἀναγκαῖον. (Aristote, *Poétique*, chap. IX, 1.)

2. Particulièrement au chapitre XV, où ils sont répétés trois fois de suite.

suivre le nécessaire ; et cette alternative met en notre choix de nous servir de celui des deux que nous jugerons le plus à propos.

Cette liberté du poëte se trouve encore en termes plus formels dans le vingt et cinquième chapitre, qui contient les excuses ou plutôt les justifications dont il se peut servir contre la censure : *Il faut*, dit-il, *qu'il suive un de ces trois moyens de traiter les choses, et qu'il les représente ou comme elles ont été, ou comme on dit qu'elles ont été, ou comme elles ont dû être*[1] : par où il lui donne le choix, ou de la vérité historique, ou de l'opinion commune sur quoi la fable est fondée, ou de la vraisemblance. Il ajoute ensuite : *Si on le reprend de ce qu'il n'a pas écrit les choses dans la vérité, qu'il réponde qu'il les a écrites comme elles ont dû être ; si on lui impute de n'avoir fait ni l'un ni l'autre, qu'il se défende sur ce qu'en publie l'opinion commune, comme en ce qu'on raconte des Dieux, dont la plus grande partie n'a rien de véritable.* Et un peu plus bas : *Quelquefois ce n'est pas le meilleur qu'elles se soient passées de la manière qu'il décrit*[2] ; *néanmoins elles se sont passées effectivement de cette manière*[3], et par conséquent il est hors de faute. Ce dernier passage montre que nous ne sommes point obligés de nous écarter de la vérité pour donner une meilleure forme aux actions de la tragédie par les ornements de la vraisemblance, et le montre d'autant

---

1. Ἐπεὶ γάρ ἐστι μιμητὴς ὁ ποιητής, ὥσπερ ἂν ἢ ζωγράφος ἤ τις ἄλλος εἰκονοποιός, ἀνάγκη μιμεῖσθαι τριῶν ὄντων τὸν ἀριθμὸν ἕν τι ἀεί · ἢ γὰρ οἷα ἦν ἢ ἔστιν, ἢ οἷά φασι καὶ δοκεῖ, ἢ οἷα εἶναι δεῖ. (Aristote, *Poétique*, chap. xxv, 1.)

2. Var. (édit. de 1660 et de 1663) : De la manière qu'il les décrit.

3. Πρὸς δὲ τούτοις ἐὰν ἐπιτιμᾶται ὅτι οὐκ ἀληθῆ, ἀλλ' οἷα δεῖ…. Εἰ δὲ μηδετέρως, ὅτι οὕτω φασίν, οἷον τὰ περὶ θεῶν…. Ἴσως δὲ οὐ βέλτιον μέν, ἀλλ' οὕτως εἶχε. (Aristote, *Poétique*, chap. xxv, 6 et 7.)

plus fortement, qu'il demeure pour constant, par le second de ces trois passages, que l'opinion commune suffit pour nous justifier quand nous n'avons pas pour nous la vérité, et que nous pourrions faire quelque chose de mieux que ce que nous faisons, si nous recherchions les beautés de cette vraisemblance. Nous courons par là quelque risque d'un plus foible succès; mais nous ne péchons que contre le soin que nous devons avoir de notre gloire, et non pas contre les règles du théâtre.

Je fais une seconde remarque sur ces termes de *vraisemblable* et de *nécessaire*, dont l'ordre se trouve quelquefois renversé chez ce philosophe, qui tantôt dit, *selon le nécessaire ou le vraisemblable*, et tantôt *selon le vraisemblable ou le nécessaire*. D'où je tire une conséquence, qu'il y a des occasions où il faut préférer le vraisemblable au nécessaire, et d'autres où il faut préférer le nécessaire au vraisemblable. La raison en est que ce qu'on emploie le dernier dans les propositions alternatives y est placé comme un pis aller, dont il faut se contenter quand on ne peut arriver à l'autre, et qu'on doit faire effort pour le premier avant que de se réduire au second, où l'on n'a droit de recourir qu'au défaut de ce premier.

Pour éclaircir cette préférence mutuelle du vraisemblable au nécessaire, et du nécessaire au vraisemblable, il faut distinguer deux choses dans les actions qui composent la tragédie. La première consiste en ces actions mêmes, accompagnées des inséparables circonstances du temps et du lieu; et l'autre en la liaison qu'elles ont ensemble, qui les fait naître l'une de l'autre. En la première, le vraisemblable est à préférer au nécessaire; et le nécessaire au vraisemblable, dans la seconde.

Il faut placer les actions où il est plus facile et mieux séant qu'elles arrivent, et les faire arriver dans un loisir raisonnable, sans les presser extraordinairement, si la nécessité de les renfermer dans un lieu et dans un jour ne nous y oblige. J'ai déjà fait voir en l'autre Discours que pour conserver l'unité de lieu, nous faisons parler souvent des personnes dans une place publique[1], qui vraisemblablement s'entretiendroient dans une chambre; et je m'assure que si on racontoit dans un roman ce que je fais arriver dans *le Cid*, dans *Polyeucte*, dans *Pompée*, ou dans *le Menteur*, on lui donneroit un peu plus d'un jour pour l'étendue de sa durée. L'obéissance que nous devons aux règles de l'unité de jour et de lieu nous dispense alors du vraisemblable, bien qu'elle ne nous permette pas l'impossible; mais nous ne tombons pas toujours dans cette nécessité; et *la Suivante*, *Cinna*, *Théodore*, et *Nicomède*, n'ont point eu besoin de s'écarter de la vraisemblance à l'égard du temps, comme ces autres poëmes.

Cette réduction de la tragédie au roman est la pierre de touche pour démêler les actions nécessaires d'avec les vraisemblables. Nous sommes gênés au théâtre par le lieu, par le temps, et par les incommodités de la représentation, qui nous empêchent d'exposer à la vue beaucoup de personnages tout à la fois, de peur que les uns ne demeurent sans action, ou troublent[2] celle des autres. Le roman n'a aucune de ces contraintes : il donne aux actions qu'il décrit tout le loisir qu'il leur faut pour arriver; il place ceux qu'il fait parler, agir ou rêver, dans une chambre, dans une forêt, en place publique, selon qu'il est plus à propos pour leur action particulière; il a pour cela tout un palais, toute une ville, tout un royaume, toute la terre[3], où les promener; et s'il fait arriver ou

---

1. Il n'y a sur ce sujet dans le premier Discours qu'un passage fort peu important (voyez p. 41); mais la question est traitée tout au long dans les *Examens*, notamment dans celui de *la Galerie du Palais*.
2. VAR. (édit. de 1660 et de 1663) : ou ne troublent.
3. Ces trois derniers mots manquent dans l'édition de 1660.

raconter quelque chose en présence de trente personnes, il en peut décrire les divers sentiments l'un après l'autre. C'est pourquoi il n'a jamais aucune liberté de se départir[1] de la vraisemblance, parce qu'il n'a jamais aucune raison ni excuse légitime pour s'en écarter.

Comme le théâtre ne nous laisse pas tant de facilité de réduire tout dans le vraisemblable, parce qu'il ne nous fait rien savoir que par des gens qu'il expose à la vue de l'auditeur en peu de temps, il nous en dispense aussi plus aisément. On peut soutenir que ce n'est pas tant nous en dispenser, que nous permettre une vraisemblance plus large; mais puisque Aristote nous autorise à y traiter les choses selon le nécessaire, j'aime mieux dire que tout ce qui s'y passe d'une autre façon qu'il ne se passeroit dans un roman n'a point de vraisemblance, à le bien prendre, et se doit ranger entre les actions nécessaires.

L'*Horace* en peut fournir quelques exemples[2] : l'unité de lieu y est exacte, tout s'y passe dans une salle. Mais si on en faisoit un roman avec les mêmes particularités de scène en scène que j'y ai employées, feroit-on tout passer dans cette salle? A la fin du premier acte, Curiace et Camille sa maîtresse vont rejoindre le reste de la famille, qui doit être dans un autre appartement; entre les deux actes, ils y reçoivent la nouvelle de l'élection des trois Horaces; à l'ouverture du second, Curiace paroît dans cette même salle pour l'en congratuler. Dans le roman, il auroit fait cette congratulation au même lieu où l'on en reçoit la nouvelle, en présence de toute la famille, et il n'est point vraisemblable qu'ils s'écartent eux deux pour cette conjouissance; mais il est néces-

---

1. Var. (édit. de 1660) : de s'écarter.
2. Var. (édit. de 1660) : J'anticipe l'examen d'*Horace* pour en donner des exemples.

saire pour le théâtre; et à moins que cela, les sentiments des trois Horaces, de leur père, de leur sœur, de Curiace, et de Sabine, se fussent présentés à faire paroître tous à la fois[1]. Le roman, qui ne fait rien voir, en fût aisément venu à bout; mais sur la scène il a fallu les séparer, pour y mettre quelque ordre, et les prendre l'un après l'autre, en commençant par ces deux-ci, que j'ai été forcé de ramener dans cette salle sans vraisemblance. Cela passé, le reste de l'acte est tout à fait vraisemblable, et n'a rien qu'on fût obligé de faire arriver d'une autre manière dans le roman. A la fin de cet acte, Sabine et Camille, outrées de déplaisir, se retirent de cette salle avec un emportement de douleur, qui vraisemblablement va renfermer leurs larmes dans leur chambre, où le roman les feroit demeurer et y recevoir la nouvelle du combat. Cependant, par la nécessité de les faire voir aux spectateurs, Sabine quitte sa chambre au commencement du troisième acte, et revient entretenir ses douloureuses inquiétudes dans cette salle, où Camille la vient trouver. Cela fait, le reste de cet acte est vraisemblable, comme en l'autre; et si vous voulez examiner avec cette rigueur les premières scènes des deux derniers, vous trouverez peut-être la même chose, et que le roman placeroit ses personnages ailleurs qu'en cette salle, s'ils en étoient une fois sortis, comme ils en sortent à la fin de chaque acte.

Ces exemples peuvent suffire pour expliquer comme on peut traiter une action selon le nécessaire, quand on ne la peut traiter selon le vraisemblable, qu'on doit toujours préférer au nécessaire lorsqu'on ne regarde que les actions en elles-mêmes.

Il n'en va pas ainsi de leur liaison qui les fait naître

---

1. Var. (édit. de 1660) : tout à la fois.

l'une de l'autre : le nécessaire y est à préférer au vraisemblable, non que cette liaison ne doive toujours être vraisemblable, mais parce qu'elle est beaucoup meilleure quand elle est vraisemblable et nécessaire tout ensemble. La raison en est aisée à concevoir. Lorsqu'elle n'est que vraisemblable sans être nécessaire, le poëme s'en peut passer, et elle n'y est pas de grande importance; mais quand elle est vraisemblable et nécessaire, elle devient une partie essentielle du poëme, qui ne peut subsister sans elle. Vous trouverez dans *Cinna* des exemples[1] de ces deux sortes de liaisons : j'appelle ainsi la manière dont une action est produite par l'autre. Sa conspiration contre Auguste est causée nécessairement par l'amour qu'il a pour Émilie, parce qu'il la veut épouser, et qu'elle ne veut se donner à lui qu'à cette condition. De ces deux actions, l'une est vraie, l'autre est vraisemblable, et leur liaison est nécessaire. La bonté d'Auguste donne des remords et de l'irrésolution à Cinna : ces remords et cette irrésolution ne sont causés que vraisemblablement par cette bonté, et n'ont qu'une liaison vraisemblable avec elle, parce que Cinna pouvoit demeurer dans la fermeté, et arriver à son but, qui est d'épouser Émilie. Il la consulte dans cette irrésolution : cette consultation n'est que vraisemblable, mais elle est un effet nécessaire de son amour, parce que s'il eût rompu la conjuration sans son aveu, il ne fût jamais arrivé à ce but qu'il s'étoit proposé, et par conséquent voilà une liaison nécessaire entre deux actions vraisemblables, ou si vous l'aimez mieux, une production nécessaire d'une action vraisemblable par une autre pareillement vraisemblable.

Avant que d'en venir aux définitions et divisions du vraisemblable et du nécessaire, je fais encore une ré-

---

1. Var. (édit. de 1660) : *Cinna* peut nous fournir des exemples.

flexion sur les actions qui composent la tragédie, et trouve que nous pouvons y en faire entrer de trois sortes, selon que nous le jugeons à propos : les unes suivent l'histoire, les autres ajoutent à l'histoire, les troisièmes falsifient l'histoire. Les premières sont vraies, les secondes quelquefois vraisemblables et quelquefois nécessaires, et les dernières doivent toujours être nécessaires.

Lorsqu'elles sont vraies, il ne faut point se mettre en peine de la vraisemblance, elles n'ont pas besoin de son secours. *Tout ce qui s'est fait manifestement s'est pu faire,* dit Aristote, *parce que, s'il ne s'étoit pu faire, il ne se seroit pas fait*[1]. Ce que nous ajoutons à l'histoire, comme il n'est pas appuyé de son autorité, n'a pas cette prérogative. *Nous avons une pente naturelle,* ajoute ce philosophe, *à croire que ce qui ne s'est point fait n'a pu encore se faire*[2]; et c'est pourquoi ce que nous inventons a besoin de la vraisemblance la plus exacte qu'il est possible pour le rendre croyable.

A bien peser ces deux passages, je crois ne m'éloigner point de sa pensée quand j'ose dire, pour définir le vraisemblable, que *c'est une chose manifestement possible dans la bienséance, et qui n'est ni manifestement vraie ni manifestement fausse*. On en peut faire deux divisions, l'une en vraisemblable général et particulier, l'autre en ordinaire et extraordinaire.

Le vraisemblable général est ce que peut faire et qu'il est à propos que fasse un roi, un général d'armée, un amant, un ambitieux, etc. Le particulier est ce qu'a pu ou dû faire Alexandre, César, Alcibiade, compatible

---

1. Τὰ δὲ γενόμενα, φανερὸν ὅτι δυνατά · οὐ γὰρ ἂν ἐγένετο, εἰ ἦν ἀδύνατα. (Aristote, *Poétique,* chap. ιx, 6.)

2. Τὰ μὲν οὖν μὴ γενόμενα οὔπω πιστεύομεν εἶναι δυνατά. (*Ibid.*) — Corneille a tort de dire « ajoute; » ces mots viennent dans Aristote avant la citation précédente

avec ce que l'histoire nous apprend de ses actions. Ainsi tout ce qui choque l'histoire sort de cette vraisemblance, parce qu'il est manifestement faux; et il n'est pas vraisemblable que César, après la bataille de Pharsale, se soit remis en bonne intelligence avec Pompée, ou Auguste avec Antoine après celle d'Actium, bien qu'à parler en termes généraux il soit vraisemblable que, dans une guerre civile, après une grande bataille, les chefs des partis contraires se réconcilient, principalement lorsqu'ils sont généreux l'un et l'autre.

Cette fausseté manifeste, qui détruit la vraisemblance, se peut rencontrer même dans les pièces qui sont toutes d'invention. On n'y peut falsifier l'histoire, puisqu'elle n'y a aucune part; mais il y a des circonstances, des temps et des lieux qui peuvent convaincre un auteur de fausseté quand il prend mal ses mesures. Si j'introduisois un roi de France ou d'Espagne sous un nom imaginaire, et que je choisisse pour le temps de mon action un siècle dont l'histoire eût marqué les véritables rois de ces deux royaumes, la fausseté seroit toute visible; et c'en seroit une encore plus palpable si je plaçois Rome à deux lieues de Paris, afin qu'on pût y aller et revenir en un même jour. Il y a des choses sur qui le poëte n'a jamais aucun droit. Il peut prendre quelque licence sur l'histoire, en tant qu'elle regarde les actions des particuliers, comme celle de César ou d'Auguste, et leur attribuer des actions qu'ils n'ont pas faites, ou les faire arriver d'une autre manière qu'ils ne les ont faites; mais il ne peut pas renverser la chronologie pour faire vivre Alexandre du temps de César, et moins encore changer la situation des lieux, ou les noms des royaumes, des provinces, des villes, des montagnes, et des fleuves remarquables. La raison est que ces provinces, ces montagnes, ces rivières, sont des choses permanentes. Ce que nous savons de leur situation étoit dès le commencement du monde; nous devons présumer qu'il n'y a point eu de changement, à moins que l'histoire le marque; et la géographie nous en apprend tous les noms anciens et modernes. Ainsi un homme seroit ridicule d'imaginer que du temps d'Abraham Paris fût au pied des Alpes, ou que la Seine traversât l'Espagne, et de mêler de pareilles grotesques dans une pièce d'invention. Mais l'histoire est des choses qui passent, et qui succédant les unes aux autres, n'ont que chacune un moment pour leur durée, dont il en échappe beaucoup à la connoissance de ceux qui l'écrivent. Aussi n'en peut-on montrer aucune qui contienne tout ce qui s'est passé dans les lieux dont elle parle, ni tout ce qu'ont fait ceux dont elle décrit la vie. Je n'en excepte pas même les *Commentaires* de César, qui écrivoit sa propre histoire, et devoit la savoir toute entière. Nous savons quels pays arrosoit le Rhône et la Seine avant qu'il vînt dans les Gaules; mais nous ne savons que fort peu de chose, et peut-être rien du tout, de ce qui s'y est passé avant sa venue. Ainsi nous pouvons bien y placer des actions que nous feignons arrivées avant ce temps-là, mais non pas, sous ce prétexte de fiction poétique et d'éloignement des temps, y changer la distance naturelle d'un lieu à l'autre. C'est de cette façon que Barclay en a usé dans son *Argenis*[1], où il ne nomme aucune ville ni fleuve de Sicile, ni de nos provinces, que par des noms véritables, bien que ceux de toutes les personnes qu'il y met sur le tapis soient entièrement de son invention aussi bien que leurs actions.

1. Jean Barclay, né à Pont-à-Mousson en 1582, écrivit à Rome son roman allégorique intitulé *Argenis*, dans lequel il raconte sous des noms supposés les intrigues politiques de la cour de France. Il le dédia à Louis XIII le 1ᵉʳ juillet 1621, et mourut le 12 août suivant.

Aristote semble plus indulgent sur cet article, puisqu'il trouve *le poëte excusable quand il pèche contre un autre art que le sien, comme contre la médecine ou contre l'astrologie*[1]. A quoi je réponds *qu'il ne l'excuse que sous cette condition qu'il arrive par là au but de son art, auquel il n'auroit pu arriver autrement;* encore avoue-t-il qu'il pèche en ce cas, et qu'il est meilleur de ne pécher *point du tout*[2]. Pour moi, s'il faut recevoir cette excuse, je ferois distinction entre les arts qu'il peut ignorer sans honte, parce qu'il lui arrive rarement des occasions d'en parler sur son théâtre, tels que sont la médecine et l'astrologie, que je viens de nommer, et les arts sans la connoissance desquels, ou en tout ou en partie, il ne sauroit établir de justesse dans aucune pièce, tels que sont la géographie et la chronologie. Comme il ne sauroit représenter aucune action sans la placer en quelque lieu et en quelque temps, il est inexcusable s'il fait paroître de l'ignorance dans le choix de ce lieu et de ce temps où il la place.

Je viens à l'autre division du vraisemblable en ordinaire et extraordinaire : l'ordinaire est une action qui arrive plus souvent, ou du moins aussi souvent que sa contraire ; l'extraordinaire est une action qui arrive, à la vérité, moins souvent que sa contraire, mais qui ne laisse pas d'avoir sa possibilité assez aisée pour n'aller point jusqu'au miracle, ni jusqu'à ces événements singuliers qui

---

1. Εἰ δὲ τὸ προελέσθαι μὴ ὀρθῶς, ἀλλὰ τὸν ἵππον ἄμφω τὰ δεξιὰ προ-6εβληκότα ἢ τὸ καθ' ἑκάστην τέχνην ἁμάρτημα, οἷον τὸ κατ' ἰατρικὴν ἢ ἄλλην τέχνην, ἢ ἀδύνατα πεποίηται ὁποιαοῦν, οὐ καθ' ἑαυτήν. (Aristote, *Poétique,* chap. xxv, 4.)

2. Πρῶτον μὲν γὰρ, ἂν τὰ πρὸς αὐτὴν τὴν τέχνην ἀδύνατα πεποίηται, ἡμάρτηται. Ἀλλ' ὀρθῶς ἔχοι, εἰ τυγχάνοι τοῦ τέλους τοῦ αὐτῆς. Εἰ μέντοι τὸ τέλος ἢ μᾶλλον ἢ ἧττον ἐνεδέχετο ὑπάρχειν καὶ κατὰ τὴν περὶ τούτων τέχνην ἡμάρτηται, οὐκ ὀρθῶς· δεῖ γάρ, εἰ ἐνδέχεται, ὅλως μηδαμῇ ἡμαρτῆσθαι. *(Ibid.,* 5.)

servent de matière aux tragédies sanglantes par l'appui qu'ils ont de l'histoire ou de l'opinion commune, et qui ne se peuvent tirer en exemple que pour les épisodes de la pièce dont ils font le corps, parce qu'ils ne sont pas croyables à moins que d'avoir cet appui. Aristote donne deux idées ou exemples généraux de ce vraisemblable extraordinaire : l'un d'un homme subtil et adroit qui se trouve trompé par un moins subtil que lui ; l'autre d'un foible qui se bat contre un plus fort que lui et en demeure victorieux, ce qui surtout ne manque jamais à être bien reçu quand la cause du plus simple ou du plus foible est la plus équitable[1]. Il semble alors que la justice du ciel ait présidé au succès, qui trouve d'ailleurs une croyance d'autant plus facile qu'il répond aux souhaits de l'auditoire, qui s'intéresse toujours pour ceux dont le procédé est le meilleur. Ainsi la victoire du Cid contre le Comte se trouveroit dans la vraisemblance extraordinaire, quand elle ne seroit pas vraie. *Il est vraisemblable*, dit notre docteur, *que beaucoup de choses arrivent contre le vraisemblable*[2]; et puisqu'il avoue par là que ces effets extraordinaires arrivent contre la vraisemblance, j'aimerois mieux les nommer simplement croyables, et les ranger sous le nécessaire, attendu qu'on ne s'en doit jamais servir sans nécessité.

On peut m'objecter que le même philosophe dit *qu'au regard de la poésie on doit préférer l'impossible croyable au possible incroyable*[3], et conclure de là que j'ai peu de raison d'exiger du vraisemblable, par la définition que j'en ai faite, qu'il soit manifestement possible pour être

1. Voyez Aristote, *Poétique*, chap. xviii, 6.
2. Εἰκὸς γὰρ καὶ παρὰ τὸ εἰκὸς γενέσθαι. (Aristote, *Poétique*, chapitre xxv, 17; voyez aussi chap. xviii, 6.)
3. Προαιρεῖσθαί τε δεῖ ἀδύνατα εἰκότα μᾶλλον ἢ δυνατὰ ἀπίθανα. (*Ibid.*, chap. xxiv, 10.)

croyable, puisque selon Aristote il y a des choses impossibles qui sont croyables.

Pour résoudre cette difficulté, et trouver de quelle nature est cet impossible croyable dont il ne donne aucun exemple, je réponds qu'il y a des choses impossibles en elles-mêmes qui paroissent aisément possibles, et par conséquent croyables, quand on les envisage d'une autre manière. Telles sont toutes celles où nous falsifions l'histoire. Il est impossible qu'elles soient passées[1] comme nous les représentons, puisqu'elles se sont passées autrement, et qu'il n'est pas au pouvoir de Dieu même de rien changer au passé; mais elles paroissent manifestement possibles quand elles sont dans la vraisemblance générale, pourvu qu'on les regarde détachées de l'histoire, et qu'on veuille oublier pour quelque temps ce qu'elle dit de contraire à ce que nous inventons. Tout ce qui se passe dans *Nicomède* est impossible, puisque l'histoire porte qu'il fit mourir son père sans le voir, et que ses frères du second lit étoient en otage à Rome lorsqu'il s'empara du royaume. Tout ce qui arrive dans *Héraclius* ne l'est pas moins, puisqu'il n'étoit pas fils de Maurice, et que bien loin de passer pour celui de Phocas et être nourri comme tel chez ce tyran, il vint fondre sur lui à force ouverte des bords de l'Afrique, dont il étoit gouverneur, et ne le vit peut-être jamais. On ne prend point néanmoins pour incroyables les incidents de ces deux tragédies; et ceux qui savent le désaveu qu'en fait l'histoire la mettent aisément à quartier[2] pour se plaire à leur représentation, parce qu'ils sont dans la vraisemblance générale, bien qu'ils manquent de la particulière.

1. Var. (édit. de 1660) : Se soient passées.
2. *Mettre à quartier*, mettre à l'écart, mettre de côté.

Tout ce que la fable nous dit de ses Dieux et de ses métamorphoses est encore impossible, et ne laisse pas d'être croyable par l'opinion commune, et par cette vieille traditive[1] qui nous a accoutumés à en ouïr parler. Nous avons droit d'inventer même sur ce modèle, et de joindre des incidents également impossibles à ceux que ces anciennes erreurs nous prêtent. L'auditeur n'est point trompé de son attente, quand le titre du poëme le prépare à n'y voir rien que d'impossible en effet : il y trouve tout croyable; et cette première supposition faite qu'il est des Dieux, et qu'ils prennent intérêt et font commerce avec les hommes, à quoi il vient tout résolu, il n'a aucune difficulté à se persuader du reste.

Après avoir tâché d'éclaircir ce que c'est que le vraisemblable, il est temps que je hasarde une définition du nécessaire dont Aristote parle tant, et qui seul nous peut autoriser à changer l'histoire et à nous écarter de la vraisemblance. Je dis donc que le nécessaire, en ce qui regarde la poésie, n'est autre chose que *le besoin du poëte pour arriver à son but ou pour y faire arriver ses acteurs*. Cette définition a son fondement sur les diverses acceptions du mot grec ἀναγκαῖον, qui ne signifie pas toujours ce qui est absolument nécessaire, mais aussi quelquefois ce qui est seulement utile à parvenir à quelque chose.

Le but des acteurs est divers, selon les divers desseins que la variété des sujets leur donne. Un amant a celui de posséder sa maîtresse; un ambitieux, de s'emparer d'une couronne; un homme offensé, de se venger; et ainsi des autres. Les choses qu'ils ont besoin de faire pour y arriver constituent ce nécessaire, qu'il faut préférer au vraisemblable, ou pour parler plus juste, qu'il faut ajouter

---

1. *Traditive*, tradition, chose apprise par tradition.

au vraisemblable dans la liaison des actions, et leur dépendance l'une de l'autre. Je pense m'être déjà assez expliqué là-dessus ; je n'en dirai pas davantage.

Le but du poëte est de plaire selon les règles de son art. Pour plaire, il a besoin quelquefois de rehausser l'éclat des belles actions et d'exténuer l'horreur des funestes. Ce sont des nécessités d'embellissement où il peut bien choquer la vraisemblance particulière par quelque altération de l'histoire, mais non pas se dispenser de la générale, que rarement, et pour des choses qui soient de la dernière beauté, et si brillantes, qu'elles éblouissent. Surtout il ne doit jamais les pousser au delà de la vraisemblance extraordinaire, parce que ces ornements qu'il ajoute de son invention ne sont pas d'une nécessité absolue, et qu'il fait mieux de s'en passer tout à fait que d'en parer son poëme contre toute sorte de vraisemblance. Pour plaire selon les règles de son art, il a besoin de renfermer son action dans l'unité de jour et de lieu ; et comme cela est d'une nécessité absolue et indispensable, il lui est beaucoup plus permis sur ces deux articles que sur celui des embellissements.

Il est si malaisé qu'il se rencontre dans l'histoire ni dans l'imagination des hommes quantité de ces événements illustres et dignes de la tragédie, dont les délibérations et leurs effets puissent arriver en un même lieu et en un même jour, sans faire un peu de violence à l'ordre commun des choses, que je ne puis croire cette sorte de violence tout à fait condamnable, pourvu qu'elle n'aille pas jusqu'à l'impossible. Il est de beaux sujets où on ne la peut éviter ; et un auteur scrupuleux se priveroit d'une belle occasion de gloire, et le public de beaucoup de satisfaction, s'il n'osoit s'enhardir à les mettre sur le théâtre, de peur de se voir forcé à les faire aller plus vite que la vraisemblance ne le permet. Je lui donnerois en ce cas un conseil que peut-être il trouveroit salutaire : c'est de ne marquer aucun temps préfix dans son poëme, ni aucun lieu déterminé où il pose ses acteurs. L'imagination de l'auditeur auroit plus de liberté de se laisser aller au courant de l'action, si elle n'étoit point fixée par ces marques ; et[1] il pourroit ne s'apercevoir pas de cette précipitation, si elles ne l'en faisoient souvenir, et n'y appliquoient son esprit malgré lui. Je me suis toujours repenti d'avoir fait dire au Roi, dans *le Cid*, qu'il vouloit que Rodrigue se délassât une heure ou deux après la défaite des Maures avant que de combattre don Sanche : je l'avois fait pour montrer que la pièce étoit dans les vingt-quatre heures ; et cela n'a servi qu'à avertir les spectateurs de la contrainte avec laquelle je l'y ai réduite. Si j'avois fait résoudre ce combat sans en désigner l'heure, peut-être n'y auroit-on pas pris garde.

Je ne pense pas que dans la comédie le poëte ait cette liberté de presser son action, par la nécessité de la réduire dans l'unité de jour. Aristote veut que toutes les actions qu'il y fait entrer soient vraisemblables, et n'ajoute point ce mot : *ou nécessaires*, comme pour la tragédie. Aussi la différence est assez grande entre les actions de l'une et celles de l'autre. Celles de la comédie partent de personnes communes, et ne consistent qu'en intriques d'amour et en fourberies, qui se développent si aisément en un jour, qu'assez souvent, chez Plaute et chez Térence, le temps de leur durée excède à peine celui de leur représentation ; mais dans la tragédie les affaires publiques sont mêlées d'ordinaire avec les intérêts particuliers des personnes illustres qu'on y fait paroître ; il y entre des batailles, des prises de villes, de grands périls, des révolutions d'États ; et tout cela va

---

1. Le mot *et* ne se trouve pas dans l'édition de 1660.

malaisément avec la promptitude que la règle nous oblige de donner à ce qui se passe sur la scène.

Si vous me demandez jusqu'où[1] peut s'étendre cette liberté qu'a le poëte d'aller contre la vérité et contre la vraisemblance, par la considération du besoin qu'il en a, j'aurai de la peine à vous faire une réponse précise. J'ai fait voir qu'il y a des choses sur qui nous n'avons aucun droit; et pour celles où ce privilége peut avoir lieu, il doit être plus ou moins resserré, selon que les sujets sont plus ou moins connus. Il m'étoit beaucoup moins permis dans *Horace* et dans *Pompée*, dont les histoires ne sont ignorées de personne, que dans *Rodogune* et dans *Nicomède*, dont peu de gens savoient les noms avant que je les eusse mis sur le théâtre. La seule mesure qu'on y peut prendre, c'est que tout ce qu'on y ajoute à l'histoire, et tous les changements qu'on y apporte, ne soient jamais plus incroyables que ce qu'on en conserve dans le même poëme. C'est ainsi qu'il faut entendre ce vers d'Horace touchant les fictions d'ornement :

Ficta voluptatis causa sint proxima veris[2],

et non pas en porter la signification jusqu'à celles[3] qui peuvent trouver quelque exemple dans l'histoire ou dans la fable, hors du sujet qu'on traite. Le même Horace décide la question, autant qu'on la peut décider, par cet autre vers avec lequel je finis ce discours :

....Dabiturque licentia sumpta pudenter[4].

Servons-nous-en donc avec retenue, mais sans scrupule; et s'il se peut, ne nous en servons point du tout : il vaut mieux n'avoir point besoin de grâce que d'en recevoir.

1. VAR. (édit. de 1660-1664) : jusques où.
2. Horace, *Art poétique*, v. 338.
3. VAR. (édit. de 1660-1664) : jusques à celles.
4. Horace, *Art poétique*, v. 51.

DISCOURS

DES TROIS UNITÉS

D'ACTION, DE JOUR, ET DE LIEU.

Les deux discours précédents, et l'examen des pièces de théâtre[1] que contiennent mes deux premiers volumes, m'ont fourni tant d'occasions d'expliquer ma pensée sur ces matières, qu'il m'en resteroit peu de chose à dire, si je me défendois absolument de répéter.

Je tiens donc, et je l'ai déjà dit, que l'unité d'action consiste, dans la comédie, en l'unité d'intrigue, ou d'obstacle aux desseins des principaux acteurs, et en l'unité de péril dans la tragédie, soit que son héros y succombe, soit qu'il en sorte. Ce n'est pas que je prétende qu'on ne puisse admettre plusieurs périls dans l'une, et plusieurs intrigues ou obstacles dans l'autre, pourvu que de l'un on tombe nécessairement dans l'autre; car alors la sortie du premier péril ne rend point l'action complète, puisqu'elle en attire un second; et l'éclaircissement d'un intrigue ne met point les acteurs en repos, puisqu'il les embarrasse dans un nouveau. Ma mémoire ne me fournit point d'exemples anciens de cette multiplicité de périls attachés l'un à l'autre qui ne détruit point l'unité d'action; mais j'en ai marqué la duplicité indépendante pour un défaut dans *Horace* et dans *Théodore*, dont il n'est point besoin que le premier tue sa sœur au sortir de sa victoire, ni que l'autre s'offre au martyre après

---

1. Var. (édit. de 1660) : de seize pièces de théâtre.

avoir échappé la prostitution ; et je me trompe fort si la mort de Polyxène et celle d'Astyanax, dans *la Troade* de Sénèque, ne font la même irrégularité.

En second lieu, ce mot d'unité d'action ne veut pas dire que la tragédie n'en doive faire voir qu'une sur le théâtre. Celle que le poëte choisit pour son sujet doit avoir un commencement, un milieu et une fin ; et ces trois parties non-seulement sont autant d'actions qui aboutissent à la principale, mais en outre chacune d'elles en peut contenir plusieurs avec la même subordination. Il n'y doit avoir qu'une action complète, qui laisse l'esprit de l'auditeur dans le calme ; mais elle ne peut le devenir que par plusieurs autres imparfaites, qui lui servent d'acheminements, et tiennent cet auditeur dans une agréable suspension. C'est ce qu'il faut pratiquer à la fin de chaque acte pour rendre l'action continue. Il n'est pas besoin qu'on sache précisément tout ce que font les acteurs durant les intervalles qui les séparent, ni même qu'ils agissent lorsqu'ils ne paroissent point sur le théâtre ; mais il est nécessaire que chaque acte laisse une attente de quelque chose qui se doive faire dans celui qui le suit.

Si vous me demandiez ce que fait Cléopatre dans *Rodogune*, depuis qu'elle a quitté ses deux fils au second acte jusqu'à ce qu'elle rejoigne Antiochus au quatrième, je serois bien empêché à vous le dire, et je ne crois pas être obligé à en rendre compte ; mais la fin de ce second prépare à voir un effort de l'amitié des deux frères pour régner, et dérober Rodogune à la haine envenimée de leur mère. On en voit l'effet dans le troisième, dont la fin prépare encore à voir un autre effort d'Antiochus pour regagner ces deux ennemies l'une après l'autre, et à ce que fait Séleucus dans le quatrième, qui oblige cette mère dénaturée à résoudre et faire attendre ce qu'elle tâche d'exécuter au cinquième.

Dans *le Menteur*, tout l'intervalle du troisième au quatrième vraisemblablement se consume à dormir par tous les acteurs ; leur repos n'empêche pas toutefois la continuité d'action entre ces deux actes, parce que ce troisième n'en a point de complète. Dorante le finit par le dessein de chercher des moyens de regagner l'esprit de Lucrèce ; et dès le commencement de l'autre il se présente pour tâcher de parler à quelqu'un de ses gens, et prendre l'occasion de l'entretenir elle-même si elle se montre.

Quand je dis qu'il n'est pas besoin de rendre compte de ce que font les acteurs cependant qu'ils n'occupent point la scène, je n'entends pas dire qu'il ne soit quelquefois fort à propos de le rendre, mais seulement qu'on n'y est pas obligé, et qu'il n'en faut prendre le soin que quand ce qui s'est fait derrière le théâtre sert à l'intelligence de ce qui se doit faire devant les spectateurs. Ainsi je ne dis rien de ce qu'a fait Cléopatre depuis le second acte jusques au quatrième, parce que durant tout ce temps-là elle a pu ne rien faire d'important pour l'action principale que je prépare ; mais je fais connoître, dès le premier vers du cinquième, qu'elle a employé tout l'intervalle d'entre ces deux derniers à tuer Séleucus, parce que cette mort fait une partie de l'action. C'est ce qui me donne lieu de remarquer que le poëte n'est pas tenu d'exposer à la vue toutes les actions particulières qui amènent à la principale : il doit choisir celles qui lui sont les plus avantageuses à faire voir, soit par la beauté du spectacle, soit par l'éclat et la véhémence des passions qu'elles produisent, soit par quelque autre agrément qui leur soit attaché, et cacher les autres derrière la scène, pour les faire connoître au spectateur, ou par une narration, ou par quelque autre adresse de l'art ; surtout il doit se souvenir que les unes et les autres doivent avoir une telle liaison ensemble, que les dernières soient produites par celles qui les précèdent, et que toutes ayent leur source dans la protase que doit fermer le premier acte. Cette règle, que j'ai établie dès le premier Discours[1], bien qu'elle soit nouvelle et contre l'usage des anciens, a son fondement sur deux passages d'Aristote. En voici le premier : *Il y a grande différence*, dit-il, *entre les événements qui viennent les uns après les autres, et ceux qui viennent les uns à cause des autres*[2]. Les Maures viennent dans *le Cid* après la mort du Comte, et non pas à cause de la mort du Comte; et le pêcheur vient dans *Don Sanche* après qu'on soupçonne Carlos d'être le prince d'Aragon, et non pas à cause qu'on l'en soupçonne; ainsi tous les deux sont condamnables. Le second passage est encore plus formel, et porte en termes exprès, *que tout ce qui se passe dans la tragédie doit arriver nécessairement ou vraisemblablement de ce qui l'a précédé*[3].

La liaison des scènes qui unit toutes les actions particulières de chaque acte l'une avec l'autre, et dont j'ai parlé en l'examen de *la Suivante*, est un grand ornement dans un poëme, et qui sert beaucoup à former une continuité d'action par la continuité de la représentation; mais enfin ce n'est qu'un ornement et non pas une règle. Les anciens ne s'y sont pas toujours assujettis, bien que la plupart de leurs actes ne soient chargés que de deux ou trois scènes; ce qui la rendoit bien plus facile pour eux que pour nous, qui leur en donnons quelquefois jus-

1. Voyez plus haut, p. 42 et suivantes.
2. Διαφέρει γὰρ πολὺ γίνεσθαι τάδε διὰ τάδε, ἢ μετὰ τάδε. (Aristote, *poétique*, chap. x, 3.)
3. Ταῦτα δὲ δεῖ γίνεσθαι ἐξ αὐτῆς τῆς συστάσεως τοῦ μύθου, ὥστε ἐκ τῶν προγεγενημένων συμβαίνειν ἢ ἐξ ἀνάγκης ἢ κατὰ τὸ εἰκὸς γίνεσθαι ταῦτα, (Aristote, *poétique*, chap. x, 3.)

qu'à neuf ou dix. Je ne rapporterai que deux exemples du mépris qu'ils en ont fait : l'un est de Sophocle dans l'*Ajax*, dont le monologue, avant que de se tuer, n'a aucune liaison avec la scène qui le précède, ni avec celle qui le suit ; l'autre est du troisième acte de *l'Eunuque* de Térence, où celle d'Antiphon seul n'a aucune communication avec Chrémès et Pythias, qui sortent du théâtre quand il y entre. Les savants de notre siècle, qui les ont pris pour modèles dans les tragédies qu'ils nous ont laissées, ont encore plus négligé cette liaison qu'eux ; et il ne faut que jeter l'œil sur celles de Buchanan[1], de Grotius[2] et de Heinsius[3], dont j'ai parlé dans l'examen de *Polyeucte*, pour en demeurer d'accord. Nous y avons tellement accoutumé nos spectateurs, qu'ils ne sauroient plus voir une scène détachée sans la marquer pour un défaut : l'œil et l'oreille même s'en scandalisent avant que l'esprit y aye pu faire de réflexion. Le quatrième acte de *Cinna* demeure au-dessous des autres par ce manquement ; et ce qui n'étoit point une règle autrefois l'est devenu maintenant par l'assiduité de la pratique.

1. George Buchanan, poëte et historien, né en 1506 à Kilkerne, en Écosse, mort à Édimbourg, le 28 septembre 1582, est auteur de deux tragédies latines : un *Jephté* qu'il dédia en 1554 au maréchal de Brissac, et qui fut traduit par Pierre Brinon, conseiller au Parlement de Normandie, et divisé par lui en sept actes, et un *Saint Jean-Baptiste*.

2. Grotius, dont le véritable nom est Hugues de Groot, né à Delft le 10 avril 1583 et mort dans la nuit du 28 au 29 août 1645, est célèbre comme érudit et comme publiciste. Il a écrit trois tragédies latines : la première sur la chute d'Adam, *Adamus exsul* ; la seconde sur la Passion, *Christus patiens* ; la troisième sur l'élévation de Joseph, *Sophompaneas*, c'est-à-dire le Sauveur du monde.

3. Daniel Heinsius, illustre philologue, né à Gand en 1580, mort à Leyde le 23 février 1665, est auteur d'un *Herodes infanticida*, vivement critiqué par Balzac, mais qui n'en fut pas moins fort admiré.

J'ai parlé de trois sortes de liaisons dans cet examen de *la Suivante* : j'ai montré aversion pour celles de bruit, indulgence pour celles de vue, estime pour celles de présence et de discours ; et dans ces dernières j'ai confondu deux choses qui méritent d'être séparées. Celles qui sont de présence et de discours ensemble ont sans doute toute l'excellence dont elles sont capables ; mais il en est de discours sans présence, et de présence sans discours, qui ne sont pas dans le même degré. Un acteur qui parle à un autre d'un lieu caché, sans se montrer, fait une liaison de discours sans présence, qui ne laisse pas d'être fort bonne ; mais cela arrive fort rarement. Un homme qui demeure sur le théâtre, seulement pour entendre ce que diront ceux qu'il y voit entrer, fait une liaison de présence sans discours, qui souvent a mauvaise grâce, et tombe dans une affectation mendiée, plutôt pour remplir ce nouvel usage qui passe en précepte, que pour aucun besoin qu'en puisse avoir le sujet. Ainsi dans le troisième acte de *Pompée*, Achorée, après avoir rendu compte à Charmion de la réception que César a faite au Roi quand il lui a présenté la tête de ce héros, demeure sur le théâtre, où il voit venir l'un et l'autre, seulement pour entendre ce qu'ils diront, et le rapporter à Cléopatre. Ammon[1] fait la même chose au quatrième d'*Andromède*, en faveur de Phinée, qui se retire à la vue du Roi et de toute sa cour, qu'il voit arriver. Ces personnages qui deviennent muets lient assez mal les scènes, où ils ont si peu de part qu'ils n'y sont comptés pour rien. Autre chose est quand ils se tiennent cachés pour s'instruire de quelque secret

1. Dans les éditions publiées par Pierre Corneille on lit ici et un peu plus loin, au lieu de ce nom, celui de Timante, autre personnage d'*Andromède* ; mais c'est par suite d'une confusion évidente. Elle n'a pas échappé à Thomas Corneille ; en 1692 il a corrigé ce passage, et son texte a été suivi par tous les éditeurs.

d'importance par le moyen de ceux qui parlent, et qui croient n'être entendus de personne; car alors l'intérêt qu'ils ont à ce qui se dit, joint à une curiosité raisonnable d'apprendre ce qu'ils ne peuvent savoir d'ailleurs, leur donne grande part en l'action malgré leur silence; mais, en ces deux exemples, Ammon et Achorée mêlent une présence si froide aux scènes qu'ils écoutent, qu'à ne rien déguiser, quelque couleur que je leur donne pour leur servir de prétexte, ils ne s'arrêtent que pour les lier avec celles qui les précèdent, tant l'une et l'autre pièce s'en peut aisément passer.

Bien que l'action du poëme dramatique doive avoir son unité, il y faut considérer deux parties : le nœud et le dénouement. *Le nœud est composé*, selon Aristote, *en partie de ce qui s'est passé hors du théâtre avant le commencement de l'action qu'on y décrit et en partie de ce qui s'y passe; le reste appartient au dénouement. Le changement d'une fortune en l'autre fait la séparation de ces deux parties. Tout ce qui le précède est de la première; et ce changement avec ce qui le suit regarde l'autre*[1]. Le nœud dépend entièrement du choix et de l'imagination industrieuse du poëte; et l'on n'y peut donner de règle, sinon qu'il y doit ranger toutes choses selon le vraisemblable ou le nécessaire, dont j'ai parlé dans le second Discours; à quoi j'ajoute un conseil, de s'embarrasser le moins qu'il lui est possible de choses arrivées avant l'action qui se représente. Ces narrations importunent d'ordinaire, parce qu'elles ne sont pas attendues, et qu'elles gênent l'esprit de l'auditeur, qui est obligé de charger sa

---

1. Τὰ μὲν ἔξωθεν καὶ ἔνια τῶν ἔσωθεν πολλάκις ἡ δέσις, τὸ δὲ λοιπὸν ἡ λύσις. Λέγω δὲ δέσιν μὲν εἶναι τὴν ἀπ' ἀρχῆς μέχρι τούτου τοῦ μέρους ὃ ἔσχατόν ἐστιν, ἐξ οὗ μεταβαίνει εἰς δυστυχίαν ἢ εἰς εὐτυχίαν, λύσιν δὲ τὴν ἀπὸ τῆς ἀρχῆς τῆς μεταβάσεως μέχρι τέλους. (Aristote, *Poétique*, chapitre XVIII, 1.)

mémoire de ce qui s'est fait dix ou douze ans auparavant[1], pour comprendre ce qu'il voit représenter ; mais celles qui se font des choses qui arrivent et se passent derrière le théâtre, depuis l'action commencée, font toujours un meilleur effet, parce qu'elles sont attendues avec quelque curiosité, et font partie de cette action qui se représente. Une des raisons qui donne tant d'illustres suffrages à *Cinna* pour le mettre au-dessus de ce que j'ai fait, c'est qu'il n'y a aucune narration du passé, celle qu'il fait de sa conspiration à Émilie étant plutôt un ornement qui chatouille l'esprit des spectateurs qu'une instruction nécessaire de particularités qu'ils doivent savoir et imprimer dans leur mémoire pour l'intelligence de la suite. Émilie leur fait assez connoître dans les deux premières scènes qu'il conspiroit contre Auguste en sa faveur ; et quand Cinna lui diroit tout simplement que les conjurés sont prêts au lendemain, il avanceroit autant pour l'action que par les cent vers qu'il emploie à lui rendre compte, et de ce qu'il leur a dit, et de la manière dont ils l'ont reçu. Il y a des intrigues qui commencent dès la naissance du héros, comme celui d'*Héraclius ;* mais ces grands efforts d'imagination en demandent un extraordinaire à l'attention du spectateur, et l'empêchent souvent de prendre un plaisir entier aux premières représentations, tant ils le fatiguent.

Dans le dénouement je trouve deux choses à éviter, le simple changement de volonté, et la machine. Il n'y a pas grand artifice à finir un poëme, quand celui qui a fait obstacle aux desseins des premiers acteurs, durant quatre actes, en désiste au cinquième, sans aucun événement notable qui l'y oblige : j'en ai parlé au premier Dis-

---

1. Var. (édit. de 1660 et de 1663) : de ce qui s'est fait il y a dix ou douze ans.

cours¹, et n'y ajouterai rien ici. La machine n'a pas plus d'adresse quand elle ne sert qu'à faire descendre un Dieu pour accommoder toutes choses, sur le point que les acteurs ne savent plus comment les terminer. C'est ainsi qu'Apollon agit dans l'*Oreste* : ce prince et son ami Pylade, accusés par Tyndare et Ménélas de la mort de Clytemnestre, et condamnés à leur poursuite, se saisissent d'Hélène et d'Hermione : ils tuent ou croient tuer la première, et menacent d'en faire autant de l'autre, si on ne révoque l'arrêt prononcé contre eux. Pour apaiser ces troubles, Euripide ne cherche point d'autre finesse que de faire descendre Apollon du ciel, qui d'autorité absolue ordonne qu'Oreste épouse Hermione, et Pylade Électre ; et de peur que la mort d'Hélène n'y servît d'obstacle, n'y ayant pas d'apparence qu'Hermione épousât Oreste qui venoit de tuer sa mère, il leur apprend qu'elle n'est pas morte, et qu'il l'a dérobée à leurs coups, et enlevée au ciel dans l'instant qu'ils pensoient la tuer. Cette sorte de machine est entièrement hors de propos, n'ayant aucun fondement sur le reste de la pièce, et fait un dénouement vicieux. Mais je trouve un peu de rigueur au sentiment d'Aristote, qui met en même rang le char dont Médée se sert pour s'enfuir de Corinthe après la vengeance qu'elle a prise de Créon. Il me semble que c'en est un assez grand fondement que de l'avoir faite magicienne, et d'en avoir rapporté dans le poëme des actions autant au-dessus des forces de la nature que celle-là. Après ce qu'elle a fait pour Jason à Colchos, après qu'elle a rajeuni son père Éson depuis son retour, après qu'elle a attaché des feux invisibles au présent qu'elle a fait à Créuse, ce char volant n'est point hors de la vraisemblance ; et ce poëme n'a point besoin d'autre préparation pour cet effet extra-

---

1. Voyez plus haut, p. 28.

ordinaire. Sénèque lui en donne une par ce vers, que Médée dit à sa nourrice :

Tuum quoque ipsa corpus hinc mecum aveham[1] ;

et moi, par celui-ci qu'elle dit à Égée :

Je vous suivrai demain par un chemin nouveau[2].

Ainsi la condamnation d'Euripide, qui ne s'y est servi d'aucune précaution, peut être juste, et ne retomber ni sur Sénèque, ni sur moi ; et je n'ai point besoin de contredire Aristote pour me justifier sur cet article.

De l'action je passe aux actes, qui en doivent contenir chacun une portion, mais non pas si égale qu'on n'en réserve plus pour le dernier que pour les autres, et qu'on n'en puisse moins donner au premier qu'aux autres. On peut même ne faire autre chose dans ce premier que[3] peindre les mœurs des personnages, et marquer à quel point ils en sont de l'histoire qu'on va représenter[4]. Aristote n'en prescrit point le nombre ; Horace le borne à cinq, et bien qu'il défende d'y en mettre moins[5], les Espagnols s'opiniâtrent à l'arrêter à trois, et les Italiens font souvent la même chose. Les Grecs les distinguoient par le chant du chœur, et comme je trouve lieu de croire qu'en quelques-uns de leurs poëmes ils le faisoient chanter plus de quatre fois, je ne voudrois pas répondre qu'ils ne les poussassent jamais au delà de cinq. Cette

---

1. Vers 974. — 2. Vers 1279.
3. Var. (édit. de 1660-1664) : On peut même n'y faire autre chose que, etc.
4. Var. (édit. de 1660 et de 1663) : Qu'on va représenter et qui a quelquefois commencé longtemps auparavant.
5.   *Neve minor, neu sit quinto productior actu*
      Fabula....
                                    (Horace, *Art poétique*, v. 189, 190.)

manière de les distinguer étoit plus incommode que la nôtre ; car ou l'on prêtoit attention à ce que chantoit le chœur, ou l'on n'y en prêtoit point : si l'on y en prêtoit, l'esprit de l'auditeur étoit trop tendu, et n'avoit aucun moment pour se délasser ; si l'on n'y en prêtoit point, son attention étoit trop dissipée par la longueur du chant, et lorsqu'un autre acte commençoit, il avoit besoin d'un effort de mémoire pour rappeler en son imagination ce qu'il avoit déjà vu[1], et en quel point l'action étoit demeurée. Nos violons n'ont aucune de ces deux incommodités : l'esprit de l'auditeur se relâche durant qu'ils jouent, et réfléchit même sur ce qu'il a vu, pour le louer ou le blâmer, suivant qu'il lui a plu ou déplu ; et le peu qu'on les laisse jouer lui en laisse les idées si récentes, que quand les acteurs reviennent, il n'a point besoin de se faire d'effort pour rappeler et renouer son attention.

Le nombre des scènes dans chaque acte ne reçoit aucune règle ; mais comme tout l'acte doit avoir une certaine quantité de vers qui proportionne sa durée à celle des autres, on y peut mettre plus ou moins de scènes, selon qu'elles sont plus ou moins longues, pour employer le temps que tout l'acte ensemble doit consumer. Il faut, s'il se peut, y rendre raison de l'entrée et de la sortie de chaque acteur ; surtout pour la sortie je tiens cette règle indispensable, et il n'y a rien de si mauvaise grâce qu'un acteur qui se retire du théâtre seulement parce qu'il n'a plus de vers à dire.

Je ne serois pas si rigoureux pour les entrées. L'auditeur attend l'acteur ; et bien que le théâtre représente la chambre ou le cabinet de celui qui parle, il ne peut tou-

---

1. Var. (édit. de 1660-1664) : Il avoit besoin d'un effort d'esprit pour y rappeler ce qu'il avoit déjà vu.

tefois s'y montrer qu'il ne vienne de derrière la tapisserie, et il n'est pas toujours aisé de rendre raison de ce qu'il vient de faire en ville avant que de rentrer chez lui, puisque même quelquefois il est vraisemblable qu'il n'en est pas sorti. Je n'ai vu personne se scandaliser de voir Émilie commencer *Cinna* sans dire pourquoi elle vient dans sa chambre : elle est présumée y être avant que la pièce commence, et ce n'est que la nécessité de la représentation qui la fait sortir de derrière le théâtre pour y venir. Ainsi je dispenserois volontiers de cette rigueur toutes les premières scènes de chaque acte, mais non pas les autres, parce qu'un acteur occupant une fois le théâtre, aucun n'y doit entrer qui n'aye sujet de parler à lui, ou du moins qui n'ait[1] lieu de prendre l'occasion quand elle s'offre. Surtout lorsqu'un acteur entre deux fois dans un acte, soit dans la comédie, soit dans la tragédie, il doit absolument ou faire juger qu'il reviendra bientôt quand il sort la première fois, comme Horace dans le second acte[2] et Julie dans le troisième de la même pièce, ou donner raison en rentrant pourquoi il revient sitôt.

Aristote veut que la tragédie bien faite soit belle et capable de plaire sans le secours des comédiens, et hors de la représentation[3]. Pour faciliter ce plaisir au lecteur, il ne faut non plus gêner son esprit que celui du spectateur, parce que l'effort qu'il est obligé de se faire pour la concevoir et se la représenter[4] lui-même dans son esprit

---

1. Ici, contre l'usage le plus ordinaire de Corneille, on lit *ait*, au lieu de la forme *aye*, qui est à la ligne précédente. Le mot est imprimé de même, avec cette double orthographe *aye* et *ait*, dans les éditions de 1660-1668.
2. Var. (édit. de 1660) : le deuxième acte.
3. Voyez le chapitre XXVI de la *Poétique*.
4. Var. (édit. de 1660-1664) : et la représenter.

diminue la satisfaction qu'il en doit recevoir. Ainsi je serois d'avis que le poëte prît grand soin de marquer à la marge¹ les menues actions qui ne méritent pas qu'il en charge ses vers, et qui leur ôteroient même quelque chose de leur dignité, s'il se ravaloit à les exprimer. Le comédien y supplée aisément sur le théâtre; mais sur le livre on seroit assez souvent réduit à deviner, et quelquefois même on pourroit deviner mal, à moins que d'être instruit par là de ces petites choses. J'avoue que ce n'est pas l'usage des anciens; mais il faut m'avouer aussi que faute de l'avoir pratiqué, ils nous laissent beaucoup d'obscurités dans leurs poëmes, qu'il n'y a que les maîtres de l'art qui puissent développer; encore ne sais-je s'ils en viennent à bout toutes les fois qu'ils se l'imaginent. Si nous nous assujettissions à suivre entièrement leur méthode, il ne faudroit mettre aucune distinction d'actes ni de scènes, non plus que les Grecs. Ce manque est souvent cause que je ne sais combien il y a d'actes dans leurs pièces, ni si à la fin d'un acte un acteur se retire pour laisser chanter le chœur, ou s'il demeure sans action cependant qu'il chante, parce que ni eux ni leurs interprètes n'ont daigné nous en donner un mot d'avis à la marge².

Nous avons encore une autre raison particulière de ne pas négliger ce petit secours comme ils ont fait : c'est que l'impression met nos pièces entre les mains des comédiens qui courent les provinces³, que nous ne pou-

---

1. Ces indications se trouvent effectivement imprimées à la marge dans la plupart des premières éditions des pièces séparées et dans l'édition in-folio du *Théâtre* de Corneille (1663).
2. En général Corneille a plus développé ces indications de mise en scène dans la première édition de chacune de ses pièces que dans les réimpressions qu'il en a faites.
3. Var. (édit. de 1660) : des comédiens des provinces.

vons avertir que par là de ce qu'ils ont à faire, et qui feroient d'étranges contre-temps, si nous ne leur aidions par ces notes. Ils se trouveroient bien embarrassés au cinquième acte des pièces qui finissent heureusement, et où nous rassemblons tous les acteurs sur notre théâtre; ce que ne faisoient pas les anciens : ils diroient souvent à l'un ce qui s'adresse à l'autre, principalement quand il faut que le même acteur parle à trois ou quatre l'un après l'autre. Quand il y a quelque commandement à faire à l'oreille, comme celui de Cléopatre à Laonice pour lui aller querir du poison[1], il faudroit un *a parte* pour l'exprimer en vers, si l'on se vouloit passer de ces avis en marge; et l'un me semble beaucoup plus insupportable que les autres, qui nous donnent le vrai et unique moyen de faire, suivant le sentiment d'Aristote, que la tragédie soit aussi belle à la lecture qu'à la représentation, en rendant facile à l'imagination du lecteur tout ce que le théâtre présente à la vue des spectateurs.

La règle de l'unité de jour a son fondement sur ce mot d'Aristote, *que la tragédie doit renfermer la durée de son action dans un tour du soleil, ou tâcher de ne le passer pas de beaucoup*[2]. Ces paroles donnent lieu à cette dispute fameuse, si elles doivent être entendues d'un jour naturel de vingt-quatre heures, ou d'un jour artificiel de douze : ce sont deux opinions dont chacune a des partisans considérables; et pour moi, je trouve qu'il y a des sujets si malaisés à renfermer en si peu de temps, que non-seulement je leur accorderois les vingt-quatre heures entières, mais je me servirois même de la licence que donne ce philosophe de les excéder un peu, et les

---

1. Voyez la scène III du V° acte de *Rodogune*.
2. Ἡ μὲν γὰρ ὅτι μάλιστα πειρᾶται ὑπὸ μίαν περίοδον ἡλίου εἶναι ἢ μικρὸν ἐξαλλάττειν. (Aristote, *Poétique*, chap. v, 4.)

pousserois sans scrupule jusqu'à trente. Nous avons une maxime en droit qu'il faut élargir la faveur, et restreindre[1] les rigueurs, *odia restringenda, favores ampliandi;* et je trouve qu'un auteur est assez gêné par cette contrainte, qui a forcé quelques-uns de nos anciens d'aller jusqu'à l'impossible. Euripide, dans *les Suppliantes*, fait partir Thésée d'Athènes avec une armée, donner une bataille devant les murs de Thèbes, qui en étoient éloignés de douze ou quinze lieues, et revenir victorieux en l'acte suivant; et depuis qu'il est parti jusqu'à l'arrivée du messager qui vient faire le récit de sa victoire, Éthra et le chœur n'ont que trente-six vers à dire[2]. C'est assez bien employé[3] un temps si court. Eschyle fait revenir Agamemnon de Troie avec une vitesse encore toute autre. Il étoit demeuré d'accord avec Clytemnestre sa femme que sitôt que cette ville seroit prise, il le lui feroit savoir par des flambeaux disposés de montagne en montagne, dont le second s'allumeroit incontinent à la vue du premier, le troisième à la vue du second, et ainsi du reste; et par ce moyen elle devoit apprendre cette grande nouvelle dès la même nuit. Cependant à peine l'a-t-elle apprise par ces flambeaux allumés, qu'Agamemnon arrive, dont il faut que le navire, quoique battu d'une tempête, si j'ai bonne mémoire[4], aye été aussi vite, que l'œil à découvrir ces lumières. *Le Cid* et *Pompée*, où les actions sont un peu précipitées, sont bien éloignés de

1. Dans ce passage *restreindre* est écrit ainsi; mais dans l'édition de 1663 il y a *rétraindre*, comme plus haut (voyez p. 35 et note 2).
2. Voyez *les Suppliantes* d'Euripide, v. 598-634. Du reste Éthra ne dit rien et ne fait qu'écouter le chœur divisé en deux parties.
3. C'est le texte de toutes les éditions données par P. Corneille et encore de celle qui a été publiée par son frère en 1692.
4. Corneille a bonne mémoire: le héraut qui précède Agamemnon et annonce sa venue raconte assez longuement la tempête à laquelle il a échappé. Voyez l'*Agamemnon* d'Eschyle, v. 650 et suivants.

cette licence ; et s'ils forcent la vraisemblance commune en quelque chose, du moins ils ne vont point jusqu'à de telles impossibilités.

Beaucoup déclament contre cette règle, qu'ils nomment tyrannique, et auroient raison, si elle n'étoit fondée que sur l'autorité d'Aristote ; mais ce qui la doit faire accepter, c'est la raison naturelle qui lui sert d'appui. Le poëme dramatique est une imitation, ou pour en mieux parler, un portrait des actions des hommes ; et il est hors de doute que les portraits sont d'autant plus excellents qu'ils ressemblent mieux à l'original. La représentation dure deux heures, et ressembleroit parfaitement, si l'action qu'elle représente n'en demandoit pas davantage pour sa réalité. Ainsi ne nous arrêtons point ni aux douze, ni aux vingt-quatre heures ; mais resserrons l'action du poëme dans la moindre durée qu'il nous sera possible, afin que sa représentation ressemble mieux et soit plus parfaite. Ne donnons, s'il se peut, à l'une que les deux heures que l'autre remplit. Je ne crois pas que *Rodogune* en demande guère davantage, et peut-être qu'elles suffiroient pour *Cinna*. Si nous ne pouvons la renfermer dans ces deux heures, prenons-en quatre, six, dix, mais ne passons pas de beaucoup les vingt-quatre, de peur de tomber dans le déréglement, et de réduire tellement le portrait en petit, qu'il n'aye plus ses dimensions proportionnées, et ne soit qu'imperfection.

Surtout je voudrois laisser cette durée à l'imagination des auditeurs, et ne déterminer jamais le temps qu'elle emporte, si le sujet n'en avoit besoin, principalement quand la vraisemblance y est un peu forcée comme au *Cid*, parce qu'alors cela ne sert qu'à les avertir de cette précipitation. Lors même que rien n'est violenté dans un poëme par la nécessité d'obéir à cette règle, qu'est-il besoin de marquer à l'ouverture du théâtre que le soleil se lève, qu'il est midi au troisième acte, et qu'il se couche à la fin du dernier? C'est une affectation qui ne fait qu'importuner; il suffit d'établir la possibilité de la chose dans le temps où on la renferme, et qu'on le puisse trouver aisément, si on¹ y veut prendre garde, sans y appliquer l'esprit malgré soi². Dans les actions même qui n'ont point plus de durée que la représentation, cela seroit de mauvaise grâce si l'on marquoit d'acte en acte qu'il s'est passé une demie heure³ de l'un à l'autre.

Je répète ce que j'ai dit ailleurs⁴, que quand nous prenons un temps plus long, comme de dix heures, je voudrois que les huit qu'il faut perdre se consumassent dans les intervalles des actes, et que chacun d'eux n'eût en son particulier que ce que la représentation en consume, principalement lorsqu'il y a liaison de scènes perpétuelle; car cette liaison ne souffre point de vide entre deux scènes. J'estime toutefois que le cinquième, par un privilége particulier, a quelque droit de presser un peu le temps, en sorte que la part de l'action qu'il représente en tienne davantage qu'il n'en faut pour sa représentation. La raison en est que le spectateur est alors dans l'impatience de voir la fin, et que quand elle dépend d'acteurs qui sont sortis du théâtre, tout l'entretien qu'on donne à ceux qui y demeurent en attendant de

---

1. Var. (édit. de 1668) : si l'on.
2. Var. (édit. de 1660-1664) : Qui ne fait que l'importuner.... et qu'il le puisse trouver aisément, s'il y veut prendre garde, sans y appliquer son esprit malgré lui. — Le changement fait en 1682 était une correction nécessaire; dans les premières éditions de ce discours, Corneille avait construit la phrase comme si, au commencement du paragraphe, il avait employé le mot *auditeur* au singulier, et non au pluriel.
3. Telle est l'orthographe de Corneille. Voyez le *Lexique*.
4. Dans l'*Examen* de *Mélite* (p. 141), qui précède le présent Discours dans les éditions données par Corneille. Voyez la note 1 de la p. 13.

leurs nouvelles ne fait que languir, et semble demeurer sans action[1]. Il est hors de doute que depuis que Phocas est sorti au cinquième d'*Héraclius* jusqu'à ce qu'Amyntas vienne raconter sa mort, il faut plus de temps pour ce qui se fait derrière le théâtre que pour le récit des vers qu'Héraclius, Martian et Pulchérie emploient à plaindre leur malheur. Prusias et Flaminius, dans celui de *Nicomède*, n'ont pas tout le loisir dont ils auroient besoin pour se rejoindre sur la mer, consulter ensemble, et revenir à la défense de la Reine ; et le Cid n'en a pas assez pour se battre contre don Sanche durant l'entretien de l'Infante avec Léonor et de Chimène avec Elvire. Je l'ai bien vu, et n'ai point fait de scrupule de cette précipitation, dont peut-être on trouveroit plusieurs exemples chez les anciens; mais ma paresse, dont j'ai déjà parlé, me fera contenter de celui-ci, qui est de Térence dans l'*Andrienne*. Simon y fait entrer Pamphile son fils chez Glycère, pour en faire sortir le vieillard Criton, et s'éclaircir avec lui de la naissance de sa maîtresse, qui se trouve fille de Chrémès. Pamphile y entre, parle à Criton, le prie de le servir, revient avec lui ; et durant cette entrée, cette prière, et cette sortie, Simon et Chrémès, qui demeurent sur le théâtre, ne disent que chacun un vers, qui ne sauroit donner tout au plus à Pamphile que le loisir de demander où est Criton, et non pas de parler à lui, et lui dire les raisons qui le doivent porter à découvrir en sa faveur ce qu'il sait de la naissance de cette inconnue.

Quand la fin de l'action dépend d'acteurs qui n'ont point quitté le théâtre, et ne font point attendre de leurs nouvelles, comme dans *Cinna* et dans *Rodogune*, le cinquième acte n'a point besoin de ce privilége, parce

---

1. VAR. (édit. de 1660) : sans actions.

qu'alors toute l'action est en vue; ce qui n'arrive pas quand il s'en passe une partie derrière le théâtre depuis qu'il est commencé. Les autres actes ne méritent point la même grâce. S'il ne s'y trouve pas assez de temps pour y faire rentrer un acteur qui en est sorti, ou pour faire savoir ce qu'il a fait depuis cette sortie, on peut attendre à en rendre compte en l'acte suivant; et le violon, qui les distingue l'un de l'autre, en peut consumer autant qu'il en est besoin; mais dans le cinquième, il n'y a point de remise : l'attention est épuisée, et il faut finir.

Je ne puis oublier que, bien qu'il nous faille réduire toute l'action tragique en un jour, cela n'empêche pas que la tragédie ne fasse connoître par narration, ou par quelque autre manière plus artificieuse, ce qu'a fait son héros en plusieurs années, puisqu'il y en a dont le nœud consiste en l'obscurité de sa naissance qu'il faut éclaircir, comme *OEdipe*. Je ne répéterai point que, moins on se charge d'actions passées, plus on a l'auditeur propice par le peu de gêne qu'on lui donne, en lui rendant toutes les choses présentes, sans demander aucune réflexion à sa mémoire que pour ce qu'il a vu; mais je ne puis oublier que c'est un grand ornement pour un poëme que le choix d'un jour illustre et attendu depuis quelque temps. Il ne s'en présente pas toujours des occasions; et dans tout ce que j'ai fait jusqu'ici[1], vous n'en trouverez de cette nature que quatre : celui d'*Horace*[2], où deux peuples dévoient décider de leur empire par une bataille; celui de *Rodogune*[3], d'*Andromède*, et de *Don Sanche*. Dans *Rodogune*, c'est un jour choisi par deux souverains pour l'effet

1. VAR. (édit. de 1660) : et dans mes deux premiers volumes.
2. VAR. (édit. de 1660) : Vous n'en trouverez de cette nature que celui d'*Horace*, etc.
3. Devant les mots : « Celui de *Rodogune*, etc., » l'édition de 1660 ajoute : « Ce dernier (volume) en a trois, celui de *Rodogune*, etc. »

d'un traité de paix entre leurs couronnes ennemies, pour une entière réconciliation de deux rivales par un mariage, et pour l'éclaircissement d'un secret de plus de vingt ans, touchant le droit d'aînesse entre deux princes gémeaux dont dépend le royaume, et le succès de leur amour. Celui d'*Andromède* et de *Don Sanche* ne sont pas de moindre considération ; mais comme je le viens de dire[1], les occasions ne s'en offrent pas souvent ; et dans le reste de mes ouvrages, je n'ai pu choisir des jours remarquables que par ce que le hasard y fait arriver, et non pas par l'emploi où l'ordre public les aye destinés de longue main.

Quant à l'unité de lieu, je n'en trouve aucun précepte ni dans Aristote ni dans Horace. C'est ce qui porte quelques-uns à croire que la règle ne s'en est établie qu'en conséquence de l'unité de jour[2], et à se persuader ensuite qu'on le peut étendre jusques où un homme peut aller et revenir en vingt-quatre heures. Cette opinion est un peu licencieuse ; et si l'on faisoit aller un acteur en poste, les deux côtés du théâtre pourroient représenter Paris et Rouen[3]. Je souhaiterois, pour ne point gêner du tout le

1. VAR. (édit. de 1660-1668) : Mais comme je viens de dire.
2. Nous avons adopté la leçon des éditions de 1660-1668 ; elle nous paraît préférable à celle de l'édition de 1682, où on lit : « l'unité du jour. »
3. Corneille a bien fait de supposer que l'acteur va en poste, car, en employant les moyens de transport habituels, il lui aurait alors fallu quatre jours pour aller et venir. C'est ce que prouve le passage suivant d'un placard publié par M. Ph. Salmon dans les *Archives du bibliophile* du libraire Claudin (8ᵉ année, 1860, n° 33, p. 357) :

« De par le Roi,

« On fait à savoir que les coches et carrosses de Paris à Rouen, et de Rouen à Paris, logent présentement à la rue Saint-Denis devant l'Hôtel Saint-Chaumont où pend pour enseigne *l'image sainte Marguerite ;* et à Rouen à la *Truie qui file* rue Martainville. Et commenceront les premiers départs le vingt-troisième mars mil six cent qua-

spectateur, que ce qu'on fait représenter devant lui en deux heures se pût passer en effet en deux heures, et que ce qu'on lui fait voir sur un théâtre qui ne change point, pût s'arrêter dans une chambre ou dans une salle, suivant le choix qu'on en auroit fait; mais souvent cela est si malaisé, pour ne pas dire impossible[1], qu'il faut de nécessité trouver quelque élargissement pour le lieu, comme pour le temps. Je l'ai fait voir exact dans *Horace*, dans *Polyeucte* et dans *Pompée;* mais il faut pour cela ou n'introduire qu'une femme, comme dans *Polyeucte*, ou que les deux qu'on introduit ayent tant d'amitié l'une pour l'autre, et des intérêts si conjoints, qu'elles puissent être toujours ensemble, comme dans l'*Horace*, ou qu'il leur puisse arriver comme dans *Pompée*, où l'empressement de la curiosité naturelle fait sortir de leurs appartements Cléopatre au second acte, et Cornélie au cinquième, pour aller jusque dans la grande salle du palais du Roi au-devant des nouvelles qu'elles attendent. Il n'en va pas de même dans *Rodogune* : Cléopatre et elle ont des intérêts trop divers pour expliquer leurs plus secrètes pensées en même lieu. Je pourrois en dire ce que j'ai dit de *Cinna*, où en général tout se passe dans Rome, et en particulier moitié dans le cabinet d'Auguste, et moitié chez Émilie. Suivant cet ordre, le premier acte de cette tragédie seroit dans l'antichambre de Rodogune, le second dans la chambre de Cléopatre, le troisième dans celle de Rodogune; mais si le quatrième peut commencer chez cette princesse, il n'y peut achever, et ce que Cléopatre y dit à ses deux fils l'un après l'autre y seroit mal placé. Le cinquième a besoin d'une salle d'audience où un grand

rante-sept, cinq heures du matin précisément, pour arriver aux dits lieux en deux jours.

1. Var. (édit. de 1660-1668) : pour ne dire impossible.

peuple puisse être présent. La même chose se rencontre dans *Héraclius*. Le premier acte seroit fort bien dans le cabinet de Phocas, et le second chez Léontine; mais si le troisième commence chez Pulchérie, il n'y peut achever, et il est hors d'apparence que Phocas délibère dans l'appartement de cette princesse de la perte de son frère.

Nos anciens, qui faisoient parler leurs rois en place publique, donnoient assez aisément l'unité rigoureuse de lieu à leurs tragédies. Sophocle toutefois ne l'a pas observée dans son *Ajax*, qui sort du théâtre afin de trouver[1] un lieu écarté pour se tuer, et s'y tue à la vue du peuple; ce qui fait juger aisément que celui où il se tue n'est pas le même que celui d'où on l'a vu sortir, puisqu'il n'en est sorti que pour en choisir un autre.

Nous ne prenons pas la même liberté de tirer les rois et les princesses de leurs appartements; et comme souvent la différence et l'opposition des intérêts de ceux qui sont logés dans le même palais ne souffrent pas qu'ils fassent leurs confidences et ouvrent leurs secrets en même chambre, il nous faut chercher quelque autre accommodement pour l'unité de lieu, si nous la voulons conserver dans tous nos poëmes : autrement il faudroit prononcer contre beaucoup de ceux que nous voyons réussir avec éclat.

Je tiens donc qu'il faut chercher cette unité exacte autant qu'il est possible; mais comme elle ne s'accommode pas avec toute sorte de sujets, j'accorderois très-volontiers que ce qu'on feroit passer en une seule ville auroit l'unité de lieu. Ce n'est pas que je voulusse que le théâtre représentât cette ville toute entière, cela seroit un peu trop vaste, mais seulement deux ou trois lieux particuliers enfermés dans l'enclos de ses murailles. Ainsi la

1. Var. (édit. de 1660-1668) : afin de chercher.

scène de *Cinna* ne sort point de Rome, et est tantôt l'appartement d'Auguste dans son palais, et tantôt la maison d'Émilie. *Le Menteur* a les Tuileries et la place Royale dans Paris, et *la Suite* fait voir la prison et le logis de Mélisse dans Lyon. *Le Cid* multiplie encore davantage les lieux particuliers sans quitter Séville; et, comme la liaison de scènes n'y est pas gardée, le théâtre, dès le premier acte, est la maison de Chimène, l'appartement de l'Infante dans le palais du Roi, et la place publique; le second y ajoute la chambre du Roi; et sans doute il y a quelque excès dans cette licence. Pour rectifier en quelque façon cette duplicité de lieu quand elle est inévitable, je voudrois qu'on fît deux choses : l'une, que jamais on ne changeât[1] dans le même acte, mais seulement de l'un à l'autre, comme il se fait dans les trois premiers de *Cinna*; l'autre, que ces deux lieux n'eussent point besoin de diverses décorations, et qu'aucun des deux ne fût jamais nommé, mais seulement le lieu général où tous les deux sont compris, comme Paris, Rome, Lyon, Constantinople, etc. Cela aideroit à tromper l'auditeur, qui ne voyant rien qui lui marquât la diversité des lieux, ne s'en apercevroit pas, à moins d'une réflexion malicieuse et critique, dont il y en a peu qui soient capables, la plupart s'attachant avec chaleur à l'action qu'ils voient représenter. Le plaisir qu'ils y prennent est cause qu'ils n'en veulent pas chercher le peu de justesse pour s'en dégoûter; et ils ne le reconnoissent que par force, quand il est trop visible, comme dans *le Menteur* et *la Suite*, où les différentes décorations font reconnoître cette duplicité de lieu, malgré qu'on en ait[2].

Mais comme les personnes qui ont des intérêts op-

1. Var. (édit. de 1660 et de 1663) : on n'en changeât.
2. Le mot est écrit ainsi dans toutes les éditions, de 1660 à 1682.

posés ne peuvent pas vraisemblablement expliquer leurs secrets en même place, et qu'ils sont quelquefois introduits dans le même acte avec liaison de scènes qui emporte nécessairement cette unité, il faut trouver un moyen qui la rende compatible avec cette contradiction qu'y forme la vraisemblance rigoureuse, et voir comment pourra subsister le quatrième acte de *Rodogune*, et le troisième d'*Héraclius*, où j'ai déjà marqué cette répugnance du côté des deux personnes ennemies qui parlent en l'un et en l'autre. Les[1] jurisconsultes admettent des fictions de droit; et je voudrois, à leur exemple, introduire des fictions de théâtre, pour établir un lieu théâtral qui ne seroit ni l'appartement de Cléopatre, ni celui de Rodogune dans la pièce qui porte ce titre, ni celui de Phocas, de Léontine, ou de Pulchérie, dans *Héraclius;* mais une salle sur laquelle ouvrent ces divers appartements, à qui j'attribuerois deux priviléges : l'un, que chacun de ceux qui y parleroient fût présumé y parler avec le même secret que s'il étoit dans sa chambre; l'autre, qu'au lieu que dans l'ordre commun il est quelquefois de la bienséance que ceux qui occupent le théâtre aillent trouver ceux qui sont dans leur cabinet pour parler à eux, ceux-ci pussent les venir trouver sur le théâtre, sans choquer cette bienséance, afin de conserver l'unité de lieu et la liaison des scènes. Ainsi Rodogune dans le premier acte vient trouver Laonice, qu'elle devroit mander pour parler à elle; et dans le quatrième Cléopatre vient trouver Antiochus au même lieu où il vient de fléchir Rodogune, bien que, dans l'exacte vraisemblance, ce prince devroit aller chercher sa mère dans son cabinet, puisqu'elle hait trop cette princesse pour venir parler à lui dans son appartement, où la première scène fixeroit le reste de cet acte,

---

1. Var. (édit. de 1660 et de 1663) : nos.

si l'on n'apportoit ce tempérament dont j'ai parlé, à la rigoureuse unité de lieu.

Beaucoup de mes pièces[1] en manqueront si l'on ne veut point admettre cette modération, dont je me contenterai toujours à l'avenir, quand je ne pourrai satisfaire à la dernière rigueur de la règle. Je n'ai pu y en réduire que trois : *Horace*, *Polyeucte* et *Pompée*. Si je me donne trop d'indulgence dans les autres, j'en aurai encore davantage pour ceux dont je verrai réussir les ouvrages sur la scène avec quelque apparence de régularité. Il est facile aux spéculatifs d'être sévères ; mais s'ils vouloient donner dix ou douze poëmes de cette nature au public, ils élargiroient peut-être les règles encore plus que je ne fais, sitôt qu'ils auroient reconnu par l'expérience quelle contrainte apporte leur exactitude, et combien de belles choses elle bannit de notre théâtre. Quoi qu'il en soit, voilà mes opinions, ou si vous voulez, mes hérésies touchant les principaux points de l'art ; et je ne sais point mieux accorder les règles anciennes avec les agréments modernes. Je ne doute point qu'il ne soit aisé d'en trouver de meilleurs moyens, et je serai tout prêt de les suivre lorsqu'on les aura mis en pratique aussi heureusement qu'on y a vu les miens[2].

1. Var. (édit. de 1660) : toutes les pièces de ce volume.
2. Dans l'édition de 1660, le Discours se termine par le paragraphe suivant : « Au reste, je viens de m'apercevoir qu'en la page xxxiv du Discours que j'ai mis au-devant du second volume (voyez plus haut, p. 74, note 2), je me suis mépris, et ai cité pour un sujet de tragédie de la seconde espèce, comme *Œdipe*, l'exemple de Thésée, qui manifestement se doit ranger entre ceux de la troisième, tels que l'*Iphigénie in Tauris*. C'est un effet d'un peu de précipitation, qui ne rompt point le raisonnement en ce lieu-là ; mais j'ai cru en devoir avertir le lecteur, afin qu'il ne s'y méprenne pas comme moi. »

MÉLITE

COMÉDIE

1629

NOTICE.

J'ai brûlé fort longtemps d'une amour assez grande,
Et que jusqu'au tombeau je dois bien estimer,
Puisque ce fut par là que j'appris à rimer.
Mon bonheur commença quand mon âme fut prise,
Je gagnai de la gloire en perdant ma franchise ;
Charmé de deux beaux yeux, *mon vers charma la cour*,
Et ce que j'ai de nom je le dois à l'amour.

Si l'on rapproche de ces vers de l'*Excuse à Ariste* le passage suivant de l'examen de *Mélite*, où Corneille dit en parlant du succès de sa pièce : « Il égala tout ce qui s'étoit fait de plus beau jusqu'alors et *me fit connoître à la cour;* » il devient très-vraisemblable, par le propre témoignage du poëte, que son premier amour lui inspira sa première comédie.

Suivant une anecdote fort connue, qui s'est enrichie de détails plus précis et de circonstances plus nombreuses à mesure qu'on s'est éloigné davantage de l'époque à laquelle elle semble appartenir, non-seulement *Mélite* serait due à l'influence de l'amante de Corneille, mais elle renfermerait le récit exact de sa passion et deviendrait de la sorte un précieux élément de sa biographie.

Dans l'impossibilité où nous sommes de distinguer ici le vrai du faux, nous nous contenterons d'exposer au lecteur la manière dont s'est formée cette gracieuse tradition ; il s'aventurera ensuite plus ou moins loin, selon sa témérité personnelle, sur la foi des guides que nous lui indiquons sans oser lui garantir toujours leur exactitude.

Les *Nouvelles de la république des lettres* de janvier 1685[1]

---

1. Article x, p. 89.

contiennent un éloge de Corneille, où cette anecdote est déjà indiquée en ces termes : « Il ne songeoit à rien moins qu'à la poësie, et il ignoroit lui-même le talent extraordinaire qu'il y avoit, lorsqu'il lui arriva une petite aventure de galanterie dont il s'avisa de faire une pièce de théâtre en ajoutant quelque chose à la vérité. »

Un peu plus tard, en 1708, Thomas, son frère, s'exprime ainsi, dans son *Dictionnaire géographique*, au mot *Rouen* : « Une aventure galante lui fit prendre le dessein de faire une comédie pour y employer un sonnet qu'il avoit fait pour une demoiselle qu'il aimoit. »

Nous arrivons enfin au récit le plus détaillé et le plus généralement répandu ; nous le trouvons dans une vie de Corneille, destinée par Fontenelle à faire partie d'une *Histoire du théâtre françois*, et composée par lui dans sa jeunesse, mais publiée pour la première fois en 1729 par d'Olivet, à la suite de l'*Histoire de l'Académie* de Pellisson : « Un jeune homme de ses amis, amoureux d'une demoiselle de la même ville (de Rouen), le mena chez elle. Le nouveau venu se rendit plus agréable que l'introducteur. Le plaisir de cette aventure excita dans M. Corneille un talent qu'il ne se connoissoit pas, et sur ce léger sujet il fit la comédie de *Mélite*. » En publiant lui-même, en 1742, son *Histoire du théâtre françois*, Fontenelle ajouta : « La demoiselle.... porta longtemps dans Rouen le nom de *Mélite*, nom glorieux pour elle, et qui l'associoit à toutes les louanges que reçut son amant. »

Dans un manuscrit de 1720, intitulé *Athenæ Normannorum veteres ac recentes, seu syllabus auctorum qui oriundi e Normannia*, conservé à la Bibliothèque de Caen sous le n° 55, et dont je dois la connaissance à M. Eugène Chatel, archiviste du Calvados, on lit l'article suivant sur Mélite : « *Melita*, nomen fœ-« minæ cujusdam nobilis rothomageæ. »

L'existence de Mélite paraît, on le voit, constatée par un grand nombre de témoignages ; seulement jusqu'ici nous ne la connaissons que sous son « nom de Parnasse, » suivant une jolie expression de la Fontaine. Un autre manuscrit de la Bibliothèque de Caen, portant le n° 57, « *Le Moréri des Normands*, en deux tomes, par Joseph-André Guiot de Rouen, *Supplément au dictionnaire de Moréri, édition en X volumes*, *pour ce qui concerne la province de Normandie et ses illustres,* » nous fait connaître son nom réel.

Dans l'article consacré à notre poëte, on trouve au milieu de beaucoup de redites le passage suivant : « Sans la demoiselle Milet, très-jolie Rouennaise, Corneille peut-être n'eût pas sitôt connu l'amour ; sans cette héroïne aussi, peut-être la France n'eût jamais connu le talent de Corneille. » Puis vient l'anecdote racontée par Fontenelle, après quoi Guiot reprend : « Le plaisir de cette aventure détermina Corneille à faire la comédie de *Mélite*, anagramme du nom de sa maîtresse. »

« J'ajouterai, dit M. Emmanuel Gaillard, dans ses *Nouveaux détails sur Pierre Corneille* publiés en 1834, qu'elle demeurait à Rouen, rue aux Juifs, n° 15. Le fait m'a été attesté par M. Dommey, ancien greffier. »

A ma prière, M. Francis Wadington a bien voulu examiner les registres de la paroisse Saint-Lô, dont dépendait autrefois cette rue, afin de tâcher d'y découvrir quelque acte relatif à Mlle Milet ; malheureusement la recherche a été vaine, ce qui du reste peut fort bien s'expliquer par le grand nombre de lacunes que les registres présentent : on n'y trouve ni l'année 1601, ni les années 1604-1608 et 1621-1666 ; il faut donc renoncer à ce moyen d'investigation et ne plus espérer qu'en quelque heureux hasard.

Malgré l'intérêt que nous inspire Mlle Milet, nous sommes forcé d'avouer qu'elle a une rivale, rivale obstinée, qui lui dispute encore, à l'heure qu'il est, le cœur du grand Corneille. Voici la note que l'abbé Granet a mise au bas du passage de l'*Excuse à Ariste* que nous avons transcrit en commençant :

« Il avoit aimé très-passionément une dame de Rouen, nommée Mme du Pont, femme d'un maître des comptes de la même ville, parfaitement belle. Il l'avoit connue toute petite fille pendant qu'il étudioit à Rouen au collége des Jésuites, et fit pour elle plusieurs petites pièces de galanterie, qu'il n'a jamais voulu rendre publiques, quelques instances que lui aient faites ses amis ; il les brûla lui-même environ deux ans avant sa mort. Il lui communiquoit la plupart de ses pièces avant de les mettre au jour, et comme elle avoit beaucoup d'esprit, elle les critiquoit fort judicieusement, de sorte que M. Corneille a dit plusieurs fois qu'il lui étoit redevable de plusieurs endroits de ses premières pièces[1]. »

Je n'ai pu me procurer aucune espèce de renseignement sur Mme du Pont; mais j'ai appris, de M. Charles de Beaurepaire, que Thomas du Pont, correcteur en la chambre des comptes de Normandie, figure dans les registres de la cour depuis 1600 jusqu'à 1666 inclusivement, ce qui fait supposer que le père et le fils, portant tous deux le même prénom, ont tour à tour occupé cette charge.

Sans oser être aussi affirmatif que M. Geruzez, qui dit en parlant de Mlle Milet : « Il est certain que la dame de ses pensées devint la femme d'un autre sous le nom de Mme du Pont[2], » je serais assez porté à croire, malgré quelques contradictions apparentes, que les deux rivales sont en réalité une seule et même personne. L'abbé Granet ne s'élève point contre l'anecdote relative à Mélite, et les détails nouveaux qu'il donne ne la contredisent pas absolument. Serait-il impossible que Corneille, après avoir connu Mlle Milet toute petite fille, pendant qu'il était encore au collége, l'eût ensuite perdue de vue, qu'il lui eût été présenté par un jeune homme qui lui faisait la cour, que le souvenir de leur amitié d'enfance eût éveillé un sentiment plus tendre, et que malgré cela Mlle Milet fût devenue quelques années plus tard la femme de Thomas du Pont?

A en croire un des adversaires de Corneille, notre poëte aurait commis un plagiat dès son premier ouvrage, mais l'accusation est entièrement dépourvue de preuves. On lit dans la *Lettre du sieur Claveret à Monsieur de Corneille* : « A la vérité ceux qui considèrent bien votre *Veuve*, votre *Galerie du Palais*, le *Clitandre* et la fin de la *Mélite*, c'est-à-dire la frénésie d'Éraste, que tout le monde avoue franchement être de votre invention, et qui verront le peu de rapport que ces badineries ont avec ce que vous avez dérobé, jugeront sans doute que le commencement de la *Mélite*, et la fourbe des fausses lettres qui est assez passable, n'est pas une pièce de votre invention. Aussi l'on commence à voir clair en cette affaire et à découvrir l'en-

1. *Œuvres diverses*, 1738, p. 144.
2. *Théâtre choisi de Corneille*, Paris, Hachette, 1848, in-12, p. iv.

droit d'où vous l'avez pris, et l'on en avertira le monde en temps et lieu. »

L'époque de la première représentation de *Mélite* n'est guère moins incertaine que les circonstances qui en ont fourni le sujet. « *Mélite* fut jouée en 1625, » dit Fontenelle, et, jusqu'à la publication de l'*Histoire du théâtre françois* des frères Parfait, cette date a été acceptée sans contrôle; mais ils ont fait observer que la pièce en question n'avait pu être représentée avant 1629, en s'appuyant sur ce passage de l'*Épître dédicatoire comique et familière des Galanteries du duc d'Ossonne, vice-roi de Naples*, comédie de Mairet : « Il est très-vrai que si mes premiers ouvrages ne furent guère bons, au moins ne peut-on nier qu'ils n'ayent été l'heureuse semence de beaucoup d'autres meilleurs, produits par les fécondes plumes de Messieurs de Rotrou, de Scudéry, Corneille et du Ryer, que je nomme ici suivant l'ordre du temps qu'ils ont commencé d'écrire après moi. »

Si ce témoignage curieux est rigoureusement exact, et il y a tout lieu de le croire, nous arrivons presque à une date précise, et nous ne pouvons hésiter qu'entre la fin de 1629 et le commencement de 1630.

En effet Scudéry nous apprend, dans la préface de son *Arminius*, qu'il fit *Ligdamon*, sa première pièce, « en sortant du régiment des gardes, » et nous avons de lui, à la suite du *Trompeur puni*, une *Ode au Roi faite à Suze*, qui nous prouve qu'en mars 1629 il était encore au service. D'un autre côté *Argénis et Poliarque ou Théocrine*, première pièce de du Ryer, a été imprimée en 1630 chez Nicolas Bessin; c'est donc entre ces deux dates que se place le début de Corneille, et, comme l'a remarqué M. Taschereau, les diverses rédactions successives d'un passage du *Discours de l'utilité et des parties du poëme dramatique*[1], et le commencement de l'avis *Au lecteur* de *Pertharite*, paraissent confirmer l'exactitude de ce calcul.

Dans sa *Lettre apologétique*, publiée en 1637, Corneille dit à Scudéry : « Vous m'avez voulu arracher en un jour ce que

1. Voyez plus haut, p. 16, note 3.

près de trente ans d'étude m'ont acquis; » et il y aurait certes là de quoi nous embarrasser si nous ne lisions dans la *Lettre du sieur Claveret au sieur Corneille :* « Je vous déclare que je ne me pique point de savoir faire des vers, que je vous en laisse toute la gloire, à vous qui avez commencé d'être poëte avant votre naissance, comme il est facile à juger par vos trente années d'étude, que vous n'eûtes jamais. Je vous confesse encore qu'il me seroit peut-être bien difficile de vous atteindre en ce bel art, quand aussi bien que vous, durant neuf ou dix ans, j'en aurois fait métier et marchandise. »

A prendre cette phrase à la rigueur, *Mélite* serait de 1627 ou de 1628; mais il ne s'agit ici que d'une simple approximation fort propre au contraire à corroborer les autorités précédentes et à faire adopter définitivement la date de 1629.

Corneille avait confié sa comédie au célèbre comédien Mondory, de passage à Rouen, qui la fit représenter à Paris, sans apprendre au public qui en était l'auteur. Il était alors tellement inconnu à Paris qu'il y avait, comme il nous le dit lui-même, avantage à taire son nom[1].

L'usage de publier le nom des poëtes dramatiques venait d'ailleurs seulement de s'établir, et ne s'était sans doute pas encore généralisé. Sorel nous apprend, dans sa *Bibliothèque françoise*[2], qu'il s'introduisit après le *Pyrame* de Théophile, la *Sylvie* de Mairet, les *Bergeries* de Racan, et l'*Amarante* de Gombaud, c'est-à-dire vers 1625 : « Les poëtes, dit-il, ne firent plus de difficulté de laisser mettre leur nom aux affiches des comédiens, car auparavant on n'y en avoit jamais vu aucun; on y mettoit seulement le nom des pièces, et les comédiens annonçoient seulement que leur auteur leur donnoit une comédie nouvelle de tel nom. »

Mélite produisit d'abord peu d'effet : « Ses trois premières représentations ensemble, dit Corneille dans la dédicace, n'eurent point tant d'affluence que la moindre de celles qui les suivirent dans le même hiver. » Mais il ajoute dans l'Examen : « Le succès en fut surprenant. Il établit une nouvelle troupe de comédiens à Paris, malgré le mérite de celle qui étoit en possession de s'y voir l'unique. »

1. Dédicace de *Mélite*, p 135. — 2. Page 183.

Cette nouvelle troupe est, suivant Félibien et les frères Parfait, celle de Mondory, qui vint se fixer au théâtre du Marais, d'où une première troupe, établie en 1620, d'après le témoignage de Chapuzeau, avait été forcée de se retirer, en sorte qu'avant les représentations de *Mélite* il n'y avait plus à Paris d'autre théâtre que celui de l'hôtel de Bourgogne.

Devenu directeur du théâtre du Marais, Mondory conserva l'habitude de ses voyages en Normandie. « Cette troupe, dit Chapuzeau, alloit quelquefois passer l'été à Rouen, étant bien aise de donner cette satisfaction à une des premières villes du royaume. De retour à Paris de cette petite course dans le voisinage, à la première affiche le monde y couroit et elle se voyoit visitée comme de coutume. »

On trouve une anecdote assez curieuse, relative à *Mélite*, dans une courte notice nécrologique sur Corneille publiée par *le Mercure galant*[1] :

« L'heureux talent qu'il avoit pour la poésie parut avec beaucoup d'avantage dès la première pièce qu'il donna sous le titre de *Mélite*. La nouveauté de ses incidents, qui commencèrent à tirer la comédie de ce sérieux obscur où elle étoit enfoncée, y fit courir tout Paris, et Hardy, qui étoit alors l'auteur fameux du théâtre, et associé pour une part avec les comédiens, à qui il devoit fournir six tragédies tous les ans, surpris des nombreuses assemblées que cette pièce attiroit, disoit chaque fois qu'elle étoit jouée : « Voilà une jolie baga- « telle. » C'est ainsi qu'il appeloit ce comique aisé qui avoit si peu de rapport avec la rudesse de ses vers. »

Ainsi raconté, le mot de Hardy paraît très-vraisemblable, mais au siècle dernier il ne fut pas trouvé assez piquant, et l'on fit dire au vieil auteur : « *Mélite*, bonne farce. » C'est là bien évidemment de l'exagération. Même aux yeux de Hardy, *Mélite* ne pouvait passer pour une farce ; il y devait trouver au contraire quelque chose d'un peu trop délicat, d'un peu trop mesuré : c'est ce que le jugement que lui prête *le Mercure* exprime avec discrétion, mais de la façon la plus claire.

Notre poëte vint à Paris pour assister à la première représentation de son ouvrage. Il avait dès lors une noble confiance

1. Octobre 1684.

en lui-même. « Ce ne sera pas un petit plaisir pour le monde, lit-on dans la *Lettre du sieur Claveret*, si vous continuez à vous persuader d'être si grand poëte ; il est vrai que dès le premier voyage que vous fîtes en cette ville, les judicieux reconnurent en vous cette humeur. » Toutefois l'assurance de Corneille ne l'empêchait pas de profiter de tout ce qui pouvait compléter son éducation poétique. « Un voyage que je fis à Paris pour voir le succès de *Mélite*, dit notre poëte dans l'Examen de *Clitandre*, m'apprit qu'elle n'étoit pas dans les vingt et quatre heures : c'étoit l'unique règle que l'on connût en ce temps-là. J'entendis que ceux du métier le blâmoient de peu d'effets et de ce que le style en étoit trop familier. »

Depuis lors il s'attacha d'une manière assez constante à la règle des vingt-quatre heures. Quant aux critiques qui lui étaient adressées, il y répondit par *Clitandre*, qui ne fut, s'il faut en croire Corneille, qu'une démonstration, assurément très-victorieuse, du mauvais effet des coups de théâtre et des intrigues compliquées.

Non-seulement *Mélite* eut un grand succès sur le théâtre de Mondory, mais elle figura bientôt avec honneur au répertoire des principales troupes de province. Dans *la Comédie des comédiens* de Scudéry, un acteur à qui l'on demande ce que ses camarades peuvent jouer, indique d'abord les pièces de Hardy, et le *Pyrame* de Théophile, puis il ajoute : « Nous avons aussi la *Sylvie*, la *Chryséide* et la *Sylvanire*, *les Folies de Cardénio*, *l'Infidèle confidente*, et la *Filis de Scire*, les *Bergeries* de M. de Racan, le *Ligdamon*, le *Trompeur puni*, *Mélite*, *Clitandre*, *la Veuve*, *la Bague de l'oubli*, et tout ce qu'ont mis en lumière les plus beaux esprits de ce temps. »

Cette *Comédie des comédiens* fut jouée dans sa nouveauté, le 28 novembre 1634, à l'Arsenal, aux noces du duc de la Valette, du sieur de Puy Laurens et du comte de Guiche, en présence de la Reine. Selon la *Gazette extraordinaire* du 30 novembre 1634, qui donne des détails étendus sur cette représentation, « la comédie qui fut représentée en vers fut la *Mélite* de Scudéry, où vingt violons jouèrent aux intermèdes. » Mais le 15 décembre suivant cette erreur fut ainsi corrigée : « Vous serez avertis pour la fin, qu'au récit des trois noces dernièrement faites à l'Arsenal, la comédie en prose étoit de

Scudéry, et la *Mélite*, en vers, du sieur Corneille : ne voulant attribuer à l'un, comme il s'est fait erronément en l'imprimé, ce qui est de l'autre. »

Il n'y avait alors que vingt-deux mois que *Mélite* était publiée ; car bien qu'elle soit la première pièce de Corneille, il ne la fit imprimer que la seconde. Ce fut *Clitandre* qui parut d'abord, en 1632. Il est suivi dans l'édition originale de *Mélanges poétiques*, parmi lesquels figure le *sonnet* que nous trouvons dans la scène IV de l'acte II de *Mélite*.

Voici la reproduction exacte du titre que porte l'édition originale de la première comédie de Corneille :

MELITE, OV LES FAVSSES LETTRES. PIECE COMIQUE. *A Paris, chez François Targa, au premier pillier de la grande Salle du Palais, deuant les Consultations, au Soleil d'or.* M. DC. XXXIII. *Auec priuilege du Roy.*

Cette pièce forme un volume in-4°, qui se compose de 6 feuillets non chiffrés et de 150 pages. L'exposé du privilége « donné à Saint Germain en Laye, le dernier iour de Ianuier mil six cens trente trois » est ainsi conçu : « Nostre bien amé François Targa Marchand Libraire de nostre bonne ville Paris, nous a fait remonstrer qu'il a nouuellement recouuré vn Liure intitulé *Melite, ou les fausses Lettres. Piece Comique*, faicte par M⁰ Pierre Corneille, Aduocat en nostre Cour de Parlement de Roüen, qu'il desireroit faire imprimer et mettre en vente.... »

On lit à la fin : « Acheué d'Imprimer pour la premiere fois, le douziéme iour de Feurier mil six cens trente-trois. »

Il est à remarquer que dans son édition de 1644, Corneille a supprimé les sous-titres qu'il avait donnés à ses premières pièces. A partir de cette époque *Mélite ou les Fausses lettres*, *Clitandre ou l'Innocence délivrée*, *la Veuve ou le Traître trahi*, *la Galerie du Palais ou l'Amie rivale*, *la Place Royale ou l'Amoureux extravagant*, deviennent tout simplement *Mélite*, *Clitandre*, *la Veuve*, *la Galerie du Palais*, etc. Ces sortes de paraphrases, encore en usage aujourd'hui sur les affiches de nos petits théâtres de province, étaient dès lors passées de mode.

A MONSIEUR DE LIANCOUR[1].

Monsieur,

Mélite seroit trop ingrate de rechercher une autre protection que la vôtre; elle vous doit cet hommage et cette légère reconnoissance de tant d'obligations qu'elle vous a : non qu'elle présume par là s'en acquitter en quelque sorte, mais seulement pour les publier à toute la France. Quand je considère le peu de bruit qu'elle fit à

1. Roger du Plessis, seigneur de Liancourt, près de Clermont en Beauvoisis, naquit en 1599. En 1620 il épousa Jeanne de Schomberg, alors âgée de vingt ans. Mariée contre son gré deux ans auparavant à François de Cossé, comte de Brissac, elle s'était opposée à la consommation de cette union, qui avait été rompue sous prétexte d'impuissance. Belle, aimable, spirituelle, elle eût brillé à la cour, si sa piété ne l'en eût éloignée. Elle n'épargna rien pour faire partager à son mari son goût pour la retraite et ses convictions religieuses. Il était brave et plein de cœur, « mais il avoit pris les mœurs ordinaires des courtisans de son âge : l'amour du jeu, du luxe, des amusements et la galanterie. » Cependant il aimait fort la campagne, et la compagnie des personnes de mérite. Sa femme fit faire à Liancourt d'admirables jardins et « attacha à sa maison des gens d'esprit, savants, d'humeur et de conversation agréable. » La dédicace de *Mélite* nous apprend que M. de Liancourt avait assisté aux premières représentations de cette pièce; celle de *la Galerie du Palais*, adressée à Mme de Liancourt, nous montre qu'elle n'avait point vu cette dernière comédie (représentée pour la première fois en 1634). Déjà les deux époux vivaient fort retirés, et lorsqu'en 1643 M. de Liancourt fut fait duc de la Roche-Guyon, sa conversion était complète. La duchesse mourut le 14 juin 1674; son mari ne lui survécut que sept semaines. Nous avons tiré presque tous ces détails de l'Avertissement que l'abbé Boileau a placé en tête d'un petit traité religieux de Mme de Liancourt, qu'il a publié sous le titre de *Réglement donné par une dame de haute qualité à M**** (la princesse de Marsillac), *sa petite-fille....* Paris, Augustin Leguerrier, 1698, in-12. Nous avons consulté aussi l'historiette que Tallemant des Réaux a consacrée à Mme de Liancourt.

ÉPÎTRE. 135

son arrivée à Paris, venant d'un homme qui ne pouvoit sentir que la rudesse de son pays, et tellement inconnu qu'il étoit avantageux d'en taire le nom; quand je me souviens, dis-je, que ses trois premières représentations ensemble n'eurent point tant d'affluence que la moindre de celles qui les suivirent dans le même hiver, je ne puis rapporter de si foibles commencements qu'au loisir qu'il falloit au monde pour apprendre que vous en faisiez état[1], ni des progrès si peu attendus qu'à votre approbation, que chacun se croyoit obligé de suivre après l'avoir sue[2]. C'est de là, Monsieur, qu'est venu tout le bonheur de *Mélite;* et quelques hauts effets qu'elle ait produits depuis, celui dont je me tiens le plus glorieux, c'est l'honneur d'être connu de vous, et de vous pouvoir souvent assurer de bouche que je serai toute ma vie,

MONSIEUR,
  Votre très-humble et très-obéissant serviteur,
    CORNEILLE[3].

AU LECTEUR.

JE sais bien que l'impression d'une pièce en affoiblit la réputation : la publier, c'est l'avilir; et même il s'y rencontre un particulier désavantage pour moi, vu que ma façon d'écrire étant simple et familière, la lecture fera prendre mes naïvetés pour des bassesses. Aussi beaucoup de mes amis m'ont toujours conseillé de ne rien mettre

1. VAR. (édit. de 1657) : que vous en fassiez état.
2. Les mots « après l'avoir sue, » et cinq lignes plus bas « de bouche, » manquent dans l'édition de 1648.
3. L'*Épître à Monsieur de Liancour* se trouve dans toutes les éditions antérieures à 1660; les deux pièces suivantes, l'avis *Au lecteur* et l'*Argument*, ne sont que dans celle de 1633.

sous la presse, et ont raison, comme je crois; mais, par je ne sais quel malheur, c'est un conseil que reçoivent de tout le monde ceux qui écrivent, et pas un d'eux ne s'en sert. Ronsard, Malherbe et Théophile l'ont méprisé; et si je ne les puis imiter en leurs grâces, je les veux du moins imiter en leurs fautes, si c'en est une que de faire imprimer. Je contenterai par là deux sortes de personnes, mes amis et mes envieux, donnant aux uns de quoi se divertir, aux autres de quoi censurer : et j'espère que les premiers me conserveront encore la même affection qu'ils m'ont témoignée par le passé; que des derniers, si beaucoup font mieux, peu réussiront plus heureusement, et que le reste fera encore quelque sorte d'estime de cette pièce, soit par coutume de l'approuver, soit par honte de se dédire. En tout cas, elle est mon coup d'essai; et d'autres que moi ont intérêt à la défendre, puisque, si elle n'est pas bonne, celles qui sont demeurées au-dessous doivent être fort mauvaises.

ARGUMENT.

Éraste, amoureux de Mélite, l'a fait connoître à son ami Tircis, et devenu puis après jaloux de leur hantise, fait rendre des lettres d'amour supposées, de la part de Mélite, à Philandre, accordé de Cloris, sœur de Tircis. Philandre s'étant résolu, par l'artifice et les suasions d'Éraste, de quitter Cloris pour Mélite, montre ces lettres à Tircis. Ce pauvre amant en tombe en désespoir, et se retire chez Lisis, qui vient donner à Mélite de fausses alarmes de sa mort. Elle se pâme à cette nouvelle, et témoignant par là son affection, Lisis la désabuse, et fait revenir Tircis, qui l'épouse. Cependant Cliton ayant vu

Mélite pâmée, la croit morte, et en porte la nouvelle à Éraste, aussi bien que de la mort de Tircis. Éraste, saisi de remords, entre en folie; et remis en son bon sens par la nourrice de Mélite, dont il apprend qu'elle et Tircis sont vivants, il lui va demander pardon de sa fourbe et obtient de ces deux amants Cloris, qui ne vouloit plus de Philandre après sa légèreté.

EXAMEN[1].

CETTE pièce fut mon coup d'essai, et elle n'a garde d'être dans les règles, puisque je ne savois pas alors qu'il y en eût. Je n'avois pour guide qu'un peu de sens commun, avec les exemples de feu Hardy[2], dont la veine étoit

---

1. Dans les éditions données par Corneille à partir de 1660, on trouve, à la suite de chacun des *Discours*, l'*Examen des poëmes contenus en cette première (seconde, troisième) partie*. L'examen de chaque ouvrage forme ainsi comme un chapitre particulier dans l'*Examen des pièces* de chaque volume, mais non une dissertation distincte. Thomas Corneille, qui le premier a séparé les examens en 1692, a été obligé parfois de modifier le texte pour faire disparaître les traces de cette continuité de rédaction (voyez la première note de l'examen de *la Suite du Menteur*). Il est inutile d'ajouter que tous les éditeurs ont agi de même. Sans les imiter en cela, nous séparons comme eux les divers examens, mais nous les mettons en tête de chaque pièce, au lieu de ne les faire venir qu'à la suite. Il y a deux motifs pour procéder ainsi : d'abord l'exemple de Corneille qui, nous venons de le dire, plaça les examens avant les pièces, ensuite la nécessité de rapprocher ces examens des *Avertissements*, *Préfaces*, avis *Au lecteur*, avec lesquels ils ont les plus grands rapports et dont ils ne sont même souvent que des éditions remaniées. — Corneille n'a pas composé d'examens pour ses dernières pièces, à partir d'*Othon* inclusivement. Pour combler cette lacune, on a, dans les anciennes éditions de la *Quatrième partie*, réuni en tête du volume les préfaces des tragédies qui y sont contenues.

2. VAR. (édit. de 1660-1664) : de feu M. Hardy. — Il était

plus féconde que polie, et de quelques modernes qui commençoient à se produire, et qui n'étoient pas[1] plus réguliers que lui. Le succès en fut surprenant : il établit une nouvelle troupe de comédiens à Paris, malgré le mérite de celle qui étoit en possession de s'y voir l'unique; il égala tout ce qui s'étoit fait de plus beau jusqu'alors[2], et me fit connoître à la cour. Ce sens commun, qui étoit toute ma règle, m'avoit fait trouver l'unité d'action pour brouiller quatre amants par un seul intrique, et m'avoit donné assez d'aversion de cet horrible déréglement qui mettoit Paris, Rome et Constantinople sur le même théâtre, pour réduire le mien dans une seule ville.

La nouveauté de ce genre de comédie, dont il n'y a point d'exemple en aucune langue, et le style naïf qui faisoit une peinture de la conversation des honnêtes gens, furent sans doute cause de ce bonheur surprenant, qui fit alors tant de bruit. On n'avoit jamais vu jusque-là que la comédie fît rire sans personnages ridicules, tels que les valets bouffons, les parasites, les capitans, les docteurs, etc. Celle-ci faisoit son effet par l'humeur enjouée de gens d'une condition au-dessus de ceux qu'on voit dans les comédies de Plaute et de Térence, qui n'étoient que des marchands. Avec tout cela, j'avoue que l'auditeur fut bien facile à donner son approbation à une pièce dont le nœud n'avoit aucune justesse. Éraste y fait contrefaire des lettres de Mélite, et les porter à Philandre. Ce Philandre est bien crédule de se persuader d'être aimé d'une personne qu'il n'a jamais entretenue,

---

mort vers 1630. Les frères Parfait citent un plaidoyer de 1632 en faveur de sa veuve : voyez *Histoire du théâtre françois*, tome IV, p. 4.

1. Var. (édit. de 1660 et de 1663) : et n'étoient pas.
2. Var. (édit. de 1660-1664) : jusques alors.

dont il ne connoît point l'écriture, et qui lui défend de l'aller voir, cependant qu'elle reçoit les visites d'un autre avec qui il doit avoir une amitié assez étroite, puisqu'il est accordé de sa sœur. Il fait plus : sur la légèreté d'une croyance si peu raisonnable, il renonce à une affection dont il étoit assuré, et qui étoit prête d'avoir son effet. Éraste n'est pas moins ridicule que lui, de s'imaginer que sa fourbe causera cette rupture, qui seroit toutefois inutile à son dessein, s'il ne savoit de certitude que Philandre, malgré le secret qu'il lui fait demander par Mélite dans ces fausses lettres, ne manquera pas à les montrer à Tircis ; que[1] cet amant favorisé croira plutôt un caractère qu'il n'a jamais vu, que les assurances d'amour qu'il reçoit tous les jours de sa maîtresse ; et qu'il rompra avec elle sans lui parler, de peur de s'en éclaircir. Cette prétention d'Éraste ne pouvoit être supportable, à moins d'une révélation ; et Tircis, qui est l'honnête homme de la pièce, n'a pas l'esprit moins léger que les deux autres, de s'abandonner au désespoir par une même facilité de croyance, à la vue de ce caractère inconnu. Les sentiments de douleur qu'il en peut légitimement concevoir devroient du moins l'emporter à faire quelques reproches à celle dont il se croit trahi, et lui donner par là l'occasion de le désabuser. La folie d'Éraste n'est pas de meilleure trempe. Je la condamnois dès lors en mon âme ; mais comme c'étoit un ornement de théâtre qui ne manquoit jamais de plaire, et se faisoit souvent admirer, j'affectai volontiers ces grands égarements, et en tirai un effet que je tiendrois encore admirable en ce temps : c'est la manière dont Éraste fait connoître à Philandre, en le prenant pour Minos, la fourbe qu'il lui a faite, et l'erreur où il l'a jeté. Dans tout ce que j'ai fait depuis, je

1. Var. (édit. de 1660) : et que.

ne pense pas qu'il se rencontre rien de plus adroit pour un dénouement.

Tout le cinquième acte peut passer pour inutile[1]. Tircis et Mélite se sont raccommodés avant qu'il commence, et par conséquent l'action est terminée. Il n'est plus question que de savoir qui a fait la supposition des lettres, et ils pouvoient l'avoir su de Cloris, à qui Philandre l'avoit dit pour se justifier. Il est vrai que cet acte retire Éraste de folie, qu'il le réconcilie avec les deux amants, et fait son mariage avec Cloris; mais tout cela ne regarde plus qu'une action épisodique, qui ne doit pas amuser le théâtre quand la principale est finie; et surtout ce mariage a si peu d'apparence, qu'il est aisé de voir qu'on ne le propose que pour satisfaire à la coutume de ce temps-là, qui étoit de marier tout ce qu'on introduisoit sur la scène. Il semble même que le personnage de Philandre, qui part avec un ressentiment ridicule, dont on ne craint pas l'effet, ne soit point achevé, et qu'il lui falloit quelque cousine de Mélite, ou quelque sœur d'Éraste, pour le réunir avec les autres. Mais dès lors je ne m'assujettissois pas tout à fait à cette mode, et je me contentai[2] de faire voir l'assiette de son esprit, sans prendre soin de le pourvoir d'une autre femme.

Quant à la durée de l'action, il est assez visible qu'elle passe l'unité de jour; mais ce n'en est pas le seul défaut : il y a de plus une inégalité d'intervalle entre les actes, qu'il faut éviter. Il doit s'être passé huit ou quinze jours entre le premier et le second, et autant entre le second

---

1. « J'ai peine encore à comprendre comment on a pu souffrir le cinquième de *Mélite* et de *la Veuve*, » a déjà dit Corneille dans le *Discours de l'utilité et des parties du poëme dramatique*, p. 28. Quelques pages plus haut, dans ce discours, il a fait au contraire l'éloge d'une scène du IVe acte.

2. Var. (édit. de 1660-1668) : et me contentai.

et le troisième ; mais du troisième au quatrième il n'est pas besoin de plus d'une heure, et il en faut encore moins entre les deux derniers, de peur de donner le temps de se ralentir à cette chaleur qui jette Éraste dans l'égarement d'esprit. Je ne sais même si les personnages qui paroissent deux fois dans un même acte (posé que cela soit permis, ce que j'examinerai ailleurs[1]), je ne sais, dis-je, s'ils ont le loisir d'aller d'un quartier de la ville à l'autre, puisque ces quartiers doivent être si éloignés l'un de l'autre, que les acteurs ayent lieu de ne pas s'entre-connoître. Au premier acte, Tircis, après avoir quitté Mélite chez elle, n'a que le temps d'environ soixante vers pour aller chez lui, où il rencontre Philandre avec sa sœur, et n'en a guère davantage au second à refaire le même chemin. Je sais bien que la représentation raccourcit la durée de l'action, et qu'elle fait voir en deux heures, sans sortir de la règle, ce qui souvent a besoin d'un jour entier pour s'effectuer ; mais je voudrois que pour mettre les choses dans leur justesse, ce raccourcissement se ménageât dans les intervalles des actes, et que le temps qu'il faut perdre s'y perdît, en sorte que chaque acte n'en eût, pour la partie de l'action qu'il représente, que ce qu'il en faut pour sa représentation[2].

Ce coup d'essai a sans doute encore d'autres irrégularités ; mais je ne m'attache pas à les examiner si ponctuellement que je m'obstine à n'en vouloir oublier aucune. Je pense avoir marqué les plus notables ; et pour peu que le lecteur aye d'indulgence pour moi, j'espère qu'il ne s'offensera pas d'un peu de négligence pour le reste.

1. Voyez plus haut, p. 109, le *Discours des trois unités*, qui, dans les éditions données par Corneille, est placé en tête du second volume de son *Théâtre*.
2. Voyez ci-dessus, p. 114, et note 4.

ACTEURS[1].

ÉRASTE, amoureux de Mélite.
TIRCIS, ami d'Éraste et son rival.
PHILANDRE, amant de Cloris.
MÉLITE, maîtresse d'Éraste et de Tircis.
CLORIS, sœur de Tircis.
LISIS, ami de Tircis.
CLITON, voisin de Mélite.
La Nourrice de Mélite[2].

La scène est à Paris.

---

1. Dans l'édition de 1633 : Les acteurs.
2. Les éditions antérieures à 1660 placent *Cliton* après la *Nourrice*.

MÉLITE.

COMÉDIE.

ACTE I.

SCÈNE PREMIÈRE.

ÉRASTE, TIRCIS.

ÉRASTE.

Je te l'avoue, ami, mon mal est incurable[1] ;
Je n'y sais qu'un remède, et j'en suis incapable :
Le change seroit juste, après tant de rigueur ;
Mais malgré ses dédains, Mélite a tout mon cœur ;

---

1. *Var.*[*] Parmi tant de rigueurs n'est-ce pas chose étrange
Que rien n'est assez fort pour me résoudre au change ?
Jamais un pauvre amant ne fut si mal traité,
Et jamais un amant n'eut tant de fermeté :
Mélite a sur mes sens une entière puissance ;
Si sa rigueur m'aigrit, ce n'est qu'en son absence,
Et j'ai beau ménager dans un éloignement. (1633-57)

[*] Les chiffres qui sont à la fin des variantes, entre parenthèses, marquent les dates des éditions d'où elles sont tirées. Le premier chiffre seul est entier ; il faut suppléer 16 devant les suivants. 1633-57 signifie que la variante se trouve dans toutes les éditions publiées de 1633 à 1657 inclusivement.
Les variantes trop longues pour figurer au bas des pages sont données à la suite de la pièce.

Elle a sur tous mes sens une entière puissance ;
Si j'ose en murmurer, ce n'est qu'en son absence,
Et je ménage en vain dans un éloignement
Un peu de liberté pour mon ressentiment :
D'un seul de ses regards l'adorable contrainte[1]
Me rend tous mes liens, en resserre l'étreinte,
Et par un si doux charme aveugle ma raison[2],
Que je cherche mon mal et fuis ma guérison.
Son œil agit sur moi d'une vertu si forte,
Qu'il ranime soudain mon espérance morte,
Combat les déplaisirs de mon cœur irrité,
Et soutient mon amour contre sa cruauté;
Mais ce flatteur espoir qu'il rejette en mon âme
N'est qu'un doux imposteur qu'autorise ma flamme[3],
Et qui sans m'assurer ce qu'il semble m'offrir[4],
Me fait plaire en ma peine, et m'obstine à souffrir.

TIRCIS.

Que je te trouve, ami, d'une humeur admirable !
Pour paroître éloquent tu te feins misérable :
Est-ce à dessein de voir avec quelles couleurs
Je saurois adoucir les traits de tes malheurs?
Ne t'imagine pas qu'ainsi sur ta parole[5]
D'une fausse douleur un ami te console :
Ce que chacun en dit ne m'a que trop appris
Que Mélite pour toi n'eut jamais de mépris.

ÉRASTE.

Son gracieux accueil et ma persévérance

---

1. *Var.* Un seul de ses regards l'étouffe et le dissipe,
   Un seul de ses regards me séduit et me pipe. (1633-57)
2. *Var.* Et d'un tel ascendant maitrise ma raison
   Que je chéris mon mal et fuis ma guérison. (1633)
3. *Var.* N'est rien qu'un vent qui souffle et rallume ma flamme. (1633)
   Var. N'est rien qu'un imposteur qui rallume ma flamme. (1644-57)
   Var. N'est qu'un doux imposteur qui rallume ma flamme. (1660)
4. *Var.* Et reculant toujours ce qu'il semble m'offrir. (1633-60)
5. *Var.* Ne t'imagine pas que dessus ta parole. (1633-57)

Font naître ce faux bruit d'une vaine apparence : 30
Ses mépris sont cachés, et s'en font mieux sentir¹,
Et n'étant point connus, on n'y peut compatir².

TIRCIS.

En étant bien reçu, du reste que t'importe?
C'est tout ce que tu veux des filles de sa sorte.

ÉRASTE.

Cet accès favorable, ouvert et libre à tous, 35
Ne me fait pas trouver mon martyre plus doux³ :
Elle souffre aisément mes soins et mon service ;
Mais loin de se résoudre à leur rendre justice,
Parler de l'hyménée à ce cœur de rocher,
C'est l'unique moyen de n'en plus approcher. 40

TIRCIS.

Ne dissimulons point : tu règles mieux ta flamme,
Et tu n'es pas si fou que d'en faire ta femme.

ÉRASTE.

Quoi! tu sembles douter de mes intentions?

TIRCIS.

Je crois malaisément que tes affections
Sur l'éclat d'un beau teint, qu'on voit si périssable⁴, 45
Règlent d'une moitié le choix invariable.
Tu serois incivil de la voir chaque jour⁵

---

1. *Var.* Ses dédains sont cachés, encor que continus,
   Et d'autant plus cruels que moins ils sont connus. (1633)
   Var. Ses dédains sont cachés, bien que continuels,
   Et moins ils sont connus, et plus ils sont cruels. (1644-57)
2. *Var.* Puisqu'étant inconnus, on n'y peut compatir. (1660)
3. *Var.* [Ne me fait pas trouver mon martyre plus doux :]
   Sa hantise me perd, mon mal en devient pire,
   Vu que loin d'obtenir le bonheur où j'aspire,
   Parler de mariage à ce cœur de rocher. (1633-57)
4. *Var.* Arrêtent en un lieu si peu considérable
   D'une chaste moitié le choix invariable. (1633-60)
5. *Var.* Tu serois incivil, la voyant chaque jour,
   De ne lui tenir pas quelques propos d'amour. (1663 et 64)

Et ne lui pas tenir quelques propos d'amour[1] ;
Mais d'un vain compliment ta passion bornée
Laisse aller tes desseins ailleurs pour l'hyménée. 50
Tu sais qu'on te souhaite aux plus riches maisons,
Que les meilleurs partis[2]....

ÉRASTE.

Trêve de ces raisons ;
Mon amour s'en offense, et tiendroit pour supplice
De recevoir des lois d'une sale avarice[3] ;
Il me rend insensible aux faux attraits de l'or, 55
Et trouve en sa personne un assez grand trésor.

TIRCIS.

Si c'est là le chemin qu'en aimant tu veux suivre,
Tu ne sais guère encor ce que c'est que de vivre.
Ces visages d'éclat sont bons à cajoler ;
C'est là qu'un apprentif doit s'instruire à parler[4] ; 60
J'aime à remplir de feux ma bouche en leur présence ;
La mode nous oblige à cette complaisance ;
Tous ces discours de livre alors sont de saison :
Il faut feindre des maux, demander guérison[5],
Donner sur le phébus, promettre des miracles ; 65
Jurer qu'on brisera toute sorte d'obstacles ;
Mais du vent et cela doivent être tout un.

ÉRASTE.

Passe pour des beautés qui sont dans le commun[6] :

1. *Var.* Et ne lui tenir pas quelques propos d'amour. (1633-57 et 68)
   Var. Et ne lui tenir pas quelque propos d'amour. (1660)
2. *Var.* Où de meilleurs partis.... (1633-54)
   Var. Où des meilleurs partis.... (1657)
3. *Var.* D'avoir à prendre avis d'une sale (*a*) avarice ;
   Je ne sache point d'or capable de mes vœux
   Que celui dont Nature a paré ses cheveux. (1633-57)
4. *Var.* C'est là qu'un jeune oiseau doit s'apprendre à parler. (1633-57)
5. *Var.* Il faut feindre du mal, demander guérison. (1633-64)
6. *Var.* Passe pour des beautés qui soient dans le commun .(1633-60)

(*a*) L'édition de 1657 donne, par erreur sans doute, *seule*, au lieu de *sale*.

C'est ainsi qu'autrefois j'amusai Crisolite ;
Mais c'est d'autre façon qu'on doit servir Mélite. 70
Malgré tes sentiments, il me faut accorder
Que le souverain bien n'est qu'à la posséder¹.
Le jour qu'elle naquit, Vénus, bien qu'immortelle²,
Pensa mourir de honte en la voyant si belle ;
Les Grâces, à l'envi, descendirent des cieux³, 75
Pour se donner l'honneur d'accompagner ses yeux ;
Et l'Amour, qui ne put entrer dans son courage,
Voulut obstinément loger sur son visage⁴.

TIRCIS.

Tu le prends d'un haut ton, et je crois qu'au besoin
Ce discours emphatique iroit encor bien loin. 80
Pauvre amant, je te plains, qui ne sais pas encore
Que bien qu'une beauté mérite qu'on l'adore,
Pour en perdre le goût, on n'a qu'à l'épouser.
Un bien qui nous est dû se fait si peu priser,
Qu'une femme fût-elle entre toutes choisie, 85
On en voit en six mois passer la fantaisie.
Tel au bout de ce temps n'en voit plus la beauté⁵
Qu'avec un esprit sombre, inquiet, agité⁶ ;
Au premier qui lui parle ou jette l'œil sur elle⁷,

1. *Var.* Que le souverain bien gît à la posséder. (1633-60)
2. *Var.* Le jour qu'elle naquit, Vénus, quoiqu'immortelle. (1633-64)
3. *Var.* Les Grâces au séjour qu'elles faisoient aux cieux
    Préférèrent l'honneur d'accompagner ses yeux. (1633)
   Var. Les Grâces aussitôt descendirent des cieux. (1644-57)
4. *Var.* Voulut à tout le moins loger sur son visage.
    TIRS. (*a*) Te voilà bien en train ; si je veux t'écouter,
    Sur ce même ton-là tu m'en vas bien conter.
    [Pauvre amant, je te plains, qui ne sais pas encore.] (1633-57)
5. *Var.* Tel au bout de ce temps la souhaite bien loin. (1633-57)
6. *Var.* La beauté n'y sert plus que d'un fantasque soin. (1633-54)
   Var. La beauté ne sert plus que d'un fantasque soin. (1657)
7. *Var.* A troubler le repos de qui se formalise. (1633)
   Var. A troubler le repos de qui se scandalise. (1644-57)

(*a*) Il y a *Tirsis*, au lieu de *Tircis*, dans toutes les éditions antérieures à 1660.

Mille sottes frayeurs lui brouillent la cervelle[1] ; 90
Ce n'est plus lors qu'une aide à faire un favori[2],
Un charme pour tout autre, et non pour un mari.

ÉRASTE.

Ces caprices honteux et ces chimères vaines
Ne sauroient ébranler des cervelles bien saines,
Et quiconque a su prendre une fille d'honneur 95
N'a point à redouter l'appas[3] d'un suborneur.

TIRCIS.

Peut-être dis-tu vrai ; mais ce choix difficile
Assez et trop souvent trompe le plus habile,
Et l'hymen de soi-même est un si lourd fardeau,
Qu'il faut l'appréhender à l'égal du tombeau. 100
S'attacher pour jamais aux côtés d'une femme[4] !
Perdre pour des enfants le repos de son âme !
Voir leur nombre importun remplir une maison[5] !
Ah ! qu'on aime ce joug avec peu de raison !

ÉRASTE.

Mais il y faut venir ; c'est en vain qu'on recule, 105
C'est en vain qu'on refuit, tôt ou tard on s'y brûle[6] ;
Pour libertin qu'on soit, on s'y trouve attrapé :
Toi-même, qui fais tant le cheval échappé[7],
Nous te verrons un jour songer au mariage[8].

TIRCIS.

Alors ne pense pas que j'épouse un visage : 110

1. *Var.* S'il advient qu'à ses yeux quelqu'un la galantise. (1633-57)
2. *Var.* Ce n'est plus lors qu'un aide à faire un favori. (1633-60)
3. Corneille ne distingue pas l'orthographe *appât* (*appâts*) et *appas*, dont nous faisons deux mots. Il écrit *appas* dans tous les sens, tant au singulier qu'au pluriel.
4. *Var.* S'attacher pour jamais au côté (*a*) d'une femme. (1633-54)
5. *Var.* Quand leur nombre importun accable la maison. (1633-57)
6. *Var.* C'est en vain que l'on fuit, tôt ou tard on s'y brûle. (1633-57)
7. *Var.* Toi-même qui fais tant du cheval échappé. (1660-63)
8. *Var.* Un jour nous te verrons songer au mariage. (1633-60)

(*a*) Dans l'édition de 1657 : « aux côté d'une femme. » La faute est-elle à l'article ou au nom, et faut-il lire *au côté* ou *aux côtés* ?

ACTE I, SCÈNE I.

Je règle mes desirs suivant mon intérêt.
Si Doris me vouloit, toute laide qu'elle est,
Je l'estimerois plus qu'Aminte et qu'Hippolyte ;
Son revenu chez moi tiendroit lieu de mérite :
C'est comme il faut aimer. L'abondance des biens   115
Pour l'amour conjugal a de puissants liens :
La beauté, les attraits, l'esprit, la bonne mine[1],
Échauffent bien le cœur, mais non pas la cuisine ;
Et l'hymen qui succède à ces folles amours,
Après quelques douceurs, a bien de mauvais jours[2].   120
Une amitié si longue est fort mal assurée
Dessus des fondements de si peu de durée[3].
L'argent dans le ménage a certaine splendeur
Qui donne un teint d'éclat à la même laideur[4] ;
Et tu ne peux trouver de si douces caresses   125
Dont le goût dure autant que celui des richesses.

ÉRASTE[5].

Auprès de ce bel œil qui tient mes sens ravis,
A peine pourrois-tu conserver ton avis.

TIRCIS.

La raison en tous lieux est également forte.

ÉRASTE.

L'essai n'en coûte rien : Mélite est à sa porte ;   130
Allons, et tu verras dans ses aimables traits
Tant de charmants appas, tant de brillants attraits[6],

---

1. *Var.* La beauté, les attraits, le port, la bonne mine,
Échauffent bien les draps, mais non pas la cuisine. (1633)
2. *Var.* Pour quelques bonnes nuits, a bien de mauvais jours. (1633-57)
3. *Var.* [Dessus des fondements de si peu de durée.]
C'est assez qu'une femme ait un peu d'entregent,
La laideur est trop belle étant teinte en argent. (1633)
4. L'or même à la laideur donne un teint de beauté,
a dit plus tard Boileau dans sa VIIIe satire.
5. En marge, dans l'édition de 1633 : *Mélite paroît.*
6. *Var.* Tant de charmants appas, tant de divins attraits. (1633-57)

Que tu seras forcé toi-même à reconnoître[1]
Que si je suis un fou, j'ai bien raison de l'être.

TIRCIS.

Allons, et tu verras que toute sa beauté 135
Ne saura me tourner contre la vérité[2].

SCÈNE II.
MÉLITE, ÉRASTE, TIRCIS.

ÉRASTE.

De deux amis, Madame, apaisez la querelle[3].
Un esclave d'Amour le défend d'un rebelle,
Si toutefois un cœur qui n'a jamais aimé,
Fier et vain qu'il en est, peut être ainsi nommé. 140
Comme dès le moment que je vous ai servie
J'ai cru qu'il étoit seul la véritable vie,
Il n'est pas merveilleux que ce peu de rapport
Entre nos deux esprits sème quelque discord[4].
Je me suis donc piqué contre sa médisance, 145
Avec tant de malheur ou tant d'insuffisance,
Que des droits si sacrés et si pleins d'équité[5]

---

1. *Var.* Que tu seras contraint d'avouer à ta honte,
   Que si je suis un fou, je le suis à bon conte (a). (1633)
2. *Var.* Ne me saura tourner contre la vérité. (1633-57)
3. *Var.* Au péril de vous faire une histoire importune,
   Je viens vous raconter ma mauvaise fortune :
   Ce jeune cavalier, autant qu'il m'est ami,
   Autant est-il d'Amour implacable ennemi,
   Et pour moi, qui depuis que je vous ai servie
   Ne l'ai pas moins prisé qu'une seconde vie,
   Jugez si nos esprits, se rapportant si peu,
   Pouvoient tomber d'accord et parler de son feu.
   [Je me suis donc piqué contre sa médisance.] (1633-57)
4. *Var.* Entre nos deux esprits ait semé le discord. (1660-64)
5. *Var.* Que les droits de l'amour, bien que pleins d'équité. (1633-57)

(a) *Conte*, compte. C'est l'orthographe constante de Corneille (voyez p. 9, note 1). Nous la conservons à la rime.

ACTE I, SCÈNE II.

N'ont pu se garantir de sa subtilité,
Et je l'amène ici, n'ayant plus que répondre[1],
Assuré que vos yeux le sauront mieux confondre.

MÉLITE.

Vous deviez l'assurer plutôt qu'il trouveroit
En ce mépris d'Amour qui le seconderoit.

TIRCIS.

Si le cœur ne dédit ce que la bouche exprime,
Et ne fait de l'amour une plus haute estime[2],
Je plains les malheureux à qui vous en donnez,
Comme à d'étranges maux par leur sort destinés.

MÉLITE.

Ce reproche sans cause avec raison m'étonne[3] :
Je ne reçois d'amour et n'en donne à personne.
Les moyens de donner ce que je n'eus jamais[4]?

ÉRASTE.

Ils vous sont trop aisés, et par vous désormais
La nature pour moi montre son injustice
A pervertir son cours pour me faire un supplice[5].

MÉLITE.

Supplice imaginaire, et qui sent son moqueur.

ÉRASTE.

Supplice qui déchire et mon âme et mon cœur.

MÉLITE.

Il est rare qu'on porte avec si bon visage[6]
L'âme et le cœur ensemble en si triste équipage[7].

---

1. *Var.* Et je l'amène à vous, n'ayant plus que répondre. (1633)
2. *Var.* Et ne fait de l'amour une meilleure estime. (1633-57)
3. *Var.* Ce reproche sans cause, inopiné, m'étonne. (1633-57)
4. Peut-être Molière se rappelait-il ce passage lorsqu'il faisait dire à Agnès :
   Mes yeux ont-ils du mal pour en donner au monde?
   (*L'École des Femmes*, acte II, sc. VI.)
5. *Var.* A pervertir son cours pour croître mon supplice. (1633-64)
6. *Var.* D'ordinaire on n'a pas avec si bon visage. (1633-57)
7. *Var.* Ni l'âme ni le cœur en un tel équipage. (1633)
   Var. Ni l'âme ni le cœur en si triste équipage. (1644-57)

ÉRASTE.

Votre charmant aspect suspendant mes douleurs[1],
Mon visage du vôtre emprunte les couleurs.

MÉLITE.

Faites mieux : pour finir vos maux et votre flamme,
Empruntez tout d'un temps les froideurs de mon âme. 170

ÉRASTE.

Vous voyant, les froideurs perdent tout leur pouvoir,
Et vous n'en conservez que faute de vous voir[2].

MÉLITE.

Et quoi! tous les miroirs ont-ils de fausses glaces?

ÉRASTE.

Penseriez-vous y voir la moindre de vos grâces?
De si frêles sujets ne sauroient exprimer   175
Ce que l'amour aux cœurs peut lui seul imprimer[3],
Et quand vous en voudrez croire leur impuissance,
Cette légère idée et foible connoissance[4]
Que vous aurez par eux de tant de raretés
Vous mettra hors du pair de toutes les beautés[5]. 180

MÉLITE.

Voilà trop vous tenir dans une complaisance
Que vous dussiez quitter, du moins en ma présence,
Et ne démentir pas le rapport de vos yeux,
Afin d'avoir sujet de m'entreprendre mieux.

ÉRASTE.

Le rapport de mes yeux, aux dépens de mes larmes, 185
Ne m'a que trop appris le pouvoir de vos charmes.

TIRCIS.

Sur peine d'être ingrate, il faut de votre part
Reconnoître les dons que le ciel vous départ.

---

1. *Var.* Votre divin aspect suspendant mes douleurs. (1633-60)
2. *Var.* Et vous n'en conservez qu'à faute de vous voir. (1633-44 et 52-57)
3. *Var.* Ce qu'Amour dans les cœurs peut lui seul imprimer. (1633-63)
4. *Var.* Encor cette légère et foible connoissance. (1633-60)
5. *Var.* Vous mettra hors de pair de toutes les beautés. (1657 et 60)

ACTE I, SCÈNE II.

ÉRASTE.
Voyez que d'un second mon droit se fortifie.
MÉLITE.
Voyez que son secours montre qu'il s'en défie[1]. 190
TIRCIS.
Je me range toujours avec[2] la vérité.
MÉLITE.
Si vous la voulez suivre, elle est de mon côté.
TIRCIS.
Oui, sur votre visage, et non en vos paroles.
Mais cessez de chercher ces refuites frivoles,
Et prenant désormais des sentiments plus doux, 195
Ne soyez plus de glace à qui brûle pour vous.
MÉLITE.
Un ennemi d'Amour me tenir ce langage!
Accordez votre bouche avec votre courage;
Pratiquez vos conseils, ou ne m'en donnez pas.
TIRCIS.
J'ai connu mon erreur auprès de vos appas[3] : 200
Il vous l'avoit bien dit.
ÉRASTE.
Ainsi donc par l'issue[4]
Mon âme sur ce point n'a point été déçue?
TIRCIS.
Si tes feux en son cœur produisoient même effet,
Crois-moi que ton bonheur seroit bientôt parfait.
MÉLITE.
Pour voir si peu de chose aussitôt vous dédire 205

---

1. *Var.* Mais plutôt son secours fait voir qu'il s'en défie. (1633-57)
2. Les éditions de 1668 et de 1682 donnent *d'avec*. Nous n'avons pas hésité à y substituer *avec*, qui est la leçon de toutes les autres éditions.
3. *Var.* J'ai reconnu mon tort auprès de vos appas. (1633)
4. *Var.*   Ainsi ma prophétie
Est, à ce que je vois, de tout point réussie.
TIRS. Si tu pouvois produire en elle un même effet. (1633-63)

Me donne à vos dépens de beaux sujets de rire;
Mais je pourrois bientôt, à m'entendre flatter[1],
Concevoir quelque orgueil qu'il vaut mieux éviter.
Excusez ma retraite.

ÉRASTE.

Adieu, belle inhumaine,
De qui seule dépend et ma joie et ma peine[2].

MÉLITE.

Plus sage à l'avenir, quittez ces vains propos,
Et laissez votre esprit et le mien en repos.

SCÈNE III.
ÉRASTE, TIRCIS.

ÉRASTE.

Maintenant suis-je un fou? mérité-je du blâme?
Que dis-tu de l'objet? que dis-tu de ma flamme?

TIRCIS.

Que veux-tu que j'en die? elle a je ne sais quoi,
Qui ne peut consentir que l'on demeure à soi.
Mon cœur, jusqu'à présent à l'amour invincible,
Ne se maintient qu'à force aux termes d'insensible;
Tout autre que Tircis mourroit pour la servir.

ÉRASTE.

Confesse franchement qu'elle a su te ravir,
Mais que tu ne veux pas prendre pour cette belle
Avec le nom d'amant le titre d'infidèle.
Rien que notre amitié ne t'en peut détourner;
Mais ta muse du moins, facile à suborner[3],

---

1. *Var.* Mais outre qu'il m'est doux de m'entendre flatter,
   Ma mère qui m'attend m'oblige à vous quitter. (1633-57)
2. *Var.* De qui seule dépend et mon aise et ma peine. (1633-57)
3. *Var.* Mais ta muse du moins s'en lairra suborner;
   N'est-il pas vrai, Tirsis, déjà tu la disposes
   A de puissants efforts pour de si belles choses? (1633-57)

ACTE I, SCÈNE III.

Avec plaisir déjà prépare quelques veilles 225
A de puissants efforts pour de telles merveilles.

TIRCIS.

En effet ayant vu tant et de tels appas,
Que je ne rime point, je ne le promets pas.

ÉRASTE.

Tes feux n'iront-ils point plus avant que la rime[1]?

TIRCIS.

Si je brûle jamais, je veux brûler sans crime. 230

ÉRASTE.

Mais si sans y penser tu te trouvois surpris?

TIRCIS.

Quitte pour décharger mon cœur dans mes écrits.
J'aime bien ces discours de plaintes et d'alarmes,
De soupirs, de sanglots, de tourments et de larmes :
C'est de quoi fort souvent je bâtis ma chanson ; 235
Mais j'en connois, sans plus, la cadence et le son.
Souffre qu'en un sonnet je m'efforce à dépeindre
Cet agréable feu que tu ne peux éteindre ;
Tu le pourras donner comme venant de toi.

ÉRASTE.

Ainsi ce cœur d'acier qui me tient sous sa loi 240
Verra ma passion pour le moins en peinture.
Je doute néanmoins qu'en cette portraiture
Tu ne suives plutôt tes propres sentiments.

TIRCIS.

Me prépare le ciel de nouveaux châtiments,
Si jamais un tel crime entre dans mon courage[2]! 245

ÉRASTE.

Adieu, je suis content, j'ai ta parole en gage,
Et sais trop que l'honneur t'en fera souvenir.

---

1. *Var.* Garde aussi que tes feux n'outre-passent la rime. (1633-57)
2. *Var.* Si jamais ce penser entre dans mon courage! (1633-57)

TIRCIS, seul.

En matière d'amour rien n'oblige à tenir,
Et les meilleurs amis, lorsque son feu les presse,
Font bientôt vanité d'oublier leur promesse. 250

SCÈNE IV.
PHILANDRE, CLORIS.

PHILANDRE.

Je meure, mon souci, tu dois bien me haïr :
Tous mes soins depuis peu ne vont qu'à te trahir.

CLORIS.

Ne m'épouvante point : à ta mine, je pense
Que le pardon suivra de fort près cette offense,
Sitôt que j'aurai su quel est ce mauvais tour. 255

PHILANDRE.

Sache donc qu'il ne vient sinon de trop d'amour.

CLORIS.

J'eusse osé le gager qu'ainsi par quelque ruse
Ton crime officieux porteroit son excuse[1].

PHILANDRE.

Ton adorable objet, mon unique vainqueur,
Fait naître chaque jour tant de feux en mon cœur, 260
Que leur excès m'accable, et que pour m'en défaire
J'y cherche des défauts qui puissent me déplaire[2].
J'examine ton teint dont l'éclat me surprit,
Les traits de ton visage, et ceux de ton esprit ;
Mais je n'en puis trouver un seul qui ne me charme[3]. 265

1. *Var.* [Ton crime officieux porteroit son excuse ;]
   Mais n'importe, sachons. PHIL. Ton bel œil mon vainqueur. (1633-57)
2. *Var.* Je recherche par où tu me pourras déplaire. (1633-57)
3. *Var.* Mais je n en puis trouver un seul qui ne me plaise.
   CLOR. Et moi dans mes défauts encor suis-je bien aise
   Qu'ainsi tes sens trompés te forcent désormais
   A chérir ta Cloris et ne changer jamais. (1633-57)

CLORIS.

Et moi, je suis ravie, après ce peu d'alarme,
Qu'ainsi tes sens trompés te puissent obliger
A chérir ta Cloris, et jamais ne changer.

PHILANDRE.

Ta beauté te répond de ma persévérance,
Et ma foi qui t'en donne une entière assurance. 270

CLORIS.

Voilà fort doucement dire que sans ta foi
Ma beauté ne pourroit te conserver à moi.

PHILANDRE.

Je traiterois trop mal une telle maîtresse
De l'aimer seulement pour tenir ma promesse :
Ma passion en est la cause, et non l'effet ; 275
Outre que tu n'as rien qui ne soit si parfait,
Qu'on ne peut te servir sans voir sur ton visage
De quoi rendre constant l'esprit le plus volage[1].

CLORIS.

Ne m'en conte point tant de ma perfection[2] :

---

1. *Var.* De quoi rendre constant l'homme le plus volage. (1633-68)
2. *Var.* Tu m'en vas tant conter de ma perfection,
 Qu'à la fin j'en aurai trop de présomption.
 PHIL. S'il est permis d'en prendre à l'égal du mérite,
 Tu n'en saurois avoir qui ne soit trop petite.
 CLOR. Mon mérite est si peu.... PHIL. Tout beau, mon cher souci ;
 C'est me désobliger que de parler ainsi (*a*).
 Nous devons vivre ensemble avec plus de franchise :
 Ce refus obstiné d'une louange acquise
 M'accuseroit enfin de peu de jugement,
 D'avoir tant pris de peine et souffert de tourment,
 Pour qui ne valoit pas l'offre de mon service (*b*).
 CLOR. A travers tes discours si remplis d'artifice
 Je découvre le but de ton intention :
 C'est que, te défiant de mon affection,
 Tu la veux acquérir par une flatterie.
 Philandre, ces propos sentent la moquerie. (1633-57)

(*a*) Vois que c'est m'offenser que de parler ainsi. (1648
(*b*) Pour qui ne vaudroit pas l'offre de mon service. (1648

Tu dois être assuré de mon affection, 280
Et tu perds tout l'effort de ta galanterie,
Si tu crois l'augmenter par une flatterie.
Une fausse louange est un blâme secret :
Je suis belle à tes yeux; il suffit, sois discret[1];
C'est mon plus grand bonheur, et le seul où j'aspire. 285

PHILANDRE.

Tu sais adroitement adoucir mon martyre[2];
Mais parmi les plaisirs qu'avec toi je ressens,
A peine mon esprit ose croire mes sens[3],
Toujours entre la crainte et l'espoir en balance
Car s'il faut que l'amour naisse de ressemblance, 290
Mes imperfections nous éloignant si fort,
Qu'oserois-je prétendre en ce peu de rapport?

CLORIS.

Du moins ne prétends pas qu'à présent je te loue,
Et qu'un mépris rusé, que ton cœur désavoue,
Me mette sur la langue un babil affété, 295
Pour te rendre à mon tour ce que tu m'as prêté :
Au contraire, je veux que tout le monde sache
Que je connois en toi des défauts que je cache.
Quiconque avec raison peut être négligé
A qui le veut aimer est bien plus obligé. 300

PHILANDRE.

Quant à toi, tu te crois de beaucoup plus aimable?

CLORIS.

Sans doute; et qu'aurois-tu qui me fût comparable?

PHILANDRE.

Regarde dans mes yeux, et reconnois qu'en moi
On peut voir quelque chose aussi parfait que toi[4].

1. *Var.* Épargne-moi, de grâce, et songe, plus discret,
   Qu'étant belle à tes yeux, plus outre je n'aspire. (1633-68)
2. *Var.* Que tu sais dextrement adoucir mon martyre! (1633-63)
3. *Var.* A peine mon esprit ose croire à mes sens. (1633-57)
4. *Var.* On peut voir quelque chose aussi beau comme toi. (1633-64)

ACTE I, SCÈNE IV.

CLORIS.

C'est sans difficulté, m'y voyant exprimée. 305

PHILANDRE.

Quitte ce vain orgueil dont ta vue est charmée.
Tu n'y vois que mon cœur, qui n'a plus un seul trait
Que ceux qu'il a reçus de ton charmant portrait[1],
Et qui tout aussitôt que tu t'es fait paroître[2],
Afin de te mieux voir s'est mis à la fenêtre. 310

CLORIS.

Le trait n'est pas mauvais; mais puisqu'il te plaît tant[3],
Regarde dans mes yeux, ils t'en montrent autant,
Et nos feux tous pareils ont mêmes étincelles[4].

PHILANDRE.

Ainsi, chère Cloris, nos ardeurs mutuelles,
Dedans cette union prenant un même cours, 315
Nous préparent un heur qui durera toujours.
Cependant, en faveur de ma longue souffrance[5]....

CLORIS.

Tais-toi, mon frère vient.

1. *Var.* Que ceux qu'il a reçus de ton divin portrait. (1633-60)
2. *Var.* Et qui tout aussitôt que tu te fais paroître,
   Afin de te mieux voir se met à la fenêtre. (1648)
3. *Var.* Dois-je prendre ceci pour de l'argent comptant?
   Oui, Philandre, et mes yeux t'en vont montrer autant. (1633-57)
4. *Var.* Nos brasiers tous pareils ont mêmes étincelles. (1633-64)
5. *Var.* Cependant un baiser accordé par avance
   Soulageroit beaucoup ma pénible souffrance.
   CLOR. Prends-le sans demander, poltron, pour un baiser (*a*)
   Crois-tu que ta Cloris te voulût refuser?

SCÈNE V.

TIRSIS, PHILANDRE, CLORIS.

TIRS. (*b*) Voilà traiter l'amour justement bouche à bouche;
C'est par où vous alliez commencer l'escarmouche?
Encore n'est-ce pas trop mal passé son temps.
[PHIL. Que t'en semble, Tirsis?] (1633-57)

(*a*) Le pourrai-je obtenir? CLOR. Pour si peu qu'un baiser. (1644-57)
(*b*) En marge, dans l'édition de 1633 : *Il les surprend sur ce baiser.*

SCÈNE V.

TIRCIS, PHILANDRE, CLORIS.

TIRCIS.

Si j'en crois l'apparence,
Mon arrivée ici fait quelque contre-temps.

PHILANDRE.

Que t'en semble, Tircis?

TIRCIS.

Je vous vois si contents,   320
Qu'à ne vous rien celer touchant ce qu'il me semble
Du divertissement que vous preniez ensemble,
De moins sorciers que moi pourroient bien deviner[1]
Qu'un troisième ne fait que vous importuner.

CLORIS.

Dis ce que tu voudras; nos feux n'ont point de crimes,   325
Et pour t'appréhender ils sont trop légitimes,
Puisqu'un hymen sacré, promis ces jours passés,
Sous ton consentement les autorise assez.

TIRCIS.

Ou je te connois mal, ou son heure tardive
Te désoblige fort de ce qu'elle n'arrive[2].   330

CLORIS.

Ta belle humeur te tient, mon frère.

TIRCIS.

Assurément.

---

1. *Var.* Je pense ne pouvoir vous être qu'importun,
   Vous feriez mieux un tiers que d'en accepter un. (1633)
2. *Var.* [Te désoblige fort de ce qu'elle n'arrive.]
   Cette légère amorce, irritant tes desirs,
   Fait que l'illusion d'autres meilleurs plaisirs
   Vient la nuit chatouiller ton espérance avide,
   Mal satisfaite après de tant mâcher à vide.
   [CLOR. Ta belle humeur te tient, mon frère.] (1633)

ACTE I, SCÈNE V.

CLORIS.

Le sujet?

TIRCIS.

J'en ai trop dans ton contentement.

CLORIS.

Le cœur t'en dit d'ailleurs¹.

TIRCIS.

Il est vrai, je te jure;
J'ai vu je ne sais quoi....

CLORIS.

Dis tout, je t'en conjure².

TIRCIS.

Ma foi, si ton Philandre avoit vu de mes yeux, 335
Tes affaires, ma sœur, n'en iroient guère mieux.

CLORIS.

J'ai trop de vanité pour croire que Philandre
Trouve encore après moi qui puisse le surprendre³.

TIRCIS.

Tes vanités à part, repose-t'en sur moi
Que celle que j'ai vue est bien autre que toi. 340

PHILANDRE.

Parle mieux de l'objet dont mon âme est ravie;
Ce blasphème à tout autre auroit coûté la vie.

TIRCIS.

Nous tomberons d'accord sans nous mettre en pourpoint⁴.

CLORIS.

Encor, cette beauté, ne la nomme-t-on point?

---

1. *Var.* Le cœur t'en dit ailleurs. (1657 et 63-68)
2. *Var.* Dis-le, je t'en conjure. (1633-57)
   Var. Dis tôt, je t'en conjure. (1660)
3. *Var.* Trouve encore après moi qui le puisse surprendre. (1657)
4. Expression proverbiale, qui vient de ce que les duellistes ne gardaient que leur pourpoint lorsqu'ils se battaient. « Quelquefois même ils mettoient pourpoint bas, dit Furetière dans son *Dictionnaire*, pour montrer qu'ils se battoient sans supercherie. » Voyez la première variante de la page 195.

TIRCIS.

Non pas sitôt. Adieu : ma présence importune 345
Te laisse à la merci d'Amour et de la brune.
Continuez les jeux que vous avez quittés¹.

CLORIS.

Ne crois pas éviter mes importunités :
Ou tu diras le nom de cette incomparable,
Ou je vais de tes pas me rendre inséparable. 350

TIRCIS.

Il n'est pas fort aisé d'arracher ce secret.
Adieu : ne perds point temps.

CLORIS.

O l'amoureux discret!
Eh bien! nous allons voir si tu sauras te taire.

PHILANDRE.

(Il retient Cloris², qui suit son frère.)
C'est donc ainsi qu'on quitte un amant pour un frère!

CLORIS.

Philandre, avoir un peu de curiosité, 355
Ce n'est pas envers toi grande infidélité :
Souffre que je dérobe un moment à ma flamme,
Pour lire malgré lui jusqu'au fond de son âme.
Nous en rirons après ensemble, si tu veux.

1. *Var.* Continuez les jeux que j'ai.... CLOR. Tout beau, gausseur,
Ne t'imagine point de contraindre une sœur,
N'importe qui l'éclaire en ces chastes caresses ;
Et pour te faire voir des preuves plus expresses
Qu'elle ne craint en rien ta langue, ni tes yeux (*a*),
Philandre, d'un baiser scelle encor tes adieux.
PHIL. Ainsi vienne bientôt cette heureuse journée,
Qui nous donne le reste en faveur d'Hyménée.
TIRS. Sa nuit est bien plutôt ce que vous attendez,
Pour vous récompenser du temps que vous perdez (*b*). (1633-57)
2. *Var.* Retenant Cloris. (1660)

(*a*) Qu'elle ne craint ici ta langue, ni tes yeux. (1644-57)
(*b*) L'acte finit ici dans les éditions indiquées.

ACTE I, SCÈNE V.

PHILANDRE.
Quoi! c'est là tout l'état que tu fais de mes feux? 360
CLORIS.
Je ne t'aime pas moins pour être curieuse,
Et ta flamme à mon cœur n'est pas moins précieuse.
Conserve-moi le tien, et sois sûr de ma foi.
PHILANDRE.
Ah, folle! qu'en t'aimant il faut souffrir de toi!

FIN DU PREMIER ACTE.

ACTE II.

SCÈNE PREMIÈRE.
ÉRASTE.

Je l'avois bien prévu, que ce cœur infidèle[1] 365
Ne se défendroit point des yeux de ma cruelle,
Qui traite mille amants avec mille mépris,
Et n'a point de faveurs que pour le dernier pris.
Sitôt qu'il l'aborda, je lus sur son visage[2]
De sa déloyauté l'infaillible présage; 370
Un inconnu frisson dans mon corps épandu
Me donna les avis de ce que j'ai perdu[3].
Depuis, cette volage évite ma rencontre,
Ou si malgré ses soins le hasard me la montre,
Si je puis l'aborder, son discours se confond, 375
Son esprit en désordre à peine me répond;
Une réflexion vers le traître qu'elle aime

---

1. *Var.* Je l'avois bien prévu que cette âme infidèle. (1633-57)
2. *Var.* Même dès leur abord, je lus sur son visage. (1633-57)
3. *Var.* [Me donna les avis de ce que j'ai perdu;]
Mais hélas! qui pourroit gauchir sa destinée (*a*)?
Son immuable loi dans le ciel burinée
Nous fait si bien courir après notre malheur,
Que j'ai donné moi-même accès à ce voleur :
Le perfide qu'il est me doit sa connoissance;
C'est moi qui l'ai conduit et mis en sa puissance;
C'est moi qui l'engageant à ce froid compliment,
Ai jeté de mes maux le premier fondement.
[Depuis, cette volage évite ma rencontre.] (1633-57)

(*a*) Mais il faut que chacun suive sa destinée. (1644-57)

Presque à tous les moments le ramène en lui-même¹;
Et tout rêveur qu'il est, il n'a point de soucis
Qu'un soupir ne trahisse au seul nom de Tircis.   380
Lors, par le prompt effet d'un changement étrange,
Son silence rompu se déborde en louange.
Elle remarque en lui tant de perfections,
Que les moins éclairés verroient ses passions².
Sa bouche ne se plaît qu'en cette flatterie,   385
Et tout autre propos lui rend sa rêverie.
Cependant chaque jour au discours attachés³,
Ils ne retiennent plus leurs sentiments cachés :
Ils ont des rendez-vous où l'amour les assemble;
Encore hier sur le soir je les surpris ensemble;   390
Encor tout de nouveau je la vois qui l'attend.
Que cet œil assuré marque un esprit content!
Perds tout respect, Éraste, et tout soin de lui plaire⁴;
Rends, sans plus différer, ta vengeance exemplaire;
Mais il vaut mieux t'en rire, et pour dernier effort   395
Lui montrer en raillant combien elle a de tort.

SCÈNE II.

ÉRASTE, MÉLITE.

ÉRASTE.

Quoi! seule et sans Tircis! vraiment c'est un prodige,
Et ce nouvel amant déjà trop vous néglige,

---

1. *Var.* Presques à tous moments le ramène en lui-même. (1633-68)
2. *Var.* Que les moins avisés verroient ses passions. (1633-60)
3. *Var.* Cependant chaque jour au babil attachés. (1633-57)
   Var. Cependant chaque jour aux discours attachés. (1660-68)
4. *Var.* Sus donc, perds tout respect et tout soin de lui plaire,
   Et rends dessus le champ ta vengeance exemplaire.
   Non, il vaut mieux s'en rire, et pour dernier effort. (1633-57)

Laissant ainsi couler la belle occasion[1]
De vous conter l'excès de son affection. 400
MÉLITE.
Vous savez que son âme en est fort dépourvue[2].
ÉRASTE.
Toutefois, ce dit-on, depuis qu'il vous a vue[3],
Il en porte dans l'âme un si doux souvenir,
Qu'il n'a plus de plaisirs qu'à vous entretenir.
MÉLITE.
Il a lieu de s'y plaire avec quelque justice : 405
L'amour ainsi qu'à lui me paroît un supplice;
Et sa froideur, qu'augmente un si lourd entretien,
Le résout d'autant mieux à n'aimer jamais rien.
ÉRASTE.
Dites : à n'aimer rien que la belle Mélite.
MÉLITE.
Pour tant de vanité j'ai trop peu de mérite. 410
ÉRASTE.
En faut-il tant avoir pour ce nouveau venu?
MÉLITE.
Un peu plus que pour vous.
ÉRASTE.
    De vrai, j'ai reconnu,
Vous ayant pu servir deux ans, et davantage,
Qu'il faut si peu que rien à toucher mon courage.
MÉLITE.
Encor si peu que c'est vous étant refusé, 415
Présumez comme ailleurs vous serez méprisé.

1. *Var.* De laisser perdre ainsi la belle occasion. (1648)
2. *Var.* Vous savez que son âme en est trop dépourvue. (1657)
3. *Var.* [Toutefois, ce dit-on, depuis qu'il vous a vue,]
Ses chemins par ici s'adressent tous les jours,
Et ses plus grands plaisirs ne sont qu'en vos discours.
MÉL. Et ce n'est pas aussi sans cause qu'il les prise,
Puisqu'outre que l'amour comme lui je méprise,
Sa froideur, que redouble un si lourd entretien. (1633-57)

ÉRASTE.

Vos mépris ne sont pas de grande conséquence,
Et ne vaudront jamais la peine que j'y pense;
Sachant qu'il vous voyoit, je m'étois bien douté
Que je ne serois plus que fort mal écouté.   420

MÉLITE.

Sans que mes actions de plus près j'examine,
A la meilleure humeur je fais meilleure mine,
Et s'il m'osoit tenir de semblables discours,
Nous romprions ensemble avant qu'il fût deux jours.

ÉRASTE.

Si chaque objet nouveau de même vous engage,   425
Il changera bientôt d'humeur et de langage[1].
Caressé maintenant aussitôt qu'aperçu,
Qu'auroit-il à se plaindre, étant si bien reçu?

MÉLITE.

Éraste, voyez-vous, trêve de jalousie;
Purgez votre cerveau de cette frénésie;   430
Laissez en liberté mes inclinations.
Qui vous a fait censeur de mes affections?
Est-ce à votre chagrin que j'en dois rendre conte[2]?

ÉRASTE.

Non, mais j'ai malgré moi pour vous un peu de honte
De ce qu'on dit partout du trop de privauté[3]   435
Que déjà vous souffrez à sa témérité.

MÉLITE.

Ne soyez en souci que de ce qui vous touche.

ÉRASTE.

Le moyen, sans regret, de vous voir si farouche

---

1. *Var.* Il ne tardera guère à changer de langage. (1633-57)
2. *Var.* Vraiment, c'est bien à vous que j'en dois rendre conte (*a*).
   ÉR. Aussi j'ai seulement pour vous un peu de honte. (1633-57)
3. *Var.* Qu'on murmure partout du trop de privauté. (1633-60)

(*a*) Voyez la note relative à la première variante de la page 150.

Aux légitimes vœux de tant de gens d'honneur,
Et d'ailleurs si facile à ceux d'un suborneur ? 440
MÉLITE.
Ce n'est pas contre lui qu'il faut en ma présence
Lâcher les traits jaloux de votre médisance.
Adieu : souvenez-vous que ces mots insensés
L'avanceront chez moi plus que vous ne pensez.

SCÈNE III.

ÉRASTE.

C'est là donc ce qu'enfin me gardoit ton caprice[1] ? 445
C'est ce que j'ai gagné par deux ans de service ?
C'est ainsi que mon feu s'étant trop abaissé
D'un outrageux mépris se voit récompensé ?
Tu m'oses préférer un traître qui te flatte[2] ;

---

1. *Var.* C'est là donc ce qu'enfin me gardoit ta malice. (1633-57)
    Var. C'est là donc ce qu'enfin me gardoit mon caprice. (1660)
2. *Var.* Tu me préfères donc un traître qui te flatte?
    Inconstante beauté, lâche, perfide, ingrate,
    De qui le choix brutal se porte au plus mal fait ;
    Tu l'estimes à faux, tu verras à l'effet,
    Par le peu de rapport que nous avons ensemble,
    Qu'un honnête homme et lui n'ont rien qui se ressemble
    Que dis-je, tu verras ? Il vaut autant que mort :
    Ma valeur, mon dépit, ma flamme en sont d'accord.
    Il suffit ; les destins bandés à me déplaire
    Ne l'arracheroient pas à ma juste colère.
    Tu démordras, parjure, et ta déloyauté
    Maudira mille fois sa fatale beauté.
    Si tu peux te résoudre à mourir en brave homme,
    Dès demain un cartel l'heure et le lieu te nomme.
    Insensé que je suis ! hélas, où me réduit
    Ce mouvement bouillant dont l'ardeur me séduit ?
    Quel transport déréglé ! Quelle étrange échappée !
    Avec un affronteur mesurer mon épée !
    C'est bien contre un brigand qu'il me faut hasarder,
    Contre un traître qu'à peine on devroit regarder !

ACTE II, SCÈNE III.

Mais dans ta lâcheté ne crois pas que j'éclate, 450
Et que par la grandeur de mes ressentiments
Je laisse aller au jour celle de mes tourments.
Un aveu si public qu'en feroit ma colère
Enfleroit trop l'orgueil de ton âme légère,
Et me convaincroit trop de ce desir abjet[1] 455
Qui m'a fait soupirer pour un indigne objet.
Je saurai me venger, mais avec l'apparence
De n'avoir pour tous deux que de l'indifférence.
Il fut toujours permis de tirer sa raison
D'une infidélité par une trahison. 460
Tiens, déloyal ami, tiens ton âme assurée
Que ton heur surprenant aura peu de durée,
Et que par une adresse égale à tes forfaits

> Lui faisant trop d'honneur, moi-même je m'abuse;
> C'est contre lui qu'il faut n'employer que la ruse :
> [Il fut toujours permis de tirer sa raison
> D'une infidélité par une trahison.]
> Vis doncques, déloyal, vis, mais en assurance
> Que tout va désormais tromper ton espérance,
> Que tes meilleurs amis s'armeront contre toi,
> Et te rendront encor plus malheureux que moi.
> J'en sais l'invention, qu'un voisin de Mélite
> Exécutera trop aussitôt que prescrite.
> Pour n'être qu'un maraud, il est assez subtil.

SCÈNE IV.
ÉRASTE, CLITON.

ÉR. Holà! hau! vieil ami. CLIT. Monsieur, que vous plaît-il?
ÉR. Me voudrois-tu servir en quelque bonne affaire?
CLIT. Dans un empêchement fort extraordinaire,
Je ne puis m'éloigner un seul moment d'ici.
ÉR. Va, tu n'y perdras rien, et d'avance voici
Une part des effets qui suivent mes paroles.
CLIT. Allons, malaisément gagne-t-on dix pistoles (a)! (1633-57)

1. Ce mot est toujours écrit ainsi par Corneille, qui ne fait en cela que se conformer à l'usage général de son temps. Voyez le *Lexique*.

(a) Après ce vers commence, sous le titre de scène v, notre scène iv, entre Tircis et Cloris.

Je mettrai le désordre où tu crois voir la paix.
L'esprit fourbe et vénal d'un voisin de Mélite 465
Donnera prompte issue à ce que je médite.
A servir qui l'achète il est toujours tout prêt,
Et ne voit rien d'injuste où brille l'intérêt.
Allons sans perdre temps lui payer ma vengeance,
Et la pistole en main presser sa diligence. 470

SCÈNE IV.

TIRCIS, CLORIS.

TIRCIS.

Ma sœur, un mot d'avis sur un méchant sonnet
Que je viens de brouiller dedans mon cabinet.

CLORIS.

C'est à quelque beauté que ta muse l'adresse?

TIRCIS.

En faveur d'un ami je flatte sa maîtresse.
Vois si tu le connois, et si, parlant pour lui, 475
J'ai su m'accommoder aux passions d'autrui.

SONNET.

Après l'œil de Mélite il n'est rien d'admirable....

CLORIS.

Ah! frère, il n'en faut plus.

TIRCIS.

              Tu n'es pas supportable
De me rompre sitôt.

CLORIS.

          C'étoit sans y penser;
Achève.

TIRCIS.

Tais-toi donc, je vais recommencer. 480

ACTE II, SCÈNE IV.

SONNET[1].

Après l'œil de Mélite il n'est rien d'admirable;
Il n'est rien de solide après ma loyauté.
Mon feu, comme son teint, se rend incomparable,
Et je suis en amour ce qu'elle est en beauté.

Quoi que puisse à mes sens offrir la nouveauté, 485
Mon cœur à tous ses traits demeure invulnérable;
Et bien qu'elle ait au sien la même cruauté,
Ma foi pour ses rigueurs n'en est pas moins durable.

C'est donc avec raison que mon extrême ardeur
Trouve chez cette belle une extrême froideur, 490
Et que sans être aimé je brûle pour Mélite;

Car de ce que les Dieux, nous envoyant au jour,
Donnèrent pour nous deux d'amour et de mérite,
Elle a tout le mérite, et moi j'ai tout l'amour.

CLORIS.
Tu l'as fait pour Éraste?
TIRCIS.
　　　　　Oui, j'ai dépeint sa flamme. 495
CLORIS.
Comme tu la ressens peut-être dans ton âme?
TIRCIS.
Tu sais mieux qui je suis, et que ma libre humeur
N'a de part en mes vers que celle de rimeur.
CLORIS.
Pauvre frère, vois-tu, ton silence t'abuse;
De la langue ou des yeux, n'importe qui t'accuse[2] : 500

---

1. Ce sonnet, composé, d'après Thomas Corneille, avant la comédie elle-même (voyez ci-dessus, p. 126), a été imprimé pour la première fois en 1632, à la page 147 des *Meslanges poetiques* qui suivent *Clitandre*. Ce texte primitif ne présente qu'une variante sans importance; le vers 487 commence ainsi :
　　Et quoiqu'elle ait, etc.
2. *Var.* De la langue, des yeux, n'importe qui t'accuse. (1657 et 60)

Les tiens m'avoient bien dit malgré toi que ton cœur
Soupiroit sous les lois de quelque objet vainqueur;
Mais j'ignorois encor qui tenoit ta franchise¹,
Et le nom de Mélite a causé ma surprise,
Sitôt qu'au premier vers ton sonnet m'a fait voir   505
Ce que depuis huit jours je brûlois de savoir.

TIRCIS.

Tu crois donc que j'en tiens?

CLORIS.

     Fort avant.

TIRCIS.

         Pour Mélite?

CLORIS.

Pour Mélite, et de plus que ta flamme n'excite
Au cœur de cette belle aucun embrasement².

TIRCIS.

Qui t'en a tant appris? mon sonnet?

CLORIS.

       Justement.   510

TIRCIS.

Et c'est ce qui te trompe avec tes conjectures,
Et par où ta finesse a mal pris ses mesures.
Un visage jamais ne m'auroit arrêté,
S'il falloit que l'amour fût tout de mon côté.
Ma rime seulement est un portrait fidèle   515
De ce qu'Éraste souffre en servant cette belle;
Mais quand je l'entretiens de mon affection,
J'en ai toujours assez de satisfaction.

CLORIS.

Montre, si tu dis vrai, quelque peu plus de joie,
Et rends-toi moins rêveur, afin que je te croie.   520

---

1. C'est-à-dire qui t'avait captivé. *Franchise*, dans le sens de liberté. Voyez le *Lexique*.
2. *Var.* Dedans cette maîtresse aucun embrasement. (1633-60)

ACTE II, SCÈNE IV.

TIRCIS.

Je rêve, et mon esprit ne s'en peut exempter ;
Car sitôt que je viens à me représenter
Qu'une vieille amitié de mon amour s'irrite,
Qu'Éraste s'en offense et s'oppose à Mélite¹,
Tantôt je suis ami, tantôt je suis rival,   525
Et toujours balancé d'un contre-poids égal,
J'ai honte de me voir insensible ou perfide :
Si l'amour m'enhardit, l'amitié m'intimide.
Entre ces mouvements mon esprit partagé
Ne sait duquel des deux il doit prendre congé.   530

CLORIS.

Voilà bien des détours pour dire, au bout du conte,
Que c'est contre ton gré que l'amour te surmonte.
Tu présumes par là me le persuader ;
Mais ce n'est pas ainsi qu'on m'en donne à garder².
A la mode du temps, quand nous servons quelque autre,
C'est seulement alors qu'il n'y va rien du nôtre³.
Chacun en son affaire est son meilleur ami⁴,
Et tout autre intérêt ne touche qu'à demi.

TIRCIS.

Que du foudre à tes yeux j'éprouve la furie,
Si rien que ce rival cause ma rêverie !   540

CLORIS.

C'est donc assurément son bien qui t'est suspect :
Son bien te fait rêver, et non pas son respect,
Et toute amitié bas, tu crains que sa richesse
En dépit de tes feux n'obtienne ta maîtresse⁵.

1. *Var.* Qu'Éraste m'en retire et s'oppose à Mélite. (1633)
2. *Var.* Mais ce n'est pas ainsi qu'on m'en baille à garder. (1633-57)
3. *Var.* C'est seulement alors qu'il n'y a rien du nôtre (*a*). (1657-63)
4. *Var.* Un chacun à soi-même est son meilleur ami. (1633-57)
5. *Var.* En dépit de tes feux n'emporte ta maîtresse. (1633)

(*a*) Au sujet de cette leçon, qui figure, comme on le voit, dans plusieurs édi-

TIRCIS.

Tu devines, ma sœur : cela me fait mourir.   545

CLORIS.

Ce sont vaines frayeurs dont je veux te guérir[1].
Depuis quand ton Éraste en tient-il pour Mélite?

TIRCIS.

Il rend depuis deux ans hommage à son mérite.

CLORIS.

Mais dit-il les grands mots? parle-t-il d'épouser?

TIRCIS.

Presque à chaque moment.

CLORIS.

      Laisse-le donc jaser.   550
Ce malheureux amant ne vaut pas qu'on le craigne;
Quelque riche qu'il soit, Mélite le dédaigne :
Puisqu'on voit sans effet deux ans d'affection,
Tu ne dois plus douter de son aversion;
Le temps ne la rendra que plus grande et plus forte.   555
On prend soudain au mot les hommes de sa sorte[2],

---

1. *Var.* Vaine frayeur pourtant dont je veux te guérir.
TIRS. M'en guérir! CLOR. Laisse faire : Éraste sert Mélite,
Non pas? mais depuis quand (a)? TIRS. Depuis qu'il la visite
Deux ans se sont passés. CLOR. Mais dedans ses discours
Parle-t-il d'épouser? TIRS. Oui, presque tous les jours.
CLOR. Donc, sans l'appréhender, poursuis ton (b) entreprise;
Avecque tout son bien Mélite le méprise.
[Puisqu'on voit sans effet deux ans d'affection]. (1633-57)
Var. Ce sont vaines frayeurs dont je te veux guérir. (1660)

2. *Var.* On prend au premier bond les hommes de sa sorte (c),
De crainte qu'à la longue ils n'éteignent leur feu (d).
TIRS. Mais il faut redouter une mère. CLOR. Aussi peu.
TIRS. Sa puissance pourtant sur elle est absolue.

tions, on lit dans les *Fautes notables survenues pendant l'impression* (édit. de 1663, tome I, p. LX) : « Qu'il n'y a rien, » *lisez :* « qu'il n'y va rien. »
(a) Mais sais-tu depuis quand? (1654)
(b) *Son* pour *ton*, dans l'édition de 1657, est évidemment une faute.
(c) On prend au premier bond les hommes de la sorte. (1652-57)
  On prend soudain au mot les hommes de la sorte. (1660)
(d) De peur qu'avec le temps ils n'éteignent leur feu. (1644-57)

Et sans rien hasarder à la moindre longueur,
On leur donne la main dès qu'ils offrent le cœur.
TIRCIS.
Sa mère peut agir de puissance absolue.
CLORIS.
Crois que déjà l'affaire en seroit résolue, 560
Et qu'il auroit déjà de quoi se contenter,
Si sa mère étoit femme à la violenter.
TIRCIS.
Ma crainte diminue et ma douleur s'apaise[1];
Mais si je t'abandonne, excuse mon trop d'aise.
Avec cette lumière et ma dextérité, 565
J'en veux aller savoir toute la vérité.
Adieu.
CLORIS.
Moi, je m'en vais paisiblement attendre[2]
Le retour desiré du paresseux Philandre.
Un moment de froideur lui fera souvenir[3]
Qu'il faut une autre fois tarder moins à venir. 570

SCÈNE V.

ÉRASTE, CLITON.

ÉRASTE, lui donnant une lettre[4].
Va-t'en chercher Philandre, et dis-lui que Mélite[5]

<small>
CLOR. Oui, mais déjà l'affaire en seroit résolue,
Et ton rival auroit de quoi se contenter. (1633-57)
1. *Var.* Pour de si bons avis il faut que je te baise. (1633)
2. *Var.*   Moi, je m'en vais dans le logis attendre. (1633-57)
3. *Var.* Un baiser refusé lui fera souvenir. (1633-48)
Var. Un moment de froideur le fera souvenir. (1663 et 64)
4. *Var.* Il baille une lettre à Cliton. (1633, en marge.) — *Il lui donne une lettre.* (1663, en marge.)
5. *Var.* Cours vite chez Philandre, et dis-lui que Mélite
A dedans ce papier sa passion décrite. (1633-57)
</small>

A dedans ce billet sa passion décrite;
Dis-lui que sa pudeur ne sauroit plus cacher
Un feu qui la consume et qu'elle tient si cher[1].
Mais prends garde surtout à bien jouer ton rôle : 575
Remarque sa couleur, son maintien, sa parole;
Vois si dans la lecture un peu d'émotion
Ne te montrera rien de son intention.

CLITON.

Cela vaut fait, Monsieur.

ÉRASTE.

Mais après ce message[2]
Sache avec tant d'adresse ébranler son courage, 580
Que tu viennes à bout de sa fidélité.

CLITON.

Monsieur, reposez-vous sur ma subtilité;
Il faudra malgré lui qu'il donne dans le piége :
Ma tête sur ce point vous servira de plége[3];
Mais aussi vous savez....

ÉRASTE.

Oui, va, sois diligent[4]. 585
Ces âmes du commun n'ont pour but que l'argent[5];

---

1. *Var.* Un feu qui la consomme et qu'elle tient si cher. (1633 et 48-57)
2. *Var.*   Mais avec ton message
 Tâche si dextrement de tourner son courage. (1633-64)
3. *Var.* Ma tête sur ce point me servira de plége (*a*). (1657)
4. En marge, dans l'édition de 1633 : *Cliton rentre.*
5. *Var.* Ces âmes du commun font tout pour de l'argent,
 Et sans prendre intérêt au dessein de personne,
 Leur service et leur foi sont à qui plus leur donne.
 Quand ils sont éblouis de ce traître métal,
 Ils ne distinguent plus le bien d'avec le mal;
 Le seul espoir du gain règle leur conscience.
 Mais tu reviens bientôt, est-ce fait? CLIT. Patience,
 Monsieur; en vous donnant un moment de loisir,
 Il ne tiendra qu'à vous d'en avoir le plaisir. (1633-57)

(*a*) De caution, de gage. Voyez le *Lexique*.

Et je n'ai que trop vu par mon expérience....
Mais tu reviens bientôt[1]?

CLITON.

Donnez-vous patience,
Monsieur; il ne nous faut qu'un moment de loisir[2],
Et vous pourrez vous-même en avoir le plaisir. 590

ÉRASTE.

Comment?

CLITON.

De ce carfour j'ai vu venir Philandre.
Cachez-vous en ce coin, et de là sachez prendre
L'occasion commode à seconder mes coups :
Par là nous le tenons. Le voici; sauvez-vous[3].

SCÈNE VI.

PHILANDRE, ÉRASTE, CLITON.

PHILANDRE.
(Éraste est caché et les écoute[4].)
Quelle réception me fera ma maîtresse? 595
Le moyen d'excuser une telle paresse?

CLITON.

Monsieur, tout à propos je vous rencontre ici,
Expressément chargé de vous rendre ceci.

PHILANDRE.

Qu'est-ce?

CLITON.

Vous allez voir, en lisant cette lettre,

---

1. En marge, dans l'édition de 1633 : *Cliton ressort brusquement.*
2. *Var.* Monsieur; il ne vous faut qu'un moment de loisir. (1660-68)
3. En marge, dans l'édition de 1633 : *Philandre paroît et Éraste se cache.*
4. Ces mots manquent dans les éditions de 1633, de 1644 et de 1652-60; ils sont remplacés, dans celle de 1648, par ceux-ci : *cependant qu'Éraste est caché.*

Ce qu'un homme jamais n'oseroit se promettre[1]; 600
Ouvrez-la seulement.
PHILANDRE.
Va, tu n'es qu'un conteur.
CLITON.
Je veux mourir au cas qu'on me trouve menteur.

LETTRE SUPPOSÉE DE MÉLITE A PHILANDRE.

Malgré le devoir et la bienséance du sexe, celle-ci m'échappe en faveur de vos mérites, pour vous apprendre que c'est Mélite qui vous écrit, et qui vous aime. Si elle est assez heureuse pour recevoir de vous une réciproque affection, contentez-vous de cet entretien par lettres, jusques à ce qu'elle ait[2] ôté de l'esprit de sa mère quelques personnes qui n'y sont que trop bien pour son contentement.

ÉRASTE, *feignant d'avoir lu la lettre par-dessus son épaule*[3].
C'est donc la vérité que la belle Mélite
Fait du brave Philandre une louable élite,
Et qu'il obtient ainsi de sa seule vertu 605
Ce qu'Éraste et Tircis ont en vain débattu!
Vraiment dans un tel choix mon regret diminue;
Outre qu'une froideur depuis peu survenue,
De tant de vœux perdus ayant su me lasser[4],
N'attendoit qu'un prétexte à m'en débarrasser. 610
PHILANDRE.
Me dis-tu que Tircis brûle pour cette belle?

---

1. *Var.* Ce qu'un homme jamais ne s'oseroit promettre;
   Ouvrez-la seulement. PHIL., Tu n'es rien qu'un conteur. (1633-57)
2. Ainsi dans les éditions de 1633-48, de 1657 et de 1682; *aye* dans celles de 1652, de 1654 et de 1660-68. — Voyez plus haut, p. 109, note 1.
3. *Var. Cependant que Philandre lit, Éraste s'approche par derrière, et feignant d'avoir lu par-dessus son épaule, il lui saisit la main encore pleine de la lettre toute déployée.* (1633, en marge.) — *Il feint d'avoir lu la lettre par-dessus l'épaule de Philandre.* (1663, en marge.)
4. *Var.* Portoit nos deux esprits à s'entre-négliger,
   Si bien que je cherchois par où m'en dégager. (1633-57)

ACTE II, SCÈNE VI.

ÉRASTE.

Il en meurt.

PHILANDRE.

Ce courage à l'amour si rebelle?

ÉRASTE.

Lui-même.

PHILANDRE.

Si ton cœur ne tient plus qu'à demi[1],
Tu peux le retirer en faveur d'un ami[2];
Sinon, pour mon regard ne cesse de prétendre : 615
Étant pris une fois, je ne suis plus à prendre.
Tout ce que je puis faire à ce beau feu naissant[3],
C'est de m'en revancher par un zèle impuissant[4];
Et ma Cloris la prie, afin de s'en distraire,
De tourner, s'il se peut, sa flamme vers son frère[5]. 620

ÉRASTE.

Auprès de sa beauté qu'est-ce que ta Cloris?

PHILANDRE.

Un peu plus de respect pour ce que je chéris.

ÉRASTE.

Je veux qu'elle ait en soi quelque chose d'aimable;
Mais enfin à Mélite est-elle comparable[6]?

PHILANDRE.

Qu'elle le soit ou non, je n'examine pas 625
Si des deux l'une ou l'autre a plus ou moins d'appas.
J'aime l'une; et mon cœur pour toute autre insensible[7]....

1. *Var.* Si ton feu commence à te lasser. (1633)
   Var. Si ton feu commence à se lasser. (1644-57)
2. *Var.* Pour un si bon ami tu peux y renoncer. (1633-57)
   Var. Tu peux le retirer pour un si bon ami. (1660-64)
3. *Var.* Tout ce que je puis faire à son brasier naissant. (1633-68)
4. *Var.* C'est de le revancher par un zèle impuissant. (1633-57)
5. *Var.* De tourner ce qu'elle a de flamme vers son frère. (1633-57)
6. *Var.* Mais la peux-tu juger à l'autre comparable?
   PHIL. Soit comparable ou non, je n'examine pas. (1633-57)
7. *Var.* J'ai promis d'aimer l'une, et c'est où je m'arrête.
   ÉR. Avise toutefois, le prétexte est honnête. (1633-57)

ÉRASTE.

Avise toutefois, le prétexte est plausible.

PHILANDRE.

J'en serois mal voulu des hommes et des Dieux.

ÉRASTE.

On pardonne aisément à qui trouve son mieux. 630

PHILANDRE.

Mais en quoi gît ce mieux?

ÉRASTE.

En esprit, en richesse[1].

PHILANDRE.

O le honteux motif à changer de maîtresse!

ÉRASTE.

En amour.

PHILANDRE.

Cloris m'aime, et si je m'y connoi,
Rien ne peut égaler celui qu'elle a pour moi.

ÉRASTE.

Tu te détromperas, si tu veux prendre garde 635
A ce qu'à ton sujet l'une et l'autre hasarde.
L'une en t'aimant s'expose au péril d'un mépris :
L'autre ne t'aime point que tu n'en sois épris;
L'une t'aime engagé vers une autre moins belle :
L'autre se rend sensible à qui n'aime rien qu'elle; 640
L'une au desçu[2] des siens te montre son ardeur,
Et l'autre après leur choix quitte un peu sa froideur;
L'une....

PHILANDRE.

Adieu : des raisons de si peu d'importance

---

1. *Var.*   Ce mieux gît en richesse.
PHIL. O le sale motif à changer de maîtresse!
ÉR. En amour. PHIL. Ma Cloris m'aime si chèrement
Qu'un plus parfait amour ne se voit nullement.
ÉR. Tu le verras assez, si tu veux prendre garde. (1633-57)
2. A l'insu. Voyez le *Lexique*.

ACTE II, SCÈNE VI.

Ne pourroient en un siècle ébranler ma constance[1].
(Il dit ce vers à Cliton tout bas[2].)
Dans deux heures d'ici tu viendras me revoir. 645

CLITON.

Disposez librement de mon petit pouvoir.

ÉRASTE, seul[3].

Il a beau déguiser, il a goûté l'amorce;
Cloris déjà sur lui n'a presque plus de force :
Ainsi je suis deux fois vengé du ravisseur,
Ruinant tout ensemble et le frère et la sœur. 650

SCÈNE VII.

TIRCIS, ÉRASTE, MÉLITE.

TIRCIS.

Éraste, arrête un peu.

ÉRASTE.

Que me veux-tu?

TIRCIS.

Te rendre
Ce sonnet que pour toi j'ai promis d'entreprendre[4].

MÉLITE, au travers d'une jalousie, cependant qu'Éraste lit le sonnet[5].

Que font-ils là tous deux? qu'ont-ils à démêler?
Ce jaloux à la fin le pourra quereller :

---

1. *Var.* N'ont rien qui soit bastant d'ébranler ma constance. (1633)
2. *Var.* Il dit ce dernier vers comme à l'oreille de Cliton, et rentre, tous deux chacun de leur côté. (1633, en marge.) — *A Cliton, tout bas.* (1644-60)
3. A la place du mot *seul* ou *seule*, après le nom d'un personnage, on lit constamment, en marge, dans l'édition de 1663 : *Il est seul, elle est seule.* Nous n'avons remarqué qu'une exception à cet usage. La première fois que cette indication se trouve dans *Mélite*, c'est-à-dire à la fin de la scène III du Ier acte, l'édition de 1663 ne porte en marge que le mot même du texte : *seul*.
4. *Var.* Ce sonnet que pour toi je promis d'entreprendre. (1633-60)
5. *Var. Elle paroît au travers d'une jalousie, et dit ces vers cependant qu'Éraste lit le sonnet tout bas.* (1633, en marge.) — *Elle les regarde à travers une jalousie cependant qu'Éraste lit le sonnet.* (1663, en marge.)

Du moins les compliments, dont peut-être ils se jouent,
Sont des civilités qu'en l'âme ils désavouent.

TIRCIS[1].

J'y donne une raison de ton sort inhumain.
Allons, je le veux voir présenter de ta main
A ce charmant objet dont ton âme est blessée[2].

ÉRASTE, lui rendant son sonnet[3].

Une autre fois, Tircis; quelque affaire pressée   660
Fait que je ne saurois pour l'heure m'en charger.
Tu trouveras ailleurs un meilleur messager.

TIRCIS, seul.

La belle humeur de l'homme! O Dieux, quel personnage!
Quel ami j'avois fait de ce plaisant visage!
Une mine froncée, un regard de travers,   665
C'est le remercîment que j'aurai de mes vers.
Je manque, à son avis, d'assurance ou d'adresse,
Pour les donner moi-même à sa jeune maîtresse,
Et prendre ainsi le temps de dire à sa beauté
L'empire que ses yeux ont sur ma liberté.   670
Je pense l'entrevoir par cette jalousie :
Oui, mon âme de joie en est toute saisie[4].
Hélas! et le moyen de pouvoir lui parler[5],
Si mon premier aspect l'oblige à s'en aller?
Que cette joie est courte, et qu'elle est cher vendue[6]!   675
Toutefois tout va bien, la voilà descendue.
Ses regards pleins de feu s'entendent avec moi[7];
Que dis-je? en s'avançant elle m'appelle à soi.

---

1. En marge, dans l'édition de 1633 : *Il montre du doigt la fin de son sonnet à Éraste.*

2. *Var.* A ce divin objet dont ton âme est blessée. (1633-57)

3. *Var. Feignant de lui rendre son sonnet, il le fait choir et Tirsis le ramasse.* (1633, en marge.) *Il lui rend le sonnet.* (1663, en marge.)

4. En marge, dans l'édition de 1633 : *Mélite se retire de la jalousie et descend.*

5. *Var.* Hélas! et le moyen de lui pouvoir parler. (1633-57)

6. *Var.* Que d'un petit coup d'œil l'aise m'est cher vendue! (1633-57)

7. *Var.* Ses regards pleins de feux s'entendent avec moi. (1633-68)

SCÈNE VIII[1].
TIRCIS, MÉLITE.

MÉLITE.

Eh bien! qu'avez-vous fait de votre compagnie?

TIRCIS.

Je ne puis rien juger de ce qui l'a bannie[2] : 680
A peine ai-je eu loisir de lui dire deux mots,
Qu'aussitôt le fantasque, en me tournant le dos,
S'est échappé de moi.

MÉLITE.

Sans doute il m'aura vue,
Et c'est de là que vient cette fuite imprévue[3].

TIRCIS.

Vous aimant comme il fait, qui l'eût jamais pensé? 685

MÉLITE.

Vous ne savez donc rien de ce qui s'est passé?

TIRCIS.

J'aimerois beaucoup mieux savoir ce qui se passe,
Et la part qu'a Tircis en votre bonne grâce.

MÉLITE.

Meilleure aucunement qu'Éraste ne voudroit.
Je n'ai jamais connu d'amant si maladroit; 690
Il ne sauroit souffrir qu'autre que lui m'approche.
Dieux! qu'à votre sujet il m'a fait de reproche!
Vous ne sauriez me voir sans le désobliger.

TIRCIS.

Et de tous mes soucis c'est là le plus léger.
Toute une légion de rivaux de sa sorte 695

---

1. Dans les éditions antérieures à 1660, cette scène et la précédente n'en forment qu'une.
2. Dans certains exemplaires de l'édition de 1633, notamment dans celui de la Bibliothèque impériale qui est marqué Y $\frac{5801}{4A}$, ce vers est dit par Mélite et non par Tircis, dont le couplet ne commence qu'au vers suivant.
3. *Var.* Et c'est de là que vient cette fuite impourvue. (1633)

Ne divertiroit pas¹ l'amour que je vous porte,
Qui ne craindra jamais les humeurs d'un jaloux.
MÉLITE.
Aussi le croit-il bien, ou je me trompe.
TIRCIS.
                              Et vous?
MÉLITE.
Bien que cette croyance à quelque erreur m'expose²,
Pour lui faire dépit, j'en croirai quelque chose.   700
TIRCIS.
Mais afin qu'il reçût un entier déplaisir,
Il faudroit que nos cœurs n'eussent plus qu'un desir,
Et quitter ces discours de volontés sujettes³,
Qui ne sont point de mise en l'état où vous êtes.
Vous-même consultez un moment vos appas⁴,   705
Songez à leurs effets, et ne présumez pas
Avoir sur tous les cœurs un pouvoir si suprême⁵,
Sans qu'il vous soit permis d'en user sur vous-même.
Un si digne sujet ne reçoit point de loi,
De règle, ni d'avis, d'un autre que de soi.   710
MÉLITE.
Ton mérite, plus fort que ta raison flatteuse,
Me rend, je le confesse, un peu moins scrupuleuse.
Je dois tout à ma mère, et pour tout autre amant
Je voudrois tout remettre à son commandement⁶;
Mais attendre pour toi l'effet de sa puissance,   715
Sans te rien témoigner que par obéissance,

---

1. C'est-à-dire, suivant le sens étymologique du mot, ne détournerait pas. Voyez le *Lexique*.
2. *Var.* Bien que ce soit un heur où prétendre je n'ose. (1633-57)
3. *Volontés sujettes*, volontés soumises à une mère. La réponse de Mélite éclaircit parfaitement ce que cette expression pourrait avoir d'obscur.
4. *Var.* Consultez seulement avecque vos appas. (1633-57)
 Var. Consultez en vous-même un moment vos appas. (1660)
5. *Var.* Avoir sur tout le monde un pouvoir si suprême. (1633-57)
6. *Var.* Je m'en voudrois remettre à son commandement. (1633-60)

Tircis, ce seroit trop : tes rares qualités
Dispensent mon devoir de ces formalités¹.
TIRCIS.
Que d'amour et de joie un tel aveu me donne !
MÉLITE.
C'est peut-être en trop dire, et me montrer trop bonne ;
Mais par là tu peux voir que mon affection
Prend confiance entière en ta discrétion.
TIRCIS.
Vous la verrez toujours, dans un respect sincère,
Attacher mon bonheur à celui de vous plaire,
N'avoir point d'autre soin, n'avoir point d'autre esprit ;
Et si vous en voulez un serment par écrit,
Ce sonnet que pour vous vient de tracer ma flamme
Vous fera voir à nu jusqu'au fond de mon âme.
MÉLITE.
Garde bien ton sonnet, et pense qu'aujourd'hui
Mélite veut te croire autant et plus que lui². 730

---

1. *Var.* [Dispensent mon devoir de ces formalités.]
   TIRS. Souffre donc qu'un baiser cueilli dessus ta bouche
   M'assure entièrement que mon amour te touche.
   MÉL. Ma parole suffit. TIRS. Ah ! j'entends bien que c'est :
   Un peu de violence en t'excusant te plaît.
   MÉL. Folâtre, j'aime mieux abandonner la place,
   Car tu sais dérober avec si bonne grâce
   Que bien que ton larcin me fâche infiniment,
   Je ne puis rien donner à mon ressentiment.
   TIRS. Auparavant l'adieu reçois de ma constance
   Dedans ce peu de vers l'éternelle assurance.
   MÉL. Garde bien ton papier, et pense qu'aujourd'hui. (1633-48)
2. *Var.* [Mélite veut te croire autant et plus que lui (*a*).]
   TIRSIS. *Il lui coule le sonnet dans le sein, comme elle se dérobe* (*b*).
   Par ce refus mignard qui porte un sens contraire,
   Ton feu m'instruit assez de ce que je dois faire.
   O ciel ! je ne crois pas que sous ton large tour
   Un mortel eut jamais tant d'heur ni tant d'amour. (1633-48)

(*a*) Mélite te veut croire autant et plus que lui. (1652-64)
(*b*) TIRSIS, *lui coulant le sonnet dans le bras.* (1644 et 48)

Je le prends toutefois comme un précieux gage
Du pouvoir que mes yeux ont pris sur ton courage.
Adieu : sois-moi fidèle en dépit du jaloux.

TIRCIS[1].

O ciel! jamais amant eut-il un sort plus doux?

1. *Var.* TIRCIS, *seul.* (1652-60)

FIN DU SECOND ACTE.

ACTE III.

SCÈNE PREMIÈRE.
PHILANDRE.

Tu l'as gagné, Mélite; il ne m'est pas possible[1]   735
D'être à tant de faveurs plus longtemps insensible.
Tes lettres où sans fard tu dépeins ton esprit,
Tes lettres où ton cœur est si bien par écrit,
Ont charmé tous mes sens par leurs douces promesses[2].
Leur attente vaut mieux, Cloris, que tes caresses.   740
Ah! Mélite, pardon! je t'offense à nommer
Celle qui m'empêcha si longtemps de t'aimer.
   Souvenirs importuns d'une amante laissée,
Qui venez malgré moi remettre en ma pensée
Un portrait que j'en veux tellement effacer[3]   745
Que le sommeil ait peine à me le retracer,
Hâtez-vous de sortir sans plus troubler ma joie,
Et retournant trouver celle qui vous envoie,
Dites-lui de ma part pour la dernière fois
Qu'elle est en liberté de faire un autre choix;   750
Que ma fidélité n'entretient plus ma flamme,
Ou que s'il m'en demeure encore un peu dans l'âme,
Je souhaite en faveur de ce reste de foi
Qu'elle puisse gagner au change autant que moi[4].

1. *Var.* Tu l'as gagné, Mélite; il ne m'est plus possible
    D'être à tant de faveurs désormais insensible. (1633-57)
2. *Var.* Ont charmé tous mes sens de leurs douces promesses. (1633-60)
3. *Var.* Un portrait que je veux tellement effacer. (1660)
4. *Var.* [Qu'elle puisse gagner au change autant que moi.]
    Dites-lui de ma part que depuis que le monde

Dites-lui que Mélite, ainsi qu'une Déesse, 755
Est de tous nos desirs souveraine maîtresse,
Dispose de nos cœurs, force nos volontés,
Et que par son pouvoir nos destins surmontés
Se tiennent trop heureux de prendre l'ordre d'elle;
Enfin que tous mes vœux....

SCÈNE II.

TIRCIS, PHILANDRE.

TIRCIS.

Philandre!

PHILANDRE.

Qui m'appelle?

TIRCIS.

Tircis, dont le bonheur au plus haut point monté
Ne peut être parfait sans te l'avoir conté.

PHILANDRE.

Tu me fais trop d'honneur par cette confidence[1].

TIRCIS.

J'userois envers toi d'une sotte prudence,
Si je faisois dessein de te dissimuler 765
Ce qu'aussi bien mes yeux ne sauroient te celer.

PHILANDRE.

En effet, si l'on peut te juger au visage,
Si l'on peut par tes yeux lire dans ton courage[2],

Du milieu du chaos tira sa forme ronde,
C'est la première fois que ces vieux ennemis,
Le change et la raison, sont devenus amis;
[Dites-lui que Mélite, ainsi qu'une Déesse.] (1633)
1. *Var.* Tu me fais trop d'honneur en cette confidence. (1633-60)
2. *Var.* [Si l'on peut par tes yeux lire dans ton courage,]
Je ne croirai jamais qu'à force de rêver
Au sujet de ta joie, on le puisse trouver :
[Rien n'atteint, ce me semble, aux signes qu'ils en donnent.] (1633-57)

Ce qu'ils montrent de joie à tel point me surprend,
Que je n'en puis trouver de sujet assez grand : 770
Rien n'atteint, ce me semble, aux signes qu'ils en donnent.
####### TIRCIS.
Que fera le sujet, si les signes t'étonnent?
Mon bonheur est plus grand qu'on ne peut soupçonner ;
C'est quand tu l'auras su qu'il faudra t'étonner.
####### PHILANDRE.
Je ne le saurai pas sans marque plus expresse. 775
####### TIRCIS.
Possesseur, autant vaut....
####### PHILANDRE.
De quoi?
####### TIRCIS.
D'une maîtresse,
Belle, honnête, jolie, et dont l'esprit charmant[1]
De son seul entretien peut ravir un amant :
En un mot, de Mélite.
####### PHILANDRE.
Il est vrai qu'elle est belle ;
Tu n'as pas mal choisi ; mais....
####### TIRCIS.
Quoi, mais?
####### PHILANDRE.
T'aime-t-elle?
####### TIRCIS.
Cela n'est plus en doute.
####### PHILANDRE.
Et de cœur?
####### TIRCIS.
Et de cœur,
Je t'en réponds.

1. *Var.* Belle, honnête, gentille, et dont l'esprit charmant. (1633-57)

PHILANDRE.

Souvent un visage moqueur
N'a que le beau semblant d'une mine hypocrite.

TIRCIS.

Je ne crains rien de tel du côté de Mélite¹.

PHILANDRE.

Écoute, j'en ai vu de toutes les façons :   785
J'en ai vu qui sembloient n'être que des glaçons,
Dont le feu, retenu par une adroite feinte²,
S'allumoit d'autant plus qu'il souffroit de contrainte ;
J'en ai vu, mais beaucoup, qui sous le faux appas
Des preuves d'un amour qui ne les touchoit pas,   790
Prenoient du passe-temps d'une folle jeunesse
Qui se laisse affiner à³ ces traits de souplesse,
Et pratiquoient sous main d'autres affections ;
Mais j'en ai vu fort peu de qui les passions
Fussent d'intelligence avec tout le visage⁴.   795

TIRCIS.

Et de ce petit nombre est celle qui m'engage :
De sa possession je me tiens aussi seur⁵
Que tu te peux tenir de celle de ma sœur.

PHILANDRE.

Donc, si ton espérance à la fin n'est déçue⁶,
Ces deux amours auront une pareille issue.   800

TIRCIS.

Si cela n'arrivoit, je me tromperois fort.

---

1. *Var.* Je ne crains pas cela du côté de Mélite. (1633-57)
2. *Var.* Dont le feu, gourmandé par une adroite feinte. (1633)
3. Qui se laisse prendre à.... tromper par....
4. *Var.* Fussent d'intelligence avecque le visage. (1633-60)
5. Peut-être cette prononciation était-elle en usage lorsque la pièce fut représentée pour la première fois, mais elle était certainement abandonnée lorsque Corneille publiait les dernières éditions de son théâtre. Voyez le *Lexique.*
6. *Var.* Doncques, si ta raison ne se trouve déçue. (1633-57)

PHILANDRE.
Pour te faire plaisir j'en veux être d'accord.
Cependant apprends-moi comment elle te traite,
Et qui te fait juger son ardeur si parfaite[1].

TIRCIS.
Une parfaite ardeur a trop de truchements 805
Par qui se faire entendre aux esprits des amants :
Un coup d'œil, un soupir[2]....

PHILANDRE.
Ces faveurs ridicules[3]
Ne servent qu'à duper des âmes trop crédules.
N'as-tu rien que cela?

TIRCIS.
Sa parole et sa foi.

PHILANDRE.
Encor c'est quelque chose. Achève, et conte-moi 810
Les petites douceurs, les aimables tendresses[4]
Qu'elle se plaît à joindre à de telles promesses.
Quelques lettres du moins te daignent confirmer
Ce vœu qu'entre tes mains elle a fait de t'aimer?

TIRCIS.
Recherche qui voudra ces menus badinages, 815

---

1. *Var.* Et qui te fait juger son amour si parfaite.
   TIRS. Une parfaite amour a trop de truchements. (1633-57)
2. *Var.* Un clin d'œil, un soupir.... (1633)
3. *Var.*   Ces choses ridicules
   Ne servent qu'à piper des âmes trop crédules. (1633-57)
4. *Var.* Les douceurs que la belle, à tout autre (*a*) farouche,
   T'a laissé dérober sur ses yeux, sur sa bouche,
   Sur sa gorge, où, que sais-je? TIRS. Ah! ne présume pas
   Que ma témérité profane ses appas,
   Et quand bien j'aurois eu tant d'heur, ou d'insolence,
   Ce secret, étouffé dans la nuit du silence,
   N'échapperoit jamais à ma discrétion.
   PHIL. Quelques lettres du moins pleines d'affection
   Témoignent son ardeur? TIRS. Ces foibles témoignages

(*a*) On lit dans toutes les éditions indiquées : *toute autre*, pour *tout autre*.

Qui n'en sont pas toujours de fort sûrs témoignages ;
Je n'ai que sa parole, et ne veux que sa foi.

PHILANDRE.

Je connois donc quelqu'un plus avancé que toi[1].

TIRCIS.

J'entends qui tu veux dire, et pour ne te rien feindre,
Ce rival est bien moins à redouter qu'à plaindre. 820
Éraste, qu'ont banni ses dédains rigoureux....

PHILANDRE.

Je parle de quelque autre un peu moins malheureux.

TIRCIS.

Je ne connois que lui qui soupire pour elle.

PHILANDRE.

Je ne te tiendrai point plus longtemps en cervelle[2] :
Pendant qu'elle t'amuse avec ses beaux discours, 825
Un rival inconnu possède ses amours,
Et la dissimulée, au mépris de ta flamme,
Par lettres chaque jour lui fait don de son âme.

TIRCIS.

De telles trahisons lui sont trop en horreur.

PHILANDRE.

Je te veux par pitié tirer de cette erreur. 830
Tantôt, sans y penser, j'ai trouvé cette lettre ;
Tiens, vois ce que tu peux désormais t'en promettre.

D'une vraie amitié sont d'inutiles gages ;
Je n'en veux et n'en ai point d'autre que sa foi (a).
PHIL. Je sais donc bien quelqu'un plus avancé que toi.
TIRS. Plus avancé que moi ? j'entends qui tu veux dire,
Mais il n'a garde d'être en état de me nuire :
Ce n'est pas d'aujourd'hui qu'Éraste a son congé.
PHIL. Celui dont je te parle est bien mieux partagé.
TIRS. Je ne sache que lui qui soupire pour elle. (1633-57)

1. *Var.* J'en connois donc quelqu'un plus avancé que toi. (1663)
2. *Tenir en cervelle*, inquiéter, tenir dans l'inquiétude. Voyez le *Lexique*.

(a) Je n'en veux et n'en ai point d'autres que sa foi. (1644-57)

LETTRE SUPPOSÉE DE MÉLITE A PHILANDRE.

Je commence à m'estimer quelque chose, puisque je vous plais; et mon miroir m'offense tous les jours, ne me représentant pas assez belle, comme je m'imagine qu'il faut être pour mériter votre affection. Aussi je veux bien que vous sachiez que Mélite ne croit la posséder que par faveur[1], ou comme une récompense extraordinaire d'un excès d'amour, dont elle tâche de suppléer au défaut des grâces que le ciel lui a refusées.

PHILANDRE.

Maintenant qu'en dis-tu? n'est-ce pas t'affronter[2]?

TIRCIS.

Cette lettre en tes mains ne peut m'épouvanter.

PHILANDRE.

La raison?

TIRCIS.

Le porteur a su combien je t'aime, 835
Et par galanterie il t'a pris pour moi-même[3],
Comme aussi ce n'est qu'un de deux parfaits amis.

PHILANDRE.

Voilà bien te flatter plus qu'il ne t'est permis,
Et pour ton intérêt aimer à te méprendre[4].

TIRCIS.

On t'en aura donné quelque autre pour me rendre, 840
Afin qu'encore un coup je sois ainsi déçu.

PHILANDRE.

Oui, j'ai quelque billet que tantôt j'ai reçu[5],
Et puisqu'il est pour toi....

---

1. *Var.* Aussi la pauvre Mélite ne la croit posséder que par faveur. (1633-57)
2. *Affronter*, tromper avec audace.
3. *Var.* Et par un gentil trait il t'a pris pour moi-même,
   D'autant que ce n'est qu'un de deux parfaits amis. (1633-57)
4. *Var.* Et pour ton intérêt dextrement te méprendre. (1633-57)
5. *Var.* C'est par là qu'il t'en plaît? oui-da; j'en ai reçu

TIRCIS.

Dépêche. Que ta longueur me tue!

PHILANDRE.

Le voilà que je te restitue.

AUTRE LETTRE SUPPOSÉE DE MÉLITE A PHILANDRE.

Vous n'avez plus affaire qu'à Tircis ; je le souffre encore, afin que par sa hantise je remarque plus exactement ses défauts et les fasse mieux goûter à ma mère. Après cela Philandre et Mélite auront tout loisir de rire ensemble des belles imaginations dont le frère et la sœur ont repu leurs espérances.

PHILANDRE.

Te voilà tout rêveur, cher ami; par ta foi, 845
Crois-tu que ce billet s'adresse encore à toi[1]?

TIRCIS.

Traître! c'est donc ainsi que ma sœur méprisée
Sert à ton changement d'un sujet de risée?
C'est ainsi qu'à sa foi Mélite osant manquer[2],
D'un parjure si noir ne fait que se moquer? 850
C'est ainsi que sans honte à mes yeux tu subornes[3]
Un amour qui pour moi devoit être sans bornes?
Suis-moi tout de ce pas, que l'épée à la main[4]

Encore une, qu'il faut que je te restitue.
TIRS. Dépêche, ta longueur importune me tue. (1633-57)
1. *Var.* Crois-tu que celle-là s'adresse encore à toi? (1633-57)
2. *Var.* Qu'à tes suasions Mélite osant manquer
 A ce qu'elle a promis, ne s'en fait que moquer?
 Qu'oubliant tes serments, déloyal tu subornes
 [Un amour qui pour moi devoit être sans bornes?] (1633-57)
3. *Suborner*, séduire, appliqué ainsi aux passions, aux sentiments, est fréquent dans Corneille. Voyez le *Lexique*.
4. *Var.* Avise à te défendre; un affront si cruel
 Ne peut se réparer à moins que d'un duel :
 [Il faut que pour tous deux ta tête me réponde.] (1633-57)

ACTE III, SCÈNE II.

Un si cruel affront se répare soudain :
Il faut que pour tous deux ta tête me réponde. 855

PHILANDRE.

Si pour te voir trompé tu te déplais au monde,
Cherche en ce désespoir qui t'en veuille arracher;
Quant à moi, ton trépas me coûteroit trop cher[1].

TIRCIS.

Quoi! tu crains le duel?

PHILANDRE.

Non; mais j'en crains la suite,
Où la mort du vaincu met le vainqueur en fuite, 860
Et du plus beau succès le dangereux éclat
Nous fait perdre l'objet et le prix du combat.

TIRCIS.

Tant de raisonnement et si peu de courage
Sont de tes lâchetés le digne témoignage.
Viens, ou dis que ton sang n'oseroit s'exposer. 865

PHILANDRE.

Mon sang n'est plus à moi; je n'en puis disposer.
Mais puisque ta douleur de mes raisons s'irrite,
J'en prendrai dès ce soir le congé de Mélite.
Adieu.

1. *Var.* [Quant à moi, ton trépas me coûteroit trop cher :]
Il me faudroit après, par une prompte fuite,
Éloigner trop longtemps les beaux yeux de Mélite.
TIRS. Ce discours de bouffon ne me satisfait pas :
Nous sommes seuls ici; dépêchons, pourpoint bas (*a*).
PHIL. Vivons plutôt amis, et parlons d'autre chose.
TIRS. Tu n'oserois, je pense. PHIL. Il est tout vrai, je n'ose
Ni mon sang ni ma vie en péril exposer.
Ils ne sont plus à moi : je n'en puis disposer.
Adieu : celle qui veut qu'à présent je la serve
Mérite que pour elle ainsi je me conserve.

SCÈNE III.

TIRSIS.

Quoi! tu t'enfuis, perfide, et ta légèreté. (1633-57)

(*a*) Voyez p. 161, note 4.

SCENE III.

TIRCIS.

Tu fuis, perfide, et ta légèreté,
T'ayant fait criminel, te met en sûreté !
Reviens, reviens défendre une place usurpée :
Celle qui te chérit vaut bien un coup d'épée.
Fais voir que l'infidèle, en se donnant à toi,
A fait choix d'un amant qui valoit mieux que moi ;
Soutiens son jugement, et sauve ainsi de blâme
Celle qui pour la tienne a négligé ma flamme.
Crois-tu qu'on la mérite à force de courir?
Peux-tu m'abandonner ses faveurs sans mourir[1]?
O lettres, ô faveurs indignement placées,
A ma discrétion honteusement laissées !
O gages qu'il néglige ainsi que superflus !
Je ne sais qui de nous vous diffamez le plus[2] ;

---

1. *Var.* [Peux-tu m'abandonner ses faveurs sans mourir?]
  Si de les plus garder ton peu d'esprit se lasse,
  Viens me dire du moins ce qu'il faut que j'en fasse.
  Ne t'en veux-tu servir qu'à me désabuser?
  N'ont-elles point d'effet qui soit plus à priser?
  [O lettres, ô faveurs indignement placées.] (1633)
2. *Var.* Je ne sais qui des trois vous diffamez le plus,
  De moi, de ce perfide, ou bien de sa maîtresse ;
  Car vous nous apprenez qu'elle est une traîtresse,
  Son amant un poltron, et moi sans jugement,
  De n'avoir rien prévu de son déguisement.
  Mais que par ses transports ma raison est surprise !
  Pour ce manque de cœur qu'à tort je le méprise !
  (Hélas ! à mes dépens je le puis bien savoir)
  Quand on a vu Mélite on n'en peut plus avoir (*a*).
  Fuis donc, homme sans cœur, va dire à ta volage
  Combien sur ton rival ta fuite a d'avantage,
  Et que ton pied léger ne laisse à ma valeur
  Que les vains mouvements d'une juste douleur.

(*a*) Ces quatre vers : « Mais que par, etc., » ne sont que dans l'édition de 1633.

ACTE III, SCÈNE III. 197

Je ne sais qui des trois doit rougir davantage;
Car vous nous apprenez qu'elle est une volage,
Son amant un parjure, et moi sans jugement, 885
De n'avoir rien prévu de leur déguisement.
Mais il le falloit bien, que cette âme infidèle,
Changeant d'affection, prît un traître comme elle,
Et que le digne amant qu'elle a su rechercher
A sa déloyauté n'eût rien à reprocher. 890
Cependant j'en croyois cette fausse apparence
Dont elle repaissoit ma frivole espérance;
J'en croyois ses regards, qui tous remplis d'amour,
Étoient de la partie en un si lâche tour.
O ciel! vit-on jamais tant de supercherie, 895
Que tout l'extérieur ne fût que tromperie? ―
Non, non, il n'en est rien : une telle beauté
Ne fut jamais sujette à la déloyauté.
Foibles et seuls témoins du malheur qui me touche,

Ce lâche naturel qu'elle fait reconnoître
Ne t'aimera pas moins étant poltron que traître.
Traître et poltron! voilà les belles qualités
Qui retiennent les sens de Mélite enchantés.
Aussi le falloit-il que cette âme infidèle,
[Changeant d'affection, prît un traître comme elle,]
Et la jeune rusée a bien su rechercher (a)
Un qui n'eût sur ce point rien à lui reprocher,
Cependant que, leurré d'une fausse apparence,
Je repaissois de vent ma frivole espérance.
Mais je le méritois, et ma facilité
Tentoit trop puissamment son infidélité (b).
Je croyois à ses yeux, à sa mine embrasée (c),
A ces petits larcins pris d'une force aisée.
Hélas! et se peut-il que ces marques d'amour
Fussent de la partie en un si lâche tour?
Auroit-on jamais vu tant de supercherie,
Que tout l'extérieur ne fût que piperie?
[Non, non, il n'en est rien : une telle beauté.] (1633-57)

(a) Et cette humeur légère a bien su rechercher. (1644-57)
(b) Ces quatre vers : « Cependant que, leurré, etc., » ne sont que dans l'édition de 1633.
(c) Cependant je croyois à sa mine embrasée. (1644-57)

Vous êtes trop hardis de démentir sa bouche. 900
Mélite me chérit, elle me l'a juré :
Son oracle reçu, je m'en tiens assuré[1].
Que dites-vous là contre? êtes-vous plus croyables?
Caractères trompeurs, vous me contez des fables,
Vous voulez me trahir; mais vos efforts sont vains[2] : 905
Sa parole a laissé son cœur entre mes mains.
A ce doux souvenir ma flamme se rallume;
Je ne sais plus qui croire ou d'elle ou de sa plume :
L'un et l'autre en effet n'ont rien que de léger;
Mais du plus ou du moins je n'en puis que juger. 910
Loin, loin, doutes flatteurs que mon feu me suggère[3]!
Je vois trop clairement qu'elle est la plus légère[4];
La foi que j'en reçus s'en est allée en l'air[5],
Et ces traits de sa plume osent encor parler[6],
Et laissent en mes mains une honteuse image, 915
Où son cœur peint au vif remplit le mien de rage.
Oui, j'enrage, je meurs, et tous mes sens troublés[7]
D'un excès de douleur se trouvent accablés[8];
Un si cruel tourment me gêne et me déchire,
Que je ne puis plus vivre avec un tel martyre[9] : 920

1. *Var.* Son oracle reçu, je m'en tins assuré. (1633)
2. *Var.* Vous voulez me trahir, vous voulez m'abuser :
   J'ai sa parole en gage et de plus un baiser. (1633-57)
3. *Var.* C'est en vain que mon feu ces doutes me suggère. (1633-57)
4. *Var.* Je vois très-clairement qu'elle est la plus légère. (1648-57)
5. *Var.* Les serments que j'en ai s'en vont au vent jetés,
   Et ces traits de sa plume ici me sont restés,
   Qui dépeignant au vif son perfide courage,
   Remplissent de bonheur Philandre, et moi de rage. (1633-57)
6. *Var.* Et ces traits de sa plume, osant encor parler,
   Laissent entre mes mains une honteuse image. (1660)
7. *Var.* Oui, j'enrage, je crève, et tous mes sens troublés. (1633)
8. *Var.* D'un excès de douleur succombent accablés. (1633-60)
9. *Var.* [Que je ne puis plus vivre avec un tel martyre :]
   Aussi ma prompte mort le va bientôt finir;
   Déjà mon cœur outré ne cherchant qu'à bannir
   Cet amour qui l'a fait si lourdement méprendre,

Mais cachons-en la honte, et nous donnons du moins
Ce faux soulagement, en mourant sans témoins,
Que mon trépas secret empêche l'infidèle
D'avoir la vanité que je sois mort pour elle.

SCÈNE IV.

TIRCIS, CLORIS.

CLORIS.

Mon frère, en ma faveur retourne sur tes pas.   925
Dis-moi la vérité : tu ne me cherchois pas?
Eh quoi! tu fais semblant de ne me pas connoître?
O Dieux! en quel état te vois-je ici paroître!
Tu pâlis tout à coup, et tes louches regards
S'élancent incertains presque de toutes parts!   930
Tu manques à la fois de couleur et d'haleine[1]!

> Pour lui donner passage, est tout prêt de se fendre (*a*);
> Mon âme par dépit tâche d'abandonner
> Un corps que sa raison sut si mal gouverner.
> Mes yeux, jusqu'à présent couverts de mille nues,
> S'en vont les distiller en larmes continues,
> Larmes qui donneront pour juste châtiment
> A leur aveugle erreur un autre aveuglement;
> Et mes pieds, qui savoient sans eux, sans leur conduite,
> Comme insensiblement me porter chez Mélite,
> Me porteront sans eux en quelque lieu désert,
> En quelque lieu sauvage à peine découvert,
> Où ma main, d'un poignard, achèvera le reste,
> Où pour suivre l'arrêt de mon destin funeste,
> Je répandrai mon sang, et j'aurai pour le moins
> Ce foible et vain soulas en mourant sans témoins,
> Que mon trépas secret fera que l'infidèle
> Ne pourra se vanter que je sois mort pour elle. (1633-57)

1. *Var.* Tu manques à la fois de poumon et d'haleine. (1633-60)

(*a*) Ces quatre vers : « Aussi ma prompte mort, etc., » ne sont que dans l'édition de 1633.

200   MÉLITE.

Ton pied mal affermi ne te soutient qu'à peine !
Quel accident nouveau te trouble ainsi les sens[1] ?

TIRCIS.

Puisque tu veux savoir le mal que je ressens,
Avant que d'assouvir l'inexorable envie   935
De mon sort rigoureux qui demande ma vie,
Je vais t'assassiner d'un fatal entretien,
Et te dire en deux mots mon malheur et le tien.
En nos chastes amours de tous deux on se moque[2] :
Philandre.... Ah ! la douleur m'étouffe et me suffoque.
Adieu, ma sœur, adieu ; je ne puis plus parler[3] :
Lis, et si tu le peux, tâche à te consoler[4].

CLORIS.

Ne m'échappe donc pas.

TIRCIS.

                        Ma sœur, je te supplie....

CLORIS.

Quoi ! que je t'abandonne à ta mélancolie ?
Voyons auparavant ce qui te fait mourir[5],   945
Et nous aviserons à te laisser courir.

TIRCIS.

Hélas ! quelle injustice !

CLORIS, *après avoir lu les lettres qu'il lui a données*[6].

                        Est-ce là tout, fantasque ?
Quoi ! si la déloyale enfin lève le masque,
Oses-tu te fâcher d'être désabusé ?
Apprends qu'il te faut être en amour plus rusé ;   950

---

1. *Var.* Quel accident nouveau te brouille ainsi les sens ? (1633-57)
2. *Var.* En nos chastes amours de nous deux on se moque. (1633-60)
3. *Var.* Adieu, ma sœur, adieu ; je ne peux plus parler. (1633)
4. *Var.* Lis, puis, si tu le peux, tâche à te consoler. (1633-57)
5. *Var.* Non, non, quand j'aurai su ce qui te fait mourir,
   Si bon me semble alors, je te lairrai courir. (1633-57)
6. *Var. Elle lit les lettres que Tirsis lui avoit données.* (1633, en marge.— *Elle lit les lettres qu'il lui a données.* (1663, en marge.)

Apprends que les discours des filles bien sensées[1]
Découvrent rarement le fond de leurs pensées,
Et que les yeux aidant à ce déguisement,
Notre sexe a le don de tromper finement.
Apprends aussi de moi que ta raison s'égare, 955
Que Mélite n'est pas une pièce si rare,
Qu'elle soit seule ici qui vaille la servir[2];
Assez d'autres objets y sauront te ravir[3].
Ne t'inquiète point pour une écervelée
Qui n'a d'ambition que d'être cajolée, 960
Et rend à plaindre ceux qui flattant ses beautés[4]
Ont assez de malheur pour en être écoutés.
Damon lui plut jadis, Aristandre, et Géronte[5];
Éraste après deux ans n'y voit pas mieux son conte[6];
Elle t'a trouvé bon seulement pour huit jours; 965
Philandre est aujourd'hui l'objet de ses amours,
Et peut-être déjà (tant elle aime le change[7]!)
Quelque autre nouveauté le supplante et nous venge.
Ce n'est qu'une coquette avec tous ses attraits[8];
Sa langue avec son cœur ne s'accorde jamais; 970
Les infidélités font ses jeux ordinaires;
Et ses plus doux appas sont tellement vulgaires,
Qu'en elle homme d'esprit n'admira jamais rien
Que le sujet pourquoi tu lui voulois du bien.

1. *Var.* Apprends que les discours des filles mieux sensées. (1633-60)
2. *Qui vaille la servir*, qui vaille qu'on la serve.
3. *Var.* Tant d'autres te sauront en sa place ravir,
   Avec trop plus d'attraits que cette écervelée. (1633-57)
4. *Var.* Par les premiers venus qui flattant ses beautés. (1633-57)
5. *Var.* Ainsi Damon lui plut, Aristandre, et Géronte;
   Éraste après deux ans n'en a pas meilleur conte. (1633-57)
6. Voyez ci-dessus, p. 150, la note relative à la première variante.
7. *Var.* Et peut-être demain (tant elle aime le change!). (1633-57)
8. *Var.* Ce n'est qu'une coquette, une tête à l'évent,
   Dont la langue et le cœur s'accordent peu souvent,
   A qui les trahisons deviennent ordinaires,
   Et dont tous les appas sont tellement vulgaires. (1633-57)

TIRCIS.

Penses-tu m'arrêter par ce torrent d'injures[1] ?   975
Que ce soient vérités, que ce soient impostures,
Tu redoubles mes maux, au lieu de les guérir.
Adieu : rien que la mort ne peut me secourir.

SCÈNE V.

CLORIS.

Mon frère.... Il s'est sauvé ; son désespoir l'emporte :
Me préserve le ciel d'en user de la sorte !   980
Un volage me quitte, et je le quitte aussi :
Je l'obligerois trop de m'en mettre en souci.
Pour perdre des amants, celles qui s'en affligent
Donnent trop d'avantage à ceux qui les négligent ;
Il n'est lors que la joie : elle nous venge mieux,   985
Et la fît-on à faux éclater par les yeux,
C'est montrer par bravade à leur vaine inconstance[2]
Qu'elle est pour nous toucher de trop peu d'importance.
Que Philandre à son gré rende ses vœux contents ;
S'il attend que j'en pleure, il attendra longtemps.   990
Son cœur est un trésor dont j'aime qu'il dispose ;
Le larcin qu'il m'en fait me vole peu de chose,
Et l'amour qui pour lui m'éprit si follement

---

1. *Var.* Penses-tu, m'amusant avecque des sottises,
  Par tes détractions rompre mes entreprises ?
  Non, non, ces traits de langue épandus vainement
  Ne m'arrêteroient pas encore un seul moment. (1633-57)
2. *Var.* C'est toujours témoigner que leur vaine inconstance
  Est pour nous émouvoir de trop peu d'importance.
  Aussi ne veux-je pas le retenir d'aller,
  Et si d'autres que moi ne le vont rappeler,
  Il usera ses jours à courtiser Mélite ;
  Outre que l'infidèle a si peu de mérite,
  Que l'amour qui pour lui m'éprit si follement. (1633-57)

M'avoit fait bonne part de son aveuglement.
On enchérit pourtant sur ma faute passée : 995
Dans la même folie une autre embarrassée¹
Le rend encor parjure, et sans âme, et sans foi,
Pour se donner l'honneur de faillir après moi.
Je meure, s'il n'est vrai que la moitié du monde²
Sur l'exemple d'autrui se conduit et se fonde. 1000
A cause qu'il parut quelque temps m'enflammer,
La pauvre fille a cru qu'il valoit bien l'aimer,
Et sur cette croyance elle en a pris envie :
Lui pût-elle durer jusqu'au bout de sa vie !
Si Mélite a failli me l'ayant débauché, 1005
Dieux, par là seulement punissez son péché !
Elle verra bientôt que sa digne conquête³
N'est pas une aventure à me rompre la tête.
Un si plaisant malheur m'en console à l'instant.
Ah ! si mon fou de frère en pouvoit faire autant⁴, 1010
Que j'en aurois de joie, et que j'en ferois gloire !
Si je puis le rejoindre et qu'il me veuille croire,
Nous leur ferons bien voir que leur change indiscret
Ne vaut pas un soupir, ne vaut pas un regret.
Je me veux toutefois en venger par malice, 1015
Me divertir une heure à m'en faire justice :
Ces lettres fourniront assez d'occasion
D'un peu de défiance et de division.
Si je prends bien mon temps, j'aurai pleine matière
A les jouer tous deux d'une belle manière. 1020
En voici déjà l'un qui craint de m'aborder.

1. *Var.* Dans la même sottise une autre embarrassée. (1633-57)
2. *Var.* Je meure, s'il n'est vrai que la plupart du monde. (1633)
3. *Var.* Elle verra bientôt, quoi qu'elle se propose,
   Qu'elle n'a pas gagné, ni moi perdu grand'chose.
   Ma perte me console, et m'égaye à l'instant. (1633-57)
4. Voyez au *Complément des variantes*, p. 251.

SCÈNE VI.

PHILANDRE, CLORIS.

CLORIS.

Quoi, tu passes, Philandre, et sans me regarder?

PHILANDRE.

Pardonne-moi, de grâce : une affaire importune
M'empêche de jouir de ma bonne fortune,
Et son empressement, qui porte ailleurs mes pas, 1025
Me remplissoit l'esprit jusqu'à ne te voir pas.

CLORIS.

J'ai donc souvent le don d'aimer plus qu'on ne m'aime :
Je ne pense qu'à toi, j'en parlois en moi-même.

PHILANDRE.

Me veux-tu quelque chose?

CLORIS.

Il t'ennuie avec moi;
Mais comme de tes feux j'ai pour garant ta foi, 1030
Je ne m'alarme point. N'étoit ce qui te presse,
Ta flamme un peu plus loin eût porté la tendresse,
Et je t'aurois fait voir quelques vers de Tircis
Pour le charmant objet de ses nouveaux soucis.
Je viens de les surprendre, et j'y pourrois encore[1] 1035
Joindre quelques billets de l'objet qu'il adore;
Mais tu n'as pas le temps. Toutefois, si tu veux[2]
Perdre un demi-quart d'heure à les lire nous deux....

PHILANDRE.

Voyons donc ce que c'est, sans plus longue demeure;
Ma curiosité pour ce demi-quart d'heure 1040
S'osera dispenser.

---

1. *Var.* Je les viens de surprendre, et j'y pourrois encore. (1660)
2. *Var.* Mais tu n'as pas loisir. Toutefois si tu veux. (1660-64)

ACTE III, SCÈNE VI.

CLORIS.
Aussi tu me promets,
Quand tu les auras lus, de n'en parler jamais;
Autrement, ne crois pas....
PHILANDRE, reconnoissant les lettres[1].
Cela s'en va sans dire :
Donne, donne-les-moi, tu ne les saurois lire :
Et nous aurions ainsi besoin de trop de temps.   1045
CLORIS, les resserrant[2].
Philandre, tu n'es pas encore où tu prétends;
Quelques[3] hautes faveurs que ton mérite obtienne,
Elles sont aussi bien en ma main qu'en la tienne :
Je les garderai mieux, tu peux en assurer
La belle qui pour toi daigne se parjurer[4].   1050
PHILANDRE.
Un homme doit souffrir d'une fille en colère;
Mais je sais comme il faut les ravoir de ton frère :
Tout exprès je le cherche, et son sang, ou le mien....
CLORIS.
Quoi! Philandre est vaillant, et je n'en savois rien!
Tes coups sont dangereux quand tu ne veux pas feindre;
Mais ils ont le bonheur de se faire peu craindre,
Et mon frère, qui sait comme il s'en faut guérir,
Quand tu l'aurois tué, pourroit n'en pas mourir.
PHILANDRE.
L'effet en fera foi, s'il en a le courage.

1. *Var. Il reconnoît les lettres.* (1663, en marge.) (*a*)
2. *Var. Elle les resserre.* (1663, en marge.)
3. Telle est l'orthographe de ce mot dans toutes les éditions publiées du vivant de Corneille. Voyez le *Lexique*.
4. Un des personnages de *la Veuve* (acte III, sc. III) parle de la comédie de *Mélite* et mentionne
Le discours de Cloris quand Philandre la quitte.

(*a*) Voyez plus loin, p. 252 et 253, quelle est la variante de ce jeu de scène dans l'édition de 1633, et celle du jeu de scène suivant dans les éditions de 1644-57.

Adieu : j'en perds le temps à parler davantage. 1060
Tremble.

CLORIS.

J'en ai grand lieu, connoissant ta vertu :
Pourvu qu'il y consente, il sera bien battu.

FIN DU TROISIÈME ACTE.

ACTE IV.

SCÈNE PREMIÈRE.
MÉLITE, LA NOURRICE.

LA NOURRICE.

Cette obstination à faire la secrète
M'accuse injustement d'être trop peu discrète[1].

MÉLITE.

Ton importunité n'est pas à supporter :   1065
Ce que je ne sais point, te le puis-je conter?

LA NOURRICE.

Les visites d'Éraste un peu moins assidues
Témoignent quelque ennui de ses peines perdues,

---

1. *Var.* [M'accuse injustement d'être trop peu discrète.]
   MÉL. Vraiment tu me poursuis avec trop de rigueur :
   Que te puis-je conter, n'ayant rien sur le cœur?
   LA NOURR. Un chacun fait à l'œil des remarques aisées,
   Qu'Éraste, abandonnant ses premières brisées,
   Pour te mieux témoigner son refroidissement,
   Cherche sa guérison dans un bannissement.
   Tu m'en veux cependant ôter la connoissance ;
   Mais si jamais sur toi j'eus aucune puissance,
   Par ce que tous les jours en tes affections
   Tu reçois de profit de mes instructions (*a*),
   Apprends-moi ce que c'est. MÉL. Et que sais-je, Nourrice,
   Des fantasques ressorts qui meuvent son caprice?
   Ennuyé d'un esprit si grossier que le mien,
   [Il cherche ailleurs peut-être un meilleur entretien.] (1633-57)

(*a*) Dans l'édition de 1657, probablement par erreur :
    Parce que tous les jours, en tes affections,
    Tu reçois du profit de mes instructions.

Et ce qu'on voit par là de refroidissement
Ne fait que trop juger son mécontentement. 1070
Tu m'en veux cependant cacher tout le mystère ;
Mais je pourrois enfin en croire ma colère,
Et pour punition te priver des avis ·
Qu'a jusqu'ici ton cœur si doucement suivis.

MÉLITE.

C'est à moi de trembler après cette menace, 1075
Et toute autre du moins trembleroit en ma place.

LA NOURRICE.

Ne raillons point : le fruit qui t'en est demeuré
(Je parle sans reproche, et tout considéré)
Vaut bien.... Mais revenons à notre humeur chagrine :
Apprends-moi ce que c'est.

MÉLITE.

     Veux-tu que je devine ? 1080
Dégoûté d'un esprit si grossier que le mien,
Il cherche ailleurs peut-être un meilleur entretien.

LA NOURRICE.

Ce n'est pas bien ainsi qu'un amant perd l'envie
D'une chose deux ans ardemment poursuivie :
D'assurance un mépris l'oblige à se piquer ; 1085
Mais ce n'est pas un trait qu'il faille pratiquer.
Une fille qui voit et que voit la jeunesse
Ne s'y doit gouverner qu'avec beaucoup d'adresse ;
Le dédain lui messied, ou quand elle s'en sert,
Que ce soit pour reprendre un amant qu'elle perd. 1090
Une heure de froideur, à propos ménagée,
Peut rembraser une âme à demi dégagée[1],
Qu'un traitement trop doux dispense à[2] des mépris

---

1. *Var.* Rembrase assez souvent une âme dégagée. (1633-57)
2. *Dispenser à....* accorder la dispense, la permission nécessaire pour faire quelque chose, autoriser à....

ACTE IV, SCÈNE I.

D'un bien dont cet orgueil fait mieux savoir le prix[1].
Hors ce cas, il lui faut complaire à tout le monde, 1095
Faire qu'aux vœux de tous l'apparence réponde[2],
Et sans embarrasser son cœur de leurs amours,
Leur faire bonne mine, et souffrir leurs discours[3].
Qu'à part ils pensent tous avoir la préférence,
Et paroissent ensemble entrer en concurrence[4]; 1100
Que tout l'extérieur de son visage égal
Ne rende aucun jaloux du bonheur d'un rival;
Que ses yeux partagés leur donnent de quoi craindre,
Sans donner à pas un aucun lieu de se plaindre;
Qu'ils vivent tous d'espoir jusqu'au choix d'un mari, 1105
Mais qu'aucun cependant ne soit le plus chéri,
Et qu'elle cède enfin, puisqu'il faut qu'elle cède[5],
A qui paiera le mieux le bien qu'elle possède.
Si tu n'eusses jamais quitté cette leçon,
Ton Éraste avec toi vivroit d'autre façon. 1110

MÉLITE.

Ce n'est pas son humeur de souffrir ce partage :
Il croit que mes regards soient son propre héritage,
Et prend ceux que je donne à tout autre qu'à lui
Pour autant de larcins faits sur le bien d'autrui.

1. *Var.* D'un bien dont un dédain fait mieux savoir le prix. (1633-57)
2. *Var.* Faire qu'aux vœux de tous son visage réponde. (1633-57)
3. *Var.* Leur faire bonne mine, et souffrir leur discours. (1633, 44 et 52-57
   Var. Leur montrer bonne mine, et souffrir leur discours. (1648)
4. *Var.* [Et paroissent ensemble entrer en concurrence :]
   Ainsi lorsque plusieurs te parlent à la fois,
   En répondant à l'un, serre à l'autre les doigts,
   Et si l'un te dérobe un baiser par surprise,
   Qu'à l'autre incontinent il soit en belle prise;
   Que l'un et l'autre juge, à ton visage égal,
   Que tu caches ta flamme aux yeux de son rival.
   Partage bien les tiens, et surtout sache feindre,
   De sorte que pas un n'ait sujet de se plaindre. (1633-57)
5. *Var.* Tiens bon, et cède enfin, puisqu'il faut que tu cèdes,
   A qui paiera le mieux le bien que tu possèdes. (1633-57)

CORNEILLE. 1

LA NOURRICE.

J'entends à demi-mot; achève, et m'expédie 1115
Promptement le motif de cette maladie¹.

MÉLITE.

Si tu m'avois, Nourrice, entendue à demi,
Tu saurois que Tircis....

LA NOURRICE.

                Quoi? son meilleur ami!
N'a-ce pas été lui qui te l'a fait connoître?

MÉLITE.

Il voudroit que le jour en fût encore à naître; 1120
Et si d'auprès de moi je l'avois écarté²,
Tu verrois tout à l'heure Éraste à mon côté.

LA NOURRICE.

J'ai regret que tu sois leur pomme de discorde;
Mais puisque leur humeur ensemble ne s'accorde,
Éraste n'est pas homme à laisser échapper; 1125
Un semblable pigeon ne se peut rattraper :
Il a deux fois le bien de l'autre, et davantage.

MÉLITE.

Le bien ne touche point un généreux courage.

LA NOURRICE.

Tout le monde l'adore, et tâche d'en jouir.

MÉLITE.

Il suit un faux éclat qui ne peut m'éblouir. 1130

LA NOURRICE.

Auprès de sa splendeur toute autre est fort petite³.

---

1. *Var.* [Promptement le motif de cette maladie.]
    MÉL. Tirsis est ce motif. LA NOURR. Ce jeune cavalier!
Son ami plus intime et son plus familier!
[N'a-ce pas été lui qui te l'a fait connoître?] (1633-57)
2. *Var.* Et si dans ce jourd'hui je l'avois écarté,
Tu verrois dès demain Éraste à mon côté.
    LA NOURR. J'ai regret que tu sois la pomme de discorde. (1633-57)
3. *Var.* Auprès de sa splendeur toute autre est trop petite. (1633-57)

MÉLITE.

Tu le places[1] au rang qui n'est dû qu'au mérite.
LA NOURRICE.
On a trop de mérite étant riche à ce point.
MÉLITE.
Les biens en donnent-ils à ceux qui n'en ont point?
LA NOURRICE.
Oui, ce n'est que par là qu'on est considérable.   1135
MÉLITE.
Mais ce n'est que par là qu'on devient méprisable :
Un homme dont les biens font toutes les vertus
Ne peut être estimé que des cœurs abattus.
LA NOURRICE.
Est-il quelques défauts que les biens ne réparent?
MÉLITE.
Mais plutôt en est-il où les biens ne préparent?   1140
Étant riche, on méprise assez communément
Des belles qualités le solide ornement,
Et d'un luxe honteux la richesse suivie[2]
Souvent par l'abondance aux vices nous convie.
LA NOURRICE.
Enfin je reconnois....
MÉLITE.
Qu'avec tout ce grand bien[3]   1145
Un jaloux sur mon cœur n'obtiendra jamais rien.
LA NOURRICE.
Et que d'un cajoleur la nouvelle conquête
T'imprime, à mon regret, ces erreurs dans la tête.
Si ta mère le sait....

---

1. On lit dans l'édition de 1633 : *tu te places*, pour *tu le places* ; mais c'est évidemment une faute d'impression.

2. L'édition de 1633 porte, mais ce doit être aussi une faute :
   Et d'un riche honteux la richesse suivie.

3. *Var.*   Qu'avecque tout son bien
   Un jaloux dessus moi n'obtiendra jamais rien. (1633-60)

MÉLITE.
Laisse-moi ces soucis,
Et rentre, que je parle à la sœur de Tircis ; 1150
LA NOURRICE.
Peut-être elle t'en veut dire quelque nouvelle.
MÉLITE.
Ta curiosité te met trop en cervelle².
Rentre sans t'informer de ce qu'elle prétend ;
Un meilleur entretien avec elle m'attend.

SCÈNE II.
CLORIS, MÉLITE.

CLORIS.
Je chéris tellement celles de votre sorte, 1155
Et prends tant d'intérêt en ce qui leur importe,
Qu'aux pièces qu'on leur fait je ne puis consentir³,
Ni même en rien savoir sans les en avertir.
Ainsi donc, au hasard d'être la mal venue,
Encor que je vous sois, peu s'en faut, inconnue, 1160
Je viens vous faire voir que votre affection
N'a pas été fort juste en son élection.
MÉLITE.
Vous pourriez, sous couleur de rendre un bon office,
Mettre quelque autre en peine avec cet artifice ;
Mais pour m'en repentir j'ai fait un trop bon choix⁴ : 1165
Je renonce à choisir une seconde fois,

---

1. *Var.* [Et rentre, que je parle à la sœur de Tirsis :]
Je la vois qui de loin me fait signe et m'appelle.
[LA NOURR. Peut-être elle t'en veut dire quelque nouvelle.]
MÉL. [Rentre, sans t'informer de ce qu'elle prétend.] (1633-57)
2. *Mettre en cervelle*, inquiéter. Voyez plus haut, p. 192, note 2.
3. *Var.* Qu'aux fourbes qu'on leur fait je ne puis consentir. (1633-57)
4. *Var.* Mais pour m'en repentir j'ai fait un trop beau choix. (1633-60

Et mon affection ne s'est point arrêtée
Que chez un cavalier qui l'a trop méritée.
CLORIS.
Vous me pardonnerez, j'en ai de bons témoins,
C'est l'homme qui de tous la mérite le moins[1].   1170
MÉLITE.
Si je n'avois de lui qu'une foible assurance,
Vous me feriez entrer en quelque défiance;
Mais je m'étonne fort que vous l'osiez blâmer[2],
Ayant quelque intérêt vous-même à l'estimer.
CLORIS.
Je l'estimai jadis, et je l'aime et l'estime   1175
Plus que je ne faisois auparavant son crime.
Ce n'est qu'en ma faveur qu'il ose vous trahir,
Et vous pouvez juger si je le puis haïr[3],
Lorsque sa trahison m'est un clair témoignage[4]
Du pouvoir absolu que j'ai sur son courage.   1180
MÉLITE.
Le pousser à me faire une infidélité[5],
C'est assez mal user de cette autorité.
CLORIS.
Me le faut-il pousser où son devoir l'oblige?
C'est son devoir qu'il suit alors qu'il vous néglige.
MÉLITE.
Quoi! le devoir chez vous oblige aux trahisons[6]?   1185

1. La leçon de 1657 :
    C'est l'homme qui de tous l'a mérité le moins,
est certainement une faute d'impression.
2. *Var.* Mais je m'étonne fort que vous l'osez blâmer,
    Vu que pour votre honneur vous devez l'estimer. (1633-57)
3. *Var.* Après cela jugez si je le peux haïr. (1633)
    Var. Jugez après cela si je le puis haïr. (1644-57)
4. *Var.* Puisque sa trahison m'est un grand témoignage. (1633-57)
5. *Var.* Vraiment c'est un pouvoir dont vous usez fort mal,
    Le poussant à me faire un tour si déloyal. (1633-57)
6. *Var.* Quoi! son devoir l'oblige à l'infidélité!
    CLOR. N'allons point rechercher tant de subtilité. (1633-57)

CLORIS.

Quand il n'en auroit point de plus justes raisons,
La parole donnée, il faut que l'on la tienne.

MÉLITE.

Cela fait contre vous : il m'a donné la sienne.

CLORIS.

Oui ; mais ayant déjà reçu mon amitié,
Sur un vœu solennel d'être un jour sa moitié[1], 1190
Peut-il s'en départir pour accepter la vôtre?

MÉLITE.

De grâce, excusez-moi, je vous prends pour une autre,
Et c'étoit à Cloris que je croyois parler.

CLORIS.

Vous ne vous trompez pas.

MÉLITE.

Donc, pour mieux me railler[2],
La sœur de mon amant contrefait ma rivale? 1195

CLORIS.

Donc, pour mieux m'éblouir, une âme déloyale[3]
Contrefait la fidèle? Ah! Mélite, sachez
Que je ne sais que trop ce que vous me cachez.
Philandre m'a tout dit : vous pensez qu'il vous aime ;
Mais sortant d'avec vous, il me conte lui-même 1200
Jusqu'aux moindres discours dont votre passion
Tâche de suborner[4] son inclination.

MÉLITE.

Moi, suborner Philandre! ah! que m'osez-vous dire!

CLORIS.

La pure vérité.

---

1. *Var.* Sur un serment commun d'être un jour sa moitié. (1633-57)
2. *Var.*   Doncques, pour me railler. (1633-57)
3. *Var.* Doncques, pour m'éblouir, une âme déloyale. (1633-57)
4. Voyez plus haut, p. 194, note 3.

ACTE IV, SCÈNE II.

MÉLITE.
Vraiment, en voulant rire,
Vous passez trop avant; brisons là, s'il vous plaît. 1205
Je ne vois point Philandre, et ne sais quel il est.

CLORIS.
Vous en croirez[1] du moins votre propre écriture[2].
Tenez, voyez, lisez.

MÉLITE.
Ah, Dieux! quelle imposture!
Jamais un de ces traits ne partit de ma main.

CLORIS.
Nous pourrions demeurer ici jusqu'à demain, 1210
Que vous persisteriez dans la méconnoissance :
Je les vous laisse. Adieu.

MÉLITE.
Tout beau, mon innocence
Veut apprendre de vous le nom de l'imposteur[3],
Pour faire retomber l'affront sur son auteur.

CLORIS.
Vous pensez me duper, et perdez votre peine. 1215
Que sert le désaveu quand la preuve est certaine?
A quoi bon démentir? à quoi bon dénier...?

MÉLITE.
Ne vous obstinez point à me calomnier;
Je veux que, si jamais j'ai dit mot à Philandre....

CLORIS.
Remettons ce discours : quelqu'un vient nous surprendre;

---

1. L'édition de 1664 donne : *vous croiriez*, pour *vous croirez*, ce qui est sans doute une faute d'impression.
2. *Var.* Vous en voulez bien croire au moins votre écriture. (1633-57)
3. *Var.* Veut savoir par avant le nom de l'imposteur,
   Afin que cet affront retombe sur l'auteur.
   CLOR. Vous voulez m'affiner; mais c'est peine perdue :
   Mélite, que vous sert de faire l'entendue?
   La chose étant si claire, à quoi bon la nier? (1633-57)

C'est le brave Lisis, qui semble sur le front[1]
Porter empreints les traits d'un déplaisir profond.

SCÈNE III.
LISIS, MÉLITE, CLORIS.

LISIS, à Cloris.

Préparez vos soupirs à la triste nouvelle[2]
Du malheur où nous plonge un esprit infidèle ;
Quittez son entretien, et venez avec moi   1225
Plaindre un frère au cercueil par son manque de foi.

MÉLITE.

Quoi ! son frère au cercueil !

LISIS.

                Oui, Tircis, plein de rage
De voir que votre change indignement l'outrage,
Maudissant mille fois le détestable jour
Que votre bon accueil lui donna de l'amour,   1230
Dedans ce désespoir a chez moi rendu l'âme[3],
Et mes yeux désolés....

MÉLITE.

Je n'en puis plus ; je pâme.

CLORIS.

Au secours ! au secours !

---

1. *Var.* C'est le brave Lisis, qui tout triste et pensif,
   A ce qu'on peut juger, montre un deuil excessif. (1633-57)
2. *Var.* Pouvez-vous demeurer auprès d'une personne
   Digne pour ses forfaits que chacun l'abandonne ?
   Quittez cette infidèle, et venez avec moi. (1633-57)
3. *Var.* Dedans ce désespoir a rendu sa belle âme.
   MÉL. Hélas ! soutenez-moi ; je n'en puis plus, je pâme. (1633-57)

SCÈNE IV.

CLITON, LA NOURRICE, MÉLITE,
LISIS, CLORIS.

CLITON.
D'où provient cette voix?
LA NOURRICE.
Qu'avez-vous, mes enfants?
CLORIS.
Mélite que tu vois....
LA NOURRICE.
Hélas! elle se meurt; son teint vermeil s'efface;   1235
Sa chaleur se dissipe; elle n'est plus que glace.
LISIS, à Cliton.
Va querir un peu d'eau; mais il faut te hâter.
CLITON, à Lisis[1].
Si proches du logis, il vaut mieux l'y porter[2].
CLORIS[3].
Aidez mes foibles pas; les forces me défaillent,
Et je vais succomber aux douleurs qui m'assaillent[4]. 1240

SCÈNE V.

ÉRASTE.

A la fin je triomphe, et les destins amis
M'ont donné le succès que je m'étois promis.

1. Les mots : *à Lisis*, manquent dans les éditions de 1633-60.
2. *Var.* Si proche du logis, il vaut mieux l'y porter. (1657)
3. On lit en marge, dans l'exemplaire de l'édition de 1633 dont il a été parlé à la note 2 de la page 183 : *Cliton et la Nourrice emportent Mélite pâmée en son logis, où Cloris les suit, appuyée sur Lisis.*
4. *Var.* CLORIS, *à Lisis.* (1633, dans l'exemplaire de la Bibliothèque impériale, cité à la note précédente, et 1644-60.)

Me voilà trop heureux, puisque par mon adresse
Mélite est sans amant, et Tircis sans maîtresse ;
Et comme si c'étoit trop peu pour me venger, 1245
Philandre et sa Cloris courent même danger.
Mais par quelle raison leurs âmes désunies[1]
Pour les crimes d'autrui seront-elles punies ?
Que m'ont-ils fait tous deux pour troubler leurs accords ?
Fuyez de ma pensée, inutiles remords[2] ; 1250
La joie y veut régner, cessez de m'en distraire.
Cloris m'offense trop d'être sœur d'un tel frère,
Et Philandre, si prompt à l'infidélité,
N'a que la peine due à sa crédulité[3].
Mais que me veut Cliton qui sort de chez Mélite ? 1255

SCÈNE VI.

ÉRASTE, CLITON.

CLITON.

Monsieur, tout est perdu : votre fourbe maudite,
Dont je fus à regret le damnable instrument,
A couché de douleur Tircis au monument.

1. *Var.* Mais à quelle raison leurs âmes désunies. (1633-63)
2. *Var.* Fuyez de mon penser, inutiles remords ;
   J'en ai trop de sujet de leur être contraire :
   Cloris m'offense trop, étant sœur d'un tel frère. (1633-57)
3. *Var.* [N'a que la peine due à sa crédulité.]
   Allons donc sans scrupule, allons voir cette belle ;
   Faisons tous nos efforts à nous rapprocher d'elle,
   Et tâchons de rentrer en son affection,
   Avant qu'elle ait rien su de notre invention (a).
   Cliton sort de chez elle.
   SCÈNE VI.
   ÉRASTE, CLITON.
   ér. Eh bien ! que fait Mélite ?
   [clit. Monsieur, tout est perdu : votre fourbe maudite.] (1633-57)

(a) Avant qu'elle ait rien su de notre intention. (1654)

ÉRASTE.

Courage! tout va bien, le traître m'a fait place ;
Le seul qui me rendoit son courage de glace,   1260
D'un favorable coup la mort me l'a ravi.

CLITON.

Monsieur, ce n'est pas tout, Mélite l'a suivi.

ÉRASTE.

Mélite l'a suivi! que dis-tu, misérable?

CLITON.

Monsieur, il est trop vrai : le moment déplorable[1]
Qu'elle a su son trépas a terminé ses jours.   1265

ÉRASTE.

Ah ciel! s'il est ainsi....

CLITON.

Laissez là ces discours,
Et vantez-vous plutôt que par votre imposture
Ces malheureux amants trouvent la sépulture[2],
Et que votre artifice a mis dans le tombeau
Ce que le monde avoit de parfait et de beau.   1270

ÉRASTE.

Tu m'oses donc flatter, infâme, et tu supprimes[3]
Par ce reproche obscur la moitié de mes crimes?
Est-ce ainsi qu'il te faut n'en parler qu'à demi?
Achève tout d'un coup : dis que maîtresse, ami[4],
Tout ce que je chéris, tout ce qui dans mon âme   1275
Sut jamais allumer une pudique flamme,
Tout ce que l'amitié me rendit précieux,
Par ma fourbe a perdu la lumière des cieux[5] ;

---

1. *Var.* Monsieur, il est tout vrai : le moment déplorable. (1633-60)
2. *Var.* Ce pair d'amants sans pair est sous la sépulture. (1633-57)
   Var. Ces malheureux amants treuvent la sépulture. (1660)
3. *Var.* Tu m'oses donc flatter, et ta sottise estime
   M'obliger en taisant la moitié de mon crime? (1633-57)
4. *Var.* Achève tout d'un trait : dis que maîtresse, ami. (1633-57)
5. *Var.* Par ma fraude a perdu la lumière des cieux. (1633-57)

Dis que j'ai violé les deux lois les plus saintes,
Qui nous rendent heureux par leurs douces contraintes;
Dis que j'ai corrompu, dis que j'ai suborné,
Falsifié, trahi, séduit, assassiné¹ :
Tu n'en diras encor que la moindre partie.
Quoi! Tircis est donc mort, et Mélite est sans vie!
Je ne l'avois pas su, Parques, jusqu'à ce jour, 1285
Que vous relevassiez de l'empire d'Amour;
J'ignorois qu'aussitôt qu'il assemble deux âmes,
Il vous pût commander d'unir aussi leurs trames².

1. *Var.* [Falsifié, trahi, séduit, assassiné,]
   Que j'ai toute une ville en larmes convertie :
   [Tu n'en diras encor que la moindre partie.]
   Mais quel ressentiment! quel puissant déplaisir!
   Grands Dieux! et peuvent-ils jusque-là nous saisir,
   Qu'un pauvre amant en meure, et qu'une âpre tristesse
   Réduise au même point après lui sa maîtresse?
   CLIT. Tous ces discours ne font.... ÉR: Laisse agir ma douleur,
   Traître, si tu ne veux attirer ton malheur :
   Interrompre son cours, c'est n'aimer pas ta vie.
   La mort de son Tirsis me l'a doncques ravie!
   [Je ne l'avois pas su, Parques, jusqu'à ce jour.] (1633-57)
2. *Var.* [Il vous pût commander d'unir aussi leurs trames;]
   J'ignorois que, pour être exemptes de ses coups,
   Vous souffrissiez qu'il prît un tel pouvoir sur vous.
   [Vous en relevez donc, et vos ciseaux barbares]
   Tranchent comme il lui plaît les choses les plus rares!
   Vous en relevez donc, et pour le flatter mieux
   Vous voulez comme lui ne vous servir point d'yeux!
   Mais je m'en prends à vous, et ma funeste ruse,
   Vous imputant ces maux, se bâtit une excuse;
   J'ose vous en charger, et j'en suis l'inventeur,
   Et seul de ces malheurs (a) le détestable auteur.
   Mon courage, au besoin se trouvant trop timide
   Pour attaquer Tirsis autrement qu'en perfide,
   Je fis à mon défaut combattre son ennui,
   Son deuil, son désespoir, sa rage, contre lui.
   Hélas! et falloit-il que ma supercherie
   Tournât si lâchement son amour en furie?
   Falloit-il, l'aveuglant d'une indiscrète erreur,

(a) Les éditions de 1633 et de 1644 donnent, mais par erreur sans doute : « ses malheurs, » pour « ces malheurs. »

ACTE IV, SCÈNE VI.

Vous en relevez donc, et montrez aujourd'hui
Que vous êtes pour nous aveugles comme lui ! 1290
Vous en relevez donc, et vos ciseaux barbares
Tranchent comme il lui plaît les destins les plus rares !
Mais je m'en prends à vous, moi qui suis l'imposteur,
Moi qui suis de leurs maux le détestable auteur.
Hélas ! et falloit-il que ma supercherie 1295
Tournât si lâchement tant d'amour en furie ?
Inutiles regrets, repentirs superflus,
Vous ne me rendez pas Mélite qui n'est plus ;
Vos mouvements tardifs ne la font pas revivre :
Elle a suivi Tircis, et moi je la veux suivre. 1300
Il faut que de mon sang je lui fasse raison,
Et de ma jalousie, et de ma trahison,
Et que de ma main propre une âme si fidèle[1]
Reçoive.... Mais d'où vient que tout mon corps chancelle ?
Quel murmure confus ! et qu'entends-je hurler ? 1305
Que de pointes de feu se perdent parmi l'air !
Les Dieux à mes forfaits ont dénoncé la guerre ;
Leur foudre décoché vient de fendre la terre,
Et pour leur obéir son sein me recevant

<small>Contre une âme innocente allumer sa fureur ?
Falloit-il le forcer à dépeindre Mélite
Des infâmes couleurs d'une fille hypocrite (a) ?
[Inutiles regrets, repentirs superflus.] (1633-57)
1. *Var.* Et que par ma main propre un juste sacrifice
De mon coupable chef venge mon artifice (b).
Avançons donc, allons sur cet aimable corps
Éprouver, s'il se peut, à la fois mille morts.
D'où vient qu'au premier pas je tremble, je chancelle ?
Mon pied, qui me dédit, contre moi se rebelle.
[Quel murmure confus ! et qu'entends-je hurler ?] (1633-57)</small>

(a) Les quatre derniers vers, depuis : « Falloit-il, l'aveuglant, etc., » ne sont que dans l'édition de 1633.
(b) Ces deux vers, ainsi que les vers 1301 et 1302 du texte, manquent dans les éditions de 1644-57.

M'engloutit, et me plonge aux enfers tout vivant. 1310
Je vous entends, grands Dieux : c'est là-bas que leurs âmes
Aux champs Élysiens éternisent leurs flammes;
C'est là-bas qu'à leurs pieds il faut verser mon sang :
La terre à ce dessein m'ouvre son large flanc,
Et jusqu'aux bords du Styx me fait libre passage; 1315
Je l'aperçois déjà, je suis sur son rivage.
Fleuve, dont le saint nom est redoutable aux Dieux,
Et dont les neuf replis ceignent ces tristes lieux[1],
N'entre point en courroux contre mon insolence,
Si j'ose avec mes cris violer ton silence; 1320
Je ne te veux qu'un mot : Tircis est-il passé?
Mélite est-elle ici? Mais qu'attends-je? insensé!
Ils sont tous deux si chers à ton funeste empire,
Que tu crains de les perdre, et n'oses m'en rien dire.
Vous donc, esprits légers, qui, manque de tombeaux,
Tournoyez vagabonds à l'entour de ces eaux,
A qui Charon cent ans refuse sa nacelle,
Ne m'en pourriez-vous point donner quelque nouvelle?

1. *Var.* Et dont les neuf remplis ceignent ces tristes lieux,
    Ne te colère point contre mon insolence,
    [Si j'ose avec mes cris violer ton silence.]
    Ce n'est pas que je veuille, en buvant de ton eau,
    Avec mon souvenir étouffer mon bourreau;
    Non, je ne prétends pas une faveur si grande;
    Réponds-moi seulement, réponds à ma demande :
    As-tu vu ces amants? Tirsis est-il passé?
    Mélite est-elle ici? Mais que dis-je? insensé!
    Le père de l'oubli, dessous cette onde noire,
    Pourroit-il conserver tant soit peu de mémoire?
    Mais de rechef que dis-je? Imprudent! je confonds
    Le Léthé pêle-mêle et ces gouffres profonds;
    Le Styx, de qui l'oubli ne prit jamais naissance,
    De tout ce qui se passe a tant de connoissance,
    Que les Dieux n'oseroient vers lui s'être mépris.
    Mais le traître se tait, et tenant ces esprits
    Pour le plus grand trésor de son funeste empire,
    De crainte de les perdre, il n'en ose rien dire.
    Vous donc, esprits légers, qui, faute de tombeaux. (1633-57)

ACTE IV, SCÈNE VI.

Parlez, et je promets d'employer mon crédit[1]
A vous faciliter ce passage interdit.   1330

CLITON.

Monsieur, que faites-vous? Votre raison troublée[2]
Par l'effort des douleurs dont elle est accablée
Figure à votre vue....

ÉRASTE.

Ah! te voilà, Charon;
Dépêche promptement, et d'un coup d'aviron
Passe-moi, si tu peux, jusqu'à l'autre rivage.   1335

CLITON.

Monsieur, rentrez en vous, regardez mon visage[3] :
Reconnoissez Cliton.

ÉRASTE.

Dépêche, vieux nocher,
Avant que ces esprits nous puissent approcher.
Ton bateau de leur poids fondroit[4] dans les abîmes;
Il n'en aura que trop d'Éraste et de ses crimes[5].   1340
Quoi! tu veux te sauver à l'autre bord sans moi?

1. *Var.* Dites, et je promets d'employer mon crédit. (1633-60)
2. *Var.* Monsieur, que faites-vous? Votre raison s'égare :
Voyez qu'il n'est ici de Styx ni de Ténare ;
Revenez à vous-même. [ÉR. Ah! te voilà, Charon.] (1633-57)
3. *Var.* Monsieur, rentrez en vous, contemplez mon visage. (1633-57)
4. *Fondre,* aller au fond, s'engloutir.
5. *Var.* [Il n'en aura que trop d'Éraste et de ses crimes (*a*).]
CLIT. Il vaut mieux esquiver, car avecque des fous (*b*)
Souvent on ne rencontre à gagner que des coups :
Si jamais un amant fut dans l'extravagance,
Il s'en peut bien vanter avec toute assurance.
ÉRASTE, *se jetant sur ses épaules* (*c*).
Tu veux donc échapper à l'autre bord sans moi?
[Si faut-il qu'à ton cou je passe malgré toi.] (1633-57)

(*a*) Il n'en aura que trop d'Éraste, de ses crimes. (1657)
(*b*) Il vaut mieux se tirer, car avecque des fous. (1644-57)
(*c*) *Il se jette sur les épaules de Cliton, qui l'emporte du théâtre.* (1633, en marge.)

Si faut-il qu'à ton cou je passe malgré toi.
(Il se jette sur les épaules de Cliton, qui l'emporte derrière le théâtre[1].)

SCÈNE VII.

PHILANDRE.

Présomptueux rival, dont l'absence importune[2]
Retarde le succès de ma bonne fortune[3],
As-tu sitôt perdu cette ombre de valeur   1345
Que te prêtoit tantôt l'effort de ta douleur?
Que devient à présent cette bouillante envie
De punir ta volage aux dépens de ma vie?
Il ne tient plus qu'à toi[4] que tu ne sois content :
Ton ennemi t'appelle, et ton rival t'attend.   1350
Je te cherche en tous lieux, et cependant ta fuite
Se rit impunément de ma vaine poursuite.
Crois-tu, laissant mon bien dans les mains de ta sœur,
En demeurer toujours l'injuste possesseur,
Ou que ma patience, à la fin échappée   1355
(Puisque tu ne veux pas le débattre à l'épée),

---

1. Ce jeu de scène est omis dans l'édition de 1660; dans celle de 1664, il est placé entre les deux derniers vers de la scène. Voyez p. 223, note c.
2. *Var.* Rival injurieux, dont l'absence importune. (1633-57)
3. *Var.* [Retarde le succès de ma bonne fortune,]
   Et qui, sachant combien m'importe ton retour,
   De peur de m'obliger n'oserois voir le jour,
   As-tu sitôt perdu cette ombre de courage
   Que te prêtoient jadis les transports de ta rage?
   Ce brusque mouvement d'un esprit forcené
   Relâche-t-il sitôt ton cœur efféminé?
   [Que devient à présent cette bouillante envie.] (1633)
4. On lit dans l'édition de 1654 : « Il ne tient plus à toi, » pour « qu'à toi. » C'est évidemment une faute, ainsi qu'à la page suivante, la leçon de 1657 v. 1359 : « Détachez Ixion; » et au vers 1360 le singulier *mégère*, pour *mégères*, dans les éditions de 1660-64.

Oubliant le respect du sexe et tout devoir,
Ne laisse point sur elle agir mon désespoir?

SCÈNE VIII.
ÉRASTE, PHILANDRE.

ÉRASTE.

Détacher Ixion pour me mettre en sa place!
Mégères, c'est à vous une indiscrète audace. 1360
Ai-je avec même front que cet ambitieux[1]
Attenté sur le lit du monarque des cieux?
Vous travaillez en vain, barbares Euménides[2];
Non, ce n'est pas ainsi qu'on punit les perfides.
Quoi! me presser encor? Sus, de pieds et de mains 1365
Essayons d'écarter ces monstres inhumains.
A mon secours, esprits! vengez-vous de vos peines;
Écrasons leurs serpents; chargeons-les de vos chaînes.
Pour ces filles d'enfer nous sommes trop puissants.

PHILANDRE.

Il semble à ce discours qu'il ait perdu le sens[3]. 1370
Éraste, cher ami, quelle mélancolie
Te met dans le cerveau cet excès de folie?

ÉRASTE.

Équitable Minos, grand juge des enfers,
Voyez qu'injustement on m'apprête des fers.
Faire un tour d'amoureux, supposer une lettre, 1375
Ce n'est pas un forfait qu'on ne puisse remettre.
Il est vrai que Tircis en est mort de douleur,
Que Mélite après lui redouble ce malheur,

---

1. *Var.* Ai-je, prenant le front de cet audacieux. (1633-57)
   Var. Ai-je, prenant le front de cet ambitieux. (1660-64)
2. *Var.* Vous travaillez en vain, bourrelles Euménides. (1633-60)
3. *Var.* Il semble à ces discours qu'il ait perdu le sens. (1633-57)

Que Cloris sans amant ne sait à qui s'en prendre ;
Mais la faute n'en est qu'au crédule Philandre ; 1380
Lui seul en est la cause, et son esprit léger,
Qui trop facilement résolut de changer ;
Car ces lettres, qu'il croit l'effet de ses mérites[1],
La main que vous voyez les a toutes écrites.

PHILANDRE.

Je te laisse impuni, traître : de tels remords[2] 1385
Te donnent des tourments pires que mille morts ;
Je t'obligerois trop de t'arracher la vie,
Et ma juste vengeance est bien mieux assouvie
Par les folles horreurs de cette illusion.
Ah ! grands Dieux, que je suis plein de confusion ! 1390

SCÈNE IX.

ÉRASTE.

Tu t'enfuis donc, barbare, et me laissant en proie
A ces cruelles sœurs, tu les combles de joie ?
Non, non, retirez-vous, Tisiphone, Alecton,
Et tout ce que je vois d'officiers de Pluton :
Vous me connoissez mal ; dans le corps d'un perfide 1395
Je porte le courage et les forces d'Alcide.
Je vais tout renverser dans ces royaumes noirs,
Et saccager moi seul ces ténébreux manoirs.
Une seconde fois le triple chien Cerbère
Vomira l'aconit en voyant la lumière ; 1400
J'irai du fond d'enfer dégager les Titans,

---

1. *Var.* Car des lettres qu'il a de la part de Mélite,
   Autre que cette main n'en a pas une écrite. (1633-57)
2. *Var.* Je te laisse impuni, perfide, tes remords. (1633)
   Var. Je te laisse impuni, traître, car tes remords. (1644-57)
   Var. Je te laisse impuni, de si cuisants remords. (1660)

Et si Pluton s'oppose à ce que je prétends,
Passant dessus le ventre à sa troupe mutine,
J'irai d'entre ses bras enlever Proserpine¹.

SCÈNE X.
LISIS, CLORIS.

LISIS.

N'en doute plus, Cloris, ton frère n'est point mort² ; 1405
Mais ayant su de lui son déplorable sort,
Je voulois éprouver par cette triste feinte
Si celle qu'il adore, aucunement atteinte³,
Deviendroit plus sensible aux traits de la pitié
Qu'aux sincères ardeurs d'une sainte amitié. 1410
Maintenant que je vois qu'il faut qu'on nous abuse,
Afin que nous puissions découvrir cette ruse,
Et que Tircis en soit de tout point éclairci,
Sois sûre que dans peu je te le rends ici.
Ma parole sera d'un prompt effet suivie : 1415
Tu reverras bientôt ce frère plein de vie ;
C'est assez que je passe une fois pour trompeur.

CLORIS.

Si bien qu'au lieu du mal nous n'aurons que la peur ?

---

1. Bien que Claveret ne conteste pas à Corneille l'invention de la frénésie d'Éraste (voyez plus haut, p. 128), on pourrait être tenté de croire que notre poëte en a pris l'idée dans la *Climène* de C. S. sieur de la Croix, représentée, suivant les frères Parfait, en 1628 (*Histoire du théâtre françois*, tome IV, p. 401). Le berger Liridas, pensant que Climène est morte, devient fou de chagrin ; dans son délire, il veut obliger un magicien, qu'il prend pour Pluton, à rendre la vie à son amante, et lui dit :

> Toi seul dedans ces lieux sentiras les tourments,
> Sans pouvoir prendre part à nos contentements ;
> J'épouserai Climène, et pour ma concubine
> Je prendrai, s'il me plaît, ta femme Proserpine.

2. *Var.* N'en doute aucunement, ton frère n'est point mort. (1633-57)
3. *Var.* Si ce cœur, recevant quelque légère atteinte. (1633)

MÉLITE.

Le cœur me le disoit : je sentois que mes larmes
Refusoient de couler pour de fausses alarmes, 1420
Dont les plus dangereux et plus rudes assauts¹
Avoient beaucoup de peine à m'émouvoir à faux ;
Et je n'étudiai cette douleur menteuse
Qu'à cause qu'en effet j'étois un peu honteuse²
Qu'une autre en témoignât plus de ressentiment³. 1425

LISIS.

Après tout, entre nous, confesse franchement⁴
Qu'une fille en ces lieux, qui perd un frère unique,
Jusques au désespoir fort rarement se pique :
Ce beau nom d'héritière a de telles douceurs,
Qu'il devient souverain à consoler des sœurs. 1430

CLORIS.

Adieu, railleur, adieu : son intérêt me presse
D'aller rendre d'un mot la vie à sa maîtresse⁵ ;
Autrement je saurois t'apprendre à discourir.

LISIS.

Et moi, de ces frayeurs de nouveau te guérir.

1. *Var.* Dont les plus furieux et plus rudes assauts
Avoient bien de la peine à m'émouvoir à faux. (1633-57)
2. *Var.* Qu'à cause que j'étois parfaitement honteuse. (1633-57)
3. *Var.* Qu'un autre (*a*) en témoignât plus de ressentiment. (1633-60)
4. *Var.* Mais avec tout cela confesse franchement. (1633-57)
5. *Var.* D'aller vite d'un mot ranimer sa maîtresse ;
Autrement je saurois te rendre ton paquet.
LIS. Et moi pareillement rabattre ton caquet. (1633-57)

(*a*) Il y a plus loin un semblable emploi du masculin dans le vers 1387 de *Clitandre.* Voyez le *Lexique;* voyez aussi la première variante de la p. 241 et la huitième de la p. 365.

FIN DU QUATRIÈME ACTE.

ACTE V.

SCÈNE PREMIÈRE.
CLITON, LA NOURRICE.

CLITON.
Je ne t'ai rien celé : tu sais toute l'affaire. 1435
LA NOURRICE.
Tu m'en as bien conté; mais se pourroit-il faire
Qu'Éraste eût des remords si vifs et si pressants
Que de violenter sa raison et ses sens?
CLITON.
Eût-il pu, sans en perdre entièrement l'usage,
Se figurer Charon des traits de mon visage, 1440
Et de plus, me prenant pour ce vieux nautonier,
Me payer à bons coups des droits de son denier?
LA NOURRICE.
Plaisante illusion!
CLITON.
Mais funeste à ma tête,
Sur qui se déchargeoit une telle tempête,
Que je tiens maintenant à miracle évident 1445
Qu'il me soit demeuré dans la bouche une dent.
LA NOURRICE.
C'étoit mal reconnoître un si rare service.
ÉRASTE, derrière le théâtre[1].
Arrêtez, arrêtez, poltrons!

---

1. *Var. Derrière la tapisserie.* (1633-57) — *Il est derrière le théâtre.* (1663 en marge.)

CLITON.

      Adieu, Nourrice :
Voici ce fou qui vient, je l'entends à la voix;
Crois que ce n'est pas moi qu'il attrape deux fois. 1450

LA NOURRICE.

Pour moi, quand je devrois passer pour Proserpine[1],
Je veux voir à quel point sa fureur le domine.

CLITON.

Contente à tes périls ton curieux desir[2].

LA NOURRICE.

Quoi qu'il puisse arriver, j'en aurai le plaisir.

SCÈNE II.

ÉRASTE, LA NOURRICE.

ÉRASTE[3].

En vain je les rappelle, en vain pour se défendre 1455
La honte et le devoir leur parlent de m'attendre[4];
Ces lâches escadrons de fantômes affreux
Cherchent leur assurance aux cachots les plus creux,
Et se fiant à peine à la nuit qui les couvre,
Souhaitent sous l'enfer qu'un autre enfer s'entr'ouvre.
Ma voix met tout en fuite, et dans ce vaste effroi[5],
La peur saisit si bien les ombres et leur roi,
Que se précipitant à de promptes retraites,
Tous leurs soucis ne vont qu'à les rendre secrètes.
Le bouillant Phlégéthon, parmi ses flots pierreux, 1465

---

1. *Var.* Et moi, quand je devrois passer pour Proserpine. (1633-63)
2. *Var.* Adieu; soûle à ton dam ton curieux desir. (1633-57)
3. *Var.* ÉRASTE, *l'épée au poing.* (1633-57) — *L'épée à la main.* (1660)
4. *Var.* La honte et le devoir leur parle de m'attendre. (1657)
5. *Var.* La peur renverse tout, et dans ce désarroi
 Elle saisit si bien les ombres et leur roi. (1633-57)

ACTE V, SCÈNE II.

Pour les favoriser ne roule plus de feux;
Tisiphone tremblante, Alecton et Mégère,
Ont de leurs flambeaux noirs étouffé la lumière¹;
Les Parques même en hâte emportent leurs fuseaux,
Et dans ce grand désordre oubliant leurs ciseaux,   1470
Charon, les bras croisés, dans sa barque s'étonne
De ce qu'après Éraste il n'a passé personne².
Trop heureux accident, s'il avoit prévenu
Le déplorable coup du malheur avenu³!
Trop heureux accident, si la terre entr'ouverte   1475
Avant ce jour fatal eût consenti ma perte,
Et si ce que le ciel me donne ici d'accès
Eût de ma trahison devancé le succès!
Dieux, que vous savez mal gouverner votre foudre!
N'étoit-ce pas assez pour me réduire en poudre   1480
Que le simple dessein d'un si lâche forfait?
Injustes, deviez-vous en attendre l'effet?
Ah Mélite! ah Tircis! leur cruelle justice
Aux dépens de vos jours me choisit un supplice⁴.
Ils doutoient que l'enfer eût de quoi me punir   1485
Sans le triste secours de ce dur souvenir⁵.

1. *Var.* De leurs flambeaux puants ont éteint la lumière,
   Et tiré de leur chef les serpents d'alentour,
   De crainte que leurs yeux fissent quelque faux jour,
   Dont la foible lueur, éclairant ma poursuite,
   A travers ces horreurs me pût trahir leur fuite.
   Éaque épouvanté se croit trop en danger,
   Et fuit son criminel au lieu de le juger;
   Clothon même et ses sœurs, à l'aspect de ma lame,
   De peur de tarder trop n'osant couper ma trame,
   A peine ont eu loisir d'emporter leurs fuseaux,
   Si bien qu'en ce désordre oubliant leurs ciseaux. (1633-57)
2. *Var.* D'où vient qu'après Éraste il n'a passé personne. (1633-60)
3. *Var.* Le déplorable coup du malheur advenu. (1633-60)
4. *Var.* Aux dépens de vos jours aggrave mon supplice. (1633-57)
5. *Var.* [Sans le triste secours de ce dur souvenir.]
   Souvenir rigoureux de qui l'âpre torture
   Devient plus violente et croît plus on l'endure,

Tout ce qu'ont les enfers de feux, de fouets, de chaînes¹,
Ne sont auprès de lui que de légères peines;
On reçoit d'Alecton un plus doux traitement.
Souvenir rigoureux, trêve, trêve un moment²! 1490
Qu'au moins avant ma mort dans ces demeures sombres
Je puisse rencontrer ces bienheureuses ombres!
Use après, si tu veux, de toute ta rigueur,
Et si pour m'achever tu manques de vigueur,

(Il met la main sur son épée³.)

Voici qui t'aidera : mais derechef, de grâce, 1495
Cesse de me gêner durant ce peu d'espace.
Je vois déjà Mélite. Ah! belle ombre, voici
L'ennemi de votre heur qui vous cherchoit ici :
C'est Éraste, c'est lui, qui n'a plus d'autre envie
Que d'épandre à vos pieds son sang avec sa vie : 1500
Ainsi le veut le sort, et tout exprès les Dieux
L'ont abîmé vivant en ces funestes lieux.

LA NOURRICE.

Pourquoi permettez-vous que cette frénésie
Règne si puissamment sur votre fantaisie?
L'enfer voit-il jamais une telle clarté? 1505

ÉRASTE.

Aussi ne la tient-il que de votre beauté;
Ce n'est que de vos yeux que part cette lumière.

Implacable bourreau, tu vas seul étouffer
Celui dont le courage a dompté tout l'enfer.
Qu'il m'eût bien mieux valu céder à ses furies!
Qu'il m'eût bien mieux valu souffrir ses barbaries,
Et de gré me soumettre, en acceptant sa loi,
A tout ce que sa rage eût ordonné de moi!
Tout ce qu'il a de fers, de feux, de fouets, de chaînes,
Ne sont auprès de toi que de légères peines. (1633)

1. *Var.* Oui, ce qu'ont les enfers, de feux, de fouets, de chaînes. (1644-63)
2. *Var.* De grâce, un peu de trêve, un moment, un moment. (1633)
3. *Var. Il montre son épée.* (1633, en marge.) — Ce jeu de scène n'est point indiqué dans les éditions de 1644-60.

ACTE V, SCÈNE II.

LA NOURRICE.

Ce n'est que de mes yeux! Dessillez la paupière,
Et d'un sens plus rassis jugez de leur éclat.

ÉRASTE.

Ils ont, de vérité, je ne sais quoi de plat; 1510
Et plus je vous contemple, et plus sur ce visage
Je m'étonne de voir un autre air, un autre âge :
Je ne reconnois plus aucun de vos attraits.
Jadis votre nourrice avoit ainsi les traits,
Le front ainsi ridé, la couleur ainsi blême, 1515
Le poil ainsi grison. O Dieux! c'est elle-même.
Nourrice, qui t'amène en ces lieux pleins d'effroi[1]?
Y viens-tu rechercher Mélite comme moi?

LA NOURRICE.

Cliton la vit pâmer, et se brouilla de sorte[2]
Que la voyant si pâle il la crut être morte; 1520
Cet étourdi trompé vous trompa comme lui.
Au reste, elle est vivante, et peut-être aujourd'hui
Tircis, de qui la mort n'étoit qu'imaginaire,
De sa fidélité recevra le salaire.

ÉRASTE.

Désormais donc en vain je les cherche ici-bas; 1525
En vain pour les trouver je rends tant de combats.

LA NOURRICE.

Votre douleur vous trouble, et forme des nuages
Qui séduisent vos sens par de fausses images :
Cet enfer, ces combats ne sont qu'illusions[3].

ÉRASTE.

Je ne m'abuse point de fausses visions : 1530

---

1. *Var.* Nourrice, et qui t'amène en ces lieux pleins d'effroi? (1633-60)
2. *Var.* Cliton la vit pâmer, et se troubla de sorte. (1660)
3. *Var.* Cet enfer, ces combats, ne sont qu'illusion.
   ÉR. Je ne m'abuse point; j'ai vu sans fiction
   Ces monstres terrassés se sauver à la fuite. (1633-57)

Mes propres yeux ont vu tous ces monstres en fuite,
Et Pluton de frayeur en quitter la conduite.

LA NOURRICE.

Peut-être que chacun s'enfuyoit devant vous,
Craignant votre fureur et le poids de vos coups;
Mais voyez si l'enfer ressemble à cette place : 1535
Ces murs, ces bâtiments, ont-ils la même face?
Le logis de Mélite et celui de Cliton
Ont-ils quelque rapport à celui de Pluton?
Quoi? n'y remarquez-vous aucune différence?

ÉRASTE.

De vrai, ce que tu dis a beaucoup d'apparence[1]. 1540
Nourrice, prends pitié d'un esprit égaré
Qu'ont mes vives douleurs d'avec moi séparé :
Ma guérison dépend de parler à Mélite.

LA NOURRICE.

Différez pour le mieux un peu cette visite,
Tant que, maître absolu de votre jugement, 1545
Vous soyez en état de faire un compliment.
Votre teint et vos yeux n'ont rien d'un homme sage;
Donnez-vous le loisir de changer de visage[2] :
Un moment de repos que vous prendrez chez vous....

---

1. *Var.* [De vrai, ce que tu dis a beaucoup d'apparence.]
   Depuis ce que j'ai su de Mélite et Tirsis,
   Je sens que tout à coup mes regrets adoucis
   Laissent en liberté les ressorts de mon âme;
   Ma raison par ta bouche a reçu son dictame.
   Nourrice, prends le soin d'un esprit égaré,
   Qui s'est d'avecque moi si longtemps séparé :
   [Ma guérison dépend de parler à Mélite.] (1633-57)

2. *Var.* [Donnez-vous le loisir de changer de visage;]
   Nous pourvoirons après au reste en sa saison.
   ÉR. Viens donc m'accompagner jusques en ma maison;
   Car si je te perdois un seul moment de vue,
   Ma raison, aussitôt de guide dépourvue,
   M'échapperoit encor. LA NOURR. Allons, je ne veux pas. (1633-57)

ACTE V, SCÈNE II. 235

ÉRASTE.

Ne peut, si tu n'y viens, rendre mon sort plus doux,
Et ma foible raison, de guide dépourvue,
Va de nouveau se perdre en te perdant de vue.

LA NOURRICE.

Si je vous suis utile, allons, je ne veux pas
Pour un si bon sujet vous épargner mes pas.

SCÈNE III.

CLORIS, PHILANDRE.

CLORIS.

Ne m'importune plus, Philandre, je t'en prie ; 1555
Me rapaiser jamais passe ton industrie.
Ton meilleur, je t'assure, est de n'y plus penser ;
Tes protestations ne font que m'offenser :
Savante à mes dépens de leur peu de durée,
Je ne veux point en gage une foi parjurée, 1560
Un cœur que d'autres yeux peuvent sitôt brûler[1],
Qu'un billet supposé peut sitôt ébranler.

PHILANDRE.

Ah ! ne remettez plus dedans votre mémoire
L'indigne souvenir d'une action si noire,
Et pour rendre à jamais nos premiers vœux contents,
Étouffez l'ennemi du pardon que j'attends.
Mon crime est sans égal ; mais enfin, ma chère âme[2]....

CLORIS.

Laisse là désormais ces petits mots de flamme,
Et par ces faux témoins d'un feu mal allumé
Ne me reproche plus que je t'ai trop aimé. 1570

1. *Var.* Je ne veux point d'un cœur qu'un billet aposté
   Peut résoudre aussitôt à la déloyauté. (1633)
2. *Var.* Ma maîtresse, mon heur, mon souci, ma chère âme. (1633-57)

PHILANDRE.

De grâce, redonnez à l'amitié passée
Le rang que je tenois dedans votre pensée.
Derechef, ma Cloris, par ces doux entretiens,
Par ces feux qui voloient de vos yeux dans les miens[1],
Par ce que votre foi me permettoit d'attendre.... 1575

CLORIS.

C'est où dorénavant tu ne dois plus prétendre.
Ta sottise m'instruit, et par là je vois bien
Qu'un visage commun, et fait comme le mien,
N'a point assez d'appas, ni de chaîne assez forte,
Pour tenir en devoir un homme de ta sorte. 1580
Mélite a des attraits qui savent tout dompter;
Mais elle ne pourroit qu'à peine t'arrêter :
Il te faut un sujet qui la passe ou l'égale.
C'est en vain que vers moi ton amour se ravale;
Fais-lui, si tu m'en crois, agréer tes ardeurs : 1585
Je ne veux point devoir mon bien à ses froideurs.

PHILANDRE.

Ne me déguisez rien, un autre a pris ma place;
Une autre affection vous rend pour moi de glace.

CLORIS.

Aucun jusqu'à ce point n'est encore arrivé[2];
Mais je te changerai pour le premier trouvé. 1590

PHILANDRE.

C'en est trop, tes dédains épuisent ma souffrance.
Adieu; je ne veux plus avoir d'autre espérance,

1. *Var.* [Par ces feux qui voloient de vos yeux dans les miens,]
Par mes flammes jadis si bien récompensées,
Par ces mains si souvent dans les miennes pressées,
Par ces chastes baisers qu'un amour vertueux
Accordoit au desir d'un cœur respectueux,
[Par ce que votre foi me permettoit d'attendre....] (1633-57)
2. *Var.* Aucun jusqu'à ce point n'est encor parvenu ;
Mais je te changerai pour le premier venu.
PHIL. Tes dédains outrageux épuisent ma souffrance. (1633-57)

ACTE V, SCÈNE III.

Sinon qu'un jour le ciel te fera ressentir
De tant de cruautés le juste repentir.

CLORIS.

Adieu : Mélite et moi nous aurons de quoi rire[1] 1595
De tous les beaux discours que tu me viens de dire.
Que lui veux-tu mander?

PHILANDRE.

Va, dis-lui de ma part
Qu'elle, ton frère et toi, reconnoîtrez trop tard
Ce que c'est que d'aigrir un homme de ma sorte[2].

CLORIS.

Ne crois pas la chaleur du courroux qui t'emporte : 1600
Tu nous ferois trembler plus d'un quart d'heure ou deux.

PHILANDRE.

Tu railles, mais bientôt nous verrons d'autres jeux :
Je sais trop comme on venge une flamme outragée.

CLORIS.

Le sais-tu mieux que moi, qui suis déjà vengée?
Par où t'y prendras-tu? de quel air?

PHILANDRE.

Il suffit : 1605
Je sais comme on se venge.

CLORIS.

Et moi comme on s'en rit.

---

1. *Var.* Adieu : Mélite et moi nous avons de quoi rire. (1644-64)
2. *Var.* Ce que c'est que d'aigrir un homme de courage.
 CLOR. Sois sûr de ton côté que ta fougue et ta rage,
 Et tout ce que jamais nous entendrons de toi,
 Fournira de risée, elle, mon frère et moi (*a*). (1633-57)

(*a*) C'est la fin de la scène III dans les éditions indiquées.

SCÈNE IV.

TIRCIS, MÉLITE.

TIRCIS.

Maintenant que le sort, attendri par nos plaintes,
Comble notre espérance et dissipe nos craintes,
Que nos contentements ne sont plus traversés
Que par le souvenir de nos malheurs passés¹,
Ouvrons toute notre âme à ces douces tendresses
Qu'inspirent aux amants les pleines allégresses,
Et d'un commun accord chérissons nos ennuis,
Dont nous voyons sortir de si précieux fruits.
    Adorables regards, fidèles interprètes
Par qui nous expliquions nos passions secrètes,
Doux truchements du cœur, qui déjà tant de fois
M'avez si bien appris ce que n'osoit la voix,
Nous n'avons plus besoin de votre confidence :
L'amour en liberté peut dire ce qu'il pense,
Et dédaigne un secours qu'en sa naissante ardeur
Lui faisoient mendier la crainte et la pudeur.

---

1. *Var.* Que par le souvenir de nos travaux passés,
    Chassons-le, ma chère âme, à force de caresses ;
    Ne parlons plus d'ennuis, de tourments, de tristesses
    Et changeons en baisers ces traits d'œil langoureux
    Qui ne font qu'irriter nos desirs amoureux.
    [Adorables regards, fidèles interprètes
    Par qui nous expliquions nos passions secrètes,]
    Je ne puis plus chérir votre foible entretien :
    Plus heureux, je soupire après un plus grand bien.
    Vous étiez bons jadis, quand nos flammes naissantes
    Prisoient, faute de mieux, vos douceurs impuissantes ;
    Mais au point où je suis, ce ne sont que rêveurs
    Qui vous peuvent tenir pour exquises faveurs :
    Il faut un aliment plus solide à nos flammes,
    Par où nous unissions nos bouches et nos âmes.
    [Mais tu ne me dis mot, ma vie ; et quels soucis.] (1633-57)

Beaux yeux, à mon transport pardonnez ce blasphème,
La bouche est impuissante où l'amour est extrême :
Quand l'espoir est permis, elle a droit de parler ; 1625
Mais vous allez plus loin qu'elle ne peut aller.
Ne vous lassez donc point d'en usurper l'usage,
Et quoi qu'elle m'ait dit, dites-moi davantage.
Mais tu ne me dis mot, ma vie ; et quels soucis
T'obligent à te taire auprès de ton Tircis ? 1630

MÉLITE.

Tu parles à mes yeux, et mes yeux te répondent.

TIRCIS.

Ah ! mon heur, il est vrai, si tes desirs secondent
Cet amour qui paroît et brille dans tes yeux,
Je n'ai rien désormais à demander aux Dieux.

MÉLITE.

Tu t'en peux assurer : mes yeux si pleins de flamme 1635
Suivent l'instruction des mouvements de l'âme.
On en a vu l'effet, lorsque ta fausse mort
A fait sur tous mes sens un véritable effort[1] ;
On en a vu l'effet, quand te sachant en vie,
De revivre avec toi j'ai pris aussi l'envie[2] ; 1640
On en a vu l'effet, lorsqu'à force de pleurs
Mon amour et mes soins, aidés de mes douleurs,
Ont fléchi la rigueur d'une mère obstinée,
Et gagné cet aveu qui fait notre hyménée[3],
Si bien qu'à ton retour ta chaste affection 1645
Ne trouve plus d'obstacle à sa prétention[4].

1. *Var.* Fit dessus tous mes sens un véritable effort. (1633-57)
2. *Var.* De revivre avec toi je pris aussi l'envie. (1633-57)
3. *Var.* Lui faisant consentir notre heureux hyménée. (1633-57)
4. *Var.* Nous trouve toutes deux à sa dévotion ;
   Et cependant l'abord (a) des lettres d'un faussaire. (1633-57)
   Var. Ne trouve plus d'obstacle à ta prétention ;
   Et le premier aspect des lettres d'un faussaire. (1660)

(a) L'édition de 1657 donne, par erreur, *d'abord*, pour *l'abord*.

Cependant l'aspect seul des lettres d'un faussaire
Te sut persuader tellement le contraire,
Que sans vouloir m'entendre, et sans me dire adieu,
Jaloux et furieux tu partis de ce lieu[1]. 1650

TIRCIS.

J'en rougis, mais apprends qu'il n'étoit pas possible
D'aimer comme j'aimois, et d'être moins sensible;
Qu'un juste déplaisir ne sauroit écouter
La raison qui s'efforce à le violenter[2];
Et qu'après des transports de telle promptitude, 1655
Ma flamme ne te laisse aucune incertitude.

MÉLITE.

Tout cela seroit peu, n'étoit que ma bonté[3]
T'en accorde un oubli sans l'avoir mérité,
Et que, tout criminel, tu m'es encore aimable.

TIRCIS.

Je me tiens donc heureux d'avoir été coupable, 1660
Puisque l'on me rappelle au lieu de me bannir,
Et qu'on me récompense au lieu de me punir.
J'en aimerai l'auteur de cette perfidie[4],
Et si jamais je sais quelle main si hardie....

SCÈNE V.

CLORIS, TIRCIS, MÉLITE.

CLORIS.

Il vous fait fort bon voir, mon frère, à cajoler, 1665

---

1. *Var.* Furieux, enragé, tu partis de ce lieu.
   TIRS. Mon cœur, j'en suis honteux, mais songe que possible,
   Si j'eusse moins aimé, j'eusse été moins sensible. (1633-57)
2. *Var.* La voix de la raison qui vient pour le dompter. (1633-57)
3. *Var.* Foible excuse pourtant, n'étoit que ma bonté. (1633-57)
4. *Var.* MÉL. Mais apprends-moi l'auteur de cette perfidie.
   TIRS. Je ne sais quelle main pût être sasez hardie. (1633-57)

Cependant qu'une sœur ne se peut consoler,
Et que le triste ennui d'une attente incertaine
Touchant votre retour la tient encore en peine.

TIRCIS.

L'amour a fait au sang un peu de trahison[1] ;
Mais Philandre pour moi t'en aura fait raison.
Dis-nous, auprès de lui retrouves-tu ton conte,
Et te peut-il revoir sans montrer quelque honte?

CLORIS.

L'infidèle m'a fait tant de nouveaux serments,
Tant d'offres, tant de vœux, et tant de compliments,
Mêlés de repentir....

MÉLITE.
Qu'à la fin exorable,

1. *Var.* [L'amour a fait au sang un peu de trahison;]
Mais deux ou trois baisers t'en feront la raison.
Que ce soit toutefois, mon cœur, sans te déplaire.
CLOR. Les baisers d'une sœur satisfont mal un frère :
Adresse mieux les tiens vers l'objet que je voi (*a*).
TIRS. De la part de ma sœur reçois donc ce renvoi.
MÉL. Recevoir le refus d'un autre (*b*)! à Dieu ne plaise!
TIRS. Refus d'un autre, ou non, il faut que je te baise,
Et que dessus ta bouche un prompt redoublement
Me venge des longueurs de ce retardement.
CLOR. A force de baiser vous m'en feriez envie :
Trève. TIRS. Si notre exemple à baiser te convie,
Va trouver ton Philandre, avec qui tu prendras
De ces chastes plaisirs autant que tu voudras.
CLOR. A propos, je venois pour vous en faire un conte.
Sachez donc que, sitôt qu'il a vu son méconte,
[L'infidèle m'a fait tant de nouveaux serments.] (1633-57)

(*a*) Dans les éditions de 1644-57; le morceau qui suit remplace les douze vers précédents : « Adresse mieux les tiens, etc., » qui ne sont que dans celle de 1633 :

TIRS. Autant que ceux d'un frère une sœur, et je croi
Que tu baiserois mieux ton Philandre que moi.
CLOR. Mon Philandre, il se trouve assez loin de son conte.
TIRS. Un change si soudain lui donne un peu de honte,
[CLOR. L'infidèle m'a fait tant de nouveaux serments.] (1644-57)

(*b*) Il y a le masculin : *d'un autre*, à ce vers et au suivant, dans l'édition de 1633, qui seule donne ces deux vers. Voyez la variante du vers 1425 de *Mélite*.

CORNEILLE. I
16

Vous l'avez regardé d'un œil plus favorable.
CLORIS.
Vous devinez fort mal.
TIRCIS.
Quoi, tu l'as dédaigné?
CLORIS.
Du moins, tous ses discours n'ont encor rien gagné¹.
MÉLITE.
Si bien qu'à n'aimer plus votre dépit s'obstine?
CLORIS.
Non pas cela du tout, mais je suis assez fine : 1680
Pour la première fois, il me dupe qui veut;
Mais pour une seconde, il m'attrape qui peut.
MÉLITE.
C'est-à-dire, en un mot....
CLORIS.
Que son humeur volage²
Ne me tient pas deux fois en un même passage;
En vain dessous mes lois il revient se ranger. 1685
Il m'est avantageux de l'avoir vu changer,
Avant que de l'hymen le joug impitoyable³,
M'attachant avec lui, me rendît misérable⁴.
Qu'il cherche femme ailleurs, tandis que de ma part
J'attendrai du destin quelque meilleur hasard. 1690
MÉLITE.
Mais le peu qu'il voulut me rendre de service
Ne lui doit pas porter un si grand préjudice.

---

1. *Var.* Au moins tous ses discours n'ont encor rien gagné. (1633-57)
2. *Var.* Qu'inférez-vous par-là? [CLOR. Que son humeur volage.] (1633-57)
3. *Var.* Paravant que l'hymen, d'un joug inséparable. (1633)
   Var. Avant que de l'hymen le joug inséparable. (1644-57)
4. *Var.* Me soumettant à lui, me rendît misérable.
   Qu'il cherche femme ailleurs, et pour moi, de ma part. (1633-57)

ACTE V, SCÈNE V.

CLORIS.
Après un tel faux bond, un change si soudain,
A volage, volage, et dédain pour dédain.
MÉLITE.
Ma sœur, ce fut pour moi qu'il osa s'en dédire
CLORIS.
Et pour l'amour de vous je n'en ferai que rire.
MÉLITE.
Et pour l'amour de moi vous lui pardonnerez.
CLORIS.
Et pour l'amour de moi vous m'en dispenserez.
MÉLITE.
Que vous êtes mauvaise !
CLORIS.
Un peu plus qu'il ne semble.
MÉLITE
Je vous veux toutefois remettre bien ensemble¹.
CLORIS.
Ne l'entreprenez pas ; peut-être qu'après tout²
Votre dextérité n'en viendroit pas à bout.

SCÈNE VI.

TIRCIS, LA NOURRICE³, ÉRASTE, MÉLITE, CLORIS.

TIRCIS.
De grâce, mon souci, laissons cette causeuse⁴ :
Qu'elle soit à son choix facile ou rigoureuse,

---

1. *Var.* Si vous veux-je pourtant remettre bien ensemble. (1633-57)
2. *Var.* Ne l'entreprenez pas, possible qu'après tout. (1633-44 et 52-57)
3. Il y a NOURRICE, sans article, dans les éditions de 1633-52.
4. En marge, dans l'édition de 1633 : *La Nourrice paroît à l'autre bout du théâtre, avec Éraste, l'épée nue à la main, et ayant parlé à lui quelque temps à l'oreille, elle le laisse à quartier* (voyez p. 93, note 2), *et s'avance vers Tirsis.*

L'excès de mon ardeur ne sauroit consentir 1705
Que ces frivoles soins te viennent divertir :
Tous nos pensers sont dus, en l'état où nous sommes[1],
A ce nœud qui me rend le plus heureux des hommes,
Et ma fidélité, qu'il va récompenser....

LA NOURRICE[2].

Vous donnera bientôt autre chose à penser. 1710
Votre rival vous cherche, et la main à l'épée
Vient demander raison de sa place usurpée.

ÉRASTE, à Mélite.

Non, non, vous ne voyez en moi qu'un criminel,
A qui l'âpre rigueur d'un remords éternel
Rend le jour odieux, et fait naître l'envie 1715
De sortir de sa gêne en sortant de la vie[3].

1. *Var.* Tous nos pensers sont dus à ces chastes délices
Dont le ciel se prépare à borner nos supplices :
Le terme en est si proche, il n'attend que la nuit.
Vois qu'en notre faveur déjà le jour s'enfuit,
Que déjà le soleil, en cédant à la brune,
Dérobe tant qu'il peut sa lumière importune,
Et que pour lui donner mêmes contentements
Thétis court au-devant de ses embrassements.
LA NOURR. Vois toi-même un rival qui, la main à l'épée,
Vient quereller sa place à faux titre occupée,
Et ne peut endurer qu'on enlève son bien,
Sans l'acheter au prix de son sang ou du tien.
MÉL. Retirons-nous, mon cœur. TIRS. Es-tu lassé de vivre?
CLOR. Mon frère, arrêtez-vous. TIRS. Voici qui t'en délivre :
Parle, tu n'as qu'à dire. ÉRASTE, *à Mélite.* Un pauvre criminel,
[A qui l'âpre rigueur d'un remords éternel.] (1633-57)
2. *Var.* LA NOURRICE, *montrant Éraste.* (1644-57)
3. *Var.* De sortir de torture en sortant de la vie,
Vous apporte aujourd'hui sa tête à l'abandon,
Souhaitant le trépas à l'égal du pardon.
Tenez donc, vengez-vous de ce traître adversaire,
Vengez-vous de celui dont la plume faussaire
Désunit d'un seul trait Mélite de Tirsis,
Cloris d'avec Philandre. MÉLITE, *à Tirsis.* A ce compte, éclaircis
Du principal sujet qui nous mettoit en doute,
Qu'es-tu d'avis, mon cœur, de lui répondre ? (1633-57)

Il vient mettre à vos pieds sa tête à l'abandon ;
La mort lui sera douce à l'égal du pardon.
Vengez donc vos malheurs ; jugez ce que mérite
La main qui sépara Tircis d'avec Mélite,   1720
Et de qui l'imposture avec de faux écrits
A dérobé Philandre aux vœux de sa Cloris.

MÉLITE.

Éclaircis du seul point qui nous tenoit en doute,
Que serois-tu d'avis de lui répondre ?

TIRCIS.

　　　　　　　　　　Écoute

Quatre mots à quartier¹.

ÉRASTE.

　　　　　　　　Que vous avez de tort   1725
De prolonger ma peine en différant ma mort !
De grâce, hâtez-vous d'abréger mon supplice²,
Ou ma main préviendra votre lente justice.

MÉLITE.

Voyez comme le ciel a de secrets ressorts
Pour se faire obéir malgré nos vains efforts :   1730
Votre fourbe, inventée à dessein de nous nuire,
Avance nos amours au lieu de les détruire ;
De son fâcheux succès, dont nous devions périr,
Le sort tire un remède afin de nous guérir.
Donc pour nous revancher de la faveur reçue,   1735
Nous en aimons l'auteur à cause de l'issue,
Obligés désormais de ce que tour à tour
Nous nous sommes rendu³ tant de preuves d'amour,

---

1. *A quartier*, à l'écart : voyez la note 2 de la p. 93.
2. *Var.* Vite, dépêchez-vous d'abréger mon supplice. (1633)
3. Toutes les éditions portent : « Nous nous sommes rendus. » Voyez l'introduction du *Lexique*.

Et de ce que l'excès de ma douleur sincère[1]
A mis tant de pitié dans le cœur de ma mère, 1740
Que cette occasion prise comme aux cheveux,
Tircis n'a rien trouvé de contraire à ses vœux;
Outre qu'en fait d'amour la fraude est légitime;
Mais puisque vous voulez la prendre pour un crime,
Regardez, acceptant le pardon, ou l'oubli, 1745
Par où votre repos sera mieux établi.

ÉRASTE.

Tout confus et honteux de tant de courtoisie,
Je veux dorénavant chérir ma jalousie,
Et puisque c'est de là que vos félicités....

LA NOURRICE, à Éraste.

Quittez ces compliments qu'ils n'ont pas mérités : 1750
Ils ont tous deux leur compte, et sur cette assurance
Ils tiennent le passé dans quelque indifférence[2],
N'osant se hasarder à des ressentiments
Qui donneroient du trouble à leurs contentements.
Mais Cloris, qui s'en tait, vous la gardera bonne, 1755
Et seule intéressée, à ce que je soupçonne,
Saura bien se venger sur vous à l'avenir
D'un amant échappé qu'elle pensoit tenir.

ÉRASTE, à Cloris.

Si vous pouviez souffrir qu'en votre bonne grâce
Celui qui l'en tira pût occuper sa place[3], 1760
Éraste, qu'un pardon purge de son forfait[4],
Est prêt de réparer le tort qu'il vous a fait.

---

1. *Var.* Et de ce que l'excès de ma douleur amère. (1633-57)
2. *Var.* Ils tiennent le passé dedans l'indifférence. (1633-57)
3. *Var.* Celui qui l'en tira pût entrer en sa place. (1633-60)
4. *Var.* Éraste, qu'un pardon purge de tous forfaits,
   Est prêt de réparer les torts qu'il vous a faits.
   Mélite répondra de sa persévérance :
   Il ne l'a pu quitter qu'en perdant l'espérance;

Mélite répondra de ma persévérance :
Je n'ai pu la quitter qu'en perdant l'espérance ;
Encore avez-vous vu mon amour irrité 1765
Mettre tout en usage en cette extrémité ;
Et c'est avec raison que ma flamme contrainte
De réduire ses feux dans une amitié sainte,
Mes amoureux desirs, vers elle superflus[1],
Tournent vers la beauté qu'elle chérit le plus. 1770

TIRCIS.

Que t'en semble, ma sœur?

CLORIS.

Mais toi-même, mon frère?

TIRCIS.

Tu sais bien que jamais je ne te fus contraire.

CLORIS.

Tu sais qu'en tel sujet ce fut toujours de toi
Que mon affection voulut prendre la loi.

TIRCIS.

Encor que dans tes yeux tes sentiments se lisent[2], 1775
Tu veux qu'auparavant les miens les autorisent.
Parlons donc pour la forme. Oui, ma sœur, j'y consens[3],
Bien sûr que mon avis s'accommode à ton sens.
Fassent les puissants Dieux que par cette alliance[4]
Il ne reste entre nous aucune défiance, 1780
Et que m'aimant en frère, et ma maîtresse en sœur,
Nos ans puissent couler avec plus de douceur !

    Encore avez-vous vu son amour irrité
    Faire d'étranges coups en cette extrémité ;
    Et c'est avec raison que sa flamme contrainte. (1633-57)
1. *Var.* Ses amoureux desirs, vers elle superflus. (1633-57)
2. *Var.* Bien que dedans tes yeux tes sentiments se lisent. (1633-57)
3. *Var.* Excusable pudeur, soit donc, je le consens,
    Trop sûr que mon avis s'accommode à ton sens. (1633-57)
4. En marge, dans l'édition de 1633 : *Il parle à Éraste et lui baille la main de Cloris.*

ÉRASTE.

Heureux dans mon malheur, c'est dont je les supplie ;
Mais ma félicité ne peut être accomplie
Jusqu'à ce qu'après vous son aveu m'ait permis[1]   1785
D'aspirer à ce bien que vous m'avez promis.

CLORIS.

Aimez-moi seulement, et pour la récompense
On me donnera bien le loisir que j'y pense.

TIRCIS.

Oui, sous condition qu'avant la fin du jour[2]
Vous vous rendrez sensible à ce naissant amour[3].   1790

CLORIS.

Vous prodiguez en vain vos foibles artifices ;
Je n'ai reçu de lui ni devoirs ni services.

MÉLITE.

C'est bien quelque raison ; mais ceux qu'il m'a rendus,
Il ne les faut pas mettre au rang des pas perdus.
Ma sœur, acquitte-moi d'une reconnoissance   1795
Dont un autre destin m'a mise en impuissance[4] :
Accorde cette grâce à nos justes desirs.

TIRCIS.

Ne nous refuse pas ce comble à nos plaisirs[5].

1. *Var.* Jusqu'à ce que ma belle après vous m'ait permis. (1633-57)
2. *Var.* Oui, jusqu'à cette nuit, qu'ensemble, ainsi que nous,
   Vous goûterez d'Hymen les plaisirs les plus doux.
   CLOR. Ne le présumez pas, je veux après Philandre (*a*)
   L'éprouver tout du long de peur de me méprendre.
   LA NOURR. (*b*) Mais de peur qu'il n'en fasse autant que l'autre a fait,
   Attache-le d'un nœud qui jamais ne défait.
   [CLOR. Vous prodiguez en vain vos foibles artifices.] (1633-57)
3. *Var.* Vous vous rendrez sensible à son naissant amour. (1660)
4. *Var.* Dont un destin meilleur m'a mise en impuissance. (1633-57)
5. *Var.* LA NOURR.(*c*)Tu ferois mieux de dire : A ses propres plaisirs.(1633-57)

(*a*) Ne le présumes (*sic*) pas, je veux après Philandre. (1633)
(*b*) LA NOURRICE, à *Cloris*. (1648)
(*c*) LA NOURRICE, à *Mélite*. (1648)

ÉRASTE[1].

Donnez à leurs souhaits, donnez à leurs prières,
Donnez à leurs raisons ces faveurs singulières ;
Et pour faire aujourd'hui le bonheur d'un amant[2],
Laissez-les disposer de votre sentiment.

CLORIS[3].

En vain en ta faveur chacun me sollicite,
J'en croirai seulement la mère de Mélite :
Son avis m'ôtera la peur du repentir[4],
Et ton mérite alors m'y fera consentir.

TIRCIS.

Entrons donc ; et tandis que nous irons le prendre,
Nourrice, va t'offrir pour maîtresse à Philandre[5].

LA NOURRICE.

(Tous rentrent, et elle demeure seule[6].)

Là, là, n'en riez point : autrefois en mon temps
D'aussi beaux fils que vous étoient assez contents,
Et croyoient de leur peine avoir trop de salaire
Quand je quittois un peu mon dédain ordinaire.
A leur compte, mes yeux étoient de vrais soleils
Qui répandoient partout des rayons nompareils ;
Je n'avois rien en moi qui ne fût un miracle ;
Un seul mot de ma part leur étoit un oracle....
Mais je parle à moi seule. Amoureux, qu'est-ce-ci ?
Vous êtes bien hâtés de me laisser ainsi[7] !

---

1. *Var.* ÉRASTE, *à Cloris.* (1648)
2. *Var.* Et dans un point où gît tout mon contentement,
   Comme partout ailleurs, suivez leur jugement. (1633-57)
3. *Var.* CLORIS, *à Éraste.* (1648)
4. *Var.* Ayant eu son avis, sans craindre un repentir,
   Ton mérite et sa foi m'y feront consentir. (1633-57)
5. *Var.* Nourrice, va t'offrir pour nourrice à Philandre. (1633)
6. Cette indication manque dans les éditions de 1633-60.
7. *Var.* Vous êtes bien pressés de me laisser ainsi. (1633-48)
   Var. Vous êtes bien hâtés de me quitter ainsi. (1664 et 68)

Allez, quelle que soit l'ardeur qui vous emporte[1],
On ne se moque point des femmes de ma sorte, 1820
Et je ferai bien voir à vos feux empressés
Que vous n'en êtes pas encore où vous pensez.

1. *Var.* Allez, je vais vous faire à ce soir telle niche,
   Qu'au lieu de labourer, vous lairrez tout en friche (*a*). (1633-48)

(*a*) Ces deux vers terminent la pièce dans les éditions indiquées.

FIN DU CINQUIÈME ET DERNIER ACTE.

COMPLÉMENT
DES VARIANTES.

1010* [Ah! si mon fou de frère en pouvoit faire autant,]
Qu'en ce plaisant malheur je serois satisfaite!
Si je puis découvrir le lieu de sa retraite,
Et qu'il me veuille croire, éteignant tous ses feux,
Nous passerons le temps à ne rire que d'eux.
Je la ferai rougir, cette jeune éventée,
Lorsque, son écriture à ses yeux présentée
Mettant au jour un crime estimé si secret,
Elle reconnoîtra qu'elle aime un indiscret.
Je lui veux dire alors, pour aggraver l'offense,
Que Philandre, avec moi toujours d'intelligence,
Me fait des contes d'elle et de tous les discours
Qui servent d'aliment à ses vaines amours;
Si qu'à peine il reçoit de sa part une lettre (a),
Qu'il ne vienne en mes mains aussitôt la remettre.
La preuve captieuse et faite en même temps
Produira sur-le-champ l'effet que j'en attends.

SCÈNE VI.

PHILANDRE.

Donc pour l'avoir tenu si longtemps en haleine,
Il me faudra souffrir une éternelle peine,
Et payer désormais avecque tant d'ennui
Le plaisir que j'ai pris à me jouer de lui?
Vit-on jamais amant dont la jeune insolence
Malmenât un rival avec tant d'imprudence?
Vit-on jamais amant dont l'indiscrétion
Fût de tel préjudice à son affection?
Les lettres de Mélite en ses mains demeurées,
En ses mains, autant vaut, à jamais égarées,
Ruinent à la fois ma gloire, mon honneur,
Mes desseins, mon espoir, mon repos et mon heur.
Mon trop de vanité tout au rebours succède :

---

* Le chiffre placé au commencement d'une variante marque à quel vers du texte elle se rapporte.
   (a) Si bien qu'il en reçoit à grand'peine une lettre. (1644-57)

J'ai reçu des faveurs, et Tirsis les possède,
Et cet amant trahi convaincra sa beauté
Par des signes si clairs de sa déloyauté.
C'est mal avec Mélite être d'intelligence
D'armer son ennemi, d'instruire sa vengeance;
Me pourra-t-elle après regarder de bon œil?
M'oserois-je en promettre un gracieux accueil?
Non, il les faut ravoir des mains de ce bravache (a),
Et laver de son sang cette honteuse tache (b).
De force ou d'amitié, j'en aurai la raison :
Je m'en vais l'affronter jusque dans sa maison (c),
Et là, si je le trouve, il faudra que sur l'heure,
En dépit qu'il en ait, il les rende ou qu'il meure.

SCÈNE VII.

PHILANDRE, CLORIS.

PHILANDRE, *frappant à la porte de Tirsis* (d).
Tirsis! CLOR. Que lui veux-tu? PHIL. Cloris, pardonne-moi,
Si je cherche plutôt à lui parler qu'à toi :
Nous avons entre nous quelque affaire qui presse.
CLOR. Le crois-tu rencontrer hors de chez sa maîtresse?
PHIL. Sais-tu bien qu'il y soit? CLOR. Non pas assurément;
Mais j'ose présumer que, l'aimant chèrement,
Le plus qu'il peut de temps, il le passe chez elle.
PHIL. Je m'en vais de ce pas le trouver chez la belle (e).
Adieu, jusqu'au revoir. Je meurs de déplaisir.
CLOR. Un mot, Philandre, un mot : n'aurois-tu point loisir
De voir quelques papiers que je viens de surprendre?
PHIL. Qu'est-ce qu'au bout du compte ils me pourroient apprendre (f)?
CLOR. Peut-être leurs secrets : regarde, si tu veux
Perdre un demi-quart d'heure à les lire nous deux.
PHIL. Hasard, voyons que c'est, mais vite et sans demeure :
Ma curiosité pour un demi-quart d'heure
Se pourra dispenser. CLOR. Mais aussi garde bien
Qu'en discourant ensemble il n'en découvre rien.
Promets-le-moi, sinon....
[PHILANDRE, *reconnoissant les lettres* (g).
                    Cela s'en va sans dire.
Donne, donne-les-moi, tu ne les saurois lire,

(a) Non, il les faut avoir des mains de ce bravache. (1648)
(b) Et laver dans son sang cette honteuse tache. (1644-57)
(c) Je le vais quereller jusque dans sa maison. (1644-57)
(d) Ce jeu de scène manque dans l'édition de 1633.
(e) Je m'en vais de ce pas le voir chez cette belle. (1644-57)
(f) Qu'est-ce que par leur vue ils me pourroient apprendre? (1644-57)
(g) *Il reconnoît les lettres et tâche de s'en saisir, mais Cloris les resserre.* (1633, en marge.)

Et nous aurions ainsi besoin de trop de temps.]
CLORIS, *resserrant les lettres* (a).
[Philandre, tu n'es pas encore où tu prétends;]
Assure, assure-toi que Cloris te dépite
De les ravoir jamais que des mains de Mélite (b),
A qui je veux montrer, avant qu'il soit huit jours,
La façon dont tu tiens secrètes ses amours (c).

SCÈNE DERNIÈRE (d).

PHILANDRE.

Confus, désespéré, que faut-il que je fasse?
J'ai malheur sur malheur, disgrâce sur disgrâce.
On diroit que le ciel, ami de l'équité,
Prend le soin de punir mon infidélité.
Si faut-il néanmoins, en dépit de sa haine,
Que Tirsis retrouvé me tire hors de peine :
Il faut qu'il me les rende, il le faut, et je veux
Qu'un duel accepté les mette entre nous deux;
Et si je suis alors encore ce Philandre,
Par un détour subtil qu'il ne pourra comprendre,
Elles demeureront, le laissant abusé,
Sinon au plus vaillant, du moins au plus rusé (e). (1633-57)

(a) Ce jeu de scène n'est pas indiqué dans l'édition de 1633.
(b) De les avoir jamais que des mains de Mélite. (1648)
(c) En marge, dans l'édition de 1633 : *Elle lui ferme la porte au nez.*
(d) Dans les éditions de 1644-57 : SCÈNE VIII.
(e) Ici finit le IIIe acte.

FIN DU COMPLÉMENT DES VARIANTES.

CLITANDRE

TRAGÉDIE

1632

NOTICE.

Cette pièce, publiée en 1632, passe généralement pour avoir été représentée en 1630. On a cru pouvoir se fonder, pour fixer cette date, sur les premières lignes de l'*Examen*, où Corneille nous apprend que c'est après avoir fait un voyage à Paris « pour voir le succès de *Mélite*, » qu'il *entreprit* de composer cette seconde pièce; mais entreprendre et exécuter, et surtout achever, ne sont pas même chose. Puis, il est dit dans la *Dedicace* que Clitandre est venu conter « il y a quelque temps » au duc de Longueville « une partie de ses aventures, autant qu'en pouvoient contenir deux actes de ce poëme encore tous informes, et qui n'étoient qu'à peine ébauchés. » Ces mots « il y a quelque temps » ne s'appliqueraient guère bien, ce nous semble, à une communication faite au duc de Longueville deux ans auparavant; d'ailleurs, il ne s'agit pas du *poëme* tout entier, mais de deux actes, et encore de deux actes seulement ébauchés. C'est là sans doute ce qui a déterminé les frères Parfait à porter à l'année 1632 la représentation de cet ouvrage : ils en placent l'analyse à cette date dans leur *Histoire du théâtre françois* (tome IV, p. 541).

Voici le titre exact de la première édition :

Clitandre, ov l'Innocence delivrée, tragi-comedie. Dediée a Monseigneur le dvc de Longveville. *A Paris, chez François Targa*....M.DC.XXXII. *Auec Priuilege du Roy*.

Le privilége est daté du 8 mars 1632, et l'achevé d'imprimer du 20 du même mois. A la page 121 on trouve un frontispice qui porte : Meslanges poetiqves dv mesme, avec l'adresse de Targa. La pièce et les mélanges forment ensemble un volume in-8° de 159 pages. Nous n'avons point à nous étendre ici sur ces petites pièces de vers, que nous réimprimerons en tête des *Poésies diverses;* nous nous contenterons de reproduire la phrase suivante de l'*Avis au lecteur* dont elles sont précédées : « Je ne crois pas cette tragi-comédie si mauvaise que je me tienne obligé de te récompenser par trois ou quatre bons sonnets. » Si l'on rapproche de ce passage la préface de *Clitandre*, et si l'on considère que Corneille le publia avant *Mélite*, on se convaincra qu'il ne lui déplaisait point quand il parut. Plus tard le poëte, parvenu à la maturité de son génie, changea d'opinion. Lorsqu'il écrit dans l'*Examen* de *Clitandre :* « Pour la justifier (*Mélite*) contre cette censure par une espèce de bravade.... j'entrepris d'en faire une (*une pièce*) régulière, c'est-à-dire dans les vingt et quatre heures, pleine d'incidents et d'un style plus élevé, mais qui ne vaudroit rien du tout : en quoi je réussis parfaitement, » il est clair qu'il cherche un biais qui lui permette de ne point traiter d'une manière sérieuse une pièce qui lui semblait alors indigne de lui.

En 1644 le sous-titre (*ou l'Innocence délivrée*) disparut, et en 1660 cette pièce reçut le nom de *tragédie*, au lieu de celui de *tragi-comédie* qu'elle avait porté jusqu'alors.

On n'a pas de renseignements précis sur le théâtre où furent jouées les pièces que nous allons passer en revue ; mais tout porte à croire que Corneille, reconnaissant envers le directeur qui avait si favorablement accueilli *Mélite*, les donna toutes à la troupe de Mondory qui eut, nous le savons, la gloire de jouer *le Cid*. Ce qui doit nous confirmer dans cette opinion, c'est que, même après la retraite de Mondory et le départ de Baron, de la Villiers et de Jodelet pour l'hôtel de Bourgogne, Corneille conservait, à l'égard du théâtre du Marais, une prédilection très-marquée. Tallemant des Réaux la constate, en l'attribuant, comme c'est assez sa coutume, à un motif peu honorable : « D'Orgemont et Floridor, avec la Beaupré, soutinrent, dit-il, la troupe du Marais, à laquelle Corneille, par politique, car c'est un grand avare, donnoit ses pièces ; car il vouloit qu'il y eût deux troupes. » (*Historiettes*, t. VII, p. 174.) Le cardinal de Richelieu avait dessein de réunir les deux troupes en une seule.

A MONSEIGNEUR
LE DUC DE LONGUEVILLE[1].

Monseigneur,

Je prends avantage de ma témérité, et quelque défiance que j'aye de *Clitandre*, je ne puis croire qu'on s'en promette rien de mauvais, après avoir vu la hardiesse que j'ai de vous l'offrir. Il est impossible qu'on s'imagine qu'à des personnes de votre rang, et à des esprits de l'excellence du vôtre, on présente rien qui ne soit de mise, puisqu'il est tout vrai que vous avez un tel dégoût des mauvaises choses, et les savez si nettement démêler d'avec les bonnes, qu'on fait paroître plus de manque de jugement à vous les présenter qu'à les concevoir[2]. Cette vérité est si généralement reconnue, qu'il faudroit n'être pas du monde pour ignorer que votre condition vous relève encore moins par-dessus le reste des hommes que votre esprit, et que les belles parties qui ont accompagné la splendeur de votre naissance n'ont reçu d'elle que ce qui leur étoit dû : c'est ce qui fait dire aux plus honnêtes gens de notre siècle qu'il

1. Henri II, duc de Longueville, né en 1595, se maria à vingt et un ans à Louise (fille de Charles de Bourbon Soissons), qui mourut en 1637. Ce fut seulement en 1642 qu'il épousa la sœur du grand Condé, dont Villefore a esquissé la vie et que M. Cousin nous a si bien fait connaître. « M. le duc de Longueville, dit Segrais, faisoit pension aux gens de lettres et particulièrement aux habiles généalogistes, comme à M. de Sainte-Marthe et M. du Bouchet. » (*Œuvres*. tome II, *Mémoires anecdotes*, p. 53.) Il mourut à Rouen en 1663. — L'*Épître dédicatoire* figure dans toutes les impressions antérieures à 1660 : nous nous conformons au texte de l'édition de 1632 ; c'est la seule qui donne la *Préface* et l'*Argument*.

2. Var. (édit. de 1644-1657) : qu'à les produire.

semble que le ciel ne vous a fait naître prince qu'afin d'ôter au Roi la gloire de choisir votre personne, et d'établir votre grandeur sur la seule reconnoissance de vos vertus. Aussi, Monseigneur, ces considérations m'auroient intimidé, et ce cavalier n'eût jamais osé vous aller entretenir de ma part[1], si votre permission ne l'en eût autorisé, et comme assuré que vous l'aviez en quelque sorte d'estime, vu qu'il ne vous étoit pas tout à fait inconnu. C'est le même qui par vos commandements vous fut conter, il y a quelque temps, une partie de ses aventures, autant qu'en pouvoient contenir deux actes de ce poëme encore tous informes, et qui n'étoient qu'à peine ébauchés. Le malheur ne persécutoit point encore son innocence, et ses contentements devoient être en un haut degré, puisque l'affection, la promesse et l'autorité de son prince lui rendoient la possession de sa maîtresse presque infaillible : ses faveurs toutefois ne lui étoient point si chères que celles qu'il recevoit de vous ; et jamais il ne se fût plaint de sa prison, s'il y eût trouvé autant de douceur qu'en votre cabinet. Il a couru de grands périls durant sa vie, et n'en court pas de moindres à présent que je tâche à le faire revivre. Son prince le préserva des premiers ; il espère que vous le garantirez des autres, et que comme il l'arracha du supplice qui l'alloit perdre, vous le défendrez de l'envie, qui a déjà fait une partie de ses efforts à l'étouffer. C'est, Monseigneur, dont vous supplie très-humblement celui qui n'est pas moins par la force de son inclination que par les obligations de son devoir,

MONSEIGNEUR,

Votre très-humble et très-obéissant serviteur,

Corneille.

1. Les mots : « de ma part » ne sont que dans l'édition de 1632.

PRÉFACE.

Pour peu de souvenir qu'on ait de *Mélite*, il sera fort aisé de juger, après la lecture de ce poëme, que peut-être jamais deux pièces ne partirent d'une même main, plus différentes et d'invention et de style. Il ne faut pas moins d'adresse à réduire un grand sujet qu'à en déduire un petit; et si je m'étois aussi dignement acquitté de celui-ci qu'heureusement de l'autre, j'estimerois avoir en quelque façon approché de ce que demande Horace au poëte qu'il instruit, quand il veut qu'il possède tellement ses sujets, qu'il en demeure toujours le maître, et les asservisse à soi-même, sans se laisser emporter par eux[1]. Ceux qui ont blâmé l'autre de peu d'effets auront ici de quoi se satisfaire, si toutefois ils ont l'esprit assez tendu pour me suivre au théâtre, et si la quantité d'intrigues et de rencontres n'accable et ne confond leur mémoire. Que si cela leur arrive, je les supplie de prendre ma justification chez le libraire, et de reconnoître par la lecture que ce n'est pas ma faute. Il faut néanmoins que j'avoue que ceux qui n'ayant vu représenter *Clitandre* qu'une fois, ne le comprendront

---

1. Dans l'*Art poétique*, où les mots « au poëte qu'il instruit » nous invitent à chercher cette citation, il n'y a guère qu'un passage qui ait quelque rapport avec la pensée exprimée ici; c'est l'hémistiche : *cui lecta potenter erit res*, qui, d'après plusieurs commentateurs, signifie que le sujet doit être choisi de manière à ne pas surpasser les forces de l'auteur et à pouvoir être gouverné, dominé par lui. Mais n'est-il pas possible que cette fois encore Corneille ait cité de mémoire et que confondant une idée toute morale avec un précepte littéraire, il ait eu en vue ce vers bien connu de la 1re épître du 1er livre d'Horace (v. 19) :

Et mihi res, non me rebus subjungere conor?

pas nettement, seront fort excusables, vu que les narrations qui doivent donner le jour au reste y sont si courtes, que le moindre défaut, ou d'attention du spectateur, ou de mémoire de l'acteur, laisse une obscurité perpétuelle en la suite, et ôte presque l'entière intelligence de ces grands mouvements dont les pensées ne s'égarent point du fait, et ne sont que des raisonnements continus sur ce qui s'est passé. Que si j'ai renfermé cette pièce dans la règle d'un jour, ce n'est pas que je me repente de n'y avoir point mis *Mélite*, ou que je me sois résolu à m'y attacher dorénavant. Aujourd'hui quelques-uns adorent cette règle, beaucoup la méprisent : pour moi, j'ai voulu seulement montrer que si je m'en éloigne, ce n'est pas faute de la connoître. Il est vrai qu'on pourra m'imputer que m'étant proposé de suivre la règle des anciens, j'ai renversé leur ordre, vu qu'au lieu des messagers qu'ils introduisent à chaque bout de champ pour raconter les choses merveilleuses qui arrivent à leurs personnages, j'ai mis les accidents mêmes sur la scène. Cette nouveauté pourra plaire à quelques-uns; et quiconque voudra bien peser l'avantage que l'action a sur ces longs et ennuyeux récits, ne trouvera pas étrange que j'aye mieux aimé divertir les yeux qu'importuner les oreilles, et que me tenant dans la contrainte de cette méthode, j'en aye pris la beauté, sans tomber dans les incommodités que les Grecs et les Latins, qui l'ont suivie, n'ont su d'ordinaire ou du moins n'ont osé éviter. Je me donne ici quelque sorte de liberté de choquer les anciens, d'autant qu'ils ne sont plus en état de me répondre, et que je ne veux engager personne en la recherche de mes défauts. Puisque les sciences et les arts ne sont jamais à leur période[1], il

1. *Période*, employé d'une manière absolue, dans le sens de la locution ordinaire : *le plus haut période*.

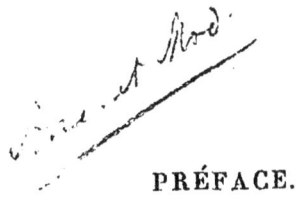

PRÉFACE.

m'est permis de croire qu'ils n'ont pas tout su, et que de leurs instructions on peut tirer des lumières qu'ils n'ont pas eues. Je leur porte du respect comme à des gens qui nous ont frayé le chemin, et qui après avoir défriché un pays fort rude, nous ont laissé à le cultiver. J'honore les modernes sans les envier, et n'attribuerai jamais au hasard ce qu'ils auront fait par science, ou par des règles particulières qu'ils se seront eux-mêmes prescrites; outre que c'est ce qui ne me tombera jamais en la pensée, qu'une pièce de si longue haleine, où il faut coucher l'esprit[1] à tant de reprises, et s'imprimer tant de contraires mouvements, se puisse faire par aventure. Il n'en va pas de la comédie comme d'un songe qui saisit notre imagination tumultuairement et sans notre aveu, ou comme d'un sonnet ou d'une ode, qu'une chaleur extraordinaire peut pousser par boutade, et sans lever la plume. Aussi l'antiquité nous parle bien de l'écume d'un cheval qu'une éponge jetée par dépit sur un tableau exprima parfaitement, après que l'industrie du peintre n'en avoit su venir à bout[2]; mais il ne se lit point que jamais un tableau tout entier ait été produit de cette sorte. Au reste, je laisse le lieu de ma scène au choix du lecteur, bien qu'il ne me coûtât ici qu'à nommer[3]. Si mon sujet est véritable, j'ai raison de le taire; si c'est une fiction, quelle apparence, pour suivre je ne sais quelle chorographie, de donner un soufflet à l'histoire, d'attribuer à un pays des princes imaginaires, et d'en rapporter des aventures qui ne se lisent point dans les chro-

---

1. Appliquer l'esprit.
2. Valère Maxime (livre VIII, chap. 11) ne nomme pas le peintre. Pline (livre XXXV, chap. XL) attribue le fait à Néalcès; Sextus Empiricus (*Hypotyposes pyrrhoniennes*, livre I, chap. XII), à Apelle.
3. A partir de l'édition de 1644, Corneille a déterminé le lieu de la scène en faisant *du Roi*, dans la liste des acteurs, *un roi d'Écosse*.

niques de leur royaume? Ma scène est donc en un château d'un roi, proche d'une forêt; je n'en détermine ni la province ni le royaume : où vous l'aurez une fois placée, elle s'y tiendra. Que si l'on remarque des concurrences[1] dans mes vers, qu'on ne les prenne pas pour des larcins. Je n'y en ai point laissé que j'aye connues, et j'ai toujours cru que pour belle que fût une pensée, tomber en soupçon de la tenir d'un autre, c'est l'acheter plus qu'elle ne vaut; de sorte qu'en l'état que je donne cette pièce au public, je pense n'avoir rien de commun avec la plupart des écrivains modernes, qu'un peu de vanité que je témoigne ici.

ARGUMENT.

Rosidor, favori du Roi, étoit si passionnément aimé de deux des filles de la Reine, Caliste et Dorise, que celle-ci en dédaignoit Pymante, et celle-là Clitandre. Ses affections toutefois n'étoient que pour la première, de sorte que cette amour mutuelle n'eût point eu d'obstacle sans Clitandre. Ce cavalier étoit le mignon du Prince, fils unique du Roi, qui pouvoit tout sur la Reine sa mère, dont cette fille dépendoit; et de là procédoient les refus de la Reine toutes les fois que Rosidor la supplioit d'agréer leur mariage. Ces deux damoiselles, bien que rivales, ne laissoient pas d'être amies, d'autant que Dorise feignoit que son amour n'étoit que par galanterie, et comme pour avoir de quoi répliquer aux importunités de Pymante. De cette façon, elle entroit dans la confidence de Caliste, et se tenant toujours assidue auprès

---

1. *Concurrences*, rencontres, ici rencontres d'idées, d'expressions.

d'elle, elle se donnoit plus de moyen de voir Rosidor, qui ne s'en éloignoit que le moins qu'il lui étoit possible. Cependant la jalousie la rongeoit au dedans, et excitoit en son âme autant de véritables mouvements de haine pour sa compagne qu'elle lui rendoit de feints témoignages d'amitié. Un jour que le Roi, avec toute sa cour, s'étoit retiré en un château de plaisance proche d'une forêt, cette fille, entretenant en ces bois ses pensées mélancoliques, rencontra par hasard une épée : c'étoit celle d'un cavalier nommé Arimant, demeurée là par mégarde depuis deux jours qu'il avoit été tué en duel, disputant sa maîtresse Daphné contre Éraste. Cette jalouse, dans sa profonde rêverie, devenue furieuse, jugea cette occasion propre à perdre sa rivale. Elle la cache donc au même endroit, et à son retour conte à Caliste que Rosidor la trompe, qu'elle a découvert une secrète affection entre Hippolyte et lui, et enfin qu'ils avoient rendez-vous dans le bois le lendemain au lever du soleil pour en venir aux dernières faveurs : une offre en outre de les lui faire surprendre éveille la curiosité de cet esprit facile, qui lui promet de se dérober, et se dérobe en effet le lendemain avec elle pour faire ses yeux témoins de cette perfidie. D'autre côté, Pymante, résolu de se défaire de Rosidor, comme du seul qui l'empêchoit d'être aimé de Dorise, et ne l'osant attaquer ouvertement, à cause de sa faveur auprès du Roi, dont il n'eût pu rapprocher, suborne Géronte, écuyer de Clitandre, et Lycaste, page du même. Cet écuyer écrit un cartel à Rosidor au nom de son maître, prend pour prétexte l'affection qu'ils avoient tous deux pour Caliste, contrefait au bas son seing, le fait rendre par ce page, et eux trois le vont attendre masqués et déguisés en paysans. L'heure étoit la même que Dorise avoit donnée à Caliste, à cause que l'un et l'autre vouloit être assez tôt de retour pour se rendre au lever du Roi et de la Reine après le coup exécuté. Les lieux mêmes n'étoient pas fort éloignés; de sorte que Rosidor, poursuivi par ces trois assassins, arrive auprès de ces deux filles comme Dorise avoit l'épée à la main, prête de l'enfoncer dans l'estomac de Caliste. Il pare, et blesse toujours en reculant, et tue enfin ce page, mais si malheureusement, que retirant son épée, elle se rompt contre la branche d'un arbre. En cette extrémité, il voit celle que tient Dorise, et sans la reconnoître, il la lui arrache, passe tout d'un temps le tronçon de la sienne en la main gauche, à guise d'un poignard, se défend ainsi contre Pymante et Géronte, tue encore ce dernier, et met l'autre en fuite. Dorise fuit aussi, se voyant désarmée par Rosidor; et Caliste, sitôt qu'elle l'a reconnu, se pâme d'appréhension de son péril. Rosidor démasque les morts, et fulmine contre Clitandre, qu'il prend pour l'auteur de cette perfidie, attendu qu'ils sont ses domestiques et qu'il étoit venu dans ce bois sur un cartel reçu de sa part. Dans ce mouvement, il voit Caliste pâmée, et la croit morte : ses regrets avec ses plaies le font tomber en foiblesse. Caliste revient de pâmoison, et s'entr'aidant l'un à l'autre à marcher, ils gagnent la maison d'un paysan, où elle lui bande ses blessures. Dorise désespérée, et n'osant retourner à la cour, trouve les vrais habits de ces assassins, et s'accommode de celui de Géronte pour se mieux cacher. Pymante, qui alloit rechercher les siens, et cependant, afin de mieux passer pour villageois, avoit jeté son masque et son épée dans une caverne, la voit en cet état. Après quelque mécompte, Dorise se feint être un jeune gentilhomme, contraint pour quelque occasion de se retirer de la cour, et le prie de le tenir là quelque temps caché. Pymante lui baille quelque échappatoire; mais s'étant aperçu à ses discours qu'elle avoit vu son crime, et d'ailleurs entré en quelque soupçon que ce fût Dorise, il accorde sa demande, et la mène en cette caverne, résolu, si c'étoit elle, de se servir de l'occasion, sinon d'ôter du monde un témoin de son forfait, en ce lieu où il étoit assuré de retrouver son épée. Sur le chemin, au moyen d'un poinçon qui lui étoit demeuré dans les cheveux, il la reconnoît, et se fait connoître à elle : ses offres de service sont aussi mal reçues que par le passé ; elle persiste toujours à ne vouloir chérir que Rosidor. Pymante l'assure qu'il l'a tué[1] ; elle entre en furie, qui n'empêche pas ce paysan déguisé de l'enlever dans cette caverne, où, tâchant d'user de force, cette courageuse fille lui crève un œil de son poinçon ; et comme la douleur lui fait y porter les deux mains, elle s'échappe de lui, dont l'amour tournée en rage le fait sortir l'épée à la main de cette caverne, à dessein et de venger cette injure par sa mort et d'étouffer ensemble l'indice de son crime. Rosidor cependant n'avoit pu se dérober si secrètement qu'il ne fût suivi de son écuyer Lysarque, à qui par importunité il conte le sujet de sa sortie. Ce généreux serviteur, ne pouvant endurer que la partie s'achevât sans lui, le quitte pour aller engager l'écuyer de Clitandre à servir de second à son maître. En cette résolution, il rencontre un gentilhomme, son particulier ami, nommé Cléon, dont il apprend que Clitandre venoit de monter à cheval avec le Prince pour aller à la chasse. Cette nouvelle le met en inquiétude ; et ne sachant tous deux que juger de ce mécompte, ils vont de compagnie en avertir le Roi. Le Roi, qui ne vouloit pas perdre ces cavaliers, envoie en même temps Cléon rappeler Clitandre de la chasse, et Lysarque avec une troupe d'archers au lieu de l'assignation, afin

---

1. Dans l'édition de 1632 on lit : « qu'il la tue. » C'est une faute d'impression : voyez la scène VII de l'acte III.

que, si Clitandre s'étoit échappé d'auprès du Prince pour aller joindre son rival, il fût assez fort pour les séparer. Lysarque ne trouve que les deux corps des gens de Clitandre, qu'il renvoie au Roi par la moitié de ses archers, cependant qu'avec l'autre il suit une trace de sang qui le mène jusques au lieu où Rosidor et Caliste s'étoient retirés. La vue de ces corps fait soupçonner au Roi quelque supercherie de la part de Clitandre, et l'aigrit tellement contre lui, qu'à son retour de la chasse il le fait mettre en prison, sans qu'on lui en dît même le sujet. Cette colère s'augmente par l'arrivée de Rosidor tout blessé, qui, après le récit de ses aventures, présente au Roi le cartel de Clitandre, signé de sa main (contrefaite toutefois) et rendu par son page : si bien que le Roi, ne doutant plus de son crime, le fait venir en son conseil, où, quelque protestation que pût faire son innocence, il le condamne à perdre la tête dans le jour même, de peur de se voir comme forcé de le donner aux prières de son fils, s'il attendoit son retour de la chasse. Cléon en apprend la nouvelle; et redoutant que le Prince ne se prît à lui de la perte de ce cavalier qu'il affectionnoit, il le va chercher encore une fois à la chasse pour l'en avertir. Tandis que tout ceci se passe, une tempête surprend le Prince à la chasse; ses gens, effrayés de la violence des foudres et des orages, qui çà qui là cherchent où se cacher : si bien que, demeuré seul, un coup de tonnerre lui tue son cheval sous lui. La tempête finie, il voit un jeune gentilhomme qu'un paysan poursuivoit l'épée à la main (c'étoit Pymante et Dorise). Il étoit déjà terrassé, et près de recevoir le coup de la mort; mais le Prince, ne pouvant souffrir une action si méchante, tâche d'empêcher cet assassinat. Pymante, tenant Dorise d'une main, le combat de l'autre, ne croyant pas de sûreté pour soi, après avoir été vu en cet équipage, que par sa mort. Dorise reconnoît le Prince, et s'entrelace tellement dans les jambes de son ravisseur, qu'elle le fait trébucher. Le Prince saute aussitôt sur lui, et le désarme ; l'ayant désarmé, il crie ses gens, et enfin deux veneurs paroissent chargés des vrais habits de Pymante, Dorise et Lycaste. Ils les lui présentent comme un effet extraordinaire du foudre, qui avoit consommé trois corps, à ce qu'ils s'imaginoient, sans toucher à leurs habits. C'est de là que Dorise prend occasion de se faire connoître au Prince, et de lui déclarer tout ce qui s'est passé dans ce bois. Le Prince étonné commande à ses veneurs de garrotter Pymante avec les couples de leurs chiens : en même temps Cléon arrive, qui fait le récit au Prince du péril de Clitandre, et du sujet qui l'avoit réduit en l'extrémité où il étoit. Cela lui fait reconnoître Pymante pour l'auteur de ces perfidies ; et l'ayant baillé à ses veneurs à ramener, il pique à toute bride vers le château, arrache Clitandre aux bourreaux, et le va présenter au Roi avec les criminels, Pymante et Dorise, arrivés quelque temps après lui. Le Roi venoit de conclure avec la Reine le mariage de Rosidor et de Caliste, sitôt qu'il seroit guéri, dont Caliste étoit allée porter la nouvelle au blessé ; et après que le Prince lui eut fait connoître l'innocence de Clitandre, il le reçoit à bras ouverts, et lui promet toute sorte de faveurs pour récompense du tort qu'il lui avoit pensé faire. De là il envoie Pymante à son conseil pour être puni, voulant voir par là de quelle façon ses sujets vengeroient un attentat fait sur leur prince. Le Prince obtient un pardon pour Dorise, qui lui avoit assuré la vie ; et la voulant désormais favoriser, en propose le mariage à Clitandre, qui s'en excuse modestement. Rosidor et Caliste viennent remercier le Roi, qui les réconcilie avec Clitandre et Dorise, et invite ces derniers, voire même leur commande de s'entr'aimer, puisque lui et le Prince le desirent, leur donnant jusques à la guérison de Rosidor pour allumer cette flamme,

> Afin de voir alors cueillir en même jour
> A deux couples d'amants les fruits de leur amour[1].

EXAMEN.

Un voyage que je fis à Paris pour voir le succès de *Mélite* m'apprit qu'elle n'étoit pas dans les vingt et quatre[2] heures : c'étoit l'unique règle que l'on connût en ce temps-là. J'entendis que ceux du métier la blâmoient de peu d'effets, et de ce que le style en étoit[3] trop familier. Pour la justifier contre cette censure par une espèce de bravade, et montrer que ce genre de pièces avoit les vraies beautés de théâtre, j'entrepris d'en faire une régulière (c'est-à-dire dans ces vingt et quatre heures), pleine d'incidents, et d'un style plus élevé, mais qui ne vaudroit rien du tout : en quoi je réussis parfaitement[4]. Le style en est véritablement plus fort que celui de l'autre ; mais c'est tout ce qu'on y peut trouver de supportable. Il est mêlé[5] de pointes comme dans cette première ; mais ce n'étoit pas alors un si grand vice dans le choix des pensées, que la scène en dût être entièrement purgée. Pour la constitution, elle est si désordonnée, que vous avez de la peine à deviner qui sont les premiers acteurs. Rosidor et Caliste sont ceux qui le paroissent le plus par l'avantage de leur caractère et de leur amour mutuel ;

---

1. Ce sont, à peu près, les deux vers qui terminent la pièce :
   Ainsi nous verrons lors cueillir en même jour, etc.
2. Var. (édit. de 1660) : vingt-quatre. De même six lignes plus bas.
3. Var. (édit. de 1660) : de ce que le style étoit.
4. Voyez la *Notice*, p. 258.
5. Var. (édit. de 1660) : il est encor mêlé.

mais leur action finit dès le premier acte avec leur péril ; et ce qu'ils disent au troisième et au cinquième ne fait que montrer leurs visages, attendant que les autres achèvent. Pymante et Dorise y ont le plus grand emploi ; mais ce ne sont que deux criminels qui cherchent à éviter la punition de leurs crimes, et dont même le premier en attente de plus grands pour mettre à couvert les autres. Clitandre, autour de qui semble tourner le nœud de la pièce, puisque les premières actions vont à le faire coupable, et les dernières à le justifier, n'en peut être qu'un héros bien ennuyeux, qui n'est introduit que pour déclamer en prison, et ne parle pas même à cette maîtresse dont les dédains servent de couleur à le faire passer pour criminel. Tout le cinquième acte languit comme celui de *Mélite* après la conclusion des épisodes, et n'a rien de surprenant, puisque, dès le quatrième, on devine tout ce qui doit arriver[1], hormis le mariage de Clitandre avec Dorise, qui est encore plus étrange que celui d'Éraste, et dont on n'a garde de se défier.

Le Roi et le Prince son fils y paroissent dans un emploi fort au-dessous de leur dignité : l'un n'y est que comme juge, et l'autre comme confident de son favori. Ce défaut n'a pas accoutumé de passer pour défaut : aussi n'est-ce qu'un sentiment particulier dont je me suis fait[2] une règle, qui peut-être ne semblera pas déraisonnable, bien que nouvelle.

Pour m'expliquer, je dis qu'un roi, un héritier de la couronne, un gouverneur de province, et généralement un homme d'autorité, peut paroître sur le théâtre en trois façons : comme roi, comme homme, et comme juge ; quelquefois avec deux de ces qualités, quelquefois avec

---

1. Var. (édit. de 1660-1668) : tout ce qui doit y arriver.
2. Var. (édit. de 1660-1668) : dont je me fais.

toutes les trois ensemble. Il paroît comme roi seulement quand il n'a intérêt qu'à la conservation de son trône, ou de sa vie, qu'on attaque pour changer l'État, sans avoir l'esprit agité d'aucune passion particulière ; et c'est ainsi qu'Auguste agit dans *Cinna*, et Phocas dans *Héraclius*. Il paroît comme homme seulement quand il n'a que l'intérêt d'une passion à suivre ou à vaincre, sans aucun péril pour son État ; et tel est Grimoald dans les trois premiers actes de *Pertharite*, et les deux reines dans *Don Sanche*. Il ne paroît enfin que comme juge quand il est introduit sans aucun intérêt pour son État, ni pour sa personne, ni pour ses affections, mais seulement pour régler celui des autres, comme dans ce poëme et dans *le Cid* ; et on ne peut[1] désavouer qu'en cette dernière posture il remplit assez mal la dignité d'un si grand titre, n'ayant aucune part en l'action que celle qu'il y veut prendre pour d'autres, et demeurant bien éloigné de l'éclat des deux autres manières. Aussi on[2] ne le donne jamais à représenter aux meilleurs acteurs ; mais il faut qu'il se contente de passer par la bouche de ceux du second ou du troisième ordre. Il peut paroître comme roi et comme homme tout à la fois quand il a un grand intérêt d'État et une forte passion tout ensemble à soutenir, comme Antiochus dans *Rodogune*, et Nicomède dans la tragédie qui porte son nom ; et c'est, à mon avis, la plus digne manière et la plus avantageuse de mettre sur la scène des gens de cette condition, parce qu'ils attirent alors toute l'action à eux, et ne manquent jamais d'être représentés par les premiers acteurs. Il ne me vient point d'exemple en la mémoire où un roi paroisse comme homme et comme juge, avec un intérêt de pas-

---

1. Var. (édit. de 1660-1664) : et l'on ne peut pas.
2. Var. (édit. de 1660-1664) : l'on.

sion pour lui, et un soin de régler ceux des autres sans aucun péril pour son État ; mais pour voir les trois manières ensemble, on les peut aucunement remarquer dans les deux gouverneurs d'Arménie et de Syrie, que j'ai introduits, l'un dans *Polyeucte* et l'autre dans *Théodore*. Je dis aucunement, parce que la tendresse que l'un a pour son gendre, et l'autre pour son fils, qui est ce qui les fait paroître comme hommes, agit si foiblement, qu'elle semble étouffée sous le soin qu'a l'un et l'autre de conserver sa dignité, dont ils font tous deux leur capital[1] ; et qu'ainsi on peut dire en rigueur qu'ils ne paroissent que comme gouverneurs qui craignent de se perdre, et comme juges qui par cette crainte dominante condamnent ou plutôt s'immolent ce qu'ils voudroient conserver.

Les monologues[2] sont trop longs et trop fréquents en cette pièce ; c'étoit une beauté en ce temps-là : les comédiens les souhaitoient, et croyoient y paroître avec plus d'avantage. La mode a si bien changé, que la plupart de mes derniers ouvrages n'en ont aucun ; et vous n'en trouverez point dans *Pompée, la Suite du Menteur, Théodore* et *Pertharite*[3], ni dans *Héraclius, Andromède, OEdipe* et *la Toison d'or*, à la réserve des stances.

Pour le lieu, il a encore plus d'étendue, ou, si vous voulez souffrir ce mot, plus de libertinage ici que dans *Mélite :* il comprend un château d'un roi avec une forêt voisine, comme pourroit être celui de Saint-Germain, et est bien éloigné de l'exactitude que les sévères critiques y demandent.

1. *Capital*, substantivement, affaire principale, principal intérêt.
2. Var. (édit. de 1660-1664) : monoloques.
3. Var. (édit. de 1660) : *Théodore, Nicomède* et *Pertharite*. — Corneille avait d'abord compris *Nicomède* dans cette énumération, parce qu'il oubliait le court monologue qui termine le IVe acte.

ACTEURS.

ALCANDRE, roi d'Écosse.
FLORIDAN, fils du Roi[1].
ROSIDOR, favori du Roi et amant de Caliste.
CLITANDRE, favori du prince Floridan, et amoureux aussi de Caliste, mais dédaigné.
PYMANTE, amoureux de Dorise, et dédaigné.
CALISTE, maîtresse de Rosidor et de Clitandre.
DORISE, maîtresse de Pymante.
LYSARQUE, écuyer de Rosidor.
GÉRONTE, écuyer de Clitandre.
CLÉON, gentilhomme suivant la cour.
LYCASTE, page de Clitandre.
Le GEÔLIER.
Trois ARCHERS.
Trois VENEURS.

La scène est en un château du Roi, proche d'une forêt[2].

---

1. L'édition de 1663 est la première qui donne les noms propres *Alcandre* et *Floridan*. Dans l'édition de 1632, on lit simplement : *le Roi;* dans celles de 1644-1660 : *le Roi d'Écosse.* Pour le second personnage, les éditions de 1632-1660 portent : *le Prince, fils du Roi.*

2. Cette indication paraît pour la première fois dans l'édition de 1644.

CLITANDRE.

TRAGÉDIE.

ACTE I.

SCÈNE PREMIÈRE.

CALISTE[1].

N'en doute plus, mon cœur, un amant hypocrite[2],
Feignant de m'adorer, brûle pour Hippolyte :
Dorise m'en a dit le secret rendez-vous
Où leur naissante ardeur se cache aux yeux de tous ;
Et pour les y surprendre elle m'y doit conduire,   5
Sitôt que le soleil commencera de luire.

1. *Var.* CALISTE, *regardant derrière elle.* (1632)
2. *Var.* Je ne suis point suivie, et sans être entendue,
   Mon pas lent et craintif en ces lieux m'a rendue.
   Tout le monde au château, plongé dans le sommeil,
   Loin de savoir ma fuite, ignore mon réveil ;
   Un silence profond mon dessein favorise.
   Heureuse entièrement si j'avois ma Dorise,
   Ma fidèle compagne, en qui seule aujourd'hui
   Mon amour affronté rencontre quelque appui (a).
   C'est d'elle que j'ai su qu'un amant hypocrite,
   [Feignant de m'adorer, brûle pour Hippolyte ;]
   D'elle j'ai su les lieux où l'amour qui les joint
   Ce matin doit passer jusques au dernier point,
   Et pour m'obliger mieux elle m'y doit conduire (b). (1632-57)

(a) Mon amour qu'on trahit rencontre quelque appui. (1644-57)
(b) [Et pour les y surprendre elle m'y doit conduire.] (1644-57)

Mais qu'elle est paresseuse à me venir trouver[1] !
La dormeuse m'oublie, et ne se peut lever.
Toutefois sans raison j'accuse sa paresse :
La nuit, qui dure encor, fait que rien ne la presse; 10
Ma jalouse fureur, mon dépit, mon amour,
Ont troublé mon repos avant le point du jour;
Mais elle, qui n'en fait aucune expérience,
Étant sans intérêt, est sans impatience.
Toi qui fais ma douleur, et qui fis mon souci[2], 15
Ne tarde plus, volage, à te montrer ici;
Viens en hâte affermir ton indigne victoire;
Viens t'assurer l'éclat de cette infâme gloire;
Viens signaler ton nom par ton manque de foi;
Le jour s'en va paroître; affronteur, hâte-toi. 20
Mais, hélas! cher ingrat, adorable parjure,
Ma timide voix tremble à te dire une injure;
Si j'écoute l'amour, il devient si puissant
Qu'en dépit de Dorise il te fait innocent :
Je ne sais lequel croire, et j'aime tant ce doute, 25
Que j'ai peur d'en sortir entrant dans cette route.
Je crains ce que je cherche, et je ne connois pas
De plus grand heur pour moi que d'y perdre mes pas.
Ah, mes yeux! si jamais vos fonctions propices[3]
A mon cœur amoureux firent de bons services, 30

1. *Var.* Mais qu'elle est paresseuse à me venir treuver! (1632)
2. *Var.* Toi que l'œil qui te blesse attend pour te guérir,
Éveille-toi, brigand, hâte-toi d'acquérir
Sur l'honneur d'Hippolyte une infâme victoire,
Et de m'avoir trompée une honteuse gloire;
Hâte-toi, déloyal, de me fausser ta foi. (1632-57)
Var. Toi par qui ma rivale a de quoi me braver,
Ne tarde plus, volage, à la venir trouver,
Hâte-toi d'affermir ton indigne victoire,
De s'assurer l'éclat de cette infâme gloire,
De signaler ton nom par ton manque de foi. (1660)
3. *Var.* Ah, mes yeux! si jamais vos naturels offices. (1632)

Apprenez aujourd'hui quel est votre devoir :
Le moyen de me plaire est de me décevoir;
Si vous ne m'abusez, si vous n'êtes faussaires,
Vous êtes de mon heur les cruels adversaires¹.
Et toi, soleil, qui vas, en ramenant le jour, 35
Dissiper une erreur si chère à mon amour,
Puisqu'il faut qu'avec toi ce que je crains éclate,
Souffre qu'encore un peu l'ignorance me flatte.
Mais je te parle en vain, et l'aube de ses rais²
A déjà reblanchi le haut de ces forêts. 40
Si je puis me fier à sa lumière sombre³,
Dont l'éclat brille à peine et dispute avec l'ombre⁴,
J'entrevois le sujet de mon jaloux ennui,
Et quelqu'un de ses gens qui conteste avec lui⁵.
Rentre, pauvre abusée, et cache-toi de sorte⁶ 45
Que tu puisses l'entendre à travers cette porte.

1. *Var.* [Vous êtes de mon heur les cruels adversaires.]
   Un infidèle encor régnant sur mon penser,
   Votre fidélité ne peut que m'offenser.
   Apprenez, apprenez par le traître que j'aime
   Qu'il vous faut me trahir pour être aimé de même.
   Et toi, père du jour, dont le flambeau naissant
   Va chasser mon erreur avecque le croissant,
   S'il est vrai que Thétis te reçoit dans sa couche,
   Prends, soleil, prends encor deux baisers sur sa bouche.
   Ton retour me va perdre, et retrancher ton bien :
   Prolonge, en l'arrêtant, mon bonheur et le tien.
   [Puisqu'il faut qu'avec toi ce que je crains éclate.] (1632-57)
2. *Var.* Las! il ne m'entend point, et l'aube de ses rais (*a*). (1632-57)
3. *Var.* Si je me peux fier à sa lumière sombre. (1632)
   Var. Si je me puis fier à sa lumière sombre, (1644-60)
4. *Var.* Dont l'éclat impuissant dispute avecque l'ombre. (1632-57)
5. En marge, dans l'édition de 1632 : *Rosidor et Lysandre entrent.*
6. *Var.* Rentre, pauvre Caliste, et te cache de sorte. (1632-57)

(*a*) *Rais,* rayons. Voyez le *Lexique.*

SCÈNE II.

ROSIDOR, LYSARQUE[1].

ROSIDOR.

Ce devoir, ou plutôt cette importunité,
Au lieu de m'assurer de ta fidélité,
Marque trop clairement ton peu d'obéissance[2].
Laisse-moi seul, Lysarque, une heure en ma puissance ; 50
Que retiré du monde et du bruit de la cour,
Je puisse dans ces bois consulter mon amour[3] ;
Que là Caliste seule occupe mes pensées,
Et par le souvenir de ses faveurs passées
Assure mon espoir de celles que j'attends ; 55
Qu'un entretien rêveur durant ce peu de temps
M'instruise des moyens de plaire à cette belle,
Allume dans mon cœur de nouveaux feux pour elle :
Enfin, sans persister dans l'obstination,
Laisse-moi suivre ici mon inclination. 60

LYSARQUE.

Cette inclination, qui jusqu'ici vous mène[4],
A me la déguiser vous donne trop de peine.
Il ne faut point, Monsieur, beaucoup l'examiner :
L'heure et le lieu suspects font assez deviner
Qu'en même temps que vous s'échappe quelque dame....
Vous m'entendez assez.

ROSIDOR.

Juge mieux de ma flamme,
Et ne présume point que je manque de foi[5]

---

1. *Var.* LYSARQUE, *son écuyer.* (1632)
2. *Var.* Me prouve évidemment ta désobéissance. (1632-57)
3. *Var.* Je puisse dans le bois consulter mon amour. (1632)
4. *Var.* Cette inclination secrète qui vous mène. (1632-57)
5. *Var.* On ne verra jamais que je manque de foi.

A celle que j'adore, et qui brûle pour moi.
J'aime mieux contenter ton humeur curieuse,
Qui par ces faux soupçons m'est trop injurieuse. 70
  Tant s'en faut que le change ait pour moi des appas¹,
Tant s'en faut qu'en ces bois il attire mes pas :
J'y vais.... Mais pourrois-tu le savoir et le taire?

LYSARQUE.

Qu'ai-je fait qui vous porte à craindre le contraire²?

ROSIDOR.

Tu vas apprendre tout; mais aussi, l'ayant su, 75
Avise à ta retraite. Hier un cartel reçu³
De la part d'un rival....

LYSARQUE.

        Vous le nommez?

ROSIDOR.

                Clitandre.
Au pied du grand rocher il me doit seul attendre⁴;
Et là, l'épée au poing, nous verrons qui des deux
Mérite d'embraser Caliste de ses feux. 80

LYSARQUE.

De sorte qu'un second....

ROSIDOR.

          Sans me faire une offense,
Ne peut se présenter à prendre ma défense :
Nous devons seul à seul vider notre débat.

<small>
A celle que j'adore et qui n'aime que moi.
LYS. Bien que vous en ayez une entière assurance,
Vous pouvez vous lasser de vivre d'espérance,
Et tandis que l'attente amuse vos desirs,
Prendre ailleurs quelquefois de solides plaisirs.
ROS. Purge, purge d'erreur ton âme curieuse,
[Qui par ces faux soupçons m'est trop injurieuse.] (1632-57)

1. Voyez la note relative au vers 96 de *Mélite*.
2. *Var.* Monsieur, pour en douter que vous ai-je pu faire? (1632-57)
3. *Var.* Avise à ta retraite. Hier le cartel reçu. (1657)
4. *Var.* LYS. Et ce cartel contient? ROS. Que seul il doit m'attendre
  Près du chêne sacré, pour voir qui de nous deux. (1632-57)
</small>

CLITANDRE.

LYSARQUE.

Ne pensez pas sans moi terminer ce combat :
L'écuyer de Clitandre est homme de courage ; 85
Il sera trop heureux que mon défi l'engage
A s'acquitter vers lui d'un semblable devoir,
Et je vais de ce pas y faire mon pouvoir.

ROSIDOR.

Ta volonté suffit; va-t'en donc et désiste
De plus m'offrir une aide à mériter Caliste[1]. 90

LYSARQUE est seul[2].

Vous obéir ici me coûteroit trop cher,
Et je serois honteux qu'on me pût reprocher
D'avoir su le sujet d'une telle sortie,
Sans trouver les moyens d'être de la partie[3].

SCÈNE III.

CALISTE[4].

Qu'il s'en est bien défait ! qu'avec dextérité 95
Le fourbe se prévaut de son autorité[5] !
Qu'il trouve un beau prétexte en ses flammes éteintes[6] !
Et que mon nom lui sert à colorer ses feintes !
Il y va cependant, le perfide qu'il est ;
Hippolyte le charme, Hippolyte lui plaît ; 100
Et ses lâches desirs l'emportent où l'appelle[7]
Le cartel amoureux de sa flamme nouvelle.

---

1. *Var.* De plus m'offrir un aide à mériter Caliste. (1652-57)
2. *Var.* LYSARQUE, seul. (1632-60).
3. *Var.* Sans treuver les moyens d'être de la partie. (1632)
4. Dans l'édition de 1632, les scènes III et IV n'en forment qu'une, qui porte en tête : CALISTE, DORISE, et au-dessous : CALISTE, seule.
5. *Var.* Sa fourbe se prévaut de son autorité. (1632)
6. *Var.* Qu'il treuve un beau prétexte en ses flammes éteintes ! (1632-54)
7. *Var.* Et ses traîtres desirs l'emportent où l'appelle
   Le cartel amoureux d'une beauté nouvelle. (1632-57)

SCÈNE IV.
CALISTE, DORISE.

CALISTE.

Je n'en puis plus douter, mon feu désabusé[1]
Ne tient plus le parti de ce cœur déguisé.
Allons, ma chère sœur, allons à la vengeance ; 105
Allons de ses douceurs tirer quelque allégeance ;
Allons, et sans te mettre en peine de m'aider,
Ne prends aucun souci que de me regarder.
Pour en venir à bout, il suffit de ma rage ;
D'elle j'aurai la force ainsi que le courage ; 110
Et déjà dépouillant tout naturel humain,
Je laisse à ses transports à gouverner ma main.
Vois-tu comme suivant de si furieux guides
Elle cherche déjà les yeux de ces perfides,
Et comme de fureur tous mes sens animés 115
Menacent les appas qui les avoient charmés ?

DORISE.

Modère ces bouillons d'une âme colérée,
Ils sont trop violents pour être de durée ;
Pour faire quelque mal, c'est frapper de trop loin.
Réserve ton courroux tout entier au besoin ; 120
Sa plus forte chaleur se dissipe en paroles,
Ses résolutions en deviennent plus molles :
En lui donnant de l'air, son ardeur s'alentit.

CALISTE.

Ce n'est que faute d'air que le feu s'amortit[2].
Allons, et tu verras qu'ainsi le mien s'allume, 125
Que ma douleur aigrie en a plus d'amertume[3],

1. En marge, dans l'édition de 1632 : *Dorise entre.*
2. *Var.* Mais c'est à faute d'air que le feu s'amortit. (1632-57)
3. *Var.* Que par là ma douleur accroît son amertume. (1632-57)

282   CLITANDRE.

Et qu'ainsi mon esprit ne fait que s'exciter
A ce que ma colère a droit d'exécuter[1].

DORISE, seule[2].

Si ma ruse est enfin de son effet suivie,
Cette aveugle chaleur te va coûter la vie[3] :   130
Un fer caché me donne en ces lieux écartés
La vengeance des maux que me font tes beautés.
Tu m'ôtes Rosidor, tu possèdes son âme :
Il n'a d'yeux que pour toi, que mépris pour ma flamme;
Mais puisque tous mes soins ne le peuvent gagner,   135
J'en punirai l'objet qui m'en fait dédaigner[4].

SCÈNE V.

PYMANTE, GÉRONTE, sortants d'une grotte[5], déguisés en paysans.

GÉRONTE.

En ce déguisement on ne peut nous connoître,
Et sans doute bientôt le jour qui vient de naître
Conduira Rosidor, séduit d'un faux cartel[6],

---

1. *Var.* Aux desseins enragés qu'il veut exécuter. (1632-57)
2. *Caliste va toujours devant, et Dorise demeure seule.* (1632, en marge.)
3. *Var.* Ces desseins enragés te vont coûter la vie :
   Un fer caché me donne en ces lieux sans secours
   La fin de mes malheurs dans celle de tes jours;
   Et lors ce Rosidor qui possède mon âme,
   Cet ingrat qui t'adore et néglige ma flamme,
   Que mes affections n'ont encor su gagner,
   Toi morte, n'aura plus pour qui me dédaigner. (1632-57)
4. En marge, dans l'édition de 1632 : *Elle va rejoindre Caliste.*
5. *Var.* D'une caverne. (1644-60) — *Ils sortent d'une grotte, déguisés en paysans.* (1663, en marge.) — Dans l'édition de 1632, les scènes v et vi sont réunies en une seule, en tête de laquelle on lit : PYMANTE, GÉRONTE, *écuyer de Clitandre;* LYCASTE, *page de Clitandre.* A la marge, auprès des premiers vers de la scène : *Pymante et Géronte sortent d'une caverne, seuls et déguisés en paysans.*
6. *Var.* Amène Rosidor, séduit d'un faux cartel. (1632-57)

Aux lieux où cette main lui garde un coup mortel. 140
Vos vœux si mal reçus de l'ingrate Dorise,
Qui l'idolâtre autant comme elle vous méprise¹,
Ne rencontreront plus aucun empêchement.
Mais je m'étonne fort de son aveuglement,
Et je ne comprends point cet orgueilleux caprice² 145
Qui fait qu'elle vous traite avec tant d'injustice.
Vos rares qualités....

PYMANTE.

Au lieu de me flatter,
Voyons si le projet ne sauroit avorter,
Si la supercherie....

GÉRONTE.

Elle est si bien tissue,
Qu'il faut manquer de sens pour douter de l'issue. 150
Clitandre aime Caliste, et comme son rival
Il a trop de sujet de lui vouloir du mal.
Moi que depuis dix ans il tient à son service,
D'écrire comme lui j'ai trouvé l'artifice³;
Si bien que ce cartel, quoique tout de ma main⁴, 155
A son dépit jaloux s'imputera soudain.

1. *Var.* Qui le caresse autant comme elle vous méprise. (1632)
2. *Var.* Et ne puis deviner quelle raison l'oblige (*a*)
   A dédaigner vos feux pour un qui la néglige.
   Vous qui valez.... PYM. Géronte, au lieu de me flatter,
   Parlons du principal. Ne peut-il éventer
   Notre supercherie? (1632-57)
3. *Var.* J'ai contrefait son seing, et par cet artifice. (1632-57)
4. *Var.* Ce faux cartel, encor que de ma main écrit,
   Est présumé de lui. PYG. Que ton subtil esprit
   Sur tous ceux des mortels a de grands avantages!
   Mais qui fut le porteur? (1632)
   Var. J'ai fait que ce cartel, par un des siens porté,
   A nul autre qu'à lui ne peut être imputé.
   [PYM. Que ton subtil esprit a de grands avantages!] (1644-57)

(*a*) Et ne puis deviner par quel charme surprise
     Elle fuit qui l'adore et suit qui la méprise,
     Vu que votre mérite.... PYM. Au lieu de me flatter. (1644-57)

PYMANTE.

Que ton subtil esprit a de grands avantages
Mais le nom du porteur?

GÉRONTE.

Lycaste, un de ses pages.

PYMANTE.

Celui qui fait le guet auprès du rendez-vous?

GÉRONTE.

Lui-même, et le voici qui s'avance vers nous : 160
A force de courir il s'est mis hors d'haleine.

SCÈNE VI.

PYMANTE, GÉRONTE, LYCASTE, aussi déguisé en paysan[1].

PYMANTE.

Eh bien, est-il venu?

LYCASTE.

N'en soyez plus en peine;
Il est où vous savez, et tout bouffi d'orgueil
Il n'y pense à rien moins qu'à son propre cercueil[2].

PYMANTE.

Ne perdons point de temps. Nos masques, nos épées[3]! 165

---

1. Cette indication manque, en tête de cette scène, dans les éditions de 1632 et de 1663. A la place, on lit en marge, dans l'édition de 1632, auprès des derniers vers de notre scène v : *Lycaste arrive déguisé comme eux;* et dans l'édition de 1663, auprès des premiers vers de la scène vi : *Lycaste est déguisé comme eux en paysan.*
2. *Var.* Ne s'attend à rien moins qu'à son proche cercueil (*a*). (1632-54)
3. *Var.* N'usons plus de discours. Nos masques, nos épées! (1632-60)

(*a*) On lit *propre cercueil,* pour *proche cercueil,* dans les éditions de 1657 et de 1682; mais c'est très-vraisemblablement une faute d'impression. Toutes les autres éditions donnent *proche.*

ACTE I, SCÈNE VI.   285

(Lycaste les va querir dans la grotte d'où ils sont sortis[1].)
Qu'il me tarde déjà que, dans son sang trempées,
Elles ne me font voir à mes pieds étendu
Le seul qui sert d'obstacle au bonheur qui m'est dû !
Ah! qu'il va bien trouver d'autres gens que Clitandre[2]!
Mais pourquoi ces habits ? qui te les fait reprendre[3] ? 170

LYCASTE *leur présente à chacun un masque et une épée,*
et porte leurs habits[4].

Pour notre sûreté, portons-les avec nous,
De peur que, cependant que nous serons aux coups,
Quelque maraud, conduit par sa bonne aventure,
Ne nous laisse tous trois en mauvaise posture[5].
Quand il faudra donner, sans les perdre des yeux, 175
Au pied du premier arbre ils seront beaucoup mieux.

PYMANTE.
Prends-en donc même soin après la chose faite.

LYCASTE.
Ne craignez pas sans eux que je fasse retraite[6].

PYMANTE.
Sus donc! chacun déjà devroit être masqué.
Allons, qu'il tombe mort aussitôt qu'attaqué[7].   180

---

1. Ces mots manquent dans les éditions de 1644-60 ; à la place, on lit en marge dans celle de 1632 : *Lycaste les va querir dans la caverne, où tous trois s'étoient déjà déguisés.*
2. *Var.* Ah! qu'il va bien treuver d'autres gens que Clitandre ! (1632-52)
3. En marge, dans l'édition de 1632 : *Lycaste revient, et avec leurs masques et leurs épées, rapporte encore leurs vrais habits.*
4. *Var.* LYCASTE, *en leur baillant chacun un masque et une épée* (1632). — Les éditions de 1644-57 ajoutent à ce jeu de scène de 1632 : *et portant leurs habits.* — En marge, dans l'édition de 1663 : *Il leur présente à chacun,* etc. La leçon de 1660 est : *En leur présentant à chacun.... et portant,* etc.
5. *Var.* Les prenant ne nous mette en mauvaise posture. (1632-57)
6. *Var.* Je n'ai garde sans eux de faire ma retraite. (1632-57)
7. En marge, dans l'édition de 1632 : *Ils se masquent tous trois.*

SCÈNE VII.

CLÉON, LYSARQUE.

CLÉON.

Réserve à d'autres temps cette ardeur de courage[1]
Qui rend de ta valeur un si grand témoignage.
Ce duel que tu dis ne se peut concevoir.
Tu parles de Clitandre, et je viens de le voir[2]
Que notre jeune prince enlevoit à la chasse.   185

LYSARQUE.

Tu les as vus passer?

CLÉON.

     Par cette même place[3].
Sans doute que ton maître a quelque occasion
Qui le fait t'éblouir par cette illusion[4].

LYSARQUE.

Non, il parloit du cœur; je connois sa franchise.

CLÉON.

S'il est ainsi, je crains que par quelque surprise   190
Ce généreux guerrier, sous le nombre abattu[5],
Ne cède aux envieux que lui fait sa vertu.

LYSARQUE.

A présent il n'a point d'ennemis que je sache[6];

---

1. *Var.* Réserve à d'autres fois cette ardeur de courage. (1632-57)
2. *Var.* Tu parles de Clitandre, et je le viens de voir
Que notre jeune prince amenoit à la chasse. (1632-57)
3. *Var.* LYS. En es-tu bien certain? CLÉON. Je l'ai vu face à face,
Sans doute qu'il en baille à ton maître à garder.
LYS. Il est trop généreux pour si mal procéder.
CLÉON. Je sais bien que l'honneur tout autrement ordonne;
Mais qui le retiendroit? Toutefois je soupçonne....
LYS. Quoi? que soupçonnes-tu? CLÉON. Que ton maître rusé
Avec un faux cartel t'auroit bien abusé.
[LYS. Non, il parloit du cœur; je connois sa franchise.] (1632)
4. *Var.* Qui le fait t'éblouir par quelque illusion. (1657)
5. *Var.* Ce valeureux seigneur, sous le nombre abattu. (1632-57)
6. *Var.* A présent il n'a point d'ennemi que je sache. (1657)

ACTE I, SCÈNE VII.

Mais quelque événement que le destin nous cache,
Si tu veux m'obliger, viens de grâce avec moi, 195
Que nous donnions ensemble avis de tout au Roi[1].

SCÈNE VIII.

CALISTE, DORISE.

CALISTE, *cependant que Dorise s'arrête à chercher*
derrière un buisson[2].

Ma sœur, l'heure s'avance, et nous serons à peine,
Si nous ne retournons, au lever de la Reine.
Je ne vois point mon traître, Hippolyte non plus.

DORISE, *tirant une épée de derrière ce buisson,*
et saisissant Caliste par le bras[3].

Voici qui va trancher tes soucis superflus[4]; 200
Voici dont je vais rendre, aux dépens de ta vie,
Et ma flamme vengée, et ma haine assouvie.

CALISTE.

Tout beau, tout beau, ma sœur, tu veux m'épouvanter;
Mais je te connois trop pour m'en inquiéter[5].
Laisse la feinte à part, et mettons, je te prie[6], 205
A les trouver bientôt toute notre industrie.

DORISE.

Va, va, ne songe plus à leurs fausses amours,

---

1. *Var.* Qu'ensemble nous donnions avis de tout au Roi. (1632)
2. *Var. Dorise s'arrête à chercher*, etc. (1663, en marge.)
3. *Var. Elle tire*, etc. (1663, en marge.) — Les mots *par le bras* manquent dans les éditions de 1632-60.
4. *Var.* Voici qui va trancher tels soucis superflus;
   Voici dont je vais rendre, en te privant de vie,
   Ma flamme bien heureuse et ma haine assouvie. (1632-57)
5. *Var.* DOR. Dis que dedans ton sang je me veux contenter. (1632)
   Var. DOR. Dis qu'avecque ta mort je me veux contenter. (1644-57)
6. *Var.* CAL. Laisse, laisse la feinte, et mettons, je te prie. (1632-57)

Dont le récit n'étoit qu'une embûche à tes jours[1] :
Rosidor t'est fidèle, et cette feinte amante
Brûle aussi peu pour lui que je fais pour Pymante. 210

CALISTE.

Déloyale, ainsi donc ton courage inhumain....

DORISE.

Ces injures en l'air n'arrêtent point ma main.

CALISTE.

Le reproche honteux d'une action si noire[2]....

DORISE.

Qui se venge en secret, en secret en fait gloire.

CALISTE.

T'ai-je donc pu, ma sœur, déplaire en quelque point? 215

DORISE.

Oui, puisque Rosidor t'aime et ne m'aime point;
C'est assez m'offenser que d'être ma rivale.

SCÈNE IX.

ROSIDOR, PYMANTE, GÉRONTE, LYCASTE, CALISTE, DORISE.

Comme Dorise est prête de tuer Caliste, un bruit entendu lui fait relever son épée, et Rosidor paroît tout en sang, poursuivi par ces trois assassins masqués. En entrant, il tue Lycaste; et retirant son épée, elle se rompt contre la branche d'un arbre. En cette extrémité, il voit celle[3] que tient Dorise; et sans la reconnoître, il s'en saisit, et passe tout d'un temps le tronçon qui lui restoit de la sienne en la main gauche, et se défend ainsi contre Pymante et Géronte, dont il tue le dernier et met l'autre en fuite.

ROSIDOR.

Meurs, brigand. Ah! malheur! cette branche fatale

---

1. *Var.* Dont le récit n'étoit qu'un embûche à tes jours. (1654 et 60)
2. *Var.* Le reproche éternel d'une action si lâche....
   DOR. Agréable toujours, n'aura rien qui me fâche. (1632-57)
3. *Var.* Il voit l'épée. (1632)

ACTE I, SCÈNE IX.

A rompu mon épée. Assassins.... Toutefois,
J'ai de quoi me défendre une seconde fois. 220
    DORISE, *s'enfuyant*[1].
N'est-ce pas Rosidor qui m'arrache les armes?
Ah! qu'il me va causer de périls et de larmes[2]!
Fuis, Dorise, et fuyant laisse-toi reprocher
Que tu fuis aujourd'hui ce qui t'est le plus cher.
    CALISTE.
C'est lui-même de vrai. Rosidor, ah! je pâme! 225
Et la peur de sa mort ne me laisse point d'âme.
Adieu, mon cher espoir.
    ROSIDOR, *après avoir tué Géronte*.
    Cettui-ci dépêché,
C'est de toi maintenant que j'aurai bon marché.
Nous sommes seul à seul. Quoi! ton peu d'assurance[3]
Ne met plus qu'en tes pieds sa dernière espérance? 230
Marche, sans emprunter d'ailes de ton effroi :
Je ne cours point après des lâches comme toi[4].
Il suffit de ces deux. Mais qui pourroient-ils être?
Ah ciel! le masque ôté me les fait trop connoître[5].
Le seul Clitandre arma contre moi ces voleurs; 235
Cettui-ci fut toujours vêtu de ses couleurs[6];
Voilà son écuyer, dont la pâleur exprime
Moins de traits de la mort que d'horreurs de son crime[7];
Et ces deux reconnus, je douterois en vain[8]

---

1. *Var. Laissant Caliste, et s'enfuyant.* (1632) — Ce jeu de scène n'est point indiqué dans l'édition de 1663.
2. *Var.* Las! qu'il me va causer de périls et de larmes! (1632-57)
3. En marge, dans les éditions de 1632 et de 1663 : *Pymante fuit.*
4. *Var.* Je ne cours point après de tels coquins que toi. (1632-57)
5. En marge, dans l'édition de 1632 : *Il les démasque.*
6. *Var.* Cettui-ci fut toujours couvert de ses couleurs. (1654)
7. *Var.* Moins de traits de la mort que l'horreur de son crime. (1657)
8. *Var.* Et j'ose présumer avec juste raison
 Que le tiers est sans doute encor de sa maison.
 Traître, traître rival, crois-tu que ton absence. (1632-57)

De celui que sa fuite a sauvé de ma main. 240
Trop indigne rival, crois-tu que ton absence
Donne à tes lâchetés quelque ombre d'innocence,
Et qu'après avoir vu renverser ton dessein,
Un désaveu démente et tes gens et ton seing?
Ne le présume pas; sans autre conjecture, 245
Je te rends convaincu de ta seule écriture,
Sitôt que j'aurai pu faire ma plainte au Roi.
Mais quel piteux objet se vient offrir à moi[1]?
Traîtres, auriez-vous fait sur un si beau visage,
Attendant Rosidor, l'essai de votre rage? 250
C'est Caliste elle-même! Ah Dieux, injustes Dieux[2]!
Ainsi donc, pour montrer ce spectacle à mes yeux,
Votre faveur barbare a conservé ma vie[3]!
Je n'en veux point chercher d'auteurs que votre envie :
La nature, qui perd ce qu'elle a de parfait, 255
Sur tout autre que vous eût vengé ce forfait,
Et vous eût accablés, si vous n'étiez ses maîtres.
Vous m'envoyez en vain ce fer contre des traîtres[4];

1. En marge, dans l'édition de 1632 : *Il voit Caliste pâmée et la croit morte.*
2. *Var.* C'est ma chère Caliste! Ah! Dieux, injustes Dieux! (1632-57)
3. *Var.* Votre faveur cruelle a conservé ma vie. (1632-57)
4. *Var.* [Vous m'envoyez en vain ce fer contre des traîtres,]
Sachez que Rosidor maudit votre secours :
Vous ne méritez pas qu'il vous doive ses jours.
Unique déité qu'à présent je réclame,
Belle âme, viens aider à sortir à mon âme;
Reçois-la sur les bords de ce pâle coral;
Fais qu'en dépit des Dieux, qui nous traitent si mal,
Nos esprits, rassemblés hors de leur tyrannie,
Goûtent là-bas un bien qu'ici l'on nous dénie.
Tristes embrassements, baisers mal répondus,
Pour la première fois donnés et non rendus,
Hélas! quand mes douleurs me l'ont presque ravie,
Tous glacés et tous morts, vous me rendez la vie.
Cruels, n'abusez plus de l'absolu pouvoir
Que dessus tous mes sens l'amour vous fait avoir;
N'employez qu'à ma mort ce souverain empire,

ACTE I, SCÈNE IX.

Je ne veux point devoir mes déplorables jours
A l'affreuse rigueur d'un si fatal secours. 260
  O vous qui me restez d'une troupe ennemie
Pour marques de ma gloire et de son infamie,
Blessures, hâtez-vous d'élargir vos canaux[1],
Par où mon sang emporte et ma vie et mes maux!
Ah! pour l'être trop peu, blessures trop cruelles, 265
De peur de m'obliger vous n'êtes pas mortelles.
Eh quoi, ce bel objet, mon aimable vainqueur,
Avoit-il seul le droit de me blesser au cœur?
Et d'où vient que la mort, à qui tout fait hommage,
L'ayant si mal traité, respecte son image? 270
Noires divinités, qui tournez mon fuseau,
Vous faut-il tant prier pour un coup de ciseau?
Insensé que je suis! en ce malheur extrême,
Je demande la mort à d'autres qu'à moi-même;
Aveugle! je m'arrête à supplier en vain, 275
Et pour me contenter j'ai de quoi dans la main.
Il faut rendre ma vie au fer qui l'a sauvée;
C'est à lui qu'elle est due, il se l'est réservée;
Et l'honneur, quel qu'il soit, de finir mes malheurs,
C'est pour me le donner qu'il l'ôte à des voleurs. 280

    Ou bien, me refusant le trépas où j'aspire,
  Laissez faire à mes maux, ils me viennent l'offrir;
  Ne me redonnez plus de force à les souffrir.
  Caliste, auprès de toi la mort m'est interdite (a);
  Si je te veux rejoindre, il faut que je te quitte :
  Adieu, pour un moment, consens à ce départ.
  Sus, ma douleur, achève, ici que de sa part
  Je n'ai plus de secours, ni toi plus de contraintes,
  Porte-moi dans le cœur tes plus vives atteintes,
  Et pour la bien punir de m'avoir ranimé,
    Déchire son portrait que j'y tiens enfermé;
    Et vous, qui me restez d'une troupe ennemie. (1632-57)

1. *Var.* Blessures, dépêchez d'élargir vos canaux. (1632)

(a) En marge, dans l'édition de 1632 : *Il se relève d'auprès d'elle, et l laisse cette garde d'épée rompue.*

Poussons donc hardiment. Mais, hélas! cette épée[1],
Coulant entre mes doigts, laisse ma main trompée;
Et sa lame, timide à procurer mon bien,
Au sang des assassins n'ose mêler le mien.
Ma foiblesse importune à mon trépas s'oppose;   285
En vain je m'y résous, en vain je m'y dispose;
Mon reste de vigueur ne peut l'effectuer;
J'en ai trop pour mourir, trop peu pour me tuer :
L'un me manque au besoin, et l'autre me résiste.
Mais je vois s'entr'ouvrir les beaux yeux de Caliste[2],   290
Les roses de son teint n'ont plus tant de pâleur,
Et j'entends un soupir qui flatte ma douleur.
  Voyez, Dieux inhumains, que malgré votre envie
L'amour lui sait donner la moitié de ma vie,
Qu'une âme désormais suffit à deux amants.   295

CALISTE.

Hélas! qui me rappelle à de nouveaux tourments?
Si Rosidor n'est plus, pourquoi reviens-je au monde[3]?

ROSIDOR.

O merveilleux effet d'une amour sans seconde[4]!

1. En marge, dans l'édition de 1632 : *Il tombe de foiblesse; et son épée tombe aussi de l'autre côté, et lui insensiblement se traîne auprès de Caliste.*
2. *Var.* Mais insensiblement je retrouve Caliste;
  Ma langueur m'y reporte, et mes genoux tremblants
  Y conduisent l'erreur de mes pas chancelants.
  Adorable sujet de mes flammes pudiques,
  Dont je trouve en mourant les aimables reliques,
  Cesse de me prêter un secours inhumain,
  Ou ne donne du moins des forces qu'à ma main,
  Qui m'arrache aux tourments que ton malheur me livre;
  Donne-m'en pour mourir comme tu fais pour vivre.
  Quel miracle succède à mes tristes clameurs (*a*)!
  Caliste se ranime autant que je me meurs (*b*).
  [Voyez, Dieux inhumains, que malgré votre envie.] (1632-57)
3. *Var.* Rosidor n'étant plus, qu'ai-je à faire en ce monde? (1632)
4. On lit dans l'édition de 1657 : *d'un amour,* pour *d'une amour;* mais la fin du vers : *sans seconde,* prouve que c'est une faute d'impression.

(*a*) En marge, dans l'édition de 1632 : *Elle revient de pâmoison.*
(*b*) Caliste se ranime à même que je meurs. (1644-57)

ACTE I, SCÈNE IX.

CALISTE.

Exécrable assassin, qui rougis de son sang¹,
Dépêche comme à lui de me percer le flanc, 300
Prends de lui ce qui reste.

ROSIDOR.

Adorable cruelle²,
Est-ce ainsi qu'on reçoit un amant si fidèle?

CALISTE.

Ne m'en fais point un crime : encor pleine d'effroi,
Je ne t'ai méconnu qu'en songeant trop à toi.
J'avois si bien gravé là dedans ton image³, 305
Qu'elle ne vouloit pas céder à ton visage.
Mon esprit, glorieux et jaloux de l'avoir,
Envioit à mes yeux le bonheur de te voir⁴.
Mais quel secours propice a trompé mes alarmes?
Contre tant d'assassins qui t'a prêté des armes? 310

ROSIDOR.

Toi-même, qui t'a mise à telle heure en ces lieux,
Où je te vois mourir et revivre à mes yeux?

CALISTE.

Quand l'amour une fois règne sur un courage....
Mais tâchons de gagner jusqu'au premier village,

---

1. En marge, dans l'édition de 1632 : *Elle regarde Rosidor, et le prend pour un des assassins.*
2. *Var.* Prends de lui ce qui reste, achève. ros. Quoi! ma belle,
Contrefais-tu l'aveugle afin d'être cruelle?
cal. (*a*) Pardonne-moi, mon cœur : encor pleine d'effroi. (1632-57)
3. *Var.* J'avois si bien logé là dedans ton image. (1632-57)
4. *Var.* [Envioit à mes yeux le bonheur de te voir.]
ros. Puisqu'un si doux appas se treuve en tes rudesses (*b*),
Que feront tes faveurs, que feront tes caresses?
Tu me fais un outrage à force de m'aimer,
Dont la douce rigueur ne sert qu'à m'enflammer.
Mais si tu peux souffrir qu'avec toi, ma chère âme,
Je tienne des discours autres que de ma flamme,

(*a*) En marge, dans l'édition de 1632 : *Elle se jette à son col.*
(*b*) Puisqu'un si doux appas se trouve en tes rudesses. (1652-57)

Où ces bouillons de sang se puissent arrêter ; 315
Là j'aurai tout loisir de te le raconter,
Aux charges qu'à¹ mon tour aussi l'on m'entretienne.

ROSIDOR.

Allons ; ma volonté n'a de loi que la tienne ;
Et l'amour, par tes yeux devenu tout-puissant,
Rend déjà la vigueur à mon corps languissant. 320

CALISTE.

Il donne en même temps une aide à ta foiblesse²,
Puisqu'il fait que la mienne auprès de toi me laisse,
Et qu'en dépit du sort ta Caliste aujourd'hui³
A tes pas chancelants pourra servir d'appui.

 Permets que, t'ayant vue en cette extrémité,
 Mon amour laisse agir ma curiosité,
 Pour savoir quel malheur te met en ce bocage.
 CAL. Allons premièrement jusqu'au prochain village,
 Où ces bouillons de sang se puissent étancher,
 Et là je te promets de ne te rien cacher,
 [Aux charges qu'à mon tour aussi l'on m'entretienne.] (1632-57)
1. *Aux charges que*, à la charge que, à condition que.
2. *Var.* Il forme tout d'un temps un aide à ta foiblesse. (1632-48)
 Var. Il forme tout d'un temps une aide à ta foiblesse. (1652-57)
3. *Var.* Si bien que la bravant ta maîtresse aujourd'hui
  N'aura que trop de force à te servir d'appui. (1632-57)

FIN DU PREMIER ACTE.

ACTE II.

SCÈNE PREMIÈRE.

PYMANTE, masqué[1].

Destins, qui réglez tout au gré de vos caprices, 325
Sur moi donc tout à coup fondent vos injustices[2],
Et trouvent à leurs traits si longtemps retenus,
Afin de mieux frapper, des chemins inconnus[3] !
Dites, que vous ont fait Rosidor ou Pymante?
Fournissez de raison, destins, qui me démente[4]; 330
Dites ce qu'ils ont fait qui vous puisse émouvoir[5]
A partager si mal entre eux votre pouvoir.
Lui rendre contre moi l'impossible possible[6]
Pour rompre le succès d'un dessein infaillible,
C'est prêter un miracle à son bras sans secours, 335
Pour conserver son sang au péril de mes jours.
Trois ont fondu sur lui sans le jeter en fuite;

---

1. Le mot *masqué* manque dans l'édition de 1632. — En marge, dans l'édition de 1663 : *Il est encor masqué.*
2. *Var.* C'est donc moi, sans raison, qu'attaquent vos malices. (1632)
3. *Var.* Pour mieux frapper leur coup des chemins inconnus. (1632)
4. C'est-à-dire douez de raison un être quelconque, afin qu'il me démente.
5. *Var.* Dites ce qu'ils ont fait qui vous peut émouvoir. (1632-57)
6. *Var.* [Lui rendre contre moi l'impossible possible,]
   C'est le favoriser par miracle visible,
   Tandis que votre haine a pour moi tant d'excès,
   Qu'un dessein infaillible avorte sans succès.
   Sans succès! c'est trop peu : vous avez voulu faire
   Qu'un dessein infaillible eût un succès contraire.
   Dieux! vous présidez donc à leur ordre fatal,
   Et vous leur permettez ce mouvement brutal!

A peine en m'y jetant moi-même je l'évite ;
Loin de laisser la vie, il a su l'arracher ;
Loin de céder au nombre, il l'a su retrancher : 340
Toute votre faveur, à son aide occupée,
Trouve à le mieux armer en rompant son épée,
Et ressaisit ses mains¹, par celles du hasard,
L'une d'une autre épée, et l'autre d'un poignard.
O honte! ô déplaisirs! ô désespoir! ô rage²! 345
Ainsi donc un rival pris à mon avantage
Ne tombe dans mes rets que pour les déchirer!
Son bonheur qui me brave ose l'en retirer³,
Lui donne sur mes gens une prompte victoire,
Et fait de son péril un sujet de sa gloire! 350
Retournons animés d'un courage plus fort,
Retournons, et du moins perdons-nous dans sa mort.
  Sortez de vos cachots, infernales Furies;
Apportez à m'aider toutes vos barbaries;
Qu'avec vous tout l'enfer m'aide en ce noir dessein⁴, 355
Qu'un sanglant désespoir me verse dans le sein.
J'avois de point en point l'entreprise tramée,
Comme dans mon esprit vous me l'aviez formée;

> Je ne veux plus vous rendre aucune obéissance :
> Si vous avez là-haut quelque toute-puissance,
> Je suis seul contre qui vous vouliez l'exercer.
> Vous ne vous en servez que pour me traverser.
> Je peux en sûreté désormais vous déplaire :
> Comment me puniroit votre vaine colère?
> Vous m'avez fait sentir tant de malheurs divers
> Que le sort épuisé n'a plus aucun revers!
> Rosidor nous a vus, et n'a pas pris la fuite;
> A grand'peine, en fuyant, moi-même je l'évite (a). (1632)

1. *Ressaisit ses mains*, c'est-à-dire arme de nouveau ses mains, l'une de, etc.
2. *Var.* O honte! ô crève-cœur! ô désespoir! ô rage! (1632-57)
3. *Var.* Son bonheur qui me brave et l'en vient retirer. (1632)
4. *Var.* Qu'avec vous tout l'enfer m'assiste en ce dessein. (1632-60)

(a) Les trois premiers et les deux derniers vers de cette variante sont dans les éditions de 1644-57.

ACTE II, SCÈNE I.

Mais contre Rosidor tout le pouvoir humain
N'a que de la foiblesse; il y faut votre main.   360
En vain, cruelles sœurs, ma fureur vous appelle;
En vain vous armeriez l'enfer pour ma querelle[1] :
La terre vous refuse un passage à sortir.
Ouvre du moins ton sein, terre, pour m'engloutir;
N'attends pas que Mercure avec son caducée   365
M'en fasse après ma mort l'ouverture forcée[2];
N'attends pas qu'un supplice, hélas! trop mérité,
Ajoute l'infamie à tant de lâcheté;
Préviens-en la rigueur; rends toi-même justice
Aux projets avortés d'un si noir artifice.   370
Mes cris s'en vont en l'air, et s'y perdent sans fruit.
Dedans mon désespoir, tout me fuit ou me nuit :
La terre n'entend point la douleur qui me presse;
Le ciel me persécute, et l'enfer me délaisse.
Affronte-les, Pymante, et sauve en dépit d'eux[3]   375
Ta vie et ton honneur d'un pas si dangereux.
Si quelque espoir te reste, il n'est plus qu'en toi-même;
Et si tu veux t'aider, ton mal n'est pas extrême[4].
Passe pour villageois dans un lieu si fatal;
Et réservant ailleurs la mort de ton rival,   380

1. *Var.* La terre vous défend d'embrasser ma querelle,
   Et son flanc vous refuse un passage à sortir.
   Terre, crève-toi donc afin de m'engloutir. (1632-57)
2. *Var.* Me fasse de ton sein l'ouverture forcée;
   N'attends pas qu'un supplice, avec ses cruautés,
   Ajoute l'infamie à tant de lâchetés :
   Détourne de mon chef ce comble de misère;
   Rends-moi, le prévenant, un office de mère.
   [Mes cris s'en vont en l'air, et s'y perdent sans fruit.] (1632-57)
3. *Var.* Affronte-les, Pymante, et malgré leurs complots,
   Conserve ton vaisseau dans la rage des flots.
   Accablé de malheurs et réduit à l'extrême,
   [Si quelque espoir te reste, il n'est plus qu'en toi-même.]
   Passe pour villageois dedans ce lieu fatal. (1632-57)
4. *Var.* Mais si tu veux t'aider, ton mal n'est pas extrême. (1660-68)

Fais que d'un même habit la trompeuse apparence,
Qui le mit en péril, te mette en assurance.
   Mais ce masque l'empêche, et me vient reprocher[1]
Un crime qu'il découvre au lieu de me cacher.
Ce damnable instrument de mon traître artifice,   385
Après mon coup manqué, n'en est plus que l'indice;
Et ce fer, qui tantôt, inutile en ma main[2],
Que ma fureur jalouse avoit armée en vain,
Sut si mal attaquer et plus mal me défendre,
N'est propre désormais qu'à me faire surprendre.   390

        (Il jette son masque et son épée dans la grotte[3].)

Allez, témoins honteux de mes lâches forfaits,
N'en produisez non plus de soupçons que d'effets[4].
Ainsi n'ayant plus rien qui démente ma feinte,
Dedans cette forêt je marcherai sans crainte,
Tant que....

SCÈNE II.

LYSARQUE, PYMANTE, Archers[5].

LYSARQUE.

Mon grand ami!

PYMANTE.

                 Monsieur?

---

1. En marge, dans l'édition de 1632 : *Il tire son masque.*
2. *Var.* Et ce fer, qui tantôt, inutile en mon poing,
   Ainsi que ma valeur me faillant au besoin. (1632)
3. Ce jeu de scène n'est point indiqué dans l'édition de 1660.
4. *Var.* [N'en produisez non plus de soupçons que d'effets.]
   Cessez de m'accuser : vous doit-il pas suffire
   De m'avoir mal servi? c'est trop que de me nuire.
   Allez, retirez-vous dans ces obscurités;
   (*Il jette son masque et son épée dans la caverne.*)
   Ainsi je pourrai voir le jour que vous quittez;
   [Ainsi n'ayant plus rien qui démente ma feinte.] (1632-57)
5. *Var.* TROUPE D'ARCHERS. (1632-60)

ACTE II, SCÈNE II.

LYSARQUE.

Viens çà, dis-nous,
N'as-tu point ici vu deux cavaliers aux coups?

PYMANTE.

Non, Monsieur.

LYSARQUE.

Ou l'un d'eux se sauver à la fuite?

PYMANTE.

Non, Monsieur.

LYSARQUE.

Ni passer dedans ces bois sans suite?

PYMANTE.

Attendez, il y peut avoir quelques[1] huit jours....

LYSARQUE.

Je parle d'aujourd'hui : laisse là ces discours ; 400
Réponds précisément.

PYMANTE.

Pour aujourd'hui, je pense[2]....
Toutefois, si la chose étoit de conséquence,
Dans le prochain village on sauroit aisément....

LYSARQUE.

Donnons jusques au lieu[3]; c'est trop d'amusement.

PYMANTE, seul.

Ce départ favorable enfin me rend la vie, 405
Que tant de questions m'avoient presque ravie.
Cette troupe d'archers, aveugles en ce point,
Trouve ce qu'elle cherche et ne s'en saisit point[4];

1. Ce mot est ainsi orthographié dans toutes les éditions de Corneille publiées de son vivant. Voyez le *Lexique*.
2. *Var.* [Réponds précisément.] PYM. J'arrive tout à l'heure,
    Et de peur que ma femme en son travail ne meure,
    Je cherche.... 1ᵉʳ ARCHER. Allons, Monsieur, donnons jusques au lieu,
    Nous perdons notre temps.... LYS. Adieu, compère, adieu.
    PYMANTE, *seul.* Cet adieu favorable enfin me rend la vie. (1632-57)
3. C'est-à-dire, allons jusqu'à cet endroit, poussons jusque-là.
4. *Var.* Treuve ce qu'elle cherche et ne s'en saisit point. (1632-52 et 57)

Bien que leur conducteur donne assez à connoître
Qu'ils vont pour arrêter l'ennemi de son maître, 410
J'échappe néanmoins en ce pas hasardeux
D'aussi près de la mort que je me voyois d'eux¹.
Que j'aime ce péril, dont la vaine menace²
Promettoit un orage et se tourne en bonace,
Ce péril qui ne veut que me faire trembler, 415
Ou plutôt qui se montre, et n'ose m'accabler!
Qu'à bonne heure défait d'un masque et d'une épée,
J'ai leur crédulité sous ces habits trompée!
De sorte qu'à présent deux corps désanimés
Termineront l'exploit de tant de gens armés, 420
Corps qui gardent tous deux un naturel si traître,
Qu'encore après leur mort ils vont trahir leur maître,
Et le faire l'auteur de cette lâcheté,
Pour mettre à ses dépens Pymante en sûreté!
Mes habits, rencontrés sous les yeux de Lysarque³, 425
Peuvent de mes forfaits donner seuls quelque marque;
Mais s'il ne les voit pas, lors sans aucun effroi
Je n'ai qu'à me ranger en hâte auprès du Roi⁴,
Où je verrai tantôt avec effronterie
Clitandre convaincu de ma supercherie. 430

---

1. *Var.* D'aussi près de la mort comme je l'étois d'eux. (1632-68)
2. *Var.* Que j'aime ce péril, dont la douce menace. (1632)
3. *Var.* Je n'ai dans mes forfaits rien à craindre, et Lysarque,
   Sans trouver mes habits n'en peut avoir de marque.
   Que s'il ne les voit pas, lors sans aucun effroi. (1632-57)
4. *Var.* Eux repris, je retourne aussitôt vers le Roi,
   Où je veux regarder avec effronterie. (1632)
   Var. Je n'ai qu'à me ranger promptement chez le Roi. (1644-57)

SCÈNE III.

LYSARQUE, Archers[1].

LYSARQUE regarde les corps de Géronte et de Lycaste[2].

Cela ne suffit pas; il faut chercher encor,
Et trouver, s'il se peut, Clitandre ou Rosidor.
Amis, Sa Majesté, par ma bouche avertie
Des soupçons que j'avois touchant cette partie,
Voudra savoir au vrai ce qu'ils sont devenus.   435

PREMIER ARCHER[3].

Pourroit-elle en douter? Ces deux corps reconnus
Font trop voir le succès de toute l'entreprise.

LYSARQUE.

Et qu'en présumes-tu?

PREMIER ARCHER.

     Que malgré leur surprise,
Leur nombre avantageux et leur déguisement,
Rosidor de leurs mains se tire heureusement.   440

LYSARQUE.

Ce n'est qu'en me flattant que tu te le figures;
Pour moi, je n'en conçois que de mauvais augures[4],
Et présume plutôt que son bras valeureux
Avant que de mourir s'est immolé ces deux.

PREMIER ARCHER.

Mais où seroit son corps?

---

1. *Var.* TROUPE D'ARCHERS. (1632-60)
2. *Var. Ils regardent les corps*, etc. (1632, en marge.) — *Regardant les corps*, etc. (1644-60) — *Il regarde les corps*, etc. (1663, en marge.)
3. Tout ce qui, dans cette scène, est dit par le premier archer, est dit par le second dans l'édition de 1632, et réciproquement.
4. *Var.* [Pour moi, je n'en conçois que de mauvais augures.]
 2ᵉ ARCHER. Et quels? LYS. Qu'avant mourir, par un vaillant effort,
 Il en aura fait deux compagnons de sa mort. (1632-57)

LYSARQUE.

Au creux de quelque roche, 445
Où les traîtres, voyant notre troupe si proche,
N'auront pas eu loisir de mettre encor ceux-ci,
De qui le seul aspect rend le crime éclairci[1].

SECOND ARCHER, *lui présentant les deux pièces rompues de l'épée de Rosidor*[2].

Monsieur, connoissez-vous ce fer et cette garde?

LYSARQUE.

Donne-moi, que je voie. Oui, plus je les regarde, 450
Plus j'ai par eux d'avis du déplorable sort
D'un maître qui n'a pu s'en dessaisir que mort.

SECOND ARCHER.

Monsieur, avec cela j'ai vu dans cette route
Des pas mêlés de sang distillé goutte à goutte[3].

LYSARQUE.

Suivons-les au hasard. Vous autres, enlevez 455
Promptement ces deux corps que nous avons trouvés.

(*Lysarque et cet archer*[4] *rentrent dans le bois, et le reste des archers reportent à la cour les corps de Géronte et de Lycaste.*)

---

1. *Var.* De qui l'aspect nous rend tout le crime éclairci. (1632-57)
2. *Var. Il revient de chercher d'un autre côté, et rapporte les deux pièces de l'épée rompue de Rosidor.* (1632, en marge.) — *Lui présentant les deux pièces de l'épée rompue de Rosidor.* (1644-60) — *Il lui présente les deux pièces de l'épée rompue de Rosidor.* (1663, en marge.)
3. *Var.* [Des pas mêlés de sang distillé goutte à goutte,]
   Dont les traces vont loin. LYS. Suivons à tous hasards;
   Vous autres, enlevez les corps de ces pendards. (1632-57)
4. *Var. Lysarque et ce premier archer rentrent*; etc. (1632, en marge.)

SCÈNE IV.

FLORIDAN, CLITANDRE, Page[1].

FLORIDAN, parlant à son page[2].

Ce cheval trop fougueux m'incommode à la chasse;
Tiens-m'en un autre prêt, tandis qu'en cette place,
A l'ombre des ormeaux l'un dans l'autre enlacés,
Clitandre m'entretient de ses travaux passés. 460
Qu'au reste les veneurs, allant sur leurs brisées,
Ne forcent pas le cerf, s'il est aux reposées;
Qu'ils prennent connoissance, et pressent mollement,
Sans le donner aux chiens qu'à mon commandement.

(Le Page rentre[3].)

Achève maintenant l'histoire commencée 465
De ton affection si mal récompensée.

CLITANDRE.

Ce récit ennuyeux de ma triste langueur,
Mon prince, ne vaut pas le tirer en longueur;
J'ai tout dit en un mot : cette fière Caliste
Dans ses cruels mépris incessamment persiste; 470
C'est toujours elle-même; et sous sa dure loi
Tout ce qu'elle a d'orgueil se réserve pour moi,
Cependant qu'un rival, ses plus chères délices,
Redouble ses plaisirs en voyant mes supplices.

FLORIDAN.

Ou tu te plains à faux, ou, puissamment épris, 475
Ton courage demeure insensible aux mépris;

---

1. *Var.* PAGE DU PRINCE. (1632) — L'édition de 1632 ajoute aux personnages CLÉON; les scènes IV et V y sont réunies en une seule. Voyez la note 1 de la page 305.

2. *Var. Il parle à son page, qui tient en main une bride et fait paroître la tête d'un cheval.* (1632, en marge.) — *Il parle à son page.* (1663, en marge.)

3. *Var. Le Page s'en va, et le Prince commence à parler à Clitandre.* (1632, en marge.) — Ce jeu de scène n'est point indiqué dans les éditions de 1644-60:

Et je m'étonne fort comme ils n'ont dans ton âme
Rétabli ta raison ou dissipé ta flamme.

CLITANDRE.

Quelques charmes secrets mêlés dans ses rigueurs
Étouffent en naissant la révolte des cœurs ; 480
Et le mien auprès d'elle, à quoi qu'il se dispose,
Murmurant de son mal, en adore la cause.

FLORIDAN.

Mais puisque son dédain, au lieu de te guérir,
Ranime ton amour, qu'il dût faire mourir[1],
Sers-toi de mon pouvoir ; en ma faveur, la Reine 485
Tient et tiendra toujours Rosidor en haleine ;
Mais son commandement dans peu, si tu le veux,
Te met, à ma prière, au comble de tes vœux.
Avise donc ; tu sais qu'un fils peut tout sur elle.

CLITANDRE.

Malgré tous les mépris de cette âme cruelle, 490
Dont un autre a charmé les inclinations,
J'ai toujours du respect pour ses perfections[2],
Et je serois marri qu'aucune violence....

FLORIDAN.

L'amour sur le respect emporte la balance.

CLITANDRE.

Je brûle ; et le bonheur de vaincre ses froideurs, 495
Je ne le veux devoir qu'à mes vives ardeurs[3] ;
Je ne la veux gagner qu'à force de services.

FLORIDAN.

Tandis tu veux donc vivre en d'éternels supplices?

CLITANDRE.

Tandis ce m'est assez qu'un rival préféré

---

1. *Var.* Ranime tes ardeurs, qu'il dût faire mourir. (1632-57)
2. *Var.* Le respect que je porte à ses perfections
   M'empêche d'employer aucune violence. (1632-57)
3. *Var.* Je ne le veux devoir qu'à mes chastes ardeurs. (1632-57)

N'obtient, non plus que moi, le succès espéré. 500
A la longue ennuyés, la moindre négligence
Pourra de leurs esprits rompre l'intelligence;
Un temps bien pris alors me donne en un moment
Ce que depuis trois ans je poursuis vainement.
Mon prince, trouvez bon[1]....

FLORIDAN.

N'en dis pas davantage;
Cettui-ci qui me vient faire quelque message
Apprendroit malgré toi l'état de tes amours.

SCÈNE V.

FLORIDAN, CLITANDRE, CLÉON.

CLÉON.

Pardonnez-moi, seigneur, si je romps vos discours[2];
C'est en obéissant au Roi qui me l'ordonne,
Et rappelle Clitandre auprès de sa personne. 510

FLORIDAN.

Qui?

CLÉON.

Clitandre, seigneur.

FLORIDAN.

Et que lui veut le Roi[3]?

CLÉON.

De semblables secrets ne s'ouvrent pas à moi[4].

FLORIDAN.

Je n'en sais que penser; et la cause incertaine

1. Dans l'édition de 1632, on lit en marge : *Cléon entre*, et, comme nous l'avons dit, il n'y a point de division de scène après le vers 507.
2. *Var.* Pardonnez, Monseigneur, si je romps vos discours. (1632-57)
3. *Var.* LE PR. Clitandre? CLÉON. Oui, Monseigneur.
LE PR. [Et que lui veut le Roi?] (1632-57)
4. *Var.* Monseigneur, ses secrets ne s'ouvrent pas à moi. (1632)

CORNEILLE. I   20

De ce commandement tient mon esprit en peine.
Pourrai-je me résoudre à te laisser aller[1]   515
Sans savoir les motifs qui te font rappeler?

CLITANDRE.

C'est, à mon jugement, quelque prompte entreprise,
Dont l'exécution à moi seul est remise;
Mais quoi que là-dessus j'ose m'imaginer,
C'est à moi d'obéir sans rien examiner.   520

FLORIDAN.

J'y consens à regret : va, mais qu'il te souvienne[2]
Que je chéris ta vie à l'égal de la mienne,
Et si tu veux m'ôter de cette anxiété,
Que j'en sache au plus tôt toute la vérité.
Ce cor m'appelle[3]. Adieu. Toute la chasse prête   525
N'attend que ma présence à relancer la bête.

SCÈNE VI.

DORISE, achevant de vêtir l'habit de Géronte, qu'elle avoit trouvé dans le bois[4].

Achève, malheureuse, achève de vêtir
Ce que ton mauvais sort laisse à te garantir.
Si de tes trahisons la jalouse impuissance
Sut donner un faux crime à la même innocence,   530

---

1. *Var.* Le moyen, cher ami, que je te laisse aller. (1632-57)
2. *Var.* [J'y consens à regret : va, mais qu'il te souvienne]
Combien le Prince t'aime, et quoi qu'il te survienne (*a*),
Que j'en sache aussitôt toute la vérité :
Jusque-là mon esprit n'est qu'en perplexité. (1632-57)
3. En marge, dans l'édition de 1632 : *On sonne du cor derrière le théâtre.*
4. *Var.* Elle entre demi-vêtue de l'habit de Géronte, qu'elle avoit trouvé dans le bois, avec celui de Pymante et de Lycaste. (1632, en marge.) — *Elle sort demi-vêtue de l'habit de Géronte, qu'elle avoit trouvé dans le bois.*(1663, en marge.)

(*a*) Combien ton Prince t'aime, et quoi qu'il te survienne. (1644-57)

ACTE II, SCÈNE VI.

Recherche maintenant, par un plus juste effet,
Une fausse innocence à cacher ton forfait.
Quelle honte importune au visage te monte
Pour un sexe quitté dont tu n'es que la honte?
Il t'abhorre lui-même; et ce déguisement,   535
En le désavouant, l'oblige pleinement[1].
Après avoir perdu sa douceur naturelle,
Dépouille sa pudeur, qui te messied sans elle;
Dérobe tout d'un temps, par ce crime nouveau,
Et l'autre aux yeux du monde, et ta tête au bourreau.   540
Si tu veux empêcher ta perte inévitable,
Deviens plus criminelle, et parois moins coupable.
Par une fausseté tu tombes en danger,
Par une fausseté sache t'en dégager.
Fausseté détestable, où me viens-tu réduire?   545
Honteux déguisement, où me vas-tu conduire?
Ici de tous côtés l'effroi suit mon erreur,
Et j'y suis à moi-même une nouvelle horreur[2] :
L'image de Caliste à ma fureur soustraite
Y brave fièrement ma timide retraite.   550
Encor si son trépas secondant mon désir
Mêloit à mes douleurs l'ombre d'un faux plaisir!
Mais tels sont les excès du malheur qui m'opprime[3],
Qu'il ne m'est pas permis de jouir de mon crime;
Dans l'état pitoyable où le sort me réduit,   555

---

1. *Var.* En le désavouant l'oblige infiniment. (1632-57)
2. *Var.* Et je suis à moi-même une nouvelle horreur :
   Cet insolent objet de Caliste échappée
   Tient et brave toujours ma mémoire occupée. (1632-57)
3. *Var.* Mais, hélas! dans l'excès du malheur qui m'opprime,
   Il ne m'est point permis de jouir de mon crime (*a*).
   Mon jaloux aiguillon, de sa rage séduit,
   En mérite la peine et n'en a pas le fruit.
   Le ciel, qui contre moi soutient mon ennemie,
   Augmente son honneur dedans mon infamie. (1632-57)

(*a*) Il ne m'est pas permis de jouir de mon crime. (1644)

J'en mérite la peine, et n'en ai pas le fruit ;
Et tout ce que j'ai fait contre mon ennemie
Sert à croître sa gloire avec mon infamie.
  N'importe, Rosidor de mes cruels destins[1]
Tient de quoi repousser ses lâches assassins.   560
Sa valeur, inutile en sa main désarmée,
Sans moi ne vivroit plus que chez la renommée.
Ainsi rien désormais ne pourroit m'enflammer ;
N'ayant plus que haïr, je n'aurois plus qu'aimer.
Fâcheuse loi du sort qui s'obstine à ma peine,   565
Je sauve mon amour, et je manque à ma haine.
Ces contraires succès, demeurant sans effet,
Font naître mon malheur de mon heur imparfait.
Toutefois l'orgueilleux pour qui mon cœur soupire
De moi seule aujourd'hui tient le jour qu'il respire[2] : 570
Il m'en est redevable, et peut-être à son tour
Cette obligation produira quelque amour.
Dorise, à quels pensers ton espoir se ravale !
S'il vit par ton moyen, c'est pour une rivale.
N'attends plus, n'attends plus que haine de sa part ; 575
L'offense vint de toi, le secours du hasard.
Malgré les vains efforts de ta ruse traîtresse,
Le hasard par tes mains le rend à sa maîtresse ;
Ce péril mutuel qui conserve leurs jours
D'un contre-coup égal va croître leurs amours.   580
Heureux couple d'amants que le destin assemble,
Qu'il expose en péril, qu'il en retire ensemble !

1. *Var.* N'importe, Rosidor de mon dessein failli
   A de quoi malmener ceux qui l'ont assailli. (1632)
   Var. N'importe, Rosidor de mon dessein manqué,
   A de quoi malmener ceux qui l'ont attaqué. (1644-57)
2. *Var.* D'un autre que de moi ne tient l'air qu'il respire :
   Il m'en est redevable, et peut-être qu'un jour. (1632-60)

SCÈNE VII.

PYMANTE, DORISE.

PYMANTE, la prenant pour Géronte, et l'embrassant[1].
O Dieux! voici Géronte, et je le croyois mort.
Malheureux compagnon de mon funeste sort....

DORISE, croyant qu'il[2] la prend pour Rosidor, et qu'en l'embrassant il la poignarde.

Ton œil t'abuse. Hélas! misérable, regarde 585
Qu'au lieu de Rosidor ton erreur me poignarde.

PYMANTE.

Ne crains pas, cher ami, ce funeste accident,
Je te connois assez, je suis.... Mais imprudent,
Où m'alloit engager mon erreur indiscrète?
Monsieur, pardonnez-moi la faute que j'ai faite. 590
Un berger d'ici près a quitté ses brebis
Pour s'en aller au camp presque en pareils habits;
Et d'abord vous prenant pour ce mien camarade,
Mes sens d'aise aveuglés ont fait cette escapade.
Ne craignez point au reste un pauvre villageois 595
Qui seul et désarmé court à travers ces bois[3].

---

1. *Var.* Il prend Dorise pour Géronte, et court l'embrasser. (1632, en marge.)
— Il la prend pour Géronte dont elle a vêtu l'habit, et court l'embrasser. (1663, en marge.)
2. *Var.* Elle croit qu'il, etc. (1632, en marge.) — *Elle croit qu'il la prend pour Rosidor, et qu'il l'embrasse pour la poignarder.* (1663, en marge.)
3. *Var.* Qui seul et désarmé cherche dedans ces bois
Un bœuf piqué du taon, qui, brisant nos closages,
Hier, sur le chaud du jour, s'enfuit des pâturages :
M'en apprendrez-vous rien, Monsieur? j'ose penser
Que par quelque hasard vous l'aurez vu passer.
DOR. Non, je ne te saurois rien dire de ta bête.
PYM. Monsieur, excusez donc mon incivile enquête :
Je vais d'autre côté tâcher à la revoir;
Disposez librement de mon petit pouvoir (a).

(a) C'est le vers 646 de *Mélite*.

D'un ordre assez précis l'heure presque expirée
Me défend des discours de plus longue durée.
A mon empressement pardonnez cet adieu;
Je perdrois trop, Monsieur, à tarder en ce lieu.   600
DORISE.
Ami, qui que tu sois, si ton âme sensible
A la compassion peut se rendre accessible,
Un jeune gentilhomme implore ton secours :
Prends pitié de mes maux pour trois ou quatre jours[1];
Durant ce peu de temps, accorde une retraite   605
Sous ton chaume rustique à ma fuite secrète :
D'un ennemi puissant la haine me poursuit,
Et n'ayant pu qu'à peine éviter cette nuit....
PYMANTE.
L'affaire qui me presse est assez importante
Pour ne pouvoir, Monsieur, répondre à votre attente;   610
Mais si vous me donniez le loisir d'un moment,

[DOR. Ami, qui que tu sois, si ton âme sensible]
A la compassion se peut rendre accessible. (1632-57)

1. *Var.* Prends pitié de mes maux, et durant quelques jours
Tiens-moi dans ta cabane, où bornant ma retraite,
Je rencontre un asile à ma fuite secrète.
PYM. Tout lourdaud que je suis en ma rusticité,
Je vois bien quand on rit de ma simplicité.
Je vais chercher mon bœuf : laissez-moi, je vous prie,
Et ne vous moquez plus de mon peu d'industrie.
DOR. Hélas! et plût aux Dieux que mon affliction
Fût seulement l'effet de quelque fiction !
Mon grand ami, de grâce, accorde ma prière.
PYM. Il faudroit donc un peu vous cacher là derrière :
Quelques mugissements entendus de là-bas
Me font en ce vallon hasarder quelques pas :
J'y cours et vous rejoins. DOR. Souffre que je te suive.
PYM. Vous me retarderiez, Monsieur : homme qui vive
Ne peut à mon égal brosser dans ces buissons.
DOR. Non, non, je courrai trop. PYM. Que voilà de façons !
Monsieur, résolvez-vous, choisissez l'un ou l'autre :
Ou faites ma demande, ou j'éconduis la vôtre.
DOR. Bien donc, je t'attendrai. PYM. Cette touffe d'ormeaux
Aisément vous pourra couvrir de ses rameaux. (1632-57)

ACTE II, SCÈNE VII.

Je vous assurerois d'être ici promptement;
Et j'estime qu'alors il me seroit facile
Contre cet ennemi de vous faire un asile.

DORISE.

Mais, avant ton retour, si quelque instant fatal   615
M'exposoit par malheur aux yeux de ce brutal,
Et que l'emportement de son humeur altière....

PYMANTE.

Pour ne rien hasarder, cachez-vous là derrière.

DORISE.

Souffre que je te suive, et que mes tristes pas....

PYMANTE.

J'ai des secrets, Monsieur, qui ne le souffrent pas,   620
Et ne puis rien pour vous, à moins que de m'attendre :
Avisez au parti que vous avez à prendre.

DORISE.

Va donc, je t'attendrai.

PYMANTE.

    Cette touffe d'ormeaux
Vous pourra cependant couvrir de ses rameaux.

SCÈNE VIII.

PYMANTE.

Enfin, grâces au ciel, ayant su m'en défaire[1],   625
Je puis seul aviser à ce que je dois faire.
Qui qu'il soit, il a vu Rosidor attaqué,
Et sait assurément que nous l'avons manqué :
N'en étant point connu, je n'en ai rien à craindre,
Puisqu'ainsi déguisé tout ce que je veux feindre   630

---

1. Dans l'édition de 1632, on lit en marge : *Il est seul*, et il n'y a point de distinction de scène.

Sur son esprit crédule obtient un tel pouvoir.
Toutefois plus j'y songe, et plus je pense voir,
Par quelque grand effet de vengeance divine,
En ce foible témoin l'auteur de ma ruine :
Son indice douteux, pour peu qu'il ait de jour, 635
N'éclaircira que trop mon forfait à la cour.
Simple! j'ai peur encor que ce malheur m'avienne[1],
Et je puis éviter ma perte par la sienne!
Et mêmes on diroit qu'un antre tout exprès
Me garde mon épée au fond de ces forêts : 640
C'est en ce lieu fatal qu'il me le faut conduire;
C'est là qu'un heureux coup l'empêche de me nuire.
Je ne m'y puis résoudre : un reste de pitié[2]
Violente mon cœur à des traits d'amitié;
En vain je lui résiste, et tâche à me défendre 645
D'un secret mouvement que je ne puis comprendre :
Son âge, sa beauté, sa grâce, son maintien,
Forcent mes sentiments à lui vouloir du bien;
Et l'air de son visage a quelque mignardise
Qui ne tire pas mal à celle de Dorise. 650
Ah! que tant de malheurs m'auroient favorisé,
Si c'étoit elle-même en habit déguisé!
J'en meurs déjà de joie, et mon âme ravie[3]
Abandonne le soin du reste de ma vie.
Je ne suis plus à moi, quand je viens à penser 655
A quoi l'occasion me pourroit dispenser[4].
Quoi qu'il en soit, voyant tant de ses traits ensemble,
Je porte du respect à ce qui lui ressemble.

   Misérable Pymante, ainsi donc tu te perds!
Encor qu'il tienne un peu de celle que tu sers, 660

1. *Var.* Simple! J'ai peur encor que ce malheur m'advienne. (1652, 57 et 60)
2. *Var.* Je ne m'y peux résoudre : un reste de pitié. (1632)
3. *Var.* J'en pâme déjà d'aise, et mon âme ravie. (1632-60)
4. Voyez plus haut, p. 208, note 2.

Étouffe ce témoin pour assurer ta tête :
S'il est, comme il le dit, battu d'une tempête,
Au lieu qu'en ta cabane il cherche quelque port,
Fais que dans cette grotte il rencontre sa mort¹.
Modère-toi, cruel, et plutôt examine²   665
Sa parole, son teint, et sa taille, et sa mine :
Si c'est Dorise, alors révoque cet arrêt;
Sinon, que la pitié cède à ton intérêt.

1. *Var.* Fais qu'en cette caverne il rencontre sa mort. (1632-60)
2. *Var.* Modère-toi, Pymante, et plutôt examine. (1632-57)

FIN DU SECOND ACTE.

ACTE III.

SCÈNE PREMIÈRE.
ALCANDRE, ROSIDOR, CALISTE,
un Prévôt.

ALCANDRE.

L'admirable rencontre à mon âme ravie[1],
De voir que deux amants s'entre-doivent la vie, 670
De voir que ton péril la tire de danger,
Que le sien te fournit de quoi t'en dégager,
Qu'à deux desseins divers la même heure choisie[2]
Assemble en même lieu pareille jalousie,
Et que l'heureux malheur qui vous a menacés 675
Avec tant de justesse a ses temps compassés!

ROSIDOR.

Sire, ajoutez du ciel l'occulte providence :
Sur deux amants il verse une même influence;
Et comme l'un par l'autre il a su nous sauver,
Il semble l'un pour l'autre exprès nous conserver. 680

ALCANDRE.

Je t'entends, Rosidor : par là tu me veux dire
Qu'il faut qu'avec le ciel ma volonté conspire,

---

1. Nous avons cru devoir conserver cette leçon, qui nous a paru conforme aux habitudes de style de Corneille. Cependant les éditions de 1632 et de 1657 sont les seules où ce monosyllabe soit accentué comme une préposition (à). Dans toutes les autres, jusqu'à celle de 1682, et même encore dans l'édition de 1692, publiée par Thomas Corneille, on lit *a* (verbe, sans accent).

2. *Var.* Qu'en deux desseins divers pareille jalousie
   Même lieu contre vous, et même heure a choisie. (1632-64)

Et ne s'oppose pas à ses justes décrets,
Qu'il vient de témoigner par tant d'avis secrets.
Eh bien! je veux moi-même en parler à la Reine ; 685
Elle se fléchira, ne t'en mets pas en peine.
Achève seulement de me rendre raison
De ce qui t'arriva depuis sa pâmoison.

ROSIDOR.

Sire, un mot désormais suffit pour ce qui reste.
  Lysarque et vos archers depuis ce lieu funeste 690
Se laissèrent conduire aux traces de mon sang,
Qui durant le chemin me dégouttoit du flanc ;
Et me trouvant enfin dessous un toit rustique,
Ranimé par les soins de son amour pudique[1],
Leurs bras officieux m'ont ici rapporté, 695
Pour en faire ma plainte à Votre Majesté.
Non pas que je soupire après une vengeance,
Qui ne peut me donner qu'une fausse allégeance[2] :
Le Prince aime Clitandre, et mon respect consent
Que son affection le déclare innocent ; 700
Mais si quelque pitié d'une telle infortune
Peut souffrir aujourd'hui que je vous importune[3],
Otant par un hymen l'espoir à mes rivaux,
Sire, vous taririez la source de nos maux[4].

ALCANDRE.

Tu fuis à te venger : l'objet de ta maîtresse 705
Fait qu'un tel desir cède à l'amour qui te presse[5] ;

---

1. *Var.* Admirèrent l'effet d'une amitié pudique,
   Me voyant appliquer par ce jeune soleil
   D'un peu d'huile et de vin le premier appareil ;
   Enfin quand, pour bander ma dernière blessure,
   La belle eut prodigué jusques à sa coiffure,
   [Leurs bras officieux m'ont ici rapporté.] (1632)
2. *Var.* Qui ne me peut donner qu'une fausse allégeance. (1632-57)
3. *Var.* Vous touche, et peut souffrir que je vous importune. (1632)
4. *Var.* Sire, vous tarirez la source de nos maux. (1657)
5. *Var.* Fait qu'un seul desir cède à l'amour qui te presse. (1657)

Aussi n'est-ce qu'à moi de punir ces forfaits,
Et de montrer à tous par de puissants effets
Qu'attaquer Rosidor, c'est se prendre à moi-même :
Tant je veux que chacun respecte ce que j'aime ! 710
Je le ferai bien voir. Quand ce perfide tour
Auroit eu pour objet le moindre de ma cour,
Je devrois au public, par un honteux supplice,
De telles trahisons l'exemplaire justice.
Mais Rosidor, surpris et blessé comme il l'est[1], 715
Au devoir d'un vrai roi joint mon propre intérêt[2].
Je lui ferai sentir, à ce traître Clitandre,
Quelque part que le Prince y puisse ou veuille prendre[3],
Combien mal à propos sa folle vanité[4]
Croyoit dans sa faveur trouver l'impunité. 720
Je tiens cet assassin : un soupçon véritable[5],
Que m'ont donné les corps d'un couple détestable,
De son lâche attentat m'avoit si bien instruit[6],
Que déjà dans les fers il en reçoit le fruit.
  Toi, qu'avec Rosidor le bonheur a sauvée, 725
Tu te peux assurer que, Dorise trouvée,
Comme ils avoient choisi même heure à votre mort,
En même heure tous deux auront un même sort.

CALISTE.

Sire, ne songez pas à cette misérable ;
Rosidor garanti me rend sa redevable[7], 730

1. *Var.* Mais Rosidor, surpris et blessé comme il est. (1632-60)
2. *Var.* A mon devoir de roi joint mon propre intérêt. (1632-57)
3. *Var.* Quelque part que mon fils y puisse ou veuille prendre. (1632-60)
4. *Var.* Combien mal à propos sa sotte vanité. (1632-57)
5. *Var.* Je le tiens, l'affronteur : un soupçon véritable. (1632)
6. *Var.* M'avoit si bien instruit de son perfide tour,
   Qu'il s'est vu mis aux fers sitôt que de retour. (1632-57)
7. *Var.* Quelque dessein qu'elle eût, je lui suis redevable,
   Et lui voudrai du bien le reste de mes jours
   De m'avoir conservé l'objet de mes amours.
   LE ROI. L'un et l'autre attentat plus que vous deux me touche :
   Vous avez bien, de vrai, la clémence en la bouche ;

ACTE III, SCÈNE I.

Et je me sens forcée à lui vouloir du bien
D'avoir à votre État conservé ce soutien.

ALCANDRE.

Le généreux orgueil des âmes magnanimes
Par un noble dédain sait pardonner les crimes;
Mais votre aspect m'emporte à d'autres sentiments, 735
Dont je ne puis cacher les justes mouvements;
Ce teint pâle à tous deux me rougit de colère[1],
Et vouloir m'adoucir, c'est vouloir me déplaire[2].

ROSIDOR.

Mais, Sire, que sait-on? peut-être ce rival,
Qui m'a fait après tout plus de bien que de mal[3], 740
Sitôt qu'il vous plaira d'écouter sa défense,
Saura de ce forfait purger son innocence.

ALCANDRE.

Et par où la purger? Sa main d'un trait mortel
A signé son arrêt en signant ce cartel[4].
Peut-il désavouer ce qu'assure un tel gage[5], 745
Envoyé de sa part, et rendu par son page?
Peut-il désavouer que ses gens déguisés
De son commandement ne soient autorisés?
Les deux, tous morts qu'ils sont, qu'on les traîne à la boue[6],
L'autre, aussitôt que pris, se verra sur la roue[7]; 750

[Mais votre aspect m'emporte à d'autres sentiments;]
Vous voyant, je ne puis cacher mes mouvements. (1632-57)
1. *Var.* Votre pâleur de teint me rougit de colère. (1632)
2. *Var.* Et vouloir m'adoucir, ce n'est que me déplaire. (1632-57)
3. *Var.* Qui m'a fait en tout cas plus de bien que de mal,
Lorsqu'en votre conseil vous orrez sa défense. (1632-57)
4. En marge, dans l'édition de 1632 : *Il montre un cartel qu'il avoit reçu de Rosidor avant que d'entrer.*
5. *Var.* [Envoyé de sa part, et rendu par son page,]
Peut-il désavouer ce funeste message?
[Peut-il désavouer que ses gens déguisés.] (1632-57)
6. C'est ce qu'on appelait *traîner sur la claie.* Les cadavres de ceux qui avaient subi ce châtiment après leur mort étaient d'ordinaire jetés à la voirie.
7. *Var.* L'autre, aussitôt que pris, se mettra sur la roue. (1632-57)

Et pour le scélérat que je tiens prisonnier,
Ce jour que nous voyons lui sera le dernier.
Qu'on l'amène au conseil; par forme il faut l'entendre[1],
Et voir par quelle adresse il pourra se défendre.
Toi, pense à te guérir, et crois que pour le mieux   755
Je ne veux pas montrer ce perfide à tes yeux :
Sans doute qu'aussitôt qu'il se feroit paroître,
Ton sang rejailliroit au visage du traître.

ROSIDOR.

L'apparence déçoit, et souvent on a vu
Sortir la vérité d'un moyen imprévu[2],   760
Bien que la conjecture y fût encor plus forte;
Du moins, Sire, apaisez l'ardeur qui vous transporte;
Que l'âme plus tranquille et l'esprit plus remis,
Le seul pouvoir des lois perde nos ennemis.

ALCANDRE.

Sans plus m'importuner, ne songe qu'à tes plaies.   765
Non, il ne fut jamais d'apparences si vraies;
Douter de ce forfait, c'est manquer de raison.
Derechef, ne prends soin que de ta guérison[3].

SCÈNE II.

ROSIDOR, CALISTE.

ROSIDOR.

Ah! que ce grand courroux sensiblement m'afflige!

---

1. *Var.* Qu'on l'amène au conseil, seulement pour entendre
   Le genre de sa mort, et non pour se défendre (a).
   Toi, va te mettre au lit, et crois que pour le mieux. (1632-57)
2. *Var.* Sortir la vérité d'un moyen impourvu. (1632)
3. En marge, dans l'édition de 1632 : *Il sort.* — Il n'y a pas de distinction de scène.

(a) En marge, dans l'édition de 1632 : *Le Prévôt sort, et va querir Clitandre.*

ACTE III, SCÈNE II.

CALISTE.

C'est ainsi que le Roi, te refusant, t'oblige[1] :   770
Il te donne beaucoup en ce qu'il t'interdit,
Et tu gagnes beaucoup d'y perdre ton crédit.
On voit dans ces refus une marque certaine[2]
Que contre Rosidor toute prière est vaine.
Ses violents transports sont d'assurés témoins   775
Qu'il t'écouteroit mieux s'il te chérissoit moins.
Mais un plus long séjour pourroit ici te nuire[3] :
Ne perdons plus de temps ; laisse-moi te conduire[4]
Jusque dans l'antichambre où Lysarque t'attend,
Et montre désormais un esprit plus content.   780

ROSIDOR.

Si près de te quitter....

CALISTE.

N'achève pas ta plainte.
Tous deux nous ressentons cette commune atteinte ;
Mais d'un fâcheux respect la tyrannique loi
M'appelle chez la Reine et m'éloigne de toi.
Il me lui faut conter comme l'on m'a surprise,   785
Excuser mon absence en accusant Dorise ;
Et lui dire comment, par un cruel destin[5],
Mon devoir auprès d'elle a manqué ce matin.

ROSIDOR.

Va donc, et quand son âme, après la chose sue,
Fera voir la pitié qu'elle en aura conçue,   790
Figure-lui si bien Clitandre tel qu'il est,
Qu'elle n'ose en ses feux prendre plus d'intérêt.

---

1. *Var.* Mon cœur, ainsi le Roi, te refusant, t'oblige. (1632-57)
2. *Var.* Vois dedans ces refus une marque certaine. (1632-57)
3. *Var.* Mais un plus long séjour ici te pourroit nuire. (1632-60)
4. *Var.* Viens donc, mon cher souci, laisse-moi te conduire. (1632-57)
5. *Var.* Et l'informer comment, par un cruel destin. (1632-64)

CALISTE.

Ne crains pas désormais que mon amour s'oublie[1] ;
Répare seulement ta vigueur affoiblie :
Sache bien te servir de la faveur du Roi,   795
Et pour tout le surplus repose-t'en sur moi[2].

SCÈNE III.

CLITANDRE, en prison[3].

Je ne sais si je veille, ou si ma rêverie
A mes sens endormis fait quelque tromperie ;
Peu s'en faut, dans l'excès de ma confusion,
Que je ne prenne tout pour une illusion.   800
Clitandre prisonnier ! je n'en fais pas croyable
Ni l'air sale et puant d'un cachot effroyable,
Ni de ce foible jour l'incertaine clarté,
Ni le poids de ces fers dont je suis arrêté :
Je les sens, je les vois ; mais mon âme innocente   805
Dément tous les objets que mon œil lui présente,
Et le désavouant, défend à ma raison
De me persuader que je sois en prison.
Jamais aucun forfait, aucun dessein infâme[4]
N'a pu souiller ma main ni glisser dans mon âme ;   810
Et je suis retenu dans ces funestes lieux !
Non, cela ne se peut : vous vous trompez, mes yeux[5] ;
J'aime mieux rejeter vos plus clairs témoignages,

---

1. *Var.* Ne crains pas, mon souci, que mon amour s'oublie. (1632-57)
2. *Var.* Et tu peux du surplus te reposer sur moi. (1632-57)
3. *Var. Il parle en prison.* (1663, en marge.) — Dans l'édition de 1632, on lit en tête de la scène : CLITANDRE, *en prison*, LE GEÔLIER, et au-dessous de ces noms : CLITANDRE, *seul.*
4. *Var.* Doncques aucun forfait, aucun dessein infâme
    N'a jamais pu souiller ni ma main ni mon âme. (1632-57)
5. *Var.* [Non, cela ne se peut : vous vous trompez, mes yeux ;]
    Vous aviez autrefois des ressorts infaillibles

ACTE III, SCÈNE III.

J'aime mieux démentir ce qu'on me fait d'outrages,
Que de m'imaginer, sous un si juste roi,
Qu'on peuple les prisons d'innocents comme moi.
  Cependant je m'y trouve; et bien que ma pensée[1]
Recherche à la rigueur ma conduite passée[2],
Mon exacte censure a beau l'examiner,
Le crime qui me perd ne se peut deviner;
Et quelque grand effort que fasse ma mémoire,
Elle ne me fournit que des sujets de gloire.
Ah! Prince, c'est quelqu'un de vos faveurs jaloux
Qui m'impute à forfait d'être chéri de vous.
Le temps qu'on m'en sépare, on le donne à l'envie,
Comme une liberté d'attenter sur ma vie.
Le cœur vous le disoit, et je ne sais comment
Mon destin me poussa dans cet aveuglement,
De rejeter l'avis de mon Dieu tutélaire :
C'est là ma seule faute, et c'en est le salaire,
C'en est le châtiment que je reçois ici.
On vous venge, mon prince, en me traitant ainsi;
Mais vous saurez montrer, embrassant ma défense[3],

    Qui portoient en mon cœur les espèces visibles (a);
    Mais mon cœur en prison vous renvoie à son tour
    L'image et le rapport de son triste séjour.
    Triste séjour! que dis-je? Osai-je appeler triste
    L'adorable prison où me retient Caliste?
    En vain dorénavant mon esprit irrité
    Se plaindra d'un cachot qu'il a trop mérité;
    Puisque d'un tel blasphème il s'est rendu capable,
    D'innocent que j'entrai, j'y demeure coupable.
    Folles raisons d'amour, mouvements égarés,
    Qu'à vous suivre mes sens se trouvent préparés!
    Et que vous vous jouez d'un esprit en balance
    Qui veut croire plutôt la même extravagance,
    Que de s'imaginer, sous un si juste roi. (1632-57)
1. *Var.* M'y voilà cependant, et bien que ma pensée. (1632-57)
   Var. Épluche à la rigueur ma conduite passée. (1632)
3. *Var.* Mais vous montrerez bien, embrassant ma défense,

(a) Qui portoient dans mon cœur les espèces visibles. (1644)

Que qui vous venge ainsi puissamment vous offense.
Les perfides auteurs de ce complot maudit, 835
Qu'à me persécuter votre absence enhardit,
A votre heureux retour verront que ces tempêtes,
Clitandre préservé, n'abattront que leurs têtes.
Mais on ouvre, et quelqu'un, dans cette sombre horreur,
Par son visage affreux redouble ma terreur[1]. 840

SCÈNE IV.

CLITANDRE, LE GEÔLIER.

LE GEÔLIER.

Permettez que ma main de ces fers vous détache.

CLITANDRE.

Suis-je libre déjà?

LE GEÔLIER.

Non encor, que je sache.

CLITANDRE.

Quoi! ta seule pitié s'y hasarde pour moi?

LE GEÔLIER.

Non, c'est un ordre exprès de vous conduire au Roi.

Que qui vous venge ainsi lui-même vous offense.
Les damnables auteurs de ce complot maudit. (1632-57)
1. *Var.* De son visage affreux redouble ma terreur (*a*).
Parle, que me veux-tu? LE GEÔL. Vous ôter cette chaîne.
CLIT. Se repent-on déjà de m'avoir mis en peine?
LE GEÔL. Non pas que l'on m'ait dit. CLIT. Quoi! ta seule onté
Me détache ces fers? LE GEÔL. Non, c'est Sa Majesté
Qui vous mande au conseil. CLIT. Ne peux-tu rien m'apprendre
Du crime qu'on impose au malheureux Clitandre?
[LE GEÔL. Descendons: un prévôt, qui vous (*b*) attend là-bas.] (1632-57)

(*a*) En marge, dans l'édition de 1632: *Le Geôlier ouvre la prison.* — Il n'y a pas de distinction de scène.
(*b*) L'édition de 1632, au lieu de *vous*, porte ici *nous*, ce qui pourrait bien être une faute d'impression.

ACTE III, SCÈNE IV.

CLITANDRE.

Ne m'apprendras-tu point le crime qu'on m'impute, 845
Et quel lâche imposteur ainsi me persécute?

LE GEÔLIER.

Descendons : un prévôt, qui vous attend là-bas,
Vous pourra mieux que moi contenter sur ce cas.

SCÈNE V.
PYMANTE, DORISE.

PYMANTE, *regardant une aiguille qu'elle avoit laissée par mégarde dans ses cheveux en se déguisant*[1].

En vain pour m'éblouir vous usez de la ruse,
Mon esprit, quoique lourd, aisément ne s'abuse; 850
Ce que vous me cachez, je le lis dans vos yeux :
Quelque revers d'amour vous conduit en ces lieux;
N'est-il pas vrai, Monsieur? et même cette aiguille
Sent assez les faveurs de quelque belle fille[2] :
Elle est, ou je me trompe, un gage de sa foi[3]. 855

DORISE.

O malheureuse aiguille! Hélas! c'est fait de moi.

PYMANTE.

Sans doute votre plaie à ce mot s'est rouverte.
Monsieur, regrettez-vous son absence, ou sa perte?
Vous auroit-elle bien pour un autre quitté[4],

---

1. *Var.* Il regarde une aiguille que Dorise avoit, etc. (1663, en marge.) — Ce jeu de scène n'est point indiqué ici dans l'édition de 1632, mais on lit en marge, aux derniers vers du premier couplet : *Il lui montre une aiguille que par mégarde elle avoit laissée dans ses cheveux en se déguisant.*
2. *Var.* Ressent fort les faveurs de quelque belle fille. (1632-57)
3. *Var.* Qui vous l'aura donnée en gage de sa foi (a). (1632-60)
4. *Var.* Ou payant vos ardeurs d'une infidélité,
   [Vous auroit-elle bien pour un autre quitté?]
   Vous ne me dites mot; cette rougeur confuse. (1632-57)

(a) L'édition de 1657 donne, par erreur sans doute, *en garde*, pour *engagé*

Et payé vos ardeurs d'une infidélité ? 860
Vous ne répondez point; cette rougeur confuse,
Quoique vous vous taisiez, clairement vous accuse.
Brisons là : ce discours vous fâcheroit enfin,
Et c'étoit pour tromper la longueur du chemin,
Qu'après plusieurs discours, ne sachant que vous dire¹,
J'ai touché sur un point dont votre cœur soupire,
Et de quoi fort souvent on aime mieux parler
Que de perdre son temps à des propos² en l'air³.

DORISE.

Ami, ne porte plus la sonde en mon courage :
Ton entretien commun me charme davantage; 870
Il ne peut me lasser, indifférent qu'il est⁴;
Et ce n'est pas aussi sans sujet qu'il me plaît.
Ta conversation est tellement civile,
Que pour un tel esprit ta naissance est trop vile;
Tu n'as de villageois que l'habit et le rang; 875
Tes rares qualités te font d'un autre sang;
Même, plus je te vois, plus en toi je remarque
Des traits pareils à ceux d'un cavalier de marque :
Il s'appelle Pymante, et ton air et ton port
Ont avec tous les siens un merveilleux rapport⁵. 880

PYMANTE.

J'en suis tout glorieux, et de ma part je prise
Votre rencontre autant que celle de Dorise,
Autant que si le ciel, apaisant sa rigueur,
Me faisoit maintenant un présent de son cœur.

---

1. *Var.* Qu'après plusieurs devis, n'ayant plus où me prendre,
J'ai touché par hasard une chose si tendre,
Dont beaucoup toutefois aiment bien mieux parler. (1632-57)
2. Dans les éditions de 1668 et de 1682, il y a *en des propos;* mais ce pourrait bien être une faute : toutes les autres donnent *à des propos.*
3. *Var.* Que de perdre leur temps à des propos en l'air. (1632-63)
4. *Var.* Il ne me peut lasser, indifférent qu'il est. (1632-60)
5. *Var.* Ont avecque les siens un merveilleux rapport. (1632-60)

DORISE.
Qui nommes-tu Dorise?
PYMANTE.
Une jeune cruelle   885
Qui me fuit pour un autre.
DORISE.
Et ce rival s'appelle?
PYMANTE.
Le berger Rosidor.
DORISE.
Ami, ce nom si beau
Chez vous donc se profane à garder un troupeau?
PYMANTE.
Madame, il ne faut plus que mon feu vous déguise[1]
Que sous ces faux habits il reconnoît Dorise.   890
Je ne suis point surpris de me voir dans ces bois[2]
Ne passer à vos yeux que pour un villageois ;
Votre haine pour moi fut toujours assez forte
Pour déférer sans peine à l'habit que je porte.
Cette fausse apparence aide et suit vos mépris ;   895
Mais cette erreur vers vous ne m'a jamais surpris ;
Je sais trop que le ciel n'a donné l'avantage
De tant de raretés qu'à votre seul visage :
Sitôt que je l'ai vu, j'ai cru voir en ces lieux
Dorise déguisée, ou quelqu'un de nos Dieux ;   900
Et si j'ai quelque temps feint de vous méconnoître
En vous prenant pour tel que vous vouliez paroître,
Admirez mon amour, dont la discrétion

---

1. *Var.* Ma belle, il ne faut plus que mon feu vous déguise. (1632)
2. *Var.* Ce n'est pas sans raison qu'à vos yeux cette fois
   Je passe pour quelqu'un d'entre nos villageois ;
   M'ayant traité toujours en homme de leur sorte,
   Vous croyez aisément à l'habit que je porte,
   Dont la fausse apparence aide et suit vos mépris. (1632-57)

Rendoit à vos desirs cette submission,
Et disposez de moi, qui borne mon envie 905
A prodiguer pour vous tout ce que j'ai de vie.

DORISE.

Pymante, eh quoi! faut-il qu'en l'état où je suis
Tes importunités augmentent mes ennuis?
Faut-il que dans ce bois ta rencontre funeste
Vienne encor m'arracher le seul bien qui me reste, 910
Et qu'ainsi mon malheur au dernier point venu
N'ose plus espérer de n'être pas connu?

PYMANTE.

Voyez comme le ciel égale nos fortunes,
Et comme, pour les faire entre nous deux communes,
Nous réduisant ensemble à ces déguisements, 915
Il montre avoir pour nous de pareils mouvements.

DORISE.

Nous changeons bien d'habits, mais non pas de visages;
Nous changeons bien d'habits, mais non pas de courages;
Et ces masques trompeurs de nos conditions
Cachent, sans les changer, nos inclinations[1]. 920

PYMANTE.

Me négliger toujours! et pour qui vous néglige!

DORISE.

Que veux-tu? son mépris plus que ton feu m'oblige;
J'y trouve malgré moi je ne sais quel appas[2],
Par où l'ingrat me tue, et ne m'offense pas.

---

1. *Var.* [Cachent sans les changer nos inclinations.]
 PYM. Pardonnez-moi, ma reine, ils ont changé mon âme,
 Puisque mes feux plus vifs y redoublent leur flamme.
 DOR. Aussi font bien les miens, mais c'est pour Rosidor.
 PYM. Trop cruelle beauté, persistez-vous encor
 A dédaigner mes vœux pour un qui vous néglige? (1632-57)
2. *Var.* J'y trouve, malgré lui, je ne sais quel appas. (1632-57)

PYMANTE.

Qu'espérez-vous enfin d'un amour si frivole[1]   925
Pour cet ingrat amant qui n'est plus qu'une idole[2]?

DORISE.

Qu'une idole! Ah! ce mot me donne de l'effroi.
Rosidor une idole! ah! perfide, c'est toi,
Ce sont tes trahisons qui l'empêchent de vivre;
t'ai vu dans ce bois moi-même le poursuivre[3],   930
Avantagé du nombre, et vêtu de façon
Que ce rustique habit effaçoit tout soupçon :
Ton embûche a surpris une valeur si rare.

PYMANTE.

Il est vrai, j'ai puni l'orgueil de ce barbare,
De cet heureux ingrat, si cruel envers vous[4],   935
Qui maintenant par terre et percé de mes coups,
Éprouve par sa mort comme un amant fidèle
Venge votre beauté du mépris qu'on fait d'elle.

DORISE.

Monstre de la nature, exécrable bourreau,
Après ce lâche coup qui creuse mon tombeau,   940
D'un compliment railleur ta malice me flatte[5]!
Fuis, fuis, que dessus toi ma vengeance n'éclate.
Ces mains, ces foibles mains, que vont armer les Dieux,
N'auront que trop de force à t'arracher les yeux,
Que trop à t'imprimer sur ce hideux visage   945
En mille traits de sang les marques de ma rage.

PYMANTE.

Le courroux d'une femme, impétueux d'abord[6],

---

1. *Var.* Qu'espérez-vous enfin de cette amour frivole. (1632-57)
2. *Var.* Envers un qui n'est plus peut-être qu'une idole? (1632)
   Var. Vers un homme qui n'est peut-être qu'une idole? (1644-57)
3. *Var.* Je t'ai vu dans ces bois moi-même le poursuivre. (1632-57)
4. *Var.* De ce tigre jadis si cruel envers vous. (1632-57)
5. *Var.* D'un compliment moqueur ta malice me flatte! (1632-57)
6. *Var.* L'impétueux bouillon d'un courroux féminin,

Promet tout ce qu'il ose à son premier transport;
Mais comme il n'a pour lui que sa seule impuissance,
A force de grossir il meurt en sa naissance; 950
Ou s'étouffant soi-même, à la fin ne produit
Que point ou peu d'effet après beaucoup de bruit.

DORISE.

Va, va, ne prétends pas que le mien s'adoucisse[1] :
Il faut que ma fureur ou l'enfer te punisse;
Le reste des humains ne sauroit inventer 955
De gêne qui te puisse à mon gré tourmenter[2].
Si tu ne crains mes bras, crains de meilleures armes;
Crains tout ce que le ciel m'a départi de charmes :
Tu sais quelle est leur force, et ton cœur la ressent;
Crains qu'elle ne m'assure un vengeur plus puissant. 960
Ce courroux, dont tu ris, en fera la conquête
De quiconque à ma haine exposera ta tête,
De quiconque mettra ma vengeance en mon choix[3].
Adieu : j'en perds le temps à crier dans ce bois[4];
Mais tu verras bientôt si je vaux quelque chose, 965
Et si ma rage en vain se promet ce qu'elle ose.

PYMANTE.

J'aime tant cette ardeur à me faire périr,
Que je veux bien moi-même avec vous y courir.

  Qui s'échappe sur l'heure et jette son venin,
  Comme il est animé de la seule impuissance,
 A force de grossir, se crève en sa naissance. (1632-57)

1. *Var.* Traître, ne prétends pas que le mien s'adoucisse. (1632-57)
2. Voyez au *Complément des variantes*, p. 365.
3. Dans ce passage, qui paraît pour la première fois en 1660, Dorise exprime la même confiance qu'Émilie :

  Et si pour me gagner il faut trahir ton maître,
  Mille autres à l'envi recevroient cette loi,
  S'ils pouvoient m'acquérir à même prix que toi.
      (*Cinna*, acte III, sc. IV.)
  Si j'ai séduit Cinna, j'en séduirai bien d'autres.
      (*Ibid.*, acte V, sc. II.)

4. *Var.* Adieu : j'en perds le temps à crier dans ces bois. (1660-64)

ACTE III, SCÈNE V.

DORISE.

Traître, ne me suis point.

PYMANTE.

                      Prendre seule la fuite !
Vous vous égareriez à marcher sans conduite ; 970
Et d'ailleurs votre habit, où je ne comprends rien,
Peut avoir du mystère aussi bien que le mien.
L'asile dont tantôt vous faisiez la demande
Montre quelque besoin d'un bras qui vous défende ;
Et mon devoir vers vous seroit mal acquitté, 975
S'il ne vous avoit mise en lieu de sûreté.
Vous pensez m'échapper quand je vous le témoigne ;
Mais vous n'irez pas loin que je ne vous rejoigne.
L'amour que j'ai pour vous, malgré vos dures lois,
Sait trop ce qu'il vous doit, et ce que je me dois. 980

FIN DU TROISIÈME ACTE.

ACTE IV.

SCÈNE PREMIÈRE.

PYMANTE, DORISE[1].

DORISE.

Je te le dis encor, tu perds temps à me suivre;
Souffre que de tes yeux ta pitié me délivre :
Tu redoubles mes maux par de tels entretiens.

PYMANTE.

Prenez à votre tour quelque pitié des miens,
Madame, et tarissez ce déluge de larmes[2] : 985
Pour rappeler un mort ce sont de foibles armes;
Et quoi que vous conseille un inutile ennui,
Vos cris et vos sanglots ne vont point jusqu'à lui.

DORISE.

Si mes sanglots ne vont où mon cœur les envoie,
Du moins par eux mon âme y trouvera la voie[3] : 990
S'il lui faut un passage afin de s'envoler,
Ils le lui vont ouvrir en le fermant à l'air.
Sus donc, sus, mes sanglots! redoublez vos secousses :
Pour un tel désespoir vous les avez trop douces;
Faites pour m'étouffer de plus puissants efforts. 995

---

1. *Var.* PYMANTE, DORISE *dans une caverne.* (1632-57)
2. *Var.* Tarissez désormais ce déluge de larmes (*a*). (1632-57)
3. *Var.* Au moins par eux mon âme y trouvera la voie. (1632-57)

(*a*) Le IVe acte commence à ce vers dans les éditions de 1632-57.

ACTE IV, SCÈNE I.

PYMANTE.

Ne songez plus, Madame, à rejoindre les morts[1];
Pensez plutôt à ceux qui n'ont point d'autre envie[2]
Que d'employer pour vous le reste de leur vie;
Pensez plutôt à ceux dont le service offert
Accepté vous conserve, et refusé vous perd. 1000

DORISE.

Crois-tu donc, assassin, m'acquérir par ton crime?
Qu'innocent méprisé, coupable je t'estime?
A ce compte, tes feux n'ayant pu m'émouvoir,
Ta noire perfidie obtiendroit ce pouvoir[3]?
Je chérirois en toi la qualité de traître, 1005
Et mon affection commenceroit à naître
Lorsque tout l'univers a droit de te haïr?

PYMANTE.

Si j'oubliai l'honneur jusques à le trahir,
Si pour vous posséder mon esprit, tout de flamme,
N'a rien cru de honteux, n'a rien trouvé d'infâme, 1010
Voyez par là, voyez l'excès de mon ardeur :
Par cet aveuglement jugez de sa grandeur.

DORISE.

Non, non, ta lâcheté, que j'y vois trop certaine,
N'a servi qu'à donner des raisons à ma haine.
Ainsi ce que j'avois pour toi d'aversion 1015
Vient maintenant d'ailleurs que d'inclination :
C'est la raison, c'est elle à présent qui me guide
Aux mépris que je fais des flammes d'un perfide.

PYMANTE.

Je ne sache raison qui s'oppose à mes vœux,
Puisqu'ici la raison n'est que ce que je veux, 1020

1. *Var.* Belle, ne songez plus à rejoindre les morts. (1632)
   Var. Ne songez plus, Dorise, à rejoindre les morts. (1644-57)
2. *Var.* Pensez plutôt à ceux qui vivants n'ont envie. (1632-57)
3. *Var.* Ton perfide attentat obtiendroit ce pouvoir? (1632-57)

Et ployant dessous moi, permet à mon envie
De recueillir les fruits de vous avoir servie.
Il me faut des faveurs malgré vos cruautés¹.

DORISE.

Exécrable! ainsi donc tes desirs effrontés
Voudroient sur ma foiblesse user de violence²? 102

PYMANTE.

Je ris de vos refus, et sais trop la licence
Que me donne l'amour en cette occasion.

DORISE, lui crevant l'œil de son aiguille³.

Traître, ce ne sera qu'à ta confusion.

PYMANTE, portant les mains à son œil crevé⁴.

Ah, cruelle!

DORISE⁵.

Ah! brigand⁶!

PYMANTE.

Ah! que viens-tu de faire?

DORISE⁷.

De punir l'attentat d'un infâme corsaire⁸. 1030

---

1. *Var.* Il me faut un baiser malgré vos cruautés (*a*). (1632-57)
2. *Var.* Veulent sur ma foiblesse user de violence.
PYM. Que sert d'y résister? je sais trop la licence. (1632-57)
3. *Var. Elle lui crève un œil du poinçon qui lui étoit demeuré dans les cheveux.* (1632, en marge.) — *Elle lui crève l'œil de son aiguille.* (1663, en marge.)
4. *Var. Il porte les mains à son œil crevé.* (1663, en marge.)
5. *Var.* DORISE, *en s'échappant de lui.* (1632-1657)
6. *Var.* Ah! infâme! (1632)
7. *Var.* DORISE, *sortie de la caverne.*
8. *Var.* De tirer mon honneur des efforts d'un corsaire (*b*).
PYMANTE, *ramassant son épée.*
Barbare, je t'aurai. DORISE, *se cachant.* Fuyons, il va sortir.
Qu'à propos ce buisson s'offre à me garantir!
PYMANTE, *sorti.* Ne crois pas m'échapper : quoi que ta ruse fasse,
J'ai ta mort en ma main. DORISE, *cachée.* Dieux! le voilà qui passe.
PYMANTE *passe de l'autre côté du théâtre* (*c*).
Tigresse!

(*a*) En marge, dans l'édition de 1632 : *Il veut user de force.*
(*b*) De sauver mon honneur des efforts d'un corsaire. (1644-57)
(*c*) PYMANTE, *passé de l'autre côté du théâtre.* (1644-57)

ACTE IV, SCÈNE I.

PYMANTE, *prenant son épée dans la caverne, où il l'avoit jetée au second acte*[1].

Ton sang m'en répondra; tu m'auras beau prier,
Tu mourras.

DORISE.

Fuis, Dorise, et laisse-le crier.

DORISE, *revenant sur le théâtre* (a).

Il est passé, je suis hors de danger.
Ainsi dorénavant mon sort puisse changer!
Ainsi dorénavant le ciel plus favorable
Me prête en ces malheurs une main secourable!
Cependant, pour loyer de sa lubricité (b),
Son œil m'a répondu de sa pudicité,
Et dedans son cristal mon aiguille enfoncée,
Attirant ses deux mains, m'a désembarrassée.
Aussi le falloit-il que ce même poinçon,
Qui premier de mon sexe engendra ce soupçon,
Fût l'auteur de ma prise et de ma délivrance,
Et qu'après mon péril il fît mon assurance (c).
Va donc, monstre bouffi de luxure et d'orgueil,
Venge sur ces rameaux la perte de ton œil,
Fais servir si tu veux, dans ta forcenerie,
Les feuilles et le vent d'objets à ta furie :
Dorise, qui s'en moque et fuit d'autre côté,
En s'éloignant de toi se met en sûreté.

SCÈNE II (d).

PYM. Qu'est-elle devenue? Ainsi donc l'inhumaine
Après un tel affront rend ma poursuite vaine!
Ainsi donc la cruelle, à guise d'un éclair,
En me frappant les yeux est disparue en l'air!
[Ou plutôt, l'un perdu, l'autre m'est inutile.] (1632-57)

1. *Var. Il prend son épée dans la grotte où il l'avoit jetée au second acte.* (1663, en marge.)

(a) Ici commence la scène II dans les éditions de 1644-57.
(b) Pour peine cependant de sa lubricité. (1644-57)
(c) Ces quatre vers, à partir de : « Aussi le falloit-il, etc., » manquent dans les éditions de 1644-57.
(d) SCÈNE III. (1644-57)

SCÈNE II.

PYMANTE.

Où s'est-elle cachée? où l'emporte sa fuite?
Où faut-il que ma rage adresse ma poursuite?
La tigresse m'échappe, et telle qu'un éclair, 1035
En me frappant les yeux, elle se perd en l'air;
Ou plutôt, l'un perdu, l'autre m'est inutile;
L'un s'offusque du sang qui de l'autre distile.
Coule, coule, mon sang : en de si grands malheurs,
Tu dois avec raison me tenir lieu de pleurs : 1040
Ne verser désormais que des larmes communes,
C'est pleurer lâchement de telles infortunes.
Je vois de tous côtés mon supplice approcher;
N'osant me découvrir, je ne me puis cacher.
Mon forfait avorté se lit dans ma disgrâce[2], 1045
Et ces gouttes de sang me font suivre à la trace.
Miraculeux effet! Pour traître que je sois,
Mon sang l'est encor plus, et sert tout à la fois
De pleurs à ma douleur, d'indices à ma prise,
De peine à mon forfait, de vengeance à Dorise. 1050
  O toi qui, secondant son courage inhumain[3],
Loin d'orner ses cheveux, déshonores sa main,
Exécrable instrument de sa brutale rage,
Tu devois[4] pour le moins respecter son image :
Ce portrait accompli d'un chef-d'œuvre des cieux, 1055

---

1. *Var.* Coule, coule, mon sang : dans de si grands malheurs. (1632-57)
2. *Var.* Mon forfait évident se lit dans ma disgrâce. (1632-57)
3. *Var.* Bourreau qui, secondant son courage inhumain (a),
  Au lieu d'orner son poil, déshonorez (*sic*) sa main. (1632)
4. On lit *tu devrois* dans l'édition de 1632, mais c'est probablement une faute d'impression.

(a) En marge : *Il tient à la main le poinçon que Dorise lui avoit laissé dans l'œil.*

ACTE IV, SCÈNE II.

Imprimé dans mon cœur, exprimé dans mes yeux,
Quoi que te commandât une âme si cruelle[1],
Devoit être adoré de ta pointe rebelle.
  Honteux restes d'amour qui brouillez mon cerveau!
Quoi! puis-je en ma maîtresse adorer mon bourreau[2]?
Remettez-vous, mes sens; rassure-toi, ma rage;
Reviens, mais reviens seule animer mon courage[3];
Tu n'as plus à débattre avec mes passions
L'empire souverain dessus mes actions;
L'amour vient d'expirer, et ses flammes éteintes[4]   1065
Ne t'imposeront plus leurs infâmes contraintes.
Dorise ne tient plus dedans mon souvenir
Que ce qu'il faut de place à l'ardeur de punir[5] :

---

1. *Var.* Quoi que te commandât son âme courroucée,
   Devoit être adoré de ta pointe émoussée;
   Quelque secret instinct te devoit figurer
   Que se prendre à mon œil c'étoit le déchirer.
   Et toi, belle, reviens, reviens, cruelle ingrate,
   Vois comme encor l'amour en ta faveur me flatte.
   Ce poinçon qu'à mon heur j'éprouve si fatal,
   Ce n'est qu'à ton sujet que je lui veux du mal :
   Vois dans ces vains propos, par où mon cœur se venge,
   Moins de blâme pour lui que pour toi de louange (*a*).
   Tu n'as dans ta colère usé que de tes droits,
   Et ma vie et ma mort dépendant de tes lois,
   Il t'étoit libre encor de m'être plus funeste,
   Et c'est de ta pitié que j'en tiens ce qui reste.
   Reviens, belle, reviens, que j'offre tout blessé
   A tes ressentiments ce que tu m'as laissé.
   Lâche et honteux retour de ma flamme insensée!
   Il semble que déjà ma fureur soit passée,
   Et tous mes sens, brouillés d'un désordre nouveau,
   Au lieu de ma maîtresse adorent mon bourreau. (1632-57)
2. *Var.* Pourrois-je en ma maîtresse adorer mon bourreau. (1660)
3. *Var.* Seule je te permets d'occuper mon courage. (1632-57)
4. *Var.* L'amour vient d'expirer, et ses flammes dernières
   S'éteignant ont jeté leurs plus vives lumières. (1632-57)
5. *Var.* Que ce qu'il faut de place aux soins de la punir :
   Je n'ai plus de penser qui n'en veuille à sa vie. (1632-57)

(*a*) Ces quatre vers, à partir de : « Ce poinçon qu'à mon heur, etc., » ne sont que dans l'édition de 1632.

Je n'ai plus rien en moi qui n'en veuille à sa vie.
Sus donc, qui me la rend? Destins, si votre envie, 1070
Si votre haine encor s'obstine à mes tourments¹,
Jusqu'à me réserver à d'autres châtiments,
Faites que je mérite, en trouvant l'inhumaine,
Par un nouveau forfait, une nouvelle peine;
Et ne me traitez pas avec tant de rigueur, 1075
Que mon feu ni mon fer ne touchent point son cœur.
Mais ma fureur se joue, et demi-languissante,
S'amuse au vain éclat d'une voix impuissante.
Recourons aux effets, cherchons de toutes parts;
Prenons dorénavant pour guides les hasards². 1080
Quiconque ne pourra me montrer la cruelle³,
Que son sang aussitôt me réponde pour elle;
Et ne suivant ainsi qu'une incertaine erreur,
Remplissons tous ces lieux de carnage et d'horreur.

(Une tempête survient.)

Mes menaces déjà font trembler tout le monde: 1085
Le vent fuit d'épouvante, et le tonnerre en gronde;
L'œil du ciel s'en retire, et par un voile noir,
N'y pouvant résister, se défend d'en rien voir;
Cent nuages épais se distillant en larmes,
A force de pitié, veulent m'ôter les armes; 1090
La nature étonnée embrasse mon courroux⁴,
Et veut m'offrir Dorise, ou devancer mes coups.
Tout est de mon parti: le ciel même n'envoie
Tant d'éclairs redoublés qu'afin que je la voie.
Quelques lieux où l'effroi porte ses pas errants⁵, 1095

1. *Var.* Implacable pour moi, s'obstine à mes tourments,
Si vous me réservez à d'autres châtiments. (1632-57)
2. *Var.* Prenons dorénavant pour guide les hasards. (1644-57)
3. *Var.* Quiconque rencontré n'en saura de nouvelle. (1632 et 48)
Var. Quiconque rencontré n'en saura la nouvelle. (1644 et 52-57)
4. *Var.* L'univers, n'ayant pas de force à m'opposer,
Me vient offrir Dorise afin de m'apaiser. (1632-57)
5. *Var.* Quelque part où la peur porte ses pas errants. (1632-57)

ACTE IV, SCÈNE II. 337

Ils sont entrecoupés de mille gros torrents.
Que je serois heureux, si cet éclat de foudre¹,
Pour m'en faire raison, l'avoit réduite en poudre!
Allons voir ce miracle, et désarmer nos mains,
Si le ciel a daigné prévenir nos desseins.   1100
Destins, soyez enfin de mon intelligence,
Et vengez mon affront, ou souffrez ma vengeance!

SCÈNE III.

FLORIDAN.

Quel bonheur m'accompagne en ce moment fatal!
Le tonnerre a sous moi foudroyé mon cheval,
Et consumant sur lui toute sa violence,   1105
Il m'a porté respect parmi son insolence.
Tous mes gens, écartés par un subit effroi,
Loin d'être à mon secours, ont fui d'autour de moi,

---

1. *Var.* O suprême faveur! Ce grand éclat de foudre,
Décoché sur son chef, le vient de mettre en poudre.
Ce fer, s'il est ainsi, me va tomber des mains;
Ce coup aura sauvé le reste des humains.
Satisfait par sa mort, mon esprit se modère,
Et va sur sa charogne achever sa colère (*a*).

SCÈNE III (*b*).

LE PRINCE. Que d'heur en ce péril! sans me faire aucun mal,
[Le tonnerre a sous moi foudroyé mon cheval,]
Et consommant sur lui toute sa violence (*c*),
M'a montré son respect parmi son insolence.
Holà! quelqu'un à moi! Tous mes gens écartés,
Loin de me secourir, suivent de tous côtés
L'effroi de la tempête ou l'ardeur de la chasse.
Cette ardeur les emporte où la frayeur les glace.
[Cependant seul, à pied, je pense à tous moments.] (1632-57)

(*a*) Et va par ce spectacle assouvir sa colère. (1644-57)
(*b*) SCÈNE IV. (1644-57)
(*c*) [Et consumant sur lui toute sa violence.] (1648-57)

Ou déjà dispersés par l'ardeur de la chasse,
Ont dérobé leur tête à sa fière menace. 1110
Cependant seul, à pied, je pense à tous moments
Voir le dernier débris de tous les éléments,
Dont l'obstination à se faire la guerre
Met toute la nature au pouvoir du tonnerre.
Dieux, si vous témoignez par là votre courroux, 1115
De Clitandre ou de moi lequel menacez-vous ?
La perte m'est égale, et la même tempête
Qui l'auroit accablé tomberoit sur ma tête.
Pour le moins, justes Dieux, s'il court quelque danger[1],
Souffrez que je le puisse avec lui partager. 1120
J'en découvre à la fin quelque meilleur présage ;
L'haleine manque aux vents, et la force à l'orage ;
Les éclairs, indignés d'être éteints par les eaux,
En ont tari la source et séché les ruisseaux ;
Et déjà le soleil de ses rayons essuie 1125
Sur ces moites rameaux le reste de la pluie.
Au lieu du bruit affreux des foudres décochés,
Les petits oisillons, encor demi-cachés[2]....
Mais je verrai bientôt quelques-uns de ma suite :
Je le juge à ce bruit.

1. *Var.* Pour le moins, Dieux, s'il court quelque danger fatal,
    Qu'il en ait comme moi plus de peur que de mal. (1632-57)
2. *Var.* [Les petits oisillons, encor demi-cachés,]
    Poussent en tremblotant, et hasardent à peine
    Leur voix, qui se dérobe à la peur incertaine
    Qui tient encor leur âme et ne leur permet pas
    De se croire du tout préservés du trépas.
    J'aurai bientôt ici quelques-uns de ma suite. (1632-57)

SCÈNE IV.

FLORIDAN, PYMANTE, DORISE[1].

PYMANTE saisit Dorise qui le fuyoit[2].

Enfin, malgré ta fuite, 1130
Je te retiens, barbare.

DORISE.

Hélas!

PYMANTE.

Songe à mourir;
Tout l'univers ici ne te peut secourir.

FLORIDAN.

L'égorger à ma vue! ô l'indigne spectacle!
Sus, sus, à ce brigand opposons un obstacle.
Arrête, scélérat!

PYMANTE.

Téméraire, où vas-tu? 1135

FLORIDAN.

Sauver ce gentilhomme à tes pieds abattu.

DORISE.

Traître, n'avance pas; c'est le Prince.

PYMANTE, tenant Dorise d'une main, et se battant de l'autre[3].

N'importe[4];
Il m'oblige à sa mort, m'ayant vu de la sorte.

FLORIDAN.

Est-ce là le respect que tu dois à mon rang?

---

1. *Var.* LE PRINCE, PYMANTE, DORISE, DEUX VENEURS. (1632)

2. *Var.* PYMANTE, *terrassant Dorise.* (1632-60) — *Il saisit Dorise qui le fuyoit.* (1663, en marge.)

3. *Var.* PYMANTE, *tenant Dorise d'une main, se bat de l'autre contre le Prince.* (1632) — *Il tient Dorise d'une main, et se bat de l'autre.* (1663, en marge.)

4. *Var.* C'est le Prince, tout beau! PYM. Prince ou non, ne m'importe. (1632-57)

PYMANTE.

Je ne connois ici ni qualités ni sang :
Quelque respect ailleurs que ta naissance obtienne[1],
Pour assurer ma vie, il faut perdre la tienne.

DORISE.

S'il me demeure encor quelque peu de vigueur,
Si mon débile bras ne dédit point mon cœur,
J'arrêterai le tien.

PYMANTE.

Que fais-tu, misérable?

DORISE[2].

Je détourne le coup d'un forfait exécrable.

PYMANTE.

Avec ces vains efforts crois-tu m'en empêcher[3]?

FLORIDAN.

Par une heureuse adresse il l'a fait trébucher.
Assassin, rends l'épée[4].

SCÈNE V.

FLORIDAN, PYMANTE, DORISE, trois Veneurs, portant en leurs mains les vrais habits de Pymante, Lycaste et Dorise[5].

PREMIER VENEUR.

Écoute, il est fort proche :

---

1. *Var.* Quelque respect ailleurs que ton grade s'obtienne. (1632-57)
2. *Var.* DORISE, *le faisant trébucher.* (1644-60 et 64) — *Elle fait trébucher Pymante.* (1663, en marge.)
3. En marge, dans l'édition de 1632 : *Dorise, s'embarrassant dans ses jambes, le fait trébucher.*
4. En marge, dans l'édition de 1632 : *Il saute sur Pymante, et deux veneurs paroissent, chargés des vrais habits de Pymante, Lycaste et Dorise.* — Il n'y a point de distinction de scène.
5. *Var. Ils portent en leurs mains les vrais habits,* etc. (1663, en marge.)

C'est sa voix qui résonne au creux de cette roche,   1150
Et c'est lui que tantôt nous avions entendu.
   FLORIDAN *désarme Pymante, et en donne l'épée à garder*
       à Dorise[1].
Prends ce fer en ta main.
     PYMANTE.
    Ah cieux! je suis perdu.
    SECOND VENEUR.
Oui, je le vois. Seigneur, quelle aventure étrange[2],
Quel malheureux destin en cet état vous range?
     FLORIDAN.
Garrottez ce maraud; les couples de vos chiens   1155
Vous y pourront servir, faute d'autres liens.
Je veux qu'à mon retour une prompte justice
Lui fasse ressentir par l'éclat d'un supplice[3],
Sans armer contre lui que les lois de l'État,
Que m'attaquer n'est pas un léger attentat.   1160
Sachez que s'il échappe il y va de vos têtes.
    PREMIER VENEUR.
Si nous manquons, Seigneur, les voilà toutes prêtes[4].
Admirez cependant le foudre et ses efforts,
Qui dans cette forêt ont consumé trois corps[5] :
En voici les habits, qui sans aucun dommage   1165
Semblent avoir bravé la fureur de l'orage.
     FLORIDAN.
Tu montres à mes yeux de merveilleux effets[6].

---

1. *Var.* LE PRINCE, *à Dorise.* (1632-60) — *Il désarme Pymante*, etc. (1663, en marge.)
2. *Var.* Le voilà, Monseigneur, quelle aventure étrange,
  Et quel mauvais destin en cet état vous range?
 LE PRINCE. Garrottez ce maraud; faute d'autres liens,
  Employez-y plutôt les couples de vos chiens. (1632-57)
3. *Var.* Lui fasse ressentir par un cruel supplice. (1632-57)
 Var. Lui fasse ressentir par un juste supplice. (1660)
4. *Var.* En ce cas, Monseigneur, les voilà toutes prêtes. (1632-57)
5. *Var.* Qui dans cette forêt ont consumé trois corps. (1632)
6. *Var.* Tu me montres vraiment de merveilleux effets. (1632-57)

DORISE.

Mais des marques plutôt de merveilleux forfaits.
Ces habits, dont n'a point approché le tonnerre[1],
Sont aux plus criminels qui vivent sur la terre : 1170
Connoissez-les, grand prince, et voyez devant vous[2]
Pymante prisonnier, et Dorise à genoux.

FLORIDAN.

Que ce soit là Pymante, et que tu sois Dorise!

DORISE.

Quelques étonnements qu'une telle surprise
Jette dans votre esprit, que vos yeux ont déçu, 1175
D'autres le saisiront quand vous aurez tout su.
La honte de paroître en un tel équipage
Coupe ici ma parole et l'étouffe au passage;
Souffrez que je reprenne en un coin de ce bois[3]
Avec mes vêtements l'usage de la voix, 1180
Pour vous conter le reste en habit plus sortable.

FLORIDAN.

Cette honte me plaît : ta prière équitable,
En faveur de ton sexe et du secours prêté,
Suspendra jusqu'alors ma curiosité.
Tandis, sans m'éloigner beaucoup de cette place, 1185
Je vais sur ce coteau pour découvrir la chasse;
Tu l'y ramèneras. Vous, s'il ne veut marcher[4],

---

1. *Var.* Ces habits que n'a point approché (*sic*) le tonnerre. (1632-57)
2. *Var.* Connoissez-les, mon prince, et voyez devant vous. (1632-60)
3. *Var.* Souffrez que je reprenne en un coin de ces bois. (1632-64)
4. *Var.* Tu l'y ramèneras. Toi, s'il ne veut marcher,
Garde-le cependant au pied de ce rocher.

SCÈNE V.

CLÉON *et encore* UN VENEUR (*a*).

CLÉON. Tes avis, qui n'ont rien que de l'incertitude,
N'ôtent point mon esprit de son inquiétude,

(*a*) SCÈNE VII. CLÉON *et un autre* VENEUR. (1644-57)

Gardez-le cependant au pied de ce rocher.

(Le Prince sort, et un des veneurs s'en va avec Dorise, et les autres mènent[1] Pymante d'un autre côté.)

SCÈNE VI.

CLITANDRE, LE GEÔLIER.

CLITANDRE, en prison[2].

Dans ces funestes lieux où la seule inclémence
D'un rigoureux destin réduit mon innocence,　　1190
Je n'attends désormais du reste des humains
Ni faveur ni secours, si ce n'est par tes mains.

LE GEÔLIER.

Je ne connois que trop où tend ce préambule[3].
Vous n'avez pas affaire à quelque homme crédule :

> Et ne me font pas voir le Prince en ce besoin.
> 3ᵉ VENEUR. Assurez-vous sur moi qu'il ne peut être loin :
> La mort de son cheval, étendu sur la terre,
> Et tout fumant encor d'un éclat de tonnerre,
> L'ayant réduit à pied, ne lui permettra pas
> En si peu de loisir d'en éloigner ses pas.
> CLÉON. Ta foible conjecture a bien peu d'apparence,
> Et flatte vainement ma débile espérance :
> Le moyen que le Prince, aussitôt remonté,
> De ce funeste lieu ne se soit écarté.
> 3ᵉ VENEUR. Chacun, plein de frayeur au bruit de la tempête,
> Qui çà, qui là, cherchoit où garantir sa tête ;
> Si bien que, séparé possible de son train,
> Il n'aura trouvé lors d'autre cheval en main (a) ;
> Joint à cela que l'œil, au sentier où nous sommes,
> N'en remarque aucuns pas mêlés à ceux des hommes.
> CLÉON. Poursuivons ; mais je crois que, pour le rencontrer,
> Il faudroit quelque Dieu qui nous le vînt montrer. (1632-57)

1. *Var.* Et l'autre mène. (1632-57)

2. Dans les éditions de 1632-60 les mots *en prison* ne sont pas placés ici, mais à la ligne précédente : CLITANDRE, *en prison*, LE GEÔLIER. — En marge, dans l'édition de 1663 : *Il parle en prison*.

3. *Var.* A d'autres : je vois trop où tend ce préambule. (1632)

(a) Il n'aura pas trouvé d'autre cheval en main. (1644-57)

Tous, dans cette prison, dont je porte les clés[1], 1195
Se disent comme vous du malheur accablés[2],
Et la justice à tous est injuste de sorte
Que la pitié me doit leur faire ouvrir la porte ;
Mais je me tiens toujours ferme dans mon devoir :
Soyez coupable ou non, je n'en veux rien savoir ; 1200
Le Roi, quoi qu'il en soit, vous a mis en ma garde.
Il me suffit : le reste en rien ne me regarde[3].

CLITANDRE.

Tu juges mes desseins autres qu'ils ne sont pas.
Je tiens l'éloignement pire que le trépas,
Et la terre n'a point de si douce province 1205
Où le jour m'agréât loin des yeux de mon Prince.
Hélas! si tu voulois l'envoyer avertir[4]
Du péril dont sans lui je ne saurois sortir,
Ou qu'il lui fût porté de ma part une lettre,
De la sienne en ce cas je t'ose bien promettre 1210
Que son retour soudain des plus riches te rend :
Que cet anneau t'en serve et d'arrhe et de garant ;
Tends la main et l'esprit vers un bonheur si proche.

LE GEÔLIER.

Monsieur, jusqu'à présent j'ai vécu sans reproche,
Et pour me suborner promesses ni présents 1215
N'ont et n'auront jamais de charmes suffisants.
C'est de quoi je vous donne une entière assurance :
Perdez-en le dessein avecque l'espérance :
Et puisque vous dressez des piéges à ma foi,
Adieu, ce lieu devient trop dangereux pour moi[5]. 1220

1. *Var.* Tous, dedans ces cachots, dont je porte les clés. (1632-57)
2. *Var.* Se disent comme vous de malheur accablés. (1632)
3. *Var.* Il suffit : le surplus en rien ne me regarde. (1632)
4. *Var.* Hélas! si tu voulois envoyer l'avertir. (1632)
5. En marge, dans l'édition de 1632 : *Il sort.* — Il n'y a pas de distinction de scène.

SCÈNE VII.

CLITANDRE.

Va, tigre! va, cruel, barbare, impitoyable[1]!
Ce noir cachot n'a rien tant que toi d'effroyable.
Va, porte aux criminels tes regards, dont l'horreur
Peut seule aux innocents imprimer la terreur[2] :
Ton visage déjà commençoit mon supplice ;   1225
Et mon injuste sort, dont tu te fais complice,
Ne t'envoyoit ici que pour m'épouvanter,
Ne t'envoyoit ici que pour me tourmenter.
Cependant, malheureux, à qui me dois-je prendre
D'une accusation que je ne puis comprendre ?   1230
A-t-on rien vu jamais, a-t-on rien vu de tel?
Mes gens assassinés me rendent criminel ;
L'auteur du coup s'en vante, et l'on m'en calomnie ;
On le comble d'honneur et moi d'ignominie ;
L'échafaud qu'on m'apprête au sortir de prison,   1235
C'est par où de ce meurtre on me fait la raison.
Mais leur déguisement d'autre côté m'étonne :
Jamais un bon dessein ne déguisa personne ;
Leur masque les condamne, et mon seing contrefait,
M'imputant un cartel, me charge d'un forfait.   1240
Mon jugement s'aveugle, et, ce que je déplore,
Je me sens bien trahi, mais par qui? je l'ignore ;
Et mon esprit troublé, dans ce confus rapport,
Ne voit rien de certain que ma honteuse mort.
    Traître, qui que tu sois, rival, ou domestique,   1245

---

1. *Var.* Va, tigre! va, cruel, barbare impitoyable (*a*)! (1652-57)
2. *Var.* Seule aux cœurs innocents imprime la terreur. (1632-57)

(*a*) Les éditions indiquées n'ont point de virgule entre les deux derniers mots du vers.

Le ciel te garde encore un destin plus tragique.
N'importe, vif ou mort, les gouffres des enfers
Auront pour ton supplice encor de pires fers[1].
Là mille affreux bourreaux t'attendent dans les flammes ;
Moins les corps sont punis, plus ils gênent les âmes, 1250
Et par des cruautés qu'on ne peut concevoir,
Ils vengent l'innocence au delà de l'espoir[2].
Et vous, que désormais je n'ose plus attendre,
Prince, qui m'honoriez d'une amitié si tendre,
Et dont l'éloignement fait mon plus grand malheur[3], 1255
Bien qu'un crime imputé noircisse ma valeur,
Que le prétexte faux d'une action si noire
Ne laisse plus de moi qu'une sale mémoire[4],
Permettez que mon nom, qu'un bourreau va ternir,
Dure sans infamie en votre souvenir ; 1260
Ne vous repentez point de vos faveurs passées,
Comme chez un perfide indignement placées :
J'ose, j'ose espérer qu'un jour la vérité
Paroîtra toute nue à la postérité,
Et je tiens d'un tel heur l'attente si certaine, 1265
Qu'elle adoucit déjà la rigueur de ma peine ;
Mon âme s'en chatouille, et ce plaisir secret
La prépare à sortir avec moins de regret.

---

1. *Var.* Auront pour ton supplice encor des pires fers. (1652 et 57)
2. *Var.* Vengent les innocents par delà leur espoir. (1632-57)
3. *Var.* Et dont l'éloignement fut mon plus grand malheur. (1632-57)
4. *Var.* N'aille laisser de moi qu'une sale mémoire. (1632-57)

SCÈNE VIII.

FLORIDAN, PYMANTE, CLÉON, DORISE,
en habit de femme; TROIS VENEURS[1].

FLORIDAN, à Dorise et Cléon[2].

Vous m'avez dit tous deux d'étranges aventures.
Ah! Clitandre! ainsi donc de fausses conjectures   1270
T'accablent, malheureux, sous le courroux du Roi[3]!
Ce funeste récit me met tout hors de moi.

CLÉON.

Hâtant un peu le pas, quelque espoir me demeure[4]
Que vous arriverez auparavant qu'il meure.

FLORIDAN.

Si je n'y viens à temps, ce perfide en ce cas   1275
A son ombre immolé ne me suffira pas.
C'est trop peu de l'auteur de tant d'énormes crimes;
Innocent, il aura d'innocentes victimes.
Où que soit Rosidor, il le suivra de près,
Et je saurai changer ses myrtes en cyprès[5].   1280

DORISE.

Souiller ainsi vos mains du sang de l'innocence!

FLORIDAN.

Mon déplaisir m'en donne une entière licence.
J'en veux, comme le Roi, faire autant à mon tour;

---

1. *Var.* LE PRINCE, DORISE, *en son habit de femme;* PYMANTE, *garrotté et conduit par trois* VENEURS; CLÉON. (1632) — Les mots *en habit de femme* manquent dans l'édition de 1663.

2. Les mots *à Dorise et Cléon* ne se trouvent pas dans les éditions de 1632 et de 1663.

3. *Var.* T'accablent malheureux (*a*) sous le courroux du Roi! (1632-57)

4. *Var.* Hâtant un peu de pas, quelque espoir me demeure. (1632)

5. *Var.* Ses myrtes prétendus tourneront en cyprès. (1632-57)

(*a*) L'omission des deux virgules modifie le sens, mais c'est probablement une faute, commune aux éditions indiquées.

Et puisqu'en sa faveur on prévient mon retour,
Il est trop criminel. Mais que viens-je d'entendre[1]? 1285
Je me tiens presque sûr de sauver mon Clitandre;
La chasse n'est pas loin, où prenant un cheval,
Je préviendrai le coup de son malheur fatal;
Il suffit de Cléon[2] pour ramener Dorise.
Vous autres, gardez bien de lâcher votre prise; 1290
Un supplice l'attend, qui doit faire trembler
Quiconque désormais voudroit lui ressembler.

1. En marge, dans l'édition de 1632 : *On sonne du cor derrière.*
2. L'édition de 1632 porte : *Il suffit que Cléon;* toutes les autres : *Il suffit de Cléon.*

FIN DU QUATRIÈME ACTE.

ACTE V.

SCÈNE PREMIÈRE.
FLORIDAN, CLITANDRE, un Prévôt, CLÉON.

FLORIDAN, parlant au prévôt[1].

Dites vous-même au Roi qu'une telle innocence[2]
Légitime en ce point ma désobéissance,
Et qu'un homme sans crime avoit bien mérité   1295
Que j'usasse pour lui de quelque autorité.
Je vous suis. Cependant, que mon heur est extrême,
Ami, que je chéris à l'égal de moi-même[3],
D'avoir su justement venir à ton secours
Lorsqu'un infâme glaive alloit trancher tes jours,   1300
Et qu'un injuste sort, ne trouvant point d'obstacle,
Apprêtoit de ta tête un indigne spectacle!

CLITANDRE.

Ainsi qu'un autre Alcide, en m'arrachant des fers,
Vous m'avez aujourd'hui retiré des enfers[4];
Et moi dorénavant j'arrête mon envie   1305
A ne servir qu'un prince à qui je dois la vie.

FLORIDAN.

Réserve pour Caliste une part de tes soins.

---

1. *Var.* Il parle au prévôt. (1663, en marge.)
2. *Var.* Allez toujours au Roi dire qu'une innocence. (1632)
   Var. Allez devant au Roi dire qu'une innocence. (1644-57).
3. *Var.* Cher ami, que je tiens comme un autre moi-même. (1632-57)
4. *Var.* Vous m'avez, autant vaut, retiré des enfers. (1632-57)

CLITANDRE.
C'est à quoi désormais je veux penser le moins¹.
FLORIDAN.
Le moins! Quoi! désormais Caliste en ta pensée
N'auroit plus que le rang d'une image effacée ?

CLITANDRE.
J'ai honte que mon cœur auprès d'elle attaché
De son ardeur pour vous ait souvent relâché²,
Ait souvent pour le sien quitté votre service :
C'est par là que j'avois mérité mon supplice ;
Et pour m'en faire naître un juste repentir,
Il semble que les Dieux y vouloient consentir ;
Mais votre heureux retour a calmé cet orage.
FLORIDAN.
Tu me fais assez lire au fond de ton courage³ :
La crainte de la mort en chasse des appas
Qui t'ont mis au péril d'un si honteux trépas,
Puisque sans cet amour la fourbe mal conçue⁴
Eût manqué contre toi de prétexte et d'issue ;
Ou peut-être à présent tes desirs amoureux
Tournent vers des objets un peu moins rigoureux⁵.
CLITANDRE.
Doux ou cruels, aucun désormais ne me touche.
FLORIDAN.
L'amour dompte aisément l'esprit le plus farouche ;
C'est à ceux de notre âge un puissant ennemi :
Tu ne connois encor ses forces qu'à demi ;
Ta résolution, un peu trop violente,

---

1. *Var.* C'est à quoi désormais je veux songer le moins. (1632-60)
2. *Var.* Ait son ardeur vers vous si souvent relâché,
   Si souvent pour le sien quitté votre service. (1632-57)
3. *Var.* Je devine à peu près le fond de ton courage. (1632-57)
4. *Var.* Vu que sans cette amour la fourbe mal conçue. (1632-60)
5. *Var.* Se cherchent des objets un peu moins rigoureux. (1632-57)

ACTE V, SCÈNE I.

N'a pas bien consulté ta jeunesse bouillante. 1330
Mais que veux-tu, Cléon, et qu'est-il arrivé[1]?
Pymante de vos mains se seroit-il sauvé?

CLÉON.

Non, Seigneur : acquittés de la charge commise[2],
Vos veneurs ont conduit Pymante, et moi Dorise;
Et je viens seulement prendre un ordre nouveau[3]. 1335

FLORIDAN.

Qu'on m'attende avec eux aux portes du château.
Allons, allons au Roi montrer ton innocence[4];
Les auteurs des forfaits sont en notre puissance;
Et l'un d'eux, convaincu dès le premier aspect,
Ne te laissera plus aucunement suspect. 1340

SCÈNE II.

ROSIDOR, sur son lit[5].

Amants les mieux payés de votre longue peine,
Vous de qui l'espérance est la moins incertaine,
Et qui vous figurez, après tant de longueurs,
Avoir droit sur les corps dont vous tenez les cœurs,
En est-il parmi vous de qui l'âme contente 1345
Goûte plus de plaisir que moi dans son attente?
En est-il parmi vous de qui l'heur à venir
D'un espoir mieux fondé se puisse entretenir?
Mon esprit, que captive un objet adorable,
Ne l'éprouva jamais autre que favorable. 1350
J'ignorerois encor ce que c'est que mépris,

---

1. En marge, dans l'édition de 1632 : *Cléon entre*.
2. *Var.* Grâce aux Dieux, acquittés de la charge commise. (1632-57)
3. *Var.* Et je viens, Monseigneur, prendre un ordre nouveau. (1632-57)
4. En marge, dans l'édition de 1632 : *Cléon s'en va*.
5. *Var.* ROSIDOR, *dans son lit*. (1632-57) — *Il est sur son lit*. (1663, en marge.)

Si le sort d'un rival ne me l'avoit appris¹.
Je te plains toutefois, Clitandre, et la colère
D'un grand roi qui te perd me semble trop sévère.
Tes desseins par l'effet n'étoient que trop punis²;   1355
Nous voulant séparer, tu nous as réunis.
Il ne te falloit point de plus cruels supplices
Que de te voir toi-même auteur de nos délices,
Puisqu'il n'est pas à croire, après ce lâche tour³,
Que le Prince ose plus traverser notre amour.   1360
Ton crime t'a rendu désormais trop infâme
Pour tenir ton parti sans s'exposer au blâme :
On devient ton complice à te favoriser.
Mais, hélas! mes pensers, qui vous vient diviser⁴?
Quel plaisir de vengeance à présent vous engage?   1365
Faut-il qu'avec Caliste un rival vous partage?
Retournez, retournez vers mon unique bien :
Que seul dorénavant il soit votre entretien;
Ne vous repaissez plus que de sa seule idée;
Faites-moi voir la mienne en son âme gardée.   1370
Ne vous arrêtez pas à peindre sa beauté,
C'est par où mon esprit est le moins enchanté;
Elle servit d'amorce à mes desirs avides;
Mais ils ont su trouver des objets plus solides⁵ :

1. *Var.* [Si le sort d'un rival ne me l'avoit appris.]
Les flammes de Caliste à mes flammes répondent,
Je ne fais point de vœux que les siens ne secondent;
Il n'est point de souhaits qui ne m'en soient permis,
Ni de contentements qui ne m'en soient promis.
Clitandre, qui jamais n'attira que sa haine,
Ne peut plus m'opposer le Prince, ni la Reine;
Si mon heur de sa part avoit quelque défaut,
Avec sa tête on va l'ôter sur l'échafaud.
[Je te plains toutefois, Clitandre, et la colère.] (1632-57)
2. *Var.* Tes desseins du succès étoient assez punis. (1632-57)
3. *Var.* Vu qu'il n'est pas à croire, après ce lâche tour. (1632-57)
4. *Var.* Mais hélas! mes pensées (*sic*) qui vous veut diviser? (1657)
5. *Var.* Mais il leur faut depuis des objets plus solides. (1632-57)

Mon feu qu'elle alluma fût mort au premier jour, 1375
S'il n'eût été nourri d'un réciproque amour.
Oui, Caliste, et je veux toujours qu'il m'en souvienne,
J'aperçus aussitôt ta flamme que la mienne :
L'amour apprit ensemble à nos cœurs à brûler;
L'amour apprit ensemble à nos yeux à parler; 1380
Et sa timidité lui donna la prudence
De n'admettre que nous en notre confidence :
Ainsi nos passions se déroboient à tous;
Ainsi nos feux secrets n'ayant point de jaloux[1]....
Mais qui vient jusqu'ici troubler mes rêveries? 1385

SCÈNE III.
ROSIDOR, CALISTE.

CALISTE.

Celle qui voudroit voir tes blessures guéries,
Celle....

ROSIDOR.

Ah! mon heur, jamais je n'obtiendrois sur moi
De pardonner ce crime à tout autre[2] qu'à toi.
De notre amour naissant la douceur et la gloire
De leur charmante idée occupoient ma mémoire : 1390
Je flattois ton image, elle me reflattoit;
Je lui faisois des vœux, elle les acceptoit;
Je formois des desirs, elle en aimoit l'hommage.
La désavoueras-tu, cette flatteuse image?
Voudras-tu démentir notre entretien secret? 1395
Seras-tu plus mauvaise enfin que ton portrait?

CALISTE.

Tu pourrois de sa part te faire tant promettre,

1. Voyez au *Complément des variantes*, p. 367.
2. Il y a *tout autre*, au masculin, dans toutes les éditions qui ont ce texte. Voyez ci-dessus, p. 228, note *a*.

Que je ne voudrois pas tout à fait m'y remettre;
Quoiqu'à dire le vrai je ne sais pas trop bien
En quoi je dédirois ce secret entretien, 1400
Si ta pleine santé me donnoit lieu de dire
Quelle borne à tes vœux je puis et dois prescrire.
Prends soin de te guérir, et les miens plus contents....
Mais je te le dirai quand il en sera temps.
ROSIDOR.
Cet énigme enjoué n'a point d'incertitude 1405
Qui soit propre à donner beaucoup d'inquiétude,
Et si j'ose entrevoir dans son obscurité,
Ma guérison importe à plus qu'à ma santé.
Mais dis tout, ou du moins souffre que je devine,
Et te die à mon tour ce que je m'imagine. 1410
CALISTE.
Tu dois, par complaisance au peu que j'ai d'appas,
Feindre d'entendre mal ce que je ne dis pas,
Et ne point m'envier un moment de délices
Que fait goûter l'amour en ces petits supplices.
Doute donc, sois en peine, et montre un cœur gêné 1415
D'une amoureuse peur d'avoir mal deviné;
Tremble sans craindre trop; hésite, mais aspire[1];
Attends de ma bonté qu'il me plaise tout dire,
Et sans en concevoir d'espoir trop affermi,
N'espère qu'à demi, quand je parle à demi. 1420
ROSIDOR.
Tu parles à demi, mais un secret langage
Qui va jusques au cœur m'en dit bien davantage,
Et tes yeux sont du tien de mauvais truchements,
Ou rien plus ne s'oppose à nos contentements.
CALISTE.
Je l'avois bien prévu, que ton impatience 1425

---

1. *Var.* Espère, mais hésite; hésite, mais aspire. (1660 et 63)
Var. Doute dans ton espoir; hésite, mais aspire. (1664)

ACTE V, SCÈNE III.

Porteroit ton espoir à trop de confiance,
Que pour craindre trop peu tu devinerois mal.

ROSIDOR.

Quoi! la Reine ose encor soutenir mon rival?
Et sans avoir d'horreur d'une action si noire....

CALISTE.

Elle a l'âme trop haute et chérit trop la gloire 1430
Pour ne pas s'accorder aux volontés du Roi,
Qui d'un heureux hymen récompense ta foi....

ROSIDOR.

Si notre heureux malheur a produit ce miracle,
Qui peut à nos desirs mettre encor quelque obstacle?

CALISTE.

Tes blessures.

ROSIDOR.

Allons, je suis déjà guéri. 1435

CALISTE.

Ce n'est pas pour un jour que je veux un mari,
Et je ne puis souffrir que ton ardeur hasarde
Un bien que de ton roi la prudence retarde.
Prends soin de te guérir, mais guérir tout à fait,
Et crois que tes desirs....

ROSIDOR.

N'auront aucun effet. 1440

CALISTE.

N'auront aucun effet! qui te le persuade?

ROSIDOR.

Un corps peut-il guérir, dont le cœur est malade?

CALISTE.

Tu m'as rendu mon change, et m'as fait quelque peur;
Mais je sais le remède aux blessures du cœur.
Les tiennes, attendant le jour que tu souhaites, 1445
Auront pour médecins mes yeux qui les ont faites :
Je me rends désormais assidue à te voir.

ROSIDOR.

Cependant, ma chère âme, il est de mon devoir
Que sans perdre de temps j'aille rendre en personne[1]
D'humbles grâces au Roi du bonheur qu'il nous donne.

CALISTE.

Je me charge pour toi de ce remercîment.
Toutefois qui sauroit que pour ce compliment
Une heure hors d'ici ne pût beaucoup te nuire[2],
Je voudrois en ce cas moi-même t'y conduire,
Et j'aimerois mieux être un peu plus tard à toi,   1455
Que tes justes devoirs manquassent vers ton roi[3].

ROSIDOR.

Mes blessures n'ont point, dans leurs foibles atteintes,
Sur quoi ton amitié puisse fonder ses craintes.

CALISTE.

Viens donc, et puisqu'enfin nous faisons mêmes vœux,
En le remerciant parle au nom de tous deux.   1460

SCÈNE IV.

ALCANDRE, FLORIDAN, CLITANDRE, PYMANTE,
DORISE, CLÉON, Prévôt, trois Veneurs.

ALCANDRE.

Que souvent notre esprit, trompé par l'apparence[4],
Règle ses mouvements avec peu d'assurance!

---

1. *Var.* Que sans plus différer je m'en aille en personne
   Remercier le Roi du bonheur qu'il nous donne. (1632-57)
2. *Var.* Une heure hors du lit ne te pût beaucoup nuire. (1632-57)
3. *Var.* Que tes humbles devoirs manquassent vers ton roi.
   ROS. Mes blessures n'ont pas, en leurs foibles atteintes,
   [Sur quoi ton amitié puisse fonder ses craintes.]
   CAL. Reprends donc tes habits. ROS. Ne sors pas de ce lieu.
   CAL. Je rentre incontinent. ROS. Adieu donc, sans adieu. (1632-57)
4. *Var.* Que souvent notre esprit, trompé de l'apparence. (1632)

ACTE V, SCÈNE IV. 357

Qu'il est peu de lumière en nos entendements,
Et que d'incertitude en nos raisonnements¹!
Qui voudra désormais se fie² aux impostures 1465
Qu'en notre jugement forment les conjectures :
Tu suffis pour apprendre à la postérité
Combien la vraisemblance a peu de vérité.
Jamais jusqu'à ce jour la raison en déroute
N'a conçu tant d'erreur avec si peu de doute³ ; 1470
Jamais, par des soupçons si faux et si pressants,
On n'a jusqu'à ce jour convaincu d'innocents.
J'en suis honteux, Clitandre, et mon âme confuse
De trop de promptitude en soi-même s'accuse.
Un roi doit se donner, quand il est irrité, 1475
Ou plus de retenue, ou moins d'autorité.
Perds-en le souvenir, et pour moi, je te jure
Qu'à force de bienfaits j'en répare l'injure.

CLITANDRE.

Que Votre Majesté, Sire, n'estime pas
Qu'il faille m'attirer par de nouveaux appas. 1480
L'honneur de vous servir m'apporte assez de gloire,
Et je perdrois le mien, si quelqu'un pouvoit croire
Que mon devoir penchât au refroidissement,
Sans le flatteur espoir d'un agrandissement.
Vous n'avez exercé qu'une juste colère : 1485
On est trop criminel quand on peut vous déplaire⁴,
Et tout chargé de fers, ma plus forte douleur
Ne s'en osa jamais prendre qu'à mon malheur.

---

1. L'exemplaire de l'édition de 1632 qui appartient à la Bibliothèque impériale porte ici *mes raisonnements ;* deux autres, que nous avons pu comparer, donnent *nos* raisonnements, comme notre texte.

2. L'édition de 1682, au lieu de *se fie*, qui est dans toutes les autres, donne *se fier*. C'est évidemment une faute.

3. *Var.* N'a conçu tant d'erreur avecque moins de doute. (1632-57)

4. *Var.* On est trop criminel quand on vous peut déplaire. (1632-57)

FLORIDAN.

Seigneur, moi qui connois le fond de son courage[1],
Et qui n'ai jamais vu de fard en son langage,   1490
Je tiendrois à bonheur que Votre Majesté
M'acceptât pour garant de sa fidélité.

ALCANDRE.

Ne nous arrêtons plus sur la reconnoissance
Et de mon injustice, et de son innocence :
Passons aux criminels. Toi dont la trahison   1495
A fait si lourdement trébucher ma raison[2],
Approche, scélérat. Un homme de courage
Se met avec honneur en un tel équipage[3]?
Attaque, le plus fort, un rival plus heureux?
Et présumant encor cet exploit dangereux,   1500
A force de présents et d'infâmes pratiques,
D'un autre cavalier corrompt les domestiques?
Prend d'un autre le nom, et contrefait son seing,
Afin qu'exécutant son perfide dessein,
Sur un homme innocent tombent les conjectures?   1505
Parle, parle, confesse, et préviens les tortures.

PYMANTE.

Sire, écoutez-en donc la pure vérité.
Votre seule faveur a fait ma lâcheté,
Vous dis-je, et cet objet dont l'amour me transporte[4].
L'honneur doit pouvoir tout sur les gens de ma sorte;   1510
Mais recherchant la mort de qui vous est si cher[5],
Pour en avoir le fruit il me falloit cacher :

---

1. *Var.* Monsieur, moi qui connois le fond de son courage. (1632-57)
2. *Var.* A fait si lourdement chopper notre raison. (1632-57)
3. *Var.* Se met souvent, non pas? en un tel équipage. (1632-57)
4. *Var.* Vous, dis-je, et cet objet dont l'amour me consomme.
   Je sais ce que l'honneur vouloit d'un gentilhomme;
   Mais recherchant la mort d'un qui nous (a) est si cher,
   Pour en avoir les fruits il me falloit cacher. (1632)
5. *Var.* Mais recherchant la mort d'un qui vous est si cher. (1644-57)

(a) C'est évidemment *vous* qu'il faut lire.

ACTE V, SCÈNE IV.

Reconnu pour l'auteur d'une telle surprise,
Le moyen d'approcher de vous ou de Dorise?

ALCANDRE.

Tu dois aller plus outre, et m'imputer encor¹ 1515
L'attentat sur mon fils comme sur Rosidor;
Car je ne touche point à Dorise outragée;
Chacun, en te voyant, la voit assez vengée,
Et coupable elle-même, elle a bien mérité
L'affront qu'elle a reçu de ta témérité. 1520

PYMANTE.

Un crime attire l'autre, et de peur d'un supplice,
On tâche, en étouffant ce qu'on en voit d'indice,
De paroître innocent à force de forfaits.
Je ne suis criminel sinon manque d'effets,
Et sans l'âpre rigueur du sort qui me tourmente, 1525
Vous pleureriez le Prince et souffririez Pymante.
Mais que tardez-vous plus? j'ai tout dit : punissez.

ALCANDRE.

Est-ce là le regret de tes crimes passés?
Otez-le-moi d'ici : je ne puis voir sans honte
Que de tant de forfaits il tient si peu de conte². 1530
Dites à mon conseil que, pour le châtiment,
J'en laisse à ses avis le libre jugement;
Mais qu'après son arrêt je saurai reconnoître
L'amour que vers son prince il aura fait paroître.
    Viens çà, toi, maintenant, monstre de cruauté³, 1535
Qui joins l'assassinat à la déloyauté⁴,
Détestable Alecton, que la Reine déçue
Avoit naguère au rang de ses filles reçue!

---

1. *Var.* Va plus outre, impudent, pousse, et m'impute encor. (1632-57)
2. Voyez plus haut, p. 150, la note relative à la variante du vers 134 de *Mélite.*
3. En marge, dans l'édition de 1632 : *Pymante sort, et le Roi fait approcher Dorise.*
4. *Var.* Qui veux joindre le meurtre à la déloyauté. (1632-64)

Quel barbare, ou plutôt quelle peste d'enfer
Se rendit ton complice et te donna ce fer[1] ? 1540
DORISE.
L'autre jour, dans ce bois trouvé par aventure[2],
Sire, il donna sujet à toute l'imposture ;
Mille jaloux serpents qui me rongeoient le sein
Sur cette occasion formèrent mon dessein :
Je le cachai dès lors.
FLORIDAN.
Il est tout manifeste 1545
Que ce fer n'est enfin qu'un misérable reste[3]
Du malheureux duel où le triste Arimant
Laissa son corps sans âme et Daphné sans amant.
Mais quant à son forfait, un ver de jalousie
Jette souvent notre âme en telle frénésie, 1550
Que la raison, qu'aveugle un plein emportement[4],
Laisse notre conduite à son déréglement ;
Lors tout ce qu'il produit mérite qu'on l'excuse.
ALCANDRE.
De si foibles raisons mon esprit ne s'abuse.
FLORIDAN.
Seigneur, quoi qu'il en soit, un fils qu'elle vous rend[5] 1555
Sous votre bon plaisir sa défense entreprend :
Innocente ou coupable, elle assura ma vie.
ALCANDRE.
Ma justice en ce cas la donne à ton envie ;
Ta prière obtient même avant que demander
Ce qu'aucune raison ne pouvoit t'accorder. 1560
Le pardon t'est acquis, relève-toi, Dorise,

1. *Var.* Se rendit ton complice et te bailla ce fer? (1632-57)
2. *Var.* L'autre jour, dans ces bois trouvé par aventure. (1632-64)
3. *Var.* Que ce fer n'est sinon un misérable reste
   Du malheureux duel où le pauvre Arimant. (1632-57)
4. *Var.* Que la raison, tombée en un aveuglement. (1632-57)
5. *Var.* Monsieur, quoi qu'il en soit, un fils qu'elle vous rend. (1632-57)

Et va dire partout, en liberté remise,
Que le Prince aujourd'hui te préserve à la fois
Des fureurs de Pymante et des rigueurs des lois.
DORISE.
Après une bonté tellement excessive, 1565
Puisque votre clémence ordonne que je vive,
Permettez désormais, Sire, que mes desseins
Prennent des mouvements plus réglés et plus sains :
Souffrez que pour pleurer mes actions brutales,
Je fasse ma retraite avecque les Vestales, 1570
Et qu'une criminelle indigne d'être au jour[1]
Se puisse renfermer en leur sacré séjour.
FLORIDAN.
Te bannir de la cour après m'être obligée,
Ce seroit trop montrer ma faveur négligée.
DORISE.
N'arrêtez point au monde un objet odieux[2], 1575
De qui chacun d'horreur détourneroit les yeux.
FLORIDAN.
Fusses-tu mille fois encor plus méprisable,
Ma faveur te va rendre assez considérable
Pour t'acquérir ici mille inclinations[3].
Outre l'attrait puissant de tes perfections, 1580
Mon respect à l'amour tout le monde convie
Vers celle à qui je dois et qui me doit la vie.
Fais-le voir, cher Clitandre, et tourne ton desir[4]
Du côté que ton prince a voulu te choisir :
Réunis mes faveurs t'unissant à Dorise. 1585
CLITANDRE.
Mais par cette union mon esprit se divise,

1. *Var.* Et qu'ainsi je renferme en leur sacré séjour
    Une qui ne dût pas seulement voir le jour. (1632-57)
2. *Var.* N'arrêtez point au monde un sujet odieux. (1632-57)
3. *Var.* Pour te faire l'objet de mille affections. (1632-57)
4. *Var.* Fais-le voir, mon Clitandre, et tourne ton desir. (1632-57)

Puisqu'il faut que je donne aux devoirs d'un époux
La moitié des pensers qui ne sont dus qu'à vous.

FLORIDAN.

Ce partage m'oblige, et je tiens tes pensées
Vers un si beau sujet d'autant mieux adressées,   1590
Que je lui veux céder ce qui m'en appartient.

ALCANDRE.

Taisez-vous, j'aperçois notre blessé qui vient.

SCÈNE V.

ALCANDRE, FLORIDAN, CLÉON[1], CLITANDRE,
ROSIDOR, CALISTE, DORISE.

ALCANDRE.

Au comble de tes vœux, sûr de ton mariage,
N'es-tu point satisfait? que veux-tu davantage?

ROSIDOR.

L'apprendre de vous, Sire, et pour remercîments   1595
Nous offrir l'un et l'autre à vos commandements[2],

ALCANDRE.

Si mon commandement peut sur toi quelque chose,
Et si ma volonté de la tienne dispose,
Embrasse un cavalier indigne des liens
Où l'a mis aujourd'hui la trahison des siens.   1600
Le Prince heureusement l'a sauvé du supplice,
Et ces deux[3] que ton bras dérobe à ma justice,
Corrompus par Pymante, avoient juré ta mort.
Le suborneur depuis n'a pas eu meilleur sort,

---

1. Dans l'édition de 1632, LE PRINCE (*Floridan*) et CLÉON ne figurent point parmi les acteurs de cette scène.
2. *Var.* Offrir encor ma vie à vos commandements. (1632-57)
3. Lycaste et Géronte. Voyez la scène IX du Ier acte.

ACTE V, SCÈNE V.

Et ce traître, à présent tombé sous ma puissance, 1605
Clitandre, fait trop voir quelle est son innocence.

ROSIDOR[1].

Sire, vous le savez, le cœur me l'avoit dit,
Et si peu que j'avois près de vous de crédit[2],
Je l'employai dès lors contre votre colère.

(A Clitandre[3].)

En moi dorénavant faites état d'un frère. 1610

CLITANDRE, à Rosidor[4].

En moi, d'un serviteur dont l'amour éperdu
Ne vous conteste plus un prix qui vous est dû[5].

DORISE, à Caliste.

Si le pardon du Roi me peut donner le vôtre,
Si mon crime....

CALISTE[6].

Ah! ma sœur, tu me prends pour une autre[7],
Si tu crois que je puisse encor m'en souvenir[8]. 1615

ALCANDRE.

Tu ne veux plus songer qu'à ce jour à venir
Où Rosidor guéri termine un hyménée[9].
Clitandre, en attendant cette heureuse journée,
Tâchera d'allumer en son âme des feux
Pour celle que mon fils desire, et que je veux; 1620
A qui, pour réparer sa faute criminelle,

---

1. *Var.* ROSIDOR, *au Roi.* (1648)
2. *Var.* Et si peu que j'avois envers vous de crédit. (1632-64)
3. Les mots *à Clitandre* manquent dans les éditions de 1632, 44 et 52-60.
4. *Var.* CLITANDRE, *embrassant Rosidor.* (1644-60) — En marge, dans l'édition de 1632 : *Il embrasse Clitandre;* mais ce nom est là par erreur pour *Rosidor.*
5. *Var.* Ne vous querelle plus un prix qui vous est dû. (1632-57)
6. *Var.* CALISTE, *en l'embrassant.* (1632-60)
7. *Var.*   Ah! ma sœur, tu me prends pour un autre (*a*). (1632-60)
8. *Var.* Si tu crois que je veuille encor m'en souvenir. (1632)
9. *Var.* Que Rosidor guéri termine un hyménée. (1632-60)

(*a*) Voyez ci-dessus, p. 228, la variante du vers 1425 de *Mélite*, et la note qui s'y rapporte.

Je défends désormais de se montrer cruelle;
Et nous verrons alors cueillir en même jour¹
A deux couples d'amants les fruits de leur amour.

1. *Var.* Ainsi nous verrons lors cueillir en même jour. (1632-57)

FIN DU CINQUIÈME ET DERNIER ACTE.

COMPLÉMENT
DES VARIANTES.

956 [De gêne qui te puisse à mon gré tourmenter.]
    Sus d'ongles et de dents! PYM. Et que voulez-vous faire?
    Dorise, arrêtez-vous. DOR. Je me veux satisfaire (a),
    Te déchirant le cœur (b). PYM. Vouloir ainsi ma mort!
    Il faudroit paravant que j'en fusse d'accord,
    Et que ma patience aidât votre foiblesse.
    Que d'heur! je tiens ici captive ma maîtresse.
    (Il lui prend les mains et les lui baise.) (c)
    Elle reçoit mes lois, et je puis disposer
    De ses mains qu'à mon aise on me laisse baiser.
    DOR. Cieux cruels! ainsi donc votre injustice avoue
    Qu'un perfide plus fort de ma fureur se joue,
    Et contre ce brigand votre inique rigueur
    Me donne un tel courage, et si peu de vigueur.
    Ah sort injurieux! maudite destinée!
    Malheurs trop redoublés! détestable journée!
    PYM. Enfin vos cris aigus nous pourroient déceler:
    Voici tout proche un lieu plus commode à parler;
    Belle Dorise, entrons dedans cette caverne,
    Qu'un peu plus à loisir Pymante vous gouverne.
    DOR. Que plutôt ce moment puisse achever mes jours!
    PYMANTE. *(Il l'enlève dans la caverne.)* (d)
    Non, non, il faut venir. DOR. A la force, au secours!

SCÈNE VI (e).

LYSARQUE, CLÉON.

    LYS. Je t'ai dit en deux mots ce qu'on fera du traître,
    Et c'est comme le Roi l'a promis à mon maître,
    Dont il prend l'intérêt extrêmement à cœur.
    CLÉON. Tu me viens de conter des excès de rigueur.

(a)   Je veux me satisfaire. (1652-57)
(b) Te déchirer le cœur. (1644-57)
(c) *Lui prenant les mains.* (1652-57)
(d) PYMANTE, *l'enlevant dans la caverne.* (1644-57)
(e) SCÈNE IV. (1632)

Bien que ce cavalier soit atteint de ce crime,
On dût considérer que le Prince l'estime (a).
LYS. Et c'est ce qui le perd : de peur de son retour,
On hâte le supplice avant la fin du jour;
Le Roi, qui ne pourroit refuser sa requête,
Lui veut à son desçu (b) faire couper la tête.
De vrai, tout le conseil, d'un sentiment plus doux,
Essayant d'adoucir l'aigreur de son courroux,
Vu ce tiers échappé, lui propose d'attendre
Que le pendard repris ait convaincu Clitandre (c);
Mais il ne reçoit point d'autre avis que le sien.
CLÉON. L'accusé cependant coupable ne dit rien?
LYS. En vain le malheureux proteste d'innocence,
Le Roi dans sa colère use de sa puissance,
Et l'on n'a su gagner qu'avec un grand effort
Quatre heures qu'il lui donne à songer à la mort.
C'est dont je vais porter la nouvelle à mon maître.
CLÉON. S'il n'est content, au moins il a sujet de l'être.
Mais dis-moi si ses coups le mettent en danger.
LYS. Il ne s'en trouve aucun qui ne soit fort léger;
Un seul du genou droit offense la jointure,
Dont il faut que le lit facilite la cure;
Le reste ne l'oblige à garder la maison,
Et quelque écharpe au bras en feroit la raison.
Adieu, fais, je te prie, état de mon service,
Et crois qu'il n'est pour toi chose que je ne fisse.
CLÉON. Et moi pareillement je suis ton serviteur. (*Il est seul.*) (d)
Me voilà de sa mort le véritable auteur :
Sur mes premiers soupçons le Roi mis en cervelle
Devint préoccupé d'une haine mortelle,
Et depuis, sous l'appas d'un mandement caché,
Je l'ai d'entre les bras de son prince arraché.
Que sera-ce de moi s'il en a connoissance?
Rien ne me garantit qu'une éternelle absence;
Après qu'il l'aura su, me montrer à la cour,
C'est m'offrir librement à la perte du jour.
Faisons mieux toutefois : avant que l'heure passe,
Allons encor un coup le trouver à la chasse,
Et s'il ne peut venir à temps pour le sauver (e),
Par une prompte fuite il faudra s'esquiver. (1632-57)

(a) Ne se souvient-on point que le prince l'estime?
LYS. C'est là ce qui le perd : de peur de son retour. (1644-57)
(b) *A son desçu*, à son insu. Voyez plus haut, p. 180, note 2.
(c) Que l'assassin repris ait convaincu Clitandre. (1644-57)
(d) Une nouvelle scène (SCÈNE VII) commence après ce vers dans les éditions de 1644-57. — Les mots : *Il est seul*, y manquent.
(e) Et s'il ne vient à temps pour rabattre les coups,
Par une prompte fuite évitons son courroux. (1644-57)

1384 Ainsi nos feux secrets n'avoient point de jaloux,
Tant que leur sainte ardeur, plus forte devenue,
Voulut un peu de mal à tant de retenue.
Lors on nous vit quitter ces ridicules soins,
Et nos petits larcins souffrirent les témoins.
Si je voulois baiser ou tes yeux ou ta bouche,
Tu savois dextrement faire un peu la farouche,
Et me laissant toujours de quoi me prévaloir,
Montrer également le craindre et le vouloir.
Depuis avec le temps l'amour s'est fait le maître ;
Sans aucune contrainte il a voulu paroître :
Si bien que plus nos cœurs perdoient de liberté,
Et plus on en voyoit en notre privauté.
Ainsi dorénavant, après la foi donnée,
Nous ne respirons plus qu'un heureux hyménée,
Et, ne touchant encor ses droits que du penser,
Nos feux à tout le reste osent se dispenser ;
Hors ce point, tout est libre à l'ardeur qui nous presse (a).

SCÈNE III.

CALISTE, ROSIDOR (b).

CAL. Que diras-tu, mon cœur, de voir que ta maîtresse
Te vient effrontément trouver jusques au lit?
ROS. Que dirai-je, sinon que pour un tel délit,
On ne m'échappe à moins de trois baisers d'amende?
CAL. La gentille façon d'en faire la demande !
ROS. Mon regret, dans ce lit qu'on m'oblige à garder,
C'est de ne pouvoir plus prendre sans demander :
Autrement, mon souci, tu sais comme j'en use.
CAL. En effet, il est vrai, de peur qu'on te refuse,
Sans rien dire souvent et par force tu prends.
ROS. Ce que, forcée ou non, de bon cœur tu me rends.
CAL. Tout beau : si quelquefois je souffre et je pardonne
Le trop de liberté que ta flamme se donne,
C'est sous condition de n'y plus revenir.
ROS. Si tu me rencontrois d'humeur à la tenir,
Tu chercherois bientôt moyen de t'en dédire.
Ton sexe, qui défend ce que plus il desire,
Voit fort à contre-cœur.... CAL. Qu'on lui désobéit,
Et que notre foiblesse au plus fort le trahit.
ROS. Ne dissimulons point : est-il quelque avantage
Qu'avec nous au baiser ton sexe ne partage?
CAL. Vos importunités le font assez juger.
ROS. Nous ne nous en servons que pour vous obliger :
C'est par où notre ardeur supplée à votre honte ;

(a) En marge, dans l'édition de 1632 : CALISTE *entre et s'assied sur son lit.*
(b) ROSIDOR, CALISTE. (1644-57)

Mais l'un et l'autre y trouve également son conte,
Et toutes vous dussiez prendre en un jeu si doux,
Comme même plaisir, même intérêt que nous.
CAL. Ne pouvant le gagner contre toi de paroles,
J'opposerai l'effet à tes raisons frivoles,
Et saurai désormais si bien te refuser,
Que tu verras le goût que je prends à baiser :
Aussi bien ton orgueil en devient trop extrême.
ROS. Simple, pour le punir, tu te punis toi-même :
Ce dessein mal conçu te venge à tes dépens.
Déjà n'est-il pas vrai, mon heur, tu t'en repens?
Et déjà la rigueur d'une telle contrainte
Dans tes yeux languissants met une douce plainte;
L'amour par tes regards murmure de ce tort,
Et semble m'avouer d'un agréable effort.
CAL. Quoi qu'il en soit, Caliste au moins t'en désavoue.
ROS. Ce vermillon nouveau qui colore ta joue
M'invite expressément à me licencier.
CAL. Voilà le vrai chemin de te disgracier.
ROS. Ces refus attrayants ne font que des remises.
CAL. Lorsque tu te verras ces privautés permises,
Tu pourras t'assurer que nos contentements
Ne redouteront plus aucuns empêchements.
ROS. Vienne cet heureux jour! mais jusque-là, mauvaise,
N'avoir point de baisers à rafraîchir ma braise!
Dussai-je être impudent autant comme importun (a),
A tel prix que ce soit, sache qu'il m'en faut un (b).
Dégoûtée, ainsi donc ta menace s'exerce?
CAL. Aussi n'est-il plus rien, mon cœur, qui nous traverse,
Aussi n'est-il plus rien qui s'oppose à nos vœux :
La Reine, qui toujours fut contraire à nos feux,
Soit du piteux récit de nos hasards touchée,
Soit de trop de faveur vers un traître fâchée,
A la fin s'accommode aux volontés du Roi,
[Qui d'un heureux hymen récompense ta foi.]
ROS. Qu'un hymen doive unir nos ardeurs mutuelles!
Ah mon heur! pour le port de si bonnes nouvelles,
C'est trop peu d'un baiser. CAL. Et pour moi c'est assez.
ROS. Ils n'en sont que plus doux étant un peu forcés.
Je ne m'étonne plus de te voir si privée,
Te mettre sur mon lit aussitôt qu'arrivée :
Tu prends possession déjà de la moitié,
Comme étant toute acquise à ta chaste amitié.
Mais à quand ce beau jour qui nous doit tout permettre?
CAL. Jusqu'à ta guérison on l'a voulu remettre.
ROS. Allons, allons, mon cœur, je suis déjà guéri.

(a) Dussai-je être insolent autant comme importun. (1648)
(b) En marge, dans l'édition de 1632 : *Il la baise sans résistance.*

[CAL. Ce n'est pas pour un jour que je veux un mari.]
Tout beau : j'aurois regret, ta santé hasardée,
Si tu m'allois quitter sitôt que possédée.
Retiens un peu la bride à tes bouillants desirs,
Et pour les mieux goûter assure nos plaisirs.
ROS. Que le sort a pour moi de subtiles malices!
Ce lit doit être un jour le champ de mes délices,
Et recule lui seul ce qu'il doit terminer;
Lui seul il m'interdit ce qu'il me doit donner.
CAL. L'attente n'est pas longue, et son peu de durée....
ROS. N'augmente que la soif de mon âme altérée.
CAL. Cette soif s'éteindra : ta prompte guérison
Paravant qu'il soit peu t'en fera la raison.
ROS. A ce compte, tu veux que je me persuade
Qu'un corps puisse guérir dont le cœur est malade.
CAL. N'use point avec moi de ce discours moqueur :
On sait bien ce que c'est des blessures du cœur.
Les tiennes, attendant l'heure que tu souhaites. (1632-57)

FIN DU COMPLÉMENT DES VARIANTES.

LA VEUVE

COMÉDIE

1633

NOTICE.

Le *Privilége* de cette comédie est daté du 9 mars 1634, et suivant la plupart des éditeurs de Corneille, elle a été représentée au commencement de la même année.

Cela nous paraît peu probable. En effet, voici comment Corneille s'exprime dans sa *Dédicace* : « Madame, le bon accueil qu'*autrefois* cette Veuve a reçu de vous l'oblige à vous en remercier. » A la vérité, l'on pourrait croire jusqu'ici qu'il est simplement question d'une lecture, mais le poëte ajoute : « Elle espère que vous ne la méconnoîtrez pas, pour être dépouillée de tous autres ornements que les siens, et que vous la traiterez aussi bien qu'alors que la grâce de la représentation la mettoit en son jour. » Enfin, parmi les nombreux hommages poétiques qui précèdent la pièce, un sonnet : *A la Veuve de Monsieur Corneille*, commence ainsi :

> Clarice, un temps si long sans te montrer au jour
> M'a fait appréhender que le deuil du veuvage
> Ayant terni l'éclat des traits de ton visage,
> T'empêchât d'établir parmi nous ton séjour ;

ce qui veut dire, en langage vulgaire, que l'impression de cette pièce s'est fait beaucoup attendre.

Il semble donc prudent de se ranger à l'opinion des frères Parfait, qui, dans leur *Histoire du théâtre françois* (tome V, p. 43), placent l'ouvrage à l'année 1633.

L'édition originale a pour titre :

LA VEFVE OU LE TRAISTRE TRAHY, COMEDIE, *à Paris, chez François Targa....* M.DC.XXXIV. *Auec priuilege du Roy*. Le second titre (*ou le Traître trahi*) a été supprimé à partir de 1644.

Le volume, de format in-8°, se compose de 20 feuillets non chiffrés et de 144 pages. On lit au bas du privilége : « Acheué d'imprimer le treisiesme iour de Mars mil six cens trente-quatre. »

A MADAME DE LA MAISONFORT[1].

Madame,

Le bon accueil qu'autrefois cette Veuve a reçu de vous l'oblige à vous en remercier, et l'enhardit à vous demander la faveur de votre protection. Étant exposée aux coups de l'envie et de la médisance, elle n'en peut trouver de plus assurée que celle d'une personne sur qui ces deux monstres n'ont jamais eu de prise. Elle espère que vous ne la méconnoîtrez pas, pour être dépouillée de tous autres ornements que les siens, et que vous la traiterez aussi bien qu'alors que la grâce de la représentation la mettoit en son jour[2]. Pourvu qu'elle vous puisse divertir encore une heure, elle est trop contente, et se bannira sans regret du théâtre pour avoir une place dans votre cabinet. Elle est honteuse de vous ressembler si peu, et a de grands sujets d'appréhender qu'on ne l'accuse de peu de jugement de se présenter devant vous, dont les perfections la feront paroître d'autant plus imparfaite; mais quand elle considère qu'elles sont en un si haut point, qu'on n'en peut avoir de légères teintures sans des priviléges tous particuliers du ciel, elle se rassure entièrement, et n'ose plus craindre qu'il se rencontre des esprits assez injustes pour lui imputer à défaut

---

1. Cette dédicace a été réimprimée dans les éditions de 1644-1657. Au moment où Corneille l'écrivait, Élisabeth d'Estampes était veuve de Louis de la Châtre, baron de la Maisonfort, maréchal de France, mort en octobre 1630; mais ce n'était pas une jeune veuve comme l'héroïne de notre poëte : elle avait cinquante-deux ans. Elle mourut à Coubert en Brie, le 14 septembre 1654, âgée de soixante-douze ans.

2. Var. (édit. de 1644-1657) : les grâces de la représentation la mettoient en son jour.

le manque des choses qui sont au-dessus des forces de la nature : en effet, MADAME, quelque difficulté que vous fassiez de croire aux miracles, il faut que vous en reconnoissiez en vous-même, ou que vous ne vous connoissiez pas, puisqu'il est tout vrai que des vertus et des qualités si peu communes que les vôtres ne sauroient avoir d'autre nom. Ce n'est pas mon dessein d'en faire ici les éloges : outre qu'il seroit superflu de particulariser ce que tout le monde sait, la bassesse de mon discours profaneroit des choses si relevées. Ma plume est trop foible pour entreprendre de voler si haut : c'est assez pour elle de vous rendre mes devoirs, et de vous protester, avec plus de vérité que d'éloquence, que je serai toute ma vie,

MADAME,

Votre très-humble et très-obéissant serviteur,

CORNEILLE.

AU LECTEUR[1].

Si tu n'es homme à te contenter de la naïveté du style et de la subtilité de l'intrique, je ne t'invite point à la lecture de cette pièce : son ornement n'est pas dans l'éclat des vers. C'est une belle chose que de les faire puissants et majestueux : cette pompe ravit d'ordinaire les esprits, et pour le moins les éblouit ; mais il faut que les sujets en fassent naître les occasions : autrement c'est en faire parade mal à propos, et pour gagner le nom de

---

1. Cet avis Au lecteur, et les hommages poétiques adressés à Corneille, au sujet de sa comédie de *la Veuve*, par divers poëtes contemporains, ne se trouvent, ainsi que l'Argument, que dans l'édition de 1634.

AU LECTEUR.

poëte, perdre celui de judicieux. La comédie n'est qu'un portrait de nos actions et de nos discours, et la perfection des portraits consiste en la ressemblance. Sur cette maxime je tâche de ne mettre en la bouche de mes acteurs que ce que diroient vraisemblablement en leur place ceux qu'ils représentent, et de les faire discourir en honnêtes gens, et non pas en auteurs. Ce n'est qu'aux ouvrages où le poëte parle qu'il faut parler en poëte : Plaute n'a pas écrit comme Virgile, et ne laisse pas d'avoir bien écrit. Ici donc tu ne trouveras en beaucoup d'endroits qu'une prose rimée, peu de scènes toutefois sans quelque raisonnement assez véritable, et partout une conduite assez industrieuse. Tu y reconnoîtras trois sortes d'amours aussi extraordinaires au théâtre qu'ordinaires dans le monde : celle de Philiste et Clarice, d'Alcidon et Doris, et celle de la même Doris avec Florange, qui ne paroît point. Le plus beau de leurs entretiens est en équivoques, et en propositions dont ils te laissent les conséquences à tirer. Si tu en pénètres bien le sens, l'artifice ne t'en déplaira point. Pour l'ordre de la pièce, je ne l'ai mis ni dans la sévérité des règles, ni dans la liberté qui n'est que trop ordinaire sur le théâtre françois : l'une est trop rarement capable de beaux effets, et on les trouve à trop bon marché dans l'autre, qui prend quelquefois tout un siècle pour la durée de son action, et toute la terre habitable pour le lieu de sa scène. Cela sent un peu trop son abandon, messéant à toute sorte de poëme, et particulièrement aux dramatiques, qui ont toujours été les plus réglés. J'ai donc cherché quelque milieu pour la règle du temps, et me suis persuadé que la comédie étant disposée en cinq actes, cinq jours consécutifs n'y seroient point mal employés. Ce n'est pas que je méprise l'antiquité; mais comme on épouse malaisément des beautés si vieilles, j'ai cru lui rendre assez de respect de lui partager mes ouvrages ; et de six pièces de théâtre qui me sont échappées[1], en ayant réduit trois dans la contrainte qu'elle nous a prescrite, je n'ai point fait de conscience d'allonger un peu les vingt et quatre heures aux trois autres. Pour l'unité de lieu et d'action, ce sont deux règles que j'observe inviolablement ; mais j'interprète la dernière à ma mode ; et la première, tantôt je la resserre à la seule grandeur du théâtre, et tantôt je l'étends jusqu'à toute une ville, comme en cette pièce. Je l'ai poussée dans le *Clitandre* jusques aux lieux où l'on peut aller dans les vingt et quatre heures ; mais bien que j'en pusse trouver de bons garants et de grands exemples dans les vieux et nouveaux siècles, j'estime qu'il n'est que meilleur de se passer de leur imitation en ce point. Quelque jour je m'expliquerai davantage sur ces matières[2] ; mais il faut attendre l'occasion d'un plus grand volume : cette préface n'est déjà que trop longue pour une comédie.

1. Corneille a ici en vue, outre *la Veuve*, *Mélite* et *Clitandre*, déjà imprimés, *la Galerie du Palais* et *la Suivante*, qui furent jouées dans le courant de l'année 1634, et *la Place Royale*, qui ne fut représentée qu'au commencement de 1635. Ce passage nous apprend que Corneille avait terminé ces trois dernières pièces avant le 13 mars 1634, date de *l'achevé d'imprimer* de *la Veuve*.
2. Voyez ci-dessus, p. 117.

HOMMAGES

ADRESSÉS A CORNEILLE, AU SUJET DE *LA VEUVE*,
PAR DIVERS POËTES CONTEMPORAINS.

POUR *LA VEUVE* DE MONSIEUR CORNEILLE.

AUX DAMES.

Le soleil est levé, retirez-vous, étoiles;
Remarquez son éclat à travers de ses voiles;
Petits feux de la nuit qui luisez en ces lieux,
Souffrez le même affront que les autres[1] des cieux.
Orgueilleuses beautés que tout le monde estime,
Qui prenez un pouvoir qui n'est pas légitime,
Clarice vient au jour; votre lustre s'éteint;
Il faut céder la place à celui de son teint,
Et voir dedans ces vers une double merveille :
La beauté de la Veuve, et l'esprit de Corneille.

DE SCUDÉRY[2].

---

1. Ainsi dans l'édition de 1634, qui seule, comme nous l'avons dit, renferme ces hommages poétiques. Serait-ce une faute, et faut-il lire les *astres*?

2. Georges de Scudéry, né au Havre vers 1601. Après avoir servi quelque temps dans le régiment des gardes (voyez p. 129), il s'adonna entièrement à la littérature et à la poésie. L'hommage qu'il rend ici à Corneille n'est que le remercîment dû à une politesse du même genre. En effet, en 1631, lors de la publication de *Ligdamon*, notre poëte lui avait adressé un quatrain, signalé dans ces derniers temps par M. Triçotel, et qui sera placé pour la première fois dans la présente édition, parmi les poésies diverses de Corneille. On trouvera dans notre *Notice* sur *le Cid* le récit des différends que le succès de cet ouvrage fit naître entre les deux amis. Scudéry mourut en 1667.

A MONSIEUR CORNEILLE, POËTE COMIQUE, SUR SA *VEUVE*.

ÉPIGRAMME.

Rare écrivain de notre France,
Qui le premier des beaux esprits
As fait revivre en tes écrits
L'esprit de Plaute et de Térence,
Sans rien dérober des douceurs
De Mélite ni de ses sœurs,
O Dieu ! que ta Clarice est belle,
Et que de veuves à Paris
Souhaiteroient d'être comme elle,
Pour ne manquer pas de maris !

Mairet[1].

A MONSIEUR CORNEILLE, SUR SA CLARICE.

Corneille, que ta Veuve a des charmes puissants !
Ses yeux remplis d'amour, ses discours innocents,
Joints à sa majesté plus divine qu'humaine,
Paroissent au théâtre avec tant de splendeur,
Que Mélite, admirant cette belle germaine[2],
Confesse qu'elle doit l'hommage à sa grandeur.
Mais ce n'est pas assez : sa parlante peinture
A tant de ressemblance avecque la nature,
Qu'en lisant tes écrits l'on croit voir des amants
Dont la mourante voix naïvement propose
Ou l'extrême bonheur ou les rudes tourments
Qui furent le sujet de leur métamorphose.
Fais-la donc imprimer, fais que sa déité
Jour et nuit entretienne avecque privauté

---

1. Jean Mairet, né à Besançon en 1604, mort en 1686, est au nombre des amis de Corneille dont l'affection ne sut pas résister au succès du *Cid;* il est longuement question de lui dans la *Notice* sur cet ouvrage.

2. *Germaine*, sœur.

Ceux qui n'ont le moyen de la voir au théâtre;
Car si Mélite a plu pour ses divins appas,
Tout le monde sera de Clarice idolâtre,
Qui jouit de beautés que Mélite n'a pas.

Guérente.

MADRIGAL POUR LA COMÉDIE DE *LA VEUVE* DE MONSIEUR CORNEILLE.

A CLARICE.

Clarice, la plus douce veine
Qui sache le métier des vers
Donne un portrait à l'univers
De tes beautés et de ta peine;
Et les traits du pinceau qui te font admirer
Te dépeignent au vif si constante et si belle,
Que ce divin portrait, bien que tu sois mortelle,
Demande des autels pour te faire adorer.

I. G. A. E. P.

A MONSIEUR CORNEILLE.

ÉLÉGIE.

Pour te rendre justice autant que pour te plaire,
Je veux parler, Corneille, et ne me puis plus taire.
Juge de ton mérite, à qui rien n'est égal,
Par la confession de ton propre rival.
Pour un même sujet, même desir nous presse;
Nous poursuivons tous deux une même maîtresse.
La gloire, cet objet des belles volontés,
Préside également dessus nos libertés;
Comme toi je la sers, et personne ne doute
Des veilles et des soins que cette ardeur me coûte.
Mon espoir toutefois est décru chaque jour
Depuis que je t'ai vu prétendre à son amour.
Je n'ai point le trésor de ces douces paroles

Dont tu lui fais la cour et dont tu la cajoles ;
Je vois que ton esprit, unique de son art,
A des naïvetés plus belles que le fard,
Que tes inventions ont des charmes étranges,
Que leur moindre incident attire des louanges,
Que par toute la France on parle de ton nom,
Et qu'il n'est plus d'estime égale à ton renom.
Depuis, ma Muse tremble et n'est plus si hardie ;
Une jalouse peur l'a longtemps refroidie,
Et depuis, cher rival, je serois rebuté
De ce bruit spécieux dont Paris m'a flatté,
Si cet ange mortel qui fait tant de miracles,
Et dont tous les discours passent pour des oracles,
Ce fameux cardinal, l'honneur de l'univers,
N'aimoit ce que je fais et n'écoutoit mes vers.
Sa faveur m'a rendu mon humeur ordinaire ;
La gloire où je prétends est l'honneur de lui plaire,
Et lui seul réveillant mon génie endormi
Est cause qu'il te reste un si foible ennemi.
Mais la gloire n'est pas de ces chastes maîtresses
Qui n'osent en deux lieux répandre leurs caresses ;
Cet objet de nos vœux nous peut obliger tous,
Et faire mille amants sans en faire un jaloux.
Tel je te sais connoître et te rendre justice,
Tel on me voit partout adorer ta Clarice.
Aussi rien n'est égal à ses moindres attraits ;
Tout ce que j'ai produit cède à ses moindres traits ;
Toute veuve qu'elle est, de quoi que tu l'habilles,
Elle ternit l'éclat de nos plus belles filles.
J'ai vu trembler Silvie, Amaranthe et Filis,
Célimène a changé, ses attraits sont pâlis[1] ;

---

1. Ces noms sont ceux des héroïnes des pièces de théâtre qui avaient eu le plus de succès dans les années précédentes : *la Silvie*, tragi-comédie-pastorale de Mairet, fut représentée en 1621 ; *l'Amaranthe*, pastorale de Jean Ogier de Gombaud, en 1625 ; *la Filis de Scire*, comédie-pastorale du sieur Pichou, en 1630 ; enfin, en citant *la Célimène*, Rotrou avoue sa propre défaite, car ce titre est celui d'une comédie qu'il fit représenter en 1625. (Voyez *Histoire du théâtre françois*, tome IV, p. 352, 377 et 500, et tome V, p. 7.)

Et tant d'autres beautés que l'on a tant vantées
Sitôt qu'elle a paru se sont épouvantées.
Adieu; fais-nous souvent des enfants si parfaits,
Et que ta bonne humeur ne se lasse jamais.
DE ROTROU[1].

A MONSIEUR CORNEILLE.

DE mille adorateurs Mélite est poursuivie;
Ces autres belles sœurs le sont également;
Clarice, quoique veuve, a surmonté l'envie
Et fait de tout le monde un parti seulement.
C. B.

A MONSIEUR CORNEILLE SUR SA *VEUVE*.

ÉPIGRAMME.

TA veuve s'est assez cachée,
Ne crains point de la mettre au jour;
Tu sais bien qu'elle est recherchée
Par les mieux sensés de la cour.
Déjà des plus grands de la France,
Dont elle est l'heureuse espérance,
Les cœurs lui sont assujettis,
Et leur amour est une preuve
Qu'une si glorieuse Veuve
Ne peut manquer de bons partis.
DU RYER, Parisien[2].

---

[1]. Jean Rotrou, né à Dreux en 1609, mort en 1650, est le seul auteur dramatique lié avec Corneille que le succès du *Cid* n'ait pas brouillé avec lui.

[2]. Pierre du Ryer, né en 1605, mort en 1658, a fait un grand nombre de traductions et dix-huit pièces de théâtre. Il a été secrétaire de César, duc de Vendôme.

AU MÊME, PAR LE MÊME.

Que pour louer ta belle Veuve
Chacun de son esprit donne une riche preuve,
Qu'on voye en cent façons ses mérites tracés :
    Pour moi, je pense dire assez
    Quand je dis de cette merveille
Qu'elle est sœur de Mélite et fille de Corneille.

A MONSIEUR CORNEILLE.

    Belle Veuve adorée,
    Tu n'es pas demeurée
Sans supports et sans gloire en la fleur de tes ans :
    Puisque ton cher Corneille
    A ta conduite veille,
Tu ne peux redouter les traits des médisants.

Bois-Robert[1].

A MONSIEUR CORNEILLE SUR SA *VEUVE*.

Cette belle Clarice à qui l'on porte envie
Peut-elle être ta Veuve et que tu sois en vie?
Quel accident étrange à ton bonheur est joint?
Si jamais un auteur a vécu par son livre,
En dépit de l'envie elle te fera vivre,
Elle sera ta Veuve et tu ne mourras point.

D'Ouville[2].

---

1. François le Métel, sieur de Boisrobert, abbé et poëte, né à Caen vers 1592, mort en 1662, fut le favori du cardinal de Richelieu, et un des cinq auteurs qu'il chargeait de la rédaction de ses pièces. Voyez les *Notices* sur *la Comédie des Tuileries* et sur *le Cid*.

2. Antoine le Métel, sieur d'Ouville, frère de l'abbé de Boisrobert, plus connu par ses contes que par ses œuvres dramatiques, a écrit neuf ou dix pièces de théâtre, que les frères Parfait placent entre 1637 et 1650. L'époque de sa naissance et celle de sa mort sont ignorées. Voyez *Histoire du théâtre françois*, tome V, p. 357.

A MONSIEUR CORNEILLE SUR SA *VEUVE*.

ÉPIGRAMME.

La Renommée est si ravie
Des mignardises de tes vers,
Qu'elle chante par l'univers
L'immortalité de ta vie.
Mais elle se trompe en un point,
Et voici comme je l'épreuve :
Un homme qui ne mourra point
Ne peut jamais faire une Veuve.
Quoique chacun en soit d'accord,
Il faut bien que du ciel ce beau renom te vienne,
Car je sais que tu n'es pas mort,
Et toutefois j'adore et recherche la tienne.

CLAVERET[1].

MADRIGAL DU MÊME.

Philiste en ses[2] amours a dû craindre un rival,
Puisque ta Veuve est la copie
De ce charmant original
A qui ta plume la dédie.
Ton bel art nous peint l'une adorable à la cour ;
La nature a fait l'autre un miracle d'amour.
Je sais bien que l'on nous figure
L'art moins parfait que la nature ;
Mais laissant ces raisons à part,
Je ne sais qui l'emporte, ou la nature ou l'art.
Ta Veuve toutefois par sa douceur extrême
Sait si bien celui de charmer,
Qu'à la voir on la peut nommer
Un original elle-même,

---

1. Un des rivaux les plus acharnés de Corneille, après le succès du *Cid*. Voyez notre *Notice* sur cette tragédie.
2. Il y a *ces* pour *ses* dans l'édition originale.

Et toutes deux des ravissants accords[1]
D'un bel esprit et d'un beau corps.
CLAVERET.

A MONSIEUR CORNEILLE SUR L'IMPRESSION DE SA *VEUVE*.

La veuve qui n'a d'autres soins
Que de se tenir renfermée
Et de qui l'on parle le moins,
Est plus chaste et plus estimée;
Mais celle que tu mets au jour
Accroît son lustre et notre amour,
Alors qu'elle se communique :
Bien loin de se faire blâmer,
Tant plus elle se rend publique
Plus elle se fait estimer.
J. COLLARDEAU[2].

POUR *LA VEUVE* DE MONSIEUR CORNEILLE.

Bien que les amours des filles
Soient vives et sans fard, florissantes, gentilles,
Et que le pucelage ait des goûts si charmants,
Cette Veuve, en dépit d'elles,
Va posséder plus d'amants
Qu'un million de pucelles.
L. M. P.

A MONSIEUR CORNEILLE.

SONNET.

Tous ces présomptueux dont les foibles esprits
S'efforcent vainement de te suivre à la trace,

---

1. On lit ainsi (*des*, et non *de*) dans l'édition originale.
2. Julien Collardeau, procureur du Roi à Fontenay-le-Comte, au-

Se trouvent à la fin des corneilles d'Horace[1],
Quand ils mettent au jour leurs comiques écrits.

Ce style familier non encore entrepris,
Ni connu de personne, a de si bonne grâce
Du théâtre françois changé la vieille face,
Que la scène tragique en a perdu le prix.

Saint-Amant[2], ne crains plus d'avouer ta patrie,
Puisque ce Dieu des vers est né dans la Neustrie,
Qui pour se rendre illustre à la postérité,

Accomplit en nos jours l'incroyable merveille
De cet oiseau fameux parmi l'antiquité,
Nous donnant un Phénix sous le nom de Corneille.

Du Petit-Val[3].

A MONSIEUR CORNEILLE.

SONNET.

Mélite, qu'un miracle a fait venir des cieux,
Les cœurs charmés à soi comme l'aimant attire;
Mais c'est avec raison que tout le monde admire
La Veuve qui n'a pas moins d'attraits dans les yeux.

Faire parler les rois le langage des Dieux,
Faire régner l'amour, accroître son empire,
Peindre avec tant d'adresse un gracieux martyre,
Fermer si puissamment la bouche aux envieux;

---

teur de diverses poésies latines et françaises, et notamment de quatre petits poëmes intitulés : *Tableaux des victoires du Roi*, Paris, J. Quesnel, 1630, in-8°.

1. Allusion à ces vers d'Horace :

Ne si forte suas repetitum venerit olim
Grex avium plumas, moveat cornicula risum,
Furtivis nudata coloribus.
(*Épîtres*, liv. I, ép. III, v. 18-20.)

2. Le poëte Saint-Amant était né à Rouen, comme Corneille.

3. Raphaël du Petit-Val, libraire et poëte de Rouen, dont on trouve des vers en tête de plusieurs ouvrages de Béroalde de Verville.

Faire honneur à son temps, enseigner à notre âge
A polir doucement son vers et son langage[1],
Corneille, c'est assez pour avoir des lauriers.

Dessus le mont sacré, toujours tranquille et calme;
Mais pour dire en un mot, de venir des derniers
Et les surpasser tous, c'est emporter la palme.

A MONSIEUR CORNEILLE.

SIXAIN.

Ce n'est rien d'avoir peint une vierge beauté,
Mélite, vrai portrait de la divinité.
La grâce de l'objet embellit la peinture
Et conduit le pinceau qui ne s'égare pas;
Mais de peindre une Veuve avec autant d'appas,
C'est un effet de l'art qui passe la nature.

PILLASTRE, avocat en parlement.

A MONSIEUR CORNEILLE.

ÉPIGRAMME.

Toi que le Parnasse idolâtre,
Et dont le vers doux et coulant
Ne fait point voir sur le théâtre
Les effets d'un bras violent,
Esprit de qui les rares veilles
Tous les ans font voir des merveilles
Au-dessus de l'humain pouvoir,
Reçois ces vers dont Villeneuve[2],
Ravi des beautés de ta Veuve,
A fait hommage à ton savoir.

---

1. Ce vers est étrangement défiguré dans l'édition originale :

    A polie (*sic*) doucement son vœu (*sic*) et son langage.

2. Ce poëte était en relation avec Guillaume Colletet. Voyez les *Divertissements de Colletet*, 1631, p. 38.

A MONSIEUR CORNEILLE.

CORNEILLE, je suis amoureux
De ta Veuve et de ta Mélite,
Et leurs beautés et leur mérite
Font naître tes vers et mes feux.
Je veux que l'une soit pucelle;
L'autre ici me semble si belle
Qu'elle captive mes esprits,
Et ce qui m'en plaît davantage,
C'est que les traits de son visage
Viennent de ceux de tes écrits.

DE MARBEUF[1].

A MONSIEUR CORNEILLE SUR SA *VEUVE*.

SIXAIN.

On vante les exploits de ces mains valeureuses
Qui font dans les combats des veuves malheureuses;
Mais j'estime, pour moi, qu'il t'est plus glorieux
D'avoir fait en nos cours une Veuve sans larmes,
Et que l'on ne sauroit, sans t'être injurieux,
Donner moins de lauriers à tes vers qu'à leurs armes.

DE CANON.

A MONSIEUR CORNEILLE SUR SA *VEUVE*.

SONNET.

CORNEILLE, que ta Veuve est pleine de beauté!
Que tu l'as d'ornements et de grâce pourvue!
Le plaisir de la voir tous mes sens diminue,
Et trahir tant d'appas ce seroit lâcheté[2].

---

1. Il était maître des forêts à Pont-de-l'Arche. On a un *Recueil des vers de M. de Marbeuf*, Rouen, David du Petit-Val, 1628, in-8°.

2. Dans l'édition de 1634 il y a le non-sens que voici :

Et traine (*sic*) tant d'appas ce seroit la cheté (*sic*).

Quoi que puisse à nos yeux offrir la nouveauté,
Rien ne les peut toucher à l'égal de sa vue;
Il n'est point de mortel, après l'avoir connue,
Qui se puisse vanter de voir sa liberté[1].

Admire le pouvoir qu'elle a sur mon esprit,
Ne cherche point le nom de celui qui t'écrit,
Qui jamais ne connut Apollon ni sa lyre.

Ton mérite l'oblige à te donner ces vers,
Et la douceur des tiens le force de te dire
Qu'il n'est rien de si beau dedans tout l'univers.

L. N.

A MONSIEUR CORNEILLE EN FAVEUR DE SA *VEUVE*.

Corneille, que ton chant est doux!
Que ta plume a trouvé de gloire!
Il n'est plus d'esprit parmi nous
Dont tu n'emportes la victoire.
Ce que tu feins a tant d'attraits
Que les ouvrages plus parfaits
N'ont rien d'égal à ton mérite[2];
Et la Veuve que tu fais voir,
Plus ravissante que Mélite,
Montre l'excès de ton savoir.

Burnel.

A MONSIEUR CORNEILLE.

Clarice est sans doute si belle
Que Philiste n'a le pouvoir
De goûter le bien de la voir,
Sans devenir amoureux d'elle.
Ses discours me font estimer
Qu'on a plus de gloire à l'aimer[3]

---

1. Tel est le texte de l'édition originale; peut-être faut-il lire : « d'avoir sa liberté. »
2. Dans l'édition originale : « à son mérite. »
3. Dans l'édition originale : « de l'aimer. »

Que de raison à s'en défendre,
Et que les argus les plus grands,
Pour y trouver de quoi reprendre,
N'ont point d'yeux assez pénétrants.

Apollon, qui par ses oracles
A plus d'éclat qu'il n'eut jamais,
Tient sur les deux sacrés sommets
Tes vers pour autant de miracles;
Et les plaisirs que ces neuf sœurs
Trouvent dans les rares douceurs
Que parfaitement tu leur donnes,
Sont purs témoignages de foi
Qu'au partage de leurs couronnes
La plus digne sera pour toi.

Marcel.

A MONSIEUR CORNEILLE SUR SA *VEUVE*.

STANCES.

Divin esprit, puissant génie,
Tu vas produire en moi des miracles divers;
Je n'ai jamais donné de louange infinie,
Et je ne croyois plus pouvoir faire de vers.

Il te falloit, pour m'y contraindre,
Faire une belle Veuve et lui donner des traits
Dont mon cœur amoureux peut[1] se laisser atteindre;
L'amour me fait rimer et louer ses attraits.

Digne sujet de mille flammes,
Incomparable Veuve, ornement de ce temps,
Tu vas mettre du trouble et du feu dans les âmes,
Faisant moins d'ennemis que de cœurs inconstants.

Qui vit jamais tant de merveilles?
Mes sens sont aujourd'hui l'un de l'autre envieux;
Ton discours me ravit l'âme par les oreilles,
Et ta beauté la veut arracher par les yeux.

1. Ainsi dans la première édition; mais c'est sans doute *peust*, c'est-à-dire *vit*, qu'il faut lire.

Quand on te voit, les plus barbares
A tes charmes sans fard et tes naïfs appas
Donneroient mille cœurs, et des choses plus rares
S'ils en pouvoient avoir, pour ne te perdre pas.

Lorsqu'on t'entend, les plus critiques
Remarquent tes discours et font tous un serment
De les faire observer pour des lois authentiques,
Et de condamner ceux qui parlent autrement.

Cher ami, pardon si ma Muse,
Pour plaire à mon amour manque à notre amitié;
Donnant tout à ta fille, elle a bien cette ruse
De juger que tu dois en avoir la moitié.

Prends donc en gré tant de franchise,
Et ne t'étonne pas si ceci ne vaut rien.
Par son désordre seul tu sauras ma surprise :
Un cœur qui sait aimer ne s'exprime pas bien.

Il me suffit que je me treuve
Dans ce rang qui n'est pas à tout chacun permis,
Des humbles serviteurs de ton aimable Veuve,
Et de ceux que tu tiens pour tes meilleurs amis.

Voille.

STANCES SUR LES OEUVRES DE MONSIEUR CORNEILLE.

Corneille, occupant nos esprits,
Fait voir par ces divins écrits
Que nous vivions dans l'ignorance,
Et je crois que tout l'univers
Saura bientôt que notre France
N'a que lui seul qui fait des vers.

La nature tout à loisir
A pris un extrême plaisir
A créer ta veine animée,
Et parlant ainsi que les Dieux,
Le temps veut que la renommée
T'aille publier en tous lieux.

Apollon forma ton esprit,
Et d'un soin merveilleux t'apprit
Le moyen de charmer des hommes[1];
Il t'a rendu par son métier
L'oracle du siècle où nous sommes,
Comme son unique héritier.

BEAULIEU.

A *LA VEUVE* DE MONSIEUR CORNEILLE.

SONNET.

CLARICE, un temps si long sans te montrer au jour
M'a fait appréhender que le deuil du veuvage,
Ayant terni l'éclat des traits de ton visage,
T'empêchât d'établir parmi nous ton séjour.

Mais tant de grands esprits, ravis de ton amour,
Parlent de tes appas dans un tel avantage
Qu'après eux tout l'orgueil des beautés de cet âge
Doit tirer vanité de te faire la cour.

Parois donc librement, sans craindre que tes charmes
Te suscitent encor de nouvelles alarmes,
Exposée aux efforts d'un second ravisseur;

Puisque de la façon que tu te fais paroître,
Chacun sans t'offenser peut se rendre ton maître,
Comme depuis un an chacun l'est de ta sœur[2].

A. C.

ARGUMENT.

ALCIDON, amoureux de Clarice, veuve d'Alcandre et maîtresse de Philiste, son particulier ami, de peur qu'il ne s'en aperçût, feint d'aimer sa sœur Doris[3], qui ne

---

1. Tel est le texte de 1634. Peut-être faudrait-il lire *les hommes*.
2. L'impression de *Mélite* fut achevée, comme nous l'avons dit, au mois de février 1633, et celle de *la Veuve* au mois de mars 1634.
3. Le texte de cette phrase, tel que nous le donnons ici, est par-

s'abusant point par ses caresses, consent au mariage de Florange, que sa mère lui propose. Ce faux ami, sous un prétexte de se venger de l'affront que lui faisoit ce mariage, fait consentir Célidan à enlever Clarice en sa faveur, et ils la mènent ensemble à un château de Célidan. Philiste, abusé des faux ressentiments de son ami, fait rompre le mariage de Florange : sur quoi Célidan conjure Alcidon de reprendre Doris et rendre Clarice à son amant. Ne l'y pouvant résoudre, il soupçonne quelque fourbe de sa part, et fait si bien qu'il tire les vers du nez à la nourrice de Clarice, qui avoit toujours eu une intelligence avec Alcidon, et lui avoit même facilité l'enlèvement de sa maîtresse ; ce qui le porte à quitter le parti de ce perfide : de sorte que ramenant Clarice à Philiste, il obtient de lui en récompense sa sœur Doris.

EXAMEN.

Cette comédie n'est pas plus régulière que *Mélite* en ce qui regarde l'unité de lieu, et a le même défaut au cinquième acte, qui se passe en compliments pour venir à la conclusion d'un amour épisodique, avec cette différence toutefois que le mariage de Célidan avec Doris a plus de justesse dans celle-ci que celui d'Éraste avec Cloris dans l'autre. Elle a quelque chose de mieux ordonné pour le temps en général, qui n'est pas si vague que dans *Mélite*, et a ses intervalles mieux porportionnés par cinq jours consécutifs. C'étoit un tempérament que

faitement conforme à celui de l'édition de 1634. Nous croyons devoir en avertir, parce qu'en voyant l'embarras de la construction et l'emploi irrégulier d'*aperçût* pour *aperçoive*, on pourrait être tenté de supposer ici quelque faute d'impression.

je croyois lors fort raisonnable entre la rigueur des vingt et quatre heures et cette étendue libertine qui n'avoit aucunes bornes. Mais elle a ce même défaut dans le particulier de la durée de chaque acte, que souvent celle de l'action y excède de beaucoup celle de la représentation. Dans le commencement du premier, Philiste quitte Alcidon pour aller faire des visites avec Clarice, et paroît en la dernière scène avec elle au sortir de ces visites, qui doivent avoir consumé toute l'après-dînée, ou du moins la meilleure partie. La même chose se trouve au cinquième : Alcidon y fait partie avec Célidan d'aller voir Clarice sur le soir dans son château, où il la croit encore prisonnière, et se résout de faire part de sa joie à la nourrice, qu'il n'oseroit voir de jour, de peur de faire soupçonner l'intelligence secrète et criminelle qu'ils ont ensemble; et environ cent vers après, il vient chercher cette confidente chez Clarice, dont il ignore le retour. Il ne pouvoit être qu'environ midi quand il en a formé le dessein, puisque Célidan venoit de ramener Clarice (ce que vraisemblablement il a fait le plus tôt qu'il a pu, ayant un intérêt d'amour qui le pressoit[1] de lui rendre ce service en faveur de son amant); et quand il vient pour exécuter cette résolution, la nuit doit avoir déjà assez d'obscurité pour cacher cette visite qu'il lui va rendre. L'excuse qu'on pourroit y donner, aussi bien qu'à ce que j'ai remarqué de Tircis dans *Mélite*, c'est qu'il n'y a point de liaison de scènes, et par conséquent point de continuité d'action. Aussi on[2] pourroit dire que ces scènes détachées qui sont placées l'une après l'autre ne s'entresuivent pas immédiatement, et qu'il se consume un temps notable entre la fin de l'une et le commencement de

1. Var. (édit. de 1660) : qui le presse.
2. Var. (édit. de 1660-1664) : l'on.

l'autre; ce qui n'arrive point quand elles sont liées ensemble, cette liaison étant cause que l'une commence nécessairement au même instant que l'autre finit.

Cette comédie peut faire connoître[1] l'aversion naturelle que j'ai toujours eue pour les *a parte*. Elle m'en donnoit de belles occasions, m'étant proposé d'y peindre un amour réciproque qui parût dans les entretiens de deux personnes qui ne parlent point d'amour ensemble, et de mettre des compliments d'amour suivis entre deux gens qui n'en ont point du tout l'un pour l'autre, et qui sont toutefois obligés par des considérations particulières de s'en rendre des témoignages mutuels. C'étoit un beau jeu pour ces discours à part, si fréquents chez les anciens et chez les modernes de toutes les langues; cependant j'ai si bien fait, par le moyen des confidences qui ont précédé ces scènes artificieuses, et des réflexions qui les ont suivies, que sans emprunter ce secours, l'amour a paru entre ceux qui n'en parlent point, et le mépris a été visible entre ceux qui se font des protestations d'amour. La sixième scène du quatrième acte semble commencer par ces *a parte*, et n'en a toutefois aucun. Célidan et la nourrice y parlent véritablement chacun à part, mais en sorte que chacun des deux veut bien que l'autre entende ce qu'il dit. La nourrice cherche à donner à Célidan des marques d'une douleur très-vive, qu'elle n'a point, et en affecte d'autant plus les dehors pour l'éblouir; et Célidan, de son côté, veut qu'elle aye lieu de croire qu'il la cherche pour la tirer du péril où il feint qu'elle est, et qu'ainsi il la rencontre fort à propos. Le reste de cette scène est fort adroit, par la manière dont il dupe cette vieille, et lui arrache l'aveu d'une fourbe où on le vouloit prendre lui-même pour dupe. Il l'enferme,

---

1. Var. (édit. de 1660-1668) : reconnoître.

de peur qu'elle ne fasse encore quelque pièce qui trouble son dessein; et quelques-uns ont trouvé à dire qu'on ne parle point d'elle au cinquième; mais ces sortes de personnages, qui n'agissent que pour l'intérêt des autres, ne sont pas assez d'importance pour faire naître une curiosité légitime de savoir leurs sentiments sur l'événement de la comédie, où ils n'ont plus que faire quand on n'y a plus affaire d'eux; et d'ailleurs Clarice y a trop de satisfaction de se voir hors du pouvoir de ses ravisseurs et rendue à son amant, pour penser en sa présence à cette nourrice, et prendre garde si elle est en sa maison, ou si elle n'y est pas.

Le style n'est pas plus élevé ici que dans *Mélite*, mais il est plus net et plus dégagé des pointes dont l'autre est semée, qui ne sont, à en bien parler, que de fausses lumières, dont le brillant marque bien quelque vivacité d'esprit, mais sans aucune solidité de raisonnement. L'intrique y est aussi beaucoup plus raisonnable que dans l'autre; et Alcidon a lieu d'espérer un bien plus heureux succès de sa fourbe qu'Éraste de la sienne[1].

1. Voyez, comme complément de cet examen, ce qui est dit plus haut, p. 28, 29 et 43.

ACTEURS.

PHILISTE, amant de Clarice.
ALCIDON, ami de Philiste et amant de Doris.
CÉLIDAN, ami d'Alcidon et amoureux de Doris.
CLARICE, veuve d'Alcandre et maîtresse de Philiste.
CHRYSANTE, mère de Doris.
DORIS, sœur de Philiste.
La Nourrice de Clarice.
GÉRON, agent de Florange, amoureux de Doris[1].
LYCAS, domestique de Philiste.
POLIMAS, \
DORASTE,   } domestiques de Clarice.
LISTOR,   /

La scène est à Paris[2].

---

1. Dans les éditions de 1634-1668 : « amoureux de Doris, qui ne paroît point. »
2. Ces mots manquent dans l'édition de 1634.

LA VEUVE.
COMÉDIE.

ACTE I.

SCÈNE PREMIÈRE.
PHILISTE, ALCIDON.

ALCIDON.

J'en demeure d'accord, chacun a sa méthode[1] ;
Mais la tienne pour moi seroit trop incommode[2] :
Mon cœur ne pourroit pas conserver tant de feu,
S'il falloit que ma bouche en témoignât si peu.
Depuis près de deux ans tu brûles pour Clarice,   5
Et plus ton amour croît, moins elle en a d'indice.
Il semble qu'à languir tes desirs sont contents,
Et que tu n'as pour but que de perdre ton temps.
Quel fruit espères-tu de ta persévérance
A la traiter toujours avec indifférence ?   10
Auprès d'elle assidu, sans lui parler d'amour,
Veux-tu qu'elle commence à te faire la cour ?

PHILISTE.

Non ; mais, à dire vrai, je veux qu'elle devine[3].

---

1. *Var.* Dis ce que tu voudras, chacun a sa méthode. (1634-57)
2. *Var.* Mais la tienne pour moi seroit fort incommode. (1634-68)
3. *Var.* Non pas, mais pour le moins je veux qu'elle devine. (1634-57)

ALCIDON.

Ton espoir, qui te flatte, en vain se l'imagine[1] :
Clarice avec raison prend pour stupidité
Ce ridicule effet de ta timidité.

PHILISTE.

Peut-être. Mais enfin vois-tu qu'elle me fuie,
Qu'indifférent qu'il est mon entretien l'ennuie,
Que je lui sois à charge, et lorsque je la voi,
Qu'elle use d'artifice à s'échapper de moi?
Sans te mettre en souci quelle en sera la suite[2],
Apprends comme l'amour doit régler sa conduite.
 Aussitôt qu'une dame a charmé nos esprits,
Offrir notre service au hasard d'un mépris,
Et nous abandonnant à nos brusques saillies[3],
Au lieu de notre ardeur lui montrer nos folies,
Nous attirer sur l'heure un dédain éclatant :
Il n'est si maladroit qui n'en fît bien autant.
Il faut s'en faire aimer avant qu'on se déclare.
Notre submission à l'orgueil la prépare.
Lui dire incontinent son pouvoir souverain,
C'est mettre à sa rigueur les armes à la main.
Usons, pour être aimés, d'un meilleur artifice,
Et sans lui rien offrir, rendons-lui du service[4];
Réglons sur son humeur toutes nos actions,
Réglons tous nos desseins sur ses intentions[5],

1. *Var.* C'en est trop présumer, cette beauté divine
 Avec juste raison prend pour stupidité
 Ce qui n'est qu'un effet de ta timidité.
 PHIL., Mais as-tu remarqué que Clarice me fuie? (1634-60)
2. *Var.* Sans te mettre en souci du feu qui me consomme,
 Apprends comme l'amour se traite en honnête homme :
 Aussitôt qu'une dame en ses rets nous a pris. (1634-57)
3. *Var.* Et nous laissant conduire à nos brusques saillies
 Au lieu de notre amour lui montrer nos folies,
 Qu'un superbe dédain punisse au même instant. (1634-57)
4. *Var.* Sans en rien protester, rendons-lui du service. (1634)
5. *Var.* Ajustons nos desseins à ses intentions. (1634-57)

Tant que par la douceur d'une longue hantise
Comme insensiblement elle se trouve prise.
C'est par là que l'on sème aux dames des appas¹,
Qu'elles n'évitent point, ne les prévoyant pas. 40
Leur haine envers l'amour pourroit être un prodige,
Que le seul nom les choque, et l'effet les oblige².

ALCIDON.

Suive qui le voudra ce procédé nouveau³ :
Mon feu me déplairoit caché sous ce rideau.
Ne parler point d'amour! Pour moi, je me défie 45
Des fantasques raisons de ta philosophie :
Ce n'est pas là mon jeu. Le joli passe-temps,
D'être auprès d'une dame et causer du beau temps,
Lui jurer que Paris est toujours plein de fange,
Qu'un certain parfumeur vend de fort bonne eau d'ange⁴,
Qu'un cavalier regarde un autre de travers,
Que dans la comédie on dit d'assez bons vers,
Qu'Aglante avec Philis dans un mois se marie⁵!
Change, pauvre abusé, change de batterie,
Conte ce qui te mène, et ne t'amuse pas 55
A perdre innocemment tes discours et tes pas⁶.

PHILISTE.

Je les aurois perdus auprès de ma maîtresse,
Si je n'eusse employé que la commune adresse,

---

1. Voyez plus haut, p. 148, le vers 96 de *Mélite*, et la note qui s'y rapporte.
2. C'est-à-dire, leur haine contre l'amour aurait beau être extrême, prodigieuse, elle ne tomberait jamais que sur le nom, et non pas sur la chose.
3. *Var.* Suive qui le voudra ce nouveau procédé :
   Mon feu me déplairoit d'être ainsi gourmandé. (1634-57)
4. On appelle *eau d'ange* « une eau d'une odeur très-agréable, faite de fleurs d'orange, musc, cannelle, et autres choses odoriférantes. » (*Dictionnaire de l'Académie de* 1694.)
5. *Var.* Qu'un tel dedans le mois d'une telle s'accorde!
   Touche, pauvre abusé, touche la grosse corde. (1634)
6. *Var.* A perdre sottement tes discours et tes pas. (1634-57)

Puisqu'inégal de biens et de condition,
Je ne pouvois prétendre à son affection. 60

ALCIDON.
Mais si tu ne les perds, je le tiens à miracle,
Puisqu'ainsi ton amour rencontre un double obstacle[1],
Et que ton froid silence et l'inégalité
S'opposent tout ensemble à ta témérité.

PHILISTE.
Crois que de la façon dont j'ai su me conduire 65
Mon silence n'est pas en état de me nuire :
Mille petits devoirs ont tant parlé pour moi[2],
Qu'il ne m'est plus permis de douter de sa foi.
Mes soupirs et les siens font un secret langage[3]
Par où son cœur au mien à tous moments s'engage[4] : 70
Des coups d'œil languissants, des souris ajustés,
Des penchements de tête à demi concertés,
Et mille autres douceurs aux seuls amants connues

---

1. *Var.* Vu que par là ton feu rencontre un double obstacle,
   Et qu'ainsi ton silence et l'inégalité
   S'opposent à la fois à ta témérité.
   PHIL. Crois que de la façon que j'ai su me conduire. (1634-57)
2. *Var.* Mille petits devoirs ont trop parlé pour moi;
   Ses regards chaque jour m'assurent de sa foi. (1634-57)
3. *Var.* Ses soupirs et les miens font un secret langage. (1634-60
4. *Var.* [Par où son cœur au mien à tous moments s'engage;]
   Nos vœux, quoique muets, s'entendent aisément,
   Et quand quelques baisers sont dus par compliment....
   ALC. Je m'imagine alors qu'elle ne t'en dénie?
   PHIL. Mais ils tiennent bien peu de la cérémonie :
   Parmi la bienséance, il m'est aisé de voir
   Que l'amour me les donne autant que le devoir.
   En cette occasion, c'est un plaisir extrême,
   Lorsque de part et d'autre un couple qui s'entr'aime,
   Abuse dextrement de cette liberté
   Que permettent les lois de la civilité,
   Et que le peu souvent que ce bonheur arrive,
   Piquant notre appétit, rend sa pointe plus vive :
   Notre flamme irritée en croît de jour en jour.
   [ALC. Tout cela cependant sans lui parler d'amour?] (1634-57)

ACTE I, SCÈNE I. 403

Nous font voir chaque jour nos âmes toutes nues,
Nous sont de bons garants d'un feu qui chaque jour.... 75
ALCIDON.
Tout cela cependant sans lui parler d'amour?
PHILISTE.
Sans lui parler d'amour.
ALCIDON.
J'estime ta science;
Mais j'aurois à l'épreuve un peu d'impatience.
PHILISTE.
Le ciel, qui nous choisit lui-même des partis[1],
A tes feux et les miens prudemment assortis; 80
Et comme à ces longueurs t'ayant fait indocile,
Il te donne en ma sœur un naturel facile,
Ainsi pour cette veuve il a su m'enflammer[2],
Après m'avoir donné par où m'en faire aimer.
ALCIDON.
Mais il lui faut enfin découvrir ton courage. 85
PHILISTE.
C'est ce qu'en ma faveur sa nourrice ménage :
Cette vieille subtile a mille inventions
Pour m'avancer au but de mes intentions;
Elle m'avertira du temps que je dois prendre;
Le reste une autre fois se pourra mieux apprendre : 90
Adieu.
ALCIDON.
La confidence avec un bon ami
Jamais sans l'offenser ne s'exerce à demi.
PHILISTE.
Un intérêt d'amour me prescrit ces limites :

---

1. *Var.* Le ciel, qui bien souvent nous choisit des partis. (1634-57)
   Var. Cet ordre qui du ciel nous choisit des partis. (1660)
2. *Var.* Ainsi pour cette veuve il voulut m'enflammer. (1634-60)

Ma maîtresse m'attend pour faire des visites
Où je lui promis hier de lui prêter la main. 95
ALCIDON.
Adieu donc, cher Philiste.
PHILISTE.
Adieu, jusqu'à demain.

SCÈNE II.

ALCIDON, la Nourrice.

ALCIDON, seul[1].
Vit-on jamais amant de pareille imprudence
Faire avec son rival entière confidence[2]?
Simple, apprends que ta sœur n'aura jamais de quoi
Asservir sous ses lois des gens faits comme moi; 100
Qu'Alcidon feint pour elle, et brûle pour Clarice.
Ton agente est à moi. N'est-il pas vrai, Nourrice?
LA NOURRICE.
Tu le peux bien jurer.
ALCIDON.
Et notre ami rival[3]?
LA NOURRICE.
Si jamais on m'en croit, son affaire ira mal.
ALCIDON.
Tu lui promets pourtant.
LA NOURRICE.
C'est par où je l'amuse, 105
Jusqu'à ce que l'effet lui découvre ma ruse[4].

---

1. Ce mot manque dans l'édition de 1634.
2. *Var.* Avecque son rival traiter de confidence. (1634-57)
3. *Var.* LA NOURR. La belle question! Quoi? ALC. Que Philiste.... LA NOURR Eh bien?
   ALC. C'est en toi qu'j'espère. LA NOURR. Oui, mais il ne tient rien.
   [ALC. Tu lui promets pourtant.] (1634-57)
4. *Var.* Tant que tes bons succès lui découvrent ma ruse. (1634-64)

ALCIDON.
Je viens de le quitter¹.
LA NOURRICE.
Eh bien! que t'a-t-il dit?
ALCIDON.
Que tu veux employer pour lui tout ton crédit,
Et que rendant toujours quelque petit service,
Il s'est fait une entrée en l'âme de Clarice. 110
LA NOURRICE.
Moindre qu'il ne présume. Et toi?
ALCIDON.
Je l'ai poussé
A s'enhardir un peu plus que par le passé,
Et découvrir son mal à celle qui le cause.
LA NOURRICE.
Pourquoi?
ALCIDON.
Pour deux raisons : l'une, qu'il me propose
Ce qu'il a dans le cœur beaucoup plus librement² ; 115
L'autre, que ta maîtresse après ce compliment
Le chassera peut-être ainsi qu'un téméraire.
LA NOURRICE.
Ne l'enhardis pas tant : j'aurois peur au contraire³
Que malgré tes raisons quelque mal ne t'en prît;
Car enfin ce rival est bien dans son esprit⁴, 120
Mais non pas tellement qu'avant que le mois passe
Notre adresse sous main ne le mette en disgrâce⁵.
ALCIDON.
Et lors?
LA NOURRICE.
Je te réponds de ce que tu chéris.

1. *Var.* Je le viens de quitter. (1634-60)
2. *Var.* Ce qu'il a sur le cœur beaucoup plus librement. (1634)
3. *Var.* Ne l'enhardis pas tant : j'aurois peur du contraire. (1634-57)
4. *Var.* Ce rival, d'assurance, est bien dans son esprit. (1634-57)
5. *Var.* Nous ne le sachions mettre en sa mauvaise grâce. (1634-57)

Cependant continue à caresser Doris;
Que son frère, ébloui par cette accorte feinte[1],
De nos prétentions n'ait ni soupçon ni crainte[2].
ALCIDON.
A m'en ouïr conter, l'amour de Céladon[3]
N'eut jamais rien d'égal à celui d'Alcidon :
Tu rirois trop de voir comme je la cajole.
LA NOURRICE.
Et la dupe qu'elle est croit tout sur ta parole?
ALCIDON.
Cette jeune étourdie est si folle de moi,
Quelle prend chaque mot pour article de foi;
Et son frère, pipé du fard de mon langage,
Qui croit que je soupire après son mariage,
Pensant bien m'obliger, m'en parle tous les jours;
Mais quand il en vient là, je sais bien mes détours;
Tantôt, vu l'amitié qui tous deux nous assemble,
J'attendrai son hymen pour être heureux ensemble;
Tantôt il faut du temps pour le consentement
D'un oncle dont j'espère un haut avancement[4];
Tantôt je sais trouver quelque autre bagatelle.
LA NOURRICE.
Séparons-nous, de peur qu'il entrât en cervelle[5],
S'il avoit découvert un si long entretien.
Joue aussi bien ton jeu que je jouerai le mien.
ALCIDON.
Nourrice, ce n'est pas ainsi qu'on se sépare.
LA NOURRICE.
Monsieur, vous me jugez d'un naturel avare.

1. *Var.* Qui, son frère ébloui par cette accorte feinte. (1663 et 64)
2. *Var.* De ce que nous brassons n'ait ni soupçon, ni crainte. (1634)
3. Quand Corneille écrivait *la Veuve*, il y avait une vingtaine d'années qu'avait paru le roman où figure ce modèle des amants : c'est en 1610 que d'Urfé a publié la première partie de *l'Astrée*.
4. *Var.* D'un oncle dont j'espère un bon avancement. (1634-57)
5. Voyez plus haut, p. 192, note 2

ALCIDON.
Tu veilleras pour moi d'un soin plus diligent.
LA NOURRICE.
Ce sera donc pour vous plus que pour votre argent[1].

SCÈNE III.
CHRYSANTE, DORIS.

CHRYSANTE.
C'est trop désavouer une si belle flamme,
Qui n'a rien de honteux, rien de sujet au blâme : 150
Confesse-le, ma fille, Alcidon a ton cœur ;
Ses rares qualités l'en ont rendu vainqueur.
Ne vous entr'appeler que « mon âme et ma vie, »
C'est montrer que tous deux vous n'avez qu'une envie,
Et que d'un même trait vos esprits sont blessés. 155
DORIS.
Madame, il n'en va pas ainsi que vous pensez.
Mon frère aime Alcidon, et sa prière expresse
M'oblige à lui répondre en termes de maîtresse.
Je me fais, comme lui, souvent toute de feux ;
Mais mon cœur se conserve, au point où je le veux, 160
Toujours libre, et qui garde une amitié sincère
A celui qui voudra me prescrire une mère.
CHRYSANTE.
Oui, pourvu qu'Alcidon te soit ainsi prescrit.
DORIS.
Madame, pussiez-vous lire dans mon esprit !
Vous verriez jusqu'où va ma pure obéissance. 165
CHRYSANTE.
Ne crains pas que je veuille user de ma puissance :

1. La leçon de 1644 :
   Ce sera donc pour plus que vous pour votre argent,
est évidemment une faute d'impression.

Je croirois en produire un trop cruel effet,
Si je te séparois d'un amant si parfait.

DORIS.

Vous le connoissez mal : son âme a deux visages,
Et ce dissimulé n'est qu'un conteur à gages. 170
Il a beau m'accabler de protestations,
Je démêle aisément toutes ses fictions;
Il ne me prête rien que je ne lui renvoie[1] :
Nous nous entre-payons d'une même monnoie;
Et malgré nos discours, mon vertueux desir 175
Attend toujours celui que vous voudrez choisir :
Votre vouloir du mien absolument dispose.

CHRYSANTE.

L'épreuve en fera foi; mais parlons d'autre chose.
    Nous vîmes hier au bal, entre autres nouveautés,
Tout plein d'honnêtes gens caresser les beautés. 180

DORIS.

Oui, Madame : Alindor en vouloit à Célie;
Lysandre, à Célidée; Oronte, à Rosélie.

CHRYSANTE.

Et nommant celles-ci, tu caches finement[2]
Qu'un certain t'entretint assez paisiblement.

DORIS.

Ce visage inconnu qu'on appeloit Florange? 185

CHRYSANTE.

Lui-même.

DORIS.

            Ah! Dieu, que c'est un cajoleur étrange!
Ce fut paisiblement, de vrai, qu'il m'entretint.
Soit que quelque raison en secret le retînt[3],
Soit que son bel esprit me jugeât incapable

---

1. *Var.* Ainsi qu'il me les baille, ainsi je les renvoie. (1634-57)
2. *Var.* En nommant celles-ci, tu caches finement. (1634-57)
3. *Var.* Soit que quelque raison secrète le retint. (1634-57)

ACTE I, SCÈNE III.

De lui pouvoir fournir un entretien sortable, 190
Il m'épargna si bien, que ses plus longs propos
A peine en plus d'une heure étoient de quatre mots[1] ;
Il me mena danser deux fois sans me rien dire.

CHRYSANTE.

Mais ensuite[2] ?

DORIS.

La suite est digne qu'on l'admire[3].
Mon baladin muet se retranche en un coin, 195
Pour faire mieux jouer-la-prunelle de loin ;
Après m'avoir de là longtemps considérée,
Après m'avoir des yeux mille fois mesurée,
Il m'aborde en tremblant, avec ce compliment :
« Vous m'attirez à vous ainsi que fait l'aimant. » 200
(Il pensoit m'avoir dit le meilleur mot du monde.)
Entendant ce haut style, aussitôt je seconde,
Et réponds brusquement, sans beaucoup m'émouvoir :
« Vous êtes donc de fer, à ce que je puis voir. »
Ce grand mot étouffa tout ce qu'il vouloit dire[4], 205
Et pour toute réplique il se mit à sourire.
Depuis il s'avisa de me serrer les doigts ;
Et retrouvant un peu l'usage de la voix,
Il prit un de mes gants : « La mode en est nouvelle,
Me dit-il, et jamais je n'en vis de si belle ; 210
Vous portez sur la gorge un mouchoir fort carré[5] ;

---

1. *Var.* A grand'peine en une heure étoient de quatre mots. (1634-57)
2. *Var.* CHRYS. Oui, mais après ? DOR. Après ? C'est bien le mot pour rire.
   Mon baladin muet se retire en un coin,
   Content de m'envoyer des œillades de loin ;
   Enfin, après m'avoir longtemps considérée,
   Après m'avoir de l'œil mille fois mesurée. (1634-57)
3. *Var.*   Le reste est digne qu'on l'admire. (1660-64)
4. *Var.* Après cette réponse, il eut don de silence,
   Surpris, comme je crois, par quelque défaillance.
   [Depuis il s'avisa de me serrer les doigts.] (1634-57)
5. *Var.* Vous portez sur le sein un mouchoir fort carré. (1634-57)

Votre éventail me plaît d'être ainsi bigarré;
L'amour, je vous assure, est une belle chose;
Vraiment vous aimez fort cette couleur de rose;
La ville est en hiver tout autre que les champs;   215
Les charges à présent n'ont que trop de marchands;
On n'en peut approcher. »
CHRYSANTE.
Mais enfin que t'en semble?
DORIS.
Je n'ai jamais connu d'homme qui lui ressemble,
Ni qui mêle en discours tant de diversités.
CHRYSANTE.
Il est nouveau venu des universités,   220
Mais après tout fort riche, et que la mort d'un père[1],
Sans deux successions que de plus il espère,
Comble de tant de biens, qu'il n'est fille aujourd'hui
Qui ne lui rie au nez et n'ait dessein sur lui.
DORIS.
Aussi me contez-vous de beaux traits de visage.   225
CHRYSANTE.
Eh bien! avec ces traits est-il à ton usage?
DORIS.
Je douterois plutôt si je serois au sien.
CHRYSANTE.
Je sais qu'assurément il te veut force bien;
Mais il te le faudroit, en fille plus accorte[2],
Recevoir désormais un peu d'une autre sorte.   230
DORIS.
Commandez seulement, Madame, et mon devoir
Ne négligera rien qui soit en mon pouvoir.

1. *Var.* Au demeurant fort riche, et que la mort d'un père,
Sans deux successions encore qu'il espère. (1634-57)
2. *Var.* Mais il te le faudroit, plus sage et plus accorte. (1634-57)

CHRYSANTE.
Ma fille, te voilà telle que je souhaite.
Pour ne te rien celer, c'est chose qui vaut faite.
Géron, qui depuis peu fait ici tant de tours, 235
Au desçu¹ d'un chacun a traité ces amours;
Et puisqu'à mes desirs je te vois résolue,
Je veux qu'avant deux jours l'affaire soit conclue.
Au regard d'Alcidon tu dois continuer,
Et de ton beau semblant ne rien diminuer² : 240
Il faut jouer au fin contre un esprit si double.
DORIS.
Mon frère en sa faveur vous donnera du trouble.
CHRYSANTE.
Il n'est pas si mauvais que l'on n'en vienne à bout.
DORIS.
Madame, avisez-y : je vous remets le tout.
CHRYSANTE.
Rentre : voici Géron, de qui la conférence 245
Doit rompre, ou nous donner une entière assurance.

SCÈNE IV.

CHRYSANTE, GÉRON.

CHRYSANTE.
Ils se sont vus enfin.
GÉRON.
Je l'avois déjà su,
Madame, et les effets ne m'en ont point déçu³,
Du moins quant à Florange.

1. Voyez p. 180, note 2.
2. *Var.* [Et de ton beau semblant ne rien diminuer.]
   DOR. Mon frère, qui croira sa poursuite abusée,
   Sans doute en sa faveur brouillera la fusée. (1634)
3. *Var.* Madame, et les effets ne m'en ont pas déçu,
   Au moins quant à Florange. (1634-57)

CHRYSANTE.

Eh bien! mais qu'est-ce encore?
Que dit-il de ma fille?

GÉRON.

Ah! Madame, il l'adore! 250
Il n'a point encor vu de miracles pareils :
Ses yeux, à son avis, sont autant de soleils;
L'enflure de son sein, un double petit monde;
C'est le seul ornement de la machine ronde.
L'amour à ses regards allume son flambeau, 255
Et souvent pour la voir il ôte son bandeau;
Diane n'eut jamais une si belle taille;
Auprès d'elle Vénus ne seroit rien qui vaille;
Ce ne sont rien que lis et roses que son teint;
Enfin de ses beautés il est si fort atteint.... 260

CHRYSANTE.

Atteint! Ah! mon ami, tant de badinerie[1]
Ne témoigne que trop qu'il en fait raillerie.

GÉRON.

Madame, je vous jure, il pèche innocemment,
Et s'il savoit mieux dire, il diroit autrement.
C'est un homme tout neuf : que voulez-vous qu'il fasse?
Il dit ce qu'il a lu. Daignez juger, de grâce[2],
Plus favorablement de son intention;
Et pour mieux vous montrer où va sa passion,
Vous savez les deux points (mais aussi, je vous prie,
Vous ne lui direz pas cette supercherie).... 270

CHRYSANTE.

Non, non.

1. *Var.* Atteint! Ah! mon ami, ce sont des rêveries;
Il s'en moque en disant de telles niaiseries. (1634-57)
2. *Var.* Il dit ce qu'il a lu. Jugez, pour Dieu, de grâce. (1634-57)

GÉRON.

Vous savez donc les deux difficultés
Qui jusqu'à maintenant vous tiennent arrêtés[1]?

CHRYSANTE.

Il veut son avantage, et nous cherchons le nôtre.

GÉRON.

« Va, Géron, m'a-t-il dit; et pour l'une et pour l'autre,
Si par dextérité tu n'en peux rien tirer, 275
Accorde tout plutôt que de plus différer.
Doris est à mes yeux de tant d'attraits pourvue,
Qu'il faut bien qu'il m'en coûte un peu pour l'avoir vue. »
Mais qu'en dit votre fille ?

CHRYSANTE.

Elle suivra mon choix[2],
Et montre une âme prête à recevoir mes lois; 280
Non qu'elle en fasse état plus que de bonne sorte :
Il suffit qu'elle voit ce que le bien apporte,
Et qu'elle s'accommode aux solides raisons
Qui forment à présent les meilleures maisons.

GÉRON.

A ce compte, c'est fait. Quand vous plaît-il qu'il vienne[3]
Dégager ma parole, et vous donner la sienne?

CHRYSANTE.

Deux jours me suffiront, ménagés dextrement,
Pour disposer mon fils à son contentement[4].
Durant ce peu de temps, si son ardeur le presse,
Il peut hors du logis rencontrer sa maîtresse : 290
Assez d'occasions s'offrent aux amoureux.

1. *Var.* Qui jusqu'à maintenant nous tiennent arrêtés. (1634)
2. *Var.*   CHRYS. Ainsi que je voulois,
   Elle se montre prête à recevoir mes lois. (1634-63)
3. *Var.* A ce compte, c'est fait. Quand voulez-vous qu'il vienne. (1634-57)
4. *Var.* Pour disposer mon fils à mon contentement. (1634-57)

GÉRON.

Madame, que d'un mot je vais le rendre heureux[1] !

SCÈNE V.
PHILISTE, CLARICE.

PHILISTE.

Le bonheur aujourd'hui conduisoit vos visites[2],
Et sembloit rendre hommage à vos rares mérites :
Vous avez rencontré tout ce que vous cherchiez. 295

CLARICE.

Oui ; mais n'estimez pas qu'ainsi vous m'empêchiez
De vous dire, à présent que nous faisons retraite,
Combien de chez Daphnis je sors mal satisfaite.

PHILISTE.

Madame, toutefois elle a fait son pouvoir,
Du moins en apparence, à vous bien recevoir[3]. 300

CLARICE.

Ne pensez pas aussi que je me plaigne d'elle.

PHILISTE.

Sa compagnie étoit, ce me semble, assez belle.

CLARICE.

Que trop belle à mon goût, et, que je pense, au tien !
Deux filles possédoient seules ton entretien[4] ;
Et leur orgueil, enflé par cette préférence, 305
De ce qu'elles valoient tiroit pleine assurance.

---

1. *Var.* Madame, que d'un mot je le vais rendre heureux. (1634-57)
2. *Var.* Le bonheur conduisoit aujourd'hui nos visites. (1634 et 57)
   Var. Le bonheur conduisoit aujourd'hui vos visites. (1644-54 et 60)
3. *Var.* Au moins en apparence, à vous bien recevoir.
   CLAR. Aussi ne pensez pas que je me plaigne d'elle. (1634-57)
4. *Var.* [Deux filles possédoient seules ton entretien;]
   Et ce que nous étions de femmes méprisées,
   Nous servions cependant d'objets à vos risées.
   PHIL. C'est maintenant, Madame, aux vôtres que j'en sers;

ACTE I, SCÈNE V.

PHILISTE.
Ce reproche obligeant me laisse tout surpris :
Avec tant de beautés, et tant de bons esprits,
Je ne valus jamais qu'on me trouvât à dire[1].

CLARICE.
Avec ces bons esprits je n'étois qu'en martyre[2] : 310
Leur discours m'assassine, et n'a qu'un certain jeu
Qui m'étourdit beaucoup, et qui me plaît fort peu.

PHILISTE.
Celui que nous tenions me plaisoit à merveilles.

CLARICE.
Tes yeux s'y plaisoient bien autant que tes oreilles.

PHILISTE.
Je ne le puis nier, puisqu'en parlant de vous[3], 315
Sur les vôtres mes yeux se portoient à tous coups,
Et s'en alloient chercher sur un si beau visage[4]
Mille et mille raisons d'un éternel hommage.

CLARICE.
O la subtile ruse! et l'excellent détour[5]!
Sans doute une des deux te donne de l'amour; 320
Mais tu le veux cacher.

<small>Avec tant de beautés, et tant d'esprits divers,
[Je ne valus jamais qu'on me trouvât à dire.] (1634-57)
1. *Trouver à dire*, trouver qu'il manque quelque chose ou quelqu'un.
Voyez le *Lexique*.
2. *Var.* Avec ces beaux esprits je n'étois qu'en martyre. (1634)
L'édition de 1634 porte :
Avec ces bons esprits je n'étois qu'en martyre;
mais il y a dans *Les plus notables fautes survenues en l'impression :* « Lisez *beaux esprits.* » Néanmoins Corneille n'a tenu compte de cette correction dans aucune des éditions suivantes. Dans les unes, de 1644 à 1657, on lit, comme l'on voit, *bons esprits*, une fois, au vers 310; dans les autres, de 1660 à 1682, deux fois, aux vers 308 et 310.
3. *Var.* Je ne le peux nier, puisqu'en parlant de vous. (1634)
4. *Var.* Et s'en alloient chercher sur ce visage d'ange
    Mille sujets nouveaux d'éternelle louange. (1634-57)
5. *Var.* O la subtile ruse! ô l'excellent détour! (1634-68)</small>

PHILISTE.

Que dites-vous, Madame[1]?
Un de ces deux objets captiveroit mon âme!
Jugez-en mieux, de grâce, et croyez que mon cœur
Choisiroit pour se rendre un plus puissant vainqueur.

CLARICE.

Tu tranches du fâcheux. Bélinde et Chrysolite 325
Manquent donc, à ton gré, d'attraits et de mérite,
Elles dont les beautés captivent mille amants?

PHILISTE.

Tout autre trouveroit leurs visages charmants[2],
Et j'en ferois état, si le ciel m'eût fait naître
D'un malheur assez grand pour ne vous pas connoître;
Mais l'honneur de vous voir, que vous me permettez,
Fait que je n'y remarque aucunes raretés[3],
Et plein de votre idée, il ne m'est pas possible
Ni d'admirer ailleurs, ni d'être ailleurs sensible.

CLARICE.

On ne m'éblouit pas à force de flatter : 335
Revenons au propos que tu veux éviter[4].
Je veux savoir des deux laquelle est ta maîtresse;
Ne dissimule plus, Philiste, et me confesse....

PHILISTE.

Que Chrysolite et l'autre, égales toutes deux,
N'ont rien d'assez puissant pour attirer mes vœux. 340
Si blessé des regards de quelque beau visage,
Mon cœur de sa franchise avoit perdu l'usage....

1. *Var.*   De l'amour! moi, Madame,
Que pour une des deux l'amour m'entrât dans l'âme!
Croyez-moi, s'il vous plaît, que mon affection
Voudroit, pour s'enflammer, plus de perfection. (1634-57)
2. *Var.* Quelque autre trouveroit leurs visages charmants. (1634-57)
3. *Var.* [Fait que je n'y remarque aucunes raretés,]
Vu que ce qui seroit de soi-même admirable,
A peine auprès de vous demeure supportable. (1634-57)
4. *Var.* Revenons aux propos que tu veux éviter. (1634-57)

ACTE I, SCÈNE V.

CLARICE.

Tu serois assez fin pour bien cacher ton jeu.

PHILISTE.

C'est ce qui ne se peut : l'amour est tout de feu,
Il éclaire en brûlant, et se trahit soi-même. 345
Un esprit amoureux, absent de ce qu'il aime[1],
Par sa mauvaise humeur fait trop voir ce qu'il est :
Toujours morne, rêveur, triste, tout lui déplaît;
A tout autre propos qu'à celui de sa flamme,
Le silence à la bouche, et le chagrin en l'âme, 350
Son œil semble à regret nous donner ses regards,
Et les jette à la fois souvent de toutes parts,
Qu'ainsi sa fonction confuse ou mal guidée[2]
Se ramène en soi-même, et ne voit qu'une idée;
Mais auprès de l'objet qui possède son cœur, 355
Ses esprits ranimés reprennent leur vigueur :
Gai, complaisant, actif....

CLARICE.

Enfin que veux-tu dire?

PHILISTE.

Que par ces actions que je viens de décrire,
Vous, de qui j'ai l'honneur chaque jour d'approcher,
Jugiez pour quel objet l'amour m'a su toucher[3]. 360

CLARICE.

Pour faire un jugement d'une telle importance,
Il faudroit plus de temps. Adieu : la nuit s'avance.
Te verra-t-on demain?

PHILISTE.

Madame, en doutez-vous?
Jamais commandements ne me furent si doux :

---

1. *Var.* L'esprit d'un amoureux, absent de ce qu'il aime. (1634-57)
2. *Var.* Qu'ainsi sa fonction confuse et mal guidée. (1634-57)
3. *Var.* Jugiez pour quels objets l'amour m'a su toucher. (1634-60)

Loin de vous, je n'ai rien qu'avec plaisir je voie[1] ; 365
Tout me devient fâcheux, tout s'oppose à ma joie[2] :
Un chagrin invincible accable tous mes sens[3].

CLARICE.

Si, comme tu le dis, dans le cœur des absents
C'est l'amour qui fait naître une telle tristesse,
Ce compliment n'est bon qu'auprès d'une maîtresse[4]. 370

PHILISTE.

Souffrez-le d'un respect qui produit chaque jour
Pour un sujet si haut les effets de l'amour.

SCÈNE VI.

CLARICE.

Las ! il m'en dit assez, si je l'osois entendre,
Et ses desirs aux miens se font assez comprendre ;
Mais pour nous déclarer une si belle ardeur, 375
L'un est muet de crainte, et l'autre de pudeur.
Que mon rang me déplaît ! que mon trop de fortune,
Au lieu de m'obliger, me choque et m'importune !
Égale à mon Philiste, il m'offriroit ses vœux,
Je m'entendrois nommer le sujet de ses feux, 380
Et ses discours pourroient forcer ma modestie
A l'assurer bientôt de notre sympathie ;
Mais le peu de rapport de nos conditions
Ote le nom d'amour à ses submissions ;
Et sous l'injuste loi de cette retenue, 385

---

1. *Var.* Puisque loin de vos yeux je n'ai rien qui me plaise. (1634-57)
Var. Éloigné de vos yeux, je n'ai rien qui me plaise. (1660-68)
2. *Var.* Tout me devient fâcheux, tout s'oppose à mon aise. (1634-68)
3. *Var.* Un chagrin éternel triomphe de mes sens.
CLAR. Si, comme tu disois, dans le cœur des absents. (1634-57)
4. *Var.* Ce compliment n'est bon que vers une maîtresse. (1634-57)
Var. Ce compliment n'est bon qu'auprès une maîtresse. (1660)

ACTE I, SCÈNE VI.

Le remède me manque, et mon mal continue.
Il me sert en esclave, et non pas en amant,
Tant son respect s'oppose à mon contentement[1] !
Ah! que ne devient-il un peu plus téméraire?
Que ne s'expose-t-il au hasard de me plaire? 390
Amour, gagne à la fin ce respect ennuyeux,
Et rends-le moins timide, ou l'ôte de mes yeux.

1. *Var.* Tant mon grade s'oppose à mon contentement. (1634-64)

FIN DU PREMIER ACTE.

ACTE II.

SCÈNE PREMIÈRE.

PHILISTE[1].

Secrets tyrans de ma pensée,
Respect, amour, de qui les lois
D'un juste et fâcheux contre-poids
La tiennent toujours balancée,
Que vos mouvements opposés[2],
Vos traits, l'un par l'autre brisés,
Sont puissants à s'entre-détruire !
Que l'un m'offre d'espoir ! que l'autre a de rigueur !
Et tandis que tous deux tâchent à me séduire,
Que leur combat est rude au milieu de mon cœur !

Moi-même je fais mon supplice
A force de leur obéir[3];

---

1. Dans l'édition de 1634, au-dessous du nom de PHILISTE, on lit en titre : STANCES.
2. *Var.*   Vos mouvements irrésolus
           Ont trop de flux et de reflus (a),
           L'un m'élève et l'autre m'atterre ;
L'un nourrit mon espoir, et l'autre ma langueur.
N'avez-vous point ailleurs où vous faire la guerre,
Sans ainsi vous combattre aux dépens de mon cœur ? (1634)
3. *Var.*   A force de vous obéir ;
           Mais le moyen de vous haïr ?
           Vous venez tous deux de Clarice ;
           Vous m'en entretenez tous deux,
           Et formez ma crainte et mes vœux
           Pour ce bel œil qui vous fait naître. (1634)

(a) *Reflus* paraît avoir été écrit ainsi pour la rime ; car dans ce même vers le mot simple *flux* se termine régulièrement par un *x*.

Mais le moyen de les haïr?
Ils viennent tous deux de Clarice;
Ils m'en entretiennent tous deux,
Et forment ma crainte et mes vœux[1]
Pour ce bel œil qui les fait naître;
Et de deux flots divers mon esprit agité,
Plein de glace, et d'un feu qui n'oseroit paroître,
Blâme sa retenue et sa témérité.

Mon âme, dans cet esclavage,
Fait des vœux qu'elle n'ose offrir;
J'aime seulement pour souffrir;
J'ai trop et trop peu de courage :
Je vois bien que je suis aimé,
Et que l'objet qui m'a charmé
Vit en de pareilles contraintes.
Mon silence à ses feux fait tant de trahison,
Qu'impertinent captif de mes frivoles craintes,
Pour accroître son mal, je fuis ma guérison.

Elle brûle, et par quelque signe
Que son cœur s'explique avec moi[2],
Je doute de ce que je voi[3],
Parce que je m'en trouve indigne.
Espoir, adieu; c'est trop flatté :
Ne crois pas que cette beauté
Daigne avouer de telles flammes[4];

1. *Var.*   Et formant ma crainte et mes vœux
        [Pour ce bel œil qui les fait naître,]
    De deux contraires flots mon esprit agité. (1648)
2. *Var.*   Qu'elle me découvre son cœur,
        Je le prends pour un trait moqueur,
        D'autant que je m'en trouve indigne. (1634-57)
3. Il ne faut pas voir ici une licence poétique destinée à faciliter la rime. Cette orthographe est partout celle de Corneille et de ses contemporains.
4. *Var.*   Avouât des flammes si basses;
    Et par le soin exact qu'elle a de les cacher,

Et dans le juste soin qu'elle a de les cacher, 430
Vois que si même ardeur embrase nos deux âmes,
Sa bouche à son esprit n'ose le reprocher.

    Pauvre amant, vois par son silence
    Qu'elle t'en commande un égal,
    Et que le récit de ton mal 435
    Te convaincroit d'une insolence.
    Quel fantasque raisonnement!
    Et qu'au milieu de mon tourment
    Je deviens subtil à ma peine!

Pourquoi m'imaginer qu'un discours amoureux 440
Par un contraire effet change l'amour en haine[1],
Et malgré mon bonheur me rendre malheureux?

Mais j'aperçois Clarice. O Dieux! si cette belle
Parloit autant de moi que je m'entretiens d'elle!
Du moins si sa nourrice a soin de nos amours, 445
C'est de moi qu'à présent doit être leur discours.
Une humeur curieuse avec chaleur m'emporte[2]
A me couler sans bruit derrière cette porte[3],
Pour écouter de là, sans en être aperçu,
En quoi mon fol espoir me peut avoir déçu. 450
Allons. Souvent l'amour ne veut qu'une bonne heure[4] :
Jamais l'occasion ne s'offrira meilleure,
Et peut-être qu'enfin nous en pourrons tirer
Celle que nous cherchons pour nous mieux déclarer[5].

    Apprends que si Philiste est en ses bonnes grâces,
    [Sa bouche à son esprit n'ose le reprocher.] (1634-57)
Var.   Avouât de si basses flammes. (1660-64)
1. *Var.* Par un contraire effet change un amour en haine. (1634-60)
2. *Var.* Je ne sais quelle humeur curieuse m'emporte. (1634-68)
3. *Var.* A me couler sans bruit dans la prochaine porte. (1634-57)
4. *Var.* Suivrons-nous cette ardeur? Suivons, à la bonne heure. (1634-57)
5. *Var.* Celle que notre amour cherche à se déclarer. (1634-57)

SCÈNE II.

CLARICE, la Nourrice.

CLARICE.

Tu me veux détourner d'une seconde flamme, 455
Dont je ne pense pas qu'autre que toi me blâme.
Être veuve à mon âge, et toujours déplorer[1]
La perte d'un mari que je puis réparer[2] !
Refuser d'un amant ce doux nom de maîtresse !
N'avoir que des mépris pour les vœux qu'il m'adresse ! 460
Le voir toujours languir dessous ma dure loi !
Cette vertu, Nourrice, est trop haute pour moi.

LA NOURRICE.

Madame, mon avis au vôtre ne résiste
Qu'alors que votre ardeur se porte vers Philiste[3].
Aimez, aimez quelqu'un ; mais comme à l'autre fois, 465
Qu'un lieu digne de vous arrête votre choix.

CLARICE.

Brise là ce discours dont mon amour s'irrite :
Philiste n'en voit point qui le passe en mérite.

LA NOURRICE.

Je ne remarque en lui rien que de fort commun,
Sinon que plus qu'un autre il se rend importun[4]. 470

CLARICE.

Que ton aveuglement en ce point est extrême !
Et que tu connois mal et Philiste et moi-même,
Si tu crois que l'excès de sa civilité
Passe jamais chez moi pour importunité !

---

1. *Var.* Être veuve à mon âge, et toujours soupirer. (1634-57)
2. *Var.* La perte d'un mari que je peux réparer. (1634)
3. *Var.* Qu'en tant que votre ardeur se porte vers Philiste. (1634-57)
4. *Var.* Sinon qu'il est un peu plus qu'un autre importun. (1634-57)

LA NOURRICE.

Ce cajoleur rusé, qui toujours vous assiége, 475
A tant fait qu'à la fin vous tombez dans son piége.

CLARICE.

Ce cavalier parfait, de qui je tiens le cœur,
A tant fait que du mien il s'est rendu vainqueur.

LA NOURRICE.

Il aime votre bien, et non votre personne.

CLARICE.

Son vertueux amour l'un et l'autre lui donne : 480
Ce m'est trop d'heur encor, dans le peu que je vaux,
Qu'un peu de bien que j'ai supplée à mes défauts.

LA NOURRICE.

La mémoire d'Alcandre, et le rang qu'il vous laisse,
Voudroient un successeur de plus haute noblesse.

CLARICE.

S'il précéda Philiste en vaines dignités[1], 485
Philiste le devance en rares qualités;
Il est né gentilhomme, et sa vertu répare
Tout ce dont la fortune envers lui fut avare :
Nous avons, elle et moi, trop de quoi l'agrandir[2].

LA NOURRICE.

Si vous pouviez, Madame, un peu vous refroidir 490
Pour le considérer avec indifférence,
Sans prendre pour mérite une fausse apparence,
La raison feroit voir à vos yeux insensés
Que Philiste n'est pas tout ce que vous pensez.
Croyez-m'en plus que vous; j'ai vieilli dans le monde[3], 495
J'ai de l'expérience, et c'est où je me fonde :

---

1. *Var.* Il précéda Philiste en vaines dignités,
   Et Philiste le passe en rares qualités. (1634-57)
2. *Var.* Elle et moi, nous avons trop de quoi l'agrandir.
   LA NOURR. Hélas! si vous pouviez un peu vous refroidir. (1634-57)
3. *Var.* Madame, croyez-moi; j'ai vieilli dans le monde. (1634-57)

Eloignez quelque temps ce dangereux charmeur[1],
Faites en son absence essai d'une autre humeur[2];
Pratiquez-en quelque autre, et désintéressée
Comparez-lui l'objet dont vous êtes blessée ; 500
Comparez-en l'esprit, la façon, l'entretien,
Et lors vous trouverez qu'un autre le vaut bien.
                    CLARICE.
Exercer contre moi de si noirs artifices !
Donner à mon amour de si cruels supplices !
Trahir tous mes desirs ! éteindre un feu si beau[3]! 505
Qu'on m'enferme plutôt toute vive au tombeau.
Fais venir cet amant : dussé-je la première[4]
Lui faire de mon cœur une ouverture entière,
Je ne permettrai point qu'il sorte d'avec moi[5]
Sans avoir l'un à l'autre engagé notre foi. 510
                    LA NOURRICE.
Ne précipitez point ce que le temps ménage;
Vous pourrez à loisir éprouver son courage.
                    CLARICE.
Ne m'importune plus de tes conseils maudits,
Et sans me répliquer fais ce que je te dis.

SCÈNE III.

PHILISTE, LA NOURRICE.

PHILISTE.

Je te ferai cracher cette langue traîtresse. 515
Est-ce ainsi qu'on me sert auprès de ma maîtresse,
Détestable sorcière ?

---

1. *Var.* Éloignez, s'il vous plaît, quelque temps ce charmeur. (1634-57)
2. *Var.* Faites en son absence essai d'un autre humeur. (1634, 44 et 48)
3. *Var.* Trahir ainsi mon aise ! éteindre un feu si beau ! (1634-57)
4. *Var.* Va querir mon amant : dussé-je la première. (1634-64)
5. *Var.* Je ne permettrai pas qu'il sorte d'avec moi. (1634-57)

LA NOURRICE.

Eh bien, quoi? qu'ai-je fait?

PHILISTE.

Et tu doutes encor si j'ai vu ton forfait[1]?

LA NOURRICE.

Quel forfait?

PHILISTE.

Peut-on voir lâcheté plus hardie?
Joindre encor l'impudence à tant de perfidie! 520

LA NOURRICE.

Tenir ce qu'on promet, est-ce une trahison?

PHILISTE.

Est-ce ainsi qu'on le tient?

LA NOURRICE.

Parlons avec raison :
Que t'avois-je promis?

PHILISTE.

Que de tout ton possible
Tu rendrois ta maîtresse à mes desirs sensible,
Et la disposerois à recevoir mes vœux. 525

LA NOURRICE.

Et ne la vois-tu pas au point où tu la veux[2]?

PHILISTE.

Malgré toi mon bonheur à ce point l'a réduite.

LA NOURRICE.

Mais tu dois ce bonheur à ma sage conduite,
Jeune et simple novice en matière d'amour,
Qui ne saurois comprendre encore un si bon tour. 530

1. *Var.* [Et tu doutes encor si j'ai vu ton forfait?]
Monstre de trahisons, horreur de la nature,
Viens çà que je t'étrangle. LA NOURR. Ah! ah! PHIL. Crache, parjure,
Ton âme abominable et que l'enfer attend.
LA NOURR. De grâce, quatre mots, et tu seras content.
PHIL. Et je serai content! qui te fait si hardie
D'ajouter l'impudence à tant de perfidie? (1634-57)
2. *Var.* Et quoi? n'est-elle pas au point où tu la veux? (1634-60)

ACTE II, SCÈNE III.

Flatter de nos discours les passions des dames[1],
C'est aider lâchement à leurs naissantes flammes;
C'est traiter lourdement un délicat effet;
C'est n'y savoir enfin que ce que chacun sait[2] :
Moi, qui de ce métier ai la haute science, 535
Et qui pour te servir brûle d'impatience,
Par un chemin plus court qu'un propos complaisant,
J'ai su croître sa flamme en la contredisant;
J'ai su faire éclater, mais avec violence[3],
Un amour étouffé sous un honteux silence, 540
Et n'ai pas tant choqué que piqué ses desirs,
Dont la soif irritée avance tes plaisirs.

PHILISTE.

A croire ton babil, la ruse est merveilleuse[4];
Mais l'épreuve, à mon goût, en est fort périlleuse.

LA NOURRICE.

Jamais il ne s'est vu de tours plus assurés. 545
La raison et l'amour sont ennemis jurés;
Et lorsque ce dernier dans un esprit commande,
Il ne peut endurer que l'autre le gourmande :
Plus la raison l'attaque, et plus il se roidit;
Plus elle l'intimide, et plus il s'enhardit. 550
Je le dis sans besoin, vos yeux et vos oreilles[5]
Sont de trop bons témoins de toutes ces merveilles :
Vous-même avez tout vu, que voulez-vous de plus?
Entrez, on vous attend; ces discours superflus
Reculent votre bien, et font languir Clarice. 555
Allez, allez cueillir les fruits de mon service :
Usez bien de votre heur et de l'occasion.

1. *Var.* Flatter de vos discours les passions des dames. (1660)
2. *Var.* C'est n'y savoir enfin que ce qu'un chacun sait. (1654)
3. *Var.* J'ai su faire éclater avecque violence. (1634-57)
4. *Var.* Qui croira ton babil, la ruse est merveilleuse. (1634-57)
5. *Var.* Mais je vous parle en vain, vos yeux et vos oreilles
   Vous sont de bons témoins de toutes ces merveilles. (1634-57)

PHILISTE.

Soit une vérité, soit une illusion
Que ton esprit adroit emploie à ta défense¹,
Le mien de tes discours plus outre ne s'offense, 560
Et j'en estimerai mon bonheur plus parfait,
Si d'un mauvais dessein je tire un bon effet².

LA NOURRICE.

Que de propos perdus! Voyez l'impatiente
Qui ne peut plus souffrir une si longue attente.

SCÈNE IV.

CLARICE, PHILISTE, LA NOURRICE.

CLARICE.

Paresseux, qui tardez si longtemps à venir, 565
Devinez la façon dont je veux vous punir.

PHILISTE.

M'interdiriez-vous bien l'honneur de votre vue?

CLARICE.

Vraiment, vous me jugez de sens fort dépourvue :
Vous bannir de mes yeux! une si dure loi
Feroit trop retomber le châtiment sur moi, 570
Et je n'ai pas failli, pour me punir moi-même.

PHILISTE.

L'absence ne fait mal que de ceux que l'on aime.

CLARICE.

Aussi, que savez-vous si vos perfections
Ne vous ont rien acquis sur mes affections?

PHILISTE.

Madame, excusez-moi, je sais mieux reconnoître 575
Mes défauts, et le peu que le ciel m'a fait naître.

1. *Var.* Que ton subtil esprit emploie à ta défense. (1634-57)
2. *Var.* Si d'un mauvais dessein il tire un bon effet. (1634-57)

CLARICE.

N'oublierez-vous jamais ces termes ravalés,
Pour vous priser de bouche autant que vous valez?
Seriez-vous bien content qu'on crût ce que vous dites?
Demeurez avec moi d'accord de vos mérites ;   580
Laissez-moi me flatter de cette vanité,
Que j'ai quelque pouvoir sur votre liberté,
Et qu'une humeur si froide, à toute autre invincible,
Ne perd qu'auprès de moi le titre d'insensible :
Une si douce erreur tâche à s'autoriser;   585
Quel plaisir prenez-vous à m'en désabuser?

PHILISTE.

Ce n'est point une erreur; pardonnez-moi, Madame,
Ce sont les mouvements les plus sains de mon âme.
Il est vrai, je vous aime, et mes feux indiscrets
Se donnent leur supplice en demeurant secrets.   590
Je reçois sans contrainte une ardeur téméraire[1];
Mais si j'ose brûler, je sais aussi me taire ;
Et près de votre objet, mon unique vainqueur,
Je puis tout sur ma langue, et rien dessus mon cœur.
En vain j'avois appris que la seule espérance[2]   595
Entretenoit l'amour dans la persévérance :
J'aime sans espérer, et mon cœur enflammé[3]
A pour but de vous plaire, et non pas d'être aimé.
L'amour devient servile, alors qu'il se dispense
A n'allumer ses feux que pour la récompense.   600
Ma flamme est toute pure, et sans rien présumer,
Je ne cherche en aimant que le seul bien d'aimer.

1. *Var.* Je reçois sans contrainte un amour téméraire;
   Mais si j'ose brûler, aussi sais-je me taire. (1634-57)
2. *Var.* En vain j'aurois appris que la seule espérance. (1657)
3. *Var.* J'aime sans espérer, et je ne me promets
   Aucun loyer d'un feu qu'on n'éteindra jamais.
   L'amour devient servile, alors qu'il se propose
   Le seul espoir d'un prix pour son but et sa cause. (1634)

CLARICE.

Et celui d'être aimé, sans que tu le prétendes,
Préviendra tes desirs et tes justes demandes.
Ne déguisons plus rien, cher Philiste : il est temps¹ 605
Qu'un aveu mutuel rende nos vœux contents.
Donnons-leur, je te prie, une entière assurance ;
Vengeons-nous à loisir de notre indifférence,
Vengeons-nous à loisir de toutes ces langueurs
Où sa fausse couleur avoit réduit nos cœurs. 610

PHILISTE.

Vous me jouez, Madame, et cette accorte feinte
Ne donne à mon amour qu'une railleuse atteinte².

CLARICE.

Quelle façon étrange! En me voyant brûler,
Tu t'obstines encore à le dissimuler ;
Tu veux qu'encore un coup je me donne la honte³ 615
De te dire à quel point l'amour pour toi me dompte :
Tu le vois cependant avec pleine clarté⁴,
Et veux douter encor de cette vérité?

PHILISTE.

Oui, j'en doute, et l'excès du bonheur qui m'accable⁵
Me surprend, me confond, me paroît incroyable. 620
Madame, est-il possible? et me puis-je assurer
D'un bien à quoi mes vœux n'oseroient aspirer?

1. *Var.* Ne déguisons plus rien, mon Philiste, il est temps
   Qu'un aveu mutuel rende nos feux contents. (1634-57)
2. *Var.* Ne donne à mes amours qu'une moqueuse atteinte (*a*). (1634-54)
   Var. Ne donne à mes amours qu'une railleuse atteinte. (1660 et 63)
3. *Var.* Tu veux qu'encore un coup je devienne effrontée,
   Pour te dire à quel point mon ardeur est montée :
   Tu la vois cependant en son extrémité,
   Et tu doutes encor de cette vérité? (1634-57)
4. *Var.* Tu le vois cependant en son extrémité. (1660)
5. *Var.* Oui, j'en doute, et l'excès de ma béatitude

(*a*) Dans l'édition de 1657, il y a *moqueuse feinte*, au lieu de *moqueuse atteinte ;* mais c'est sans doute une faute d'impression.

CLARICE.

Cesse de me tuer par cette défiance.
Qui pourroit des mortels troubler notre alliance?
Quelqu'un a-t-il à voir dessus mes actions, 625
Dont j'aye à prendre l'ordre en mes affections[1]?
Veuve, et qui ne dois plus de respect à personne,
Ne puis-je disposer de ce que je te donne[2]?

PHILISTE.

N'ayant jamais été digne d'un tel honneur,
J'ai de la peine encore à croire mon bonheur. 630

CLARICE.

Pour t'obliger enfin à changer de langage,
Si ma foi ne suffit, que je te donne en gage,
Un bracelet, exprès tissu de mes cheveux,
T'attend pour enchaîner et ton bras et tes vœux;
Viens le querir, et prendre avec moi la journée 635
Qui termine bientôt notre heureux hyménée[3].

PHILISTE.

C'est dont vos seuls avis se doivent consulter:
Trop heureux, quant à moi, de les exécuter!

LA NOURRICE, seule.

Vous comptez sans votre hôte, et vous pourrez apprendre
Que ce n'est pas sans moi que ce jour se doit prendre. 640
De vos prétentions Alcidon averti[4]
Vous fera, s'il m'en croit, un dangereux parti[5].
Je lui vais bien donner de plus sûres adresses
Que d'amuser Doris par de fausses caresses;

Est le seul fondement de mon incertitude.
Ma reine, est-il possible, et me puis-je assurer. (1634)
1. *Var.* Qui prescrive une règle à mes affections. (1634-60)
2. *Var.* Puis-je pas disposer de ce que je te donne? (1634-57)
3. *Var.* Que termine bientôt notre heureux hyménée. (1663)
4. *Var.* Alcidon, averti de ce que vous brassez,
Va rendre en un moment vos desseins renversés. (1634)
5. *Var.* Vous fera, s'il me croit, un dangereux parti. (1644-57)

Aussi bien, m'a-t-on dit, à beau jeu beau retour :   645
Au lieu de la duper avec ce feint amour,
Elle-même le dupe, et lui rendant son change¹,
Lui promet un amour qu'elle garde à Florange² :
Ainsi, de tous côtés primé par un rival,
Ses affaires sans moi se porteroient fort mal.   650

SCÈNE V.

ALCIDON, DORIS.

ALCIDON.

Adieu, mon cher souci, sois sûre que mon âme
Jusqu'au dernier soupir conservera sa flamme.

DORIS.

Alcidon, cet adieu me prend au dépourvu.
Tu ne fais que d'entrer; à peine t'ai-je vu :
C'est m'envier trop tôt le bien de ta présence.   655
De grâce, oblige-moi d'un peu de complaisance³,
Et puisque je te tiens, souffre qu'avec loisir
Je puisse m'en donner un peu plus de plaisir.

ALCIDON.

Je t'explique si mal le feu qui me consume⁴,
Qu'il me force à rougir d'autant plus qu'il s'allume.   660
Mon discours s'en confond, j'en demeure interdit;

---

1. *Var.* Elle-même le dupe, et par un contre-échange. (1634)
   Var. Elle-même le dupe, et par un contre-change. (1644-57)
2. *Var.* En écoutant ses vœux reçoit ceux de Florange. (1634-57)
3. *Var.* Eh! de grâce, ma vie, un peu de complaisance :
   Tandis que je te tiens, souffre qu'avec loisir. (1634-57)
4. *Var.* En peux-tu recevoir de l'entretien d'un homme
   Qui t'explique si mal le feu qui le consomme,
   Dont le discours est plat, et pour tout compliment
   N'a jamais que ce mot : « Je t'aime infiniment? »
   J'ai honte auprès de toi que ma langue grossière
   Manque d'expressions et non pas de matière. (1634-57)

ACTE II, SCÈNE V.

Ce que je ne puis dire est plus que je n'ai dit :
J'en hais les vains efforts de ma langue grossière,
Qui manquent de justesse en si belle matière,
Et ne répondant point aux mouvements du cœur, 665
Te découvrent si peu le fond de ma langueur.
Doris, si tu pouvois lire dans ma pensée,
Et voir jusqu'au milieu de mon âme blessée[1],
Tu verrois un brasier bien autre et bien plus grand[2]
Qu'en ces foibles devoirs que ma bouche te rend. 670

DORIS.

Si tu pouvois aussi pénétrer mon courage,
Et voir jusqu'à quel point ma passion m'engage[3],
Ce que dans mes discours tu prends pour des ardeurs
Ne te sembleroit plus que de tristes froideurs.
Ton amour et le mien ont faute de paroles. 675
Par un malheur égal ainsi tu me consoles ;
Et de mille défauts me sentant accabler,
Ce m'est trop d'heur qu'un d'eux me fait te ressembler.

ALCIDON.

Mais quelque ressemblance entre nous qui survienne,
Ta passion n'a rien qui ressemble à la mienne, 680
Et tu ne m'aimes pas de la même façon.

DORIS.

Si tu m'aimes encor, quitte un si faux soupçon[4] ;
Tu douterois à tort d'une chose trop claire ;
L'épreuve fera foi comme j'aime à te plaire.
Je meurs d'impatience, attendant l'heureux jour 685
Qui te montre quel est envers toi mon amour ;
Ma mère en ma faveur brûle de même envie.

1. *Var.* Et voir tous les ressorts de mon âme blessée. (1634-60)
2. *Var.* Que tu verrois un feu bien autre et bien plus grand. (1634-57)
3. *Var.* Pour y voir comme quoi ma passion m'engage. (1634)
   Var. Pour voir jusqu'à quel point ma passion m'engage. (1644-60)
4. *Var.* Quitte, mon cher souci, quitte ce faux soupçon :
   Tu douterois à tort d'une chose si claire. (1634-57)

ALCIDON.

Hélas! ma volonté sous un autre asservie[1],
Dont je ne puis encore à mon gré disposer,
Fait que d'un tel bonheur je ne saurois user. 690
Je dépends d'un vieil oncle, et s'il ne m'autorise,
Je ne te fais qu'en vain le don de ma franchise[2];
Tu sais que tout son bien ne regarde que moi,
Et qu'attendant sa mort je vis dessous sa loi.
Mais nous le gagnerons, et mon humeur accorte 695
Sait comme il faut avoir les hommes de sa sorte :
Un peu de temps fait tout.

DORIS.

Ne précipite rien.
Je connois ce qu'au monde aujourd'hui vaut le bien.
Conserve ce vieillard; pourquoi te mettre en peine,
A force de m'aimer, de t'acquérir sa haine? 700
Ce qui te plaît m'agrée; et ce retardement,
Parce qu'il vient de toi, m'oblige infiniment.

ALCIDON.

De moi! C'est offenser une pure innocence.
Si l'effet de mes vœux n'est pas en ma puissance[3],
Leur obstacle me gêne autant ou plus que toi. 705

DORIS.

C'est prendre mal mon sens; je sais quelle est ta foi.

ALCIDON.

En veux-tu par écrit une entière assurance[4]?

DORIS.

Elle m'assure assez de ta persévérance;

---

1. *Var.* Hélas! ma volonté sous une autre asservie. (1652-57)
2. *Var.* Je te fais vainement un don de ma franchise;
   Tu sais que ses grands biens ne regardent que moi. (1634-57)
3. *Var.* Si l'effet de mes vœux est hors de ma puissance. (1634-57)
4. *Var.* Qu'un baiser de nouveau t'en donne l'assurance. (1634-57)

Et je lui ferois tort d'en recevoir d'ailleurs
Une preuve plus ample ou des garants meilleurs¹.   710
ALCIDON.
Je l'apporte demain, pour mieux faire connoître....
DORIS.
J'en crois si fortement ce que j'en vois paroître,
Que c'est perdre du temps que de plus en parler.
Adieu; va désormais où tu voulois aller.
Si pour te retenir j'ai trop peu de mérite,   715
Souviens-toi pour le moins que c'est moi qui te quitte².
ALCIDON³.
Ce brusque adieu m'étonne, et je n'entends pas bien....

SCÈNE VI.
La Nourrice, ALCIDON.
LA NOURRICE.
Je te prends au sortir d'un plaisant entretien.
ALCIDON.
Plaisant, de vérité, vu que mon artifice
Lui raconte les vœux que j'envoie à Clarice;   720
Et de tous mes soupirs, qui se portent plus loin,
Elle se croit l'objet, et n'en est que témoin.
LA NOURRICE.
Ainsi ton feu se joue?

---

1. *Var.* [Une preuve plus ample ou des garants meilleurs.]
 ALC. Que cette feinte est belle et qu'elle a d'industrie!
 DOR. On a les yeux sur nous, laisse-moi, je te prie.
 ALC. Crains-tu que cette vieille en ose babiller (a)?
 DOR. Adieu, va maintenant où tu voulois aller. (1634-57)
2. *Var.* Qu'il te souvienne au moins que c'est moi qui te quitte.
 ALC. Quoi donc, sans un baiser? Je m'en passerai bien. (1634-57)
3. *Var.* ALCIDON, *seul.* (1660)

(a) Crains-tu que...? DOR. Cette vieille auroit de quoi parler. (1644-57)

ALCIDON.

Ainsi quand je soupire,
Je la prends pour une autre, et lui dis mon martyre[1];
Et sa réponse, au point que je puis souhaiter[2],　　725
Dans cette illusion a droit de me flatter.

LA NOURRICE.

Elle t'aime?

ALCIDON.

Et de plus, un discours équivoque
Lui fait aisément croire un amour réciproque.
Elle se pense belle, et cette vanité
L'assure imprudemment de ma captivité;　　730
Et comme si j'étois des amants ordinaires,
Elle prend sur mon cœur des droits imaginaires,
Cependant que le sien sent tout ce que je feins[3],
Et vit dans les langueurs dont à faux je me plains.

LA NOURRICE.

Je te réponds que non. Si tu n'y mets remède,　　735
Avant qu'il soit trois jours Florange la possède[4].

ALCIDON.

Et qui t'en a tant dit?

LA NOURRICE.

Géron m'a tout conté;
C'est lui qui sourdement a conduit ce traité[5].

ALCIDON.

C'est ce qu'en mots obscurs son adieu vouloit dire.

---

1. *Var.* Je la prends pour un autre et lui dis mon martyre. (1634, 48, 52 et 57)
2. *Var.* Et sa réponse, au point que je peux souhaiter. (1634)
3. *Var.* Cependant que le sien ressent ce que je feins. (1634-57)
4. *Var.* Paravant qu'il soit peu, Florange la possède. (1634-57)
5. *Var.* [C'est lui qui sourdement a conduit ce traité.]
　ALC. Ce n'est pas grand dommage : aussi bien tant de feintes
　M'alloient bientôt donner d'ennuyeuses contraintes.
　Ils peuvent achever quand ils trouveront bon :
　Rien ne les troublera du côté d'Alcidon.
　Cependant apprends-moi ce que fait ta maîtresse.
　LA NOURR. Elle met la nourrice au bout de sa finesse. (1634-57)

ACTE II, SCÈNE VI.

Elle a cru me braver, mais je n'en fais que rire ; 740
Et comme j'étois las de me contraindre tant,
La coquette qu'elle est m'oblige en me quittant.
Ne m'apprendras-tu point ce que fait ta maîtresse?
LA NOURRICE.
Elle met ton agente au bout de sa finesse.
Philiste assurément tient son esprit charmé : 745
Je n'aurois jamais cru qu'elle l'eût tant aimé[1].
ALCIDON.
C'est à faire à du temps.
LA NOURRICE.
Quitte cette espérance :
Ils ont pris l'un de l'autre une entière assurance,
Jusqu'à s'entre-donner la parole et la foi.
ALCIDON.
Que tu demeures froide en te moquant de moi! 750
LA NOURRICE.
Il n'est rien de si vrai; ce n'est point raillerie.
ALCIDON.
C'est donc fait d'Alcidon! Nourrice, je te prie...
LA NOURRICE.
Rien ne sert de prier; mon esprit épuisé[2]
Pour divertir[3] ce coup n'est point assez rusé.
Je n'en sais qu'un moyen, mais je ne l'ose dire[4]. 755
ALCIDON.
Dépêche, ta longueur m'est un second martyre.
LA NOURRICE.
Clarice, tous les soirs, rêvant à ses amours,
Seule dans son jardin fait trois ou quatre tours.
ALCIDON.
Et qu'a cela de propre à reculer ma perte?

1. *Var.* Je n'eusse jamais cru qu'elle l'eût tant aimé. (1634-60)
2. *Var.* Tu m'as beau supplier; mon esprit épuisé. (1634-60)
3. *Divertir*, détourner.
4. *Var.* Je ne sais qu'un moyen, mais je ne l'ose dire. (1634-60)

LA NOURRICE.

Je te puis en tenir la fausse porte ouverte[1].   760
Aurois-tu du courage assez pour l'enlever ?

ALCIDON.

Oui, mais il faut retraite après où me sauver[2];
Et je n'ai point d'ami si peu jaloux de gloire
Que d'être partisan d'une action si noire.
Si j'avois un prétexte, alors je ne dis pas   765
Que quelqu'un abusé n'accompagnât mes pas.

LA NOURRICE.

On te vole Doris, et ta feinte colère[3]
Manqueroit de prétexte à quereller son frère !
Fais-en sonner partout un faux ressentiment :
Tu verras trop d'amis s'offrir aveuglément,   770
Se prendre à ces dehors, et sans voir dans ton âme,
Vouloir venger l'affront qu'aura reçu ta flamme.
Sers-toi de leur erreur, et dupe-les si bien....

ALCIDON.

Ce prétexte est si beau que je ne crains plus rien.

LA NOURRICE.

Pour ôter tout soupçon de notre intelligence,   775
Ne faisons plus ensemble aucune conférence,
Et viens quand tu pourras : je t'attends dès demain.

ALCIDON.

Adieu ; je tiens le coup, autant vaut, dans ma main.

1. *Var.* Je te peux en tenir la fausse porte ouverte. (1634)
2. *Var.* Que trop, mais je ne sache après où me sauver. (1634-57)
3. *Var.* Tu n'en saurois manquer, aveugle, considère
  Qu'on t'enlève Doris : va quereller son frère,
  Fais éclater partout un faux ressentiment.
  Trop d'amis s'offriront à venger promptement
  L'affront qu'en apparence aura reçu ta flamme,
  Et lors (mais sans ouvrir les secrets de ton âme)
  Tâche à te servir d'eux. ALC. Ainsi tout ira bien.
  [Ce prétexte est si beau que je ne crains plus rien.] (1634-57)
  Var. On t'enlève Doris, et ta feinte colère. (1660)

FIN DU SECOND ACTE.

ACTE III.

SCÈNE PREMIÈRE.
CÉLIDAN, ALCIDON.

CÉLIDAN.

Ce n'est pas que j'excuse ou la sœur, ou le frère,
Dont l'infidélité fait naître ta colère ; 780
Mais, à ne point mentir, ton dessein à l'abord
N'a gagné mon esprit qu'avec un peu d'effort.
Lorsque tu m'as parlé d'enlever sa maîtresse,
L'honneur a quelque temps combattu ma promesse :
Ce mot d'enlèvement me faisoit de l'horreur ; 785
Mes sens, embarrassés dans cette vaine erreur,
N'avoient plus la raison de leur intelligence.
En plaignant ton malheur, je blâmois ta vengeance,
Et l'ombre d'un forfait, amusant ma pitié,
Retardoit les effets dus à notre amitié[1]. 790

1. *Var.* [Retardoit les effets dus à notre amitié.]
   ALC. Voilà grossièrement chercher à te dédire :
   Avec leurs trahisons ta lâcheté conspire (*a*),
   Puisque tu sais leur crime et consens leur bonheur.
   Mais c'est trop désormais survivre à mon honneur ;
   C'est trop porter en vain par leur perfide trame
   La rougeur sur le front et la fureur en l'âme :
   Va, va, n'empêche plus mon désespoir d'agir ;
   Souffre qu'après mon front ce flanc puisse en rougir,
   Et qu'un bras impuissant à venger cet outrage
   Reporte dans mon cœur les effets de ma rage.
   CÉL. Bien loin de révoquer ce que je t'ai promis,

(*a*) Avec leurs trahisons ton amitié conspire. (1644-57)

Pardonne un vain scrupule à mon âme inquiète ;
Prends mon bras pour second, mon château pour retraite.
Le déloyal Philiste, en te volant ton bien,
N'a que trop mérité qu'on le prive du sien :
Après son action la tienne est légitime ; 795
Et l'on venge sans honte un crime par un crime[1].

ALCIDON.

Tu vois comme il me trompe, et me promet sa sœur
Pour en faire sous main Florange possesseur[2].
Ah ciel! fut-il jamais un si noir artifice?
Il lui fait recevoir mes offres de service ; 800
Cette belle m'accepte, et fier de son aveu[3],
Je me vante partout du bonheur de mon feu.
Cependant il me l'ôte, et par cette pratique,
Plus mon amour est su, plus ma honte est publique.

CÉLIDAN.

Après sa trahison, vois ma fidélité : 805
Il t'enlève un objet que je t'avois quitté.
Ta Doris fut toujours la reine de mon âme ;
J'ai toujours eu pour elle une secrète flamme,
Sans jamais témoigner que j'en étois épris,
Tant que tes feux ont pu te promettre ce prix ; 810
Mais je te l'ai quittée, et non pas à Florange.
Quand je t'aurai vengé, contre lui je me venge,
Et je lui fais savoir que jusqu'à mon trépas[4],
Tout autre qu'Alcidon ne l'emportera pas.

ALCIDON.

Pour moi donc à ce point ta contrainte est venue! 815

Je t'offre avec mon bras celui de cent amis.
Prends, puisque tu le veux, ma maison pour retraite ;
Dispose absolument d'une amitié parfaite :
Je vois trop que Philiste en te volant ton bien. (1634-57)
1. *Var.* On venge honnêtement un crime par un crime. (1634-57)
2. *Var.* Dont il fait sourdement Florange possesseur. (1634-57)
3. *Var.* Cette belle m'accepte, et dessous cet aveu. (1634-57)
4. *Var.* Et je lui fais savoir que devant mon trépas. (1634-57)

ACTE III, SCÈNE I.

Que je te veux de mal[1] de cette retenue!
Est-ce ainsi qu'entre amis on vit à cœur ouvert?
CÉLIDAN.
Mon feu, qui t'offensoit, est demeuré couvert;
Et si cette beauté malgré moi l'a fait naître,
J'ai su pour ton respect l'empêcher de paroître.   820
ALCIDON.
Hélas! tu m'as perdu, me voulant obliger;
Notre vieille amitié m'en eût fait dégager[2].
Je souffre maintenant la honte de sa perte,
Et j'aurois eu l'honneur de te l'avoir offerte,
De te l'avoir cédée, et réduit mes desirs   825
Au glorieux dessein d'avancer tes plaisirs.
Faites, Dieux tout-puissants, que Philiste se change[3],
Et l'inspirant bientôt de rompre avec Florange,
Donnez-moi le moyen de montrer qu'à mon tour
Je sais pour un ami contraindre mon amour[4].   830
CÉLIDAN.
Tes souhaits arrivés, nous t'en verrions dédire;
Doris sur ton esprit reprendroit son empire :
Nous donnons aisément ce qui n'est plus à nous.
ALCIDON.
Si j'y manquois, grands Dieux! je vous conjure tous
D'armer contre Alcidon vos dextres vengeresses.   835
CÉLIDAN.
Un ami tel que toi m'est plus que cent maîtresses;
Il n'y va pas de tant; résolvons seulement
Du jour et des moyens de cet enlèvement.
ALCIDON.
Mon secret n'a besoin que de ton assistance.

1. L'édition de 1682 a seule *du mal*, pour *de mal*.
2. *Var.* Vu que notre amitié m'en eût fait dégager. (1634-57)
3. *Var.* Mais faites que l'humeur de Philiste se change,
   Grands Dieux, et l'inspirant de rompre avec Florange. (1634-57)
4. *Var.* Pour un ami je sais étouffer mon amour. (1634-57)

Je n'ai point lieu de craindre aucune résistance[1] : 840
La beauté dont mon traître adore les attraits[2]
Chaque soir au jardin va prendre un peu de frais;
J'en ai su de lui-même ouvrir la fausse porte;
Étant seule, et de nuit, le moindre effort l'emporte.
Allons-y dès ce soir : le plus tôt vaut le mieux; 845
Et surtout déguisés, dérobons à ses yeux,
Et de nous, et du coup, l'entière connoissance.

CÉLIDAN.

Si Clarice une fois est en notre puissance,
Crois que c'est un bon gage à moyenner l'accord,
Et rendre, en le faisant, ton parti le plus fort[3]. 850
Mais pour la sûreté d'une telle surprise[4],
Aussitôt que chez moi nous pourrons l'avoir mise,
Retournons sur nos pas, et soudain effaçons
Ce que pourroit l'absence engendrer de soupçons.

ALCIDON.

Ton salutaire avis est la même prudence; 855
Et déjà je prépare une froide impudence
A m'informer demain, avec étonnement,
De l'heure et de l'auteur de cet enlèvement.

CÉLIDAN.

Adieu; j'y vais mettre ordre.

ALCIDON.

Estime qu'en revanche
Je n'ai goutte de sang que pour toi je n'épanche. 860

1. *Var.* Vu que je ne puis craindre aucune résistance. (1634-57)
2. *Var.* La belle dont mon traître adore les attraits. (1634-60)
3. *Var.* Et rendre, en ce faisant, ton parti le plus fort. (1634)
4. *Var.* Mais pour la sûreté d'une telle entreprise. (1634-68)

SCÈNE II.

ALCIDON[1].

Bons Dieux! que d'innocence et de simplicité!
Ou pour la mieux nommer, que de stupidité,
Dont le manque de sens se cache et se déguise
Sous le front spécieux d'une sotte franchise!
Que Célidan est bon! que j'aime sa candeur! 865
Et que son peu d'adresse oblige mon ardeur!
Oh! qu'il n'est pas de ceux dont l'esprit à la mode
A l'humeur d'un ami jamais ne s'accommode,
Et qui nous font souvent cent protestations,
Et contre les effets ont mille inventions! 870
Lui, quand il a promis, il meurt qu'il n'effectue,
Et l'attente déjà de me servir le tue.
J'admire cependant par quel secret ressort
Sa fortune et la mienne ont cela de rapport,
Que celle qu'un ami nomme ou tient sa maîtresse 875
Est l'objet qui tous deux au fond du cœur nous blesse,
Et qu'ayant comme moi caché sa passion,
Nous n'avons différé que de l'intention,
Puisqu'il met pour autrui son bonheur en arrière[2],
Et pour moi....

SCÈNE III.

PHILISTE, ALCIDON.

PHILISTE.

Je t'y prends, rêveur.

ALCIDON.

Oui, par derrière.
C'est d'ordinaire ainsi que les traîtres en font.

---

1. *Var.* ALCIDON, *seul.* (1634)
2. *Var.* Vu qu'il met pour autrui son bonheur en arrière. (1634-57)

PHILISTE.

Je te vois accablé d'un chagrin si profond,
Que j'excuse aisément ta réponse un peu crue.
Mais que fais-tu si triste au milieu d'une rue?
Quelque penser fâcheux te servoit d'entretien? 835

ALCIDON.

Je rêvois que le monde en l'âme ne vaut rien,
Du moins pour la plupart; que le siècle où nous sommes[1]
A bien dissimuler met la vertu des hommes;
Qu'à peine quatre mots se peuvent échapper[2]
Sans quelque double sens afin de nous tromper; 890
Et que souvent de bouche un dessein se propose,
Cependant que l'esprit songe à toute autre chose.

PHILISTE.

Et cela t'affligeoit? Laissons courir le temps,
Et malgré ses abus, vivons toujours contents[3].
Le monde est un chaos, et son désordre excède 895
Tout ce qu'on y voudroit apporter de remède.
N'ayons l'œil, cher ami, que sur nos actions;
Aussi bien, s'offenser de ses corruptions,
A des gens comme nous ce n'est qu'une folie.
Mais pour te retirer de ta mélancolie[4], 900
Je te veux faire part de mes contentements.
Si l'on peut en amour s'assurer aux serments,
Dans trois jours au plus tard, par un bonheur étrange,
Clarice est à Philiste.

ALCIDON.

Et Doris, à Florange.

---

1. *Var.* Au moins pour la plupart; que le siècle où nous sommes. (1634-57)
2. *Var.* Qu'à grand'peine deux mots se peuvent échapper. (1634-57)
3. *Var.* Et malgré les abus vivons toujours contents. (1634)
4. *Var.* Or pour te retirer de la mélancolie. (1634 et 52-57)
   Var. Or pour te retirer de ta mélancolie. (1644 et 48)
   Var. Mais pour te retirer de la mélancolie. (1660 et 63)

ACTE III, SCÈNE III.

PHILISTE.

Quelque soupçon frivole en ce point te déçoit[1] ;   905
J'aurai perdu la vie avant que cela soit.

ALCIDON.

Voilà faire le fin de fort mauvaise grâce :
Philiste, vois-tu bien, je sais ce qui se passe.

PHILISTE.

Ma mère en a reçu, de vrai, quelque propos[2],
Et voulut hier au soir m'en toucher quelques mots.   910
Les femmes de son âge ont ce mal ordinaire
De régler sur les biens une pareille affaire[3] :
Un si honteux motif leur fait tout décider,
Et l'or qui les aveugle a droit de les guider :
Mais comme son éclat n'éblouit point mon âme[4],   915
Que je vois d'un autre œil ton mérite et ta flamme,
Je lui fis bien savoir que mon consentement
Ne dépendroit jamais de son aveuglement,
Et que jusqu'au tombeau, quant à cet hyménée,
Je maintiendrois la foi que je t'avois donnée.   920
Ma sœur accortement feignoit de l'écouter ;
Non pas que son amour n'osât lui résister,
Mais elle vouloit bien qu'un peu de jalousie[5]
Sur quelque bruit léger piquât ta fantaisie :
Ce petit aiguillon quelquefois, en passant,   925
Réveille puissamment un amour languissant.

ALCIDON.

Fais à qui tu voudras ce conte ridicule.
Soit que ta sœur l'accepte, ou qu'elle dissimule,

---

1. *Var.* Quelque soupçon frivole en ce cas te déçoit. (1634)
2. *Var.* Ma mère en a reçu, de vrai, quelques propos. (1634-57)
3. *Var.* De ne régler qu'aux biens une pareille affaire. (1634)
4. *Var.* Moi dont ce faux éclat n'éblouit jamais l'âme,
    Qui connois ton mérite autant comme ta flamme. (1634-57)
5. *Var.* Mais fine, elle vouloit qu'un ver de jalousie. (1634-57)
    Var. Mais elle vouloit bien qu'un ver de jalousie. (1660)

Le peu que j'y perdrai ne vaut pas m'en fâcher[1].
Rien de mes sentiments ne sauroit approcher 930
Comme alors qu'au théâtre on nous fait voir *Mélite*,
Le discours de Cloris, quand Philandre la quitte[2] :
Ce qu'elle dit de lui, je le dis de ta sœur,
Et je la veux traiter avec même douceur.
Pourquoi m'aigrir contre elle? En cet indigne change, 935
Le beau choix qu'elle fait la punit et me venge[3];
Et ce sexe imparfait, de soi-même ennemi[4],
Ne posséda jamais la raison qu'à demi.
J'aurois tort de vouloir qu'elle en eût davantage;
Sa foiblesse la force à devenir volage. 940
Je n'ai que pitié d'elle en ce manque de foi;
Et mon courroux entier se réserve pour toi,
Toi qui trahis ma flamme après l'avoir fait naître,
Toi qui ne m'es ami qu'afin d'être plus traître,
Et que tes lâchetés tirent de leur excès[5], 945
Par ce damnable appas, un facile succès.
Déloyal! ainsi donc de ta vaine promesse
Je reçois mille affronts au lieu d'une maîtresse;
Et ton perfide cœur, masqué jusqu'à ce jour,
Pour assouvir ta haine alluma mon amour! 950

PHILISTE.

Ces soupçons dissipés par des effets contraires,
Nous renouerons bientôt une amitié de frères.

---

1. *Var.* Le peu que j'y perdrai ne vaut pas s'en fâcher. (1657)
2. *Mélite*, acte III, sc. v, p. 202. Les poëtes dramatiques du dix-septième siècle aimaient à placer ainsi dans la bouche de leurs personnages des allusions à leurs ouvrages antérieurs. Voyez la note sur le vers 702 de *la Place Royale*. Molière dit dans *le Misanthrope* (acte I, sc. 1) :

> Je ris des noirs accès où je vous envisage,
> Et crois voir en nous deux, sous même soin nourris,
> Les deux frères que peint *l'École des maris*.

3. *Var.* Le choix de ce lourdaud la punit et me venge. (1634-57)
4. *Var.* Et ce sexe imparfait, de son mieux ennemi. (1634-60)
5. *Var.* Et que tes lâchetés tirent de leurs excès. (1634-57)

ACTE III, SCÈNE III. 447

Puisse dessus ma tête éclater à tes yeux
Ce qu'a de plus mortel la colère des cieux,
Si jamais ton rival a ma sœur sans ma vie ! 955
A cause de son bien ma mère en meurt d'envie[1];
Mais malgré....

ALCIDON.
Laisse là ces propos superflus :
Ces protestations ne m'éblouissent plus;
Et ma simplicité, lasse d'être dupée,
N'admet plus de raisons qu'au bout de mon épée. 960

PHILISTE.
Étrange impression d'une jalouse erreur,
Dont ton esprit atteint ne suit que sa fureur !
Eh bien ! tu veux ma vie, et je te l'abandonne;
Ce courroux insensé qui dans ton cœur bouillonne,
Contente-le par là, pousse, mais n'attends pas 965
Que par le tien je veuille éviter mon trépas.
Trop heureux que mon sang puisse te satisfaire,
Je le veux tout donner au seul bien de te plaire.
Toujours à ces défis j'ai couru sans effroi[2];
Mais je n'ai point d'épée à tirer contre toi. 970

ALCIDON.
Voilà bien déguiser un manque[3] de courage[4].

PHILISTE.
C'est presser un peu trop qu'aller jusqu'à l'outrage.

1. *Var.* A cause de ses biens ma mère en meurt d'envie. (1634-60)
2. *Var.* Toujours pour les duels l'on m'a vu sans effroi,
Mais je n'ai point de lame à trancher contre toi. (1634)
Var. Toujours pour les duels on m'a vu sans effroi. (1644-57)
3. Dans l'édition de 1682, on lit *masque*, au lieu de *manque*; mais le sens prouve, ainsi que le texte des impressions antérieures, que c'est une faute d'impression.
4. *Var.* [Voilà bien déguiser un manque de courage.]
PHIL. Si jamais quelque part ton intérêt m'engage,
Tu pourras voir alors si je suis un moqueur,
Et si pour te servir j'aurai manqué de cœur;
Mais pour te mieux ôter tout sujet de colère,

On n'a point encor vu que ce manque de cœur
M'ait rendu le dernier où vont les gens d'honneur.
Je te veux bien ôter tout sujet de colère ; 975
Et quoi que de ma sœur ait résolu ma mère,
Dût mon peu de respect irriter tous les Dieux,
J'affronterai Géron et Florange à ses yeux.
Mais après les efforts de cette déférence[1],
Si tu gardes encor la même violence, 980
Peut-être saurons-nous apaiser autrement
Les obstinations de ton emportement.

ALCIDON, seul.

Je crains son amitié plus que cette menace :
Sans doute il va chasser Florange de ma place.
Mon prétexte est perdu, s'il ne quitte ces soins[2] : 985
Dieux ! qu'il m'obligeroit de m'aimer un peu moins !

SCÈNE IV.

CHRYSANTE, DORIS.

CHRYSANTE.

Je meure, mon enfant, si tu n'es admirable !
Et ta dextérité me semble incomparable :
Tu mérites de vivre après un si beau tour[3].

DORIS.

Croyez-moi qu'Alcidon n'en sait guère en amour ; 990
Vous n'eussiez pu m'entendre, et vous garder de rire[4].

Sitôt que j'aurai pu me rendre chez ma mère,
Dût mon peu de respect offenser tous les Dieux. (1634-57)

1. *Var.* Je souffre jusque-là ton humeur violente ;
Mais, ces devoirs rendus, si rien ne te contente,
Sache alors que voici de quoi nous apaisons
Quiconque ne veut pas se payer de raisons. (1634-57)
2. *Var.* Mon prétexte est perdu, s'il ne quitte ses soins. (1664 et 68)
3. *Var.* Tu mérites de vivre après un si bon tour. (1634-68)
4. *Var.* Vous n'eussiez pu m'entendre, et vous tenir de rire. (1634-57)

ACTE III, SCÈNE IV.

Je me tuois moi-même à tous coups de lui dire
Que mon âme pour lui n'a que de la froideur,
Et que je lui ressemble en ce que notre ardeur
Ne s'explique à tous deux point du tout par la bouche¹;
Enfin que je le quitte.

CHRYSANTE.

Il est donc une souche,
S'il ne peut rien comprendre à ces naïvetés.
Peut-être y mêlois-tu quelques obscurités?

DORIS.

Pas une; en mots exprès je lui rendois son change²,
Et n'ai couvert mon jeu qu'au regard de Florange³. 1000

CHRYSANTE.

De Florange! et comment en osois-tu parler?

DORIS.

Je ne me trouvois pas d'humeur à rien celer;
Mais nous nous sûmes lors jeter sur l'équivoque.

CHRYSANTE.

Tu vaux trop. C'est ainsi qu'il faut, quand on se moque,
Que le moqué toujours sorte fort satisfait⁴; 1005
Ce n'est plus autrement qu'un plaisir imparfait,
Qui souvent malgré nous se termine en querelle.

DORIS.

Je lui prépare encore une ruse nouvelle⁵
Pour la première fois qu'il m'en viendra conter.

CHRYSANTE.

Mais pour en dire trop tu pourras tout gâter⁶. 1010

---

1. *Var.* Ne s'explique à tous deux nullement par la bouche. (1634-57)
2. *Rendre le change à quelqu'un, lui donner son change*, c'est, suivant Furetière, lui répliquer fortement, lui rendre la pareille. Voyez le *Lexique*.
3. *Au regard de Florange*, en ce qui regarde Florange, dans ce que je lui ai dit de Florange.
4. *Var.* Que le moqué toujours reste fort satisfait. (1634)
5. *Var.* Je lui présente encore une ruse nouvelle. (1634)
6. *Var.* Mais pour en dire trop tu pourrois tout gâter. (1634-60)

CORNEILLE. I 29

DORIS.

N'en ayez pas de peur....

CHRYSANTE.

Quoi que l'on se propose,
Assez souvent l'issue....

DORIS.

On vous veut quelque chose,
Madame, je vous laisse.

CHRYSANTE.

Oui, va-t'en; il vaut mieux
Que l'on ne traite point cette affaire à tes yeux.

SCÈNE V.

CHRYSANTE, GÉRON.

CHRYSANTE.

Je devine à peu près le sujet qui t'amène; 1015
Mais, sans mentir, mon fils me donne un peu de peine,
Et s'emporte si fort en faveur d'un ami,
Que je n'ai su gagner son esprit qu'à demi.
Encore une remise; et que tandis Florange
Ne craigne aucunement qu'on lui donne le change[1]; 1020
Moi-même j'ai tant fait que ma fille aujourd'hui
(Le croirois-tu, Géron?) a de l'amour pour lui.

GÉRON.

Florange, impatient de n'avoir pas encore
L'entier et libre accès vers l'objet qu'il adore,
Ne pourra consentir à ce retardement. 1025

CHRYSANTE.

Le tout en ira mieux pour son contentement.

---

1. *Donner*, non pas comme plus haut *son change*, mais *le change* à quelqu'un, c'est le tromper; cette expression est empruntée au vocabulaire de la vénerie.

ACTE III, SCÈNE V.

Quel plaisir aura-t-il auprès de sa maîtresse,
Si mon fils ne l'y voit que d'un œil de rudesse,
Si sa mauvaise humeur ne daigne lui parler[1],
Ou ne lui parle enfin que pour le quereller? 1030

GÉRON.

Madame, il ne faut point tant de discours frivoles;
Je ne fus jamais homme à porter des paroles,
Depuis que j'ai connu qu'on ne les peut tenir;
Si monsieur votre fils....

CHRYSANTE.

Je l'aperçois venir.

GÉRON.

Tant mieux. Nous allons voir s'il dédira sa mère. 1035

CHRYSANTE.

Sauve-toi; ses regards ne sont que de colère.

SCÈNE VI.

CHRYSANTE, PHILISTE, GÉRON, LYCAS[2].

PHILISTE.

Te voilà donc ici, peste du bien public,
Qui réduis les amours en un sale trafic!
Va pratiquer ailleurs tes commerces infâmes.
Ce n'est pas où je suis que l'on surprend des femmes. 1040

GÉRON.

Vous me prenez à tort pour quelque suborneur[3]?
Je ne sortis jamais des termes de l'honneur;
Et Madame elle-même a choisi cette voie[4].

---

1. *Var.* Si sa mauvaise humeur refuse à lui parler. (1634-57)
2. Le nom de LYCAS manque en tête de cette scène dans l'édition de 1634.
3. *Var.* Monsieur, vous m'offensez : loin d'être un suborneur. (1634-57)
4. *Var.* Madame a trouvé bon de prendre cette voie. (1634-57)

PHILISTE, *lui donnant des coups de plat d'épée.*
Tiens, porte ce revers à celui qui t'envoie ;
Ceux-ci seront pour toi.

SCÈNE VII.
CHRYSANTE, PHILISTE, LYCAS.

CHRYSANTE.
      Mon fils, qu'avez-vous fait ? 1045
PHILISTE.
J'ai mis, grâces aux Dieux, ma promesse en effet.
CHRYSANTE.
Ainsi vous m'empêchez d'exécuter la mienne.
PHILISTE.
Je ne puis empêcher que la vôtre ne tienne ;
Mais si jamais je trouve ici ce courratier[1],
Je lui saurai, Madame, apprendre son métier. 1050
CHRYSANTE.
Il vient sous mon aveu.
PHILISTE.
      Votre aveu ne m'importe ;
C'est un fou s'il me voit sans regagner la porte[2] :
Autrement, il saura ce que pèsent mes coups.
CHRYSANTE.
Est-ce là le respect que j'attendois de vous ?
PHILISTE.
Commandez que le cœur à vos yeux je m'arrache, 1055
Pourvu que mon honneur ne souffre aucune tache :
Je suis prêt d'expier avec mille tourments
Ce que je mets d'obstacle à vos contentements.

---

1. Courtier. Voyez le *Lexique*.
2. *Var.* C'est un fou, me voyant, s'il ne gagne la porte. (1634-57)

ACTE III, SCÈNE VII.

CHRYSANTE.

Souffrez que la raison règle votre courage;
Considérez, mon fils, quel heur, quel avantage, 1060
L'affaire qui se traite apporte à votre sœur.
Le bien est en ce siècle une grande douceur :
Étant riche, on est tout[1]; ajoutez qu'elle-même
N'aime point Alcidon, et ne croit pas qu'il l'aime.
Quoi! voulez-vous forcer son inclination? 1065

PHILISTE.

Vous la forcez vous-même à cette élection :
Je suis de ses amours le témoin oculaire.

CHRYSANTE.

Elle se contraignoit seulement pour vous plaire.

PHILISTE.

Elle doit donc encor se contraindre pour moi.

CHRYSANTE.

Et pourquoi lui prescrire une si dure loi? 1070

PHILISTE.

Puisqu'elle m'a trompé, qu'elle en porte la peine.

CHRYSANTE.

Voulez-vous l'attacher à l'objet de sa haine?

PHILISTE.

Je veux tenir parole à mes meilleurs amis,
Et qu'elle tienne aussi ce qu'elle m'a promis.

CHRYSANTE.

Mais elle ne vous doit aucune obéissance. 1075

PHILISTE.

Sa promesse me donne une entière puissance.

CHRYSANTE.

Sa promesse, sans moi, ne la peut obliger.

PHILISTE.

Que deviendra ma foi, qu'elle a fait engager?

---

1. Quiconque est riche es: tout.
(Boileau, Satire VIII.)

CHRYSANTE.

Il la faut révoquer, comme elle sa promesse.

PHILISTE.

Il faudroit donc, comme elle, avoir l'âme traîtresse. 1080
Lycas, cours chez Florange, et dis-lui de ma part[1]....

CHRYSANTE.

Quel violent esprit!

PHILISTE.

Que s'il ne se départ
D'une place chez nous par surprise occupée,
Je ne le trouve point sans une bonne épée.

CHRYSANTE.

Attends un peu. Mon fils....

PHILISTE, à Lycas[2].

Marche, mais promptement.

CHRYSANTE, seule.

Dieux! que cet emporté me donne de tourment[3]!
Que je te plains, ma fille! Hélas! pour ta misère
Les destins ennemis t'ont fait naître ce frère.
Déplorable! le ciel te veut favoriser
D'une bonne fortune, et tu n'en peux user. 1090
Rejoignons toutes deux ce naturel sauvage,
Et tâchons par nos pleurs d'amollir son courage.

SCÈNE VIII.

CLARICE, dans son jardin[4].

Chers confidents de mes desirs,
Beaux lieux, secrets témoins de mon inquiétude,

---

1. *Var.* N'en parlons plus. Lycas. LYC. Monsieur? PHIL. Sus, de ma part
Va Florange avertir que s'il ne se départ. (1634)
2. Cette indication manque dans l'édition de 1663.
3. *Var.* Dieux! que cet obstiné me donne de tourment! (1634-57)
4. Dans l'édition de 1634, on lit en titre, au-dessous du nom de CLARICE : STANCES.

ACTE III, SCÈNE VIII.

Ce n'est plus avec des soupirs 1095
Que je viens abuser de votre solitude;
Mes tourments sont passés,
Mes vœux sont exaucés,
La joie aux maux succède[1] :
Mon sort en ma faveur change sa dure loi, 1100
Et pour dire en un mot le bien que je possède,
Mon Philiste est à moi.

En vain nos inégalités
M'avoient avantagée à mon désavantage.
L'amour confond nos qualités, 1105
Et nous réduit tous deux sous un même esclavage.
L'aveugle outrecuidé
Se croiroit mal guidé
Par l'aveugle fortune;
Et son aveuglement par miracle fait voir 1110
Que quand il nous saisit, l'autre nous importune,
Et n'a plus de pouvoir.

Cher Philiste, à présent tes yeux,
Que j'entendois si bien sans les vouloir entendre,
Et tes propos mystérieux, 1115
Par leurs rusés détours n'ont plus rien à m'apprendre.
Notre libre entretien
Ne dissimule rien;
Et ces respects farouches
N'exerçant plus sur nous de secrètes rigueurs, 1120
L'amour est maintenant le maître de nos bouches
Ainsi que de nos cœurs.

Qu'il fait bon avoir enduré!
Que le plaisir se goûte au sortir des supplices!
Et qu'après avoir tant duré, 1125

1. *Var.* L'aise à mes maux succède. (1634-68)

La peine qui n'est plus augmente nos délices!
  Qu'un si doux souvenir
  M'apprête à l'avenir
  D'amoureuses tendresses!
Que mes malheurs finis auront de volupté! 1130
Et que j'estimerai chèrement ces caresses
  Qui m'auront tant coûté!

  Mon heur me semble sans pareil[1];
Depuis qu'en liberté notre amour m'en assure[2],
  Je ne crois pas que le soleil.... 1135

SCÈNE IX.

CÉLIDAN, ALCIDON, CLARICE.
LA NOURRICE.

CÉLIDAN *dit ces mots derrière le théâtre*[3].
Cocher, attends-nous là.

CLARICE.

D'où provient ce murmure?

ALCIDON.

Il est temps d'avancer; baissons le tapabord[4];
Moins nous ferons de bruit, moins il faudra d'effort.

CLARICE.

Aux voleurs! au secours!

LA NOURRICE.

Quoi! des voleurs, Madame?

---

1. *Var.*   Mon heur me semble nompareil. (1634)
2. *Var.* Depuis que notre amour déclaré m'en assure. (1634-57)
3. *Var.* CÉLIDAN, *derrière le théâtre.* (1634-60)
4. Bonnet à l'anglaise, qui, lorsqu'on veut, se rabat sur les épaules. On peut voir la représentation de cette sorte de coiffure dans une gravure faite pour l'édition de 1660 et qui accompagne aussi d'ordinaire celle de 1664.

ACTE III, SCÈNE IX.

CLARICE.

Oui, des voleurs, Nourrice.

LA NOURRICE embrasse les genoux de Clarice,
et l'empêche de fuir¹.

Ah! de frayeur je pâme. 1140

CLARICE.

Laisse-moi, misérable.

CÉLIDAN.

Allons, il faut marcher,
Madame; vous viendrez.

CLARICE.

(Célidan lui met la main sur la bouche².)

Aux vo...³.

CÉLIDAN.

(Il dit ces mots derrière le théâtre⁴.)

Touche, cocher.

---

1. Pour ce jeu de scène, la leçon de 1634 est, en tenant compte de la correction contenue dans l'errata : LA NOURRICE, *se jetant à ses genoux*. — Dans les éditions de 1644-60 : *embrassant ses genoux*.

2. *Var.* CLARICE, *à qui Célidan met la main sur la bouche.* (1634-60)

3. Ce mot interrompu nous semble d'un effet bizarre, mais il serait facile de trouver dans les œuvres dramatiques des prédécesseurs de Corneille plus d'un exemple de ce genre. Le plus connu, et le plus souvent cité peut-être, est celui qu'on rencontre au V⁰ acte du *Daire* (*Darius*) de Jacques de la Taille (voyez sur ce poëte l'*Histoire du théâtre françois*, tome III, p. 337 et suivantes) :

> Ma femme et mes enfants aye en recommanda...
> Il ne put achever, car la mort l'en garda.

4. *Var.* CÉLIDAN, *derrière le théâtre.* (1634-60) — *Il dit ces deux mots derrière le théâtre.* (1663, en marge.)

SCÈNE X.

La Nourrice, DORASTE, POLYMAS, LISTOR.

LA NOURRICE, seule.

Sortons de pâmoison, reprenons la parole;
Il nous faut à grands cris jouer un autre rôle.
Ou je n'y connois rien, ou j'ai bien pris mon temps : 1145
Ils n'en seront pas tous également contents[1];
Et Philiste demain, cette nouvelle sue,
Sera de belle humeur, ou je suis fort déçue.
Mais par où vont nos gens? Voyons, qu'en sûreté
Je fasse aller après par un autre côté. 1150
A présent il est temps que ma voix s'évertue.
   Aux armes! aux voleurs! on m'égorge, on me tue,
On enlève Madame! amis, secourez-nous;
A la force! aux brigands! au meurtre! accourez tous,
Doraste, Polymas, Listor.

POLYMAS.

Qu'as-tu, Nourrice? 1155

LA NOURRICE.

Des voleurs....

POLYMAS.

Qu'ont-ils fait?

LA NOURRICE.

Ils ont ravi Clarice.

POLYMAS.

Comment? ravi Clarice?

LA NOURRICE.

Oui; suivez promptement.
Bons Dieux! que j'ai reçu de coups en un moment!

1. *Var.* Tous n'en resteront pas également contents. (1634)

DORASTE.

Suivons-les ; mais dis-nous la route qu'ils ont prise.

LA NOURRICE.

Ils vont tout droit par là. Le ciel vous favorise ! 1160

(Elle est seule[1].)

Oh, qu'ils en vont abattre ! ils sont morts, c'en est fait ;
Et leur sang, autant vaut, a lavé leur forfait.
Pourvu que le bonheur à leurs souhaits réponde,
Ils les rencontreront s'ils font le tour du monde.
Quant à nous cependant subornons quelques pleurs[2] 1165
Qui servent de témoins à nos fausses douleurs.

1. Cette indication ne se trouve que dans les éditions de 1663-82.
2. C'est-à-dire versons quelques larmes feintes. Voyez plus haut, sur un autre emploi de *suborner*, p. 184, note 1.

FIN DU TROISIÈME ACTE.

ACTE IV.

SCÈNE PREMIÈRE.

PHILISTE, LYCAS.

PHILISTE.

Des voleurs cette nuit ont enlevé Clarice !
Quelle preuve en as-tu ? quel témoin ? quel indice ?
Ton rapport n'est fondé que sur quelque faux bruit.

LYCAS.

Je n'en suis par les yeux, hélas ! que trop instruit ; 1170
Les cris de sa nourrice en sa maison déserte
M'ont trop suffisamment assuré de sa perte ;
Seule en ce grand logis, elle court haut et bas,
Elle renverse tout ce qui s'offre à ses pas,
Et sur ceux qu'elle voit frappe sans reconnoître ; 1175
A peine devant elle oseroit-on paroître :
De furie elle écume, et fait sans cesse un bruit[1]
Que le désespoir forme, et que la rage suit ;
Et parmi ses transports, son hurlement farouche
Ne laisse distinguer que Clarice en sa bouche. 1180

PHILISTE.

Ne t'a-t-elle rien dit ?

LYCAS.

Soudain qu'elle m'a vu,
Ces mots ont éclaté d'un transport imprévu[2] :

---

1. *Var.* De furie elle écume, et fait toujours un bruit. (1634-57)
2. *Var.* Ces mots ont éclaté d'un transport impourvu. (1634)

ACTE IV, SCÈNE I.

« Va lui dire qu'il perd sa maîtresse et la nôtre; »
Et puis incontinent, me prenant pour un autre,
Elle m'alloit traiter en auteur du forfait; 1185
Mais ma fuite a rendu sa fureur sans effet.

PHILISTE.

Elle nomme du moins celui qu'elle en soupçonne?

LYCAS.

Ses confuses clameurs n'en accusent personne,
Et même les voisins n'en savent que juger.

PHILISTE.

Tu m'apprends seulement ce qui peut m'affliger, 1190
Traître, sans que je sache où pour mon allégeance
Adresser ma poursuite et porter ma vengeance.
Tu fais bien d'échapper; dessus toi ma douleur,
Faute d'un autre objet, eût vengé ce malheur :
Malheur d'autant plus grand que sa source ignorée 1195
Ne laisse aucun espoir à mon âme éplorée,
Ne laisse à ma douleur, qui va finir mes jours,
Qu'une plainte inutile, au lieu d'un prompt secours :
Foible soulagement en un coup si funeste[1];
Mais il s'en faut servir, puisque seul il nous reste. 1200
Plains, Philiste, plains-toi, mais avec des accents
Plus remplis de fureur qu'ils ne sont impuissants;
Fais qu'à force de cris poussés jusqu'en la nue,
Ton mal soit plus connu que sa cause inconnue;
Fais que chacun le sache, et que par tes clameurs 1205
Clarice, où qu'elle soit, apprenne que tu meurs.

Clarice, unique objet qui me tiens en servage,
Reçois de mon ardeur ce dernier témoignage[2] :
Vois comme en te perdant je vais perdre le jour,
Et par mon désespoir juge de mon amour. 1210

---

1. *Var.* Vain et foible soulas en un coup si funeste. (1634-57)
2. *Var.* Reçois donc de mes feux ce dernier témoignage. (1634-57)

Hélas! pour en juger, peut-être est-ce ta feinte[1]
Qui me porte à dessein cette cruelle atteinte;
Et ton amour, qui doute encor de mes serments,
Cherche à m'en assurer par mes ressentiments.
Soupçonneuse beauté, contente ton envie, 1215
Et prends cette assurance aux dépens de ma vie.
Si ton feu dure encor, par mes derniers soupirs
Reçois ensemble et perds l'effet de tes desirs.
Alors ta flamme en vain pour Philiste allumée,
Tu lui voudras du mal de t'avoir trop aimée[2]; 1220
Et sûre d'une foi que tu crains d'accepter[3],
Tu pleureras en vain le bonheur d'en douter.
Que ce penser flatteur me dérobe à moi-même!
Quel charme à mon trépas de penser qu'elle m'aime[4]!
Et dans mon désespoir qu'il m'est doux d'espérer[5] 1225
Que ma mort, à son tour, le fera soupirer!
    Simple, qu'espères-tu? Sa perte volontaire
Ne veut que te punir d'un amour téméraire;
Ton déplaisir lui plaît, et tous autres tourments
Lui sembleroient pour toi de légers châtiments. 1230
Elle en rit maintenant, cette belle inhumaine;
Elle pâme de joie au récit de ta peine[6],
Et choisit pour objet de son affection
Un amant plus sortable à sa condition.

1. *Var.* Aussi pour en juger peut-être est-ce ta feinte. (1634-57)
2. *Var.* Tu lui voudras du mal pour t'avoir trop aimée. (1634)
   Var. Tu lui voudras du mal de t'avoir tant aimée. (1644-57)
3. *Var.* Et sûre de sa foi, tu viendras regretter
   Sur sa tombe le temps et le bien d'en douter. (1634-57)
4. *Var.* Qu'il m'est doux en mourant de penser qu'elle m'aime! (1634-60)
5. *Var.* Et dans ce désespoir que causent mes malheurs,
   Espérer que ma mort lui coûtera des pleurs!
   Simple, qu'espères-tu? sa perte est volontaire,
   Et pour mieux te punir d'un amour téméraire,
   Elle veut tes regrets, tous autres châtiments
   Ne lui semblent pour toi que de légers tourments. (1634-57)
6. *Var.* Elle se pâme d'aise au récit de ta peine. (1634-68)

Pauvre désespéré, que ta raison s'égare! 1235
Et que tu traites mal une amitié si rare!
Après tant de serments de n'aimer rien que toi,
Tu la veux faire heureuse aux dépens de sa foi;
Tu veux seul avoir part à la douleur commune;
Tu veux seul te charger de toute l'infortune, 1240
Comme si tu pouvois en croissant tes malheurs
Diminuer les siens, et l'ôter aux voleurs.
N'en doute plus, Philiste, un ravisseur infâme
A mis en son pouvoir la reine de ton âme,
Et peut-être déjà ce corsaire effronté 1245
Triomphe insolemment de sa fidélité[1].
Qu'à ce triste penser ma vigueur diminue!

SCÈNE II.
PHILISTE, DORASTE, POLYMAS, LISTOR.

PHILISTE.

Mais voici de ses gens. Qu'est-elle devenue?
Amis, le savez-vous? N'avez-vous rien trouvé
Qui nous puisse éclaircir du malheur arrivé? 1250

DORASTE.

Nous avons fait, Monsieur, une vaine poursuite.

PHILISTE.

Du moins vous avez vu des marques de leur fuite.

DORASTE.

Si nous avions pu voir les traces de leurs pas,
Des brigands ou de nous vous sauriez le trépas;
Mais, hélas! quelque soin et quelque diligence.... 1255

PHILISTE.

Ce sont là des effets de votre intelligence,
Traîtres; ces feints hélas ne sauroient m'abuser.

1. *Var.* Triomphe insolemment de sa pudicité.
Hélas! qu'à ce penser ma vigueur diminue! (1634-57)

POLYMAS.

Vous n'avez point, Monsieur, de quoi nous accuser[1].

PHILISTE.

Perfides, vous prêtez épaule à[2] leur retraite[3],
Et c'est ce qui vous fait me la tenir secrète. 1260
Mais voici.... Vous fuyez! vous avez beau courir,
Il faut me ramener ma maîtresse, ou mourir.

DORASTE, *rentrant avec ses compagnons, cependant que Philiste les cherche derrière le théâtre*[4].

Cédons à sa fureur, évitons-en l'orage.

POLYMAS.

Ne nous présentons plus aux transports de sa rage;
Mais plutôt derechef allons si bien chercher, 1265
Qu'il n'ait plus au retour sujet de se fâcher.

LISTOR, *voyant revenir Philiste, et s'enfuyant avec ses compagnons.*

Le voilà.

PHILISTE, *l'épée à la main, et seul*[5].

Qui les ôte à ma juste colère?
Venez de vos forfaits recevoir le salaire,
Infâmes scélérats, venez, qu'espérez-vous[6]?
Votre fuite ne peut vous sauver de mes coups. 1270

1. *Var.* Vous ne devez, Monsieur, en rien nous accuser. (1634)
Var. Vous n'avez point, Monsieur, lieu de nous accuser. (1644-57)
2. *Prêter épaule à*, seconder, favoriser.
3. *Var.* Perfides, vous prêtez l'épaule à leur retraite. (1634-57)
4. *Var.* DORASTE, *cependant que Philiste est derrière le théâtre.* (1634-57)
5. *Var.* Il a l'épée à la main. (1663, en marge.)
6. *Var.* Infâmes, scélérats, venez, qu'espérez-vous? (1634)

SCÈNE III.

ALCIDON, CÉLIDAN, PHILISTE.

ALCIDON met l'épée à la main[1].

Philiste, à la bonne heure, un miracle visible
T'a rendu maintenant à l'honneur plus sensible,
Puisqu'ainsi tu m'attends les armes à la main.
J'admire avec plaisir ce changement soudain[2],
Et vais....

CÉLIDAN.

Ne pense pas ainsi....

ALCIDON.

Laisse-nous faire ; 1275
C'est en homme de cœur qu'il me va satisfaire[3].
Crains-tu d'être témoin d'une bonne action[4] ?

PHILISTE.

Dieux ! ce comble manquoit à mon affliction.
Que j'éprouve en mon sort une rigueur cruelle !
Ma maîtresse perdue, un ami me querelle. 1280

ALCIDON.

Ta maîtresse perdue !

PHILISTE.

Hélas ! hier, des voleurs....

ALCIDON.

Je n'en veux rien savoir, va le conter ailleurs ;
Je ne prends point de part aux intérêts d'un traître[5] ;

---

1. *Var.* ALCIDON, *mettant l'épée à la main.* (1634-60) — *Il met aussi l'épée à la main.* (1663, en marge.)
2. *Var.* Quoi ! ta poltronnerie a changé bien soudain !
CÉL. Modère cet ardeur (*a*), tout beau. ALC. Laisse-nous faire. (1634-57)
3. *Var.* C'est en homme de bien qu'il me va satisfaire. (1634-60)
4. *Var.* Veux-tu rompre le coup d'une bonne action ? (1634-57)
5. *Var.* Je ne prends plus de part aux intérêts d'un traître. (1634-57)

(*a*) Tel est ici le texte de toutes les éditions indiquées ; mais elles font *ardeur* du féminin dans les autres endroits de *la Veuve* où ce mot se trouve.

Et puisqu'il est ainsi, le ciel fait bien connoître[1]
Que son juste courroux a soin de me venger[2]. 1285

PHILISTE.

Quel plaisir, Alcidon, prends-tu de m'outrager?
Mon amitié se lasse, et ma fureur m'emporte;
Mon âme pour sortir ne cherche qu'une porte.
Ne me presse donc plus dans un tel désespoir[3] :
J'ai déjà fait pour toi par delà mon devoir. 1290
Te peux-tu plaindre encor de ta place usurpée[4]?
J'ai renvoyé Géron à coups de plat d'épée;
J'ai menacé Florange, et rompu les accords[5]
Qui t'avoient su causer ces violents transports.

ALCIDON.

Entre des cavaliers une offense reçue 1295
Ne se contente point d'une si lâche issue;
Va m'attendre....

CÉLIDAN.

  Arrêtez, je ne permettrai pas
Qu'un si funeste mot termine vos débats.

PHILISTE.

Faire ici du fendant tandis qu'on nous sépare[6],
C'est montrer un esprit lâche autant que barbare. 1300
Adieu, mauvais, adieu : nous nous pourrons trouver;
Et si le cœur t'en dit, au lieu de tant braver,
J'apprendrai seul à seul, dans peu, de tes nouvelles.
Mon honneur souffriroit des taches éternelles
A craindre encor de perdre une telle amitié. 1305

1. *Var.* Et puisqu'il est ainsi, le ciel fait bien paroître. (1634-60)
2. *Var.* Que son juste courroux a voulu me venger. (1634)
3. *Var.* Ne me presse donc plus dedans mon désespoir. (1634-60)
4. *Var.* Te peux-tu plaindre encor de ta place occupée? (1634-57)
5. *Var.* J'ai menacé Florange, et rompu des accords
 Qui te causoient jadis ces violents transports. (1634-57)
6. *Var.* Faire ici du fendant alors qu'on nous sépare. (1634-60)

SCÈNE IV.

CÉLIDAN, ALCIDON.

CÉLIDAN.

Mon cœur à ses douleurs s'attendrit de pitié[1];
Il montre une franchise ici trop naturelle,
Pour ne te pas ôter tout sujet de querelle.
L'affaire se traitoit sans doute à son desçu,
Et quelque faux soupçon en ce point t'a déçu.   1310
Va retrouver Doris, et rendons-lui Clarice.

ALCIDON.

Tu te laisses donc prendre à ce lourd artifice,
A ce piége, qu'il dresse afin de me duper[2]?

CÉLIDAN.

Romproit-il ces accords à dessein de tromper?
Que vois-tu là qui sente une supercherie?   1315

ALCIDON.

Je n'y vois qu'un effet de sa poltronnerie,
Qu'un lâche désaveu de cette trahison[3],
De peur d'être obligé de m'en faire raison.
Je l'en pressai dès hier; mais son peu de courage
Aima mieux pratiquer ce rusé témoignage,   1320
Par où m'éblouissant il pût un de ces jours
Renouer sourdement ces muettes amours.
Il en donne en secret des avis à Florange :
Tu ne le connois pas; c'est un esprit étrange.

CÉLIDAN.

Quelque étrange qu'il soit, si tu prends bien ton temps,
Malgré lui tes desirs se trouveront contents.

---

1. *Var.* Le cœur à ses douleurs me saigne de pitié. (1634-60)
2. *Var.* A ce piége qu'il dresse afin de m'attraper. (1634-57)
3. *Var.* Un lâche désaveu de cette trahison. (1648)

Ses offres acceptés¹, que rien ne se diffère ;
Après un prompt hymen, tu le mets à pis faire².

ALCIDON.

Cet ordre est infaillible à procurer mon bien ;
Mais ton contentement m'est plus cher que le mien. 1330
Longtemps à mon sujet tes passions contraintes
Ont souffert et caché leurs plus vives atteintes ;
Il me faut à mon tour en faire autant pour toi :
Hier devant tous les Dieux je t'en donnai ma foi,
Et pour la maintenir tout me sera possible³.   1335

CÉLIDAN.

Ta perte en mon bonheur me seroit trop sensible⁴ ;
Et je m'en haïrois, si j'avois consenti⁵
Que mon hymen laissât Alcidon sans parti.

ALCIDON.

Eh bien, pour t'arracher ce scrupule de l'âme
(Quoique je n'eus jamais pour elle aucune flamme), 1340
J'épouserai Clarice. Ainsi, puisque mon sort
Veut qu'à mes amitiés je fasse un tel effort,
Que d'un de mes amis j'épouse la maîtresse,
C'est là que par devoir il faut que je m'adresse.
Philiste est un parjure, et moi ton obligé⁶ :   1345
Il m'a fait un affront, et tu m'en as vengé.

---

1. Tel est le texte de toutes les éditions. Voyez au sujet du genre du mot :
offre, l'introduction grammaticale en tête du *Lexique*.
2. *Mettre quelqu'un au pis, à pis faire* « se dit par manière de défi, pour marquer à un homme que quelque volonté qu'il ait de nuire, on ne le craint point. » (*Dictionnaire de l'Académie de* 1694.)
3. *Var.* Et pour la maintenir j'éteindrai bien ma braise.
   CÉL. Mais je ne veux point d'heur aux dépens de ton aise. (1634)
4. *Var.* Ta perte en mon bonheur te seroit trop sensible. (1644-60)
5. *Var.* Et j'aurois un regret trop sensible de voir (*a*)
   Que mon hymen laissât Alcidon à pourvoir. (1634-57)
6. *Var.* Philiste m'est parjure, et moi ton obligé. (1634-63)

(*a*) Et moi-même j'aurois trop de regret de voir. (1644-57)

ACTE IV, SCÈNE IV.

Balancer un tel choix avec inquiétude[1],
Ce seroit me noircir de trop d'ingratitude.

CÉLIDAN.

Mais te priver pour moi de ce que tu chéris!

ALCIDON.

C'est faire mon devoir, te quittant ma Doris, 1350
Et me venger d'un traître, épousant sa Clarice.
Mes discours ni mon cœur n'ont aucun artifice.
Je vais, pour confirmer tout ce que je t'ai dit,
Employer vers Doris mon reste de crédit;
Si je la puis gagner, je te réponds du frère, 1355
Trop heureux à ce prix d'apaiser ma colère!

CÉLIDAN.

C'est ainsi que tu veux m'obliger doublement;
Vois ce que je pourrai pour ton contentement.

ALCIDON.

L'affaire, à mon avis, deviendroit plus aisée,
Si Clarice apprenoit une mort supposée.... 1360

CÉLIDAN.

De qui? de son amant? Va, tiens pour assuré
Qu'elle croira dans peu ce perfide expiré.

ALCIDON.

Quand elle en aura su la nouvelle funeste,
Nous aurons moins de peine à la résoudre au reste.
On a beau nous aimer, des pleurs sont tôt séchés, 1365
Et les morts soudain mis au rang des vieux péchés.

SCÈNE V.

CÉLIDAN.

Il me cède à mon gré Doris de bon courage;

1. *Var.* Ma raison en ce choix n'a point d'incertitude,
Puisque l'un est justice et l'autre ingratitude. (1634-57)

Et ce nouveau dessein d'un autre mariage,
Pour être fait sur l'heure, et tout nonchalamment,
Est conduit, ce me semble, assez accortement¹. 1370
Qu'il en sait les moyens! qu'il a ses raisons prêtes!
Et qu'il trouve à l'instant de prétextes honnêtes
Pour ne point rapprocher² de son premier amour!
Plus j'y porte la vue, et moins j'y vois de jour³.
M'auroit-il bien caché le fond de sa pensée? 1375
Oui, sans doute, Clarice a son âme blessée;
Il se venge en parole, et s'oblige en effet.
On ne le voit que trop, rien ne le satisfait⁴ :
Quand on lui rend Doris, il s'aigrit davantage.
Je jouerois, à ce compte, un joli personnage! 1380
Il s'en faut éclaircir. Alcidon ruse en vain,
Tandis que le succès est encore en ma main :
Si mon soupçon est vrai, je lui ferai connoître
Que je ne suis pas homme à seconder un traître⁵.
Ce n'est point avec moi qu'il faut faire le fin⁶, 1385
Et qui me veut duper en doit craindre la fin.
Il ne vouloit que moi pour lui servir d'escorte,
Et si je ne me trompe, il n'ouvrit point la porte;
Nous étions attendus, on secondoit nos coups :
La nourrice parut en même temps que nous, 1390
Et se pâma soudain avec tant de justesse,
Que cette pâmoison nous livra sa maîtresse.
Qui lui pourroit un peu tirer-les-vers-du-nez,
Que nous verrions demain des gens bien étonnés!

1. *Var.* Ne me semble conduit que trop accortement. (1634-57)
2. L'édition de 1682 porte *t'approcher*, qui ne donne point de signification raisonnable; la leçon que nous avons suivie (*rapprocher*, dans le sens neutre, pour *se rapprocher*) se trouve dans toutes les autres impressions.
3. *Var.* Quant à moi, plus j'y songe, et moins j'y vois de jour. (1634-57)
4. *Var.* Cela se juge à l'œil, rien ne le satisfait. (1634-57)
5. *Var.* Que je ne fus jamais homme à servir un traître. (1634-57)
6. *Var.* Ce n'est pas avec moi qu'il faut faire le fin. (1634-60)

SCÈNE VI.

CÉLIDAN, LA NOURRICE.

LA NOURRICE.

Ah!

CÉLIDAN.

J'entends des soupirs.

LA NOURRICE.

Destins!

CÉLIDAN.

C'est la nourrice ;
Qu'elle vient à propos!

LA NOURRICE.

Ou rendez-moi Clarice....

CÉLIDAN.

Il la faut aborder.

LA NOURRICE.

Ou me donnez la mort.

CÉLIDAN.

Qu'est-ce? qu'as-tu, Nourrice, à t'affliger si fort?
Quel funeste accident? quelle perte arrivée?

LA NOURRICE.

Perfide! c'est donc toi qui me l'as enlevée ? 1400.
En quel lieu la tiens-tu? dis-moi, qu'en as-tu fait?

CÉLIDAN.

Ta douleur sans raison m'impute ce forfait[1] ;
Car enfin je t'entends, tu cherches ta maîtresse?

LA NOURRICE.

Oui, je te la demande, âme double et traîtresse.

CÉLIDAN.

Je n'ai point eu de part en cet enlèvement[2] ; 1405

---

1. *Var.* C'est à tort que tu veux m'imputer un forfait.
LA NOURR. Où l'as-tu mise enfin? CÉL. Tu cherches ta maîtresse? (1634-57)
2. *Var.* Je ne trempai jamais en cet enlèvement. (1634-57)

Mais je t'en dirai bien l'heureux événement.
Il ne faut plus avoir un visage si triste,
Elle est en bonne main.

LA NOURRICE.

De qui?

CÉLIDAN.

De son Philiste.

LA NOURRICE.

Le cœur me le disoit, que ce rusé flatteur
Devoit être du coup le véritable auteur.   1410

CÉLIDAN.

Je ne dis pas cela, Nourrice; du contraire,
Sa rencontre à Clarice étoit fort nécessaire.

LA NOURRICE.

Quoi? l'a-t-il délivrée?

CÉLIDAN.

Oui.

LA NOURRICE.

Bons Dieux!

CÉLIDAN.

Sa valeur
Ote ensemble la vie et Clarice au voleur.

LA NOURRICE.

Vous ne parlez que d'un.

CÉLIDAN.

L'autre ayant pris la fuite, 1415
Philiste a négligé d'en faire la poursuite.

LA NOURRICE.

Leur carrosse roulant, comme est-il avenu[1]....

CÉLIDAN.

Tu m'en veux informer[2] en vain par le menu.
Peut-être un mauvais pas, une branche, une pierre,

---

1. *Var.* Leur carrosse roulant, comme est-il advenu.... (1634-60)
2. Interroger, demander. Voyez le *Lexique*.

ACTE IV, SCÈNE VI.

Fit verser leur carrosse, et les jeta par terre ; 1420
Et Philiste eut tant d'heur que de les rencontrer,
Comme eux et ta maîtresse étoient prêts d'y rentrer.

LA NOURRICE.

Cette heureuse nouvelle a mon âme ravie.
Mais le nom de celui qu'il a privé de vie?

CÉLIDAN.

C'est.... je l'aurois nommé mille fois en un jour : 1425
Que ma mémoire ici me fait un mauvais tour!
C'est un des bons amis que Philiste eût au monde.
Rêve un peu comme moi, Nourrice, et me seconde.

LA NOURRICE.

Donnez-m'en quelque adresse[1].

CÉLIDAN.

                Il se termine en don.
C'est.... j'y suis ; peu s'en faut ; attends, c'est....

LA NOURRICE.

                Alcidon?

CÉLIDAN.

T'y voilà justement.

LA NOURRICE.

      Est-ce lui? Quel dommage
Qu'un brave gentilhomme en la fleur de son âge....
Toutefois il n'a rien qu'il n'ait bien mérité,
Et grâces aux bons Dieux, son dessein avorté....
Mais du moins, en mourant, il nomma son complice? 1435

CÉLIDAN.

C'est là le pis pour toi.

LA NOURRICE.

    Pour moi!

CÉLIDAN.

                Pour toi, Nourrice.

---

1. *Var.* Donne-m'en quelque adresse. (1644-57)
Dans l'édition de 1634 il y a *donnes*, qui est très-probablement pour *donnez*.
Voyez plus haut, p. 248, note *a*.

LA NOURRICE.

Ah, le traître!

CÉLIDAN.

Sans doute il te vouloit du mal.

LA NOURRICE.

Et m'en pourroit-il faire?

CÉLIDAN.

Oui, son rapport fatal....

LA NOURRICE.

Ne peut rien contenir que je ne le dénie.

CÉLIDAN.

En effet, ce rapport n'est qu'une calomnie. 1440
Écoute cependant : il a dit qu'à ton su
Ce malheureux dessein avoit été conçu;
Et que pour empêcher la fuite de Clarice
Ta feinte pâmoison lui fit un bon office;
Qu'il trouva le jardin par ton moyen ouvert. 1445

LA NOURRICE.

De quels damnables tours cet imposteur se sert!
Non, Monsieur, à présent il faut que je le die,
Le ciel ne vit jamais de telle perfidie.
Ce traître aimoit Clarice, et brûlant de ce feu,
Il n'amusoit Doris que pour couvrir son jeu[1]; 1450
Depuis près de six mois il a tâché sans cesse
D'acheter ma faveur auprès de ma maîtresse :
Il n'a rien épargné qui fût en son pouvoir;
Mais me voyant toujours ferme dans le devoir,
Et que pour moi ses dons n'avoient aucune amorce, 1455
Enfin il a voulu recourir à la force.
Vous savez le surplus, vous voyez son effort
A se venger de moi pour le moins en sa mort :
Piqué de mes refus, il me fait criminelle,

---

1. *Var.* Ne caressoit Doris que pour couvrir son jeu. (1634-57)

Et mon crime ne vient que d'être trop fidèle.   1460
Mais, Monsieur, le croit-on?
                    CÉLIDAN.
                       N'en doute aucunement.
Le bruit est qu'on t'apprête un rude châtiment.
                    LA NOURRICE.
Las! que me dites-vous?
                    CÉLIDAN.
                          Ta maîtresse en colère
Jure que tes forfaits recevront leur salaire;
Surtout elle s'aigrit contre ta pâmoison.   1465
Si tu veux éviter une infâme prison,
N'attends pas son retour.
                    LA NOURRICE.
                         Où me vois-je réduite,
Si mon salut dépend d'une soudaine fuite[1],
Et mon esprit confus ne sait où l'adresser[2]?
                    CÉLIDAN.
J'ai pitié des malheurs qui te viennent presser :   1470
Nourrice, fais chez moi, si tu veux, ta retraite[3];
Autant qu'en lieu du monde elle y sera secrète.
                    LA NOURRICE.
Oserois-je espérer que la compassion....
                    CÉLIDAN.
Je prends ton innocence en ma protection.
Va, ne perds point de temps : être ici davantage   1475
Ne pourroit à la fin tourner qu'à ton dommage.
Je te suivrai de l'œil, et ne dis encor rien,
Comme après je saurai m'employer pour ton bien :
Durant l'éloignement ta paix se pourra faire.

1. *Var.* Mon salut dépend donc d'une soudaine fuite,
   Et mon esprit confus ne peut où l'adresser! (1634)
2. C'est-à-dire ne sait de quel côté diriger ma fuite.
3. *Var.* Nourrice, j'ai chez moi, si tu veux, ta retraite. (1634)

LA NOURRICE.

Vous me serez, Monsieur, comme un Dieu tutélaire. 1480

CÉLIDAN.

Trêve, pour le présent, de ces remercîments ;
Va, tu n'as pas loisir de tant de compliments.

SCÈNE VII.

CÉLIDAN.

Voilà mon homme pris, et ma vieille attrapée.
Vraiment un mauvais conte aisément l'a dupée :
Je la croyois plus fine, et n'eusse pas pensé 1485
Qu'un discours sur-le-champ par hasard commencé,
Dont la suite non plus n'alloit qu'à l'aventure,
Pût donner à son âme une telle torture,
La jeter en désordre, et brouiller ses ressorts ;
Mais la raison le veut, c'est l'effet des remords. 1490
Le cuisant souvenir d'une action méchante
Soudain au moindre mot nous donne l'épouvante.
Mettons-la cependant en lieu de sûreté,
D'où nous ne craignions rien de sa subtilité[1] ;
Après, nous ferons voir qu'il me faut d'une affaire 1495
Ou du tout ne rien dire, ou du tout ne rien taire,
Et que depuis qu'on joue à surprendre un ami,
Un trompeur en moi trouve un trompeur et demi.

SCÈNE VIII.

ALCIDON, DORIS.

DORIS.

C'est donc pour un ami que tu veux que mon âme
Allume à ta prière une nouvelle flamme ? 1500

1. *Var.* D'où nous ne craignons rien de sa subtilité. (1652 et 57)

ACTE IV, SCÈNE VIII.

ALCIDON.

Oui, de tout mon pouvoir je t'en viens conjurer.

DORIS.

A ce coup, Alcidon, voilà te déclarer;
Ce compliment, fort beau pour des âmes glacées,
M'est un aveu bien clair de tes feintes passées.

ALCIDON.

Ne parle point de feinte; il n'appartient qu'à toi 1505
D'être dissimulée et de manquer de foi;
L'effet l'a trop montré.

DORIS.

L'effet a dû t'apprendre,
Quand on feint avec moi, que je sais bien le rendre.
Mais je reviens à toi. Tu fais donc tant de bruit
Afin qu'après un autre en recueille le fruit; 1510
Et c'est à ce dessein que ta fausse colère
Abuse insolemment de l'esprit de mon frère?

ALCIDON.

Ce qu'il a pris de part en mes ressentiments
Apporte seul du trouble à tes contentements[1];
Et pour moi, qui vois trop ta haine par ce change 1515
Qui t'a fait sans raison me préférer Florange[2],
Je n'ose plus t'offrir un service odieux.

DORIS.

Tu ne fais pas tant mal. Mais pour faire encor mieux,
Puisque tu reconnois ma véritable haine,
De moi ni de mon choix ne te mets point en peine. 1520
C'est trop manquer de sens; je te prie, est-ce à toi,
A l'objet de ma haine, à disposer de moi?

ALCIDON.

Non; mais puisque je vois à mon peu de mérite
De ta possession l'espérance interdite,

---

1. *Var.* Seul apporte du trouble à tes contentements. (1634-57)
2. *Var.* Où tu m'as préféré ce lourdaud de Florange. (1634-57)

Je sentirois mon mal puissamment soulagé[1], 1525
Si du moins un ami m'en étoit obligé.
Ce cavalier, au reste, a tous les avantages
Que l'on peut remarquer aux plus braves courages,
Beau de corps et d'esprit, riche, adroit, valeureux,
Et surtout de Doris à l'extrême amoureux. 1530

DORIS.

Toutes ces qualités n'ont rien qui me déplaise,
Mais il en a de plus une autre fort mauvaise,
C'est qu'il est ton ami : cette seule raison
Me le feroit haïr, si j'en savois le nom.

ALCIDON.

Donc pour le bien servir il faut ici le taire[2]? 1535

DORIS.

Et de plus lui donner cet avis salutaire,
Que s'il est vrai qu'il m'aime et qu'il veuille être aimé,
Quand il m'entretiendra, tu ne sois point nommé;
Qu'il n'espère autrement de réponse que triste.
J'ai dépit que le sang me lie avec Philiste, 1540
Et qu'ainsi malgré moi j'aime un de tes amis.

ALCIDON.

Tu seras quelque jour d'un esprit plus remis.
Adieu : quoi qu'il en soit, souviens-toi, dédaigneuse[3],
Que tu hais Alcidon qui te veut rendre heureuse.

DORIS.

Va, je ne veux point d'heur qui parte de ta main. 1545

1. *Var.* Je sentirois mon mal de beaucoup soulagé. (1634-57)
2. *Var.* Donc, pour le bien servir, il me le faudroit taire? (1634)
   Var. Donc, pour le bien servir, il me faut vous le taire? (1644-57)
3. *Var.* Je m'en vais : cependant souviens-toi, rigoureuse. (1634-57)

SCÈNE IX.
DORIS.

Qu'aux filles comme moi le sort est inhumain !
Que leur condition se trouve déplorable[1] !
Une mère aveuglée, un frère inexorable,
Chacun de son côté, prennent sur mon devoir[2]
Et sur mes volontés un absolu pouvoir. 1550
Chacun me veut forcer à suivre son caprice :
L'un a ses amitiés, l'autre a son avarice.
Ma mère veut Florange, et mon frère Alcidon ;
Dans leurs divisions mon cœur à l'abandon
N'attend que leur accord pour souffrir et pour feindre.
Je n'ose qu'espérer, et je ne sais que craindre,
Ou plutôt je crains tout et je n'espère rien ;
Je n'ose fuir mon mal, ni rechercher mon bien.
Dure sujétion ! étrange tyrannie !
Toute liberté donc à mon choix se dénie ! 1560
On ne laisse à mes yeux rien à dire à mon cœur,
Et par force un amant n'a de moi que rigueur.
Cependant il y va du reste de ma vie[3],
Et je n'ose écouter tant soit peu mon envie ;
Il faut que mes desirs, toujours indifférents, 1565
Aillent sans résistance au gré de mes parents,
Qui m'apprêtent peut-être un brutal, un sauvage :
Et puis cela s'appelle une fille bien sage !
   Ciel, qui vois ma misère et qui fais les heureux[4],
Prends pitié d'un devoir qui m'est si rigoureux ! 1570

1. *Var.* Que leur condition me semble déplorable ! (1634-57)
2. *Var.* Chacun de leur côté, prennent sur mon devoir. (1634-57)
3. *Var.* Il y va cependant du reste de ma vie. (1634-60)
4. *Var.* Ciel, qui vois ma misère et qui sais mon besoin,
   Pour le moins, par pitié, prends de moi quelque soin ! (1634-57)

FIN DU QUATRIÈME ACTE.

ACTE V.

SCÈNE PREMIÈRE.
CÉLIDAN, CLARICE.

CÉLIDAN.
N'espérez pas, Madame, avec cet artifice
Apprendre du forfait l'auteur ni le complice :
Je chéris l'un et l'autre, et crois qu'il m'est permis
De conserver l'honneur de mes plus chers amis[1].
L'un, aveuglé d'amour, ne jugea point de blâme   1575
A ravir la beauté qui lui ravissoit l'âme ;
Et l'autre l'assista par importunité :
C'est ce que vous saurez de leur témérité.

CLARICE.
Puisque vous le voulez, Monsieur, je suis contente
De voir qu'un bon succès a trompé leur attente[2] ;   1580
Et me résolvant même à perdre à l'avenir
De toute ma douleur l'odieux souvenir[3],
J'estime que la perte en sera plus aisée,
Si j'ignore les noms de ceux qui l'ont causée.
C'est assez que je sais qu'à votre heureux secours   1585

---

1. *Var.* De conserver l'honneur de mes meilleurs amis. (1634-57)
2. *Var.* De voir qu'un bon succès ait trompé mon attente. (1634-60)
3. *Var.* De mon affliction le triste souvenir. (1634-60)
   Var. De toute ma douleur le triste souvenir (a). (1663)

(a) Nous donnons ce vers tel qu'il est corrigé dans l'errata. Voici comme il est imprimé dans le texte de 1663 :

    De cet enlèvement le triste souvenir.

ACTE V, SCÈNE I.

Je dois tout le bonheur du reste de mes jours[1].
Philiste autant que moi vous en est redevable ;
S'il a su mon malheur, il est inconsolable ;
Et dans son désespoir sans doute qu'aujourd'hui
Vous lui rendez la vie en me rendant à lui.   1590
Disposez du pouvoir et de l'un et de l'autre[2] ;
Ce que vous y verrez, tenez-le comme au vôtre ;
Et souffrez cependant qu'on le puisse avertir
Que nos maux en plaisirs se doivent convertir[3].
La douleur trop longtemps règne sur son courage.   1595

CÉLIDAN.

C'est à moi qu'appartient l'honneur de ce message ;
Mon secours, sans cela, comme de nul effet,
Ne vous auroit rendu qu'un service imparfait.

CLARICE.

Après avoir rompu les fers d'une captive,
C'est tout de nouveau prendre une peine excessive,   1600
Et l'obligation que j'en vais vous avoir
Met la revanche hors de mon peu de pouvoir.
Ainsi dorénavant, quelque espoir qui me flatte[4],
Il faudra malgré moi que j'en demeure ingrate.

CÉLIDAN.

En quoi que mon service oblige votre amour,   1605
Vos seuls remercîments me mettent à retour[5].

1. *Var.* Je dois ma liberté, mon honneur, mes amours. (1634-57)
2. *Var.* Disposez de tous deux, et ce que l'un et l'autre
   Auront en leur pouvoir, tenez-le comme au vôtre ;
   Tandis permettez-moi de le faire avertir
   Qu'il lui faut en plaisirs ses douleurs convertir.
   CÉL. [C'est à moi qu'appartient l'honneur de ce message,]
   Trop heureux en ce point de vous servir de page ;
   [Mon secours, sans cela, comme de nul effet.] (1634-57)
3. Ce vers a été omis par erreur dans l'édition de 1682.
4. *Var.* Si bien que désormais, quelque espoir qui me flatte. (1634-57)
5. *Me mettent à retour*, font que je vous dois du retour.

SCÈNE II.

CÉLIDAN.

Qu'Alcidon maintenant soit de feu pour Clarice,
Qu'il ait de son parti sa traîtresse nourrice,
Que d'un ami trop simple il fasse un ravisseur,
Qu'il querelle Philiste, et néglige sa sœur, 1610
Enfin qu'il aime, dupe, enlève, feigne, abuse,
Je trouve mieux que lui mon compte dans sa ruse :
Son artifice m'aide, et succède si bien,
Qu'il me donne Doris, et ne lui laisse rien.
Il semble n'enlever qu'à dessein que je rende, 1615
Et que Philiste après une faveur si grande
N'ose me refuser celle dont ses transports
Et ses faux mouvements font rompre les accords.
 Ne m'offre plus Doris, elle m'est toute acquise;
Je ne la veux devoir, traître, qu'à ma franchise; 1620
Il suffit que ta ruse ait dégagé sa foi :
Cesse tes compliments, je l'aurai bien sans toi.
Mais pour voir ces effets allons trouver le frère :
Notre heur s'accorde mal avecque sa misère[1],
Et ne peut s'avancer qu'en lui disant le sien. 1625

SCÈNE III.

ALCIDON, CÉLIDAN.

CÉLIDAN.

Ah! je cherchois une heure avec toi d'entretien;
Ta rencontre jamais ne fut plus opportune.

---

1. *Var.* Notre heur, incompatible avecque sa misère,
 Ne se peut avancer qu'en lui disant le sien. (1634-57)

ACTE V, SCÈNE III.

ALCIDON.

En quel point as-tu mis l'état de ma fortune?

CÉLIDAN.

Tout va le mieux du monde. Il ne se pouvoit pas
Avec plus de succès supposer un trépas;
Clarice au désespoir croit Philiste sans vie.

ALCIDON.

Et l'auteur de ce coup?

CÉLIDAN.

Celui qui l'a ravie,
Un amant inconnu dont je lui fais parler.

ALCIDON.

Elle a donc bien jeté des injures en l'air?

CÉLIDAN.

Cela s'en va sans dire.

ALCIDON.

Ainsi rien ne l'apaise[1]?

CÉLIDAN.

Si je te disois tout, tu mourrois de trop d'aise.

ALCIDON.

Je n'en veux point qui porte une si dure loi.

CÉLIDAN.

Dans ce grand désespoir elle parle de toi[2].

ALCIDON.

Elle parle de moi!

CÉLIDAN.

« J'ai perdu ce que j'aime,
Dit-elle; mais du moins si cet autre lui-même,
Son fidèle Alcidon, m'en consoloit ici[3] ! »

---

1. *Var.* CÉL. Mais dedans sa fureur quoique rien ne l'apaise,
    Si je t'avois tout dit, c'est pour en mourir d'aise. (1634-57)
2. *Var.* Dedans son désespoir elle parle de toi. (1634-60)
3. *Var.* [Son fidèle Alcidon, m'en consoloit ici,]
    Qu'en le voyant mon mal deviendroit adouci! (1634-57)

ALCIDON.
Tout de bon?

CÉLIDAN.
Son esprit en paroît adouci.

ALCIDON.
Je ne me pensois pas si fort dans sa mémoire[1].
Mais non, cela n'est point, tu m'en donnes à croire.

CÉLIDAN.
Tu peux, dans ce jour même, en voir la vérité[2].

ALCIDON.
J'accepte le parti par curiosité :
Dérobons-nous ce soir pour lui rendre visite.

CÉLIDAN.
Tu verras à quel point elle met ton mérite.

ALCIDON.
Si l'occasion s'offre, on peut la disposer,
Mais comme sans dessein....

CÉLIDAN.
J'entends, à t'épouser.

ALCIDON.
Nous pourrons feindre alors que par ma diligence
Le concierge, rendu de mon intelligence,
Me donne un accès libre aux lieux de sa prison[3];
Que déjà quelque argent m'en a fait la raison;
Et que s'il en faut croire une juste espérance,
Les pistoles dans peu feront sa délivrance,
Pourvu qu'un prompt hymen succède à mes desirs.

---

1. *Var.* Je ne me pensois pas si fort en sa mémoire. (1634-60)
2. *Var.* Il ne tiendra qu'à toi d'en voir la vérité.
   ALC. Quand? CÉL. Même avant demain. ALC. Ma curiosité
   Accepte ce parti : ce soir, si bon te semble,
   Nous nous déroberons pour l'aller voir ensemble,
   Et, comme sans dessein, de loin la disposer,
   Puisque Philiste est mort.... [CÉL. J'entends, à t'épouser.] (1634-57)
3. *Var.* Me donne un libre accès aux lieux de sa prison. (1634-60)

CÉLIDAN.

Que cette invention t'assure de plaisirs!
Une subtilité si dextrement tissue
Ne peut jamais avoir qu'une admirable issue. 1660

ALCIDON.

Mais l'exécution ne s'en doit pas surseoir.

CÉLIDAN.

Ne diffère donc point. Je t'attends vers le soir;
N'y manque pas. Adieu; j'ai quelque affaire en ville[1].

ALCIDON, seul.

O l'excellent ami! qu'il a l'esprit docile!
Pouvois-je faire un choix plus commode pour moi? 1665
Je trompe tout le monde avec sa bonne foi;
Et quant à sa Doris, si sa poursuite est vaine,
C'est de quoi maintenant je ne suis guère en peine :
Puisque j'aurai mon compte, il m'importe fort peu
Si la coquette agrée ou néglige son feu. 1670
Mais je ne songe pas que ma joie imprudente[2]
Laisse en perplexité ma chère confidente;
Avant que de partir, il faudra sur le tard
De nos heureux succès lui faire quelque part[3].

SCÈNE IV.

CHRYSANTE, PHILISTE, DORIS.

CHRYSANTE.

Je ne le puis celer : bien que j'y compatisse, 1675
Je trouve en ton malheur quelque peu de justice :
Le ciel venge ta sœur; ton fol emportement[4]

---

1. *Var.* Adieu, pour le présent j'ai quelque affaire en ville. (1634-57)
2. *Var.* Mais je ne songe pas que mon aise imprudente. (1634-57)
3. *Var.* De mes contentements lui faire quelque part. (1634-57)
4. *Var.* Le ciel venge ta sœur; ton brusque aveuglement. (1634-57)

A rompu sa fortune, et chassé son amant,
Et tu vois aussitôt la tienne renversée,
Ta maîtresse par force en d'autres mains passée[1]. 1680
Cependant Alcidon, que tu crois rappeler,
Toujours de plus en plus s'obstine à quereller.

PHILISTE.

Madame, c'est à vous que nous devons nous prendre
De tous les déplaisirs qu'il nous en faut attendre.
D'un si honteux affront le cuisant souvenir 1685
Éteint toute autre ardeur que celle de punir.
Ainsi mon mauvais sort m'a bien ôté Clarice;
Mais du reste accusez votre seule avarice.
Madame, nous perdons par votre aveuglement
Votre fils, un ami; votre fille, un amant. 1690

DORIS.

Otez ce nom d'amant : le fard de son langage
Ne m'empêcha jamais de voir dans son courage;
Et nous étions tous deux semblables en ce point,
Que nous feignions d'aimer ce que nous n'aimions point.

PHILISTE.

Ce que vous n'aimiez point! Jeune dissimulée[2], 1695
Falloit-il donc souffrir d'en être cajolée?

DORIS.

Il le falloit souffrir, ou vous désobliger.

PHILISTE.

Dites qu'il vous falloit un esprit moins léger[3].

---

1. *Var.* Ta maîtresse ravie et peut-être forcée.
Cependant Alcidon te querelle toujours,
Au lieu de renouer ses premières amours.
PHIL. Madame, c'est sur vous qu'en tombe le reproche :
Le moyen que jamais Alcidon en rapproche!
L'affront qu'il a reçu ne lui peut plus laisser
De souvenir de nous que pour nous offenser.
[Ainsi mon mauvais sort m'a bien ôté Clarice.] (1634-57)
2. *Var.* Ce que vous n'aimiez point! Petite écervelée. (1634-57)
3. *Var.* Mais dis qu'il te falloit un esprit moins léger. (1634-57)

CHRYSANTE.

Célidan vient d'entrer : fais un peu de silence,
Et du moins à ses yeux cache ta violence.   1700

SCÈNE V.

PHILISTE, CHRYSANTE, CÉLIDAN, DORIS.

PHILISTE, à Célidan[1].

Eh bien! que dit, que fait notre amant irrité?
Persiste-t-il encor dans sa brutalité?

CÉLIDAN.

Quitte pour aujourd'hui le soin de tes querelles;
J'ai bien à te conter de meilleures nouvelles :
Les ravisseurs n'ont plus Clarice en leur pouvoir.   1705

PHILISTE.

Ami, que me dis-tu?

CÉLIDAN.

    Ce que je viens de voir.

PHILISTE.

Et, de grâce, où voit-on le sujet que j'adore?
Dis-moi le lieu.

CÉLIDAN.

    Le lieu ne se dit pas encore.
Celui qui te la rend te veut faire une loi....

PHILISTE.

Après cette faveur, qu'il dispose de moi :   1710
Mon possible est à lui.

CÉLIDAN.

    Donc, sous cette promesse,
Tu peux dans son logis aller voir ta maîtresse :
Ambassadeur exprès....

---

1. Les mots à *Célidan* manquent dans l'édition de 1663.

SCÈNE VI.

CHRYSANTE, CÉLIDAN, DORIS.

CHRYSANTE.

                Son feu précipité
Lui fait faire envers vous une incivilité[1] :
Vous la pardonnerez à cette ardeur trop forte   1715
Qui sans vous dire adieu, vers son objet l'emporte.

CÉLIDAN.

C'est comme doit agir un véritable amour :
Un feu moindre eût souffert quelque plus long séjour;
Et nous voyons assez par cette expérience
Que le sien est égal à son impatience.   1720
Mais puisqu'ainsi le ciel rejoint ces deux amants,
Et que tout se dispose à vos contentements,
Pour m'avancer aux miens, oserois-je, Madame,
Offrir à tant d'appas un cœur qui n'est que flamme[2],
Un cœur sur qui ses yeux de tout temps absolus   1725
Ont imprimé des traits qui ne s'effacent plus?
J'ai cru par le passé qu'une ardeur mutuelle
Unissoit les esprits et d'Alcidon et d'elle,
Et qu'en ce cavalier son desir arrêté
Prendroit tous autres vœux pour importunité.   1730
Cette seule raison m'obligeant à me taire,
Je trahissois mon feu de peur de lui déplaire;
Mais aujourd'hui qu'un autre en sa place reçu[3]

---

1. *Var.* Lui fait faire envers nous une incivilité :
   Excusez, s'il vous plaît, sa passion trop forte. (1634-57)
2. *Var.* Offrir à cette belle un cœur qui n'est que flamme. (1634-57)
3. *Var.* Mais à présent qu'un autre en sa place reçu
   [Me fait voir clairement combien j'étois déçu,]
   Et que ce malheureux l'a si peu conservée,
   Mon âme, que ses yeux ont toujours captivée,
   Dans le malheur d'autrui vient chercher son bonheur.
  CHRYS. Votre offre avantageux nous fait beaucoup d'honneur. (1634-57)

Me fait voir clairement combien j'étois déçu,
Je ne condamne plus mon amour au silence, 1735
Et viens faire éclater toute sa violence[1].
Souffrez que mes desirs, si longtemps retenus,
Rendent à sa beauté des vœux qui lui sont dus;
Et du moins par pitié d'un si cruel martyre
Permettez quelque espoir à ce cœur qui soupire. 1740

CHRYSANTE.

Votre amour pour Doris est un si grand bonheur
Que je voudrois sur l'heure en accepter l'honneur;
Mais vous voyez le point où me réduit Philiste,
Et comme son caprice à mes souhaits résiste[2].
Trop chaud ami qu'il est, il s'emporte à tous coups 1745
Pour un fourbe insolent qui se moque de nous.
Honteuse qu'il me force à manquer de promesse,
Je n'ose vous donner une réponse expresse,
Tant je crains de sa part un désordre nouveau.

CÉLIDAN.

Vous me tuez, Madame, et cachez le couteau : 1750
Sous ce détour discret un refus se colore.

CHRYSANTE.

Non, Monsieur, croyez-moi, votre offre nous honore :
Aussi dans le refus j'aurois peu de raison :
Je connois votre bien, je sais votre maison.
Votre père jadis (hélas! que cette histoire 1755
Encor sur mes vieux ans m'est douce en la mémoire!),
Votre feu père, dis-je, eut de l'amour pour moi :
J'étois son cher objet; et maintenant je voi
Que comme par un droit successif de famille
L'amour qu'il eut pour moi, vous l'avez pour ma fille.

1. *Var.* J'en viens faire éclater toute la violence. (1660-64)
2. *Var.* Et comme sa boutade à mes souhaits résiste.
   Trop chaud ami qu'il est, il s'emporte aujourd'hui
   Pour un qui nous méprise et se moque de lui. (1634-57)

S'il m'aimoit, je l'aimois; et les seules rigueurs
De ses cruels parents divisèrent nos cœurs :
On l'éloigna de moi par ce maudit usage[1]
Qui n'a d'égard qu'aux biens pour faire un mariage;
Et son père jamais ne souffrit son retour   1765
Que ma foi n'eût ailleurs engagé mon amour.
En vain à cet hymen j'opposai ma constance;
La volonté des miens vainquit ma résistance.
Mais je reviens à vous, en qui je vois portraits[2]
De ses perfections les plus aimables traits.   1770
Afin de vous ôter désormais toute crainte
Que dessous mes discours se cache aucune feinte,
Allons trouver Philiste, et vous verrez alors
Comme en votre faveur je ferai mes efforts.

CÉLIDAN.

Si de ce cher objet j'avois même assurance[3],   1775
Rien ne pourroit jamais troubler mon espérance.

DORIS.

Je ne sais qu'obéir, et n'ai point de vouloir.

CÉLIDAN.

Employer contre vous un absolu pouvoir!
Ma flamme d'y penser se tiendroit criminelle.

CHRYSANTE.

Je connois bien ma fille, et je vous réponds d'elle. 1780
Dépêchons seulement d'aller vers ces amants.

---

1. *Var.* On l'éloigna de moi, vu le peu d'avantage
Qui se trouva pour lui dedans mon mariage,
Et jamais le retour ne lui fut accordé
Qu'ils ne vissent mon lit d'Acaste possédé. (1634-57)
2. *Portraire*, peindre, tracer.
3. *Var.* Il faudroit de ma belle une même assurance,
Et rien ne pourroit plus troubler mon espérance.
DOR. Monsieur, où Madame est je n'ai point de vouloir.
CÉL. Employer contre vous son absolu pouvoir!
Ma flamme d'y penser deviendroit criminelle. (1634-57)

CÉLIDAN.
Allons : mon heur dépend de vos commandements.

SCÈNE VII.
PHILISTE, CLARICE.

PHILISTE.
Ma douleur, qui s'obstine à combattre ma joie,
Pousse encor des soupirs, bien que je vous revoie;
Et l'excès des plaisirs qui me viennent charmer 1785
Mêle dans ces douceurs je ne sais quoi d'amer.
Mon âme en est ensemble et ravie et confuse :
D'un peu de lâcheté votre retour m'accuse,
Et votre liberté me reproche aujourd'hui
Que mon amour la doit à la pitié d'autrui. 1790
Elle me comble d'aise et m'accable de honte :
Celui qui vous la rend, en m'obligeant m'affronte;
Un coup si glorieux n'appartenoit qu'à moi.

CLARICE.
Vois-tu dans mon esprit des doutes de ta foi?
Y vois-tu des soupçons qui blessent ton courage, 1795
Et dispensent ta bouche[1] à ce fâcheux langage?
Ton amour et tes soins trompés par mon malheur,
Ma prison inconnue a bravé ta valeur.
Que t'importe à présent qu'un autre m'en délivre,
Puisque c'est pour toi seul que Clarice veut vivre, 1800
Et que d'un tel orage en bonace réduit
Célidan a la peine, et Philiste le fruit?

PHILISTE.
Mais vous ne dites pas que le point qui m'afflige
C'est la reconnoissance où l'honneur vous oblige :

---
1. Voyez p. 208, note 2.

Il vous faut être ingrate, ou bien à l'avenir 1805
Lui garder en votre âme un peu de souvenir[1].
La mienne en est jalouse, et trouve ce partage,
Quelque inégal qu'il soit, à son désavantage :
Je ne puis le souffrir. Nos pensers à tous deux[2]
Ne devroient, à mon gré, parler que de nos feux; 1810
Tout autre objet que moi dans votre esprit me pique.

CLARICE.

Ton humeur, à ce compte, est un peu tyrannique :
Penses-tu que je veuille un amant si jaloux?

PHILISTE.

Je tâche d'imiter ce que je vois en vous :
Mon esprit amoureux, qui vous tient pour sa reine, 1815
Fait de vos actions sa règle souveraine.

CLARICE.

Je ne puis endurer ces propos outrageux :
Où me vois-tu jalouse, afin d'être ombrageux[3]?

PHILISTE.

Quoi? ne l'étiez-vous point l'autre jour qu'en visite
J'entretins quelque temps Bélinde et Chrysolite? 1820

CLARICE.

Ne me reproche point l'excès de mon amour.

PHILISTE.

Mais permettez-moi donc cet excès à mon tour :
Est-il rien de plus juste, ou de plus équitable?

CLARICE.

Encor pour un jaloux tu seras fort traitable,
Et n'es pas maladroit en ces doux entretiens[4], 1825
D'accuser mes défauts pour excuser les tiens;

---

1. *Var.* Lui garder en votre âme un petit souvenir. (1634-60)
2. *Var.* Je ne le puis souffrir. Nos pensers à tous deux. (1634-57)
3. *Var.* Où m'as-tu vu jalouse, afin d'être ombrageux?
   PHIL. Ce fut, vous le savez, l'autre jour qu'en visite. (1634-60)
4. *Var.* Et tu sais dextrement dedans nos entretiens
   Accuser mes défauts en excusant les tiens. (1634-57)

ACTE V, SCÈNE VII.

Par cette liberté tu me fais bien paroître
Que tu crois que l'hymen t'ait déjà rendu maître,
Puisque laissant les vœux et les submissions,
Tu me dis seulement mes imperfections. 1830
Philiste, c'est douter trop peu de ta puissance,
Et prendre avant le temps un peu trop de licence.
Nous avions notre hymen à demain arrêté;
Mais pour te bien punir de cette liberté,
De plus de quatre jours ne crois pas qu'il s'achève[1]. 1835

PHILISTE.

Mais si durant ce temps quelque autre vous enlève,
Avez-vous sûreté que pour votre secours[2]
Le même Célidan se rencontre toujours?

CLARICE.

Il faut savoir de lui s'il prendroit cette peine.
Vois ta mère et ta sœur que vers nous il amène. 1840
Sa réponse rendra nos débats terminés.

PHILISTE.

Ah! mère, sœur, ami, que vous m'importunez!

SCÈNE VIII.

CHRYSANTE, DORIS, CÉLIDAN, CLARICE, PHILISTE.

CHRYSANTE, à Clarice.

Je viens après mon fils vous rendre une assurance
De la part que je prends en votre délivrance;
Et mon cœur tout à vous ne sauroit endurer[3] 1845
Que mes humbles devoirs osent se différer.

---

1. *Var.* Tu peux compter huit jours paravant qu'il s'achève. (1634-57)
2. *Var.* Pensez-vous, mon souci, que pour votre secours. (1634-57)
3. *Var.* L'aise que j'en reçois ne savoit endurer
   Que mes humbles devoirs se pussent différer. (1634-57)

CLARICE, à Chrysante.

N'usez point de ce mot vers celle dont l'envie
Est de vous obéir le reste de sa vie,
Que son retour rend moins à soi-même qu'à vous.
Ce brave cavalier accepté pour époux,   1850
C'est à moi désormais, entrant dans sa famille,
A vous rendre un devoir de servante et de fille;
Heureuse mille fois, si le peu que je vaux[1]
Ne vous empêche point d'excuser mes défauts,
Et si votre bonté d'un tel choix se contente!   1855

CHRYSANTE, à Clarice.

Dans ce bien excessif qui passe mon attente,
Je soupçonne mes sens d'une infidélité,
Tant ma raison s'oppose à ma crédulité[2].
Surprise que je suis d'une telle merveille,
Mon esprit tout confus doute encor si je veille[3];   1860
Mon âme en est ravie, et ces ravissements
M'ôtent la liberté de tous remercîments.

DORIS, à Clarice.

Souffrez qu'en ce bonheur mon zèle m'enhardisse[4]
A vous offrir, Madame, un fidèle service.

CLARICE, à Doris.

Et moi, sans compliment qui vous farde mon cœur,   1865
Je vous offre et demande une amitié de sœur.

PHILISTE, à Célidan.

Toi, sans qui mon malheur étoit inconsolable,
Ma douleur sans espoir, ma perte irréparable,
Qui m'as seul obligé plus que tous mes amis,
Puisque je te dois tout, que je t'ai tout promis,   1870

1. *Var.* Pourvu qu'en mes défauts j'aye tant de bonheur
Que vous me réputiez digne d'un tel honneur,
Et que sa passion en ce choix vous contente. (1634-57)
2. *Var.* Tant la raison s'oppose à ma crédulité. (1634)
3. *Var.* Mon esprit tout confus fait doute si je veille. (1634)
4. *Var.* Souffrez qu'en ce bonheur mon aise m'enhardisse. (1634-64)

Cesse de me tenir dedans l'incertitude :
Dis-moi par où je puis sortir d'ingratitude ;
Donne-moi le moyen, après un tel bienfait,
De réduire pour toi ma parole en effet.

CÉLIDAN, à Philiste.

S'il est vrai que ta flamme et celle de Clarice 1875
Doivent leur bonne issue à mon peu de service,
Qu'un bon succès par moi réponde à tous vos vœux,
J'ose t'en demander un pareil à mes feux.
J'ose te demander, sous l'aveu de Madame,
Ce digne et seul objet de ma secrète flamme[1], 1880
Cette sœur que j'adore, et qui pour faire un choix
Attend de ton vouloir les favorables lois.

PHILISTE, à Célidan.

Ta demande m'étonne ensemble et m'embarrasse.
Sur ton meilleur ami tu brigues cette place,
Et tu sais que ma foi la réserve pour lui. 1885

CHRYSANTE, à Philiste.

Si tu n'as entrepris de m'accabler d'ennui,
Ne te fais point ingrat pour une âme si double.

PHILISTE, à Célidan.

Mon esprit divisé de plus en plus se trouble ;
Dispense-moi, de grâce, et songe qu'avant toi
Ce bizarre Alcidon tient en gage ma foi[2], 1890
Si ton amour est grand, l'excuse t'est sensible ;
Mais je ne t'ai promis que ce qui m'est possible ;

---

1. *Var.* Celle qui de tout temps a possédé mon âme,
   Une sœur qui, reçue en mon lit pour moitié (*a*),
   D'un lien plus étroit serre notre amitié. (1634-57)
2. *Var.* Ce colère Alcidon tient en gage ma foi.
   CÉLIDAN, *à Philiste.* Voilà de ta parole un manque trop visible.
   PHILISTE, *à Célidan.* Je t'ai bien tout promis ce qui m'étoit possible,
   Mais une autre promesse ôte de mon pouvoir
   Ce qu'aux plaisirs reçus je me sais trop devoir. (1634-57)

(*a*) Une sœur qui, reçue à mon lit pour moitié. (1654 et 57)

Et cette foi donnée ôte de mon pouvoir
Ce qu'à notre amitié je me sais trop devoir.
CHRYSANTE, à Philiste.
Ne te ressouviens plus d'une vieille promesse ; 1895
Et juge, en regardant cette belle maîtresse,
Si celui qui pour toi l'ôte à son ravisseur
N'a pas bien mérité l'échange de ta sœur.
CLARICE, à Chrysante.
Je ne saurois souffrir qu'en ma présence on die
Qu'il doive m'acquérir par une perfidie : 1900
Et pour un tel ami lui voir si peu de foi
Me feroit redouter qu'il en eût moins pour moi.
Mais Alcidon survient ; nous l'allons voir lui-même
Contre un rival et vous disputer ce qu'il aime[1].

SCÈNE IX.

CLARICE, ALCIDON, PHILISTE, CHRYSANTE, CÉLIDAN, DORIS.

CLARICE, à Alcidon.
Mon abord t'a surpris, tu changes de couleur ; 1905
Tu me croyois sans doute encor dans le malheur :
Voici qui m'en délivre ; et n'étoit que Philiste
A ses nouveaux desseins en ta faveur résiste,
Cet ami si parfait qu'entre tous tu chéris
T'auroit pour récompense enlevé ta Doris. 1910
ALCIDON.
Le désordre éclatant qu'on voit sur mon visage[2]
N'est que l'effet trop prompt d'une soudaine rage.

---

1. *Var.* Disputer maintenant contre vous ce qu'il aime. (1634-57)
   Var. Contre votre faveur disputer ce qu'il aime. (1660)
2. *Var.* Le désordre qu'on lit en mon âme étourdie
   Vient moins de votre aspect que de sa perfidie. (1634-57)

ACTE V, SCÈNE IX. 497

Je forcène¹ de voir que sur votre retour
Ce traître assure ainsi ma perte et son amour².
Perfide! à mes dépens tu veux donc des maîtresses? 1915
Et mon honneur perdu te gagne leurs caresses?
CÉLIDAN, à Alcidon.
Quoi! j'ai su jusqu'ici cacher tes lâchetés,
Et tu m'oses couvrir de ces indignités!
Cesse de m'outrager, ou le respect des dames
N'est plus pour contenir celui que tu diffames. 1920
PHILISTE, à Alcidon.
Cher ami, ne crains rien, et demeure assuré
Que je sais maintenir ce que je t'ai juré :
Pour t'enlever ma sœur, il faut m'arracher l'âme.
ALCIDON, à Philiste.
Non, non, il n'est plus temps de déguiser ma flamme.
Il te faut, malgré moi, faire un honteux aveu³ 1925
Que si mon cœur brûloit, c'étoit d'un autre feu.
Ami, ne cherche plus qui t'a ravi Clarice :
Voici l'auteur du coup, et voilà le complice.
Adieu : ce mot lâché, je te suis en horreur.

1. *Je forcène*, c'est-à-dire j'enrage.
2. *Var.* [Ce traître assure ainsi ma perte et son amour.]
O honte! ô crève-cœur! ô désespoir! ô rage!
Qui venez à l'envi déchirer mon courage,
Au lieu de vous combattre, unissez vos efforts
Afin de désunir mon âme de mon corps.
Je tiens les plus cruels pour les plus favorables.
Mais pourquoi vous prier de m'être secourables?
Je mourrai bien sans vous : dans cette trahison,
Mon cœur n'a, par les yeux, que trop pris de poison.
Perfide, à mes dépens tu soûles donc ta braise (a),
Et mon honneur perdu contribue à ton aise?
CÉLIDAN, *à Alcidon.* Traître, jusques ici j'ai caché tes défauts,
Et pour remerciment tu m'en donnes de faux?
[Cesse de m'outrager, ou le respect des dames.] (1634-57)
3. *Var.* Il faut lever le masque, il faut te confesser
Qu'une toute autre ardeur occupoit mon penser. (1634-57)

(a) Ce vers et le suivant ne se trouvent sous cette forme que dans l'édition

CORNEILLE. I 32

SCÈNE X.

CHRYSANTE, CLARICE, PHILISTE, CÉLIDAN, DORIS.

CHRYSANTE, à Philiste.

Eh bien! rebelle, enfin sortiras-tu d'erreur? 1930
CÉLIDAN, à Philiste.
Puisque son désespoir vous découvre un mystère
Que ma discrétion vous avoit voulu taire,
C'est à moi de montrer quel étoit mon dessein.
Il est vrai qu'en ce coup je lui prêtai la main :
La peur que j'eus alors qu'après ma résistance 1935
Il ne trouvât ailleurs trop fidèle[1] assistance....
PHILISTE, à Célidan.
Quittons là ce discours, puisqu'en cette action
La fin m'éclaircit trop de ton intention,
Et ta sincérité se fait assez connoître.
Je m'obstinois tantôt dans le parti d'un traître; 1940
Mais au lieu d'affoiblir vers toi mon amitié,
Un tel aveuglement te doit faire pitié.
Plains-moi, plains mon malheur, plains mon trop de fran-
Qu'un ami déloyal a tellement surprise;   [chise,
Vois par là comme j'aime, et ne te souviens plus[2] 1945
Que j'ai voulu te faire un injuste refus.

---

de 1634; dans celles de 1644-57, ils sont semblables aux vers 1915 et 1916 de notre texte.

1. On lit *foible* dans l'édition de 1682, mais c'est une faute typographique qui mérite à peine d'être relevée.

2. *Var.* Vois par là comme j'aime, et perds le souvenir
   Qu'un traître contre toi tu m'as vu maintenir.
   Bien que ma flamme, au point d'avoir sa récompense,
   De me venger de lui pour l'heure me dispense,
   Il jouira fort peu de cette vanité
   D'avoir su m'offenser avec impunité.
   [Fais, malgré mon erreur, que ton feu persévère.] (1634-57)

ACTE V, SCÈNE X.

Fais, malgré mon erreur, que ton feu persévère;
Ne punis point la sœur de la faute du frère;
Et reçois de ma main celle que ton desir,
Avant mon imprudence, avoit daigné choisir[1].   1950

CLARICE, à Célidan.

Une pareille erreur me rend toute confuse;
Mais ici mon amour me servira d'excuse :
Il serre nos esprits d'un trop étroit lien
Pour permettre à mon sens de s'éloigner du sien.

CÉLIDAN.

Si vous croyez encor que cette erreur me touche,   1955
Un mot me satisfait de cette belle bouche;
Mais, hélas! quel espoir ose rien présumer[2],
Quand on n'a pu servir, et qu'on n'a fait qu'aimer?

DORIS.

Réunir les esprits d'une mère et d'un frère,
Du choix qu'ils m'avoient fait avoir su me défaire,   1960
M'arracher à Florange et m'ôter Alcidon,
Et d'un cœur généreux me faire l'heureux don,

---

1. *Var.* Paravant cette offense, avoit voulu choisir. (1634-57)
2. *Var.* Mais hélas! mon souci, je n'ose avoir pensé
   Que sans avoir servi je sois récompensé.
   DORIS, *à Célidan.* Ici votre mérite est joint à leur puissance,
   Et la raison s'accorde à mon obéissance.
   En secondant vos feux, je fais par jugement
   Ce qu'ailleurs je ferois par leur commandement.
   CÉL. A ces mots enchanteurs mon martyre s'apaise,
   Et je ne conçois rien de pareil à mon aise (*a*),
   Pourvu que ce propos soit suivi d'un baiser.
   CHRYSANTE, *à Doris.* Ma fille, ton devoir ne le peut refuser.
   PHILISTE, *à Clarice.* Leur exemple, mon cœur, t'oblige à la pareille.
   CLARICE, *à Philiste.* Mais je n'ai point de mère ici qui me conseille.
   Tu prends toujours d'avance. CHRYS. Oh! que sur mes vieux ans (*b*)
   Le pitoyable ciel me fait de doux présents! (1634-57)

(*a*) Et je n'en conçois rien de pareil à mon aise. (1654 et 57)
(*b*) Ces cinq vers depuis : « Pourvu que.... » ne sont que dans l'édition de 1634. Après *mon aise*, celles de 1644-57 portent :

   [Que la mienne est extrême, et que sur mes vieux ans]
   Le pitoyable ciel me fait de doux présents!

C'est avoir su me rendre un assez grand service
Pour espérer beaucoup avec quelque justice.
Et puisqu'on me l'ordonne, on peut vous assurer 1965
Qu'alors que j'obéis, c'est sans en murmurer.

CÉLIDAN.

A ces mots enchanteurs tout mon cœur se déploie,
Et s'ouvre tout entier à l'excès de ma joie.

CHRYSANTE.

Que la mienne est extrême, et que sur mes vieux ans
Le favorable ciel me fait de doux présents! 1970
Qu'il conduit mon bonheur par un ressort étrange!
Qu'à propos sa faveur m'a fait perdre Florange!
Puisse-t-elle, pour comble, accorder à mes vœux[1]
Qu'une éternelle paix suive de si beaux nœuds,
Et rendre par les fruits de ce double hyménée 1975
Ma dernière vieillesse à jamais fortunée!

CLARICE, à Chrysante.

Cependant pour ce soir ne me refusez pas
L'heur de vous voir ici prendre un mauvais repas,
Afin qu'à ce qui reste ensemble on se prépare[2],
Tant qu'un mystère saint deux à deux nous sépare. 1980

CHRYSANTE, à Clarice.

Nous éloigner de vous avant ce doux moment[3],
Ce seroit me priver de tout contentement.

---

1. *Var.* Ainsi me donne-t-il, pour comble de mes vœux,
Bientôt des deux côtés quelques petits neveux (*a*),
Rendant par les doux fruits de ce double hyménée
Ma débile vieillesse à jamais fortunée! (1634-57)
2. *Var.* Afin qu'à ces plaisirs ensemble on se prépare. (1634-57)
3. *Var.* Vous quitter paravant ce bienheureux moment. (1634-57)

(*a*) Bientôt de deux côtés quelques petits neveux. (1657)

FIN DU CINQUIÈME ET DERNIER ACTE.

TABLE DES MATIÈRES

CONTENUES DANS LE PREMIER VOLUME.

Avertissement..	I
Notice biographique sur Corneille........................	XVII
Avertissements placés par Corneille en tête des divers recueils de ses pièces..	1
Discours de l'utilité et des parties du poëme dramatique....	13
Discours de la tragédie et des moyens de la traiter selon le vraisemblable ou le nécessaire........................	52
Discours des trois unités, d'action, de jour et de lieu.......	98
MÉLITE, comédie...	123
Notice..	125
A Monsieur de Liancour...............................	134
Au lecteur..	135
Argument..	136
Examen...	137
Mélite...	143
Complément des variantes...........................	251
CLITANDRE, tragédie...	255
Notice..	257
A Monseigneur le duc de Longueville.............	259
Préface..	261
Argument..	264
Examen...	270

CLITANDRE... 275
    Complément des variantes......................... 365

LA VEUVE, comédie.................................... 371
    Notice.. 373
    A Madame de la Maisonfort........................ 375
    Au lecteur.. 376
    Hommages adressés à Corneille, au sujet de *la Veuve*, par divers poëtes contemporains...................... 379
    Argument... 393
    Examen... 394
LA VEUVE... 399

FIN DE LA TABLE DES MATIÈRES.

PARIS. — IMPRIMERIE DE CH. LAHURE ET Cie
Rue de Fleurus, 9

www.ingramcontent.com/pod-product-compliance
Lightning Source LLC
Chambersburg PA
CBHW060359230426
43663CB00008B/1327